ŒUVRES
DE J.-L. DE GUEZ
SIEUR
DE BALZAC

I

PARIS. — IMPRIMERIE SIMON RAÇON ET COMP., RUE D'ERFURTH, 1.

ŒUVRES

DE J.-L. DE GUEZ

SIEUR

DE BALZAC

CONSEILLER DV ROY EN SES CONSEILS
L'VN DES PREMIERS ACADEMICIENS

PUBLIÉES SUR LES ANCIENNES ÉDITIONS

PAR L. MOREAU

« Il n'y a rien à craindre de l'Eloquence
quand elle est au service de la Pieté. »

(*A Mgr l'Evesque de Grasse.*)

LE PRINCE. — DISCOVRS. — LETTRES ET PENSÉES.

PARIS

JACQUES LECOFFRE ET Cie, LIBRAIRES-ÉDITEURS

29, RUE DU VIEUX-COLOMBIER, 29

1854

SUR LA VIE

ET

LES ÉCRITS DE BALZAC

« Il y a beaucoup d'apparence que les siècles à venir lui feront raison du décri où quelques critiques ont tenu ses productions pendant bien longtemps : ce qui n'a pas empêché qu'un bon nombre de très-excellents connoisseurs n'aient constamment persévéré dans leur première admiration. »

BAYLE.

Je voudrais rappeler la faveur du public éclairé sur un grand écrivain tombé dans un injuste oubli. Si la langue française a quelque droit de se glorifier de son influence et de ses chefs-d'œuvre, il serait souverainement ingrat de laisser périr le nom et les écrits de celui qui l'a faite ce qu'elle est ; qui, l'ayant reçue des mains de Montaigne et de Du Vair, rude encore et indocile, l'a cultivée avec tant d'art et de succès, qu'à sa mort elle était toute préparée à recevoir les pensées des grands esprits du dix-septième siècle. Cet écrivain est celui à qui le savant Ménage disait si heureusement : « Monsieur, lorsque vous composez, les paroles briguent. »

Jean-Louis de Guez, sieur de Balzac, né à Angoulême en 1594 *, était le second fils de Guillaume de Guez, gentilhomme de Languedoc, qui, après la mort du maréchal Roger de Bellegarde ** (1579) et celle de son fils, tué à la journée de Coutras (1587), César de Bellegarde, dont il avait été le gouverneur, s'était attaché au duc d'Épernon. Les services qu'il rendit à ce nouveau maître en plusieurs occasions importantes, son zèle et son habileté, attirèrent sur lui l'attention de Henri IV, et lui valurent quelques avances de la part de ce prince ***. Mais, préférant sans doute aux dangereuses séductions de la cour les nobles loisirs de l'obscurité, ce gentilhomme se retira à Angoulême, et s'y maria avec une demoiselle de Nesmond ****, qui lui apporta la terre de Balzac, dans le voisinage de cette ville, sur les bords de la Charente. Il mourut vers la fin de 1650, presque centenaire, laissant plusieurs enfants, entre autres le célèbre Balzac, et une fille, madame de Campagnol, veuve, dès 1621, d'un capitaine aux

* Le passage suivant d'une lettre inédite à Chapelain, du 12 juin 1645, donne à peu près cette date :

« Ie suis tres-content de l'Epistre à Monsieur de Coligny. Mais au lieu d'amasser des rimes en *uë*, il seroit temps pour Monsieur de Voiture, aussi bien que pour moy, de songer à nous convertir serieusement.

Jam subrepet iners ætas, nec amare decebit;
Dicere nec cano blanditias capite.

« Le feu Cardinal de La Valette luy a dit mille fois ces deux vers du Poëte qui est son Favory. Ce Poëte (Tibulle) mourut à l'âge de vingt-cinq ans, et Monsieur de Voiture et moy en avons plus de cinquante, dont peut-estre nous n'avons pas vescu vn quart d'heure selon les regles de Monsieur de Sainct-Cyran. »

** Le maréchal de Bellegarde mourut presque subitement en 1579, après un accord passé avec la reine mère Catherine de Médicis, qui venait de lui assurer à contre-cœur le gouvernement du marquisat de Saluces, d'où le favori disgracié de Henri III avait chassé le lieutenant du roi, Charles de Birague.

*** Au sujet de son père, Balzac écrivait à Ménage :

« Dites à nostre pere Bourbon (en luy monstrant vne lettre de Monsieur de Guez) que ce pere ne sçait ny Grec ny Latin, mais que le feu Roy Henry le Grand a estimé son françois, son bon sens et sa probité. Il desira mesme de l'avoir auprés de luy : Et s'il n'eust esté attaché par affection au service d'vn moindre maistre qu'il ne voulut pas quitter pour vn plus grand, peut-estre que vostre amy seroit fils d'vn Secretaire d'Estat : *Dis aliter visum.* » (12 May 1644.)

**** Balzac était, par sa mère, cousin du premier président de Nesmond, auquel plusieurs de ses *Lettres* sont adressées.

gardes tué au siége de Montauban, et destinée à pleurer aussi la mort de son fils, qui devait tomber sur le champ de bataille de Lens (1648).

A l'âge de dix-sept ans, Balzac alla en Hollande, pays où se formaient alors les grands capitaines et les savants. Il se rendit à Leyde auprès du professeur Dominique Baudius, et composa pendant son séjour en cette ville un *discours politique sur l'état des provinces des Pays-Bas,* véritable déclamation d'écolier que le savant Heinsius devait tirer un jour d'un oubli de vingt-cinq années pour satisfaire une rancune littéraire.

De retour à Angoulême, auprès de son père et du duc d'Épernon, qu'il accompagna dans plusieurs voyages, Balzac s'attacha particulièrement à Louis de Nogaret, alors archevêque de Toulouse et plus tard cardinal de la Valette. Ce fut sous la conduite de ce jeune prélat qu'il prit part, en 1618, à l'*entreprise d'Amadis,* dont le but était la délivrance de la reine mère, Marie de Médicis, que M. de Luynes retenait prisonnière dans le château de Blois. Le concours qu'il prêta au duc et à son fils dans cette circonstance fut uniquement un concours de plume. La tâche était toutefois des plus délicates, et demandait toutes les ressources d'un esprit ingénieux. Il s'agissait d'abord de prévenir le roi que le duc, invité à demeurer dans son gouvernement de Metz, était résolu d'en sortir; et, plus tard, il fallut annoncer en termes soumis que le duc avait désobéi *. La per-

* Voici quelques passages des lettres que Balzac écrivit pour le duc d'Épernon :

« Ie ne doute point, Sire, que vous n'ayez agreable le desir que j'ay de faire ce voyage, et je me promets que vous prendrez la peine de considerer que, m'estant engagé de deux cens mille escus pour vostre service, apres avoir veû vos bienfaits en toutes sortes de mains, il n'est pas raisonnable que ne recevant rien, je fasse tousjours icy l'honneur de la France, ny que je me ruïne avec esclat, pour conserver les Estrangers en l'opinion qu'ils ont de la grandeur de vostre Couronne... Mais sans mentir, puis qu'on donne à tout ce que je fais vn sens contraire à celuy que j'ay, et qu'ayant vieilli au service de trois grands Rois, je suis encore en peine de defendre vne si longue fidelité contre la calomnie, il faut que je die avec beaucoup de douleur, que si je me suis attaché à mon devoir lorsqu'on proposoit des recompenses à la desobeïssance et que j'ay maintenu vostre authorité lorsque les vns en abusoient, et qu'elle estoit mesprisée des autres, c'est me faire tort aujourd'huy de croire que je veüille commencer à faillir en l'âge où je suis, et me laisser reprocher par la Posterité à laquelle je touche, les dernieres actions de ma vie... » (De Metz, ce XVII janvier MDCXIX.)

« ... Sire, les volontez de vostre Majesté reglent tellement les miennes, que je

mission qu'on avait en vain sollicitée, et dont on savait si bien se passer, arriva lorsqu'on n'était plus qu'à quinze lieues de Blois. On fut bientôt sous les murs du château, et la reine mère, descendue par la fenêtre de sa chambre, et le long des remparts, non sans danger, trouva le duc son libérateur qui la conduisit à Angoulême, où elle choisit pour son séjour la maison même du père de Balzac, *embellie,* dit le journal de Saint-Romuald, *et enrichie de raretez exquises, particulierement pour les tableaux et autres enjolivemens.*

C'est à l'occasion de cet essai de guerre civile que Balzac connut Richelieu. L'évêque de Luçon vint à Angoulême, « serviteur appelé pas la reine et secrètement autorisé par le roi pour étouffer en sa naissance ce nouveau sujet de trouble. Son rôle était de flatter tout le monde : il ne manqua pas de remarquer dans la foule le jeune rédacteur de dépêches *. »

« Ce Monsieur de Luçon avoit vu du jeune Autheur (c'est Balzac qui parle) je ne sçais quoy qui luy avoit, disoit-il, *chatoüillé l'esprit* et qui l'obligea de rechercher son amitié. Ayant apporté d'Avignon un desir passionné de le connoistre, il luy fit une infinité de caresses à son arrivée à Angoulesme. Il le traita d'illustre, d'homme rare, de personne extraordinaire : et l'ayant un jour prié à disner, il

ne me fusse pas mis en chemin, si le subjet du retardement de mon voyage n'avoit cessé et les difficultez de la guerre de Boheme n'estoient entierement levées... Ie n'ay pas pensé que le bien de vostre service m'obligeast de demeurer plus longtemps en vn lieu qui ne court point de fortune en temps de paix, et qui profitera de la foiblesse de l'Empire si la guerre continuë... Ie ne pense pas... que vostre Majesté fasse si peu d'estat de moy, qu'elle ne s'en veüille plus servir qu'à faire tenir les pacquets d'Allemagne plus seurement, et je ne me sens pas encore si inutile qu'il faille que pour tout employ je sois reduit à luy mander des nouvelles et à luy rendre compte des bruits qui courent... » (Du pont de Vichy, le VII fevrier MDCXIX.)

« ... Certes, je puis dire que la conduite dont j'ay vsé a esté telle, la Reyne vostre Mere m'ayant fait l'honneur de se servir de moy en vne occasion qu'elle a jugée importante au bien de vostre Estat, que sans m'estre voulu prevaloir des moyens qui naissoient de faire durer le mal, ny me porter à des resolutions dont l'evenement pouvoit estre heureux, s'il ne vous eust esté desagreable, je me suis contenté de tesmoigner à toute la France que je respectois vostre authorité entre les mains mesmes de mes ennemis... » (D'Angoulesme, le XX juin MDCXIX.)

* *Mélanges d'histoire*, par M. Bazin.

dit à plusieurs gens de qualité qui se trouvoient à table avec luy : *Voilà vn homme à qui il faudra faire du bien, quand nous le pourrons, et il faudra commencer par vne abbaye de dix mille livres de rente.* Mais les choses devoient en demeurer là, et Monsieur le Cardinal de Richelieu ne se point souvenir de ce qu'avoit dit Monsieur l'Evesque de Luçon *. »

Il alla à Rome, en 1621, comme agent de l'archevêque de Toulouse, l'année même où ce prélat obtint la préférence sur Richelieu pour le chapeau de cardinal. Balzac aurait-il contribué à l'élévation de son patron aux dépens de son admirateur, c'est ce dont il serait permis de douter, s'il fallait s'en tenir au compte qu'il rend lui-même de sa mission en termes assez légers : « I'ay, disoit-il, vn eventail qui lasse les mains de quatre valets, et quand je sors du lit, c'est pour entrer dans un bois d'oranger, où je resve au bruit de douze fontaines... C'est affaire au vulgaire de sentir les fleurs, j'ay trouvé le moyen de les manger et de les boire ; et le printemps est toute l'année chez moy, ou en eaux, ou en conserve... Outre cela, en qualité de Monsieur vostre agent, je suis presque toujours en festin... Ce sont, Monseigneur, tous les services que je vous rends au lieu où je suis, et toutes les fonctions de ma residence auprés de Nostre Sainct Pere **. »

Deux ans plus tard, à l'époque du conclave qui donna pour successeur à Grégoire XV Urbain VIII, il écrivait plus sérieusement au cardinal pour le presser de prendre part « à la plus grande affaire, disait-il, qui se traite aujourd'huy dans le monde. » Et il ajoutait : « Quand mesme les choses se passeroient sans estre contestées, à tout le moins vous apprendrez que vous estes en cette action où Dieu vous laisse tenir sa place, et se repose sur vous du plus important de ses ouvrages. A la verité, sa Providence n'est jamais si hautement occupée, que quand il faut choisir celuy-là, qui doit... exercer vne puissance qui est la plus proche de l'infinie ***. »

C'est vers ce temps qu'il perdit les bonnes grâces de ce cardinal, qui l'avait jusque-là « aimé avec chaleur ; à qui sa présence et son

* *Entretien VIII : Deux Histoires en vne ;* à M. Conrart.

** A monseigneur le cardinal de la Valette, lettre du 15 juillet 1621.

*** Au même, 1er août 1623.

absence plaisoient également, parce que leurs entretiens de vive voix continuoient par écrit *. » Quels sont les mauvais offices que lui rendit le bouffon dont il se plaint? Et quel est ce bouffon? je l'ignore **. Ne pourrait-on pas aussi bien attribuer ce changement à l'indifférence naturelle des grands et à l'humeur indépendante de Balzac? Ce passage d'une de ses lettres le donnerait à croire : « Les grands, dit-il, n'ont point devant les yeux les portraits de ceux qui sont absens, ny ne tiennent point d'officiers exprès pour se faire souvenir de ce qu'ils oublient. Au contraire, s'imaginant qu'il n'y a rien qu'eux au monde et les choses qui les touchent, pourvu qu'ils trouvent quelques-vns qui ressemblent à des hommes, ils ne se mettent point en peine d'en chercher d'autres : si bien qu'auprès d'eux l'assiduité fait quelquefois plus que les services, et ceux qu'ils n'aimeroient pas par raison, ils les aiment par coustume. Il est donc necessaire de se montrer tousjours, pour estre tousjours prest de recevoir la fortune : c'est vne tradition que les Gascons laissent en mourant à leurs enfants ***. »

Cette disgrâce, à laquelle il se montra fort sensible, la mort de son « pauvre frere (M. de Campagnol) qu'il avoit perpetuellement devant les yeux **** ; » enfin, son état habituel de maladie et de souffrance ***** le mit de bonne heure en présence des vanités de cette vie et tourna son esprit vers les réalités de l'autre. A vingt-neuf ans, il écrivait à un de ses amis ces graves paroles : « Changeons de propos, et disons que ce n'est qu'vn peu d'eau et de terre meslées ensemble

* *Entretien VIII : Deux Histoires en vne*; à M. Conrart.

** M. de Bautru disait que Balzac était attractif d'injures, et, quoiqu'il fût de ses amis, lui-même ne se gênait pas pour le ridiculiser devant le cardinal. Comme on parlait de sa mauvaise santé : « Comment est-ce, repartit Bautru, qu'il pourroit se bien porter? Il ne fait que parler de luy-mesme, et à chaque fois qu'il en parle, il met le chapeau à la main, cela l'enrhume. » Balzac aurait-il eu encore à se plaindre de ce même Bautru pour quelque mauvais service de ce genre auprès du cardinal de la Valette?

*** Lettre à Hydaspe (son frère M. de Roussines), 1er janvier 1624.

**** « La mort de mon pauvre frere, que j'ay perpetuellement devant les yeux, m'oste le goust de toutes les bonnes choses, et peu s'en faut que la prosperité des affaires du Roy ne me soit odieuse, quand je pense que je porte le deuil de sa victoire. » (Au cardinal de la Valette, Rome, 29 décembre 1621.)

***** « Si on pouvoit separer de la vie de vostre amy les jours que la douleur et la tristesse en ont retranchez, il se trouveroit que depuis qu'il est au monde, il n'a pas vescu vn an entier. » (*Entretien*, à M. Chapelain.)

que nous conservons par toutes les maximes de la prudence et toutes les regles de la medecine... Songeons, je vous prie, à la meilleure part de nous-mesme... C'est cette image de Dieu que nous avons effacée de nos propres mains, qu'il nous faut refaire, et nostre premiere innocence que nous luy devons demander, et non pas nostre premiere santé. Pour moy, je suis absolument resolu à changer de vie et n'avoir plus de soin que de faire mon salut, et de procurer celuy des autres *. »

Cependant ce détachement des choses du monde n'alla jamais jusqu'à lui faire mépriser la gloire de bien dire, et, malheureusement pour son repos, il se laissa persuader de donner au public ces premières lettres, qui lui avaient déjà fait auprès des gens de cour et des savants une haute réputation d'écrivain. Cette publication, au rapport du continuateur de Pellisson, causa d'abord une révolution générale parmi les beaux esprits. La république des lettres devint tout à coup une monarchie où Balzac fut élevé à la royauté par tous les suffrages. On ne parlait pas de lui simplement comme du plus éloquent homme de son siècle, mais comme du seul éloquent **. Tant de succès devait animer l'envie, qui ne pardonne guère qu'à la mort ou au silence.

Un petit écrit assez piquant, intitulé : « *Conformité de l'Eloquence de Monsieur de Balzac avec celle des plus grands personnages du temps passé et du present,* » dû à la plume d'un jeune Feuillant nommé Dom André de Sainct-Denys, fut le signal de son réveil. L'un des amis de Balzac, l'abbé Ogier, célèbre prédicateur, prit la défense de son ami et publia, sous le titre d'*Apologie pour Monsieur de Balzac*, une excellente critique qui réunit à une érudition solide un vrai talent de style. Le combat s'engageant de plus en plus, le général des Feuillants *** s'avança au secours du jeune religieux, armé contre Balzac de deux volumes intitulés : *Lettres de Phyllarque à Ariste*, le plus lourd, le plus grossier, le plus absurde pamphlet

* Lettre à M. Girard, 17 janvier 1623.

** *Histoire de l'Academie françoise*, continuée par l'abbé d'Olivet. Paris, 1630, t. II, p. 76.

*** Jean Goulu, né à Paris en 1516, mort en 1629. Outre les *Lettres à Phyllarque*, il a laissé une traduction d'Arrien, *Manuel d'Épictète*, et une traduction de Saint-Denys l'Aréopagite.

qu'ait jamais inspiré le zèle faux et amer. « Les peres qui me font la guerre, disait Balzac, ne sont pas de ces Ulysses chrestiens qui ont cloüé leurs passions sur le mast de la croix de Jesus-Christ *. » Mais il lui fallait expier ses premiers succès. Le temps était venu où *on ne luy disoit point d'injures sans les faire imprimer*, où *on ne luy faisoit point de mal sans en pretendre de merite*. Sorel, dans l'*Histoire comique de Francion*, introduisit un pédant *Hortensius*, qui, voulant parler à la mode, empruntait quelques termes des nouvelles Lettres, en les ridiculisant par le mélange d'expressions grotesques **. Enfin, du fond de sa prison, un poëte lança une lettre affreuse, et qui eût ruiné, non-seulement la renommée littéraire de Balzac, mais encore sa considération morale, si l'on avait pu ignorer que ce poëte (qui n'était après tout que le libertin Théophile) se vengeait. Balzac, en effet, avait eu le tort de le désigner en des termes flétrissants dans une lettre à l'évêque d'Aire, alors que ce malheureux, brûlé en effigie, errait sous le coup d'une sentence du Parlement qui le déclarait coupable de lèze-majesté divine et humaine.

Il est inutile de s'étendre davantage sur tout ce qui s'imprima de part et d'autre. « A la rage de mille adversaires, écrivait-il à M. de Roussines, son frère aîné, je n'oppose que mon seul mespris. Ie suis à l'espreuve de tous les contes du faubourg Sainct-Honoré et de tous les libelles de la rue Sainct-Jacques. Ils croissent de jour en jour à veuë d'œil, et si la chaleur des esprits ne se rallentit, il se pourra faire vne petite bibliotheque des sottises quy s'escrivent contre moy ***. »

Ce déchaînement des *gladiateurs de plume* dura six ans. Mais tout prend fin à la longue. La mort du terrible général des Feuillants, arrivée en 1629, avait déjà commencé à ramener le calme, et l'auteur des Lettres eut la sagesse de tenir secret ce qu'il avait écrit lui-même pour sa défense, et qui ne parut que longtemps après dans ses *œuvres diverses* sous le titre de *Relation à Menandre* (François Maynard). La tempête qui avait pensé l'abîmer **** servit à augmenter sa réputation, et il dut à la malignité de ses ennemis d'avoir pour dé-

* Lettre à M. de Roussines, son frère, 7 janvier 1651.

** Charles Sorel, sieur de Souvigny, né en 1599; auteur de la *Généalogie de la maison de Bourbon*, de la *Bibliotheque françoise*, etc.

*** Lettre à M. de Roussines, 25 janvier 1628.

**** Expression de Bayle. Voy. *Dictionnaire historique*, art. Balzac.

fenseur un homme tel que Descartes. Nous lisons, en effet, dans la vie de ce dernier, par Baillet, un passage remarquable en réponse à l'accusation de *philautie* (d'estime de soi-même) qui était le principal défaut reproché à Balzac.

« S'il est quelquefois obligé de parler de luy-mesme, dit le célèbre philosophe, il en parle avec la mesme liberté qui le fait parler des autres, et qui lui rend le mensonge insupportable. Comme la crainte du mespris ne l'empesche point de descouvrir aux autres les foiblesses et les maladies de son corps, la malice de ses envieux ne luy fait point dissimuler les avantages de son esprit. C'est ce qu'on pourroit neantmoins interpreter d'abord en mauvaise part dans vn siecle où les vices sont si communs, et les vertus si rares, que dès qu'vn mesme effet peut dépendre d'vne bonne ou d'vne mauvaise cause, les hommes ne manquent jamais de le rapporter à celle qui est mauvaise, et d'en juger par celle qui arrive le plus souvent. Mais lorsqu'on voudra considerer que Monsieur de Balzac s'explique aussi librement sur les vertus et les vices des autres que sur les siens, on ne se persuadera point qu'il y ait dans vn mesme homme des mœurs assez differentes pour produire tout à la fois la malignité qui luy feroit descouvrir les fautes d'autruy, et la flatterie honteuse qui luy feroit publier leurs belles qualitez ; la bassesse d'esprit qui le porteroit à parler de ses propres foiblesses, et la vanité qui luy feroit descrire les avantages de son esprit et les perfections de son ame. Au contraire, on s'imaginera bien plustost qu'il ne parle de toutes ces choses, comme il fait, que par l'amour qu'il porte à la verité, et par vne generosité qui luy est naturelle. La posterité voyant en luy des mœurs toutes conformes à celles des grands hommes de l'Antiquité, admirera la candeur et l'ingenuité de cet esprit eslevé au-dessus du commun et luy fera justice de ses envieux, qui refusent aujourd'huy de reconnoistre son merite. Car la corruption du genre humain est devenue si grande, que comme vn jeune homme auroit honte de paroistre retenu et temperant dans vne compagnie de gens desbauchez de son âge, de mesme la plupart du monde se mocque aujourd'huy d'vne personne qui fait profession d'estre sincere et veritable. L'on prend beaucoup plus de plaisir à escouter de fausses accusations que de veritables loüanges, surtout lorsqu'il arrive à des gens de merite de parler un peu avantageusement d'eux-mesmes. Car c'est pour lors que la verité passe pour orgueil, la dissimulation ou le mensonge pour modestie *. »

En 1631, Balzac fit, pour ainsi dire, un appel sérieux au jugement du public, et mit au jour LE PRINCE, livre d'une mâle éloquence, où les vérités de l'ordre le plus élevé se produisent sous une forme toujours brillante et souvent originale. Cet ouvrage, l'un des premiers monuments de la prose française, mais qui avait le tort grave d'être un long panégyrique du roi, n'eut qu'un faible succès. Faut-il s'en prendre uniquement à l'insuffisance du héros, dont la figure réelle ne répondait que bien imparfaitement à la beauté du portrait et à la richesse du cadre? N'est-il pas juste aussi d'en accuser un peu la malignité humaine? L'homme est si prompt d'ordinaire à se dégoûter de la louange dont il n'est pas l'objet! Assurément, l'immense talent qui n'a pas suffi à faire vivre un panégyrique eût défrayé, et par surcroît, l'immortalité d'un pamphlet. Il y eut encore une circonstance défavorable au PRINCE. Sa publication coïncidait avec l'époque où la dernière évasion de la reine Marie de Médicis l'exilait de la France, qu'elle ne devait plus revoir. Richelieu la poursuivait de sa haine, et l'écrivain, autrefois compagnon du voyage d'Amadis, adressait au Cardinal une lettre de félicitation, imprimée à la suite du PRINCE. Cette lettre, qui offensait les partisans de la princesse exilée, et déplut en même temps au Cardinal, valut à l'auteur vne violente censure de la part de l'abbé de Saint-Germain, Mathieu de Morgues, cet infatigable avocat de la reine mère **.

Dès lors, sachant à quoi s'en tenir sur les promesses de la faveur et les illusions de la célébrité, Balzac dut se borner à l'estime d'un public d'élite et aux *magnifiques bagatelles* d'historiographe de France et de conseiller d'État, vains titres qu'accompagnait une pension qui lui fut toujours fort mal payée ***. Il se retira dans sa pro-

* *Vie de Des Cartes*, par Baillet, in-4°, t. Ier, p. 141 et 142. La Lettre de Descartes est de 1627.

** Mathieu de Morgues, né dans le Velay vers 1588, prédicateur ordinaire de la reine Marguerite de Valois, et ensuite du roi Louis XIII; il s'attacha à la fortune de Marie de Médicis, et la suivit dans son exil. Revenu à Paris après la mort de Richelieu, il mourut dans la maison des Incurables en 1670.

*** Ce qui lui faisait dire à madame de Villesavin au sujet des trésoriers ou payeurs : « Vous changerez leurs *demain* menteurs en de veritables *aujourd'huy*. » (4 février 1639.)

vince, aux bords de la Charente, non plus avec résignation, mais ave joie. Il lui avait tant coûté, à son dernier voyage, s'il faut l'en croire « de quitter la compagnie de ses arbres et de s'esloigner de cett agreable solitude que sa bonne fortune luy avoit donnée dés avant s naissance..... Pays à souhaiter et à peindre, disait-il dans une lettre charmante *, que j'ay choisi pour vacquer à mes cheres occupations et passer les plus douces heures de ma vie. L'eau et les arbres ne le laissent jamais manquer de frais et de vert. Les cygnes qui couvroient autrefois toute la rivière, se sont retirez en ce lieu de seureté, et vivent dans vn canal qui fait resver les plus grands parleurs, et aux bords duquel je suis tousjours heureux, soit que je sois joyeux, soit que je sois triste. Pour peu que je m'y arreste, il me semble que je retourne en ma premiere innocence. Mes desirs, mes craintes et mes esperances cessent tout à coup; tous les mouvemens de mon ame se relaschent, et je n'ay point de passions, ou, si j'en ay, je les gouverne comme des bestes apprivoisées. »

Ce fut dans cette chère retraite qu'il passa le reste de ses jours. Après avoir rêvé une haute fortune, et songé un moment aux redoutables honneurs de l'épiscopat, il avait réduit toute son ambition à la pratique des devoirs du chrétien. Il vivait d'ailleurs auprès des siens **, aussi heureux qu'un homme peut l'être en ce monde quand la santé lui manque ***, et qu'un certain mal du génie le possède ****. Il savait

* Lettre à M. de la Motte-Aigron.

** Son père et sa mère qui ne le précédèrent dans la tombe que de bien peu de temps, l'un étant mort en octobre 1650, et l'autre en avril 1653. (*Lettres à Conrart*, liv. I, lettre XXIV, et liv. IV, lettre XIII). Sa sœur et sa nièce, madame et mademoiselle de Campagnol, habitaient Angoulême.

*** « Que c'est vn grand mal que cette vie, et qu'il y a de peine à soustenir vn corps si RVINEUX que le mien! » (A M. Chapelain, 12 juin 1638). On a rapporté à Bossuet l'honneur de cette expression, qui, on le voit, appartient à Balzac.

**** « Il faut que vous sçachiez à quoy je m'amuse, et que je vous die que je gouverne vn fou, dans lequel je trouve tous les personnages de la comédie, et toutes les sortes d'extravagances qui peuvent tomber dans l'esprit des hommes. Apres que mes livres m'ont entretenu tout le matin, et que je suis las de leur compagnie, je m'en vais passer vne partie de l'apresdisnée avec luy, pour m'esloigner vn peu des choses serieuses qui nourrissent ma melancholie. Depuis que je suis au monde, je me suis perpetuellement ennuyé; j'ay trouvé toutes les heures de ma vie longues, je n'ay jamais rien fait tout le jour que chercher la nuict. C'est pourquoy, si je veux estre joyeux, il faut necessairement que je me trompe moy-mesme, et ma felicité depend tellement des choses

toutefois tromper la douleur par la conversation *, par l'étude et le goût éclairé des beaux-arts. Il dictait à loisir ces rares ouvrages, les *Discours* à la marquise de Rambouillet, le *Socrate chrestien*, l'*Aristippe*, qui seront auprès de la postérité un titre plus sérieux en sa faveur que ces lettres mêmes auxquelles il doit sa renommée. Mais, aussi peu jaloux de la grande et bruyante publicité qu'il était avide de l'estime, des éloges, et, il faut le dire, de l'admiration des beaux esprits de son temps, il se contentait de répandre, dans un cercle choisi, ces productions achevées, qui révélèrent à notre langue le secret de son génie, véritables chefs-d'œuvre où à la constante élévation des pensées répond une expression presque toujours heureuse, et souvent trouvée.

Pour peu que l'on soit initié aux sérieuses difficultés de l'art d'écrire, ou d'exprimer ses idées dans une langue dès longtemps préparée, on comprendra quels obstacles eut à vaincre cet esprit délicat et patient, qui avait à créer tout à la fois et son style et les éléments mêmes de son style. Car, après de longs efforts, notre prose, presque désespérée, même après Montaigne, en était encore au bégayement de la première enfance. Depuis la dernière moitié du seizième siècle jusqu'aux trente premières années du dix-septième, nos écrivains n'ont qu'une voix pour se plaindre de l'insuffisance et de la barbarie du langage. On s'épuise à rechercher les causes de sa lenteur à se dénouer, de cette interminable enfance ; les uns accusent le défaut de culture, c'est, dit du Bellay, « la coulpe de ceux qui l'ont euë en garde et ne l'ont cultivée à suffisance, ains comme vne plante sauvage en celuy mesme desert où elle avoit commencé à naistre, sans jamais l'arroser, la tailler, ny defendre des ronces et espines qui luy faisoient ombre, l'ont laissée envieillir et quasi mourir **. » — Il faut s'en prendre, suivant Montaigne, à l'esprit maladroitement novateur des écrivains « assez hardis et desdaigneux pour ne suivre la route commune, mais faute d'invention et de discretion les perd. Pour

du dehors, que sans la Peinture, la Musique, et quantité d'autres divertissemens, quelque grand resveur que je sois, je n'ay pas assez dequoy m'occuper, ny dequoy me plaire. » (A M. de L'Estang, 1er novembre 1625.)

* « M. de Balzac est l'auteur de notre langue telle qu'elle est aujourd'huy. Il parloit mieux qu'il n'écrivoit. » (*Menagiana*, 1693, p. 256.)

** *Illustrations de la Langue françoise*. Paris, 1561, in-4°, p. 5.

peu qu'ils se gorgiassent en la nouvelleté, il ne leur importe de l'efficace : pour saisir vn nouveau mot, ils quittent l'ordinaire souvent plus fort et plus heureux. En nostre langage, je trouve assez d'estoffe, mais vn peu faute de façon... Ie le trouve suffisamment abondant, mais non pas maniant et vigoureux suffisamment. Il succombe ordinairement a vne puissante conception. Si vous allez tendu, vous sentez souvent qu'il languit soubs vous et fleschit *. » — « Les langues, disait ce grand cardinal du Perron qui *trempoit sa plume dans le sens*, commencent par la naïveté et se perdent par l'affectation. La langue françoise commence à decliner. Tous ceux qui escrivent aujourd'huy ne font rien qui vaille. Ils sont tous ou fort niais ou phrenetiques. Il a esté de nostre langue ainsi que des fruits qui se corrompent par les vers avant que de venir à maturité **. » — « Pourquoy l'Eloquence françoise est-elle demeurée si basse? » se demandait le garde des sceaux Guillaume du Vair; et il ajoutait : « Nostre Estat François a dés sa naissance esté gouverné par les Rois, la puissance souveraine desquels ayant tiré à soy l'authorité du gouvernement, nous a, à la verité, deslivrez des miseres, calamitez et confusions qui sont ordinairement és Estats populaires, mais aussi nous a privez de l'exercice que pouvoient avoir les braves esprits, et des moyens de paroistre au maniement des affaires ***. »

Ainsi les causes du mal étaient signalées, tour à tour avec espérance et découragement. On cherchait la définition de la *marche*, on trouvait les obstacles qui la contrarient : l'homme ne s'était pas encore rencontré, qui, pour trancher toutes les incertitudes, devait se lever et *marcher*.

« Monsieur de Balzac, dit l'abbé Cassagne dans son excellente préface, est venu en ce temps de confusion et de désordre, où toutes les lectures qu'il faisoit et toutes les actions qu'il entendoit, luy devoient estre suspectes ; où il avoit à se défier de tous les maistres et de tous les exemples, et où il ne pouvoit arriver à son but qu'en s'esloignant de tous les chemins battus, ny marcher dans la bonne route qu'apres se l'estre ouverte à luy-mesme. Il l'a ouverte en effet

* *Essais*, liv. III, chap. v.

** *Perroniana*, in-12, p. 180.

*** *De l'Eloquence françoise et des raisons pourquoy elle est demeurée si basse.*

et pour luy et pour les autres; il y a fait entrer un grand nombre d'heureux genies, dont il estoit le guide et le modele *. Et si la France voit aujourd'huy que les escrivains sont plus polis et plus reguliers, il faut qu'elle en rende l'honneur à ce grand homme dont la memoire luy doit estre en veneration... Nostre langue, dans ses ouvrages, ressemble à une vierge aussi pleine de pudeur que de beauté; on ne s'y trouve offensé ny par une nouveauté temeraire, ny par une vieillesse rebutante **. »

Ses contemporains sont unanimes à le reconnaître : la prose française lui doit le tour et le nombre; elle lui doit cette harmonie que le vieux Malherbe refusait à la prose ***. Le premier, il a atteint le but; mais au prix de quels efforts! Dans ce chaos mal débrouillé, où s'agitaient tant de mots, tant de locutions appartenant aux idiomes de province, et aspirant, pour ainsi dire, au droit de cité, quel sens admirable lui a révélé ce qu'il fallait choisir et ce qu'il fallait exclure, les termes propres et les termes étrangers au véritable esprit de la langue! Par quels prodiges de sagacité et de vigilance, par quel infaillible instinct du vrai et du beau en est-il venu à décider presque irrévocablement des formes que la pensée dut revêtir, et à fixer en quelque sorte la capricieuse souveraineté de l'usage! C'est qu'il y avait dans cet homme une force réelle, et, quoique plusieurs, ridiculisant ces efforts ****, cherchassent à insinuer qu'une telle préoccupa-

* « Quand Messieurs du Port-Royal se mirent en tête d'escrire pour le public, ils formèrent leur style sur celuy de Balzac, et suivirent la méthode d'Ablancourt pour la traduction. » (Vigneul-Marville, *Mélanges*, t. I, p. 115.)

** Preface des *Œuvres complètes de Balzac*, édit. Conrart. Paris, L. Billaine, 1665, 2 vol. in-fol.

*** « M. de Malherbe luy-mesme qui a formé ou du moins perfectionné les nombres de nostre poësie, n'en reconnoissoit point dans la prose. Il sembloit qu'en cessant de parler la langue des Muses, il oubliast les regles qu'il avoit trouvées pour la situation et la structure, pour l'ordre et la liaison des paroles. » (*Ibid.*)

**** Voici quelques exemples des difficultés qu'il rencontrait sans cesse : « I'ay veû le Cavalier que vous appellez *intrepide*... Mais avez-vous pris attache des Grammairiens pour passer *intrepide* en nostre langue? » (A M. de la Roche-Hely, 15 novembre 1640). « Vn Gascon diroit que vous estes *introuvable* : Pour moy, qui ne suis pas si hardy, je me contente de dire qu'on ne sçait où vous trouver. » (A M. de Bourzeys, 25 juin 1639). — Enfin, il écrit à Chapelain : « Ie vous supplie que je sçache au vray ce que c'est que cette ridicule mode de certaines gens, qui, en plein jour, et lorsque le soleil n'est obscurci d'aucun nuage, se font servir

tion de la forme ne pouvait être que peu compatible avec la solidité du fond, il est certain que le penseur même l'emportait en lui sur le rhéteur et le critique : s'il a montré, en effet, comment il fallait écrire, c'est qu'il montrait en même temps comment il savait penser. Lui-même l'a dit : « Les regles s'apprennent par le temps, et l'estude donne l'art aux moins heureuses naissances. Il n'y a que cette force secrete dont les paroles sont animées qui vienne immédiatement du Ciel, d'où vient avec elle la grandeur et la majesté*. »

Lorsque le cardinal-ministre, en instituant l'Académie, voulut appliquer à la langue française le principe d'autorité qu'il relevait partout dans le royaume, l'un de ses premiers choix devait naturellement se porter sur l'éminent écrivain dont les pensées consentaient volontiers à ce grand principe, l'élevant d'autant plus haut et l'assurant d'autant mieux, qu'elles lui donnaient pour base l'humble accomplissement des prescriptions de la loi divine. En cela, le ministre et l'écrivain ne s'entendaient guère qu'à demi ; et sans doute ce n'était pas le Cardinal qui avait le plus de scrupule. Balzac fut donc appelé par Richelieu à remplir l'un des premiers fauteuils. Il fut proposé à l'Académie le 13 mars 1634, en même temps que le ministre d'État Abel Servien. Mais, chose assez étrange, il paraîtrait, d'après une lettre à Conrart, dans laquelle il rectifie la relation de Pellisson, qu'il n'aurait accueilli que contre son gré l'honneur d'appartenir à la naissante compagnie. « Il estoit alors (ce sont ses propres expressions) dans les premieres ferveurs de la solitude, » et il témoigna à Bois-Robert, l'homme du Cardinal, « que son dessein estoit d'estre tout seul de son ordre, et que ce dessein estant vn vœu, il n'y avoit point de Societé dans laquelle il pust ny voulust entrer, fust-elle plus illustre que celle

au flambeau. Dites-moi aussi, s'il vous plaist, lequel vous trouvez meilleur *de la pointe du jour* ou *du point du jour ;* et si vous approuvez la prononciation de Paris, qui coupe en deux le monosyllabe *eu :* j'ay *eû*, il a *eû ;* et qui rend *Rome* et *Lionne* comme ils sont escrits, au lieu que toute la France prononce *Roume* et *Lioune.* » (20 janvier 1640). — Un médiocre écrivain du temps, nommé Costar, cherchant à déprimer ces nobles efforts de Balzac, lui appliquait ce que l'évêque de Lisieux disait d'un autre : « Les belles choses qu'il donne au public luy coustent si cher, que si j'estois en sa place, je choisirois quelque autre employ pour le service du prochain, et ne croirois pas que Dieu desirast celuy-là de moy. » (*Apologie de Costar contre M. de Girac.* Paris, 1657, in-4°.)

* Lettres à M. Conrart, 7 décembre 1640.

des Argonautes, qui estoit composée de Princes et de demi-Dieux. »

Mais il n'était pas beaucoup plus facile de se dérober à la bienveillance du grand ministre qu'à ses ressentiments. Il menaça de son mécontentement*, et Balzac fut de l'Académie, où il ne parut qu'une fois, vers l'année 1636, et y lut quelques fragments de son *Aristippe*. Qui se souvient aujourd'hui que le prix d'éloquence a pour fondateur un académicien *malgré lui*** ?

Depuis qu'il avait cessé de poursuivre la célébrité, elle s'était attachée à sa suite. Il y avait peu de voyageurs de mérite et de distinction, Français ou étrangers, qui ne se fissent un plaisir de l'aller visiter dans son désert : sa solitude n'était que trop souvent fréquentée. Cette vaste correspondance qu'il entretenait au dehors, sans autre but d'ordinaire que de professer le bien dire, n'était guère qu'une indiscrète dissipation de son esprit en badinages élégants et diserts. Lui-même raconte ces tourments et ces ennuis d'une manière assez piquante : « Le Solitaire que vous aimez, dit-il dans ses *Entretiens*, a esté ravi d'apprendre que ses derniers ouvrages vous aient plû... Mais, bon Dieu! que ces ouvrages luy coustent cher!... Que ce bruit et cette reputation qui les suit sont incommodes à vn homme qui cherche le calme et le repos! Il est la butte de tous les mauvais complimens de la Chrestienté, pour ne rien dire des bons qui luy donnent encore plus de peine. Il est persecuté, il est assassiné de civilitez qui luy viennent des quatre parties du monde... Pour l'achever, il luy vient icy des importuns en personne, quelquefois de plus de cent lieues et tout exprés, si on les veut croire, qui luy donnent le dernier coup de la mort... Vn de ces curieux luy commença l'autre jour sa harangue par *le respect et la veneration qu'il*

* « Monsieur de Bois-Robert ne gousta pas ce langage, et fut fasché que son serieux m'eust donné subjet de rire; il m'escrivit vne derniere lettre qui me menaçoit de la part de Monsieur le Cardinal, et me signifioit en termes exprés que je desplaisois à son Eminence, si je mesprisois sa fondation, et si je ne faisois à l'Academie vn compliment par escrit... » (*Lettres à Conrart*, liv. IV, lettre XIX, 22 septembre 1653.)

** « Le prix qu'il a fondé et que l'Académie donne tous les deux ans (avait pour but) de contribuer à former ceux qui se destinent à la chaire. En le fondant, il a immortalisé tout ensemble et sa passion pour l'éloquence et son zèle pour la religion. » (*Histoire de l'Academie françoise*, continuée par l'abbé d'Olivet. Paris, 1730, in-12, t. II, p. 84.)

avoit tousjours eus pour luy et pour messieurs ses livres..... Et neantmoins certaines gens ne laissent pas de le tourmenter et de vouloir qu'il ait tousjours quelque chose de nouveau pour les divertir... Chose estrange, on s'estonne qu'vn artisan mette six ans à faire vne piece, et on ne s'estonne pas que la plupart des hommes en mettent soixante à ne rien faire *! » — A l'élégance de ces plaintes, on sent que le patient se complaisait un peu dans son supplice, et qu'il feignait d'être importuné de la renommée, pour se laisser courtiser par elle. Deux recueils de lettres, adressées les unes à Chapelain (*ad Atticum*), les autres à Conrart, prouvent bien qu'il était loin de se résigner à l'oubli. Loin de là : les faiblesses et les vanités d'auteur, la préoccupation un peu jalouse des succès d'autrui, et en particulier de Voiture **, remplissent surtout le second recueil. Mais il est un côté sérieux et touchant par où cette correspondance se relève : elle nous découvre cette longue et rare intimité qui unissait ces deux anciens confrères de l'Académie, et laisse notre admiration indécise entre la confiance expansive de l'un et l'infatigable complaisance de l'autre. « Ie vivray et mourray son ingrat, » disait Balzac en parlant de Conrart, et il lui écrivait peu de temps avant de mourir : « Ce que je voy par vos yeux, je le voy avec certitude, au lieu que je doute bien souvent de ce que je voy par les miens. Ils ne m'apprennent pourtant que trop asseurement que ma mort approche, et quand je me regarde ou quand je me taste, je voy ou je sens qu'elle me separera bientost de vous. C'est le plus grand regret que j'auray en quittant le Monde, et ce me seroit vne espece de consolation, si je pouvois vous embrasser avant que d'en partir ***. » Et il lui disait encore dans une lettre dernière : « Dans mon extrême langueur, je n'ay point d'autre consolation que celle de penser à mourir en la grace de Dieu, et de me representer à toute heure quel bonheur ce m'est d'avoir acquis vn amy comme vous, et de l'avoir conservé jusqu'au tombeau ****. »

* *Entretiens* VII et X.

** « Après avoir obligé M. de Girac à écrire en latin contre les *Lettres de Voiture*, il engagea aussi M. Costar à prendre la défense de Voiture et à écrire contre M. de Girac; c'étoit pour s'attirer des loüanges de l'vn et de l'autre costé. » (*Menagiana*, 1693, p. 198.)

*** *Lettres à Conrart*, liv. IV, lettre xx, 3 novembre 1653.

**** *Ibid.*, liv. IV, lettre xxvi, 29 décembre 1653.

Déjà depuis longtemps la souffrance l'avait familiarisé avec la mort, et, pour s'y mieux préparer, il avait fait bâtir deux chambres aux pères Capucins d'Angoulême, où il allait se recueillir plusieurs fois l'année. Des ecclésiastiques, des religieux, de sages et austères amis, venaient encore distraire par leurs entretiens cette dernière retraite, où Socrate chrétien achevait de se détacher du monde et de soi-même *. Vers le commencement de janvier 1654, il revint à Angoulême chez madame de Campagnol, sa sœur; c'était pour y mourir. Le 18 février suivant, il rendait le dernier soupir, à l'âge de soixante ans **.

Son testament, que résument tout entier ces mots admirables : CHRISTUS ET PAUPERES MIHI HÆREDES SUNTO, ordonnait qu'on l'enterrât à Angoulême dans l'hôpital de Notre-Dame-des-Anges, *aux pieds des pauvres qui y estoient desja inhumez* ***.

* Il ne faut pas oublier sa réconciliation avec les PP. Feuillants. « M. de Balzac, dit l'abbé Cassagne, estant tombé dans une dangereuse maladie, dés que cette nouvelle fut venue à la connoissance du R. P. André de Sainct-Denys, qui se trouvoit alors Prieur dans un couvent de son ordre, il assembla tous ses religieux, et leur fit joindre leurs prieres aux siennes pour obtenir la guerison d'un homme qui, selon les apparences du monde, devoit estre son ennemi. M. de Balzac estant revenu en convalescence, escrivit une lettre pleine de tendresse au R. P. André, et ensuite offrit un vœu magnifique dans l'Eglise de la Maison religieuse dont il estoit Superieur. Depuis, ils s'aimerent avec une entiere ouverture de cœur. »

** *Voir*, ci-après, la Relation de la Mort de M. de Balzac, écrite par M. Moriscet, avocat en parlement.

*** Cette chapelle devant être démolie, les membres de la commission des hospices d'Angoulême ont eu la pieuse pensée d'exhumer les restes mortels de leur célèbre compatriote pour les transporter dans la chapelle de l'hôpital actuel. La cérémonie de cette translation a eu lieu le 8 février 1851, et un éloquent prélat, monseigneur Cousseau, a prononcé des paroles admirables en l'honneur de l'humble fidèle qui fut un grand écrivain.

RELATION

DE LA

MORT DE M. DE BALZAC

ESCRITE PAR FEU M. MORISCET

Advocat en Parlement *.

Il y a desja quelques années que Monsieur de Balzac estant ennuyé du monde, et desirant penser aux affaires de l'autre vie, disoit souvent qu'il n'y avoit qu'*vne chose de necessaire*. Il avoit dessein de se retirer en quelque maison religieuse, pour y vivre à l'abri de l'ambition et des autres tempestes de la vie civile. Il jeta les yeux sur les Peres Feuillans de Sainct-Mesmin, auprés d'Orléans, où il estoit invité par le Pere André, qui en est Superieur, dont il estimoit beaucoup le merite. Mais l'amour de ses proches s'y estant opposé et n'ayant pû vaincre ce puissant obstacle, il fit bastir deux chambres aux Peres Capucins de cette ville, dans vne situation parfaitement belle, et d'où l'on descouvre toute la campagne voisine. Aussitost qu'elles furent en estat d'estre habitées, il y alla en la compagnie de ses Muses, qui estoient devenues tout à fait chrestiennes. Il y a composé quantité de pieces devotes, et c'est là où son *Socrate* a pris sa naissance. L'exemple des bons Religieux qui vivent avec luy dans vne mesme solitude

* M. Moriscet, frère de l'avocat, théologal d'Angoulême, fit l'oraison funèbre de Balzac.

alluma vne vive devotion dans son esprit. Il donnoit inviolablement chaque jour certaines heures à la priere, et il n'en passoit point qu'il ne recitast ou ne fist reciter les Litanies du nom de JESUS et de la Vierge. Il se confessoit et communioit souvent, touché d'vne profonde veneration pour les Mysteres. Il avoit aveuglé son esprit pour le captiver sous l'obeïssance de la Foy, et il avoit tant de sousmission pour la Doctrine de l'Eglise, que nous l'avons veù plusieurs fois entrer en vne saincte cholere contre ceux qui la vouloient troubler et qui s'efforçoient d'y introduire des nouveautez dangereuses.

Combien de fois dans ces admirables conversations, où sans sceptre visible et sans couronne materielle, il exerçoit vn pouvoir souverain, luy avons-nous ouï dire ces divines paroles, à qui il a depuis donné place dans son *Socrate* : « S'il est vray ce qu'on a dit autrefois, qu'il ne faut pas estre curieux dans la Republique d'autruy, quelle audace est-ce à vn citoyen du bas Monde, à vn habitant de la Terre, de se mesler si avant des choses superieures et des affaires du Ciel?... »

Monsieur de Plassac-Méré, dont l'esprit et la conversation luy ont tousjours infiniment plû, l'estant venu visiter cét hyver pour le consulter sur divers doutes, il le receût magnifiquement selon sa coustume, et luy rendit les oracles qu'il attendoit de luy. Apresdisné, il nous lisoit luy-mesme des Discours qu'il avoit dessein de donner vn jour au public, sous le tiltre de ses *Entretiens*. On agitoit ensuite, pour le divertissement, quelques questions philosophiques; mais il desiroit qu'elles se terminassent tousjours par vne humble deference de nostre raison à celle de Dieu. Il disoit que nous devions adorer des secrets où il n'appeloit ny tesmoins, ny juges, ny arbitres; qu'il n'estoit pas permis de penetrer dans les abysmes de la sagesse; qu'il ne faloit pas estre ingenieux et hardis, où nous devions estre simples et timides.

Monsieur de Saumaise estant mort, quelques-vns de ses amis, qui sçavent que la vraye immortalité en prose et en vers se distribuoit par ses mains en l'vne et en l'autre langue, desirerent vne epitaphe de sa façon, pour estre gravée sur sa tombe. Le merite de cét homme incomparable, dont l'esprit et la doctrine n'avoient point de bornes, l'obligeoit puissamment de rendre cét honneur à sa memoire. Mais ayant consideré qu'il n'estoit pas mort dans le sein de l'Eglise romaine, il porta tant de respect à sa Religion, qu'il ne voulut pas consacrer vn homme qui n'en estoit pas, et sembler mesme, en apparence, participer par cét acte de pieté à vne communion differente de la sienne. Toutefois, pour ne pas priver de sa reconnoissance vn personnage qui a tant merité du monde sçavant et qui l'a illuminé par ses ouvrages, il a fait deux Epigrammes qui ont esté veuës à Paris, dont chacune luy tiendra lieu, dans le Temple de la Gloire, d'vne statuë de la main de Phidias ou de Polyclete.

Il avoit vn si grand respect pour les Sainctes Escritures, qu'il en adoroit jusqu'aux points et virgules. Y ayant lù avec attention que l'Aumosne est vn des plus agreables sacrifices qu'on puisse presenter à Dieu, il resolut de faire vne saincte profusion de ses biens envers les pauvres et l'Eglise : il a donné vingt-deux mille livres avec vne generosité heroïque. Car bien loin de l'avoir fait par les mouvemens d'vne liberalité soudaine et impetueuse, nous luy avons souvent ouï dire qu'il ne croyoit pas que son present eust du merite, à cause du peu d'estat qu'il fesoit de l'argent, et du mespris qu'il avoit de longue-main pour les richesses.

Il en avoit si peu de complaisance en luy-mesme, qu'il eust voulu, s'il eust pù, en esteindre le souvenir, et fuir les yeux et la connoissance des hommes. Il a defendu qu'il ne s'en fist aucune inscription que celle qu'il a laissée, dans laquelle se cachant dans l'obscurité d'vn profond mespris, il a desiré seulement pour la seureté de la chose, se faire connoistre sous le tiltre d'vn tres-grand pecheur, qui vouloit rendre à Dieu sa mort plus agreable que sa vie. Il a donné vne lampe d'argent de huit cens livres à l'Eglise de Sainct-André de cette ville, et vne autre de cinq cens livres à l'Hospital de Nostre-Dame-des-Anges; ayant quelques années auparavant donné à l'autel de l'Eglise des Peres Feüillans de Sainct-Mesmin vne cassolette de quatre cens livres, accompagnée d'vn revenu annuel pour y brusler continuellement les parfums à l'honneur de Iesus-Christ et de sa Saincte Mere.

Au commencement de janvier dernier, il vint en cette ville en la maison de madame de Campagnol, sa sœur. Il voulut, en entrant en la ville, aller à l'Hospital visiter les pauvres et assister à la distribution d'vne aumosne qu'il leur fit faire. Cependant vne fluxion mortelle qui luy tomboit sur la poitrine, croissant et augmentant chaque jour, on voyoit visiblement diminuer ses forces. Il ne laissoit pas pourtant de travailler le jour et la nuict à son ordinaire, afin qu'il ne se perdist pas le moindre moment du loisir precieux de la vie du Sage.

Il faisoit mettre au net, pour l'impression, son premier volume de Lettres familieres à Monsieur Chapelain, et en revoyoit vn autre à Monsieur Conrart, qu'il desiroit publier à mesme temps, pour laisser des marques à la Posterité de l'estime extraordinaire qu'il avoit pour ces deux grands hommes. Il faisoit aussi escrire vn Discours sur lequel la Mort l'a arresté, qu'il avoit dessein de presenter à Monsieur le Marquis de Montauzier, si digne juge des ouvrages de l'esprit, et du nom duquel les Lettres tirent tant de gloire. Il a travaillé jusques à la fin; car il est certain qu'il a cessé, trois jours seulement devant sa mort, de retoucher ses papiers, à qui il donnoit tousjours quelque trait de cette excellente beauté, dont il avoit vne si parfaite idée. Il a fait avec la satisfaction de ses proches entre eux vne sage distribution des biens, que le droict du sang et la Loy du pays l'obligeoient de retenir dans la famille. Les ayant fait appeller auprés de luy, il leur donna à tous de nouveaux tesmoignages de son affection. Il leur dit qu'enfin il faloit se separer, et que la derniere heure estoit venuë : qu'il estoit prest d'obeïr aux ordres de Dieu, sans aucune apprehension de la mort; qu'à la verité il redoutoit ses jugemens; mais qu'il sçavoit que sa bonté estoit infinie. Il adjousta beaucoup de choses dignes de luy, qui sembloient mesme avoir quelque teinture de la lumiere de l'Eternité, dont il s'approchoit. Il parla avec beaucoup de mespris de la vanité des hommes. Mais il conserva jusques à l'extremité le souvenir de ses chers amis Messieurs Chapelain et Conrart, qui avoient esté les fideles tesmoins de sa vie cachée, et à qui il avoit donné entrée dans le plus secret de son ame. Il pria Monsieur Girard, Archidiacre de l'Eglise de cette ville, de les asseurer qu'il mouroit leur serviteur, et deposa entre ses mains ses papiers, qui sont l'image de son esprit, et le plus riche partage de sa succession.

Ayant appris la mort de Monsieur de Serizay, arrivée à La Rochefoucauld quelques jours avant la sienne, il nous dit qu'il y avoit longtemps qu'ils ne s'estoient veûs, mais qu'ils se verroient bientost en l'autre Monde, en vn Pays où il ne sert gueres d'avoir esté Orateur et Poëte; mais où il importe grandement d'avoir esté homme de bien, et adjousta qu'il se resjouïssoit de la saincte mort qu'il avoit faite, et qu'elle est vn present du Ciel, qu'il n'accorde qu'à ceux qu'il favorise de sa bienveillance. Il avoit apporté vn si sage temperament à la vehemence de ses passions, qu'il n'en avoit aucune qu'il n'eust renduë souple et obeïssante à sa raison. Il estoit dans cette haute region de merite, où on le voyoit eslevé, devenu simple et doux comme un enfant : et quoy qu'il fust naturellement delicat, il supportoit tout ce qu'on vouloit sans se plaindre. Il estoit accablé sous le pesant fardeau d'vne oppression violente : neantmoins on eust dit que la douleur le flattoit et qu'elle avoit changé en douceur ses aiguillons et ses pointes. Quelqu'un luy ayant dit des nouvelles d'vn de ses amis, qu'il croyoit apporter trop de curiosité aux choses de la Religion, il dit que pour toute response à ses complimens, il le prioit de songer à Dieu et de ne philosopher plus. Il se confessa et communia en parfait penitent : quoy qu'il fust desja grandement foible, il ne voulust pas recevoir la communion dans le lict. Il se fit habiller et conduire au milieu de sa chambre, où, regardant avec vne frayeur respectueuse et vn tremblement religieux le Sainct Sacrement qui y estoit, il se prosterna devant luy contre terre et fit à Dieu amende honorable avec vne eloquence qui ravit en admiration toute l'assistance.

Le deuxiesme de fevrier, jour de la Purification de la Vierge, Monsieur Moriscet, Theologal de cette ville, le recommanda au sermon aux prieres publiques ; ce que n'ayant pû sans parler de luy magnifiquement, et sans rendre le tesmoignage que meritoit vne vie si illustre, qui a donné tant d'esclat à son Siecle, il s'en plaignit à luy doucement au soir, et luy demanda ce qu'il vouloit dire de consacrer ainsi de la poussiere et d'honorer un miserable pecheur par de si excessives loüanges. Il s'avilit là infiniment, et opposa vn extrême mespris de soy-mesme à la grande reputation qu'il avoit acquise. Ce mesme jour, Monsieur l'Evesque d'Angoulesme l'ayant visité, il le pria de luy donner sa benediction, et luy demanda pardon s'il n'avoit porté assez de respect à sa dignité et de Messieurs les Evesques. Il luy dit beaucoup de choses qui demeureront en sa memoire, et qui luy tesmoignerent combien il estoit serieusement persuadé de toutes les Veritez Chrestiennes. Il declara ensuite ce que nous luy avions oüi dire en plusieurs rencontres, que le seul regret qu'il avoit en partant de ce monde, estoit de n'avoir pas reveû ses Escrits, comme il en avoit le dessein, pour en retrancher ce qui y estoit né de trop libre, dans la violence des passions et la chaleur de la jeunesse ; mais qu'il laissoit ce pouvoir à Monsieur Godeau, Evesque de Grasse, son ancien amy, qu'il le supplioit de l'avoir agreable et de luy vouloir rendre ce bon office avec toute la rigueur et toute la severité de la charité chrestienne.

Dés ce temps-là, il commença de sentir les approches de la mort : car il enfloit desja partout, et il s'estoit joint à sa fluxion vne hydropisie formée. Neantmoins, il estoit bien aise de revoir ses amis, qui alloient admirer la vigueur de son esprit et la fermeté de sa grande ame. Il s'entretenoit avec eux du mespris de la mort et de la certitude de l'autre vie ; des avantages de la Vertu et de la fragilité des choses humaines. Il s'estoit fait vne conscience si tendre, qu'il estoit effrayé par la seule ombre du mal. Il avoit purifié depuis long-temps tous les sentimens de son cœur, et il est aisé de croire qu'il n'y conservoit d'aversion pour personne. Toutefois s'estant souvenu que, dans ses premieres années, il s'estoit passé quelque chose de moins favorable à la Charité Chrestienne entre Monsieur de Iaverzac et luy, il envoya vn de ses amis en sa maison, esloignée de sept ou huict lieuës de cette ville, le prier de luy donner vne visite pour avoir la joye de l'embrasser devant que de mourir. Il l'embrassa, en effet, avec vn transport de joye incroyable, et versa dans son sein vne effusion d'amour qui estouffa agreablement dans leur esprit le souvenir de leur ancienne querelle. Monsieur de Iaverzac en fut si touché, que, sur l'heure, les yeux tout trempez de larmes, il fit vn Sonnet pour pleurer à jamais la perte de son amy, et se plaindre de la cruauté de la mort, qui luy enlevoit vne si precieuse despoüille. Le jour devant celuy de sa mort, il respondit à vne Harangue Latine qui luy fut faite par vn professeur de Philosophie ; mais le jour funeste estant venu où nous avons veû esteindre cette divine lumiere, il demanda l'Extrême-Onction dés le matin, afin de n'estre privé d'aucun des Sacremens de l'Eglise. Il la receût avec grande devotion, et respondit luy-mesme au curé, quoy qu'il semblast encore tout vivant assister à ses funérailles. Il dit derechef qu'il faloit se separer, et que les remedes qu'on avoit continuez jusques alors estoient inutiles, parce qu'asseurement il mourroit ce jour-là. Il desira avoir vn crucifix sur son lict, qui luy renouvellast la pensée de la mort et de la passion de Nostre Sauveur Iesus-Christ. Il le baisoit continuellement aux pieds avec vn profond respect, et eslevoit les yeux en haut pour en obtenir misericorde.

Cependant il conservoit la beauté de son esprit, qui duroit en sa clarté, sans estre troublé par aucuns nuages. Quatre heures devant mourir, l'autheur de cét escrit s'estant approché de luy en la compagnie de Monsieur le Theologal, son frere, il leur tendit à tous deux la main avec sa civilité ordinaire, et leur dit qu'il ne pouvoit ny vivre ny mourir. Au mesme temps il appella vn de ses valets, et luy ordonna de luy apporter vn livre, qui estoit à eux, qu'il leur vouloit rendre; mais, ne pouvant pas le trouver, il l'accusa de peu de memoire, et luy marqua l'endroit où il estoit. Il voulut luy-mesme le leur mettre entre les mains, et les pria que sa memoire leur fust chere. Comme le desbordement de sa fluxion l'opprimoit, il se fit mettre à son seant, et fit à Dieu vne belle priere; il la finit par vne devote supplication de n'attendre point long-temps la mort, à laquelle il estoit disposé, et qu'il desiroit sans aucune haine de la vie. Il embrassa apres cela ses proches et ses amis qui estoient autour de luy, avec une forte et genereuse tendresse, les conjurant de venerer les decrets du Ciel, et d'arrester leurs gemissemens et leurs plaintes. Il ne parut pas le moindre trouble sur son visage, et il n'y eut que luy qui ne fust point esmeû par ce triste spectacle. Le Pere Simon, Iesuite, son confesseur, homme d'vne insigne vertu et d'vne pieté exemplaire, luy ayant demandé s'il ne vouloit point se confesser de quelque chose, il luy respondit qu'il se confessoit de tout, avec vne posture de penitent et vn cœur blessé d'vne douleur bien vive. Il receût de nouveau l'absolution de ses pechez, laquelle ayant esté accompagnée de quelques sentimens d'amour de Dieu qui luy furent imprimez par son confesseur, tirez de ce transport de charité de l'Apostre Sainct Paul : *Cupio dissolvi et esse cum Christo*, il demanda quand viendroit cette heure tant desirée, et adjousta deux ou trois mots de grand sens sur cela, qui pourroient tenir lieu de paraphrase à ces paroles. Il prit là vn peu de repos; et puis se tournant vers Monsieur le Theologal, qui estoit au chevet de son lict, il le pria de luy dire quelque chose pour l'aider à mourir. Monsieur le Theologal luy ayant dit qu'il mist tousjours sa confiance en Dieu, et qu'il luy adressast dans le cœur cette puissante priere d'vn sainct Prophete : *Dic animæ meæ, salus tua ego sum;* il respondit avec vne forte esmotion dont il parut visiblement agité : « O oui, mon Dieu, c'est de vous seul de qui j'attends mon salut. » Il prenoit vn tres-grand plaisir à ouïr parler de Dieu, en qui il avoit reüni toutes ses pensées; mais connoissant qu'il ne tenoit plus que d'vn petit filet à la vie, il nous dit : « Mes amis, je me meurs, je ne suis plus capable de raisonnement ; priez Dieu pour moy. » Il escouta les prieres avec des transports d'vne ardente pieté, qu'il tesmoignoit par des signes et des gestes pathetiques. Il demanda encore quand viendroit cette heure favorable, et dit qu'il ne sçavoit pas en quel lieu il alloit ; mais qu'il esperoit y trouver misericorde. Au mesme temps, ayant esté remarqué par quelqu'un qu'il defailloit, il dit « qu'il n'estoit plus. » Ce furent les dernieres paroles qu'il prononça, apres lesquelles ne pouvant plus parler, et neantmoins conservant la liberté de son jugement admirable, il faisoit des signes eloquens et parloit encore par son silence. Il demeura en cét estat environ un quart d'heure, apres quoy il rendit l'ame.

Il a desiré estre enterré à l'Hospital avec les pauvres, où son humilité ne pouvant plus s'opposer à l'inclination de ses proches, ses funerailles ont esté faites avec beaucoup de magnificence. Elles n'ont pourtant rien eu de si remarquable que l'admiration et le regret de ses citoyens, qui ont esté les plus precieux ornemens de sa pompe funebre, n'y en ayant point eu qui n'ait orné son tombeau de fleurs et qui ne l'ait arrosé de ses larmes. Ils voudroient, s'il leur estoit possible, luy dedier vn Mausolée, et l'enrichir des plus superbes figures que leur passion leur pourroit conseiller ; mais ils s'efforcent autant qu'ils peuvent de le faire revivre en leur memoire, et de luy consacrer dans leur esprit des monumens plus durables que l'airain et le marbre. Il est vray qu'ils ont perdu toute leur gloire, et que leur plus grande reputation estoit renfermée dans la possession de cét homme illustre, sur les levres duquel, comme on a dit de Pericles, la Deesse de la Persuasion, cette Reyne des choses divines et humaines, avoit basty son Temple. En effet, par le propre tesmoignage de l'Envie, son nom n'estoit pas tant le nom d'vn homme vivant, que le nom de l'Eloquence. Il n'y a personne qui ne sçache qu'on le peut opposer à ce que Rome et Athenes ont eu de plus rare, et la France ne luy est pas moins obligée qu'aux Victorieux qui ont aggrandi son Estat, puis qu'il n'est pas moins glorieux d'estendre les bornes de l'empire de l'Esprit, que d'estendre celles de la grandeur d'vne Couronne. Il y a apparence que les Muses travailleront à embellir son Sepulchre. Il y en a icy vne naissante qui sera quelque jour la merveille des autres, et qui tiendra le premier rang parmy elles, qui l'a desja embelli d'vne excellente maniere. C'est mademoiselle du Chambon, âgée seulement de douze ans, qui fait tres-bien des vers, et qui a vne connoissance exquise de la pureté de la langue latine. Elle luit de sa propre lumiere; mais cette lumiere s'augmente par le rejaillissement des rayons de celle de Monsieur le President Gandillaud, son pere, de qui le seul nom est vn eloge, et duquel l'illustre Mort, que nous regrettons, avoit coustume de dire qu'il avoit despit qu'vn merite qui feroit honneur à Paris, fust renfermé dans l'estenduë d'vne Province. Elle fit le mesme jour de sa mort l'epitaphe qui se trouvera escrit au bas de cette Relation. La Reconnoissance de cette admirable Muse ne sera pas sans doute toute seule. Elle sera accompagnée de celle de quantité d'autres; car qui pourroient-elles plus legitimement celebrer que celuy qui leur a descouvert le secret de se rendre agreables, et qui leur a enseigné en perfection l'art de faire leurs couronnes?

ILLVSTRISSIMO VIRO

IOAN. LVD. BALZACIO

OMNI LITTERARVM GENERE CVLTISSIMO, ELOQVENTIÆ VERO
FACILE PRINCIPI, MAJORE REIP.
LITTERARIÆ DAMNO EREPTO, QVAM SVO.

Obscuro tegitur tumulo BALZACIVS ingens,
  Terra virum illustrem si tegere ulla potest.
Huc ades, o quisquis mundum mirator oberras :
  Suspectum toto gressibus orbe teris;
Cujus inexhausto vix dum suffecerat orbis
  Ingenio, exiguus comprimit ossa lapis.

Scripsit Margareta Chambonia, Virgo duodecim annorum, etiam in illa tenera ætate inclytæ et heroicæ virtutis admiratrix.

Escrit à Angoulesme,
le XIX fevrier MDCLIV.

ODE DE MONSIEVR DE RACAN

Doctes Nymphes par qui nos vies
Bravent les ans et le trépas,
Seules beautez dont les appas
Ont mes passions asservies;
Vous sçavez bien que la splendeur
De cette orgueilleuse grandeur
Où l'espoir des autres se fonde,
N'est point ce que j'ay desiré,
Et que j'ay tousjours preferé
Vos faveurs à celles du Monde.

Enflé de cette belle audace,
A peine sçavois-je marcher,
Que j'osay vous aller chercher
Au plus haut sommet du Parnasse :
Apollon m'ouvrit ses thresors,
Et vous me jurastes dés lors
Par vos sciences immortelles,
Que mes escrits verroient le jour,
Et tant qu'on parleroit d'amour
Vivroient dans la bouche des belles.

Toutefois, mes cheres compagnes,
Ces esperances m'ont failli,
Balzac tout seul a recueilli
Ce qu'on cherche dans vos montagnes.
C'est en vain que tous ses rivaux
Esperent par leurs longs travaux

En vostre eternelle richesse;
Luy seul la possede aujourd'huy,
Et faut que je tienne de luy
Les effets de vostre promesse.

Lorsque la nuict estend ses voiles,
On y remarque des flambeaux
Qui semblent plus grands et plus beaux
Que ne sont les autres Estoilles :
Mais sitost que l'astre des Cieux
Commence à paroistre à nos yeux,
Et qu'il a les ombres chassées,
Nous voyons que de tous costez
Grandes et petites clartez
Sont également effacées.

De mesme ceux à qui la France
A veû tenir les premiers rangs
Dans le siecle des ignorans,
Devant luy perdent l'asseurance.
Ce grand soleil des beaux-esprits
A tout seul remporté le prix,
De luy seul la gloire est connuë;
Et tous ces petits escrivains
Qui faisoient nagueres les vains,
Disparoissent à sa venuë.

Il r'apprend à l'âge où nous sommes
L'art qui fit ces premieres loix,
Par qui l'on rendit autrefois
Les hommes esclaves des hommes.
Il produit ces inventions,
Dont les seules impressions
Ont fait les vertus et les vices,
Ont fait les villes souslever,
Et fait aux plus lasches trouver
En la mort mesme des delices.

C'est par là que dans les tempestes
De tout vn peuple mutiné
On tient par l'oreille enchaisné
Ce cruel Typhon à cent testes:

C'est par ses propos attirans
Qu'on voit arracher les tyrans
D'entre les bras de la Fortune,
Ou qu'ils sçavent s'y maintenir,
Et qu'ils ont le pouvoir d'vnir
Diverses volontez en vne.

Les choses les plus ordinaires
Sont rares quand il les escrit,
Et la clarté de son esprit
Rend les mysteres populaires.
La douceur et la majesté
Y disputent de la beauté;
Son eloquence est la premiere
Qui joint l'elegance au sçavoir,
Et qui n'a point d'yeux pour la voir,
N'en a point pour voir la lumiere.

Divin Balzac, qui par tes veilles
Acquiers tout l'honneur de nos jours,
Grand Demon de qui les discours
Ont moins de mots que de merveilles :
Dieu qui vivant avecque nous
As rendu l'Olympe jaloux
Et toute la Terre estonnée,
Te sçaurois-je rien immoler
Qui puisse jamais égaler
La gloire que tu m'as donnée?

En vain dans le marbre et le jaspe
Les Rois pensent s'eterniser,
En vain ils en font espuiser
L'une et l'autre rive d'Hydaspe :
En vain leur pouvoir nonpareil
Esleve jusques au Soleil
Leur ambitieuse folie,
Tous ces superbes bastimens
Ne sont qu'autant de monumens
Où leur gloire est ensevelie.

Ces Heros jadis venerables,
Par les âges nous sont ravis,

Les Dieux mesmes qu'ils ont servis
N'ont plus de nom que dans nos Fables :
Ny leurs Temples, ny leurs Autels
N'estoient point honneurs immortels,
Le temps a brisé leurs images ;
Quoy qu'espere la vanité,
Il n'est point d'autre éternité
Que de vivre dans tes ouvrages.

Par eux seuls la rigueur des Parques
Se rend sensible à la pitié,
Par eux seuls de nostre amitié
Se gravent à jamais les marques :
Et dans les siecles à venir,
Où la mort mesme doit finir,
Nostre Memoire reverée,
Partout où le soleil luira,
A l'Vnivers égalera
Son estenduë et sa durée.

A M. CONRART

SVR LA MORT DE MONSIEVR DE BALZAC.

ELEGIE.

Conrart, Balzac est mort, ce chef-d'œuvre des Cieux,
Ce mortel qui parloit le langage des Dieux;
Ce mortel qu'on a veû tout brillant de lumiere,
N'est maintenant qu'vne ombre et qu'vn peu de poussiere;
Ses hautes qualitez, ny ses nobles escrits,
Si cheris, si vantez des plus rares esprits,
Ny tout ce que son ame eut d'attraits et de charmes,
N'ont pû forcer la mort à luy rendre les armes;
Les plus doctes humains, comme les ignorans,
Flechissent, cher Conrart, sous l'empire des ans;
Le Prince, le Berger, le Subjet, le Monarque,
Payent egalement le tribut à la Parque,
Et le foible et le fort passent en vn moment,
Rien ne peut s'affranchir des loix du monument.
Apres cela, mortels, vos ames insensées
Forment-elles encor ces sublimes pensées?
Forment-elles encor ces desseins eternels,
Ces efforts plus qu'humains, ces projets criminels?
Vous flattez-vous encor, malgré les destinées,
De porter vostre orgueil au delà des années?
Certes on doit bien croire, apres ce changement,
Qu'il n'est rien d'asseuré dans ce bas element :
Ce beau rien tant vanté, ce bien imaginaire,
N'a qu'vn brillant trompeur dont se paist le vulgaire.
De ceux qu'on voit monter au faiste de l'honneur,
Souvent vn coup fatal interrompt le bonheur,

Et la mort triomphant de ces ames hautaines
N'en laisse que des noms et des images vaines,
Et de tant de desseins et de projets divers
Elle fait vn phantosme aux yeux de l'Vnivers.
Dure necessité de l'humaine Nature !
Donc personne ne peut fuïr la sepulture?
O vous qui presidez au destin des humains,
Qui tenez des mortels la vie entre vos mains,
Deviez-vous pas monstrer pour vostre propre gloire,
Que vous pouviez sauver Balzac de l'onde noire,
Et laisser vne marque à la Postérité
Et de vostre pouvoir et de vostre equité?
O Dieux, injustes Dieux, opprobres de nos Temples,
Qui de vos cruautez nous laissez tant d'exemples,
Quand vous abandonnez ce Heros au trepas,
N'est-ce pas vne preuve ou que vous n'estes pas,
Ou que vous vous mocquez de tout ce que nous sommes,
Puis que Balzac est mort comme les autres hommes?
Excusez, ô grands Dieux, excusez le transport
D'vn mortel qui se plaint d'vn si rigoureux sort,
Songez que pour Balzac la plainte est legitime;
S'il fut jamais permis de faire vn petit crime,
Et si de murmurer il fut quelque saison,
Songez que l'on n'en eut jamais tant de raison.
Mais j'ay tort, ô grands Dieux, de tenir ce langage,
Vous donnez aux Heros vn plus noble partage,
Vous avez retiré Balzac de ces bas lieux,
Pour le faire monter sur la vouste des Cieux,
Voyant que sa vertu n'estoit pas reverée,
Dans vn plus beau sejour vous l'avez retirée;
Là comme vn nouvel astre entouré de clartez,
Il brille en ces beaux lieux d'immortelles beautez.
Vous l'avez retiré de ces lieux pleins de vice
Où regne l'insolence, où regne l'injustice,
Où les plus criminels sont les plus en honneur,
Où les plus gens de bien sont les plus en horreur,
Où ces autheurs sans nom, ces plumes mercenaires,
Ces Menalques flatteurs et ces amis vulgaires,
Ne font cas que de l'or, n'estiment que les grands,
N'eslevent en leurs vers que les riches tyrans,
Leur consacrent leurs voix, leur offrent leurs services.

Et de tout ce qu'ils ont leur font des sacrifices.
Allez, lasches esprits, indignes courtisans,
Des derniers des humains les zelez partisans,
Qui n'avez pas daigné par la moindre elegie
Pleurer le triste sort d'vne si belle vie;
Ce n'est pas que Balzac cherisse vos presens,
Ce n'est point de vos mains qu'il attend de l'encens:
Non, non, vous feriez tort à sa belle memoire,
Si des gens comme vous travailloient à sa gloire.
Toy seul, divin Conrart, en ce siecle pervers.
As monstré ta vertu par mille soins divers :
Toy seul as reveillé nos languissantes Muses,
De tristesse et d'ennuy si laschement confuses;
Toy seul as entrepris de luy faire vn tombeau.
Comme vn noble artisan d'vn ouvrage si beau :
Non, il n'appartenoit qu'à ta douce harmonie
De parler dignement d'vn si rare genie.
Ainsi tu nous apprends, par ces devoirs pieux,
Que la fidelité regne encore en ces lieux :
Ainsi nostre amitié si sainctement jurée
Puisse estre à l'advenir d'eternelle durée !

GILLES BOILEAU *. Poësies choisies, Recueil de Sercy, troisiesme partie. Paris, 1658.

* Gilles Boileau, frère aîné de Boileau-Despréaux, né à Paris en 1631, reçu à l'Académie en 1659, mort en 1669.

A M. CONRART

SUR LA MORT DE MONSIEVR DE BALZAC.

Noble amy de la verité,
De qui l'esprit et le courage
Nous monstrent vne integrité
Qu'on ne trouve guere en nostre âge,
Conrart, à ce dernier assaut,
Où *ton mal* t'esleva si haut,
Nous eusmes de grandes alarmes;
Et si cét aveu m'est permis,
Mes yeux furent trempez des larmes
Qu'on donne lors à ses amis.

Par miracle on te voit sauvé,
Mais Balzac n'est plus rien qu'vne ombre.
. . . .
. . . .
Tous deux vous portiez le denier
Que l'on donne au vieux nautonier
Sur le triste et sombre rivage :
Mais Balzac a fait vn effort
Pour franchir tout seul le passage,
Et t'a laissé dessus le bord.

Ce pere des grands sentimens
De qui les graces naturelles
Mesloient dans ses raisonnemens
L'esclat de tant de fleurs nouvelles,
Balzac est descendu là-bas;
Et sa plume dont les combats

Terrassoient partout l'ignorance
N'a pu garantir du tombeau
Celuy qui fit voir à la France
Ce que les lettres ont de beau.

O rigueur sans comparaison !
Cét homme avec tout l'avantage
Des lumieres de la raison,
Est passé comme vn feu volage.
Mais quoy ! c'est vn ordre du sort,
Que jamais la faux de la Mort
Ne respecte les belles choses;
Et dans les premieres chaleurs
On voit tousjours passer les roses
Plus vite que les moindres fleurs.

TRISTAN L'HERMITE*.

* François Tristan l'Hermite, né en 1601, au château de Soliers, dans la Marche, reçu à l'Académie en 1649, mort à l'hôtel de Guise le 7 septembre 1655, et inhumé à Saint Jean-en-Grève. Les vers précédents sont extraits de la Notice sur Conrart; *Collect. des Mém. relatifs à l'Histoire de France*, 2e série, t. XLVIII.

EXTRAITS DU MENAGIANA.

M. de Balzac dit que l'obscurité du stile de Tertullien est comme la noirceur de l'ebene, qui jette vn grand esclat.

La premiere fois que je vis M. de Balzac, ce fut en l'Eglise de Sainct-Cosme, à vn sermon de M. Ogier. M. de Balzac en fut charmé, et me dit que le theatre estoit trop petit pour vn si grand acteur. Quelques jours apres, j'allai le voir chez luy, et j'y trouvai plusieurs savans. M. Desmarest l'Academicien, y vint aussi. On parla de poësie, et quelqu'un ayant dit que M. Desmarest estoit poëte, et qu'il excelloit à faire des vers: « Ie n'aime point les Vers, dit M. de Balzac, à moins qu'ils ne soient bons au souverain degré. — I'ay aussi le mesme goust pour la prose, respondit M. Desmarest, et n'en fais point d'estime, à moins qu'elle ne soit excellente. » La conversation continua, et chacun s'efforça de faire paroistre ce qu'il savoit, et de bien parler. Car tout au contraire d'aujourd'huy, on prenoit garde à parler correctement et à ne point faire de fautes dans les entretiens d'assemblées. Enfin tout le monde s'estant retiré, je restai seul avec luy. Alors, me prenant par la main : « A present que nous sommes seuls, me dit-il, parlons librement et sans craindre de faire des solecismes. »

Tous les habiles gens ont esté obligez de le reconnoistre pour le Restaurateur, ou plustost pour l'autheur de nostre langue telle qu'elle est aujourd'huy. Il parloit beaucoup mieux qu'il n'escrivoit. Quand tous ceux qui se meslent de bien parler se seroient assemblez pour former vne periode, ils n'auroient pas mieux reüssi que luy. Ses Lettres à M. Conrart sont plus belles que celles qu'il a escrites à M. Chapelain. Sa Dissertation sur l'*Herodes infanticida* de M. Heinsius est tres-belle. Il y a beaucoup de netteté et d'érudition mise dans vn beau jour. On peut dire aussi qu'il donnoit l'immortalité à ceux à qui il escrivoit des lettres; et l'on attendoit ses ouvrages avec vne grande impatience. Il m'a dedié son *Barbon*, qui n'est pas le meilleur ouvrage qu'il ait fait, et trois ou quatre pieces latines. En reconnoissance, je priai M. de Saumaise de prendre sa defense contre ceux qui escrivoient contre luy. Il fut si content de ce que je lui avois procuré vn defenseur d'vne si haute reputation, qu'il me dit vn jour en me remerciant : *Non homini, sed scientiæ deest quod nescivit Salmasius.* On ne peut rien dire de plus spirituel et en mesme temps de plus flatteur.

M. de Balzac avoit premierement aspiré à estre Evesque. Il se retrancha ensuite à devenir Abbé; mais il ne reüssit à pas vn de ses desseins. Il a mesme escrit dans quelques-vns de ses ouvrages qu'i ne seroit jamais Abbé, à moins qu'il ne fondast l'Abbaye.

Quoy qu'il eust des incommoditez presque continuelles, cela n'empeschoit pas que sa conversation ne fust tres-agreable. Il estoit affable, caressant. On estoit ravi de le voir; il portoit son cœur sur les lévres; il embrassoit et caressoit avec tendresse.

Rien n'est égal à l'empressement que tesmoignoit le public pour avoir les lettres de M. de Balzac, lorsqu'il s'en imprimoit de nouvelles. C'estoit le present le plus agreable que les galands pussent faire à leurs maistresses. La galanterie, comme à present, n'estouffoit pas le goust de la littérature, c'estoit à qui en auroit des premiers, et les Libraires savoient tres-bien profiter de cette inpatience du public *.

* *Menagiana*, ou les bons mots et remarques critiques, historiques, morales et d'érudition de M. Ménage, recueillies par ses amis. Paris, 1715, 4 vol. in-12.

NOTICE

SUR LES OUVRAGES DE BALZAC.

L'astérisque simple indique les ouvrages insérés par fragments dans cette nouvelle édition; l'astérisque double, les ouvrages intégralement reproduits.

* I. *Lettres.* — Paris, in-8°, 1624.
* *Lettres choisies.* — Paris, in-8°, 1647.
* *Lettres familieres à Chapelain.* — Paris, in-8°, 1656.
* *Lettres à Conrart.* — Paris, in-12, 1659.
** II. *Le Prince.* — Paris, in-4°, 1631.
** III. *Discours sur vne tragedie intitulée* Herodes infanticida. — Paris, in-8°, 1636.
IV. *Discours politique sur l'estat des Provinces-Vnies.* — Leyde, in-4°, 1638.
* V. *Œuvres diverses.* — Paris, in-4°, 1644.
VI. *Le Barbon.* — Paris, in-8°, 1648.
VII. Carminum libri tres : Ejusdem Epistolæ selectæ. — Paris, in-4°, 1650.
** VIII. *Socrate Chrestien.* — Paris, in-8°, 1652.
** IX. *Entretiens.* — Paris, in-4°, 1657.
** X. *Aristippe.* — Paris, in-4°, 1658.

LE PRINCE

Le PRINCE parut en 1631, trois ans après la prise de la Rochelle. C'est à la fois le tableau de la situation politique de la France sous le règne de Louis XIII, et le portrait de ce roi, embelli par une flatteuse éloquence et élevé jusqu'à l'idéal du prince chrétien. Cet ouvrage, qui ne rappelle celui de Machiavel que par le titre, fut moins bien accueilli que les LETTRES, publiées en 1624, et, pour comble de disgrâce, il acheva de perdre l'auteur dans l'esprit de Richelieu. S'il faut en croire certains témoignages contemporains, choqué de n'avoir pas reçu l'hommage des premières productions de Balzac, le cardinal aurait dit dans son mécontentement : « Se croit-il assez grand seigneur pour ne pas dédier ses livres? » Mais ce qui l'aurait surtout blessé, ce sont deux lettres imprimées à la fin du PRINCE, où, revenant avec une éloquente indiscrétion sur les dissentiments de la reine mère et du cardinal, l'écrivain, mal inspiré cette fois, rappelle au ministre, plus puissant que jamais, l'importun souvenir des vicissitudes de sa fortune *à la Journée des Dupes*. — Apologie de la France contre l'Espagne, et de la religion catholique contre l'hérésie, le PRINCE fut brûlé à Bruxelles* et en Angleterre. A Paris même, il

* Balzac rapporte lui-même, dans ses *Entretiens*, que son livre fut brûlé par le marquis d'Ayetonne dans un conseil qui fut tenu à Bruxelles.

suscita à son auteur quelques observations de la part de la Sorbonne ; mais cet incident n'eut point de suites. Les propositions susceptibles de censure avaient reçu un développement satisfaisant dans la plus correcte des deux éditions du PRINCE publiées ensemble, et c'était sur un exemplaire de la moins correcte, représenté en l'absence de l'auteur par des mains ennemies, que la Sorbonne s'était alarmée. Ce piége de l'envie, facilement découvert, et une profession sincère de soumission à l'autorité ecclésiastique, arrêtèrent les juges, et tout se termina par une lettre flatteuse que lui écrivit le doyen de la faculté de théologie*.

* Voici ce que Balzac écrivait de Paris sur ce sujet à M. Girard, official de l'église d'Angoulême :

« Mon intention ne fut jamais, comme vous sçavez, que de reconnoistre la monarchie pour la meilleure forme de gouvernement, et l'Eglise catholique pour l'unique espouse du Fils de Dieu. D'ailleurs je n'escris pas avec tant de negligence que je ne sois prest à rendre raison de ce que j'escris, et que je ne puisse defendre mes opinions contre les particuliers qui les attaquent ; car, pour l'authorité souveraine, vous estes tesmoin de l'humilité avec laquelle je m'y soumets... Nostre bon Pere a pris copie (de la lettre du doyen de Sorbonne). Il adjouste qu'Erasme ne receut jamais cet honneur de la Sorbonne, et qu'au lieu de condamner ma theologie, elle a rendu tesmoignage à mon eloquence... Pour vous, vous sçavez bien et je vous prie d'en advertir nos amis qui ne le sçavent pas, que tout ce qui est de ce tesmoignage et de cet honneur m'est venu d'une mesprise. J'avois satisfait au desir de la Sorbonne longtemps avant que j'eusse appris qu'elle desirast quelque chose de moy ; mais deux editions de mon livre ayant paru à la fois, mes parties lui presenterent en mon absence un exemplaire de la moins correcte, où ma proposition n'estoit pas tout à fait developpée, et dissimulèrent que dans l'autre j'avois osté tout pretexte à leur chicane et justifié par advance ce que je m'imaginois qu'ils voudroient me contester. » (25 janvier 1632.)

LE PRINCE

AVANT-PROPOS.

ARGUMENT.

Plaisirs innocens de la campagne. Occupations de la vie retirée. Rencontre d'un esclave venant d'Alger. Il conte la dispute de deux de ses compagnons, dont l'un, qui estoit François, tua de sa chaisne l'autre qui estoit Espagnol. Occasion du present ouvrage.

I'ay esté assez long-temps dans le monde, mais je n'ay vescu qu'autant que dura l'Automne passé : Et pource qu'il n'est pas possible de faire revenir ces jours bien-heureux, et qui me furent si chers, je tasche le plus que je puis de les regouster par le souvenir, et par le discours. La liberté en laquelle je me trouvois, apres vne captivité de trois ans, j'appelle ainsi le sejour que j'avois fait à la Ville : La pureté de l'air, que je commençois à respirer, et que je recevois avidement, comme vne nourriture qui m'estoit nouvelle; et la face riante de la campagne, qui monstroit encore sur soy vne partie de ses biens, et se paroit des derniers presens qu'elle devoit faire aux hommes, me donnoient des pensées si douces et si tranquilles, que sans estre agité de l'émotion qu'excite la joye, j'avois tout le plaisir qu'elle cause.

Les autres maladies de l'ame plus importunes, qui tourmentent les Cours et les Assemblées, n'approchoient point de nostre village. Ie ne sçavois que c'estoit de craindre, ny d'esperer, et ne connoissois plus le soupçon, la defiance, ny la jalousie. Toutes mes passions se reposoient, et celles d'autruy ne parvenoient point jusques à moy. L'envie et la haine, qui se sont cruellement attachées à vne petite ombre de bien, que quelques-uns ont crû voir parmy mes defauts, m'attaquant où je n'estois pas, ne me faisoient point de mal que je sentisse; et les objets presens remplissoient mon esprit de telle sorte, et y effaçoient si nettement l'impression du passé, que comme ils n'y laissoient point de lieu aux apprehensions de l'advenir, il n'y demeuroit rien de fascheux qui me pust travailler la memoire.

En cét estat, bien different du tumulte d'où j'estois sorty, et sous la serenité d'un Ciel si benin, il me sembloit visiblement de renaistre, et d'assister au renouvellement de toutes les choses. Et à la verité quand nous eussions eu durant cette saison la direction du monde, et que nous eussions fait nous-mesmes les jours, nous n'en pouvions pas avoir de plus beaux, ny dispenser l'ombre et la lumiere, le froid et le chaud avec vne plus égale mesure. Il s'eslevoit bien quelquefois vne petite vapeur de la riviere voisine, qui l'envelopoit comme dans vn ré, et s'espandoit sur la superficie de la Terre : Mais outre qu'elle n'attendoit pas tousjours le Soleil pour se défaire, et qu'elle n'en pouvoit soustenir les premiers rayons, elle n'avoit jamais tant de force qu'elle montast à la hauteur de nos plus basses fenestres, et nous joüissions d'un calme tres-net, et d'une clarté extremement vive pendant qu'il y avoit vn peu de trouble et de fumée au dessous de nous.

Avant que nous fussions habillez, et que nous eussions fait nos prieres, cette humidité, qui n'avoit moüillé que la pointe des herbes, estoit entierement essuyée, et la fraischeur du matin n'avoit plus rien de moite, ny de piquant. Si bien qu'il me restoit vn juste intervalle pour me promener jusques à midy; et pour faire de l'exercice qui dénoüast le corps sans le travailler, et réveillast moderément l'appetit, sans le porter à vne faim dereglée, qui suit d'ordinaire les mouvemens violens, et tient quelque chose de la maladie.

La premiere partie de l'apresdisnée se passoit en vne conversation familiere, d'où nous avions banny les affaires d'Estat, les controverses de la Religion, et les questions de Philosophie. On n'y disputoit point avec aigreur si le Pape estoit pardessus le Concile : On ne se mettoit point en peine d'accorder les Princes Chrestiens, pour faire vne Ligue contre le Turc : On ne debattoit point à outrance, qui estoit le plus grand Capitaine, du Marquis de Spinola, ou du Comte de Tilly. Personne ne reformoit les Royaumes, ny ne vouloit changer leur gouvernement. Il n'estoit pas seulement permis de nommer le Public, ny le Siecle; et nous ne parlions que de la bonté de nos melons, de la recolte de nos bleds, et de l'esperance de nos vendanges.

Apres cela, la compagnie s'estant separée, et de quatre que nous estions, l'un prenant possession du bois, l'autre du jardin, et le troisiesme d'une gallerie, où il y a des cartes et des tableaux; pour moy, je me retirois en ma chambre, et essayois de m'endormir sur vn livre, aussi peu serieux que nostre conversation l'avoit esté. Mais le declin du jour s'approchant, et ce qui restoit de sa chaleur n'estant pas plus difficile à supporter que la vapeur d'un bain tiede, je montois ordinairement à cheval, et sortois du logis par vne longue allée de meuriers blancs, qui me conduisoit à la riviere.

Il ne se peut rien voir de plus clair, ny de plus agreable

que son cours : Et Ronsard a grand tort de la deriver de l'Acheron, et de penser que ce soit vne branche de ce funeste lac, dont les eaux nous sont representées si noires, et si boüeuses. C'est plustost vne fontaine continuée depuis sa naissance jusques à la Mer, où elle entre aussi fraische et aussi pure, apres avoir couru trente lieuës, que si elle ne faisoit que sortir de son origine. Elle cultive generalement tout ce qu'elle arrose : Elle laisse l'abondance par tout où elle passe, et si le mesme pays est extremement maigre, et extremement fertile, ce sont des effets de son esloignement, et de sa presence.

Au lieu où je m'arrestois principalement, elle coule au dessous de plusieurs collines, qui sont vertes de haut en bas d'une forest qu'elles portent; Et la pente en estant fort droite, vous diriez que les arbres n'y sont pas plantez, mais qu'on les y a attachez, ou qu'ils y grimpent, tant ils y ont apparemment peu de prise. En certains endroits elle est assez large : ailleurs son canal se resserre tellement, que les peupliers qui la bordent de part et d'autre semblent se baiser, et joignent leurs branches avec vne si belle justesse, que le berceau ne seroit pas mieux fait, si l'art et la contrainte les avoient pliées.

Là ne pouvant faire ce que faisoient Scipion et Lælius, au rivage de la Mer, où ils ne faisoient pourtant que conter les vagues, et amasser des coquilles : I'avois le plaisir de regarder au fonds de l'eau les choses qui se passoient dedans l'air, et de voir nager tout ce qui voloit. C'estoit l'amusement qui m'entretenoit, en attendant le coucher du Soleil, où je ne manquois jamais de me trouver au milieu de la Prairie, afin de considerer à mon aise cette riche effusion de couleurs qu'il verse en se retirant, et dans laquelle il semble qu'il tempere ses rayons pour les rendre supportables, et qu'il adoucit sa lumiere pour espargner nostre veuë.

Mais n'ayant à jouyr que fort peu de temps du contentment que je recevois à l'aller admirer tous les soirs, et à regarder les precieuses traces qu'il laisse dans le Ciel, quand il se couche, les diverses couleurs qui se forment de la dissolution de ses rayons, il n'y avoit point moyen de me ramener au logis que la nuit ne fust venuë, et n'eust mis fin à la magnificence du spectacle qui me retenoit dehors. Parce qu'une saison si heureuse ne pouvoit pas estre longue, j'en voulois posseder tous les instans, et estois si bon mesnager des moindres parties de sa durée, que j'aimois mieux prendre le serain que de perdre les restes du jour. Et ne plus ne moins que nous redoublons nos caresses aux personnes que nous aimons, quand nous nous en devons bien-tost separer, et que les vieillards desirent plus ardemment la vie à laquelle ils n'ont quasi plus de part; ainsi j'avois de violentes passions pour vn bien qui s'enfuyoit de moy, et que le voisinage de l'Hyver me menaçoit à toute heure de me ravir.

Quand je le vis approcher, on ne me vit plus suivre ma premiere forme de vie, ny faire, comme auparavant, plusieurs pieces de l'apresdinée. Ie n'estois sociable que jusqu'à midy; incontinent apres je sortois tout seul, et n'avois point de patience que je ne vinsse retrouver ma chere riviere : le long de laquelle me promenant vn jour à l'accoustumée, et ce fut, s'il m'en souvient bien, le mesme jour que nous receusmes la nouvelle de la reddition de la Rochelle, j'apperceus tout d'un coup à la rive de delà je ne sçay quoy de jaune et de bleu, qui se monstroit parmy les peupliers, et faisoit remuer les roseaux. L'Eneide de Virgile, que je tenois d'aventure entre les mains, et où je venois de lire l'apparition du Tybre à Enée, qui se fit à peu pres de la mesme sorte, m'avoit tellement mis dans l'esprit les folies de la Poësie, que je m'allay d'abord imaginer, que le fantosme que je découvrois pouvoit estre le Dieu de nostre fleuve. Mais je corrigeay aussi-tost l'extravagance de ma pensée, et vis distinctement vn homme blond, qui me presentoit vn bonnet de peluche bleuë. A quoy reconnoissant qu'il avoit besoin de charité, et le canal n'estant pas si estroit en cét endroit là, que je luy pûsse jetter l'aumosne que je luy voulois faire, je fis signe à vn pescheur qui tendoit ses filets à vingt pas de moy, de l'aller prendre avec son bateau.

C'estoit vn Gentil-homme Flamand qui venoit d'Espagne, et qui tout pauvre et tout deschiré qu'il estoit, ne laissoit pas de sentir son homme bien né, et d'avoir fort bonne mine, quoy qu'il fust en fort mauvais equipage. Ie sceûs de luy que retournant de Lorette il avoit esté pris par vn vaisseau Turc, et mené en Alger avec quelques autres Chrestiens, qui pour espargner la despense qu'ils eussent faite par terre, avoient loüé vne petite barque à Ancone, qui les devoit porter jusques à Marseille. Il me recita au long l'histoire de ses mal-heurs; le fascheux traitement qu'il avoit receû de quatre differens Maistres, qui l'avoient achepté l'un de l'autre, et l'insupportable humeur du dernier, qui n'ayant ny raison, ny humanité, luy doubloit toutes les charges de la servitude, et le mist en fin en tel estat, que se l'estant rendu entierement inutile, il fut contrainct de le laisser pour vne pistole à vn Religieux de la Mercy..

Il n'oublia pas de me faire la description de ces deux effroyables prisons qui sont sous la ville d'Alger, et qu'on peut nommer à bon droict les sepulchres des vivans; puis qu'on y enterre tous les soirs douze mille esclaves, et qu'on les en tire tous les matins, pour les envoyer à leur travail ordinaire. Et certes il se plaisoit si fort sur cette matiere, et s'y enfonçoit quelquefois si avant, que je voyois assez que les peines passées luy estoyent des contentemens presens, et que le bien que nous esperons ne flate pas davantage nostre imagination, que le mal que nous avons souffert contente nostre memoire. Ie lui donnois donc, pour l'obliger, la plus paisible, et la plus favorable audience qu'il eust pû desirer d'un auditeur extremement curieux : Ie m'interessois en ses disgraces par les frequentes exclamations dont j'accompagnois ce qu'il me disoit, et luy laissois redire plusieurs fois vne mesme chose sans l'interrompre, afin de ne sembler pas luy vouloir oster la liberté, qu'il ne venoit que de recouvrer.

Aussi l'ayant longuement escouté par complaisance, je luy fis à mon tour quantité de questions pour ma satisfaction particuliere, et le lassay peut-estre de respondre à force de l'interroger. Ie voulus sçavoir de quelle police vsent les Mores, quelles coustumes ils observent, et à quels exercices ils s'adonnent. Entre autres choses il me conta, que tous les Vendredis ils font des prieres publiques à Dieu de leur rendre le Royaume de Grenade, et maudissent la memoire du dernier Roy, qui ne le sceût pas defendre contre Ferdinand. Il m'informa de beaucoup de semblables particularitez, que l'histoire ne m'avoit point apprises; et bien qu'il me fust impossible de le retenir plus de deux jours, quelque priere que je luy fisse de demeurer davantage, je receûs à mon aise durant ce temps-là tout le profit qu'il avoit tiré d'une triste experience, et de la multitude de ses malheurs.

Mais veritablement ce qui me pleût davantage en son entretien, et me laissa vne pleine et entiere satisfaction de la rencontre que j'avois faite, ce fut qu'apres luy avoir demandé si les Mores avoient autant de curiosité que moy, ou si comme les autres Barbares, ils vivoient en vne profonde ignorance des affaires estrangeres; Il me fit response qu'il ne se parloit aujourd'huy en toute l'Afrique que des victoires de nostre Roy, et que la Rochelle avoit esté cause cette année de mille gageures, et de quasi autant de querelles; jusques-là que parmy les esclaves vn François s'estant picqué contre vn Espagnol, qui soustenoit qu'elle ne se prendroit point, et que le Roy n'en sçauroit venir à bout sans l'assistance du Roy d'Espagne; le François ne pouvant souffrir cette parole, et n'ayant rien pour la repousser, se fit des armes de ses propres chaisnes, et en frappa si rudement son compagnon, qu'il l'estendit tout roide mort aux pieds de leur commun Maistre.

CHAPITRE PREMIER.

ARGUMENT.

Considerations sur l'histoire precedente. Difficulté de la matiere entreprise par l'Autheur. Ce qui l'oblige de la traiter, bien qu'il ne se sente pas assez fort pour en soustenir la dignité. Confession ingenuë de sa foiblesse. Acte de sa recognoissance envers le Prince, par le bien-fait duquel il joüit paisiblement de son loisir, et de toutes les belles choses qui sont descrites en l'Avant-propos.

Certainement cette action me sembla si peu commune, que si celuy qui me la racontoit ne me l'eust asseurée par de grands et de religieux sermens, il faut avoüer que je la trouvois trop belle, pour la croire veritable. Mais le tesmoignage qui m'en fut rendu, ne me devant pas estre suspect, tant parce qu'il sortoit de la bouche d'un Gentil-homme, originaire de la Flandre Espagnole, et par consequent subjet du mesme Prince que le mort, que pour d'autres considerations assez fortes : Ie fus ravy d'aise de voir que sur l'extreme vieillesse du monde, et dans le declin de toutes choses, la France portoit encore des enfans, dignes de la premiere vigueur de leur mere.

Vn si genereux exemple me donna de l'amour, et en mesme temps de la jalousie. Ie fus extraordinairement émeu, et dis en moy-mesme : Puis que de pauvres captifs, qui respirent à peine sous la pesanteur de leurs fers, aiment si cherement vn Prince, qui ne les a point delivrez de la servitude, et à bien dire, n'ayant ny mains ny forces, tuent les ennemis de sa Couronne par leur seul courage : Puis que les esclaves d'Alger deviennent soldats de Louis le Iuste, et que ceux qui ne participent point à ses prosperitez, prennent part neantmoins à sa gloire : Quelle apparence y a-t'il que vivant en vne Province, dont il est plus particulierement le liberateur que du reste de la France, et le principal fruit de ses travaux appartenant à mon Pays, je regarde d'un esprit indifferent tant de biens qu'il nous a faits, et jouïsse en secret et sans dire mot, d'une lasche et stupide felicité? Quelle apparence y a-t'il qu'estant dans le champ de la victoire, et ne voyant autour de moy que des Peuples racheptez, et des ennemis abbatus, la presence d'un si glorieux objet ne puisse exciter mon oysiveté, et me donner vne pensée genereuse? Quelle apparence, que je ne me réveille point à ce grand bruit, qui se levant icy, se fait entendre aux extremitez de la Terre, et que je ne reçoive aucune impression d'une lumiere si proche et si éclatante, qu s'espand desja au delà de la Mer, et jette ses rayons jusques dans les cachots de Barbarie?

Il faut estre touché plus vivement de la bonne fortune publique, et mieux connoistre son propre bien. Il faut produire quelque acte de nostre joye, s'il n'est plus temps de rendre des preuves de nostre courage, et tesmoigner que nous aimons l'Estat, si nous n'avons esté capables de le servir. Il ne faut pas davantage demeurer dans l'assoupissement et le silence de l'admiration. Il ne faut pas que je sois le seul muet parmy les acclamations du peuple, ny le seul artisan inutile dans les preparatifs du triomphe.

Ie crains bien neantmoins à cette heure que je considere les choses d'une veuë tranquille, et que je suis revenu du transport où j'estois, que la pauvreté du lieu où je suis ne me fournira pas de quoy travailler assez dignement à vne si noble et si illustre besongne. Nous n'avons point de carriere de marbre, ny de mine d'or, d'où je puisse tirer les ornemens que je desirerois. L'abondance de Paris ne se rencontre point au village. Nostre terre contente grossierement le besoin, mais elle ne donne rien aux delices. En vain aussi chercherois-je la communication d'autruy, et le secours de la conference, ne voyant quasi que des objets qui ne parlent point, et passant ma vie parmy les choses mortes et inanimées. Qu'est ce que me peuvent apprendre les arbres et les rochers? Qu'y a-t'il de commun entre l'Agriculture et la Politique? Qui puis-je consulter où je ne trouve personne? Depuis que la Cour s'est esloignée d'icy, les nouvelles ne vieillissent-elles pas à venir jusques à nous? Suis-je pas des derniers à qui la Renommée les apporte? Les sçay-je qu'apres qu'elles sont publiques et imprimées?

Ie n'ay pas acquis d'ailleurs beaucoup de pratique des choses du monde. On ne m'a point donné de memoires, ny d'instructions, pour suppleer au defaut de la connoissance que je n'ay pas. Ie chemine sans guide, et sans compagnie. Tous les avantages qu'un autre pourroit avoir, me manquent, et j'avouë que je suis fort mal pourveu des qualitez necessaires pour soustenir la dignité du dessein que j'ay entrepris. Neantmoins je me sens comme forcé de me produire en cette occasion. Il m'est impossible de resister au mouvement interieur qui me pousse. Ie ne sçaurois m'empescher de parler du Roy et de sa vertu : de crier à tous les Princes, que c'est l'exemple qu'ils doivent suivre; de demander à tous les peuples et à tous les aages, s'ils ont jamais rien veu de semblable. Vn Hermite veut dire son advis de ce qu'il y a de plus magnifique, et de plus pompeux en la vie active. Ie veux me jetter avec mon simple sens commun dans les plus grandes affaires de la Chrestienté. Ie veux traverser la Mer avec vne claye.

C'est pourquoy je ne doute point que je ne me hazarde

extremement, et que je ne coure fortune de me perdre dés le port. Ma temerité ne me peut reüssir que par miracle : Ie ne puis me rendre remarquable que par mes erreurs. On verra bien aux mescontes de mes escrits que je suis estranger du monde, et habitant du desert. Toutefois puis qu'en cecy je n'exerce ny de charge civile, ny de charge militaire; puis que je ne donne point d'Arrests, ny ne mene de gens à la guerre, et qu'une personne privée peut faillir, sans que ses fautes soient dangereuses, je me console de ce que les miennes ne feront point de mal à ma Patrie, et que ma plus grossiere ignorance ne luy coustera pas la vie du plus inutile de ses Citoyens. Ie renonce à tout ce que j'ay pretendu en l'art de bien dire, pour m'acquiter d'une action de pieté : Ma reputation ne m'est point si chere que mon devoir. I'aime mieux qu'on blasme mon zele que ma dureté, et ma violence que ma langueur : Ie n'aspire point à la gloire; je satisfais seulement à ma conscience.

Et s'il est vray qu'il n'y a personne à qui la joüissance du repos soit plus sensible, qu'à celuy qui le sçait gouster par le moyen de la Philosophie, qui apprend à bien devoir, encore qu'elle ne donne pas de quoy payer; ce seroit à faux que je ferois profession d'une estude si honneste, si des effets je ne montois à la cause, et ne rendois quelque preuve de reconnoissance au second fondateur de cét Estat, par le bien fait duquel je resve icy en seureté sur le bord de la Charante, je considere à mon aise les diverses beautez de la Nature, et possede sans trouble toutes les richesses de la campagne.

CHAPITRE II.

ARGUMENT.

Consequence de la prise de la Rochelle. Avantages que le Prince en tire. Commencement d'un siecle nouveau. Establissement de l'authorité Royale. Les Rebelles abbatus, les Grands humiliez. Il ne se parle plus de conferences ny de traitez de paix; on obeit à vne simple lettre de cachet. Ceux qui sont en liberté sont aussi peu à craindre que les prisonniers. Dans peu de temps la rigueur des loix ne sera plus necessaire parmy nous. Toutes choses se maintiendront par l'authorité et par la reputation du Prince. Estat des affaires de Languedoc. Le gros des Protestans dans l'obeïssance. Les Mareschaux de Chastillon et de la Force dans le service. Pourquoy parmy des Rebelles on ne peut ny donner ny prendre de confiance.

Ces formidables bastions, qui nous empeschoient de voir le Ciel; qui avoient esté bastis du sang et des larmes de nos peres, et dont l'ombre estoit si funeste à trois Provinces voisines, ne menacent plus nostre liberté. L'Asyle des meschans est tombé par terre; il n'en reste que des traces et des ruines, qu'on monstre aux passans. L'Eglise a sa revanche des lieux saints qu'on luy a abbatus, et des images qu'on luy a brisées. Il n'y a plus de trou, ny de caverne pour retirer cette beste furieuse, qui venoit courir jusques dans nos portes, et s'en retournoit superbe et fiere de nos despoüilles. Elle est maintenant exposée aux jeux et à la risée des enfans : Elle est devenuë le spectacle et l'amusement du peuple. Elle ne sçauroit plus se defendre que du cœur : On luy a arraché les dens et les ongles.

Ce n'estoit pas certes vne petite entreprise, ny qui eust besoin d'un moindre courage que celuy du Roy. Et quand je considere que nos propres freres estoient nos ennemis naturels, et qu'il y avoit plus de difference entre deux François, qu'entre vn François et vn Moscovite; et qu'aujourd'huy ce genereux Prince nous a tous reconciliez par sa victoire, et tous reünis dans son service, je ne voy point de conqueste qui se puisse offrir à son ambition, qui vaille celle qu'il a desja faite. Les avantages qu'il en tire ont beaucoup d'éclat, pour esbloüir les yeux du vulgaire; mais ils ont aussi beaucoup de solidité, pour contenter les esprits des sages. La gloire qui luy en vient, pese pour le moins autant qu'elle brille; et c'est la parfaite guerison de son Estat, et non pas vn vain ornement de son Histoire.

Et de fait, outre qu'il a pris plus de villes qu'il n'y en a dans le Royaume de Naples, et dans celuy de Sicile : Que tantost il a affoibly l'Estranger, et qu'il l'a tantost deshonoré; qu'il luy a tousjours fait recevoir, ou des pertes ou des affronts : Outre qu'il a imposé vn joug à la plus orgueilleuse partie de la Nature : qu'il a planté dans la Mer des écueils artificiels, pour échoüer les flottes de ses ennemis, et que la force de sa resolution a surmonté la violence des Elemens et des Astres : Il peut encore dire avec verité, qu'il a rendu tout le monde sage; qu'il s'est fait d'autres Subjets, et vn autre Peuple, et qu'aux termes où il a reduit les factieux, le pis qu'ils puissent faire, c'est de faire de mauvais souhaits, et de desirer que le temps se change.

La paix qu'il nous a acquise, est sans doute d'une bien plus forte, et bien plus durable matiere, que toutes celles que nous avons veuës. Ce n'est ny la necessité des affaires, ny la lassitude de la guerre, ny l'apprehension de ses divers evenemens qui l'a obligé de la nous donner. Elle est sortie librement de son esprit, apres vne entiere et pleine victoire; apres que la derniere racine du mal a esté coupée, et que les choses ont esté mises hors de la puissance de la Fortune. Elle est fondée sur la destruction de tout ce qui la pouvoit jamais troubler, et nostre repos est si puissamment et si solidement estably, que si l'Admiral de **** et le Mareschal de **** revenoient au monde, avec toutes leurs subtilitez, et toutes leurs ruses, ils ne seroient pas capables de nous donner seulement vne fausse allarme.

Il ne faut donc pas craindre que ces grands Esprits, qui ont tenu leur siecle en perpetuelle inquietude; qui ont excité des orages dans la serenité des plus beaux jours, et qui maintenant demeureroient oisifs, ne sçachant par quel endroit nous faire du mal, ayent laissé des disciples plus sçavans qu'eux, et plus ingenieux à la ruine de leur patrie. Il ne faut pas craindre, comme auparavant, que les mescontentemens des particuliers fassent naistre les miseres publiques, ny que le premier mouvement de leur cholere soit suivy de la prise des villes, et de la desolation de la campagne. Toute leur mauvaise humeur se passera à l'avenir dans leur cabinet, et contre leurs domestiques : Ils se fascheront à meilleur marché qu'ils ne faisoient, lors qu'il n'y avoit pas assez de charges et de gouvernemens pour les appaiser. L'Estat ne donnera pas plus de peine à conduire, qu'une maison bien reglée. Tout obeïra, depuis les enfans jusqu'aux mercenaires; et cette multitude de Roys qui a si long-temps partagé la France, sera enfin reduite au droict commun, et rendra à vn seul la souveraineté qui estoit divisée entre plusieurs.

Qui est-ce, à vostre advis, qui voudra adjouster ses malheurs à ceux des autres, et suivre l'exemple de tant de gens qui se sont perdus, ou qui sont encore tous moittes, et tous degouttans de leur naufrage? Qui est-ce qui pourra songer à de nouvelles broüilleries, s'il se souvient de ce qu'il a veû;

et avoir de l'esperance, s'il n'a tout à fait perdu la memoire? Qui sera le temeraire qui se mettra au devant de cette prosperité impetueuse, qui a emporté le Bearn, la Guyenne, le Languedoc et le Dauphiné? Et où se cachera vn pauvre rebelle, puis que d'un costé le travail de soixante ans, et l'industrie de tous les Mathematiciens de l'Europe, et de l'autre la Mer et l'Angleterre n'ont sçeu conserver la Rochelle dans sa desobeïssance?

Il n'y a rien de si fort naturellement, ny de si achevé par l'artifice des hommes, qui puisse resister à la presence du Roy. Il n'y a point de grandeur qui ne s'humilie devant la sienne. Il n'y a point de finesse qui ne soit foible contre sa prudence. Les places qui eussent attendu le canon il y a dix ans, se rendront à la veuë de sa livrée. Deux lignes signées de sa main, et portées par vn Valet de pied, feront obeïr ceux qui eussent voulu l'autre jour des traitez de paix, et des conferences reglées pour rentrer avec ceremonie dans leur devoir. Qu'il commande à qui que ce soit de luy venir rendre conte de ses actions, il ne deliberera point s'il doit partir, quoy qu'il doive craindre le succez de son voyage : il apportera sa teste, et n'envoyera point de Manifeste. Qu'il delivre quand il luy plaira les prisonniers; pour estre en liberté, ils ne seront pas moins en sa puissance. Il ne se dessaisira point de leur personne, il élargira seulement le circuit de leur prison. Il les tiendra par de plus longues chaisnes que les premieres, et les laissant vivre avec le reste de ses Subjets, il ne fera qu'augmenter le nombre des gardes qu'il leur donnoit. De sorte que bien-tost les peines et les supplices ne seront plus necessaires en son Royaume. On ne se servira plus de ces remedes fascheux, que la foiblesse et l'impuissance des hommes ont mis en vsage, et qui ne peuvent conserver le tout sans la perte de quelque partie. L'Estat se maintiendra par la reputation du Prince, et le Prince sera redoutable par sa seule authorité.

Ie parle de ce qui luy reste à faire en Languedoc, comme d'une chose desja faite. Sa fortune nous est trop connuë pour douter du succez d'une action, qui aux termes où les affaires se trouvent, seroit mesme facile à vn mal-heureux. Il y aura de la presse à se rendre au Roy. Les Sages ne chercheront point de gloire en vne faulse reputation de constance. Ils prendront conseil de leur condition presente, sans se ressouvenir mal à propos de leur prosperité passée. Ils n'attendront pas que la necessité les contraigne à venir demander la paix en chemise, et aimeront mieux se fier à vne parole qui ne peut manquer, qu'à des murailles qui se peuvent prendre.

Au pis aller, il combattra contre des gens qu'il a coustume de vaincre, et qui n'estans soustenus que d'un peu de desespoir qui les porte, seront incontinent consommez par ses forces, par son courage, et par son bon-heur. Il ne faut plus que nos heretiques fassent estat de Chefs, de Party, de Villes, ny d'Assemblées; il ne leur demeurera que leur heresie, laquelle estant mise à nud, et despoüillée de ces avantages humains, qui couvroient sa naturelle laideur, perdra tous les jours ses vieux Partisans, et n'en acquerra point de nouveaux. Quelques-uns s'y tiendront encore par commodité, et parce qu'il fasche aux paresseux de démesnager d'un lieu en vn autre; mais personne ne s'y arrestera pour y mourir, et les plus opiniastres s'ennuyeront de disputer vne Cause infortunée, si souvent et si solennellement perduë, abandonnée de Dieu et des hommes.

M. le Mareschal de ***** et M. le Mareschal de ***** les plus avisez et plus considerables de cette Secte, sont habitans de Paris, et le Roy n'en est pas moins asseuré que du Prevost des Marchands. L'un est saoul de la guerre civile, l'autre n'en a jamais voulu taster, et tous deux sçavent assez quelle servitude c'est que de commander à des Rebelles, parmy lesquels outre que les meilleures actions ont besoin d'abolition, que les victoires sont des parricides, et qu'il n'y a pas seulement esperance de recevoir vne mort honneste, il ne se peut encore ny apporter, ny trouver de confiance, à cause qu'il y a du merite à tromper, et qu'en quittant son party, on fait son devoir.

CHAPITRE III.

ARGUMENT

Le Duc de Rohan subsiste encore avec vne armée. Il est habile et intelligent. Il a de l'experience et du courage. Mais tout cela est foible contre le Prince. Miserable condition d'un Chef de Part. Il faut qu'il soit esclave d'une infinité de Maistres, et qu'il promette vne chose pour en obtenir vne autre. Le moindre artisan luy demande raison de sa conduite. Chacun croit avoir pareille part à vne puissance qui n'appartient de droict à personne. Agitation et inquietudes de son esprit. Il voudroit bien retourner à son devoir, s'il sçavoit par où sortir de sa faute. L'ancienne Politique ne luy fait point esperer de seureté, mais la bonté du Prince corrige l'ancienne Politique. Il est capable de servir, et merite d'estre conservé. C'est vn malheureux qu'on aime. Tout le reste des Rebelles est odieux.

Pour M. de ***** je ne croy pas qu'il ait l'esprit incurable, et qu'il suive le mal par election. La tempeste l'a jetté dans la revolte, et il connoist bien qu'il n'y a point de si mauvaise place aupres du Roy, qui ne vaille mieux que la Generalité de son Armée. Il a beau estre habile et laborieux, ses entreprises sont semblables aux efforts d'un homme qui songe; il se travaille, et se debat inutilement. On ne sçauroit rien faire en dépit du Ciel. Il void vne puissance superieure, qui renverse d'enhaut tous ses desseins, et toute la prudence humaine abbatuë par la force de la destinée.

Davantage, en quelque lieu qu'il soit, il est esclave d'une infinité de Maistres, et craint autant les siens que les ennemis. Son authorité, qui n'a pour fondement que la passion du menu Peuple, est bastie sur de la bouë : elle dépend de la fantaisie d'un artisan, qui croit avoir droit de luy demander raison de tout ce qu'il fait, et de tout ce qu'il ne fait pas, et de l'appeller traistre toutes les fois qu'il sera malheureux. Le plus ferme serviteur qu'il ait n'est pas à l'espreuve de mille escus de pension. Il n'a pas vn homme sous sa conduite qui luy rende vne vraye obeïssance, et à qui il ne faille qu'il promette quelque chose pour en obtenir vne autre. Ils pensent tous aucunement estre égaux à luy par la société du mesme crime, et que chacun a pareille part à vne puissance qui n'appartient legitimement à personne.

Si bien que pour se conserver cette vaine image de commandement sur eux, il faut qu'il les gouverne avec des artifices honteux, et que d'abord il leur souffre la licence, voire mesme contre sa propre personne. Il faut qu'il soit le flateur et le corrupteur de son Armée; que tous les jours il invente des nouvelles, pour entretenir les esperances; qu'il compose des propheties, pour amuser les credules; qu'il asseure que les Casimirs repasseront la Loyre, et inonderont encore la France avec leurs Lansquenets et leurs Reistres. Qu'apres cela il contrefasse des lettres de Bethlem Gabor, par lesquelles le Turc doit bien-tost venir, puis que l'Angleterre et l'Allemagne ont manqué; et que dans l'apprehension de sa prochaine ruïne, et parmy les horreurs du desespoir, il ait toutes les mines et toutes les apparences d'un homme content.

Cependant je m'asseure que depuis deux ans il n'a pas receû d'autres joyes que celles qui se peuvent gouster dans l'intervalle qui est entre la condemnation et la mort. Les mauvais jours qu'il passe ne sont pas suivis de meilleures nuits, et s'il veut prendre quelque repos, en mesme temps son imagination qui veille, luy represente, ou vne sedition en son Camp, ou vne Ville qui se saisit de luy pour faire sa paix plus avantageuse, ou le poignard d'un des siens qui le tient à la gorge, ou le visage irrité de son Maistre, qui luy reproche sa felonnie, et l'abandonne aux formes ordinaires de la justice. Certes si on pouvoit voir les tourmens, et l'agitation de sa pauvre ame, je ne doute point qu'on n'en eust pitié. Nous n'avons point de volontaire dans nos troupes qui voulust se changer avec ce mal-heureux General, et qui n'entendist en ce sens-là les paroles qu'Homere fait dire à son Achille, Que ceux qui obeïssent en ce monde sont plus heureux que ceux qui commandent aux Enfers.

Il n'est donc pas difficile à croire, que s'il estoit à recommencer, il ne preferast vn bannissement volontaire à sa qualité de Chef de Part; et qu'encore aujourd'huy considerant l'avenir, qui ne luy monstre rien que de triste et de funeste, il ne porte envie aux prisonniers du Bois de Vincennes, qui attendent pour le moins en repos la misericorde du Roy.

Il regarde bien de tous costez par où il pourroit sortir de cette confusion de divers mal-heurs, et cherche vn passage pour retourner à son devoir. Mais il n'y a point de degrez en vn precipice : On ne void gueres remonter les personnes qui s'y sont jettées, et le danger n'est pas moindre de se défaire de la Tyrannie, que de s'en saisir. Phalaris estoit tout prest de la quitter; mais il demandoit vn Dieu pour caution, qui luy respondist de sa vie, s'il se despoüilloit de son authorité; et ç'a tousjours esté vne commune opinion, que ceux qui ont pris les armes contre leur pays ou contre leur Prince sont en quelque façon reduits à la necessité de malfaire, pour le peu de seureté qu'ils trouvent à faire bien. Ils n'osent devenir innocens, de peur de se mettre à la mercy des Loix qu'ils ont offensées, et continuent leurs fautes, à cause qu'ils ne pensent pas qu'on se contentast de leur repentance.

Toutesfois la bonté du Roy doit asseurer les esprits que ces maximes pourroient avoir effrayez : elle ne s'assujettit point aux regles de la Politique vulgaire, et est en estat de les adoucir, et de les changer à sa volonté. La rigueur et la courtoisie qu'on exerce dans l'incertitude des evenemens et dans la violence du mal, sont plustost des effets de necessité que de vertu. Ce sont, à bien dire, des craintes honnestes et specieuses, qui tesmoignent que nous ne voulons point d'ennemis puissans quand nous faisons aux nostres du pis qu'il nous est possible; et quand nous les traitons doucement, que nous en attendons la pareille. Mais la continuelle prosperité du Roy ne donne point lieu à ces pensées; elle oste tout soupçon d'hypocrisie à sa vertu, et laisse à son choix d'user de justice et de grace, comme bon luy semble. Luy seul peut tirer M. de **** de l'extremité où il est tombé, et luy donner moyen, ou de trouver vne mort glorieuse en quelque occasion esloignée qui regarde son service, ou de passer vne vieillesse tranquille dans les festes et dans les triomphes de sa Cour. Ses mains ne sont point racourcies depuis les dernieres actions de clemence qu'il a faites : et si elles s'estendent sur vn homme, qui peche encore avec remords, qui n'a pas oublié son nom ny sa naissance, et qui certes merite qu'on le conserve, on le loüera par tout de ce qu'apres avoir abbatu l'orgueil des Rebelles, il ne s'attache point à l'infortune des affligez.

Ie n'ose pas dire que les Autheurs de la revolte qui ont renié leur Prince, et voulu vendre leur Pays à l'Estranger, doivent recevoir vn si favorable traitement, et qu'il ne faille quelque exemple pour appaiser les ames des morts, et pour satisfaire le public. Le Roy neantmoins peut faire en cela ce que personne ne luy peut demander raisonnablement; et la douceur de son inclination a corrigé souvent la severité de la charge qu'il exerce.

Mais quand il voudroit estre liberal de ses injures, et pardonner à des gens qui l'ont si sensiblement offensé; que feroient-ils d'une grace, dont il leur seroit impossible de jouïr au milieu d'une nation irritée? Que leur serviroit-il d'avoir la liberté, si elle leur estoit plus dangereuse que la prison, et d'estre échappez de la justice du Parlement pour s'exposer à la vengeance du peuple? Ils sont si odieux en tout ce Royaume, qu'ils n'y pourroient marcher que de nuit, s'ils y retournoient. Les plus tendres esprits ne sont point touchez de leurs disgraces; et quoy que ce soit la nature du mal de donner de la compassion à ceux qui le voyent, ils sont hays comme s'ils n'estoient pas miserables.

On se souvient qu'ils ont tousjours allumé les embrasemens que nous avons veus; qu'ils ont esté les premiers parjures, et les premiers infracteurs de la Foy publique; qu'ils se sont émeus lors que le trouble mesmes se reposoit, et ont devancé le souslevement de leur Party par l'impatience de leur propre rebellion. On se souvient qu'en pleine Paix ils se sont faits Pirates de nostre Mer, et violateurs de la franchise de nos havres; qu'ils se sont opposez à la grandeur de la France; qu'ils ont envié la gloire du Roy, et détourné son esprit d'une genereuse entreprise hors de ce Royaume, par les empeschemens domestiques qu'ils luy ont suscitez au dedans.

Nous sçavons qu'ils ont divisé les Roys, et rompu les Alliances des Couronnes; que leurs Harangues seditieuses ont versé le feu et le soufre de tous costez; qu'ils ont essayé de remuer toute l'Europe contre leur Patrie; qu'ils ont esté au bout du monde nous chercher des ennemis; et ont fait si peu d'estat de la dignité du nom François, qu'ils n'ont point eu honte de se trouver au lever d'un favory d'Angleterre et de plier les genoux devant vne puissance estrangere.

Les Rebelles d'ailleurs les regardent comme les demons qui les ont tentez, et leur ont inspiré la premiere fureur des armes, qui leur ont si malheureusement reüssi. Il est bien vray, qu'ils ont pressé le secours qui leur est venu, et les ont servis chez nos voisins avec de l'affection et du soin ; mais ils n'ont pas esté si bons conducteurs de leurs troupes, que bons solliciteurs de leurs affaires, et apres avoir preparé la guerre et engagé les soldats, ils se sont contentez presque tousjours de donner des conseils hardis, et de deliberer genereusement. Ainsi ils ont poussé dans le peril ceux qu'ils y devoient mener, qui leur reprochent continuellement leurs blesseures et leurs pertes, et croyent qu'ils font vn crime de vivre apres la ruïne de leur party. Ils ne sont pas en meilleure odeur chez les Estrangers, et s'il estoit possible de recueillir les voix de tous les Peuples ensemble, ils seroient condamnez par vn commun Arrest du genre humain, et repoussez de tous les Asyles de la Terre.

CHAPITRE IV.

ARGUMENT.

Le Prince aimé generalement de tout le monde. L'estime qu'on fait de luy est le fondement de cette amour. Le Huguenot est icy le rival du Catholique. Il trouve son avantage particulier dans la ruine de son party. Il ne se plaint point de sa cheute, n'estant tombé que dans le sein de son pere. Adresse du Prince à faire trouver bonne sa victoire, mesmes aux vaincus. Ce n'est ny sa beauté ny sa bonne mine que nous suivons, c'est quelque chose de beaucoup plus noble. Si la France n'estoit passionnée, elle seroit ingrate.

Or il est sans doute, à mon advis, que l'extreme haine qu'on leur porte vient de l'extreme amour qu'on a pour le Roy. Les offenses qui sont faictes à vn Prince juste, excitent des ressentimens vniversels, et appartiennent à tout le public. Tout homme est soldat contre les ennemis de l'excellente vertu. Il n'y en a point de si desinteressé, qu'elle n'engage dans son party; ny de si froid, à qui elle ne donne de la passion; ny de si contraire qu'elle ne change. En quelque lieu qu'elle se fasse voir, elle acquiert premierement l'estime, qui est le fondement de l'authorité : elle produit apres des sentimens plus doux et plus tendres, et ne laisse pas mesmes à ceux qu'elle bat et qu'elle poursuit, la liberté de ne l'aimer pas.

Nous voyons les habitans des villes rasées qui adorent la vertu de leur destructeur; qui benissent la foudre qui les a frapez, et reconnoissent que la guerre qu'on leur a faite, n'a esté ny vn mouvement precipité de colere, ny vn effet de mauvaise volonté contre eux : mais vne necessaire conclusion de tous les principes de la prudence, et le seul remede qui les pouvoit mettre en meilleur estat. Ils confessent qu'ils jouïssent par la perte de la Rochelle, de la seureté qu'ils n'avoient pû trouver en ses prodigieuses fortifications, et ne se plaignent point de leur cheute, n'estans tombez que dans le sein de leur pere. Ils ne font point difficulté d'avoüer qu'ils sont obligez à la victoire du Roy, de leur tranquillité et de leur repos; qu'il leur a donné loisir de vacquer à leurs affaires particulieres, en les déchargeant de celles de leur party; et que puis qu'on n'a touché ny à leur vie, ny à leur liberté, ny à leur fortune, en leur ostant des places qui n'estoient pas à eux, on ne leur a osté que des soucis, des inquietudes et des peines.

Comme les vents les plus impetueux et les plus froids, se relaschent et s'adoucissent aucunement, passant par vne region temperée : aussi les plus severes et les plus fascheuses actions retiennent quelque chose des qualitez de la personne qui les entreprend, et perdent vne partie de leur aspreté et de leur rudesse dans la conduite d'un Prince sage et bien avisé. Le Roy a sçeu mesnager cette-cy avec tant d'adresse, qu'en faisant justice il a receû des loüanges de la propre bouche des coupables, et a porté son ressentiment à vne pleine satisfaction de l'offense qu'il avoit receuë, sans qu'il ait paru d'aigreur en son procedé, ny d'émotion en son esprit. Il a agi ne plus ne moins qu'agissent les Loix, qui ordonnent des peines et des supplices, sans se mettre en cholere, et ne sont point passionnées, quoy qu'elles soient dures et inflexibles. Tout le monde a admiré la subtilité de la main, qui en mesme temps a sauvé le corps, et percé le serpent qui l'entortilloit; qui a employé innocemment le fer et le feu, la rigueur et la vengeance; qui a exercé vne hostilité si charitable, que les vaincus en remercient auiourd'huy le victorieux.

Il a donc à bon droict la faveur vniverselle, et les volontez des vns et des autres. En vne si juste affection le Huguenot est rival du Catholique: toute la France est également amoureuse de son Roy. Et bien qu'en s'esloignant d'elle, il luy ait laissé la paix, et d'autres gages tres-precieux; bien qu'il n'acquiere point de gloire qui ne soit pour elle, et qu'à toute heure il luy envoye des Trophées du lieu où il est, elle ne se peut consoler de son absence, qui la met en vn si haut degré de reputation en la separant de luy. Elle est envieuse de la bonne fortune de ses ennemis, qui voyent pour le moins le visage qui leur fait peur, et joüissent de la clarté qui les esbloüit.

Nos yeux qui ne sont jamais satisfaits des mesmes objets, qui veulent tousjours changer de beauté, et qui s'ennuyent quelquefois du jour et de la lumiere, ne se lassent point de regarder nostre Prince. Quand il a passé par vne ruë, le peuple court à l'autre pour le revoir : et toutesfois ce n'est pas la forme exterieure que nous suivons, quoy que les Philosophes l'estiment la troisiesme partie du souverain bien. Nostre affection est plus spirituelle et plus détachée des sens : Nous sommes attirez par vne plus noble force. I'ay desja dit qu'il nous a gaignez par son merite. Par là il possede le cœur de tous ses Subjets, et possede par consequent le lieu des veritables affections; le lieu où les hommes mettent leurs femmes et leurs enfans, et les autres choses qui leur sont cheres; le lieu qui a resisté à la puissance des Conquerans, qui a tenu bon contre Cesar, qui est fermé à ceux à qui les portes des Citadelles sont ouvertes, qui se conserve libre lors que la tyrannie se desborde sur toute la Terre.

Certes si les peuples ont eu autresfois des passions violentes pour des Princes qu'ils ne pouvoient pas encore connoistre, et qui ne leur avoient fait ny bien ny mal : Si Rome a esté idolatre du jeune Marcellus, qui ne monstroit encore que des signes et des presages d'une future grandeur, et qui fut esteint comme il commençoit à luire : Si pour cét effet il a esté appellé, les courtes et mal-heureuses amours du peuple Romain, qui pleura sa mort amerement, et eut vne extreme affliction d'avoir perdu ce qu'il esperoit, c'est-à-dire d'avoir perdu ce qu'il n'avoit pas; ce seroit vne honte que des bienfaits receus trouvassent moins de reconnoissance que n'en ont trouvé des bienfaits à recevoir; que nous fissions moins de cas d'une vraye et réelle possession, qu'on n'a estimé des imaginations et des desirs; que Rome eust admiré les boutons et les fleurs d'une inclination portée au bien, et que la France ne fust pas ravie de recueillir le fruit d'une vertu consommée. Ce seroit veritablement trop d'injustice, si vn Prince qui a tant vaincu et tant travaillé pour nous, n'avoit pû se rendre agreable par ses peines et par ses victoires; Si les Couronnes et les applaudissements luy manquoient apres le salut de l'Estat et le repos de l'Eglise, qu'il a procuré, et si de parfaites obligations produisoient des ressentiments vulgaires.

CHAPITRE V.

ARGUMENT.

Cet ouvrage n'est ny Eloge ny Panegyric. C'est un tesmoignage que l'autheur rend à la posterité de la vertu de son Prince. Il ne declame point, il instruit, bien que ce ne soit pas en Docteur. La flaterie ancien vice de toutes les Cours. Exemples de cela fort remarquables. On adore des infames en public dont on se mocque en particulier. Les estrangers démentent les histoires que les domestiques ont escrites. Toutes les nations ont vn mesme sentiment pour nostre Prince. Les Espagnols et les Allemans sont ses admirateurs, aussi bien que les François. Le subjet est si grand qu'on n'en sçauroit tant employer qu'il en restera.

Ie ne pense pas que personne m'accuse de faire le Declamateur et de vouloir agrandir de petites choses. Ie m'esloigne bien plus de l'excez que du defaut : et de l'extremité où se jettent ceux qui abusent de leur esprit, que de celle où tombent ceux qui n'en ont point. Mon dessein n'est ny de gaigner de la creance au mensonge, ny d'apporter de l'embel-

quelques avis particuliers, j'ai peur que toute la pensée du Gouvernement ne se rencontre dans des intérêts futiles et domestiques; j'ai peur que les grandes considérations d'État ne soient sacrifiées à quelques passions privées.

Trois points devraient aujourd'hui occuper la pensée du Gouvernement. Au dedans arriver à tout prix, et le plus tôt possible, à une fusion de la France ancienne et de la France nouvelle; sans cela, il n'y a pour la France, selon moi, ni bonheur, ni repos, ni stabilité. Au dehors, se concerter avec l'Europe et avec les événemens sur les moyens de reprendre sans trouble, ou avec le moindre trouble possible, la Belgique et les départemens de la rive gauche du Rhin; se concerter en même temps avec ce que l'Europe conserve encore de puissance maritime, sur les moyens de mettre un frein à la prépondérance exagérée de l'Angleterre : avec ces trois objets accomplis, le Gouvernement qui les aura obtenus pourra se flatter de la reconnaissance éternelle de la France, et de celle de l'Europe.

---

des hommes de talent, connus pour persister dans une ligne d'opinions particulière, seront appelés, conjointement avec d'autres hommes de talent, pour gouverner ensemble l'État dans une ligne opposée à leur opinion, c'est comme si on prétendait faire aller un char avec des chevaux vigoureux attelés en sens opposé.

Quand un Gouvernement ou une administration seront ainsi composés dans un même esprit; d'un autre côté, lorsqu'ils auront reconnu pour première règle, que leur mission est, non de se consumer en détails minutieux de localité, qu'ils ont à cet égard, moins à donner le mouvement qu'à surveiller et à soigner, il ne leur restera plus qu'à examiner les objets importans qui doivent être spécialement l'objet de leur attention.

Selon ses diverses positions, une nation a toujours des points de politique qu'il est facile d'énoncer en termes précis. Sous le cardinal de Richelieu, la pensée du Gouvernement fut toute entière dans ces deux points : réprimer au dedans les troubles du protestantisme et ceux de la noblesse; au dehors, abaisser la maison d'Autriche et s'opposer à ses envahissemens. Sous Louis XIV, la politique eut de même des objets déterminés. Aujourd'hui, si je m'en rapporte à

lissement à la verité : et nous ne vivons pas sous ces Regnes mal-heureux, où pour dire du bien de son Maistre, il falloit parler improprement, et appeller chaque chose par le nom d'une autre.

En ce temps-là lors qu'un Prince faisoit de grandes cruautez, on disoit qu'il faisoit de grands exemples : Il recevoit des remerciemens de toutes les actions dont il devoit recevoir du blasme : lors qu'il payoit tribut à ses ennemis, on vouloit luy persuader qu'il donnoit pension à ses voisins et changer vn effet de servitude en vne marque de superiorité. On le loüoit d'estre vaillant, pour avoir mis vne fois son cheval en fougue, ou fait semblant de signer à regret vn traité de paix. Il n'y avoit point de fuite si honteuse qui ne fust vne retraite honorable. Ils nommoient le Lyon celuy qu'ils n'osoient nommer le Loup, et destournoient generalement tous les mots de leur vraye et de leur ancienne signification, afin de déguiser toutes choses.

Vn Empereur a triomphé de l'Ocean, pour avoir traisné vne armée de Rome à Calais, et s'estre contenté, ayant regardé la Mer, de faire amasser à ses soldats les coquilles du rivage. Il y en a eu qui ont attaché à leurs chariots d'or des hommes blancs qu'ils avoient noircis, sans prendre la peine d'aller conquerir l'Ethiopie. Il y en a eu qui ont habillé des Romains en Perses, afin de monstrer des captifs des Provinces qu'ils n'avoient point conquises; et les vns et les autres n'ont pas manqué d'Orateurs, qui les ont conjurez au nom du public de ne hazarder plus leur personne en de si dangereuses occasions, et d'vser à l'avenir de leur courage avec plus de moderation et de retenuë.

La flaterie donne de la Majesté à des Souverains qui auroient bien de la peine à treuver leur Estat dans la Carte. Elle benit les dominations injustes, et fait des vœux pour la prosperité des meschans : elle bastit des Temples à ceux qui ne meritent pas des sepulchres. On flate leur memoire quand on ne peut plus flater leur personne. Celuy-là jure qu'il a veu monter Romulus au ciel, armé de toutes pieces, et qu'il luy a commandé d'en venir advertir le Senat. Claudius l'imbecille est aussi bien fait Dieu qu'Auguste le sage. Vne mesme authorité consacre leurs cendres, et leur decerne les honneurs celestes. On instituë des Prestres, on brusle de l'encens, on presente des sacrifices à l'ame d'un hebeté; à celuy qui au jugement de sa propre mere, n'estoit que le commencement d'un homme.

Il n'est point aujourd'huy de si petit Prince en qui la prophetie de la ruïne du Turc ne doive estre accomplie, s'il en faut croire à vn mauvais livre, qui aura esté fait en sa faveur. Il y a tousjours eu dans les Cours des Idoles et des Idolatres. Il y a eu de la lascheté par tout où il y a eu de la Tyrannie. L'authorité, quoy qu'injuste et odieuse, a esté de tout temps adorée. Mais aussi il est à remarquer, que ç'a esté par des personnes qui en avoient peur ou besoin; qui en estoient subjettes ou dépendantes : car autrement ces honneurs forcez n'ont duré qu'autant qu'a duré la servitude, et ont esté seulement rendus où il estoit dangereux de les refuser. Le premier rayon de la liberté a fondu toutes les statuës qui avoient esté erigées aux mauvais Princes. Cét ambitieux qui avoit remply des siennes la capitale ville de Grece, survesquit à tous ces beaux monuments de sa vanité, et eut le regret avant de mourir, d'en voir faire des meubles de cuisine. En plusieurs endroits, au mesme moment qu'on crie, vive le Prince, on en souhaite la mort. Souvent on s'est mocqué en particulier de ce qu'on avoit admiré en public; et les estrangers ont démenty l'histoire que les domestiques avoient publiée.

Ayant à parler du Roy, nous ne courons point cette fortune; l'Escurial en fait autant de cas que le Louvre; sa reputation est reverée au loin, comme aupres. Il est loüé jusques dans le cabinet de ses ennemis; et cette voix se fait entendre assez haut chez nos voisins, QUI NOUS POURROIT RESISTER, SI NOUS AVIONS VN SI BRAVE MAISTRE? De sorte que je ne dis rien qui soit nouveau à personne; qui ne soit confirmé par la commune reputation; que les Allemans et les Espagnols ne dient aussi bien que moy : Ce n'est point vn Eloge, ny vn Panegyric que j'escris; c'est vn tesmoignage que je rends à nostre Siecle et à la Posterité. C'est vne confession que le droit des Gens et la Iustice vniverselle tirent de la bouche de tous les hommes. Ceux-là mesmes qui sont separez de nous de toute l'estenduë de la Mer; qui voyent vn autre jour et d'austres estoiles, n'ignorent point cette verité, et s'estonnent qu'il y ait en l'Europe quelque chose de plus excellent et de plus parfait que la puissance à laquelle ils obeïssent.

Ie ne suis point en peine d'amplifier mon sujet; il est si diffus et si vaste, que je n'en sçaurois tant employer qu'il m'en demeurera : I'en laisse beaucoup plus que je n'en prens, et trouve beaucoup moins de paroles que de choses. Cette rencontre me fait voir tout à la fois la sterilité de mon esprit, la pauvreté de nostre langue, et la foiblesse de la Rhetorique. C'est vne science qui m'a trompé, et de qui j'eusse attendu de plus grands secours. Ses plus vives couleurs sont trop sombres pour representer vne vie si éclatante que celle du Roy : Ses plus violentes figures ne peuvent suivre que lentement et de loin le progrez d'un courage si actif : Tous les termes sont inferieurs à ses actions, et partant reconnoissons l'avantage qu'a nostre matiere, tant sur nostre intelligence que sur nostre art. On donne des enrichissemens aux autres, mais il les faut prendre de celle-cy, et tascher seulement de ne pas gaster ce qu'il n'est pas possible d'embellir.

CHAPITRE VI.

ARGUMENT.

Innocence de la vie du Prince. Fondement de ses autres vertus. Chose tres-rare dans vne grande jeunesse et dans vne souveraine authorité. Il est beaucoup plus aisé d'estre vertueux à vn particulier qu'à vn Prince. Celuy qui commande à tout le monde, obeït aux Loix, et ne se permet rien, bien que toutes choses luy soient permises. C'est vn effet de la Morale de Iesus-Christ, et non pas de celle d'Aristote

Ie ne veux point prevenir le jugement de l'Eglise, ny respondre d'une vertu que Dieu n'a pas encore recompensée des felicitez de l'autre vie. Ie dis seulement qu'il n'y a personne aujourd'huy au monde qui sçache que le Roy peche, et que la plus hardie, et la plus injuste mesdisance qui se puisse attaquer aux choses saintes, ne sçauroit treuver sur ses actions de quoy mentir avec couleur. Y a-t'il des enfans qui se plaignent que le Prince est heritier de leur pere? Y a-t'il des peres qui demandent les enfans que le Prince leur a ravis, et qui les pleurent avant qu'ils soient morts? Où void-on de beauté, à qui il ne permette d'estre chaste? Où sont les Ministres de sa cruauté et de ses plaisirs? En quel endroit a-t'il fait verser vne goutte de sang innocent? Où entend-on les cris et les gemissemens des familles qu'il a desolées? Qu'on me monstre enfin vne seule marque qu'il ait laissée, par laquelle la Posterité puisse sçavoir qu'il a esté jeune.

Lors que la jeunesse se rencontre avec l'authorité, elles sont capables de produire ensemble d'estranges effets, et de mettre en feu toute la Terre. C'est vne pareille conjonction à celle qui se fait dans le ciel, de deux Astres également dangereux : et si la violence, qui accompagne d'ordinaire cét aage-là, n'est pas supportable en vne condition privée, bien que la crainte des Loix la retienne, et qu'elle soit liée de mille chaisnes; je vous laisse à penser ce qu'elle doit faire, estant armée des forces d'un grand Royaume, ayant les Magistrats et la Iustice à ses pieds, et ne trouvant ny d'empeschement en ce qu'elle desire, ny de limites en ce qu'elle peut.

Voicy neantmoins vn homme, qui en la fleur de son aage, et dans vne souveraine fortune, ne laisse à ses passions qu'autant d'estenduë que la sagesse leur en ordonne, et leur ferme tout ce long espace que la Royauté leur ouvriroit. Voicy vn homme, qui se sçait abstenir au milieu de l'abondance, et ayant de l'appetit; qui sçait mettre des bornes par sa vertu à vne puissance qui n'en a point; et tout Prince qu'il est, mene vne vie plus modeste et plus reguliere, que ne font les simples citoyens des petites Republiques.

Voicy sous les Loix et dans le devoir celuy qui ne void rien que le ciel au dessus de soy; qui ne sçauroit pecher que contre Dieu seul; qui porte la Couronne la plus indépendante qui soit au monde, et pour lequel l'Eglise, qui lance ses foudres sur toutes les autres testes, n'a que des benedictions et des graces. Celuy-là, dis-je, rend vne si parfaite obeïssance à la raison, et conduit ses actions avec vne si exacte probité, qu'il me semble qu'au lieu du Roy de France, je voy le Roy de Lacedemone, qui n'avoit autre avantage sur ses Subjets, si ce n'est qu'il luy estoit permis d'estre plus vaillant qu'eux, et de faire moins de fautes.

Ie ne m'estonne point que le mal soit peu connu au village, et que l'on conserve son innocence où il est difficile de la perdre. Vn homme est bien mal-heureux, qui se noye en vn lieu où il n'y a presque pas assez d'eau pour boire, et qui tombe sans que personne le pousse. Mais quand toutes les puissances de l'Enfer s'eslevent à la fois pour l'attaquer: que ses yeux, ses oreilles et les autres avenuës de son cœur sont continuellement assiegées, et que les ennemis taschent d'entrer par toutes les portes, il fait certes quasi plus qu'il ne doit, s'il soustient de si violens efforts, et s'il resiste à tant d'assaillans.

Quand les objets agreables le pressent et le poursuivent de tous costez, et que la fin des plus belles choses est de se rendre dignes de son amour : Quand le desir d'avoir s'allume en son ame par l'éclat et par la grosseur des diamans, et que pour peu qu'il fasse valoir le crime de leze-Majesté, tout ce qui est à autruy peut incontinent devenir sien : Lors que la Fortune luy ouvre elle mesme le passage à la conqueste de l'Vnivers, et luy dispose les choses de telle sorte, que pour toute la peine de l'execution elle ne luy laisse que la gloire de l'evenement : lors qu'il ne tient qu'à luy qu'il ne mette en chemises ses petits Voisins, et que dans quinze jours il ne recule la frontiere de son Estat de cinquante lieuës; il faut sans mentir qu'il aime bien la vertu, pour ne la pas quitter en vne rencontre où le vice luy offre tant de retour, s'il le veut suivre, et qu'il ait de grandes pretentions en l'autre monde, pour mespriser tous les biens et toutes les esperances de celuy-cy.

La Philosophie ne sçauroit aller jusques-là, quelque presomptueuse qu'elle soit et quelque vanité qu'elle se donne : elle promet beaucoup, mais elle manque le plus souvent de parole : elle a du courage pour aspirer à la perfection, mais elle n'a point de force pour y parvenir. Cette force est propre et particuliere aux Fideles, qui peuvent tout en celuy qui les assiste de sa puissance. Il n'y a que la Morale de Iesus-Christ qui puisse former vne si excellente habitude; et c'est elle qui esleve tellement le Roy au dessus des grandeurs du monde, et le met si pres du principe de toute grandeur, qu'encore qu'apparemment il n'y ait rien de plus eminent que la Royauté, il faut pourtant qu'il descende d'un lieu plus haut, et qu'il s'abbaisse toutes les fois qu'il veut s'asseoir sur le throsne de ses Peres, et se communiquer avec les hommes.

Il regarde desja la terre de la mesme sorte qu'on la regarde du ciel. Rien ne luy paroist grand dans vn si petit espace : Il n'y trouve rien qui merite d'arrester ses pensées, ny d'occuper ses desirs. Tout ce qu'elle contient ne le rempliroit pas à demy. La seule possession de Dieu est capable de combler vn si large cœur. Aussi est-ce, sans plus, son amour et son ambition, sa part et son heritage. Les Peuples et les Estats qu'il gouverne n'en sont que les suites et les accessoires.

Celle qui prend plaisir de couronner les bergers et de mettre les Roys à la chaisne; qui est également maudite et adorée dans le monde : La Fortune, dis-je, fait tous ses desordres au dessous de luy, et est trop foible pour attaquer sa constance, et trop pauvre pour tenter sa moderation. Il ne connoist d'heur ny de malheur que la bonne et la mauvaise conscience. Il est bien plus glorieux de son Baptesme que de son Sacre, et fait bien plus d'estat du moindre privilege de la Grace que de tous les avantages de la Nature. Iamais esprit ne fut mieux persuadé que le sien de l'avenir que nous attendons, ny ne receût de plus vives et de plus violentes impressions de la verité, ny ne pensa plus hautement de la dignité du Christianisme, ny ne rendit de plus belles et de plus illustres preuves de sa creance.

CHAPITRE VII.

ARGUMENT.

Discours de la vraye pieté, où il est premierement traité de la fausse, afin de connoistre la diference des deux. Devotion d'apparence et de grimace, qui est vne pure action du corps. Devotion foible et scrupuleuse, qui est vne estrange maladie de l'ame. Le superstitieux aime mieux se rendre à son ennemy, que de faire mentir vn mauvais presage. Croit que Dieu n'est occupé dans son bien-heureux repos qu'à luy preparer des peines et des tourmens. Adore tous ses soupçons et toutes ses doutes. Se fait des Saints de son authorité privée, et passe du desespoir de son propre salut à la distribution de la gloire d'autruy. Il s'imagine que tout est miracle, et que réveiller vn homme endormy, c'est ressusciter vn mort.

Qu'on ne me parle point de cette grossiere imitation de pieté, qui ne cherche que des spectateurs; qui amuse le monde de mines, et s'employe plustost à conduire les mouvemens de la teste, et à donner vn certain tour au visage, qu'à regler les affections de l'ame. C'est vne pure action du corps, et des moins difficiles de cette vie. Les plus maladroits y reüssissent du premier coup : elle ne demande ny force, ny industrie, et ne baille pas plus de peine que ces petits jeux, qui divertissent sans travailler, et qui s'apprennent sans maistre. C'est vne sorte d'oisiveté, déguisée sous vn nom plus honneste que le sien propre, ou, pour le plus, vne occupation languissante et paresseuse, de laquelle vn homme se sçait fort dignement acquiter, encore qu'il ne sçache rien faire, et qui se passe quasi toute ou à murmurer quelques paroles confuses, ou à remuer simplement les lévres ou à s'adoucir tout d'vn coup les yeux, apres avoir contrefait le triste.

Il y a vne autre sorte de fausse devotion, qui est plus dangereuse que celle-là. Ie veux dire cette devotion tremblante et perpetuellement effrayée, qui pense que Dieu n'est occupé dans son bien-heureux repos qu'à luy preparer des peines et des supplices, et qu'il afflige les Royaumes, et envoye les pestes et les sterilitez, pour la seule haine qu'il luy porte. Les visions sortent en foule de son imagination troublée, qui luy reviennent apres au devant comme des monstres estrangers et inconnus. Il ne se passe nuit que les morts ne s'apparoissent à elle avec des formes estranges, et vn attirail épouvantable qu'elle leur donne. Iamais elle n'ouït de cry parmy les tenebres qu'elle ne creust que ce fust la voix d'vne ame qui se plaignist : elle ne sçauroit voir vne partie de l'air plus sombre et plus épaisse que l'autre, qu'elle ne se figure que c'est vn phantosme. Toutes les maladies luy sont des possessions, et où il ne faut que des Medecins, elle employe les Exorcistes.

Elle affoiblit l'esprit et abbat le courage de telle sorte, que ceux qui en sont frappez n'osent ny se resjouyr en temps de paix, ny se defendre dans la necessité de la guerre. Vn mauvais songe suffit pour leur faire changer vn bon dessein : de cinq jours ils en comptent quatre malheureux, et choisissent les heures et les momens qu'ils ont marquez de blanc, avant que d'entreprendre la moindre de leurs affaires. Si bien que les occasions sont plustost écoulées que leur resolution n'est prise. Ils sont à demy vaincus par le chant d'un Corbeau ou par la rencontre d'une Belette, et cherissent si folement leur erreur, que pour luy conserver l'opinion de verité qu'ils luy ont donnée, ils aimeroient mieux se rendre à leur ennemy que de faire mentir vn presage.

Ces gens-là adorent tous leurs soupçons et toutes leurs doutes. Ils se font des Saints de leur authorité privée, et sans attendre la fin de la vie, ny l'oracle du souverain Pontife. Ils rendent des honneurs divins à ceux qui sont encore subjets aux infirmitez humaines; qui sont encore justiciables de l'Inquisition, et qui ne sçavent encore s'ils sont dignes d'amour ou de haine. Cependant les superstitieux les canonisent en leur cœur en dépit de Rome et du Consistoire; et passant d'vne extreme crainte à vne extreme temerité, et du desespoir de leur propre salut à la distribution de la gloire d'autruy, ils leur addressent desja des vœux, et les invoquent, comme s'ils estoient en estat de les exaucer, et que des coupables pûssent donner grace à leurs compagnons.

Apres cela, les corps les plus gras et les plus replets leur paroissent transparens et lumineux, et la teste qu'ils reverent, n'a pas vn cheveu qui ne leur semble vn rayon de sa Couronne. Ils pensent que ce soit vne Sainte en extase, et ce n'est qu'vne femme évanouïe; ils jurent qu'elle a des revelations de l'avenir, et à peine sçait-elle les nouvelles qui courent apres qu'on les luy a dites. A leur opinion il est aussi aisé de ressusciter vn mort que de réveiller vn homme endormy. Si on veut leur adjouster foy, l'ordre du monde se trouble chaque jour par des prodiges continuels, et ils se persuadent plus facilement qu'vne chose est arrivée contre le cours ordinaire de la Nature, qu'ils ne s'imaginent que celuy qui la conte peut estre menteur.

Les accés mesme les plus tranquilles d'vne si fascheuse maladie ne sont point sans beaucoup d'extravagance. Il s'en est trouvé qui pour se marier plus Chrestiennement ont esté choisir des femmes dans les lieux de dissolution et de desbauche, afin, disoient-ils, de gaigner des ames à nostre Seigneur. Quelques-uns ayant à toucher vn payement qui leur estoit deu, ont fait scrupule de le recevoir en Iacobus, à cause qu'ils viennent d'vn pays excommunié : d'autres se sont confessez d'avoir servy l'Estat durant les troubles, et de n'avoir pas esté de la Ligue. Et j'en sçay qui croyent estre obligez en conscience de trahir, et de donner des advis à ceux du party contraire, pource que la sainte Escriture nous commande de faire du bien à nos ennemis.

CHAPITRE VIII.

ARGUMENT.

Devotion trompeuse et interessée. Le mensonge est souvent plus vraysemblable que la verité. On louë la Iustice, afin d'estre injuste plus finement. Il y en a qui s'approchent de nos mysteres estans tous sanglans de leurs parricides. Leur zele ne les devore pas, il devore leur prochain. Il semble qu'ils ne vont pas tant à l'Eglise pour obtenir pardon de leurs fautes que pour demander la permission de les faire. Par la familiarité qu'ils croyent avoir avec Dieu, ils apprennent à le mespriser. Ils perdent le scrupule et ne quittent pas le mal. C'est le masque avec lequel les Grands trompent les petits, et la couleur qu'ils donnent à toutes leurs entreprises. L'or des Indes tente leur avarice, et ils veulent faire accroire que c'est le salut des Indiens qui excite leur pieté. Ils pillent, ils massacrent par devotion. Sur ce subjet, Maximes de la bonne et de l'ancienne Theologie. Expediens des nouveaux Docteurs, qui ont trouvé le moyen d'accorder le vice avec la vertu, et de pouvoir pecher en conscience.

Toutesfois la pluspart de ceux-là se tiennent dans les bornes d'une innocente folie. Leur volonté est entiere; quoy que leur entendement soit blessé. Ils sont trompez par quelque ombre et quelque image de Religion, qui se presente par tout à eux; mais ils ne se servent point de la Religion pour tromper personne, et n'assujettissent pas à leurs desseins particuliers celle qui doit estre la Reyne et la Maistresse des choses humaines. Il se void donc dans le monde des pipeurs qui paroissent ce qu'ils ne sont pas, et ne loüent la Iustice qu'afin d'estre injustes plus finement. Il se void des Pharisiens qui nettoyent le bord de la coupe, estans pleins d'ordure et de rapine au dedans; qui edifient les sepulchres des Prophetes, et parent les monumens des Saints, estans tous prests de les tuer encore s'ils revenoient au monde leur dire la verité et reprendre leur mauvaise vie.

Le jugement qui se fait de la bonté des choses par leur simple dehors et par leur couleur exterieure, n'est pas tousjours infaillible. Quelquefois le mensonge est plus vray-semblable que la verité, et le mal a plus d'apparence de bien que le bien mesme. Personne ne doute que ce ne soit vne œuvre de misericorde de racheter les prisonniers, de payer les debtes des miserables, de distribuer du blé au peuple en temps de cherté; et neantmoins dans les Republiques bien policées on a puny des hommes pour avoir exercé de ces œuvres de misericorde, et beaucoup de meschans citoyens sont venus par là à la Tyrannie. Combien y a-t'il eu de faux Philosophes, qui sous vn visage austere ont caché de sales affections; qui ont mesprisé la gloire par orgueil et non pas par humilité; qui ont fait profession de la pauvreté pour se faire reverer des Princes?

Dans la besace de ce fameux Cynique, qui parut du temps de Lucian, où l'on croyoit qu'il n'y eust que des féves et du pain bis, on trouva vne balle de dets, vne boëtte de senteurs et le portrait d'vne femme. Celuy que vous pensez qui s'en soit fuy au desert pour vacquer à la contemplation avec moins de divertissement, y est allé peut-estre pour faire la fausse monnoye avec plus de seureté. Nous avons ouy parler d'vn Prince qui se retiroit reglément toutes les bonnes festes dans les maisons Religieuses, et là tandis qu'on croyoit qu'il examinast sa conscience et qu'il fist ses exercices spirituels, on l'a surpris souvent qu'il faisoit des dépesches et qu'il donnoit des audiences secrettes. Ne vous fiez pas à la feinte humilité, ny au mauvais habillement de ce Directeur des consciences, qui semble se preparer tousjours à la mort; car au dedans il est tout vestu de pourpre; il a l'ambition de quatre Roys; il a des desseins pour vn autre siecle. Mais sur tout défiez-vous de ces ouvriers d'iniquité, de ces hommes puissans en malice, qui levent au ciel des mains impures, et ne craignent point de s'approcher de nos redoutables Mysteres, estans tous sanglans de leurs parricides.

Ils sont cruels, ils sont incestueux, ils sont sacrileges, et ne laissent pas d'estre devots. Leur devotion corrige leurs gestes et reforme leurs cheveux, mais elle ne touche point à leurs passions ny à leurs vices. Ils mettent toute la vertu à louër les **** et à dire mal des Huguenots. O qu'ils feroient de grands exploits en vn massacre, et qu'ils seroient vaillans contre des personnes endormies, et qu'on auroit convié à des nopces. Leur zele qui, selon l'intention du saint Esprit, les devroit devorer, devore leur prochain, et brusle les villes et les Provinces. Ils ne gaignent rien de la frequentation des choses saintes que le mespris, qui naist de la familiarité, et la coustume de les violer. Ils en deviennent plus hardis meschans, et non pas plus gens de bien : ils perdent le scrupule, et ne quittent pas le mal.

Tellement qu'il est à croire qu'ils ne vont pas tant à l'Eglise pour obtenir pardon de leurs fautes, que pour demander permission de les faire, et avoir authorité de pecher. Et comme quelques-vns des premiers Chrestiens ne faisoient point difficulté de s'enyvrer, estans assis sur le tombeau des Martyrs, ils se figurent aussi que toute autre meschanceté leur est permise, pourveu que d'ailleurs ils demeurent dans quelque apparence de pieté.

La pluspart des Grands ont eu de tout temps cette belle devotion, et quoy que ce soit vn masque fort vsé et reconnu d'vn chacun, il ne laisse pas pourtant de servir tousjours, et d'abuser encore le Peuple.

Ne connoissons-nous pas ceux-là qui meslent Dieu parmy toutes leurs passions, qui le font entrer dans tous leurs interests, et l'employent à toutes sortes d'usages? S'ils vsurpent vn Royaume, sur lequel ils n'ont aucun droit que celuy de la bienseance ou de la force, ils disent que c'est pour empescher que les ennemis de l'Eglise ne s'en saisissent, et pour aller au devant d'vn mal qui n'arrivera possible jamais. Si leur avarice les fait traverser les Mers et courir au bout du Monde, ils publient que c'est le bien des ames qui les y attire et le desir de sauver les Infideles. Et toutesfois il est vray que la charité de ces bons Chrestiens ne va qu'au pays où le Soleil fait de l'or, et ne s'est point encore tournée vers les dernieres parties du Septentrion, où il y a bien des ames à convertir, mais où il n'y a que de la glace et des neiges à gaigner.

Ils ne veulent le salut que des Peuples du Perou et de la Mexique; et encore estant arrivez chez eux, ils leur parlent si peu de nostre Foy et leur vendent si cherement vn crayon confus et imparfait qu'ils leur en figurent, qu'il est aisé à voir que le pretexte qu'ils prennent n'est pas la cause de leur voyage. D'abord ils enlevent dans leurs vaisseaux toutes les richesses qui paroissent sur la face de la Terre, et consomment ensuite des generations entieres à chercher celles qui sont cachées dans les Mines. De maniere qu'ils ne vient pas vne pistole en l'Europe, qui ne couste la vie d'vn Indien, et qui ne soit le crime d'un Catholique.

Cependant on laisse crier la vieille Theologie dans les Escholes et dans les chaires des Predicateurs, où elle n'est écoutée que des enfans et des femmes. Elle dit assez, « Qu'vn « petit mal est defendu, quand il en devroit naistre vn grand « bien ; Que si le Monde ne se peut conserver que par vn « peché, elle est d'advis qu'on le laisse perdre; Que ce n'est « pas à nous à troubler l'ordre de la Providence, et à nous « mesler des affaires superieures ; Que Dieu a mis entre nos « mains ses commandemens et non pas la conduite de l'Vni- « vers, et qu'il faut que nous fassions nostre devoir, et que « nous luy laissions faire sa charge. »

Il est venu depuis vne autre Theologie, plus douce et plus agreable ; qui se sçait mieux ajuster à l'humeur des Grands; qui accommode toutes ses maximes à leurs intentions, et n'est pas si rustique et si incivile que la premiere. La Cour a produit de certains Docteurs, qui ont trouvé le moyen d'accorder le vice avec la vertu, et de joindre ensemble des extremitez si éloignées. On donne aujourd'huy des expediens à ceux qui ont volé le bien d'autruy, pour le pouvoir retenir en saine conscience. On enseigne aux Princes à entreprendre sur la vie des autres Princes, apres les avoir declarez Heretiques en leur cabinet. On leur apprend à abbreger des guerres, dont ils apprehendent la longueur et la dépense, par des assassinats où ils ne hazardent que la personne d'un traistre, et à se défaire de leurs propres enfans sans aucune forme de procez, pourveu que ce soit du consentement de leur Confesseur.

Outre cela, comme si nostre Seigneur estoit mercenaire, et qu'il se laissast corrompre par presens : comme si c'estoit le Iupiter des Payens, qu'ils appelloient au partage de la proye et du butin ; Apres vn nombre infiny de crimes, dont ils sont coupables, on ne leur demande ny larmes, ny restitution, ny penitence ; il suffit qu'ils fassent quelque legere aumosne à l'Eglise. On compose avec eux de ce qu'ils ont pris à mille personnes pour vne petite partie, qu'ils donnent à d'autres à qui ils ne doivent rien, et on leur fait accroire que la fondation d'vn Convent ou la dorure d'une Chapelle les dispense de toutes les obligations du Christianisme et de toutes les vertus morales.

CHAPITRE IX.

ARGUMENT.

Veritable pieté du Prince. Il rejette la Theologie complaisante comme l'art de charmer et d'empoisonner. Sa Religion n'est pas secrette et mentale. Il en rend chaque jour des actes publics, et a soin par son exemple de l'edification de son peuple. Elle a son siege en l'entendement, où elle seroit oisive si elle ne descendoit dans le cœur, et imparfaite, si de là elle ne sortoit au dehors par des effets excellens. Il ne la faut pas seulement considerer à l'Autel et à l'Oratoire où elle traite sans peril avec Dieu. Elle va dans les tranchées : elle paroist à la teste des troupes; elle met à tous les jours la plus precieuse vie qui soit au monde. On obtient les victoires de Dieu, mais c'est en travaillant et en agissant. Il veut estre prié à la guerre de cette sorte, et exauce bien plustost les courageux que les lasches. Exemple de la legion foudroyante sous l'Empereur Marc Aurele, de l'Empereur Theodose en la defaite du Tyran Eugene, du Roy au combat de Rié et en plusieurs autres occasions. Cette devotion victorieuse a acquis aux Roys de France le superlatif de tres-Chrestiens. Les tesmoignages qu'elle a receus de la bouche des Souverains Pontifes. Outre la vaillance naturelle et la raisonnable, elle en produit vne troisiesme, qui est vne espece de fureur divine, dont les Princes Orthodoxes ont esté agitez lors qu'ils ont fait des actions extraordinaires. Par quelle raison on obeyt à vn Prince qui craint Dieu, et pourquoy il trouve de la soumission où les meschans trouveroient de la resistance. Il ne s'engage pas dans vn grand dessein sur la proposition d'un Astrologue. Il suit les inspirations de celuy qui est appelé par Isaïe, le Dieu fort et le Conseiller, et qui a promis à ceux qui le servent la victoire de toutes leurs guerres. Au pis aller, s'il y faut mourir, il ne redoute point la mort, au dela de laquelle il voit sa recompense qui l'attend, et vn meilleur Royaume que celuy qu'il quitte.

Nous avons vn Prince qui ne se sert point de ces guides en la conduite de sa conscience, et qui puise dans une meilleure source les maximes avec lesquelles il se gouverne. Il ne verroit pas de si mauvais œil des gens qui viendroient tout exprés pour l'empoisonner, que de semblables Docteurs qui voudroient le corrompre de leur haleine; et souffriroit plus patiemment en sa Cour les Iuifs et les Magiciens, c'est à dire, les ennemis declarez de la verité, que ces serviteurs infideles, qui ne portent les livrées de Iesus-Christ et ne sont à ses gages que pour le trahir. Mais aussi quel besoin a-t'il de la Theologie complaisante, puis qu'il ne fait rien que ce que la plus severe luy ordonne? A quoy luy serviroient les vendeurs de fard et de plastre; puis qu'il n'a ny tache à couvrir, ny defaut à déguiser? Et quel goust prendroit-il aux cajolleries de trois ou quatre Sophistes, parmy les remerciemens des peuples et les loüanges de la renommée?

« Sçachant que nostre Religion nous ordonne de nous abs-« tenir de toute apparence de mal et de faire ce qui est bon, « non seulement devant Dieu, mais aussi devant les hom-« mes, » il ne se contente pas d'une pieté secrette et de la simple adoration de l'esprit. Il croit estre obligé de donner quelque chose aux yeux du monde, et a soin par son exemple de l'edification de son peuple. Les moindres ceremonies qui regardent le culte divin luy sont en tres-grande reverence. Il mesle quelquefois sa voix dans les prieres publiques, et se souvient des ces paroles d'vn Roy comme luy : « Ie suis las de crier ; j'en suis enroüé, les yeux me sont de-« faillis, criant et regardant apres mon Dieu. »

Sa devotion neantmoins a tousjours beaucoup plus de solidité que de montre, et ressemble à ces arbres dont les racines sont encore plus longues que les branches. Elle n'est point corporelle, ny attachée aux objets sensibles. Elle a son siege en l'entendement, qui est parfaitement éclairé, qui ne croit rien de bas des choses du ciel, et n'a que de tres-saines et de tres-raisonnables opinions de cette premiere et excellente cause, dont la pluspart des hommes font des jugemens si temeraires. Mais parce que la qualité dont je parle seroit comme morte et de nul vsage, si elle ne partoit de la plus haute region de l'ame, où se forme le discours et l'intelligence, et qu'il faut qu'elle reside également en la seconde partie, où naissent les affections et les desirs ; il la sçait faire descendre de la teste dans le cœur, afin que ce qui estoit lumiere devienne feu, et qu'une connoissance si noble et si relevée, qui doit estre fertile en grandes operations et sortir au dehors par des effets admirables, ne finisse point en elle-mesme, et ne s'arreste pas aux plaisirs oisifs de la simple meditation.

Ne la considerons donc pas seulement à l'Autel et dans l'Oratoire, où elle traite sans peril avec Dieu, et exerce vn commerce paisible, qui ne peut estre troublé de personne; car elle se trouve dans les occasions de la guerre aussi bien que là : elle paroist à la teste de nos troupes; elle va dans les tranchées, et expose à toutes les injures du temps et à toutes les embusches de la fortune la plus precieuse vie qui soit aujourd'huy au monde. Elle ne s'occupe pas seulement à la structure ou à l'embellissement de quelques pierres; mais elle affermit tous les Autels : elle asseure le fondement de l'Eglise ; elle la pare des drapeaux d'Angleterre et la remplit d'une infinité de Convertis qui avoient besoin pour devenir bons qu'on leur ostast la puissance de mal faire.

Ce sont là des effets de sa devotion, qui agit et travaille sans relasche, et qui en agissant et en travaillant, impetre du Dieu des armées, tant sur terre que sur mer, des victoires pleines de merveilles. Et c'est ainsi, à mon advis, qu'il veut estre prié à la guerre. Il ne refuse rien en ces occasions aux personnes violentes et laborieuses, et exauce bien plus volontiers les courageux que les lasches et ceux qui vont au devant de ses graces, et se preparent pour les recevoir, que ceux qui les attendent au logis, sans se mettre en estat de les meriter.

Cette legion de Chrestiens, qui du temps et sous les enseignes de Marc Aurele, fit tomber la foudre du ciel sur les ennemis, dont elle merita le nom de LEGION FOVDROYANTE, n'obtint pas les bras croisez vn succez si merveilleux : Mais en suite d'une rude et opiniastre meslée, et en combattant de toutes ses forces. Et depuis lors que les vents et la gresle s'armerent à la priere de l'Empereur Theodose, contre le Tyran Eugene ; ce fut vne priere qu'il fit estant à cheval, apres avoir fait tout devoir de bon Capitaine, et s'estre rendu digne de ce miracle : car autrement d'exiger de Dieu qu'il favorise les indignes, et qu'il donne à la paresse et à la timidité la recompense qui est deuë au travail et à la vaillance, ce seroit vser de luy indiscrettement, et le solliciter d'une injustice.

Il est donc besoin qu'un Prince soit devot de ceste premiere sorte, et comme le Roy le fut au combat de Rié et en la défaite des Anglois. Il ne sçauroit produire vn acte plus eminent de pieté ; et s'il est inferieur à celuy des Martyrs, ce que j'ay bien de la peine à confesser, ce ne peut estre que d'un degré seulement, à cause que dans l'humilité du Christianisme le souffrir est plus estimé que le faire.

Mais quoy que s'en soit, cette devotion victorieuse est celle qui a acquis à nos Roys le glorieux superlatif de TRES-CHRESTIEN, qui estoit inconnu avant eux, et qu'il fallut faire exprés, et contre l'usage de toutes les langues, pour honorer tout ensemble leurs victoires et leur zele. La mesme devotion a receu ces tesmoignages de la bouche des souverains Pontifes : « Que Dieu se servoit des Roys de France

« comme de ses principales forces, et d'vn rempart inexpu-« gnable pour defendre la Republique Chrestienne; Que leur « Royaume estoit son Carquois, et qu'il en tiroit toutes les « flesches qu'il décochoit contre les Tyrans. » La mesme en fin merite aujourd'huy les mesmes eloges; porte le Roy à des entreprises si hautes, qu'elles ne peuvent estre tirées en exemple; et outre la vaillance qui est née avec luy, et celle qui s'est formée par la raison, luy inspire encore vne troisiesme sorte de courage, qui est une espece de fureur divine, dont les Princes Orthodoxes ont esté autresfois agitez, lors que leur seule presence a mis des armées en fuite, et que leurs Adversaires ont veu quelque chose d'extraordinaire sur leur visage, à quoy ils n'ont osé resister.

Comme ce n'est pas tousjours vne simple exhalaison élevée de la terre, qui cause ces estranges et épouvantables feux, qui passent de bien loin le feu materiel et elementaire : mais ce sont souvent effets des Demons qui entrent dans les causes naturelles : ainsi quelquefois dans les actions humaines il descend vn rayon de Divinité qui les renforce, et les perfectionne; qui en estend la puissance et en augmente la vertu presqu'à l'infiny; qui attire apres elles l'estonnement, et l'admiration des peuples.

Et s'il est vray, que l'innocence que perdit nostre premier Pere, luy imprimoit vn caractere d'authorité, que les bestes sauvages reconnoissoient, et qui le faisoit reverer de ce qu'il y a de plus cruel et de plus redoutable en la Nature; je ne m'estonne point qu'vn homme, qui par sa vertu semble avoir recouvré cette ancienne et originelle justice, ait de l'avantage sur les autres hommes, et que la pluspart du temps il treuve de la sousmission où les meschans treuveroient de la resistance. Ie ne m'estonne point qu'ayant l'esprit vuide de tous les remords, et de toutes les craintes qui accompagnent le vice, il soit extremement courageux, et que ne sentant point de trouble ny de desordre en soy-mesme qui fasse diversion de ses pensées, il combatte avec plus de liberté que les pecheurs, qui sont desja las et harassez d'une guerre interieure et cachée quand ils marchent contre leurs ennemis.

« La conscience troublée presume choses cruelles. La ma-« lice est craintive, et donnée à l'homme en condamnation. » Et partant vn Prince, qui n'a que de saintes intentions, ne sçauroit avoir que de bonnes esperances. Les entreprises les plus hazardeuses n'ont point de difficulté pour luy : il y va avec vne ferme creance, que ce qui n'estoit pas estimé faisable par ses Predecesseurs, est reservé a sa Pieté, et ne se met point en peine de l'incertitude de l'advenir, parce qu'il ne s'engage pas sur la foy d'vn Almanach et sur les propositions d'vn Astrologue ; mais il suit les inspirations du Dieu des Chrestiens, qui au mesme lieu où il est appellé L'ADMIRABLE, LE DIEV FORT, LE PERE DV SIECLE ADVENIR, est aussi appellé LE CONSEILLER. Il se repose sur la parole de celuy qui ne peut mentir, et qui a promis à ceux qui le servent, « de les assister visiblement de ses Anges ; d'aller « luy-mesme en personne leur servir d'espée et de bouclier; « de les cacher dans son Tabernacle au temps de leur adver-« sité, et de les sauver au plus secret de sa maison; d'envoyer « son épouventement devant eux, et d'effrayer tout Peuple, « vers lequel ils arriveront ; de repousser devant eux les Na-« tions, et de leur partager et mesurer la terre pour heritage.»

Mais au pis aller, quand ces promesses temporelles ne seroient pas ponctuellement executées, et que les bons succez ne suivroient pas de necessité la bonne Cause : Quand les Iustes ne fleuriroient pas comme la Palme, et ne s'esleveroient pas comme le Cedre du Liban ; il est tousjours impossible qu'un Prince religieux craigne la mort, au delà de laquelle il void de si grandes recompenses qui l'attendent, et qu'il ait du regret de quitter vn Royaume, qui est enfermé entre les Alpes et les Pyrenées, pour aller prendre possession d'un autre Royaume qui n'a point de bornes.

CHAPITRE X.

ARGUMENT.

Continuation de la matiere precedente. Où il est monstré que la pieté du Prince doit estre agissante et fertile en bonnes œuvres. Sans elles la priere n'est qu'un bruit, et les sacrifices que des meurtres. Preuves de cette verité par la parole de Dieu. Il est bon d'employer beaucoup de ceremonies à celebrer la feste des Saints, mais il seroit encore meilleur de mettre quelque soin à imiter leur vertu. Dieu ne demande point aux Princes de meilleure devotion que celle qui les approche le plus de luy. Ils ne l'imitent pas en contrefaisant le tonnerre, mais en faisant du bien aux hommes. Ce n'est pas sa puissance qu'ils se doivent proposer à imiter, c'est sa Iustice. Le nostre s'y conforme de telle sorte, qu'il seroit plus mal-aisé de le destourner de l'honnesteté, que de mener le Soleil par vne autre route que la sienne. Il ne se contente pas d'vne innocence vulgaire. Il cherche la perfection, et quand il y a lieu de mieux, il estime que le bien est vne espece de mal. Il pratique les vertus difficiles. Il n'vse pas tousjours de la liberté de son naturel. Il prend la cause du public contre ses affections particulieres. Il passe sur toutes sortes de respects pour obeïr à la souveraine raison. Exemple de cela en la grace qu'il a faite à vne infinité de Rebelles, et qu'il n'a pû accorder à Monsieur de Bouteville. Il se resserre mesme dans la Iustice civile, bien loin d'estendre plus qu'il ne faut l'authorité souveraine. Puis qu'il s'abstient de ce qui est permis, il n'a garde de faire ce qui est defendu. Puis qu'il refuse beaucoup de choses à la nature, il n'a garde de tout accorder à la volupté. Il n'aime que les plaisirs serieux, qui viennent de la gloire et se goustent dans la conscience; qui ne sont pas remedes de l'infirmité humaine, mais recompenses de la vertu heroïque.

La pieté du Roy se monstre par éminence en ce genereux mespris qu'il fait de la plus terrible des choses terribles. Mais cela paroist vniversellement en toutes sortes de bonnes œuvres, qui sont les vrayes et essentielles marques de la discipline Chrestienne. Car il est certain que sans elle la foy n'est point recompensée de la felicité; la connoissance des choses celestes ne merite point le ciel; la priere n'est qu'vn simple bruit, et les sacrifices ne sont que des meurtres.

Et de fait, bien que dans l'Exode ils soient nommez plus d'vne fois, la viande et la nourriture du Seigneur; Si est ce que pour la raison que j'ay alleguée, il est escrit en d'autres lieux, « Que les sacrifices des meschans sont abomina-
« bles au Seigneur; Que celuy qui presente sacrifice de la
« substance des pauvres est comme celuy qui sacrifie le Fils
« en la presence du Pere; Que Dieu ne reçoit point les mau-
« vais dons, et qui luy sont offerts de peché. Il proteste luy-
« mesme aux Fideles, Qu'il n'a que faire de la multitude de
« leurs oblations; qu'il est plein; qu'il ne demande ny la
« gresse, ny le sang des bestes; que l'encens luy est en abo-
« mination; qu'il ne souffrira plus leur nouvelle Lune, ny
« leur Sabbat, ny leurs autres festes : Que son ame haït
« leurs jours des Calendes, et leurs solemnitez; qu'elles luy
« sont à charge; qu'il a peine de les soustenir; qu'il ne les
« exaucera point, quand ils multiplieroient leurs oraisons,
« parce que leurs mains sont pleines de sang; que quand ils
« les estendront vers luy, il destournera ses yeux en arriere. »

Davantage, comme en la Loy il ne recevoit point pour offrande ny le prix du chien, ny le salaire de la paillarde; aussi en l'Evangile il desire que l'aumosne provienne des choses qui sont acquises legitimement. Il veut que la pieté des Chrestiens soit active, leur simplicité advisée, et leur sagesse bienseante; et nous advertit en termes exprés, que nous connoistrons les siens à leurs fruits, et qu'on ne cueille point des raisins de l'espine, ny des figues du chardon.

Pensez-vous que si la douleur pouvoit entrer dans le ciel, et si les bienheureux Esprits qui l'habitent, avoient emporté leurs passions avec eux, il ne leur faschast pas de voir qu'on employe tant de ceremonie à celebrer leur Feste, et qu'on mette si peu de soin à imiter leur vertu? Pensez vous aussi que le Saint des Saints veuille vne meilleure devotion de nous, que celle qui nous approche le plus de luy par l'exercice des choses honnestes? et qu'il ait vn plus agreable spectacle quand il jette les yeux icy bas, que de considerer le progrez que fait le Roy dans le dessein qu'il a de le suivre? Car à dire vray, ce n'est pas en contrefaisant le Tonnerre, ny en portant le Trident en vne main, et le Globe de la Terre en l'autre, ny en commandant qu'on les appelle Eternels, que les Princes se rendent semblables à luy : Mais c'est en gouvernant sagement leurs Peuples, en delivrant les Foibles de l'oppression des plus Forts, et en faisant du bien à tout le monde. Ce n'est pas la puissance de Dieu qui est imitable aux hommes, mais c'est sa bonté et sa justice, dont nous pouvons representer quelques traits et quelques ombrages; et que le Roy possede avec vne si pleine et si liberale communication qu'il en a receuë, qu'il ne seroit pas plus difficile de mener le Soleil par vne autre route que la sienne, et de déregler les mouvements des cieux, que de le destourner de l'honnesteté.

C'est pourquoy, bien qu'on le voye assez souvent prosterné devant son Confesseur, et toute sa Majesté humiliée aux pieds d'vn de ses Subjets, qu'on ne s'imagine pas pour cela que l'habitude qu'il a à pecher luy rende plus familiere cette action. Car humainement parlant, et dans la rigueur de nostre justice, il semble qu'il n'ait pas perdu son innocence. Il n'a donc pas tousjours besoin de la puissance du Sacerdoce, mais il demande quelquefois de la consolation à la Theologie. Souvent il délasse son esprit accablé d'affaires dans l'entretien d'un homme de Dieu : Souvent il reçoit des conseils qu'il a desja prevenus par ses actions. Il se lave souvent pour se rafraischir, et non pas pour se nettoyer : Il prend des remedes pour se confirmer en santé, et non pas pour se guerir; Il cherche la perfection avec tant d'ardeur et de violence, que quand il y a lieu de mieux, il estime que le bien est vne espece de mal.

De là vient qu'il pratique d'ordinaire les vertus difficiles et perilleuses; qu'il va au devant des occasions qu'il pourroit attendre, et que pouvant demeurer en repos, il prefere les dangers honnestes à vne seureté sans merite. De là vient qu'il n'vse pas tousjours de la liberté de son naturel; qu'il est contraint de cacher la douceur qui luy est propre, sous vne severité qu'il emprunte, et qu'avec vn cœur de Pere il exerce l'office de Iuge; Que quelquefois il a pris la cause du Public contre ses sentimens et ses affections particulieres, et qu'il a passé sur toutes sortes de respects, pour obeïr à la souveraine Raison.

Au commencement de la derniere guerre, qu'on peut nommer moitié estrangere, et moitié civile, en vne saison où les gens de service n'estoient pas si communs, que la perte n'en fust remarquable, n'a-t'il pas souffert que sa Iustice luy ait ravy des personnes qui luy estoient cheres, et qu'il eust rachetées de toutes les pierreries de sa Couronne, mais qu'il n'a pas voulu sauver avec vne parole de foiblesse? En cette occasion les services de trois Connestables, le merite du sang de Montmorency, la valeur du Chef de cette maison, de tout temps si chere, et si necessaire à la France, n'ont peu rien gaigner sur luy, que le regret de ne pouvoir rien donner à de si puissantes considerations. Il a resisté aux larmes des Princesses, aux prieres de sa Cour; à sa propre volonté; comme en d'autres rencontres, où la douceur de la vengeance sembloit estre legitime, et où il la pouvoit saouler du sang et du carnage de tout vn Peuple, il a quitté encore pour l'amour du Public ses justes ressentimens, et s'est relasché par le mesme motif qu'il s'estoit roidy : faisant voir en tout qu'il ne va qu'à mesure que la Raison le remuë, et que le Roy est tellement separé de l'homme, et l'esprit a tellement destruit la matiere, que les interests de son Estat luy tiennent aujourd'huy lieu des passions de son ame.

De maniere qu'il n'a garde, à ce compte-là, d'estendre plus qu'il ne faut l'Authorité souveraine, puis qu'il se resserre mesme dans la Iustice civile. Il n'a garde de faire ce qui est defendu, puis qu'il s'abstient de ce qui est permis. Il n'a garde d'estre indulgent aux mauvais desirs, et d'accorder tout à la Volupté, puis qu'il refuse beaucoup de choses à la necessité et à la nature. Il n'a garde en vn mot, d'aimer les plaisirs, qui sont communs aux hommes avec les bestes, puis qu'il n'en veut pas mesmes qui luy soient comme avec les autres hommes, et ne connoist que ces contentemens serieux, qui naissent de la satisfaction d'vne bonne conscience, qui viennent de la gloire d'vne grande action, qui sont tousjours frais, et tousjours nouveaux, et que les Loix ne tolerent pas comme des remedes de l'infirmité humaine, mais que les Sages proposent pour la recompense de la Vertu heroïque.

CHAPITRE XI.

ARGUMENT.

De la chasteté, vertu mesprisée dans les Siecles corrompus. Il faut du courage pour estre chaste. Pourquoy il est plus aisé de resister à la douleur qu'à la volupté. La continence est vn martyre non sanglant et vne persecution invisible. Le Prince merite d'estre loüé de sa pureté, puis qu'elle fait vne partie de sa valeur, et qu'il la doit à la force de sa raison, et non pas à la foiblesse de ses passions. Les victorieux sont les plus satisfaits de tous les hommes. Ils meurent plus heureusement que ne vivent les effeminés. Leuctres et Mantinée ont esté plus belles que Lays ny que Phryné. La vertu n'est pas malheureuse sur la rouë, que doit-elle estre en prosperité? Les objets que nous embrassons en ce monde s'escoulent entre nos mains. Ils sont corruptibles, et nostre passion l'est aussi. Le Prince met la sienne en d'autres objets plus nobles, qu'il peut tousjours aimer, et qui seront tousjours aimables. Il esleve ses desirs jusqu'à la premiere beauté. Il est plus capable de purifier la Cour, que la Cour n'est capable de le corrompre. La modestie de son visage estouffe les mauvaises pensées jusques dans l'ame des hommes, et reforme tout ce qui s'approche de luy. Vne si difficile vertu est vn don du ciel, mais c'est aussi vn effet de sa penible façon de vivre. Il n'a jamais eu loisir de faire mal. Il ne donne au vice ny le moyen ny le temps de l'attaquer. Ses divertissemens mesmes sont austeres, et ses delices viriles. Les autres Souverains n'agissent pas avec tant de force qu'il en fait voir en se relaschant. Leurs basses et honteuses occupations. Leur repos inquiet et leur miserable felicité. Les malheurs publics que produit leur mauvaise vie. Leurs ordures comparées à sa pureté. Le desir de la gloire ne peut souffrir où il est de moindres desirs. Dans le cœur du Prince cette ardente passion consomme toutes les autres.

Ie sçay bien qu'en cét endroit j'estime vne qualité mesprisée du monde, et que la pluspart de ceux qui font profession de la galanterie me reprocheront, que je louë les hommes des vertus des femmes. Mais je ne m'arreste pas aux opinions d'vn Siecle si desbauché que le nostre. Pour aller droit, je vais contre le fil du torrent et de la corruption presente. Et puis que la parole eternelle dit qu'elle est la verité, et ne dit pas qu'elle est la coustume, j'aime mieux parler veritablement que selon le sentiment de plusieurs, et me tenir à la Raison abandonnée, qu'à l'usage qui est suivy.

Il est certain que toutes les actions hardies ne se font pas à la guerre : Il faut aussi de la resolution et du courage pour estre chaste, et les belles choses sont souvent plus à craindre que les mauvaises. La douleur attaque nostre ame par la partie la plus forte, où elle rencontre le despit et la colere qui se defendent; mais la Volupté par l'endroit le plus descouvert, et le plus foible, où elle ne trouve que l'amour de nous-mesmes, qui se rend. Et partant comme il n'est pas si difficile de tenir bon dans des murailles, que de combattre sur vne breche, il n'y a pas aussi tant de peine de resister à la douleur qu'à la volupté.

En quoy la Religion est d'accord avec la Philosophie, et pource qu'au jugement du Fils de Dieu, arracher sa convoitise n'est pas moins que s'arracher vn œil, ou se couper vne main; et que Saint Paul parle d'ordinaire de la crucifier, et dit que nos affections sont nos membres, on a crû dans l'Eglise, que la continence estoit vn martyre non sanglant, et vne persecution veritablement invisible, mais la plus longue, la plus opiniastre, et la plus violente de toutes.

Ie ne craindrai donc point de loüer le Roy de sa pureté, puis qu'elle fait vne partie de sa valeur; puis qu'il la doit à la force de sa raison, non pas à la foiblesse de ses appetits; et que la paix de sa conscience ne vient pas de la langueur et de l'oisiveté de son naturel, mais du travail et de la victoire de son esprit. Il ne lui est point honteux que l'on sçache qu'il est Roy de soy-mesme, aussi bien que de ses Peuples;

qu'il est absolu au dedans comme au dehors; qu'il surmonte toutes sortes d'ennemis; qu'il n'y a point de combat, soit contre les Estrangers, soit contre ses Subjets, soit contre ses passions, où il ne demeure le Maistre.

Or il est sans difficulté, que de ces actes de valeur naissent des joyes si parfaites, que hors du ciel il ne s'en reçoit point de semblables, et que les victorieux sont les plus satisfaits de tous les hommes. Qu'on vante tant qu'on voudra les plus beaux yeux qui ayent jamais esclairé le monde, et le merite de ces superbes creatures qui traisnent apres elles les Princes captifs. En tout l'Empire de la Volupté il n'est point de si douce joüyssance que celle d'vne ville prise, ou d'une bataille gaignée. Leuctres et Mantinée ont donné plus de plaisir à Epaminondas, que Laïs et Phryné n'en donnerent à tous leurs Amans : et bien qu'il perdist la vie en la derniere de ces deux journées, et qu'il ne pûst posseder sa gloire qu'une demie heure, et dans les douleurs d'une blessure mortelle; il mourut pourtant plus heureusement que ne vivent les effeminez, et n'eust pas voulu donner vn instant de ce temps-là pour leur longue et inutile vieillesse.

Mais si Epicure luy-mesme a eu le courage de dire que la vertu ne seroit pas malheureuse sur la roüe; Que le souvenir du passé l'obligeroit de confesser qu'elle s'y trouve bien, et que la douleur qui fait fremir ses bourreaux, ne fait que la chatoüiller; douterons-nous qu'en vn estat plus tranquille, et dans vne pure prosperité, elle ne ressente des contentemens incomparables, mille fois plus vifs, plus subtils, et plus penetrans, que tous les effets de ces agreables artifices que l'esprit a inventez pour flatter le corps?

Nous embrassons en ce monde de certains objets qui s'écoulent et fondent entre nos mains; qui sont perpetuellement menacez de fin, ou de changement, que nous sommes asseurez ou de haïr bien-tost, ou de mespriser, ou de n'aimer plus. Leur nature estant de commencer à se corrompre immediatement apres leur production, l'affection que nous leur portons va aussi de necessité en diminuant : Et à cause que l'infinité ne luy appartient pas, il faut qu'elle perisse par son propre accroissement; que le desir se termine par le dégoust, et le mouvement par la lassitude. Et par consequent admirons nostre sage Prince, qui sçait mettre sa passion en des objets qu'il peut tousjours aimer, et qui seront tousjours aimables : qui ne se salit point de la bouë des choses terrestres : qui esleve ses desirs jusqu'à la plus haute et la premiere beauté, et les esloigne du corps et de la matiere, comme de la lie et de l'impureté des creatures.

La Volupté avec toutes ses inventions et tous ses attraits, n'est pas capable d'emporter sur luy vn commencement de volonté, ny de luy plaire mesme en le surprenant. Il purifiera plustost la Cour par son exemple, que la Cour ne le corrompra par ses delices. En toute sa vie il n'est pas sorty vn mot de sa bouche qui puisse recevoir vn sens deshonneste; et il ne luy seroit pas possible non plus de laisser achever vne parole sale à quiconque oseroit la proferer devant luy. La pudeur de son visage, et vn agreable meslange de douceur et de severité, qui paroissent dans ses yeux, étouffent les mauvaises pensées jusques dans l'ame des hommes, et reforment d'abord tout ce qui s'approche de luy. Si bien qu'en sa presence les plus desbauchez ressemblent aux plus modestes, et son seul regard a le pouvoir, ou de changer, ou de suspendre leur inclination.

Vne si rare et si difficile vertu est à la verité vn present du ciel, et vn privilege de sa naissance; mais c'est aussi vn effet de sa penible façon de vivre, et le fruit de ses continuelles occupations. Il ne donne point au vice le moyen ny le temps de l'attaquer. Il n'a jamais eu encore loisir de faire du mal; et son mauvais Ange l'a tousjours trouvé occupé ailleurs, quand il a essayé de l'y porter. Que s'il ne peut pas tousjours estre à la guerre, ny dans le Conseil, encore les esbats et les divertissemens qu'il prend sont austeres et laborieux, et les delices qu'il gouste, viriles et militaires. La Volupté ne le sçauroit gaigner par d'autres charmes, ny l'attirer à elle que par le travail. Tous ses exercices servent à sa principale profession ; ont du rapport ou de la ressemblance avec le mestier des armes, et sont ou des images ou des meditations de la guerre.

La pluspart des Princes que nous connoissons, et dont nous avons ouy parler, ne sont pas de cette humeur. Ils n'agissent pas mesme avec tant de force qu'il en fait voir en se relaschant : et le repos dans lequel ils languissent est si honteux, qu'il vaudroit mieux pour leur honneur que ce fust vne pure lethargie. Les vns vieillissent à table et passent les jours et les nuits dans les plaisirs de la bonne chere. Les autres employent le tiers de leur vie à se frizer les cheveux et à se regarder au miroir ; et les plus honnestement occupez mettent tout leur temps et tout leur esprit, ou à faire peindre vne gallerie, ou à tirer des essences de jasmin, ou à conduire vne fontaine de quatre lieuës pour embellir vn parterre, ou à calculer le revenu de leur trafic, ou à escouter les propositions d'un Alchimiste.

Ils sont cachez le plus souvent au fond d'vn Palais, où leur propre felicité les ennuye : où ils se plaignent de la misere de leur condition, parce qu'il n'y a plus de nouvelles voluptez à découvrir : où au milieu de leurs thresors et de leurs delices ils deviennent pauvres et chagrins par leurs desirs. Là dedans on les engraisse comme des victimes qui doivent estre immolées : On les parfume comme des corps qu'on veut embaumer : On leur allume des flambeaux dés le midy, afin que la pompe de leur vie soit le commencement de l'appareil de leurs funerailles, et que quand on passe devant leur porte, on puisse dire avec raison : ICY GIST LE PRINCE TEL.

Que si quelquefois le bruit des victoires du Roy va réveiller leurs lasches esprits, et si vne si vive lumiere perce l'épaisseur et l'obscurité de leurs prisons, peut-estre qu'ils reviennent vn peu de ce profond assoupissement, et qu'ils sentent quelque legere picqueure de gloire; mais le cœur n'en est point entamé, et ces bons mouvemens ne produisant que de beaux souhaits, au lieu d'imiter la vertu d'vn si brave Prince, ils se contentent de porter envie à sa fortune. Si quelquefois encore ils osent souffrir le jour, et s'ils se hazardent de voir le Soleil, qui leur est estranger et inconnu, ne vous imaginez pas que ce soit pour entreprendre de longs voyages, et pour assister en personne leurs Alliez, qu'ils quittent les tenebres et la solitude. Ils ne sortent du logis que pour aller faire l'amour à la ville, et pour forcer la chasteté qui resiste, ou corrompre celle qui fleschit.

Et au partir de là, quand ils ont saoulé leurs brutales passions; qu'ils ont violé la sainteté du Mariage, et deshonnoré les pauvres familles, ils appellent cela se joüer, et cherchent de bons mots pour farder de vilaines actions. « N'y en avoit-« il pas vn dernierement qui se vantoit d'avoir triomphé de « la plus belle partie du monde, parlant des Dames qu'il « avoit aimées? Et vn autre ne disoit-il pas, que pour meri-« ter à meilleur titre le nom de Pere de son Peuple, il faisoit « le plus d'enfans qu'il pouvoit aux femmes de ses Subjets? » En ces Cours sales et desbauchées les plus saintes dignitez sont bien souvent la recompense d'vne nuit que le Prince aura passée agreablement. Rien ne se refuse dans les embrassemens d'vne femme artificieuse, et qui se sçait servir de ses charmes : Rien n'est impossible à ses baisers. Les moindres de ses affeteries emportent les graces des criminels et la condamnation des innocens; et ce qui n'a pû passer au Conseil, ne reçoit point de difficulté dans le liet.

Graces à Dieu, nous sommes à couvert de ce malheur, et nostre Cour est pure de cette tasche. Le desir de la vraye gloire ne peut souffrir où il est de plus petites affections; e dans le cœur du Roy cette ardente passion consomme, à bien dire, toutes les autres. Agissant sans cesse, comme il agit, quand pourroit-il songer à la volupté? et estant, comme il est, infiniment laborieux, pourquoy tomberoit-il dans le peché des oisifs? Quelques divertissemens qu'on luy presente, jamais il ne destourne tout à fait son esprit de dessus les affaires de son Estat : Quelques regards qu'il envoye par fois sur d'autres objets, sa veuë est tousjours attachée là. Quoy qu'il fasse, et à quoy qu'il s'applique, il ne s'oublie jamais de regner. Iamais il n'avilit sa Majesté dans des occupations basses et indecentes à sa condition : Toute sa vie est quasi également serieuse.

CHAPITRE XII.

ARGUMENT.

Il ne suffit pas que les plaisirs du Prince ne soient pas mauvais, il faut qu'ils soient relevés. Il n'estudie point les petites choses. Il reserve toute l'attention de son esprit pour les grandes. Il n'apporte aux passe-temps publics que ses yeux et sa presence, et ne s'y trouve que pour ne sembler pas les condamner et paroistre de mauvaise humeur. Il n'a point pourtant d'aversion pour les inventions curieuses, ny n'est ennemy de la politesse. Rusticité des Princes qui ont hay la Musique et mesprisé la Peinture. Le nostre void dans les Arts ce qu'il y a de plus delicat et de plus subtil. Il a les sens qui ont commerce avec l'esprit naturellement tres purs. Il a les yeux et les oreilles sçavantes. Il a les mains adroites et ingenieuses. Mais il ne s'occupe pas à toutes les choses qu'il connoist. Il juge de la profession des autres, et s'acquite de la sienne. Quelle doit estre la science et la Philosophie du Prince. Il faut qu'elle soit practique et se reduise à l'action. Sous cette science toutes les sciences se reposent et toute la societé humaine se maintient. C'estoit la science des Lacedemoniens, qui pensoient qu'il n'y avoit rien qui ne fust compris dans les Loix de Lycurgue. C'estoit celle des premiers Romains, qui ont crû qu'il suffisoit de gouster de la Philosophie, mais qu'il ne falloit pas s'en saouler. Ils ont banny à diverses fois les Mathematiciens, les Philosophes, les Rhetoriciens. Arrest donné contre les derniers. Connoissances abstraites, dangereuses à la Republique, lors qu'on s'y adonne avec excez. Les Escholes ont partie ruyné le commerce et l'agriculture. Sont cause de la foiblesse de nostre Estat, et de la lascheté de nostre Siecle. Dans vn grand Royaume on ne leve que de petites armées, parce qu'il y a vn grand peuple inutile qui ne se sert de ses mains qu'à escrire et consomme toute sa cholere en procez. Dans vne ville prise les speculatifs ne voyent le danger que quand le feu a gaigné leur cabinet. Ils contemplent quand il faut agir.

N'ayez pas peur qu'il se renferme des journées entieres pour ajuster les pieces d'une horologe, ou pour disputer vne partie aux échets. Il ne sçauroit s'employer à des vaines affaires, ny estudier les petites choses. Il ne veut point estre industrieux inutilement. Il reserve toute l'attention de son esprit pour chercher les moyens de parvenir à la grande fin qu'il s'est proposée. Les jeux de hazard ne luy plaisent pas beaucoup davantage : soit qu'il luy fasche de s'émouvoir en des occasions de peu d'importance, soit qu'il aime mieux donner que perdre, ny que gaigner; soit qu'il ne desire pas que les moindres parties de sa vie soient subjettes à la Fortune. Pour la lutte, la course, et l'escrime que quelques nations ont si fort prisées, il tient bien que ce peuvent estre des plaisirs de Prince, mais il ne croit pas que ç'en doive estre les actions, et auroit honte d'estre estimé d'vne chose que les Romains ne vouloient pas faire apprendre à leurs enfans, et faisoient apprendre à leurs esclaves, et de recevoir des loüanges qui luy fussent communes avec les derniers de tout le peuple.

Il n'apporte donc à semblables passe-temps que ses yeux et sa presence, et s'y trouve plustost pour ne sembler pas les condamner, et paroistre de mauvaise humeur dans la resjouïssance publique, que pour y prendre du goust, et se laisser toucher à de si legeres voluptez. Ie ne doute point qu'il n'ait leu avec beaucoup de dedain l'histoire du Roy René, dernier Comte de Provence, qui fut trouvé achevant le crayon d'une perdrix par celuy qui luy apporta la nouvelle de la perte de son Royaume de Sicile; Et je m'asseure que si Selim, Empereur des Turcs, dans vn tableau qu'il fit, et qu'il publia, n'eust figuré vne bataille qu'il avoit gaignée, il ne luy pardonneroit pas facilement d'avoir fait sçavoir au monde qu'il estoit Peintre.

Non pas pourtant qu'il ait de l'aversion pour les choses curieuses, et qu'il soit ennemy de la politesse et des inventions innocentes, qui soulagent et adoucissent les ennuis de cette vie. Car au contraire il void distinctement dans les Arts les beautez et les graces qui nous sont cachées. Il découvre dans les ouvrages ce qu'il y a de plus delié et de plus spirituel; ce qui est comme separé du reste, et qui ne tient point à la matiere; ce qui échappe aisément à vne veuë qui n'est pas purgée par vne subtile connoissance.

Et à la verité ce n'est pas sans raison qu'on s'est mocqué de la rudesse de ces Princes, dont l'vn trouvoit le hennissement de son cheval plus agreable que la Musique, et l'autre preferoit la senteur des aulx à tous les artifices des Parfumeurs. Vn Seigneur de Saxe se promenant dans les Galleries du Marché de Rome, s'arresta à vne peinture qu'il voyoit admirer d'vn chacun, où estoit representé vn grand homme sec, vsé de vieillesse et de maladies, qui se soustenoit sur vn baston : Mais comme le Marchand qui pensoit faire sa fortune par la vente de cette rare piece, luy eust demandé combien il estimoit son Vieillard, il respondit innocemment qu'il ne l'estimoit point, et qu'il ne le voudroit pas tout en vie, quand on le luy voudroit donner pour rien. Et de la memoire de nos Peres, lors qu'on monstra au Pape Adrian sixiesme le Laocoon du jardin de Belveder, et d'autres precieux restes de la magnificence Romaine, il commanda en cholere qu'on ostast de devant luy ces Idoles des Payens, et fut sur le point d'en faire faire de la chaux pour rebastir quelques endroits ruinez des murailles de la ville.

En ces mespris incivils et injurieux à l'Antiquité, il y a ou vne ignorance grossiere et brutale, ou vne severité presomptueuse et farouche; et à moins que d'estre Scythe, on ne peut blasmer le Roy d'avoir les sens qui ont le plus de commerce avec l'esprit, naturellement tres-purs, et de s'en estre acquis la derniere perfection par l'art et la discipline. On ne le peut blasmer de voir et d'ouïr avec science, d'avoir les mains adroites et ingenieuses, et de pouvoir figurer sur vne toile vn combat ou vn siege qu'il viendra de faire. Il importe seulement que le monde sçache qu'il connoist quantité de choses ausquelles il ne s'occupe pas; qu'il sçait juger sainement de la profession des autres, et s'acquitter parfaitement de la sienne, et qu'il ne hait point les Muses et leurs exercices honnestes, mais que la guerre et les affaires ne luy laissent pas la liberté de s'y adonner.

Il est certain que la principale science des Roys doit avoir pour objet la Royauté. Leur Philosophie doit estre practique, et quitter l'ombre et les jardins, où l'on passe vne vie douce et obscure, pour se faire voir dans la lice et dans le grand Monde, toute couverte de sueur et de poussiere. Elle ne doit point s'occuper à chercher ces inutiles Veritez, qui ne rendent ceux qui les ont trouvées, ny meilleurs, ny plus heureux qu'ils estoient. Il faut qu'elle travaille à l'acquisition des vertus actives et necessaires au Monde : Il faut qu'elle opere la felicité de l'Estat, et non pas le simple contentement de l'esprit : Il faut qu'elle fasse des experiences d'une chose dont l'Eschole ne sçait faire que des discours.

Lors que je considere que l'Empereur Numerian voulut qu'on mist au dessous de ses Statuës, A NVMERIAN LE MEILLEVR ORATEVR DE SA COVR; Et que cét autre ridicule

Prince dépescha des Courriers en tous les lieux de son obeïssance, pour donner advis de la victoire qu'il avoit gaignée aux jeux Olympiques, c'est à sçavoir sur de mauvais Poëtes et sur de mauvais Musiciens ; Ie ne puis assez m'estonner de leur petite ambition et d'vne vanité si mal fondée. Ce que sçait le Roy vaut bien mieux que tout cela, et son Art est bien plus noble, quoy qu'il ne l'exerce pas avec tant de pompe et d'ostentation. Il entend la science, sous la protection de laquelle toutes les autres se reposent, et toute la societé des hommes se maintient; la science, dis-je, de gouverner. Il ne veut point disputer de la gloire du langage avec ses Subjets et les Autheurs de son temps; mais il peut debatre de celle de la Vaillance et de la Iustice avec ses Ancestres et toute l'Antiquité.

Les premiers Lacedemoniens, qui ont esté des demi-Dieux et non pas des hommes, estoient encore moins sçavans que luy. Ils n'alloient point à Athenes acquerir des mots et de la subtilité, ny ne desiroient conferer avec les Egyptiens pour s'éclaircir de leurs doutes, pource qu'ils croyoient que les Loix de Lycurgue n'avoient rien oublié à dire, et que les autres connoissances qui leur pourroient venir d'ailleurs, estoient ou mauvaises ou inutiles. Il eust esté difficile de remarquer distinctement en leurs discours les parties de l'oraison, et de separer l'exorde, de la narration, et la confirmation, de l'epilogue. Ils ne s'expliquoient quasi que par monosyllabes; et s'ils eussent pû se faire entendre, sans prendre la peine de parler, ils eussent encore épargné le peu de paroles qu'ils employoient.

Pour les Romains, qui paroistront si souvent en cét ouvrage, et devant et apres lesquels il n'y a eu que des essais ou des imitations de la sagesse qu'ils ont montrée, il est tres-vray qu'ils ont fait toutes les grandes choses que nous admirons, sans sçavoir faire de Dilemme ny de Syllogisme. Mais si tost que cette vertu parfaite se relascha, et qu'ils cultiverent avec moins de soin leurs bonnes inclinations naturelles, ils eurent de la curiosité pour les raretez de dehors. Ils commencerent à estudier, si tost qu'ils commencerent à se corrompre, et la Grece a vaincu ses Maistres par ses vices et par ses sciences.

Ç'a tousjours esté pourtant vne commune opinion parmy eux, qu'il suffisoit de gouster de la Philosophie, mais qu'il ne falloit pas s'en saouler; qu'il leur estoit permis de passer par l'Academie et par le Lycée, pourveu qu'ils n'y sejournassent pas, et que selon les âges et les conditions, il pouvoit y avoir de l'intemperance en la recherche des belles choses. C'est pourquoy quand le vieux Caton se mit sur la fin de ses jours à apprendre une langue estrangere, on se mocqua de luy comme d'un homme qui se preparoit pour faire des harangues en l'autre monde, et avoit peur que Minos, qui estoit Grec, n'entendist pas le Latin. Sans doute la vieillesse l'avoit changé, et son jugement se ressentoit de l'infirmité de son âge, veu mesme qu'auparavant il faisoit profession ouverte de hayr les lettres Grecques : qu'il tenoit Socrate pour vn seditieux et vn charlatan, et avoit esté d'advis, lors que tout le monde couroit apres le Philosophe Carneadés, qu'on l'envoyast bien-tost à son Eschole disputer avec les enfans des Grecs, et qu'on laissast ceux des Romains obeïr aux Loix et aux Magistrats de leur pays.

Ces sages et vertueux Magistrats ont resisté tant qu'ils ont pû à cette violente passion de la jeunesse : Ils ont chassé à diverses fois, non-seulement les Mathematiciens et les Philosophes, mais aussi les Rhetoriciens; et voicy sur ce subjet vn de leurs Arrests, dans lequel on void encore respirer la grandeur et la majesté de la Republique morte. IL NOVS A ESTÉ RAPPORTÉ QVE CERTAINS HOMMES QVI SE DISENT LES RHETORICIENS, VEVLENT INTRODVIRE VNE NOVVELLE SORTE DE DISCIPLINE, ET QVE LES JEVNES GENS FONT DES ASSEMBLEES OV ILS S'AMVSENT TOVT LE

JOVR A LES ESCOVTER. NOS PERES ONT ORDONNÉ CE QV'ILS DESIROIENT QVE LEVRS ENFANS APPRISSENT. CES NOVVEAVTEZ CONTRAIRES A LEVRS ORDONNANCES ET A NOS COVSTVMES, NE NOVS SONT POINT AGREABLES, ET NE NOVS SEMBLENT PAS BONNES.

Asseurément il n'y avoit point de meilleur moyen d'amollir la vigueur des courages, que d'occuper les esprits à des exercices paisibles et sedentaires, et l'oisiveté ne peut entrer dans les Estats bien policez par vne plus subtile ny plus dangereuse tromperie que celle des lettres. Ce sont ces personnes oisives et paresseuses, qui en partie ont ruiné le commerce et l'agriculture, qui sont cause de la foiblesse de nostre Estat et de la lascheté de nostre Siecle. Et si dans vn grand Royaume on ne peut aujourd'huy lever que de petites armées, si la France n'envoye plus, comme autrefois, des cent mille combattans en la Terre Sainte, ce n'est pas qu'elle soit moins peuplée qu'elle n'estoit, ny que les femmes soient devenuës steriles, ny qu'on meure plus qu'on ne faisoit de ce temps-là; c'est que la pluspart de ceux dont on composeroit ces puissantes et formidables armées embrassent vne profession contraire à celle des armes, et qu'il y a vn grand peuple inutile, qui consomme toute sa cholere en procez, et ne se sert de ses mains qu'à faire des Escritures et des Livres.

Quand toute vne Nation est malade de la Dialectique, ou de la Poësie, et qu'en vn pays on trafique plus de Spheres et d'Astrolabes, que des autres choses necessaires, c'est vn signe tres-asseuré de sa prochaine ruine : Quiconque l'entreprendra, en viendra aisément à bout, et aura à faire à des hommes qui ne se réveilleront qu'à l'extremité de leurs profondes speculations; qui dans vne ville prise n'entendront ny le son des trompettes ny le bruit des armes, et ne s'appercevront qu'il y a du danger, qu'apres que le feu aura gaigné leur cabinet et que leur chambre sera bruslée.

CHAPITRE XIII.

ARGUMENT.

Explication de la derniere proposition. Vsage de l'estude et de la science. Si la simple raison d'vn homme est à estimer, la science l'est bien davantage, qui est la raison commune de plusieurs sages. Mais comme il y a de bonnes lettres, il y en a de mauvaises. Plusieurs sortes de ridicules sçavans. Tant s'en faut que ces gens-là fussent de bons Princes, ils ne seroient pas de tolerables Subjets. La Morale et la Politique tres-dignes de la curiosité du Prince. On y peut adjouster l'Histoire, qui est vne Philosophie populaire, et qui enseigne par les exemples. Son vtilité et son merite. Par elle toute la vertu des anciens est nostre, toute leur industrie et tout leur esprit. Les conseils qu'elle donne ne peuvent estre soupçonnés ny d'amour, ny de haine, ny d'interest. Celuy qui la sçait ne trouve rien d'estrange ny de nouveau. Par les choses passées on apprend les choses à venir. Le Prince s'est tousjours plû à s'en faire entretenir. On void bien par ses actions qu'il ne prend pas ses exemples parmy nous. Il est si reglé en sa vie domestique, et si adroit en sa conduite publique, que s'il n'a estudié la Morale et la Politique, elles luy ont esté revelées. Les autres estudes sont steriles et de nul vsage. Peuvent estre vtilement negligées par vn homme de sa condition. Le Gouvernement demande les hommes tous entiers. Il n'a pas assez du jour et de la nuit pour les affaires; il faudrait vn troisiesme temps. La mort surprend tousjours les grands Princes. Ce sont des Artisans qui n'achevent gueres leur besongne en ce monde. Le nostre qui veut venir à bout de celle qu'il a entreprise, ne s'amuse point ailleurs. La vie est courte d'elle-mesme, mais il l'allonge par sa diligence.

Ce n'est pas pourtant mon dessein d'abrutir le monde, et d'esteindre vne des lumieres de la vie. Ie ne veux point faire revenir cette nuit obscure, qui couvroit la face de la Terre, lors que les Princes de Valois et ceux de Medicis furent divinement envoyez pour chasser la Barbarie du Siecle passé. Ie sçay que comme la Nature jette les semences du bien en nostre ame, qu'aussi sa maturité depend de l'estude et de l'exercice ; que comme elle fait quelquefois plus de la moitié des choses, qu'il faut aussi que l'Art les acheve, et que la discipline dresse et mette en ordre les vertus mal-adroites et mal-arrangées. Cette discipline sert pour le moins de clef, pour ouvrir de meilleure heure l'esprit : elle le rend capable d'affaires, sans attendre le succez ennuyeux et les longueurs de l'experience, et luy épargne le grand temps qui luy seroit necessaire pour parvenir de soy-mesme à la Sagesse. Et à la verité, si le bon sens et la simple raison d'vn homme sont extremement à estimer, je ne voy pas pour quoy on mespriseroit la science, qui est comme le sens recueilly d'vne infinité de testes, et la raison commune de plusieurs Sages.

Mais icy aussi bien qu'ailleurs, il est besoin de distinguer et de faire difference de science. Ie n'ay garde de blâmer les bonnes lettres : Ie soustiens seulement qu'il y en a de mauvaises, qui ne sont que de vains amusemens de l'esprit ; des songes et des visions de gens qui veillent ; des travaux qui n'aboutissent à rien, et n'apportent ny force, ny embellissement à la Patrie. Ie me mocque des sçavans, qui sont sçavans aux choses qui ne viennent point en vsage, et n'ignorent rien de ce qui est inutile ; qui courent jour et nuit apres la quadrature du Cercle et le mouvement perpetuel, sans pouvoir attraper ny l'vn ny l'autre. Ie n'approuve point les Docteurs, qui n'vsent pas plus de leur doctrine, que les avares de leurs richesses ; qui s'emplissent tousjours et ne produisent jamais ; qui consomment leur vie à la recherche de quelques mots et à l'intelligence d'vne langue ; qui prennent les moyens pour la fin, et les chemins pour les villes. Ces gens-là sont fort mal propres à la vie civile. Tant s'en faut qu'ils fussent de bons Princes, qu'ils ne seroient pas seulement de tolerables Subjets. Ce sont des membres à retrancher de la commune Societé : ce sont des superfluitez de la Republique; et pour vser des termes d'vn ancien Grec, ils ne valent rien qu'à peupler les deserts et les solitudes.

Nous ne rejettons donc pas absolument la science, mais nous rejettons la leur. Nous ne condamnons pas ces Orateurs, qui persuadent la verité et font naistre l'amour de la vertu dans le cœur des hommes (et peut-estre qu'on croira vn jour que nous avons quelque interest à les defendre). Mais nous condamnons ces Importuns, dont les discours ne sont que des bruits et des sons qui frappent l'air, et ne passent pas l'ouye; qui veulent debiter pour eloquence vne facilité de mal parler; qui disent des sottises sagement, et prononcent bien les mauvaises choses. Nous ne chassons pas de l'Estat l'estude de la Sagesse; mais nous recevons principalement dans le Palais deux de ses parties, dont l'vne regle l'homme en tant qu'il est animal doüé de raison; l'autre le conduit en tant qu'il est né à la societé; l'une a pour fin la vertu et le bien d'un seul; l'autre la felicité et le bien public.

A quoy il me semble que les Roys peuvent encore adjouster la lecture de l'Histoire, qui est vne Philosophie plus populaire et plus agreable que celle qui se recueille dans la secheresse des preceptes, parmy les espines et les aiguillons de la dispute. Par elle toute la vertu des Anciens est nostre, et ils n'ont vescu, à bien dire, que pour nous instruire, ny fait de bonnes actions que pour nous laisser de bons exemples. Elle donne au Prince l'industrie de ceux qui l'ont precedé, pour la mettre avec la sienne. Elle luy presente des conseils sinceres, qui ne sont point suspects de flaterie; qui ne viennent point de passion; dans lesquels il n'entre point d'interest particulier. Elle luy monstre les issuës par où les Sages sont sortis des passages difficiles, et la voye qu'ils se sont faite, lors qu'ils n'en ont pas treuvé.

Celuy qui ne sçait rien de cela, et qui de tous les temps ne connoist que le present, est surpris par la nouveauté d'vn accident qu'il n'a point preveu; se laisse abbatre au premier souffle de vent contraire, et s'imaginant que le mal doit durer tousjours, n'a jamais le courage de bien esperer. Celuy, au contraire, qui semble estre de tous les pays, avoir vescu en tous les âges, et assisté à tous les conseils et à toutes les assemblées publiques, tire de là de puissans secours pour resister à l'adversité. Pour le moins, il ne trouve rien d'estrange ny de nouveau. Il attend la bonne fortune apres la mauvaise, et juge à peu pres d'vne action par vne autre. Car en effet ce n'est ny de l'aspect des constellations, ny du vol et du chant des oyseaux, ny du cœur et des entrailles des bestes mortes que ce jugement se forme; mais c'est ordinairement des choses passées qu'on apprend les choses à venir. Et combien que les affaires du monde changent quelquefois de cours, prenant vn autre chemin que le leur accoustumé, et que cela seulement soit vraysemblable, ainsi que disoit Agathon, que beaucoup de choses arrivent contre la vraysemblance; Toutesfois communément parlant, semblables entreprises produisent semblables evenemens; et quoy que ce soient differens Acteurs qui paroissent, c'est tousjours le mesme theatre sur lequel on represente, et les mesmes pieces qui se rejoüent.

Il n'y a point de doute qu'vne si vtile connaissance ne soit digne de la curiosité des Grands, et qu'elle ne leur puisse servir en diverses occasions. Aussi le Roy s'est pleu de tout temps à s'en faire entretenir : Il a tousjours écouté avec plaisir ceux qui luy ont rendu compte des choses passées; et sans chercher de plus particulieres preuves de ce que je dis, les merveilles que nous avons veuës de luy nous font assez voir qu'il ne prend pas ses exemples parmy nous, et que ce ne sont pas les hommes de nostre temps qui luy donnent de la jalousie. Davantage, sa vie domestique est si exempte de blasme, voire mesme de soupçon; sa conduite publique est si pleine d'adresse et de legitimes artifices ; toutes ses actions sont si conformes aux regles, que les Maistres des mœurs et les Docteurs de l'Estat nous ont laissées, que s'il n'avoit appris la Morale et la Politique, il faudroit qu'elles luy fussent naturelles, et qu'il eust receû de Dieu vne ame toute instruite et toute sçavante.

Pour les autres estudes steriles et de nul vsage, qui exigent vne violente attention et une assiduité servile; qui ont besoin de tout le loisir d'un particulier, de toutes les minutes des heures, elles peuvent estre, à mon advis, vtilement negligées par vn homme de sa condition, et ne sont gueres compatibles avec les fonctions de la Royauté, qui demande aussi les hommes tout entiers; et de telle sorte qu'en matiere de Gouvernement, il n'y a souvent pas assez du jour et de la nuit pour le travail necessaire, et il faudroit pour se délasser vn temps qui ne se treuve point.

Les affaires sont en plus grand nombre que les momens : La mort la plus tardive surprend tousjours les Princes, et laisse leurs ouvrages imparfaits : Peu de ces Artisans achevent leur besongne en ce monde. Le Roy donc, qui veut venir à bout de celle qu'il a entreprise, ne s'amuse point ailleurs. Il ne songe qu'à sa charge et à son devoir; et l'ordre qui a esté estably dés le commencement en la constitution des choses, ne pouvant pas estre reformé, il allonge par artifice vne vie qui d'elle-mesme est fort courte : Il espargne toutes les heures qu'ont coustume d'emporter les occupations mauvaises, et les superfluës, et prend de sa diligence ce qu'il ne peut obtenir de la liberalité de la Nature.

CHAPITRE XIV.

ARGUMENT.

Vigilance et activité du Prince. Les Roys et les Royaumes ne peuvent jouïr d'un mesme repos. Le nostre travaille tousjours, se hazarde souvent, expose sa personne à toutes les injures des saisons, fait ses Galeries de Paris en Guyenne et en Languedoc. Son corps ne pese point à son esprit; n'a point de peine à suivre les mouvemens de son courage. Il ne traisne point apres luy vn long equipage de desbauche, comme les Princes Asiatiques. Il ne s'arreste point à tous les objets agreables, comme Marc Antoine. Il est extraordinairement diligent. Il mesnage le temps avec vne grande œconomie. Tous les momens luy sont precieux. Sans cela il n'auroit que commencé les miracles qu'il a faits, et qui sont icy plustost marquez que descrits: Il ne seroit pas ce Prince par excellence, qui nous fournit sa vie pour l'instruction des autres, et nous dispense de tous nos preceptes. Reformation du passé. Anciennes fautes corrigées. Mauvaises maximes changées. Renouvellement de l'Estat.

Il y a dix ans qu'il veille quasi tousjours; qu'il est quasi tousjours à cheval; qu'il court par tout où l'appelle la necessité publique : Et d'autant qu'il sçait bien que les Roys et les Royaumes ne peuvent jouïr d'un mesme repos, il est content que les peines et les dangers soient pour luy, et la paix et la seureté soient à la France. Ses cheveux blancs luy sont venus des nobles et glorieuses inquietudes, qui ont produit la tranquillité de ses Peuples. Il pleut et il neige tous les Hyvers sur la premiere teste du Monde. Dans les plus violentes chaleurs de l'Esté, lors que nous employons tous les moyens imaginables pour chercher le frais et avoir de l'ombre, son visage se hasle au Soleil de Languedoc, et c'est d'ordinaire en pleine campagne, et à dix journées du Louvre qu'il reçoit les injures de l'air et les incommoditez des saisons. Quelques-uns de ses Predecesseurs avoient plus de peine à se remuer, et à passer de leur chambre à leur cabinet, qu'il n'en a d'aller d'une extremité du Royaume à l'autre. Il fait ses Galeries et ses pourmenoirs de Paris en Guyenne ou en Dauphiné, et il n'y a point de partie affligée en son Estat, pour esloignée qu'elle soit, qui luy ayant découvert ses playes, et donné connoissance de son mal, ne sente incontinent le soulagement qu'apporte sa presence en quelque lieu qu'il se monstre.

Pour cét effet la Nature luy a donné vn corps qui ne pese point à son esprit, et qui estant extremement souple et vigoureux, n'a pas beaucoup de difficulté à suivre les mouvemens de son courage. La continuelle agitation dans laquelle il se nourrit, ne laisse pas mettre ensemble ce grand amas d'humeur, et cét excez de chair superfluë, qui se forme par l'oisiveté, et qui bien souvent est à charge à l'ame; Outre qu'il n'est pas embarrassé de ce long équipage de débauche, que traisnent apres eux les voluptueux, et qu'il ne fait pas la guerre à la mode des Princes Asiatiques, on ne voit point des troupes de femmes et d'Eunuques, et vne autre armée de personnes inutiles à la suite de la sienne. Il ne luy faut point vn nombre incroyable de chariots pour porter des luths, des violons, des miroirs et des parfums, comme il en falloit à Marc Antoine, quand il marchoit avec Cleopatre. Le premier objet agreable qu'il rencontre en son chemin ne l'oblige point de s'y arrester, et il ne campe pas au bord des belles rivieres, au lieu de les traverser, ny ne fait dresser des tentes dans les vallons delicieux, quand il faut passer les montagnes. Il est libre de ces empeschemens que se font ou que trouvent les effeminez, et qui sont cause d'vne notable perte de temps, qui doit estre au Prince la plus precieuse de toutes les choses, et de laquelle il peut estre avare sans perdre le tiltre de Liberal.

Si le Roy n'en sçavoit vser avec beaucoup d'œconomie, et s'il n'estoit excellent dispensateur d'un bien si fragile et de si mauvaise garde, il n'auroit pas, comme il a fait en moins de six ans, commencé, poursuivy et terminé vn travail qui apparemment devoit exercer ses Successeurs et durer jusqu'à la posterité. Il ne se seroit pas rendu Maistre chez soy et Iuge chez ses voisins, et n'auroit pas esteint, comme il a fait, la rebellion, desarmé l'erreur, soustenu la foiblesse, abbaissé la tyrannie. Vn Prince mediocrement diligent seroit encore à my-chemin d'vne si penible course, et sous vn autre Roy que le nostre, nous ferions encore des vœux pour arriver au port, dans lequel aujourd'huy nous les rendons.

Ne parlons point laschement de la prosperité de nos affaires. Ne contredisons point à la voix publique. N'affoiblissons point la verité par des exceptions malicieuses, et par des loüanges conditionnées. Avoüons à tout le moins les obligations que nous avons au Roy, si nous ne pouvons les reconnoistre. On ne vit jamais vne si grande disposition à la felicité, que les Politiques cherchent : Iamais les promesses de l'avenir ne furent si belles. Nous ne craignons plus la ruïne de nostre Estat, nous en esperons l'Eternité. Toutes les pieces de cette superbe Masse, qui a branslé si long-temps, sont maintenant raffermies. Tout est compassé avec vne admirable justesse : Pas vne pierre ne pousse hors de son alignement : Rien n'offense les yeux delicats. Voicy la premiere fois que la Médisance sera muette. Il n'y a plus de defauts à découvrir ; il n'y a presque pas de souhaits à faire.

Ie tiens certes mes yeux pour suspects, et ay de la peine à me croire moy-mesme, quand je considere le present, et qu'il me souvient du passé. Ce n'est plus la France de dernierement, si déchirée, si malade, si caduque. Ce ne sont plus les François, si ennemis de leur Patrie, si languissans au service de leur Prince, si décriez parmy les Nations estrangeres. Sous les mesmes visages je remarque d'autres hommes, et dans le mesme Royaume vn autre Estat. L'ancienne apparence reste, mais l'interieur est renouvellé. Il s'est fait vne revolution morale, vn changement de l'esprit, vn passage doux et agreable du mal au bien. Le Roy a remis ses Subjets en reputation; a communiqué sa force et sa vigueur à la Republique; a corrigé les fautes du Siecle passé; a chassé tout ensemble la mollesse et la temerité de l'administration des affaires.

C'est le Sage non moins que le Iuste, et il ne trompe ny soy ny les autres. Il ne se sent point de la corruption presente, et quasi point de l'infirmité humaine. Il est capable d'arrester vn Estat sur la pente de sa cheute; de reparer les ruïnes que la longueur du temps y a faites; de raccommoder les choses gastées. Il est capable, pour le dire ainsi, de rajeunir l'Vnivers; et si ce parfait Gouvernement, dont on n'a veû encore que la peinture, doit en fin s'eclore et paroistre au jour, il sortira sans doute de son incomparable Sagesse.

CHAPITRE XV.

ARGUMENT.

Preuve des choses mises en avant. Quels estoient les maux ausquels le Prince a remedié. Quelles les fautes qu'il a corrigées. Description morale de la France et du gouvernement passé, pour monstrer qu'on ne dit rien au hazard, et que les Monstres dont on parle ne sont pas des fantosmes. La fortune a presque tousjours gouverné en France. Deplorable estat des choses apres la prison du Roy Iean et du Roy François, durant les guerres des Anglois et les troubles de la Ligue. Quand le Souverain la signa, il signa l'arrest de sa mort, ou celuy de sa deposition. S'il y eust eu de la prudence en ce temps-là, il n'y eust eu ny Ligue, ny Huguenots. Si on eust agi de bonne façon, ce qui a esté le chef-d'œuvre de nostre Prince, n'eust esté que le joüet de ses predecesseurs. La foiblesse des maistres fut cause de l'audace des serviteurs. L'Estat se ressentit des vices du Cabinet. La peine et la recompense inconnuës en ce Royaume, ou pour le moins leur vsage perverti. Les rebelles ont profité de toutes leurs fautes. Ils n'avoient garde de croire que la revolte fust vne chose mauvaise, puis qu'on la payoit si bien. En ce temps-là on fardoit le malade, à present on le purge et on le guerit. On se contentoit de vivre et d'aller vn jour à vn autre; à present on veut vaincre et triompher. La bonté du Souverain estoit vne rente aux factieux. Il achetoit tous les jours leur fidelité, laquelle il n'acqueroit jamais. Traitez infames faits avec eux. Adveu de la Rebellion. Partage de l'Estat accordé, et, pour l'eviter, violement de la foy puplique. Beaucoup d'Estats sont peris à moins que cela. En la conservation du nostre la providence de Dieu a combattu perpetuellement contre l'impudence des hommes; a beny toutes nos folies; a rendu heureuses toutes nos cheutes; nous a conduits jusques icy par miracle, pour nous laisser enfin entre les mains d'un Prince qui nous gouvernera avec raison. Il

falloit venir par beaucoup de degrez à Louis le Iuste, demander plus d'une fois au Ciel vn si necessaire reformateur. Representation en petit de ses actions et de ses vertus, qui finit par la prise de la Rochelle, dans laquelle l'auteur est interessé, et qui luy a donné subjet d'escrire.

Nous avons beau nous flatter, et corrompre la fidelité de nostre Histoire, jusques icy nous devons nostre conservation plustost à toute autre chose qu'à nous-mesmes; et si depuis la naissance de l'Estat, on excepte seulement la vie de deux Princes, et quelques années de celles des autres, il se peut dire que la Fortune a gouverné parmy nous souverainement, et qu'en la conduite de nos affaires elle n'a laissé que fort peu de part au sens et à la raison. On a mis en proverbe nostre legereté, nostre inconstance, nostre folie. On a dit que la France estoit vn vaisseau à qui la tempeste servoit de pilote. Nos peres ont conduit leurs guerres sans discipline, et leurs negociations sans secret. Leur façon d'agir estoit aussi peu reglée, que s'ils eussent eu dessein de perdre en tous les Traictez; leur vaillance aussi estourdie, que s'ils se fussent bandé les yeux pour combattre. Ils nous ont pourtant laissé ce qu'ils gouvernoient si mal, et leur Estat est venu jusques à nous dans cette confusion et dans ce desordre. Toutes les Maximes receuës vniversellement pour veritables se sont trouvées fausses en ce qui nous regarde : Tous les signes d'une mort certaine ont esté vains quand ils ont paru sur nous : Toute la Sagesse estrangere s'est trompée au jugement qu'elle a fait de la durée de nostre Monarchie.

Apres la prison de Iean et de François, qui furent l'vne et l'autre des fruits de leur imprudence, il y avoit toutes les apparences du monde que ce Royaume changeroit de Maistre et ne seroit plus qu'vne Province de nos ennemis : Toutesfois le voicy encore sous la puissance de l'heritier legitime de ces braves prisonniers. Les Roys d'Angleterre, qui ont regné et qui ont esté couronnez à Paris, n'y avoient hier qu'vn Ambassadeur, et n'y ont plus aujourd'huy personne. Il ne leur reste de toutes les conquestes qu'ils ont faites, qu'vn nom inutile que nous leur laissons, pour embellir leurs tiltres et pour se consoler de leurs pertes: Et apres tant de batailles gaignées, je ne sçay quoy les a fait fuïr et les a chassez d'un païs où ils croyoient estre chez eux, et où il n'y avoit plus que trois ou quatre villes qui fussent Françoises.

L'Espagne ayant quasi eu les mesmes avantages, s'est veuë trompée par le mesme evenement. Nous luy avions ouvert toutes nos portes : Nous avions receû ses Garnisons dans nos villes et ses Ministres dans nostre conseil. La pluspart de nos gens, s'ils eussent esté nez à Madrid ou à Tolede, ne pouvoient pas estre meilleurs Espagnols qu'ils estoient, et tout le monde couroit en foule et les yeux fermez à la servitude. Neantmoins cette disposition au changement, et ces avances de la victoire n'ont de rien servy à Philippe ny à son Infante. Nous n'avons pû perdre ce que nous avions donné : Nous n'avons pû tomber sous une domination estrangere, quoy que nostre cheute fust nostre dessein. Les chaisnes que nous demandions nous ont esté refusées, et nostre Patrie nous a demeuré, apres l'avoir livrée à nostre ennemy.

Ailleurs il ne faut qu'une guerre civile pour mettre vn Estat en pieces et abolir le gouvernement Monarchique : Mais qu'avons-nous veû autre chose que des guerres civiles depuis la mort de Henry second? Et n'ont-elles pas esté si frequentes, qu'on a pû long-temps compter les années par les Traictez de paix qu'il falloit faire? Nos Roys signerent l'Arrest de leur mort, ou au moins de leur deposition, quand ils signerent la Ligue, et que des deux factions qui dechiroient leur Royaume, ils donnerent à celle-cy leurs armes, et leur authorité, afin de demeurer desarmez et descouverts contre les entreprises de l'une et de l'autre. S'ils se fussent gouvernez par la raison, ils n'eussent jamais fait vne telle faute : et s'il y eust eu de la prudence en ce temps-là, il n'y eust eu ny Ligue ny Huguenots. Ce dernier Party, qu'il falloit étouffer au berceau, lors qu'il n'estoit qu'à demy formé, et que les plus debiles mains le pouvoient défaire, a crû aussi par l'indulgence du Souverain, a pris sa premiere vigueur du mespris qu'on faisoit de sa foiblesse, et est monté enfin à vne si prodigieuse grandeur, qu'il a souvent balancé les forces Royales, et qu'il a fallu que sa ruïne ait esté le Chef-d'œuvre de LOVIS LE IVSTE.

Mais avant que ce genereux Prince fust venu au monde pour accomplir nostre salut et arrester les choses au poinct où elles doivent demeurer, combien de fois ces deux puissantes factions ont-elles failly leur coup? A combien peu a-t'il tenu que nous n'ayons veû vne Republique de Languedoc? qu'il n'y ait eu des Estats de Guyenne? qu'il ne se soit fait des Ducs de Bourgongne et des Comtes de Provence? Et qui pouvoit respondre à nos Peres que la Rebellion attendist à faire ses derniers et ses extremes efforts, contre celuy qui seul estoit capable de la destruire? Nous avons tousjours esté les ouvriers et les artisans de nos malheurs. Nos ennemis ont eslevé leurs Remparts et basti leurs Forts à l'ombre de nos Paix et de nos Traictez. Ils se sont agrandis et maintenus sous nostre protection. Ils se échauffez et nourris en nostre sein. La foiblesse et la timidité des Maistres a esté cause de l'audace et des entreprises des serviteurs. Tout l'Estat s'est ressenty des victoires et de la lascheté du Cabinet. Du mespris que le Prince faisoit de sa charge, est venu celuy qu'on a fait de son authorité. Il eust esté obeï, s'il eust sceû regner.

Parmy nous la Peine ny la Recompense n'ont presque jamais esté connuës. Les Grands ont tousjours offensé impunément les petits : Les foibles ont tousjours esté la proye des plus forts : On a toujours marché sur ceux qui se sont humiliez : On a tousjours mesprisé les gens de bien, pource qu'on n'a point de peine à les conserver, ny de crainte de les perdre. Aristophon se glorifioit, à Athenes, d'avoir esté accusé soixante et quinze fois, et d'avoir autant de fois corrompu ses Iuges. Icy les meschans ont bien plus heureusement reüssi. Ils n'ont pas seulement joüi de l'impunité, on leur a donné des recompenses. Ils ont esté recherchez avec beaucoup de soin, et traitez avec toute sorte de faveur. Ils ont gaigné perpetuellement en l'exercice du mal : Ils ont profité de toutes leurs fautes. Celles qui meritoient le plus severe chastiment, ont esté le plus cherement payées; et nous avons veû vn vieux pecheur qui monstroit trois maisons qu'il avoit acquises de l'argent que le Roy luy avoit donné pour avoir esté de trois conjurations contre son service. Tellement que luy et ses compagnons n'avoient garde de se repentir d'un si bon crime ny de trouver que la Rebellion fust vne chose mauvaise, puis qu'ils en tiroient de si notables commoditez, et qu'elle estoit si liberalement recompensée.

Ce n'estoit pas regner; Ce n'estoit pas vaincre; Ce n'estoit pas triompher, ce qu'on faisoit en ce temps-là : C'estoit vivre seulement, et aller d'vn jour à vn autre? L'estat des affaires n'estoit ny paix, ny guerre, ny tréve : c'estoit vn repos d'assoupissement, qu'on procuroit au Peuple par artifice; et le somme des criminels et des obsedez n'est pas plus agité, ny plus inquiet que cette trompeuse tranquillité. On ne sçavoit point guerir, on sçavoit seulement farder les malades et leur faire le visage bon. Ceux qui gouvernoient vouloient apprivoiser la Rebellion en la caressant; Ils la saouloient de bienfaits et de gratifications. Mais par là ils la rendoient plus puissante et non pas meilleure; Ils augmentoient sa force, et ne diminuoient point sa malice. Aucunefois, ils luy ostoient quelques hommes qui estoient à vendre et des avantages qui ne luy servoient de rien, et ne voyoient pas que c'estoit cultiver le desordre, que de toucher ainsi legerement à ses branches et à ses rejettons, et ne point mettre le fer à son tronc et à sa racine.

Toutes les hautes entreprises les épouventoient. Toutes les

grandes choses leur paroissoient monstrueuses. Tout ce qui n'estoit pas aisé, ils l'appelloient impossible. Et la peur leur grossissant les objets et leur multipliant presque à l'infiny chaque individu, quand trois mal-contens se retiroient de la Cour avec leur train, ils se figuroient vne armée de Rebelles à la campagne, qui entraisnoit les Villes et les Communautez apres elle, sans trouver de resistance. En suite dequoy ils ne se mettoient point en devoir de les chastier, mais ils taschoient de les adoucir, et au lieu de les aller visiter avec des canons et des soldats, ils leur envoyoient des gens de robe longue, chargez d'offres et de conditions, et leur promettoient beaucoup plus qu'ils ne pouvoient esperer de la victoire.

Ainsi la bonté du Prince estoit vne rente et vn revenu certain aux meschans. Il épuisoit ses coffres pour soudoyer les Armées de ses ennemis, et payoit tous les jours vne chose qu'il n'acqueroit jamais. A la moindre rumeur il descendoit de son Throsne pour traiter avec ses Subjets. D'vn Souverain il se faisoit vne personne privée, et d'vn Législateur, vn Advocat. Par cette bréche, l'entre-deux qui le separe du Peuple, estoit rompu, et la puissance changée en égalité. Les coupables montoient sur le Tribunal et deliberoient de leur propre fait avec leur Iuge : Ils nommoient le lieu de la conference, et l'on acceptoit : Ils choisissoient pour conferer les personnes en qui ils avoient plus de confiance, et on leur donnoit ces personnes agreables. Et là il ne se parloit ny de grace ny de pardon : Ces termes eussent esté trop rudes, et leur eussent fait mal aux oreilles : Mais le Maistre offensé declaroit solennellement que tout avoit esté fait pour le bien de son service, et sçavoit bon gré à ses serviteurs infideles des affronts qu'il avoit receûs d'eux.

Finalement le dessein du Cabinet n'estant que de separer les Alliez, et de destourner l'orage present : On leur accordoit plus qu'ils ne demandoient : On estoit prodigue de la foy publique : On ne mesnageoit point le nom du Roy. Et de cette sorte il se trouvoit sur le bord de deux extremitez également dangereuses : car soit qu'il voulust tenir sa parole en ruïnant ses affaires, soit qu'il les remist en la violant, il estoit tousjours reduit à vne deplorable élection, ou de hazarder son Estat pour estre fidele, ou de manquer à son honneur pour demeurer Roy.

Ces desordres, et autres semblables, ne devoient-ils pas perdre la France? et beaucoup d'Estats n'ont-ils pas peri à moins que cela? Elle a pourtant fait mentir tous les Devins : elle a refuté tous les Politiques : elle a mis des exceptions à toutes les regles generales; et il n'y auroit pas tant de quoy s'étonner, qu'vn corps, dont le temperament fust mauvais, et la constitution dereglée, fust parvenu à vne extreme vieillesse par des blessures, par des excez et par des desbauches, que de considerer douze cents ans que cét Estat a duré contre toutes les apparences humaines. C'est vn vieux desbauché, qui a fait ce qu'il a pû pour mourir, et qui vit en depit des Medecins : c'est nostre fortune qui a corrigé tous les defauts de nostre conduite : c'est le hazard qui nous a sauvez, ou pour nommer nostre bonheur plus Chrestiennement, et quitter les termes de l'vsage corrompu, qui sentent encor le Paganisme, c'est Dieu, qui a pris vn soin particulier de la France abandonnée, et a voulu estre son curateur dans la confusion de ses affaires : c'est sa Providence qui a perpetuellement combattu contre l'imprudence des hommes : c'est le ciel qui a fait autant de miracles qu'ils faisoient de fautes.

Il ne faut pas neantmoins aimer le peril, ny perseverer dans le mal, sur l'esperance d'vn secours miraculeux. Ce n'est pas à dire que Dieu se soit obligé par serment de rendre heureuses toutes nos cheutes, ny qu'il veüille benir toutes nos folies, ny qu'il ne s'ennuye point de donner de bons evenemens à tous nos mauvais conseils. Il permet à la fin que les effets suivent leurs causes, et que ce qui a troublé long-temps l'ordre du monde, et violé la Loy generale, rentre dans le cours ordinaire dont il est sorty, et obeïsse à la commune necessité qu'il a imposée aux actions de ses creatures.

Mais en l'estat où nous sommes aujourd'huy, à la bonne heure nous prendra l'orage : Nous pouvons nous passer de cette assistance extraordinaire, que nous ne pouvions pas tousjours nous promettre. Nous ne tenterons plus Dieu par vne temeraire confiance, ny ne dormirons dans le danger, en nous attendant aux coups du ciel : quand il n'y auroit plus d'impunité pour nos fautes, nous n'avons rien à craindre, estant asseurez de ne plus faillir. Encore n'a-t'il pas esté inconvenient que les choses n'arrivassent pas tout d'vn coup à la plus haute élevation où elles pouvoient jamais monter. Il falloit venir par beaucoup de degrez à LOVIS LE IVSTE : A ce Prince qui possedant la raison en vn degré souverainement excellent, devroit regner de droict naturel, selon l'opinion d'Aristote, quand il ne regneroit pas de droict divin, selon les principes de nostre Foy. Il estoit raisonnable de demander plus d'vne fois au ciel vn si necessaire Reformateur, qui par vne adresse pleine de force a détourné les affaires du mauvais cours qu'elles avoient pris, et vaincu la longue accoustumance que nous avions au desordre; qui a porté l'authorité Royale jusques où elle peut aller sans tyrannie; qui a puny et recompensé avec le choix et la discretion requise, pour ne tomber ny dans la cruauté, ny dans la foiblesse; qui a apporté la discipline à la guerre, et le secret au conseil; qui a remis nostre Foy en bonne odeur parmy les Nations estrangeres, et fait que ceux qui resisteroient à nos forces, se rendent souvent à sa preud'hommie; qui a changé les petites finesses dont nous nous servions pour attraper des inferieurs et des Subjets en ses grandes et courageuses maximes, qui donnent la Loy aux Roys, et aux Republiques; qui finalement (ce que mon interest particulier me rend plus considerable que tout le reste) vient d'achever sur le bord de l'Ocean vn ouvrage dont la seule figure et la seule proposition nous faisoit peur; et a sceû prendre ses mesures si justes et le temps si propre au dessein qu'il meditoit, que plus tost ou plus tard l'execution n'en eust pas esté possible.

CHAPITRE XVI.

ARGUMENT.

Prudence du Prince. Elle paroist principalement à sçavoir bien choisir le temps et prendre le poinct de l'occasion. De quelle consequence est l'opportunité dans la Politique. Quand elle est venuë, le Prince travaille sans relasche, et ne fait point de fautes par trop de raison. Le jugement est la plus oisive partie de l'homme, si le courage ne l'accompagne. Il ne produit que des doutes et de l'irresolution, et ne fait rien pour vouloir tout faire seurement. Le Prince delibere, mais il ne vieillit pas en ses deliberations. Il entre au Conseil, mais il en sort. Il ne s'amuse pas à se combattre soy-mesme, lors qu'il faut aller contre l'ennemy. Dans la violence de la fievre il ne se plaint point de la douleur. Il se plaint seulement des jours et des occasions qu'il perd, et est plus tourmenté par son courage que par son mal. Il va s'achever de guerir à la guerre, et employe les restes de sa maladie au salut de son Estat. Les mesmes occasions n'arrivent gueres deux fois aux mesmes personnes. Il faut se haster dans la conduite des choses humaines, parce qu'elles sont soudaines et passageres. Pourquoy David a dit qu'il tuoit les meschans dés le matin.

La lumiere de son esprit a paru là principalement. Pour faire des choses extraordinaires, il ne suffit pas de sçavoir bien employer le temps, il est encore besoin de le sçavoir bien choisir. La prudence civile non moins que l'Astrologie judiciaire, reconnoist de bonnes et de mauvaises heures, selon lesquelles elle se repose ou elle travaille. Toutes les actions des hommes ont leur saison, voire mesme les plus vertueuses, qui peuvent estre faites mal à propos. Et d'autant que ce qui n'est qu'accident aux choses naturelles est essence aux choses morales, il ne faut qu'vne legere circonstance du temps, ou du lieu, pour gaster vne affaire qui en soy seroit tres-utile et tres-raisonnable. Il importe d'ailleurs pour l'accomplissement de nostre dessein, que l'injustice de nos ennemis soit à son comble; que la mauvaise influence qui dominoit, commençant à s'affoiblir, il n'y ait plus de resistance de la part du Ciel, et que le moment soit venu, auquel il plaise à Dieu de laisser faire les hommes. Et comme les voyageurs qui se levent au rais de la Lune, pensant qu'il soit jour, sont contraints de se recoucher, ou courent fortune de s'égarer s'ils se mettent en chemin : De mesme ceux qui suivent la simple lueur de l'apparence et qui entreprennent hors de saison, sont en danger de ne rien gaigner, ou de se perdre en leurs entreprises. Or si jamais homme a sceû prendre le poinct de l'occasion, qui n'est gueres moins difficile à rencontrer que ce juste degré de chaleur, que les Chymiques cherchent en l'operation de leur secret : Si jamais homme a sceû connoistre l'heure de l'execution des choses, et se prevaloir de l'opportunité, on me doit avoüer que c'est le Prince de qui je parle.

Si tost que cette opportunité, si necessaire en la Politique, commence à paroistre, et qu'il sent que les affaires sont meures, il n'en laisse point corrompre le fruit. Il fait valoir les moindres instans; Il donne chaleur à la besongne par sa presence; il anime les ouvriers par sa mine, par sa voix et par ses caresses. Vous voyez de quel courage et de quelle force il agit luy-mesme; avec quelle gayeté il se porte dans le peril; de quelle asseurance il considere la mort et se prepare à tous les evenemens; de quelle severité de visage il rejette les conseils timides et la Sagesse tremblante et mal asseurée.

Il est certain que dans la conduite des affaires, le courage n'est pas moins necessaire au jugement pour le pousser, que le jugement est necessaire à l'esprit pour le retenir; et de mesme que l'esprit tout seul fait beaucoup de fautes et veut remuer temerairement le ciel et la terre, aussi le jugement tout seul n'a point d'action et est la plus oisive et la plus sterile partie de l'homme. Il empesche de tomber, mais c'est en conseillant de ne marcher pas : Il fait éviter le mauvais temps, mais c'est en faisant garder la chambre : Il employe à mediter les jours et les nuits, et de ce raisonnement continuel il ne sort que des soupçons et des doutes, et vne miserable irresolution, qui est cause qu'il n'entreprend jamais rien, pource qu'il ne veut rien entreprendre avec hazard. Or est-il qu'il se trouve du hazard par tout, et qu'il n'est point d'affaire si seure sur qui la Fortune n'ait quelque droit, et qui ne soit subjette pour le moins à vn inconvenient.

« Celuy qui regarde tousjours au vent et qui observe tous-« jours les nuées, ne seme ny ne moissonne. Le paresseux, « pour ne point marcher, dit que le Lyon est dans la voye « et que la Lyonne n'est pas loing de là. » Le Roy, au contraire, apres avoir formé son dessein, ne se travaille plus l'esprit par vn raisonnement importun, ny ne r'entre en des considerations qui n'ont point de fin. Il cesse de deliberer, quand la saison de faire est venuë. Il ne renverse point ses premieres opinions par les secondes, ny celles-là par d'autres nouvelles. Il ne s'amuse point à se combattre soy-mesme quand il faut aller contre l'ennemy. Lors qu'il a entrepris quelque voyage, on ne gaigne rien de s'y opposer : Il est aussi ferme en ses resolutions ordinaires, que les hommes le sont en leurs plus anciennes habitudes. Les obstacles qui se presentent ne l'arrestent point, pourveu qúe la puissance humaine les puisse vaincre. Ceux-là mesmes qui viennent d'vne cause plus haute et de l'absoluë necessité, ont bien de la peine à le retenir; et s'il est force qu'il cede quelquesfois à la violence de la douleur, et qu'il se ressente de l'infirmité de nostre condition, en cét estat là il est beaucoup plus tourmenté par son courage que par son mal.

Dans l'ardeur de la fiévre qui le brusle, il ne se plaint que des jours et des occasions qu'il perd : Il n'est inquieté que du reculement de ses affaires : Il veut partir à tous les bons intervalles qui luy viennent. Au lieu d'attendre en repos l'effet des remedes et le recouvrement de sa santé, il employe les restes de sa maladie à se rendre en son armée : Il va s'achever de guerir à la guerre, et avec vn corps qui n'a que la moitié de ses forces, il donne le commencement à la plus difficile entreprise de nostre Siecle.

Sçachant bien que les mesmes avantages se presentent rarement deux fois aux mesmes personnes, il ne remet point les affaires au lendemain; il ne perd point les bons succez en les differant, il ne dit jamais, il y en a assez de fait pour vn coup, et nous acheverons bien tousjours le reste. Ce procedé n'est bon que pour Dieu, qui est patient de la sorte, pource que d'ailleurs il est Eternel, et qui laisse quelquefois durer les meschans, pource qu'il a vn autre monde que celuy-cy pour les chastier. Mais on ne peut proposer aux hommes vn exemple qu'ils ne peuvent suivre. Ils ne font pas les occasions, ils les reçoivent; ils ne commandent pas au temps, ils n'en possedent qu'vne petite partie, je veux dire le present, qui est vn poinct presque imperceptible opposé à cette vaste estenduë de l'avenir, laquelle n'a point de bornes. Pour arriver à leur but, il est necessaire qu'ils aillent viste et qu'ils partent de bonne heure; Ils doivent se haster parmy les choses soudaines et passageres : Et ce sage Prince, qui outre les connoissances qu'il tiroit de son experience et de sa raison, estoit encore éclairé de Dieu, a dit parlant de soy-mesme, qu'il tuoit les meschans dés le matin : d'autant, à mon advis, qu'il ne s'asseuroit pas de l'apresdisnée, et qu'il ne sçavoit si sa bonne fortune dureroit jusques-là.

CHAPITRE XVII.

ARGUMENT.

Maximes de prudence et de courage pratiquées par le Prince en diverses occasions. Il chastie vn Estranger qui avoit vsurpé son authorité. Par vn coup celebre il separe ses interests d'avec ceux de l'usurpateur, et esclaircit le monde de la verité de son service. Ces exemples sont rares en son Histoire, et il n'y a point de si mauvais sang qu'il ne soit bien aise de mesnager. Il ne donne gueres de loisir aux factieux de se rendre tout à fait coupables. Lors qu'ils deliberent par où ils se jetteront dans le danger, il a pourveu à leur seureté. Il aime mieux vser de la douceur des preservatifs que de l'extremité des remedes. Excellent temperament entre la peine et l'impunité. Il y a des fautes qu'on ne peut pas punir quand elles sont faites. Il n'est pas temps d'agir contre les coupables, quand ils sont devenus maistres de leurs Iuges. Iusques où peut aller le soupçon et la defiance du Prince. S'il est possible, qu'elle n'aille jamais jusqu'au sang. La detention d'vne personne suspecte à l'Estat n'est pas vne action de cruauté. C'est quelquefois empescher les innocens de faillir, et quelquefois conserver des gens qui se veulent perdre. Inconveniens qui naissent de la Iustice scrupuleuse. Elle attend que les rebelles ayent ruïné l'Estat, afin de proceder contre eux par les formes. Il est besoin que les vertus viennent au secours les vnes des autres, et que la prudence soulage la Iustice de beaucoup de choses. La Prudence regarde l'interest general, pourvoit au bien de la Posterité, se sert de moyens qui ne seroient pas entierement bons, si elle ne les rapportoit à vne bonne fin. Le Prince voit avec douleur la misere de son peuple, mais il n'a pû s'empescher de l'amaigrir en le guerissant. Il employe le sien, et n'espargne pas sa propre personne. Il est bien juste que nous souffrions conjointement avec luy, et qu'il n'y ait rien de paresseux ny de lasche en son Estat, pendant qu'il travaille et qu'il se hazarde. Nostre consolation est que ce ne sont point ses plaisirs qui consomment nostre substance. On n'employe point à faire des festes et à joüer des comedies l'argent qui se leve pour equiper des vaisseaux et pour entretenir des armées. Si les despenses ont esté grandes, elles ont esté necessaires. Si le peuple a payé beaucoup, ç'a esté sa rançon qu'il a payé. La liberté de nostre Patrie et le repos de nostre posterité nous devoient bien couster quelque chose.

Ce sont des maximes necessaires au fort de l'orage et dans les grandes extremitez : Mais on s'en peut mesme servir lors qu'on voit paroistre quelque signe de changement de temps et le moindre presage de broüillerie. Le Roy aussi ne les rejette pas absolument en ces sortes de rencontres, bien que durant le calme, et en pleine paix, il en ait de plus douces et de plus humaines. Quelquefois il a opposé la force toute preste à la violence qui se preparoit. Il a fait de petites guerres pour en éviter de grandes. Il a peut-estre diminué la France de deux ou trois testes, dont le repos public avoit besoin pour son affermissement, et sa Clemence n'a pas tousjours vaincu sa Iustice.

Nous nous souvenons de ce qui se passa sur le Pont du Louvre, et de cette fatale saison, où n'y ayant quasi pour luy que luy-mesme, il fut contraint de rappeller à soy la puissance de condamner, que les Princes ont commise à autruy, et de reprendre cette fascheuse partie de l'authorité Royale, de laquelle ils se sont deschargez sur leur Parlement. Vn miserable estranger avoit tellement confondu les choses et meslé ses interests dans ceux de l'Estat, qu'il n'y avoit que le Roy seul qui les pût separer et éclaircir le monde de la verité de son service. Il se resolut donc de se declarer et de purger la Cour de la honteuse domination qui s'establissoit sur les ruïnes de la Royauté, et qu'il sembloit approuver par sa patience. Il conceût ce jour-là le dessein du salut de son Estat, et par la mort de deux serpens, nous fit esperer la defaite de l'Hydre que nous venons de voir aux abois. Que si celuy qui s'est nommé le plus doux et le plus debonnaire de tous les hommes; Si le divin Moyse, estant encore personne privée, et à ce compte-là n'ayant point encore d'authorité, mais voyant seulement l'affliction de ses freres, crût estre obligé de les secourir et de commencer la delivrance du peuple par le meurtre d'vn Egyptien qui frappoit vn Israëlite : Avec combien plus de raison le Roy, à qui Dieu a donné le glaive, et qui seul a droit de vie et de mort, s'est-il servy de ce droit pour punir vn Tyran qui opprimoit ses vrais et legitimes Subjets, qui estoit alteré du sang de ses Princes, qui tenoit captive toute sa Cour, qui devoroit en esperance tout son Royaume?

Toutesfois la Posterité verra fort peu de ces exemples dans son histoire. Il n'a vsé de l'authorité souveraine que contre ceux qui la vouloient vsurper, ny laissé tomber la foudre que sur ceux qui la luy vouloient arracher des mains. Il n'a consenti au supplice des criminels que quand il n'a resté que cette voye de finir leurs crimes. Il ne tuë ny ne prend plaisir de voir tuer, non pas mesme les ennemis publics : Mais il tasche tant qu'il peut d'en faire de bons Citoyens et de bons Subjets. Il fait à tout le moins que les meschans ne sont point dangereux au public, et sans leur oster la vie il leur oste la force et le venin. Sa puissance est aujourd'huy telle, que si trois mutins s'assemblent contre l'Estat, il a quatre moyens de les dissiper; mais sa prudence est telle de l'autre costé, qu'il ne vient là que fort rarement, et ne leur donne gueres le loisir de se rendre tout à fait coupables. Il les surprend entre la pensée du crime et l'execution. Ils croyent avoir negocié fort secrettement, et il sçait autant de leurs nouvelles que s'il avoit presidé à leur conseil : ils deliberent encore par où ils se jetteront dans le danger, et il a desja pourveu à leur seureté. Ils veulent lever la main pour frapper leur coup, et ils la treuvent saisie : ils s'imaginent de partager bien-tost le Royaume, et ils se voyent reduits à vne chambre de la Bastille.

Le Roy, qui se porte difficilement à la violence des remedes, s'est servy aucunefois de la douceur de ces preservatifs. Il a trouvé cét excellent temperament entre la peine et l'impunité : Il a pris ce milieu entre la rigueur et l'indulgence. Et sans mentir, il me semble qu'il est fort raisonnable d'aller au devant de certaines fautes, qui ne peuvent pas estre punies quand elles sont faites, et de n'attendre pas à corriger le mal lors que les criminels sont devenus maistres de leurs Iuges. Il est bien vray que par vne sotte pitié on favorise tousjours les particuliers qui entreprennent contre les Princes; d'autant qu'en toutes sortes de causes, le plus puissant est estimé le plus outrageux, et qu'on presume que l'injure vient plustost de la force que de la foiblesse. Le peuple ne veut pas croire qu'on a conjuré contre les Roys, que quand il voit la conjuration executée, ny leur adjouster foy que quand ils sont morts. Ie ne leur conseille pas neantmoins de se laisser tuer, pour justifier leur deffiance, ny de tomber dans les pieges qu'on leur prepare, pour monstrer qu'ils ne craignent pas à faux. Ils peuvent prevenir le danger, voire par la mort de ceux qui leur sont suspects; et c'est vne excusable severité : Mais c'est vne bonté qui ne peut estre assez loüée, et qui n'est propre qu'au Roy, de faire la mesme chose, et de ne faire mourir personne.

Sur vn simple soupçon, sur vne legere deffiance, sur vn songe qu'aura fait le Prince, pourquoy ne luy sera-t'il pas permis de s'asseurer de ses Subjets factieux, et de se soulager l'esprit, en leur donnant pour peine leur propre repos? Pourquoy mesme vn fidele serviteur ne souffrira-t'il avec quelque joye sa detention, qui donnant lieu à la preuve d'vne chose contestée, fera voir plus nettement sa fidelité, convaincra la calomnie de ses ennemis, et appaisera les inquietudes de son Maistre?

Ne vaut-il pas bien mieux empescher les innocens de faillir, qu'estre reduit à cette triste necessité de condamner des coupables? En vser de la sorte, n'est-ce pas exercer des actions de clemence? N'est-ce pas la pluspart du temps conserver des gens qui se veulent perdre? Si on se fust tousjours servy d'vn moyen si aisé de destourner des Estats les malheurs qui les menaçoient, la liberté d'vn particulier n'eust pas souvent esté la ruïne de tout vn Royaume : Si on se fust saisi à propos des autheurs de nos desordres, outre que par là on les eust sauvez les premiers, on eust épargné vn nombre infiny d'autres vies et tout le sang qui s'est versé durant les guerres civiles : Si les mauvais vents eussent esté enfermez, la Mer n'eust point esté agitée : Si les Roys avoient assez de prudence, ils n'auroient que faire de Iustice.

Ie parle de cette ponctuelle et scrupuleuse Iustice, qui ne veut point remedier aux crimes qui se forment, parce que ce ne sont pas des crimes formez; qui veut attendre que les Rebelles ayent ruïné l'Estat, afin d'agir contre eux legitimement; qui veut que pour observer les termes d'vne Loy on laisse perir toutes les Loix. Ce souverain droit est vne souveraine injustice, et ce seroit pecher contre la raison de ne pas pecher en cecy contre les formes. Si les vertus ne se prestoient aide et ne venoient au secours les vnes des autres, elles seroient imparfaites et defectueuses. Il faut que la Prudence soulage la Iustice de beaucoup de choses; qu'elle coure où celle-cy, qui va trop lentement, n'arriveroit jamais; qu'elle empesche les maux dont la punition seroit ou impossible ou dangereuse. La Iustice s'exerce seulement sur les actions des hommes; mais la Prudence a droit sur leurs pensées et sur leur secret. Elle s'estend bien avant dans l'advenir ; elle regarde l'interest general; elle pourvoit au bien de la Posterité. Et pour cét effet elle est contrainte icy et ailleurs d'employer des moyens que les Loix n'ordonnent pas, mais que la necessité justifie, et qui ne seroient pas entierement bons, s'ils n'estoient rapportez à vne bonne fin.

L'vtilité publique se fait souvent du dommage des particuliers. Le vent du Nort purge l'air en deracinant les arbres et en abbattant des maisons. On rachete la vie par l'abstinence, par la douleur, par la perte mesme de quelque partie qu'on donne volontiers pour sauver le tout. Bien que le Roy ait conservé la dignité et la reputation de la Couronne en des conjonctures où d'autres eussent crû beaucoup faire de ne pas perdre l'Estat: Bien qu'en l'extremité mesme du mal il voudroit, s'il luy estoit possible, ne se servir d'vn seul remede qui ne fust agreable; Bien qu'en vn mot il soit infiniment sensible à la misere et aux plaintes de son peuple, il n'a pû neantmoins s'empescher de l'amaigrir en le guerissant, ny de tirer de ses veines et de sa substance dequoy luy procurer son salut. Mais on doit souffrir de bon cœur les courtes peines qui produisent les longues prosperitez. Nous ne pouvons desirer avec honneur d'estre déchargez d'vn faix que nous portons conjointement avec nostre Maistre, et en des occasions où le Prince employe tout le sien et n'épargne pas sa propre personne, il est bien juste que les Subjets fassent quelque effort de leur costé, et qu'il n'y ait rien de paresseux ny de lasche en son Estat pendant qu'il travaille et qu'il se hazarde.

Les Dames Romaines jetterent autrefois toutes leurs pierreries dans un abysme, qui s'ouvrit au milieu de la ville, s'imaginant le fermer par là; et celles de Carthage en vne pressante necessité se couperent elles-mesmes les cheveux et les donnerent au public pour faire des cordages à des machines de guerre. Et si cela est, ne sommes-nous pas bien delicats de nous plaindre, et bien injustes de murmurer? Les François doivent-ils avoir plus de passion pour leur argent, que les Romaines et les Carthaginoises n'ont eu de soin de leurs ornemens et de leur beauté? Et craindrons-nous de devenir pauvres pour sauver nostre païs, puis que des femmes ont voulu estre laides pour le mesme effet?

Nous avons pour le moins cette consolation que ce ne sont point les desbauches de nostre Prince qui consomment nos peines et nos sueurs, et que l'entretenement de ses plaisirs ne couste rien à personne. L'argent qui se tire de son Royaume pour equiper des vaisseaux et pour nourrir des armées, n'est point diverty ailleurs, ny employé à celebrer des Nopces et à representer des Comedies. Il ne fait pas comme les Gouverneurs d'Athenes, qui selon le calcul d'vn ancien Autheur, ont plus despensé à faire joüer la Medée et l'Antigone, les Bacchantes et les Phoënisses, qu'à faire la guerre aux Perses et à defendre la Souveraineté de la Grece. Depuis quelques années les despenses ont esté grandes, à la verité, mais elles ont esté necessaires; le peuple a payé beaucoup, mais ç'a esté sa rançon qu'il a payé, et nous ne pouvions acheter trop cherement la delivrance de nostre patrie, que nous voyons libre, ny le repos de nostre posterité, à qui nous ne laisserons point de fascheuse occupation. Le Roy a bien levé des millions en peu de temps, mais aussi en peu de temps il a bien fait des guerres, il a bien défait des partis; il a bien pris des villes, il a bien nettoyé des Provinces.

CHAPITRE XVIII.

ARGUMENT.

Seconde partie de cét ouvrage : Où le Prince est consideré hors de son Estat et chez ses voisins. Agissant contre la tyrannie, comme il a agi contre la rebellion. Il presse vivement la Fortune, et ne laisse point languir sa prosperité. A peine est-il revenu de la Rochelle, qu'il sort de Paris pour aller delivrer l'Italie. Il force le Pas de Suze au cœur de l'Hyver, fait lever le Siege de devant Cazal; effraye Milan, Naples, etc., du bruit de ses armes. Il ne veut pas estre heureux pour soy, n'estant armé que pour ses amis. Sa vaillance n'est ny avare ny ambitieuse. Il n'a passé les Alpes que pour faire Iustice, et ne travaille que pour la gloire. Procedé des Romains bien different de celuy du Prince. Ils trafiquoient de leurs courtoisies et de leurs bienfaits. En assistant les plus foibles contre les plus forts, ils se rendoient Maistres des vns et des autres. Le Prince ne cherche autre recompense de ce qu'il fait que l'esclat qui rejaillit de son action; embrasse l'esloigné comme le proche; exerce vne puissance qui compatit avec toutes les formes de gouvernement. Estre protecteur des foibles et liberateur des opprimez, c'est estre veritablement Prince; c'est tenir la place de Dieu sur la terre. Le Soleil est bien plus beau que les Cometes. Les Havres sont bien plus desirables que les escüeils. Les bons Princes sont bien plus à estimer que les conquerans. Les peuples ont autrefois consacré la memoire de leurs bienfaiteurs, et adoré la vaillance qui leur a esté vtile. Pour estre Heros il suffisoit d'avoir combattu vn Monstre. Il n'y en eust jamais vn pareil à la tyrannie dont il s'agit. Que sera donc celuy qui la combattra?

Et icy je me retrouve sans y penser au mesme lieu d'où je suis party : je suis retombé dans mon premier discours, je ne sçay comment. Il faut admirer encore vne fois la diligence du Roy, qui, à la grandeur des choses qu'il a faites, a presque tousjours adjousté la grace de les faire promptement. En cela, certes, il paroist quelque chose de plus qu'humain. Il vse de la façon d'operer la plus relevée et la plus excellente de toutes : il semble qu'il agisse en vn instant et qu'il tienne desja quelque chose des corps glorieux à qui l'agilité n'est pas moins propre que la lumiere. La vitesse de ses actions trouble la veuë et l'imagination des spectateurs qui le considerent. L'issuë d'vn dessein luy est l'acheminement à vn autre : le changement de travail luy sert de repos : ce qu'on pense qui doive estre sa fin, n'est qu'vn de ses moyens pour y arriver.

Qui ne croyoit qu'il voulust se délasser apres vn siege de quinze mois, et que son esprit deust estre satisfait de la déroute de l'armée Angloise et de la prise de la Rochelle? N'avoit-il pas dequoy s'entretenir fort long-temps de la memoire de deux si fameuses actions; se nourrir des fruits qu'il venoit de cueillir, et posseder à son aise la reputation qu'il s'estoit acquise? Neantmoins il a mieux aimé vser de la victoire que d'en joüir, et se priver de la recompense d'avoir bien fait, que perdre vne seule occasion de bien faire. Le voila, qui n'est pas à demy essuyé de la sueur de la guerre; qui est encore couvert de la poussiere d'Aunix; qui n'a pas achevé de rendre ses complimens aux Reynes; le voila, dis-je, qui à bien dire n'est pas tout à fait revenu de la Rochelle, qu'il sort de Paris pour aller mettre l'Italie en liberté. Le voila qui presse la Fortune sans luy donner de relasche : qui ne laisse point languir sa prosperité; qui poursuit vivement les faveurs du Ciel, et force les affaires par son courage, qu'auparavant il avoit lassées par sa patience.

Sans doute les bons succez ne finissent pas avec l'action qui les a produits : ils durent encore apres qu'ils sont arrivez, et laissent dans le cœur des Princes vn aiguillon qui les agite incessamment et les pousse hors de leur Throsne, si tost qu'ils pretendent de s'y asseoir. Les desseins qui ont bien reüssi leur font naistre de nouvelles pensées pour entreprendre de nouvelles choses, et leur donnent des desirs d'vne seconde reputation, comme si la premiere estoit desja toute vsée. Et tout ainsi que la pluspart des amoureux ne regardent plus leurs maistresses quand elles sont devenuës leurs femmes; ceux-cy de mesme mesprisent leur ancienne gloire lors qu'ils n'ont plus de peine à la rechercher. Cette passion dans l'ame du Roy n'est autre chose qu'vne emulation de soy-mesme; vne jalousie de son propre merite; vne obstination de se vouloir tousjours vaincre, l'esperance de l'advenir combattant perpetuellement avec l'estime du passé, et l'envie de ce qu'il veut entreprendre avec ce qu'il a desja entrepris.

Il descend donc des Alpes au cœur de l'Hyver, et par vn combat memorable, dont je reserve les particularitez à vn autre lieu, s'asseurant du passage, qu'on luy vouloit disputer, et arrachant les clefs d'entre les mains des portiers, il ouvre les prisons à toute vne Nation captive, et fait sçavoir à ceux qui se plaignent des Tyrans, que leur Liberateur est venu. Au bruit d'vne si grande nouvelle, les Espagnols retirent leurs troupes du Montferrat, abandonnent le travail de plusieurs mois, et perdent la gloire de cette constance, que leurs flatteurs opposent si souvent à nostre legereté. C'est en vain que tant de preparatifs se sont faits et qu'il s'est remué tant de terre. La despense d'vn long siege demeure inutile : Ils craignent plus pour Milan qu'ils n'ont d'esperance pour Cazal. Et comme il n'y a rien de si contagieux ny qui coure si viste que la frayeur, l'imagination troublée se figurant d'abord les derniers maux et l'extremité des choses; On tremble desja jusques dans les Chasteaux de Naples, et la garnison de Palerme ne trouve pas assez large le destroit de Mer qui separe la Sicile de l'Italie.

Le Roy cependant se contente de relever les courages abbatus et d'apprendre l'humilité aux superbes. Il ne veut point estre heureux pour soy, n'ayant combattu que pour ses amis, ny profiter de leur guerre, ses armes n'estans point mercenaires. Il laisse mesme pour vn temps reposer ses pretentions et les droicts de sa Couronne, qu'il ne mesle point avec leurs affaires, afin que l'assistance qu'il leur rend soit purement gratuite, et qu'il ne semble pas qu'il ait en cecy vn plus proche et plus particulier interest que celuy de leur salut, ny qu'il veüille faire servir vne moindre entreprise à vne plus grande.

Les Romains n'assistoient pas leurs Alliez avec vne semblable franchise, ny n'embrassoient comme luy les choses honnestes pour le simple respect de l'honnesteté. Les particuliers estoient vertueux, mais la Republique estoit injuste. L'vtilité qu'ils mesprisoient au logis estoit la fin de leurs deliberations au Senat; et quoy qu'ils donnassent de beaux noms à leurs entreprises et les colorassent d'vne generosité apparente, elles estoient pourtant toutes remplies d'interest, et alloient, ou tout droit, ou par quelque route détournée à l'accroissement de leur Empire. Dans la cause du peuple qui les appeloit, ils avoient tousjours leur dessein à part : Presque toutes leurs vsurpations ont commencé par la defense du bien d'autruy, et en secourant les foibles contre les plus forts, ils ont gaigné vne moitié de la terre et vaincu l'autre.

Le Roy ne trafique pas ainsi de ses courtoisies et de ses bienfaits, et sa vaillance n'est ny avare ny ambitieuse. Apres le service de Dieu et le bien general de la Chrestienté, qui sont ses premiers objets, il ne travaille que pour la reputation et pour la gloire. Il ne cherche autre recompense de ce qu'il fait que l'éclat qui rejaillit de son action et la bonne odeur qui en demeure. Il n'a esté attiré chez ses voisins que par la seule consideration de leur besoin et de son honneur, et n'a porté ses armes hors de son Royaume que pour se mettre en estat de connoistre des differens des Princes avec fruit; de recevoir avec authorité les plaintes des affligez; de conserver le bon droict à ceux qui l'ont, et de faire justice à tout le monde.

Cela, certes, s'appelle estre Roy et tenir la place de Dieu sur la terre. C'est exercer vne puissance salutaire à tous les peuples, et qui compatit avec toutes les formes de gouvernement; c'est embrasser d'vne commune protection ce qui est esloigné comme ce qui est proche; c'est donner en intention de ne point prendre. Et ne plus ne moins que l'Aigle des Fables porta Ganimede dans le Ciel, sans égratigner sa peau ny déchirer ses habillemens; c'est de mesme faire sentir aux estrangers le bonheur de son Empire, sans offenser pour cela leur liberté ny toucher aux choses qui leur sont cheres.

Les Princes qui vivent de cette sorte sont bien davantage à estimer que les Conquerans et ceux qui aspirent à la Monarchie. Les Havres qui reçoivent dans leur sein les vaisseaux battus de la tempeste, sont bien de plus riches ornemens des Costes et de plus belles pieces de l'Vnivers que ces infames escüeils, que les Mariniers ne regardent qu'en tremblant, et qui n'auroient point de nom, s'il ne se faisoit point de naufrage. Il y a bien plus de plaisir de voir lever le Soleil, tout couronné de rayons, qui nous apporte la joye avec la lumiere, que de voir paroistre les Cometes avec leur chevelure sanglante, qui nous menace de mille maux : et si les autres corps superieurs avoient vne volonté et agissoient raisonnablement, ce seroit, sans doute de leurs aspects favorables que les hommes les loüeroient, et non pas de leurs influences malignes.

La gloire qui s'acquiert en obligeant le public est la seule gloire qui n'est disputée de personne, parce que chacun y participe, et que l'honneur d'vn homme seul est la felicité de tout le monde. Aussi les Peuples, touchez d'un si legitime ressentiment, ont mis autresfois leurs bienfaiteurs au nombre des Dieux, et ont adoré la Vaillance, qui leur a esté vtile. Ceux qui avoient écrasé vn Serpent d'vne grandeur extraordinaire ou assommé vn Sanglier qui faisoit le dégast autour de leur ville, recevoient des devoirs religieux de la reconnoissance de leurs Citoyens, et pour estre Heros, il suffisoit d'avoir nettoyé le pays de quelque Monstre. Or, je vous prie, y en eut-il jamais vn plus cruel et plus redoutable que la Tyrannie, qui veut aujourd'huy engloutir toute la Republique Chrestienne, et qui n'est pas saoule, depuis cent cinquante ans ou environ qu'elle devore les Estats et les Souverains?

CHAPITRE XIX.

ARGUMENT.

Sincere protestation que fait l'Autheur de la reverence qu'il porte aux Princes de la maison d'Austriche. Leur Eloge veritable. Le mal qu'il apprehende pour sa Patrie vient de leur fortune, et non pas de leur personne. Dessein de la Monarchie vniverselle conçeû sous Ferdinand, esclos sous Charles, nourry depuis et entretenu par le Conseil d'Espagne. On blasme les dangereuses maximes de ce Conseil, et non pas les droites intentions des Princes. Il exerce en quelque façon vne Souveraineté separée de la leur, et combat perpetuellement leur bon naturel. Description morale du Monstre qui menace toute la Republique Chrestienne. Le degast qu'il a fait en Italie et en Allemagne. Quelles sont ses caresses et ses faveurs. Sa bonne volonté est vn amour d'adultere. Il ne recherche que pour jouïr, et n'offre

que pour corrompre. Il donne et emprunte. Il a des pensionnaires et des creanciers à mesme fin. Il opprime presque tous les Princes, ou de son amitié ou de sa haine. Image de sa cruauté et de son orgueil.

N'accusons point en cecy le sang d'Austriche ny les actions particulieres d'aucun de ses Princes. Ils sont tous extremement bien nez : ils apportent tous au monde de grandes semences de vertu, qu'ils cultivent avec de grands soins. La Bonté, le Courage et la Sagesse, sont les vrayes marques de cette Race, et plus belles incomparablement que la figure d'vne espée au bras droit, ou l'impression d'vne lance sur la cuisse. Il n'y eut jamais d'ames plus nobles ny plus Royales. Il ne se peut voir de meilleures ny de plus douces inclinations que les leurs, et le mal que j'apprehende est de leur Fortune, et non pas de leur Personne.

Outre que je fais profession de reverer en general les Puissances souveraines, je sçay le respect qui est deû au merite et à la dignité d'vne Maison dont l'Empereur n'est que le Cadet et l'Espagne n'est qu'vne portion. Ie n'ignore pas la sainctеté de nos Alliances : je voy bien d'où nous est venuë nostre bonne Reyne. Mais je veux croire qu'elle ne treuvera pas mauvais ce que la necessité de mon discours exige de moy et ce que je suis contraint de dire de l'ambition d'vn Peuple qui ne luy est plus rien. Elle n'a point tant de passion pour le Royaume où elle n'est née que pour celuy où elle commande. Et s'il est vray, selon la maxime des Iurisconsultes, qu'en quelque façon les femmes sont la fin des maisons d'où elles sortent et le commencement de celles où elles entrent, le nom que porte cette sage et genereuse Princesse, quoy que tres-auguste et tres-glorieux, mais qui ne sçauroit passer d'elle à vn autre, ne luy peut estre de beaucoup si cher que l'esperance de la belle posterité qu'elle promet à cette Couronne. Les interests qu'elle a quittez, il y a long-temps, ne peuvent diviser aujourd'huy ses affections, ny mettre du trouble dans son esprit; et ce qu'elle a receû d'Espagne ne luy est point, je m'asseure, en telle consideration, que ce qu'elle doit donner à la France.

Nous honorons serieusement et d'une particuliere devotion les personnes qui luy appartiennent : elles nous sont doublement sacrées, et par leur charactere et par sa proximité. Mais veritablement le dessein de la Monarchie vniverselle, qui a esté conceû sous le Roy Ferdinand, qui s'est éclos sous l'Empereur Charles et que le Conseil d'Espagne a tousjours nourry depuis ce temps-là ne peut estre consideré sans horreur et sans indignation par vn homme qui ayme sa Patrie.

Ie ne pretens de blasmer que ce Conseil, duquel ils ont coustume de dire que leurs Princes sont mortels, mais que leur conduite est eternelle; ce Conseil, que les Roys treuvent et qu'ils ne font pas; qu'ils reçoivent de pere en fils, auquel ils n'osent toucher, non plus qu'aux fondemens de l'Estat, et qui exerce en quelque sorte vne Souveraineté separée de la leur, laquelle ils souffrent par la seule reverence de la coustume. Ie blasme donc ce Conseil, qui suit de dangereuses maximes, et non pas eux, qui n'ont que de droites intentions. I'accuse ce Conseil, qui combat contre le bon naturel du Prince; qui veut commander à son propre Maistre, et c'est le Monstre de qui je parle.

Voyez, s'il vous plaist, avec quelle ardeur il se jette sur sa proye, et comme il s'efforce de mettre en pieces les plus nobles parties de l'Europe? L'Italie seigne en divers lieux des atteintes qu'elle en a receuës : Elle n'est à couvert de ses coups qu'en vn petit coin de terre ferme, et encore ce qu'elle a de sain de ce costé-là est si pesant de vieillesse, qu'à peine se peut-il remuer pour defendre le demeurant. Il ne reste rien d'entier, ny de reconnoissable en Allemagne, que la mer et les montagnes; parce qu'il n'a pû changer la face de la Nature. Ce n'est plus cette Province si libre et si puissante autresfois : il la fait gemir sous les fers et sous les fardeaux dont il la charge; il a cassé tous ses privileges; il a violé toutes ses franchises; il l'a abbattuë par ses propres forces; ce ne sont plus ses membres qu'il tourmente maintenant, ce ne sont que ses blessures.

S'il flatte quelque Republique parmy le grand nombre de celles qu'il menace et qu'il persecute, la bonne volonté qu'il luy monstre est vn amour d'adultere; il ne la recherche que pour en jouïr, et ne luy fait des offres et des promesses que pour luy oster finalement l'honneur et la disposition de soy-mesme. Ses confederations sont semblables à celles de Naaz Ammonite, qui respondit aux hommes de Iabés en Galaad, qui luy demandoient d'entrer en alliance avec luy : « I'y « consens, pourveu que j'arrache à chacun de vous l'œil « droit, et que je vous mette en opprobre devant tout Israël. »

Si ses caresses ne tuënt pas tousjours, elles debilitent et corrompent. S'il n'étouffe en embrassant, il salit et gaste le corps qu'il touche. Les endroits qu'il ne ronge pas de ses morsures, il les infecte de son haleine; Et bien qu'il espargne en apparence les Genois et ceux de Luques, ils ne sçauroient dire pourtant qu'il leur laisse leur liberté pure et nette et sans aucune tache de servitude.

Il donne à ceux-cy, il emprunte de ceux-là, afin que les vns et les autres dépendent de luy; afin que des pensionnaires et des creanciers luy gardent vn païs où il n'a point de Subjets; afin qu'il regne par des familles interessées, ne pouvant le faire par des Colonies et des Garnisons. Cette Toison, qu'on estime tant, est vn joug qu'il impose aux petits Princes, qui ne s'apperçoivent pas qu'il les dompte par là, en les honorant, et qu'vne telle societé leur donne un Maistre et non pas vn compagnon. Il veut en fin ou tout detruire ou tout posseder, et tant delà les Alpes que delà le Rhin, il opprime quasi tous les Souverains, ou de son amitié ou de sa haine.

On ne voit autour de luy que des Sceptres brisez, que des Couronnes rompuës, que des Tribunaux abbattus, que des Enseignes de Seigneurie et de Iurisdiction déchirées, que des testes de Roys morts, que des despoüilles de ceux qui vivent encore. On n'entend autour de luy que des plaintes et des gemissemens d'affligez, que des commandemens superbes et outrageux, que des bravades adjoustées à la cruauté, que des reproches faits à la misere, que des voix qui font retentir de tous costez, MALHEVR ET DESESPOIR AVX VAINCVS.

CHAPITRE XX.

ARGUMENT.

Le Monstre se veut fonder en raison, et cherche des titres de sa tyrannie. Ce qu'il faict dire à l'Empereur Charles sur le sujet du Roy François. Les noms qu'il donne à Philippe II dans vne inscription qui se voit en Lombardie. Il ne fait la paix que pour tromper ceux qu'il n'a pû vaincre. Dequoy sont pleines les boutiques qu'il ouvre, quand il a fermé ses Arsenacs. Partie de ce qu'il a fait, et de ce qu'il a voulu faire. Il ne traite pas mieux les siens que les estrangers. Tesmoin Dom Charles, Dom Iean d'Austriche, les Princes de Parme, toute la maison d'Arragon. Il prend le pretexte de la Religion, et veut passer pour protecteur de l'Eglise. Toutesfois il devient son persecuteur à la premiere occasion qu'il n'en a pas tout le contentement qu'il en desire. Il a favorisé les commencemens de Luther, et receû entre ses bras l'heresie naissante. Il est cause du schisme d'Angleterre, et de la perte de Henry VIII. Il embarqua l'Eglise dans vne affaire douteuse, et puis l'abandonna au besoin, s'alliant avec l'excommunié. Au mesme temps qu'il ordonne des Processions à Madrid pour l'exal-

tation du Saint Siege, il entre dans Rome avec vne armée Lutherienne. Il prend prisonnier le Pape, et donne en proye aux profanes les choses sacrées. Maximes de tyrannie dont il fait leçon.

Afin d'oster à sa Tyrannie l'amertume de la nouveauté, il ressuscite des anciens Oracles, qu'il interprete à son avantage. Il allegue pour droit et pour tiltre de son ambition, « Que le Seigneur de tout le Monde doit sortir d'Espagne, et « qu'il y a plus de quinze cents ans que la promesse luy en « est faite. » En vertu dequoy il voulut faire accroire par Ferdinand Cortez à Motezume Roy de Mexique, « Que l'Em- « pereur estoit son naturel Seigneur, celuy qu'il devoit at- « tendre et reconnoistre comme Souverain Monarque de « l'Vnivers, son Aisné et le legitime heritier de ses Prede- « cesseurs en toutes les Indes. »

A la persuasion de ce Monstre, le mesme Empereur, si sage d'ailleurs et si vertueux, se vantoit ordinairement, parmy ses familiers, de rendre le Roy François le plus pauvre Gentil-homme de son Royaume. Il les rebroüilloit le mesme jour qu'ils s'estoient raccommodez. Les plus modestes paroles qu'il faisoit proferer à Charles en ce temps-là estoient celles-cy : « Il n'y a point d'autre moyen de mettre « fin aux calamitez publiques, sinon que François soit, ou- « tre ce qu'il est, Empereur et Roy des Espagnes en ma « place, ou moy en la sienne, Roy de France, outre ce que « je suis. »

Il a gravé cette orgueilleuse inscription sur le frontispice d'vn Palais qui se voit en Lombardie : A PHILIPPE II, ROY DES ROYS, ESPAGNOL, AFRIQVAIN, INDIEN, BELGIQVE, MAISTRE DEBONNAIRE DE TOVTES NATIONS, ESLEV DE DIEV POVR REVNIR TOVS LES EMPIRES SEPAREZ. Et apres cela, douterons-nous encore de ses intentions? Il me semble que nous n'en sçaurions en demander de plus expresse ny de plus authentique déclaration. Nous n'avons que faire d'interroger des espions ny de dechiffrer des lettres qui nous éclaircissent de son dessein, puis que les pierres parlent et qu'il est imprimé dans le marbre.

Il ne fait point la guerre pour l'honneur de la victoire et pour recouvrer les choses perduës : Ce n'est que pour acquerir injustement et pour l'esperance du butin. Il ne la termine pas non plus pour donner du repos aux Provinces travaillées : Ce n'est que pour desarmer ses ennemis et pour tromper ceux qu'il n'a pû vaincre. Et de fait, si tost qu'il a retiré ses forces et fermé les magazins de ses armes, il se sert de la ruse et ouvre des boutiques toutes pleines de mauvaises et cruelles inventions, de pernicieux et funestes artifices.

Là dedans sont en reserve les paroles à double sens, les promesses captieuses, les sermens qu'on veut violer, les fausses paix et les amitiés infideles. Toutes les pommes de discorde se prennent là. Il y a des artisans qui travaillent jour et nuit à faire des hameçons et des pieges : il s'y trouve des filets si deliez, que les plus habiles s'y peuvent prendre. De là viennent les billets et les characteres qui ensorcellent le peuple, qui enervent le courage et pervertissent la fidelité des grands Capitaines. De là sont sortis les couteaux qui ont commis les Parricides, le poison qui a esté meslé parmy les maladies des fils de France, l'or qu'on a jetté dans nostre Conseil, l'aliment dont la Ligue s'est entretenuë, le remede qui donne encore vn peu de mouvement et ramasse quelques restes de vie dans le languissant et miserable Corps de la faction Huguenotte.

Faire pendre six mille hommes en vne apresdisnée contre le droit de la guerre, et dire que c'est chastier cinq ou six seditieux ; Bannir tout vn peuple du pays de sa naissance, en suffoquer vn autre sous la terre, charger vn vaisseau de chaisnes pour les Anglois qui se fussent sauvez de l'espée si l'armement de mer qui partit de Lisbonne l'an mil cinq cens quatre-vingts huicts, eust eu le succez qu'on se figuroit; entreprendre d'emporter d'vn seul coup toute la Maison d'Angleterre, et d'enveloper dans vne commune ruïne les Catholiques et les Protestans; c'est vne partie des actions et des pensées de ce Monstre; c'est ce qu'il a fait, et ce qu'il a voulu faire.

Mais ne pensez pas qu'il en veüille seulement aux estrangers, et qu'il traite mieux les Domestiques. Il n'est pas plus doux chez soy qu'ailleurs, et ne s'apprivoise avec personne. Ne s'est-il pas défait par divers moyens de tout le sang d'Arragon? N'a-t'il pas immolé vn fils vnique aux soupçons et à la defiance de son Pere? N'a-t'il pas bien reconnu les services et la fidelité d'Alexandre Farnese, Duc de Parme? N'a-t'il pas crû le recompenser, s'il le traitoit vn peu plus doucement qu'il ne fist son Ayeul Pierre Louïs, qui fut assassiné à Plaisance? Dom Iean d'Austriche a-t'il esté impunément vertueux? Ne fust-ce pas vn crime à ce pauvre Prince, d'avoir bien fait et d'avoir pû faire mal? Dequoy le jugea-t'il coupable, que de sa grande reputation? Ne croit-on pas qu'il l'empescha de vieillir, parce qu'il apprehenda le progrez d'vn si beau commencement; parce qu'il s'imagina qu'il avoit des qualitez trop dignes de commander pour les employer tousjours à l'obeïssance?

Il proteste neantmoins, quoy qu'il fasse, qu'il ne fait rien qu'à la plus grande gloire de Dieu, et veut qu'on treuve bonnes ses cruautez, comme s'il les avoit entreprises par inspiration divine et pour le bien general du monde. A l'ouyr parler, s'il ne retenoit la Religion icy bas, elle s'en seroit revolée au Ciel; s'il ne soustenoit l'Eglise, elle seroit tombée il y a long-temps, et Iesus-Christ ne regne que par l'assistance qu'il luy preste. Toutesfois il est certain que si la Religion ne luy estoit vtile, elle luy seroit moins qu'indifferente; qu'il est persecuteur de l'Eglise, quand elle refuse d'estre ministre de ses passions, et qu'il a tousjours servi

Iesus-Christ infidelement. Personne ne peut ignorer les supercheries et les trahisons qu'il luy a faites, outre les actes visibles d'hostilité qu'il a excercez jusques dans le siege de son Empire, jusques dans le Sanctuaire. Oseroit-il nier qu'il n'ait esté cause, par sa negligence malicieuse, de la revolte du Septentrion, et qu'il ne soit coupable des premieres fautes de Luther? C'est luy qui donna courage à ce petit moine, qui ne se fust jamais hazardé de chocquer le Pape, s'il eust crû qu'il eust esté en bonne intelligence avec l'Empereur. C'est luy qui receut entre ses bras l'heresie naissante et qui favorisa ses commencemens, afin de diviser les forces spirituelles du Saint Siege et les forces temporelles d'Allemagne, et qu'apres les avoir affoiblies toutes deux, il eust moins de peine à les vsurper.

On a desesperé Henry huictiesme à son occasion, et par les poursuites et les importunitez de ses Agens. Pour le contenter, la rigueur de l'Eglise alla aussi viste que la passion d'Espagne : Elle employa les derniers remedes dans l'apprehension d'vne maladie, et coupa ce qui n'estoit pas encore gasté. Et au partir de là, le temps s'estant changé et sa vengeance estant satisfaite, sans se soucier de l'interest de l'Eglise, qui avoit espousé le sien, ny du danger où il la laissoit, dans lequel il l'avoit precipitée, il ne fist point de difficulté de contracter vne tres-estroite alliance avec ce Roy, qu'il venoit de rendre Schismatique, et qui fumoit encore, s'il faut ainsi parler, de l'Anatheme qu'on avoit jetté sur luy.

Mais ce qui est au delà de toute creance et qui m'oblige d'avoir compassion des pauvres hommes, qui n'osent s'imaginer que le mal soit mal, de peur de faire des jugemens temeraires, c'est qu'au mesme temps qu'il ordonnoit des Processions en Espagne pour l'exaltation de cette sainte Eglise, il entroit dans Rome avec vne armée Lutherienne; il prenoit prisonnier le Pape Clement, et exposoit à l'avarice et à la risée des Heretiques la pompe et la magnificence de l'Espouse du Fils de Dieu, les presens des Roys et des Nations, les Reliques des bienheureux Martyrs, les corps de Saint Pierre et de Saint Paul, et generalement toutes les choses que nous reverons, et pour qui les demons mesmes ont quelque sorte ou de respect ou de crainte.

Devant le monde, il se couvre tout de pretextes specieux, et ses habillemens sont tous semez de noms de Iesus et de Croix peintes : Mais ce n'est qu'vn personnage qu'il represente. Dans les assemblées, il fait sonner haut le salut de l'ame et l'vtilité publique; mais il s'en mocque en particulier, et dit à l'oreille de ses Favoris : « Qu'il faut tout rap-
« porter à soy-mesme; que pour s'eslever il est permis de
« marcher sur le corps de son propre pere; que le vray n'est
« pas meilleur de soy que le faux, et que nous devons me-
« surer la valeur de l'vn et de l'autre par l'vtilité qui nous
« en revient; qu'vne bonne conscience est extremement in-
« commode à vn homme qui a de grands desseins; que les
« avantages de la Religion sont pour les Princes, et ses scru-
« pules pour leurs Subjets; que la Vertu peut quelquefois
« estre dommageable, mais que l'apparence en est tousjours
« necessaire; que l'injustice porte veritablement vn nom
« odieux, mais que les injustes s'en trouvent bien; qu'au
« contraire la probité se contente d'estre loüée et de profiter
« à ceux qui ne l'ont pas, estant inutile à celuy qui la pos-
« sede. »

CHAPITRE XXI.

ARGUMENT.

Obligation qu'a la Chrestienté au Prince de s'opposer à la tyrannie qui la menace; de la garantir des entreprises du Monstre; de s'offrir pour luy faire raison de toutes les injures qu'elle a receuës. Il est l'attendu des Nations et le conservateur de la liberté publique. Il fait de nouveaux destins aux malheureux. Il defend les bonnes causes abandonnées. L'Antiquité eust adoré vn semblable Prince. Que ne dirions-nous de celuy qui eust empesché les Conquestes d'Alexandre, ou renfermé les Romains en Italie? Il en falloit vn tel pour arrester l'inondation des Vandales et des Goths. Difference entre les Princes justes et les conquerans. Les premiers triomphent toute leur vie, et encore apres, dans la memoire de la posterité. Les autres sont en execration à tous les Siecles. La haine publique ne pouvant plus rien sur leur personne, s'exerce sur leur reputation. S'ils sont envoyez de Dieu, c'est pour estre les bourreaux de sa Iustice. Il les hait si fort, qu'il ne les maudit pas seulement, mais ceux aussi qui ont communication avec eux. L'Antechrist sera envoyé de la mesme sorte. Ce sera le plus illustre de tous les vsurpateurs. Au prix de luy, Cesar n'estoit qu'un petit larron. Mais c'est vne fort mauvaise gloire que de se glorifier du mal qu'on fait. Les rats, les grenoüilles et les hannetons ont desolé les Empires aussi bien que les Espagnols. Les choses mortes mesmes et inanimées ont la force de destruire. Exemples remarquables de cela. Il est beaucoup plus difficile de profiter que de nuire, d'entretenir la durée des corps perissables, que d'avancer leur ruïne. Dieu en conservant le monde continuë en quelque façon de le creer. Et le Prince appuyant les Estats esbranlez, et maintenant leurs anciennes loix, fait la mesme chose que s'il estoit leur fondateur, et qu'il les establist de nouveau.

Telles et semblables maximes sortant d'vne bouche si impure, et ce prodige estant encore plus laid et plus épouventable que je ne le sçaurois figurer, il faut advoüer que la Chrestienté est infiniment obligée au Roy des soins continuels qu'il se donne pour la garantir de ses embusches et pour rompre autant d'entreprises qu'il en peut faire au prejudice de la commune liberté. Elle a dequoy se consoler de la mort du feu Roy en la personne d'vn si digne Successeur, et dequoy ne se souvenir plus de ses pertes en la possession d'vn si grand bien. Elle a le Prince qu'elle reclame dans sa douleur depuis tant d'années, et qu'il luy falloit lors qu'on vsurpoit la Navarre, lors qu'on ravissoit le Portugal, lors qu'on reduisoit les Royaumes en Provinces.

Il a desja essuyé les larmes de la Republique desolée, et fermé quelques-vnes de ses playes; mais pour peu qu'elle se vueille aider et apporter de correspondance au dessein qu'il a, il luy fera bien-tost raison de toutes les injures qu'elle a receuës. Il l'a mise en estat de ne rien craindre, et si elle ne manque à soy-mesme, de tout esperer. Il ne tiendra pas à luy qu'il ne luy redonne sa premiere beauté, apres luy avoir rendu sa premiere forme; qu'il ne distingue ses differentes parties, dont on veut faire vn amas confus et monstrueux, et qu'il ne remette en leur juste place les limites de ses Estats, qui ont esté démarquées durant les desordres de la France. Quelque violent que soit le mal qui l'attaque, elle ne manquera plus de remede : en quelque lieu qu'il s'esleve des Monstres, elle est asseurée d'vn Liberateur, et quelque puissance qui la menace, elle en a vne autre qui la defendra.

Et pour nous, qui avons veû lever sur nostre teste vne si belle lumiere; qui l'avons adorée dés le poinct de son apparition, et qui touchons de plus pres à ce brave Prince que les estrangers, ayant l'honneur d'avoir vne commune Patrie avec luy, nous devons, certes, estre bien glorieux de ce qu'vn François est aujourd'huy necessaire à toute l'Europe; de ce qu'il est l'attendu et le desiré de tous les Peuples; de ce qu'il fait de nouveaux destins aux Innocens malheureux;

de ce qu'il entreprend avec succez les bonnes causes abandonnées; de ce qu'il est loüé de tous ceux qui ont l'vsage de la parole; de ce qu'il est autant admiré des Sages, que les autres Princes le sont du vulgaire.

Si du temps que les Grecs ou que les Romains ravageoient le monde, et que les Royaumes entiers pleuroient leurs vic toires et portoient le deüil de leurs conquestes, il se fust trouve quelqu'vn de cette humeur-là, qui eust arresté l'impetuosité de leur ambition et eust eu assez de force et de courage pour venger les Nations offensées : Combien, à vostre advis, luy eust-on presenté de sacrifices? En quelle partie de la terre ne luy eust-on eslevé des Autels? Quel rang n'eust-il eu entre les demy-Dieux de chaque pays? Et encore maintenant que nostre Religion ne nous permet pas vne si liberale reconnoissance, quelles loüanges neantmoins ne donnerions-nous à celuy-là qui auroit chassé Alexandre dans sa Macedoine, ou repoussé les Romains jusques sur le rivage de leur Tibre?

Lors que les Goths, les Vandales, les Gepides, les Alains, les Huns, les Quades, les Herules et ces autres ennemis du genre humain, quitterent leur miserable Patrie et coururent diverses contrées de l'Vnivers pour chercher de plus heureuses demeures et vn Ciel moins fascheux que celuy de leur naissance, Lors qu'avec des visages extraordinaires, vne parole non articulée et des peaux de bestes sauvages, qui les cachoient jusques aux yeux, ils porterent de tous costez la mort et la servitude, et qu'il se fist vn changement presque vniversel de Loix, de Coustumes, de Gouvernement et de Langage : Si Dieu eust suscité vn Prince comme le nostre, qui eust pû fermer à ces gens du Nort l'entrée des Gaules et de l'Italie, et les eust renvoyez habiter leurs forests et souffrir les rigueurs de leur Hyver eternel; S'il y eust eu vn Louïs le Iuste pour opposer aux Genserics et aux Alarics, pour chastier Attila et Totila, et semblables vsurpateurs qu'on ne sçauroit nommer sans se faire mal à la bouche et blesser les oreilles Françoises; la vertu de ce genereux defenseur de la Liberté seroit aujourd'huy en veneration par tout où il s'assemble des hommes et où l'on observe quelque forme de Police. Il ne nous resteroit rien de luy que la pieté publique ne consacrast et ne mist au nombre des choses Saintes : Son triomphe dureroit encore et se continuëroit par l'equitable posterité dans la succession de tous les âges.

Au contraire la haine qu'on porte aux Tyrans ne finit jamais : Apres les avoir accompagnez durant leur vie, elle les poursuit dans la sepulture, et ne les laisse pas jouïr en seureté de ce commun Asyle des miserables. Leur prosperité, qui n'a esté bastie que de sang, de morts et de ruïnes, est vn objet funeste et malencontreux à toute la generation des hommes. Nous leur voulons mal dans les Histoires : Nous sommes de toutes les conjurations qu'elles nous racontent avoir esté faites contre leur personne, et lisant le progrez de leur bonheur, nous nous hastons tant qu'il est possible de venir à leur fin, pour les voir perir avec plaisir. Bref, il n'y a gueres de damnez plus tourmentez qu'eux; car les peines qu'ils souffrent en l'autre vie sont augmentées en quelque façon par les maledictions qu'ils reçoivent en ce monde; et tandis que leur ame brusle dans les abysmes, le phantosme qui en est demeuré icy n'est pas exempt de supplice, et nous exerçons pour le moins nostre vengeance sur leur reputation et sur leur memoire.

Qu'ils accusent tant qu'ils voudront le Ciel pour tascher de se justifier. Qu'ils disent tant qu'il leur plaira, pour authoriser leur puissance, qu'elle vient d'en haut; qu'ils sont establis de la main de l'Eternel, et assistez particulierement de sa grace. Dieu s'en peut servir, à la verité, mais il ne les aime pas. S'il nous les envoye, il nous les envoye en son courroux et au jour de sa fureur. Ce sont les maux dont les Prophetes nous ont menacez : ce sont les effets de sa Providence irritée, ce sont les bourreaux de sa Iustice.

Le glaive du Tout-puissant est entre les mains de ses ennemis, au Pseaume dix septiesme. Il fut predit à Esaü, que Saint Paul nous baille pour l'idée et l'exemple des reprouvez, qu'il vivroit par son espée. « Malediction sur Assur, « s'écrie le Seigneur par Isaye : Il est la verge de ma fu- « reur : Il est mon baston : Mon indignation est en sa main. « Malediction sur ceux qui descendent en Egypte pour avoir « aide. L'Egyptien est homme et non pas Dieu, et leurs che- « vaux sont chair et non pas esprit. » Où nous pouvons voir en passant, que non seulement il deteste les Tyrans, mais encore les Peuples qui ont communication avec eux et qui se rangent à leur party; non seulement il condamne la violence, mais aussi la lascheté.

L'Antechrist, qui est appellé l'homme de peché, et le fils de perdition sera bien envoyé de la mesme sorte que ces injustes Victorieux. Il tuëra, il vsurpera, il envahira encore plus qu'ils n'ont fait. Les Conquerans dont on parle, n'ont esté que de petits larrons et des criminels ordinaires à l'égard de luy. Il doit s'enrichir de la despoüille de l'Vnivers et recueillir la succession de tous les Siecles. S'il y a de nouvelles Mines à descouvrir, elles lui sont reservées. L'Ocean n'aura d'ambre ny de perles que pour luy; tous les Souverains seront ses Subjets, et de tous les Estats il n'en fera qu'vn. Ce sera cette Beste, que Saint Iean vit monter de la Mer, « Qui avoit sept testes et dix cornes, et sur ses cornes dix « diadêmes, et sur ses testes des noms de blaspheme. Le « Dragon qui traisnoit de sa queuë la troisiesme partie des « estoiles, et qui les jetta en bas, luy resignera son pouvoir « et contraindra toutes les Creatures de se prosterner devant « elle. Il luy sera donné de faire la guerre contre les Saints, « et de les vaincre. Il luy sera donné puissance sur toute « Lignée, sur toute Langue et sur toute Nation. »

Mais afin que les Ambitieux, qui renoncent bien aux esperances du Paradis pour de moindres interests, et vendent leur ame à beaucoup meilleur marché, ne tirent point avantage de cette comparaison, qui flattera peut-estre leur vanité, et ne se glorifient pas des miseres et des calamitez dont ils peuvent estre cause; Ils doivent sçavoir que les plus sales et les plus imparfaits des animaux ont chassé autrefois des Peuples hors de leur pays, ont rendu desertes des Isles extremement fertiles, et que les grenoüilles, les rats et les hannetons ont esté employez, aussi bien qu'eux, à desoler les Empires et à persecuter tantost les coupables et tantost les Innocens.

Les choses mortes mesmes et inanimées ne manquent point de force, quand il n'est question que de destruire et de ruïner. Les vents, les pluyes, les secheresses sont bien plus redoutables que les Espagnols. Il ne faut que huict jours de maladie pour faire d'vn grand Royaume vne grande solitude. Vne mauvaise exhalaison, qui s'épandra d'Orient en Occident, est capable d'affamer le monde par vne generale sterilité; et Spinola avec toute sa science et toutes les forces de son Maistre aura bien de la peine à mettre la cherté dans vne place assiegée.

L'an de grace CLXX, quelqu'vn ayant ouvert par mégarde vne cassette d'or qui estoit au Temple d'Apollon en Babylone, il en sortit vne haleine pestilente, qui le suffoqua à l'heure mesme, infecta la Ville et les Provinces, et courut en suite vne si longue estenduë de pays, que prés de la moitié du genre humain en mourut, et la plus belle portion de l'Vnivers en fut dépeuplée. De telle sorte que la guerre des Marcomans survenant en ce temps-là, tout l'Empire Romain ne put fournir assez de gens pour faire le corps d'vne juste armée, et il fallut enrooller les Esclaves, les Gladiateurs et les autres criminels, à faute de legitimes soldats. Sous le regne de l'Empereur Tibere, vn tremblement de terre engloutit dix-sept villes d'Asie en moins de vingt-quatre heures, et d'autres accidens ont emporté d'autres fameuses

Citez qui ne se trouvent plus que dans l'ancienne Geographie.

I'ay veu des pointes de clocher au fond des eaux; j'ay veu flotter des navires sur des villes de Zelande; j'ay eu pitié de la grandeur des choses humaines à l'aspect de ce triste et miserable spectacle. Et en effet, qui est l'homme si enchanté de la Cour et si esbahy du bruit et du tumulte que fait la Fortune des Roys, qui ne mesprise la foiblesse des plus puissans et ne se mocque des trois ans et demy qui furent employez à conquerir vn morceau de sable et à prendre le lieu où avoit esté Ostende, s'il se donne le loisir de considerer qu'vn trou mal bouché de la levée peut noyer en vne nuit les Pays-bas.

Il est, sans mentir, bien plus difficile de profiter que de nuire; de sauver les hommes, que de les perdre; d'entretenir la durée des corps perissables et qui peuvent finir à tous les momens, que d'avancer de quelques heures leur destruction. Et s'il est certain, comme la Theologie nous l'enseigne, que la Sagesse eternelle, en conservant le monde, continuë en quelque sorte de le créer; par vne semblable raison le Roy qui a resolu d'appuyer les Estats esbranlez, d'y remettre les Seigneurs legitimes et d'en maintenir les anciennes Loix, ne fera pas moins qu'ont fait les Legislateurs, qui ont assemblé premierement les hommes errans, qui ont tracé le plan des Communautez et jetté les fondemens de la Police.

CHAPITRE XXII.

ARGUMENT.

Il ne tient qu'au Prince qu'il ne conquerre et qu'il n'asseure ses Conquestes. Il a toutes les qualitez necessaires pour cela. Sa reputation n'a point de bornes. Son Royaume ne peut s'espuiser d'hommes ny d'argent. Il est hardy. Il est patient. Il est jeune. Estranges effets de sa hardiesse, qui neantmoins n'eust rien fait sans sa patience. Celle-cy est absolument necessaire pour venir à bout des grandes choses. Ses divers effets et proprietez. C'est vne vertu qui nous est nouvelle, qui estoit inconnuë à nos peres, dont les Septentrionaux ne sont pas capables, que le Prince a pratiquée tres-utilement; qu'il accorde avec la promptitude par laquelle il acheve tout ce qu'il commence. Othon fut vaincu pour n'avoir pas eu la patience de vaincre. Considerations sur les circonstances de sa mort. Il y en a qui sçavent perir, mais qui ne sçavent pas endurer; qui ne peuvent laisser arriver les evenemens; qui preferent vne condition mauvaise à vne condition incertaine. David dit de soy qu'il a patiemment attendu l'Eternel. Il douta neantmoins, bien qu'il fust asseuré du dessein de Dieu par vne connoissance infaillible, et s'est escrié, Seigneur, as-tu oublié ta promesse? Quel est donc celuy qui apporte vne fermeté et vne perseverance invincible en des entreprises dont l'Oracle ne garantit point le succez; que Dieu approuve seulement, sans promettre de les faire reüssir? Quelle affaire ne terminera vn Prince qui n'a jamais senti ny de langueur, ny de desgout, ny d'impatience?

S'il ne voyoit rien au delà de cette vie, et s'il n'y avoit point de Iuge là haut, devant lequel il deust vn jour comparoistre, il pourroit aussi bien que les autres s'agrandir des miseres de la Chrestienté, et avec le temps il ne luy seroit pas impossible de parvenir à la Monarchie. Il pourroit se prevaloir des occasions qui luy ryent, de quelque costé qu'il se tourne; cultiver les semences de division qui sont nées chez nos Voisins; écouter les Peuples qui le sollicitent et recevoir ceux qui se voudroient donner. Les qualitez necessaires pour conquerir et pour asseurer ses Conquestes ne luy manquent point. Il est dans la force d'vne belle et fleurissante Ieunesse : Il s'est acquis vne reputation incroyable : Il a vne hardiesse qui ne s'estonne de rien ; vne patience qui acheve tout ; vn Royaume qui ne peut s'appauvrir ny se dépeupler.

Ie n'ay point icy resolu de loüer la France, cette riche et agreable partie de la Terre que le Ciel favorise de ses plus doux et plus amoureux regards, et sur laquelle il épand les meilleures influences de ses Astres. Ie ne veux rien dire de particulier de la reputation du Roy. On sçait assez que par elle son Royaume n'a point de Frontiere; que par elle il regne dans l'esprit des Subjets des autres, et que l'estime que les estrangers font de luy est cause qu'ils mesprisent leurs Princes. Ie ne parlerai point non plus de sa hardiesse, qui l'a souvent obligé d'attaquer les ennemis, quoy qu'ils fussent les plus forts en nombre et qu'ils eussent l'avantage du lieu pour combattre; qui l'a porté à commencer de grosses guerres avec son simple Regiment des Gardes; qui luy a fait entreprendre vne affaire que le Roy son Pere avoit apprehendée, et où ses Predecesseurs ayant employé tous leurs efforts, n'avoient monstré que leur impuissance.

Que si en la vie de Saint Epiphane, Evesque de Pavie, escrite par son successeur en la mesme dignité, il est fait mention comme d'vn demy-miracle, de ce qu'il osa passer les Alpes au mois de Mars, pour aller trouver à Lyon le Roy des Bourguignons, de la part du Roy des Goths; et si l'Autheur appelle cela mespriser la mort, combattre la violence du temps et ne point craindre les injures du Ciel irrité : Qu'est-ce que le Roy vient presentement de faire avec vne armée?

N'a-t'il pas vaincu au mois de Fevrier, dans des precipices et sur de la glace? N'a-t'il pas pris vne Ville que l'Hyver, les montagnes et les hommes defendoient?

Pour le travail qu'il a basti dans la Mer et au milieu des vagues émeuës, je n'ay garde d'y toucher. La modestie du stile oratoire ne convient pas à vne action si estrange, si inouïe et si peu croyable. Les seuls Poëtes ont droit sur cette matiere. Elle appartient à leur langage artificiel, et comme ils le nomment, Heroïque; elle est digne de leur enthousiasme et de leurs descriptions pompeuses et figurées. Ce seroit entrer dans leur profession et passer les barrieres qui nous separent, que de vouloir reciter la captivité de l'Ocean, la puissance de flots retenuë, la place des Elemens remuée, l'Empire des Vents et de la Fortune qui a changé de Maistre et ne reconnoist plus que LOVIS LE IVSTE. Iamais verité ne ressembla mieux au mensonge que celle-cy, et nous doutons encore si ç'a esté ou vn songe, ou vn enchantement, ou vne histoire.

Tant y a que nous devons advoüer que le Roy est hardy jusqu'à entreprendre des choses qui sont sans exemple, qui ravissent en admiration ceux qui les ont veuës, et paroissent aux autres de si dure et de si difficile creance, qu'ils ont bien de la peine à ne les estimer pas fabuleuses. Mais nous devons advouër par mesme moyen, que sa hardiesse n'eust rien fait sans sa patience, et que celle-cy, qui n'est point contraire à la promptitude, de laquelle nous parlions tantost, a recompensé ses peines et couronné son ouvrage; a mis les affaires en leur derniere perfection; a fondé vne eternelle paix sur vne entiere victoire.

On eust pû voir autrement de grands commencemens, des preparatifs formidables, force guerres declarées, quantité d'Edicts de feu et de sang. Mais ces commencemens n'eussent esté que des despenses perduës; Ces preparatifs n'eussent pas fait plus de mal que des machines de Theatre, que des Dragons et des Cerberes de toile peinte; Ces Edicts eussent esté revoquez par d'autres Edicts contraires; Ces guerres eussent finy par vn accommodement honteux. Le premier succez qui ne fust pas arrivé à nostre souhait, nous eust fait maudire toute la besongne. A la moindre difficulté qui se fust presentée contre nostre attente, nous eussions tourné la teste du costé de Paris, et regretté le Cours et les Tuilleries. Vn bon Conseil eust esté blasmé, non pour estre suivy d'vn mauvais evenement, mais pour ne produire pas vn effet assez soudain; et si la victoire ne fust venuë justement au poinct que nous la voulions, nous eussions laissé là les affaires avancées, et desesperé d'une chose demy-faite.

La patience est donc absolument necessaire pour executer les hautes et importantes entreprises; pour s'avancer tout droit vers le but, sans s'arrester de costé ny d'autre par les chemins, pour faire ce qui a esté resolu et se mocquer des bruits que l'on fait courir; pour preferer la gloire durable et la solidité des effets à vne courte reputation et à la vanité de l'apparence; pour ne s'esmouvoir ny des murmures des siens ny des bravades de l'Ennemy; pour venir à bout de son opiniastreté apres avoir consumé sa force; pour vaincre finalement ce qui se veut et se sçait defendre.

Mais que sert-il de le dissimuler? Cette vertu, que le Roy met aujourd'huy en vsage, nous est aussi nouvelle qu'elle estoit inconnuë à nos Peres. La Voix publique nous reproche le vice contraire, et toute l'Antiquité les en a blasmez. Car bien que tantost ils jurassent solennellement de ne déceindre jamais leurs baudriers qu'ils n'eussent monté au Capitole, et que tantost ils promissent à leur Dieu de luy consacrer les armes des Romains et de luy presenter vn Carcan fait de leur butin; Bien qu'encore depuis vivans sous les loix Chrestiennes, ils s'obligeassent par serment de prendre des Villes et qu'ils fissent vœu de ne se deshabiller point et de boire ny de ne manger, qu'elles ne fussent à eux; ce qu'ils appelloient IVRER ET VOVER VN SIEGE; Neantmoins le plus souvent ils rompoient leur vœu et violoient leur serment; Et si quelquefois ils ont emporté les places qu'ils assiegeoient, ç'a plustost esté par impetuosité que par raison; plustost en perdant des hommes qu'en mesnageant le temps, et plus à cause que la science de les fortifier estoit ignorée, que pource qu'ils les sceussent bien attaquer.

Quant à moy, je ne sçaurois loüer cette valeur fortuite et desordonnée. Il n'est pas difficile d'estre courageux pour vn temps, mais il est difficile de l'estre tousjours; et l'égalité a esté estimée à tel poinct par certains Sages, qu'ils ont crû mesme que c'estoit quelque chose de plus excellent de perseverer dans le mal, que de n'estre pas asseuré en la Vertu. Il y a vne infinité de gens qui feroient de bonnes actions, pourveu qu'elles ne durassent qu'un jour; mais il n'y en a gueres qui soient capables de conduire vn long dessein; Il n'y en a gueres de si ardens dont l'émotion ne passe, et qui ayent des fougues continuës; Il n'y en a quasi point qui n'aiment mieux entreprendre plusieurs affaires et changer souvent d'occupation, que de s'attacher à vn objet et de continuer le mesme travail.

La pluspart des Septentrionaux agissent ainsi et n'ont que des transports et des mouvemens soudains. Ils n'vsent point de leurs discours ny ne se servent de leur raison à la guerre, mais recueillans toute leur vigueur ensemble et jettans dehors toute leur bile, ils font d'abord vn extreme effort, apres lequel trouvant plus de resistance qu'ils n'en attendoient, et le propre de la violence estant de durer fort peu, si la raison et le discours n'y sont pour la maintenir, comme ils ont esté plus qu'hommes au commencement, ils deviennent moins que femmes dans la suite de leur action, et comme s'ils sortoient d'vn accez de fievre, ils languissent apres avoir esté agitez. Ils fuïent d'ordinaire, s'ils ne font fuïr, et se rendent, s'ils ne prennent. Au moins veulent-ils hazarder leur fortune et leurs esperances tout à la fois, et demandent vn assaut general ou vne bataille, pour n'avoir rien à faire le lendemain. Ils ne songent point à vaincre : Ils ne songent qu'à finir la guerre et à sortir des incommoditez presentes, voir par leur defaite, voire par leur mort.

Ce brave Gaulois le reconnoist bien dans les Commentaires de son Ennemi, où respondant aux objections de ses Accusateurs, il advoüe qu'il n'a voulu laisser la charge de l'armée à personne, de peur que celuy à qui il l'eust laissée, pressé de l'importunité de la multitude, n'eust esté contraint de combattre; à quoy il voyoit que tous enclinoient pour n'avoir pas assez de courage, et pour ne pouvoir endurer les fatigues de la guerre. Et en vn autre endroit des mesmes Escrits, on peut voir que c'est souvent lascheté et non hardiesse, de vouloir tout remettre à la decision d'vne bataille, et qu'il se trouve beaucoup plus de gens qui se presentent de leur bon gré à la mort, que de ceux qui souffrent virilement la douleur.

L'Empereur Othon fut vaincu parce qu'il n'eut pas la patience de vaincre. Il se tua par delicatesse, et aima mieux promptement perir que de se donner de la peine quelque temps. Sans monstrer de peur ny se mettre en fuite, il ne laissa pas d'estre deserteur de son Parti et fugitif de son Armée. Il ne manquoit ny de conseil ny de force : Il avoit les plus belles troupes et les plus desireuses de bien faire qu'on eust jamais veuës; Et neantmoins pour vne journée qui ne leur fut pas heureuse, il abandonna la victoire à vn Ennemy, qui en toutes choses luy estoit inferieur, et quitta la partie à cause qu'il ne gaigna pas du premier coup. Il renonça à l'Empire, à l'honneur et à la vie, pour ne pouvoir plus supporter le doute et l'incertitude de l'avenir, et le soin de penser tous les jours à ses affaires lui sembla si fascheux, que pour estre de loisir en quelque façon, il resolut de s'oster du Monde.

Nous voyons par là que la mollesse, aussi bien que la necessité, porte les hommes à desirer les choses extremes, et que non seulement les Vaillans et les Desesperez mesprisent la mort, mais aussi les dégoustez et ceux qui s'ennuyent. Le soupçon du mal touche les esprits infirmes plus violemment que le mal mesme. Ils croyent faire beaucoup de se garantir de l'agitation par la cheute, et preferent une condition mauvaise à vne condition incertaine. Il leur est impossible de laisser arriver les evenemens et d'attendre la maturité des choses; Ils voudroient haster le cours de la Providence et avancer ses effets; Ils voudroient conduire à leur plaisir ses mouvemens et ses periodes; Ils voudroient la mener et non pas la suivre, et que ce fust leur Providence, et non pas celle de Dieu.

Les Sages font autrement, et David se rend ce tesmoignage à soy-mesme : « Qu'il a patiemment attendu l'Eternel, le-« quel ne l'a point trompé. » Et neantmoins cette impatience est si naturelle à l'homme et si mal aisée à surmonter, qu'il confesse que les succez qu'on luy avoit fait esperer ont lassé plusieurs fois ses esperances; que son esprit s'est égaré dans la consideration de l'advenir, et sa foy affoiblie par la longueur d'vn temps qui ne venoit point; que souvent il luy est échappé des murmures, jusques à douter de la verité de son Onction et de la parole de Samuel, en disant : « Tout homme est menteur; Iusques à dire à Dieu mesme : « Dors-tu, Seigneur? As-tu oublié ta promesse? Veux-tu « fausser ton Serment? »

Or puis qu'vn Prince, qui estoit asseuré du dessein de Dieu par des revelations expresses et par vne cognoissance infaillible, voyant que les effets des choses promises alloient vn peu plus lentement qu'il n'eust desiré, s'est ennuyé d'esperer et a eu des doutes et vn commencement d'impatience, quelles loüanges donnerons-nous au Roy, qui ne sçachant point si les actions qu'il entreprend doivent estre heureuses, mais sçachant seulement qu'elles sont justes; ne sçachant point si Dieu le recompensera en ce Monde, mais sçachant seulement qu'il les approuve, y apporte vne fermeté et vne perseverance invincible; n'en peut estre destourné, ny par la longueur du temps, ny par la grandeur de la despense, ny par le nombre des Adversaires qui croissent, ny par le defaut des amis qui manquent, ny par la dureté de la matiere qu'il rencontre, ny par la repugnance des Ouvriers qu'il met en besongne.

CHAPITRE XXIII.

ARGUMENT.

Le Prince est en l'âge des grandes pensées et des grandes actions. La jeunesse est le temps d'entreprendre et de conquerir. La prudence vient d'une plus noble cause que du defaut de la chaleur naturelle. Les vieillards sont moins favorisez de Dieu que les jeunes gens. Selon la Theologie des Iuifs, ceux-là font des Songes, ceux-cy ont des visions. Le Prince est guidé par vne autre lumiere que celle de la raison ordinaire. Il ne discourt pas à nostre mode, et semble plus agir par inspiration que par conseil. Sa jeunesse ne manque pas mesme des avantages qui s'acquierent en vieillissant. La fortune l'a enseigné par abbregé et luy a donné vne experience racourcie. Son regne est l'image de plusieurs siecles. Il a crû parmy les resistances et les contradictions. Son enfance a esté attaquée par tous les endroits; s'est garantie des espions, des traistres et des ennemis declarez. Par là il a appris de meilleure heure à estre secret, à estre habile, à estre vaillant. Il a desja fait tout ce qu'il faut faire pour conquerir. Et quand ce ne seroit qu'il va à la guerre et que les Conquerans de ce siecle n'y vont pas, il seroit bien estrange que la presence d'vn grand Prince ne fist plus d'effet que celle d'vn simple Lieutenant.

Rien n'est impossible à vn Prince qui sçait attendre et perseverer de cette façon, mais particulierement quand il est jeune, et que non seulement il a devant luy vn grand temps à employer, mais qu'aussi il peut changer de vertu selon la diversité des occasions, et se servir de la promptitude où la patience ne seroit pas bonne. L'âge où est aujourd'huy le Roy est l'âge de bien entreprendre et de bien faire, est la plenitude et la perfection de l'homme, la vigueur et la solidité de la vie. Les Enfans ne sont pas encore venus, et les Vieillards sont passez. Les vns sont des fleurs et les autres des écorces; Ceux-là ne sçavent pas les choses du Monde, ceux-cy les ont oubliées. On ne vieillit point impunement et sans vne notable diminution de soy-mesme : Il en couste d'ordinaire toute la force et vne partie de la Raison. Vn homme ne peut pas estre deux fois, et nous avons tort de nommer meur ce qui est pourry, et de croire que les bons conseils ne puissent venir que du defaut de la chaleur naturelle. Ce seroit donner à la Prudence vne origine bien honteuse, que de la faire naistre de l'infirmité. Ce seroit estre ingrat envers Dieu, de rapporter au temps et aux autres causes inferieures, la grace que nous ne tenons que de luy.

Aussi le plus ancien et le mieux instruit des Philosophes, ayant proposé comme vne creance generale, « Que le bon « sens est la possession des Anciens et que la multitude des « années enseigne la Sagesse, » il conclud qu'il a esté autrefois de cette opinion, mais que depuis il a reconnu « Que « les Anciens n'entendent pas tousjours le jugement, et que « les Vieillards ne sont pas tousjours des Sages. Que c'est l'in« spiration du Tout-puissant qui donne l'intelligence, et que « l'esprit est de l'homme et non pas de l'âge. » Et vn Rabin qui n'est pas de petite authorité parmy les Iuifs, expliquant ce texte de l'Escriture Sainte : « Vos jeunes gens auront des « visions, et vos Vieillards feront des Songes, » infere de ces paroles que les Ieunes sont admis plus prés de Dieu que les les Vieux, et qu'ils ont vne plus particuliere communication de ses secrets; d'autant que la connoissance qui se tire de la vision est plus nette et plus distincte, que n'est celle qui procede du Songe.

S'il en faut croire ceux qui ont l'honneur d'approcher du Roy et de considerer l'interieur de sa vie et la source de ses actions, il est si heureux en ce qu'il conçoit et juge si certainement des choses les moins certaines, qu'il paroist bien qu'il ne les voit pas à nostre mode, et qu'il est guidé par vne plus pure lumiere que celle de la raison ordinaire. La pluspart des grandes resolutions qu'il a prises luy ont esté envoyées du Ciel. La pluspart de ces conseils partent d'vne Prudence superieure, et sont plustost des inspirations venuës immediatement de Dieu que des propositions faites par les hommes. Il trouve souvent la verité sans prendre la peine de la chercher, et le plus subit mouvement de sa pensée est d'ordinaire si raisonnable et si concluant, que le discours qui vient apres ne fait qu'approuver ce premier acte, sans y rien adjouster de nouveau.

Ie sçay bien qu'il y a vne miserable Science que les hommes apprennent par leurs fautes et par leurs malheurs, et qu'on peut devenir Medecin à force d'estre malade. Mais encore cet avantage du long âge, qui ne se gaigne que par la perte de la plus chere et de la plus precieuse partie de la vie, ne manque point à la jeunesse du Roy, et la Fortune luy a assemblé tant d'evenemens divers et luy a fait voir en foule vn si grand nombre d'affaires, que vous diriez qu'elle a eu dessein de luy donner vne experience racourcie, et de l'enseigner par abbregé. Iamais elle ne fut plus empressée ny ne remüa davantage que sous son regne : Elle ne luy a rien caché de tout ce qu'elle peut produire d'estrange : Elle a mis au jour jusqu'à la derniere de ses malices : Elle ne s'est pas reservée vn seul coup qu'elle n'ait frappé : Elle luy a monstré en moins de dix-neuf ans l'Image de plusieurs Siecles.

Il s'est passé autrefois des saisons entieres, où il semble que le Monde n'ait fait que dormir, et qu'il y ait eu comme vne suspension generale de toutes les fonctions de la vie active. C'est vn espace vuide dans la memoire des choses : La Renommée n'en rend qu'vn fort foible tesmoignage : Les Livres ne nous en apprennent point de nouvelles : Il n'y a point d'Histoire de ce temps-là, ou pour le plus elle n'est occupée qu'à descrire les festins et les danses du Carnaval, qu'à representer l'ordre d'vne Ceremonie ou la magnificence d'vn Tournois; qu'à reciter l'entrée de quelque Roy en sa ville Capitale, ou les solemnitez de son mariage.

Nous ne sommes pas nés en ces saisons molles et oysives : Le Regne du Roy n'est pas de ceux-là. Il est remarquable, tant par ses propres orages que par les changemens et les revolutions qui sont arrivées en toute l'Europe. Ce n'a esté que brouïllerie et que tumulte, que divisions civiles et domestiques, que revolte ou que meditation de revolte. On n'a jamais desarmé tout de bon, ny fait d'accord qui n'ait esté rompu dés le lendemain. Le Bien public et la reformation de l'Estat ont failly à ruïner le Public et l'Estat trois ou quatre fois. La Royauté a esté attaquée de tous les costez et par toutes sortes de machines : Il a fallu la venger des outrages de ceux qui la mesprisoient, et la tirer d'entre les mains de ceux qui abusoient d'elle : Il a fallu punir ses Amans et ses Ennemis; se defendre au dedans contre les mauvais Conseillers, et au dehors contre les Rebelles; acheter les avares, honorer les ambitieux et vaincre enfin les vns et les autres.

Le Roy a esté nourry dans ce beau calme; Il a crû parmy ces resistances et ces contradictions. Ce sont les esbats de son enfance, et les divertissemens qu'on luy a donnez depuis la mort du feu Roy son Pere. Ce sont les fleurs qu'il a trouvées dans le chemin qu'il a fait; les ombrages et les reposoirs qui luy ont esté dressez sur le passage. Toutefois, advoüons la verité, vn si rude et si fascheux exercice ne luy a point esté inutile. La tempeste luy a enseigné l'Art de naviguer : L'adversité luy a fait des leçons qui luy serviront toute sa vie : Il n'a point perdu son temps dans vne si triste eschole. Les peines sont bien plus instructives que les plaisirs : Il vaut bien mieux que les Adversaires ayent exercé sa vertu, que si des Flatteurs l'avoient corrompuë. Il a bien tiré plus de profit de cette grande varieté de malheurs, qu'il n'eust eu de contentement en vne longue paix, dont les jours sont tous semblables.

Au moins en a-t'il appris de meilleure heure à estre secret, ayant eu d'abord à combattre contre vne infinité de Traistres et d'Espions, et à se garantir de tous les artifices d'vn mauvais temps. Il a acquis en perfection cette qualité, qui fait que l'homme est le vray possesseur de soy-mesme, et qu'il ne se met point en la puissance d'autruy par vne liberté inconsidérée; qu'il tient son esprit fermé aux embusches et aux entreprises des meschans; qu'il ne le dispense que par mesure et discrettement, et ne laisse voir aucune marque exterieure de ses intentions à ceux qui les doivent ignorer. Il a pratiqué encore avant la saison et dans l'innocence de ses premieres années, les autres vertus de la vieillesse, et en vn âge où l'on ne commence que de remarquer les bonnes inclinations, nous avons admiré de parfaites habitudes.

Nous avons veû vn Enfant sage, vn Enfant judicieux, vn Enfant également bien instruit des affaires de la paix et de la guerre. Nous avons veû vn Enfant jaloux de son authorité, vn Enfant rival et émulateur de la gloire d'vn grand Roy son Pere, vn Enfant Pere luy-mesme de la Patrie. Nous avons veû des conjurations esteintes, des Tyrans exterminez, des Villes forcées, des Armées rompuës par vn Enfant. Que diray-je davantage? Il a fait de fort bonne heure tout ce qu'il faut faire pour conquerir, et si on changeoit de Theatre à ses actions, il auroit conquis les Provinces qu'il a conservées. Il a esté victorieux en ce Royaume, et le sera ailleurs quand il luy plaira. Il ne peut rien trouver difficile, ayant mis les François à la raison.

Et certes, quand ce ne se seroit qu'on le voit à la teste de ses Armées, qu'il range luy-mesme ses Soldats en bataille; qu'il ordonne des logemens; qu'il se fait apporter les Cartes pour voir les lieux qu'il est expedient de prendre ou d'abandonner : Quand ce ne seroit que c'est luy qui baille quasi tous les ordres; qui fait les principaux commandemens; qui prend connoissance des moindres fonctions de chaque charge : il faudroit que les choses se destournassent du cours ordinaire et n'allassent pas par où elles doivent aller, s'il ne reüssissoit mieux que les Princes qui regnent à leur aise entre les bras d'vne Femme ou d'vne Maistresse, et qui ne voyant leurs affaires que dans les dépesches de leurs Lieutenans, attendent ordinairement les succez à trois cens lieuës de la guerre.

CHAPITRE XXIV.

ARGUMENT.

Le Prince peut tout, mais il ne veut que ce qu'il doit. Il ne permet rien à son courage contre le sentiment de sa conscience. Il mesprise les hommes, mais il craint Dieu. Combien cette crainte est à estimer. Elle peut tomber dans l'esprit d'vn homme parfaitement courageux. C'est la crainte des sages et des vaillans. Le Prince en fait profession ; n'accepteroit pas la Monarchie vniverselle avec vn peché mortel; aimeroit mieux tout perdre que sa probité.

Tout cela neantmoins ne doit faire peur à qui que ce soit. Toute cette foule de vertus ne veut opprimer personne. Il a la conscience si delicate, qu'elle ne peut rien souffrir qui luy pese et qui s'esloigne tant soit peu de la parfaite equité : Il faut qu'elle soit premierement satisfaite avant qu'il contente son courage, et qu'elle approuve le dessein qu'il a avant qu'il forme de resolution. Il ne dit point aux Casuistes, Trouvez-moi des raisons pour faillir, et persuadez-moi que je suis innocent, quoy que je me sente coupable. Le repos de son ame ne s'establit pas par de si faciles moyens, ny ne dépend de la subtilité d'vn Docteur. Il est Iuge des œuvres d'autruy, mais il est Tyran, pour le dire ainsi, des siennes propres, et ne fait jamais la grace qu'on peut quelquefois recevoir de luy. En l'affaire la plus avantageuse qui luy sçauroit estre proposée, s'il estoit asseuré du bonheur de l'evenement et qu'il ne fust pas certain de la bonté de la cause, il s'arresteroit tout court sur cette difficulté, et refuseroit courageusement les Sceptres et les Couronnes, si on les luy presentoit, je ne dis pas avec vn peché mortel qu'il fust obligé de commettre, mais avec vne action douteuse et qui eust besoin d'explication, qu'il luy fallust entreprendre.

Il ne craint point les oppositions des Princes, les Ligues des Republiques, les forces de plusieurs Royaumes, assemblées contre la justice de ses armes. Il ne craint point les injures des saisons, les difficultez des lieux et vne infinité de differens dangers qui menacent sa personne à la guerre; Mais veritablement il craint Dieu, et quand il y auroit autant de Mondes, en effet, que quelques Philosophes en ont basti en leur fantasie, pour les avoir tous il ne voudroit pas l'avoir offensé vne seule fois.

Cette crainte ne tient rien de la lascheté et de la mollesse : Elle peut tomber dans l'esprit d'vn homme parfaitement courageux; Elle n'est point contraire à la vraye vaillance. Ce n'est point foiblesse de cœur, c'est force d'entendement; Ce n'est point vne passion, c'est vne vertu, de laquelle les Peres ont parlé, lors qu'ils ont dit qu'en l'ame du Chrestien la crainte doit estre la gardienne de l'innocence; et l'Apostre devant eux, quand il a exhorté les Philippiens à s'employer à leur salut avec crainte et tremblement. De cette crainte ont esté saisis les Saints Patriarches, ces hommes hardis et magnanimes; ces hommes qui luttoient avec les Anges; qui sçavoient qu'ils devoient estre les Ancestres du Sauveur du Monde; qui estoient les amis, les hostes et les familiers de Dieu. Et neantmoins la privauté qu'ils avoient avec luy, ne leur ostoit pas la peur, et cét estroit commerce ne les empeschoit pas de redouter la Souveraine Iustice.

I'ay souvent admiré dans les Livres de Moyse ces estranges façons de parler : « Le Dieu d'Abraham, le Dieu d'Isaac et « la frayeur de Iacob. Et Iacob jura par la frayeur d'Isaac

« son Pere, » c'est-à-dire par le Dieu de son Pere. Le lieu mesme où Dieu s'apparut à l'vn d'eux a le nom d'Espouventable. « Pour vray, l'Eternel est en ce lieu ! » Il eut crainte, et s'écria : « Ce lieu est Espouventable. » Ailleurs : « Celuy « qui est terrible, qui oste le cœur aux Princes et qui est « espouventable aux Roys de la Terre, c'est Dieu, en vn « mot. » Et Saint Paul dit de Moyse : « qu'il fust espouventé « et qu'il trembla, tant estoit terrible ce qui luy apparois- « soit. » Tellement qu'il est parlé de peur presque par tout où il est parlé de Divinité : Et ces admirables Personnages qui se presentoient avec vne mine asseurée à la fureur des Peuples émeus; qui bravoient l'orgueil des Roys et mesprisoient la puissance des Demons, apprehendoient si fort de déplaire à Dieu, que Dieu est simplement nommé leur Frayeur.

Le Roy est donc timide de cette sorte : Il a la crainte des Sages et des Courageux : Il tremble en la presence du Seigneur. Ses Maximes n'offensent jamais les devoirs de la Charité : Sa prudence Politique n'est point contraire à la simplicité des Chrestiens : Il a mis la probité dans le Throsne, et se ressouvenant qu'il est compagnon de ses Subjets au service d'vn plus grand Maistre, et que le soin de son salut est la plus importante de ses affaires, il voit bien que de droit le Serviteur le plus obligé doit estre le plus fidele, et que ce luy seroit vn miserable avantage de pouvoir pecher Souverainement; de n'obeïr ny aux Loix, ny à la Raison, pour faire paroistre son independance; de remplir de ses conquestes les Annales et les Histoires, et d'estre effacé du Livre de Vie.

CHAPITRE XXV.

ARGUMENT.

Discours de la probité. Excuse de l'Autheur de ce qu'il est tousjours contraint de toucher aux playes et aux maladies de son pays; de ce qu'en suivant son heros victorieux, il s'amuse aux Monstres qu'il a vaincus ou qui luy restent à vaincre. Ce sont des accidens de sa matiere, et non pas des choix de son esprit. Ce n'est pas chercher vne mesme figure, mais c'est avoir rencontré vn mauvais temps. Toutefois il n'y en eut jamais de fort bon pour le subjet dont il s'agit. A Sparte, l'injustice estoit estimée. Ciceron se plaint de ce qu'on l'appelle homme de bien; dont il est repris avec respect. La sagesse et la vaillance, sans la probité, sont de mauvaises vertus. A mieux dire, ce ne sont point des vertus. Les fins ne peuvent estre appellez habiles qu'improprement. Definition de la finesse. Nostre Prince n'est pas de la race des Othomans. Il est petit fils de Saint Louïs. Il regne par des maximes Chrestiennes. Il ne connoist point de prudence, qui ne soit accompagnée de probité. Confirmation de son opinion par la parole de Dieu, par le tesmoignage mesme des Payens. La raison s'estend plus loin dans la Politique que dans la Morale, mais cét espace ne doit pas estre infini. La loyauté est le fondement de tout le commerce. Ceux qui sont separez par les lieux, par le langage, par la Religion, s'vnissent par la bonne foy. On peut plus aisement traiter avec les muets qu'avec les menteurs. La confiance estant perdue, on ne peut plus nuire ny profiter à personne, et partant il faut estre bon par interest, quand on ne le seroit pas par inclination. Dans les anciennes comedies, les Maistres protestent qu'ils haïssent la feinte plus que la mort. Il n'y a que les valets qui se mes-

lent des fourbes et des intrigues. Tite-Live repris par Seneque pour avoir loué l'esprit d'vn meschant. Euripide appellé en jugement à cause d'vn vers qui sembloit favoriser le parjure.

Ie ne puis cacher en ce lieu ma juste douleur. Il est bien fascheux de crier sans cesse contre le Temps et contre les mœurs : de rencontrer tousjours en son chemin le Vice ennemy de la Vertu que l'on cherche, et de ne pouvoir loüer le Roy qu'en blasmant les autres hommes. Mais quel moyen de parler d'Hercule, si on ne parle de Monstres? de considerer vn victorieux sans ennemis? de traiter de la guerison et du renouvellement des choses, sans dire quelles sont et quelles ont esté leurs maladies? Il m'est insupportable de voir que cette probité que j'estime tant, n'a jamais esté assez estimée, et que l'injustice hardie, ou ingenieuse, a tousjours eu de l'approbation et des Partisans. La Republique du Monde la moins corrompuë autorisoit le mal, pourveu qu'il se fist avec vn peu de subtilité. En Lacedemone, on ne punissoit pas ceux qui déroboient, mais ceux qui ne sçavoient pas bien dérober, et c'estoit pour avoir esté paresseux qu'ils estoient condamnez, et non pas pour avoir esté injustes. Il me souvient d'avoir veû en quelque lieu cette plaisante definition de l'Ambassadeur : « L'Ambassadeur est vn homme grave, « envoyé au loin afin de mentir pour la Republique. » On tient communément que d'vn mauvais Subjet il se peut faire vn bon Prince : Et Ciceron s'est offensé comme d'vne injure qui blessoit sa reputation et son honneur, de ce que Brutus l'avoit appellé homme de bien. Il en fait ses plaintes à Atticus, leur commun amy, par vne lettre qu'il luy escrit. Il tesmoigne qu'il ne peut digerer la dureté de cette parole; Et, à son advis, si Catilina l'eust voulu loüer, il ne l'eust pas loüé plus maigrement.

Pour cette fois il me sera permis de blasmer vne personne, que d'ailleurs je respecte infiniment, et qui me seroit sacrée et inviolable en toute autre occasion que celle-cy. Il n'y a point de loüange que je prise tant que celle que Ciceron mesprise si fort ; et j'estime les Bons beaucoup plus que les Sages, ny que les Vaillans. Sans la Bonté, ceux-là sont des Serpens, et ceux-cy des Loups : La Sagesse n'est qu'vn venin subtil et vne corruption penetrante : La Vaillance n'est qu'vne faim enragée et vne alteration de sang humain. Les Sages, s'ils sont Subjets, trahissent le Prince et vendent l'Estat; les Vaillans entreprennent sur sa personne et se mettent en sa place; Les vns le tiennent en perpetuel soupçon, et les autres en perpetuelle crainte. S'ils sont Princes, il n'y a jamais de seureté en leur Cour, ny de paix en leur Royaume. Ils inquietent leurs Voisins et travaillent encore plus leurs Subjets. La guerre ne finit ny par les Traitez ny par la Victoire. Ils ne tiennent leur parole que jusqu'à la premiere occasion de la violer, et ne se reposent que par la seule impuissance de se mouvoir. Enfin ces rares qualitez que le Monde admire, ressemblent à ces belles lumieres qui brillent en l'air et qui font la peste sur la Terre.

Ce sont des vertus mauvaises et pernicieuses à la Republique, ou plustost ce ne sont point des vertus; Et sans doute il faut s'arrester à cét Oracle d'infaillible verité : « Que la « Sagesse n'entre point dans vne ame malicieuse. » Et bien qu'il soit dit ailleurs : « Que les Fils de ce Siecle sont plus « sages que les Fils de la Lumiere, » et qu'on lise dans l'Evangile de Saint Luc, que « l'Œconome d'iniquité a fait « beaucoup de choses prudemment; » Neantmoins estant tres-certain que la Prudence humaine est folie devant Dieu, et qu'il n'y a point de Sagesse sans sa crainte, non plus que d'edifice sans fondement, il est à croire qu'en ces endroits-là nostre Seigneur a voulu begayer avec ses enfans et s'accommoder au langage populaire. Car comme quelquefois nous appellons blancs ceux qui sont pasles et prenons l'enfleure pour l'embonpoint; souvent aussi nous donnons a certains vices les noms des vertus qui leur sont voisines. Mais puis que les Empiriques ne sont point receus dans le corps des Medecins, et que les Philosophes n'ont jamais pû souffrir les Sophistes, contre lesquels ils se portent avec tant d'aigreur dans tous leurs escrits; soyons pour le moins aussi difficiles qu'eux. Puis que nous faisons le portrait d'vn Prince qui n'est pas de la Race des Othomans, mais qui est petit fils de Saint Louïs : puis que le Roy se conserve pur au milieu de la corruption et qu'il regne par des maximes Chrestiennes, opposons nous courageusement aux mauvaises opinions, nous sommes asseurez qu'il ne les suit pas : Arrestons-nous vn peu à combattre le vice de la Cour et des grands Seigneurs, auquel il n'a point de part : Ne craignons pas qu'il nous sçache mauvais gré si nous n'admettons point les Pipeurs parmy les Habiles et si nous n'appellons point vertu la finesse. Que ce soit, si on veut, vn Art de tromper, vne meschanceté instruite et disciplinée, vn amas de regles et de preceptes pour parvenir à vne mauvaise fin : Que ce soit Esprit, que ce soit Science, que ce soit Experience; Mais ne faisons pas cette injure à la Sagesse de la faire habiter au milieu des vices, et ne la confinons pas dans la conscience d'vn meschant homme.

Voicy en quels termes elle parle de soy-mesme dans le Livre qui porte son nom : « Celle qui sçait le passé et juge de « l'advenir, qui connoist la subtilité des paroles et les solu- « tions des argumens, qui voit les signes et les prodiges « avant qu'ils soient arrivez, et les evenemens des Temps et « des Siecles; Celle-là mesme est vne vapeur de Dieu et vne « pure influence de la clarté du Tout-puissant. Et partant, « il ne peut y avoir en elle rien de souïllé. » Et vn peu plus bas : « Elle est la Splendeur de la lumiere eternelle, l'Image « de la bonté de Dieu et le Miroir sans tache de sa Majesté. » Et ailleurs il dit : « Que la crainte du Seigneur est la mesme « Sapience, et que se retirer du mal est intelligence. » Et ailleurs : « Que l'ame du Saint homme annonce la verité et « voit plus que sept Guettes qu'on a posées sur vne mon- « tagne. »

Les Payens n'ont pas esté generalement de contraire ad- vis. Encore qu'ils ne fussent point éclairez de la Foy et qu'ils ne marchassent que de nuit, ils ont trouvé quelquefois la Verité aux flambeaux. Parmy eux ceux qui ont eu de plus droites opinions et qui ont jugé des choses plus sainement, n'ont gueres separé la Prudence de la Probité : Et quoy qu'ils ayent crû que la Raison eust son estenduë plus libre et moins indeterminée en la Politique qu'en la Morale, ils n'ont pas crû pourtant que cét espace deust estre infiny, et que tout ce qui est mauvais et defendu dans les Familles, fust bon et legitime dans l'Estat. Ils ont dit que les Dieux eussent bien plus obligé les hommes de ne leur point donner cette Raison, que de la leur avoir donnée pour incommoder le Monde et pour se tourmenter eux-mesmes : que ce rayon de Divinité, ce viste mouvement de la pensée, cette pointe qui perce et penetre tout, leur estoit vn present funeste et vne liberalité ruineuse, s'ils ne s'en servoient qu'au dom- mage et à la perte d'autruy, et si ce qu'ils ont de commun avec les Dieux les rendoit plus farouches et plus miserables que les bestes.

Ils ont crû, aussi bien que nous, que la Loyauté est le fondement de toute negociation et de tout commerce ; Que nous ne tenons que par là les vns aux autres ; Que ceux qui sont divisez par la distance des lieux, par la difference de la langue, par la diversité de la Religion, s'vnissent par le moyen de la bonne foy ; Qu'on peut traiter avec les muets, mais qu'on ne sçauroit traiter avec les perfides, et que le silence est plus sociable que le mensonge. Ils ont tenu qu'on ne gaignoit rien à mentir, sinon de n'estre pas crû quand on disoit vray, nous laissant tirer de là cette consequence, qu'il faut estre homme de bien par necessité et par interest, quand on ne le seroit pas d'inclination ny de volonté, puis que le mal est aussi peu vtile que peu honneste, puis que la premiere tromperie exclud d'ordinaire la seconde, et que la confiance estant vne fois perduë, il n'est plus possible de nuire ny de profiter à personne.

Dans les anciennes Fables, qu'on representoit par l'authorité du Magistrat, pour l'instruction du Peuple, et qui sont encore les vrays miroirs de la vie humaine, nous voyons que les Princes et les Heros protestent hautement qu'ils haïssent la feinte plus que la mort, et qu'il n'y a point moyen qu'ils se puissent resoudre à tromper : là où ce sont les valets et d'autres gens de neant, qui sont employez à tramer les trahisons et qui font les fourbes et les intrigues. Et bien qu'en semblables actions il faille de l'esprit et de la subtilité; neantmoins à cause que la tromperie est vne tacite confession de foiblesse, qui fait en cachettes ce qu'elle n'ose faire à descouvert, ils ont estimé qu'il n'estoit pas de la bienseance de l'attribuer aux grands courages. De sorte que Tite-Live est repris aigrement par Seneque, pour avoir dit de quelque Broüillon de son Siecle : « Qu'il n'avoit pas l'Esprit moins « grand que meschant. » Estant impossible au jugement de ce Philosophe, que ces deux qualitez puissent subsister en mesme subjet, et grand et mauvais luy semblant aussi contraire que grand et petit.

Mais cela n'est rien au prix de ce qui arriva à Euripide, pour ce vers qu'il avoit fait dire à Hippolyte en quelqu'vne de ses Tragedies :

> I'ay juré de la langue, et non pas de l'esprit.

Car, dés le lendemain de la representation, il receut vn adjournement personnel, et fut poursuivy par toutes les rigueurs de la Iustice, comme ayant voulu corrompre les mœurs des Grecs et enseigner au peuple à se parjurer. Ce n'est pas qu'il ne fust permis aux Poëtes Tragiques de faire avancer de mauvaises maximes aux meschans, lors qu'ils les produisoient sur la scene : mais parce qu'Hippolyte estoit reconnu pour vn homme parfaitement vertueux, on s'imagina qu'Euripide avoit voulu authoriser le mensonge par l'exemple d'vne personne si grave et si estimée, et persuader aux spectateurs, en faisant couler ce vice parmy plusieurs qualitez loüables, que l'Infidelité n'estoit pas incompatible avec la Sagesse.

CHAPITRE XXVI.

ARGUMENT.

Opinion d'Aristote touchant la Prudence. Il la distingue d'avec la subtilité d'esprit, et tient qu'on ne peut estre prudent qu'on ne soit homme de bien. Les autres Philosophes n'ont pas esté de contraire advis. Principalement les derniers Platoniciens. Ils comptent sept sortes de separations, par lesquelles l'ame se destache du corps et se rend capable de la connaissance de l'advenir. La derniere de ces separations est vne pureté parfaite d'esprit et de cœur, et vne entiere victoire des mauvaises passions. A quoy s'accordent les Philosophes chrestiens et croyent que Dieu a tousjours eu soin d'illuminer les chastes et les vertueux. La prudence du Prince vient de ce destachement admirable de l'ame et du corps, quoy qu'on la pût rapporter aux plus nobles des autres abstractions. La sagesse malicieuse n'est gueres meilleure que la Magie, ne reüssit gueres mieux que l'imprudence. Pour troubler le repos d'autruy, il faut premierement perdre le sien. Les ilns ruinent les Estats par leurs finesses, et les esprits communs les maintiennent par les regles generales. Effets de la fausse prudence en la personne de Tibere, et la veritable en celle de Louïs le Iuste.

Aristote fait mention de ce procez criminel, et afin que les Trompeurs de nostre temps sçachent que c'est à tort qu'ils pretendent en prudence, estant depourveus des autres vertus, qui se voyent toutes éminemment en la personne du Roy, il n'y aura point de mal de leur monstrer leur condamnation dans les escrits de ce sage Gouverneur d'Alexandre, dont le tesmoignage est d'autant plus recevable, qu'il ne croyoit qu'en la seule raison, n'ayant aucune connoissance revelée, et que d'ailleurs il avoit vescu en vne Cour extremement corrompuë, et sous vn Prince aussi fin pour le moins et aussi artificieux que le pouvoient estre le Duc de Valentinois et le Roy Louïs XI.

Outre qu'il distingue la Prudence d'avec la Subtilité d'esprit, en ce que celle-cy se porte indifferemment au bien et au mal, où la prudence est constante et invariable en la recherche du bien, et qu'il a fait vn Chapitre exprés au septiesme livre de son Ethique, par lequel il prouve qu'il n'est pas possible d'estre Prudent et Incontinent tout ensemble : Il remarque de plus en vn autre lieu, qu'en desassemblant le mot composé dont les Grecs expriment la Temperance, on trouvera qu'il veut dire en son origine Gardienne et Conservatrice de la Prudence. D'autant que la Temperance conserve la santé du jugement et lui acquiert cette gaillarde et vive disposition par laquelle, sans se troubler et sans se mesprendre, il reconnoist ce qui sert et qui nuit au souverain Bien. Non pas que pour cela l'Intemperance corrompe toute sorte de jugement; car il est tres-certain qu'elle ne corrompt pas celuy qui considere les choses qui gisent en speculation, mais seulement celuy qui a pour objet les choses pratiques. Comme pour estre Intemperant on ne laisse pas de bien juger s'il est vrai ou non qu'vn Triangle ait trois angles égaux à deux droits, et que deux lignes paralleles continuées à l'infiny ne se puissent joindre; Mais on ne juge pas bien s'il se faut venger d'vne injure receuë ou la pardonner, ny s'il faut garder Helene ou la rendre à son mary; à cause que pour bien juger si vne chose est faisable ou non, il est necessaire d'en bien connoistre la fin. Or celuy qui est intemperant et dont le plaisir ou la douleur a desja gasté la faculté judicatrice, ne peut pas discerner cette fin dans l'esblouïssement continuel que luy causent ses mauvaises passions.

La vraye Prudence est donc vne habitude qui rend l'entendement propre à reconnoistre et à pratiquer les choses qui servent à estre heureux. Ce que ne fait pas (continuë le mesme Philosophe) cette autre habitude que nous appellons Art; pource que sa fonction ne consiste qu'à operer conformement aux Regles et aux Ordonnances de la Raison, et non pas à faire des choses qui soient moralement bonnes et qui contribuent à la Felicité. Tellement qu'on peut bien estre bon Artizan, et n'estre pas homme de bien pour cela; mais on ne peut estre prudent que l'on ne soit quant et quant homme de bien, d'autant que l'on ne peut estre prudent, si on ne pratique les choses qui sont moralement bonnes. Davantage il vaut mieux faillir volontairement en quelque Art, que d'y faillir par ignorance; Et au contraire, il vaut mieux faillir ignoramment contre les regles de la Prudence. que d'y faillir volontairement, veu que les choses où s'attachent les Arts, ne sont pas moralement bonnes, où celles-là le sont, ausquelles s'attache la Prudence; et partant, on ne peut faillir volontairement contre les regles qu'elle prescrit, que l'on ne commette quelque action vicieuse, puis que l'on n'y peut faillir que l'on ne s'attache aux choses qui sont moralement mauvaises.

Ces maximes et autres semblables se trouvent dans les Livres des Philosophes qui ont le plus esté de la Cour et qui se sont le plus approchez des Grands. Les autres Familles n'ont pas tenu de contraires opinions, et pas vne n'a approuvé la Prudence malicieuse. Mais les derniers Platoniciens, qui sont de ces fous qui reviennent aucunefois en leur bon sens, et qui ont des intervalles assez raisonnables, meritent qu'on les écoute en cette occasion. Aussi bien contre vn Mal si public que celui-cy, il faut armer toute sorte d'ennemis, et luy opposer tout ce qui le peut combattre.

Apres avoir longuement extravagué sur plusieurs façons de divination (que pour cette heure je veux estimer estre vn effet de la Prudence heroïque), ils en proposent en fin vne qui n'est pas à rejetter et qui fait grandement à nostre subjet. Il y a à leur compte, outre la mort, sept sortes de Separations par lesquelles l'ame se détache du corps et s'eleve si haut au dessus du mortel et du perissable, qu'en cét estat-là elle ne connoist pas seulement ce qui est esloigné d'elle, mais aussi ce qui n'est pas encore arrivé; elle n'assiste pas seulement à la naissance et aux evenemens des choses, mais aussi à leur conception et à leurs projets.

La premiere de ces Separations arrive en dormant, principalement aux hommes sobres, qui par vne abstinence ordinaire rabattent les nuages qui se levent de la partie inferieure, empeschent que rien de trouble et de contagieux ne monte à l'esprit, et voyent dans leur imagination, comme dans la glace d'vn miroir bien net, les objets que les autres ne peuvent voir dans la leur, qui est toute ternie et toute effacée des vapeurs et de la fumée des viandes. La seconde se fait par l'entier assoupissement des esprits et par cette defaillance de cœur et de respiration, où tombent les personnes évanouïes : D'où sont venuës les extases de Socrate, qui demeuroit quelquefois sans mouvement depuis le lever jusqu'au coucher du Soleil; celles de Platon, qui, ayant coustume de mediter de la sorte, mourut finalement dans cet essay de la mort; et celle d'vn certain Enarche, qui ayant rendu l'ame à ce qu'on croyoit, revint tout d'vn coup à soy, et asseura qu'il se portoit bien; mais que Nichandas, le plus fameux Athlete de ce temps-là mourroit infailliblement vn tel jour, ce qui arriva à poinct nommé.

Vne si pure et si subtile connoissance se forme de plus de l'abondance de l'humeur melancholique, qui est d'autant plus propre à recevoir les inspirations divines et à s'éprendre du feu celeste, que les matieres arides et déliées sont plus combustibles que les autres. Mais elle se produit bien plus parfaitement, disent-ils, de la juste proportion des humeurs, et de cette admirable harmonie interieure, dans laquelle l'esprit, ne plus ne moins que le Magistrat dans vne Communauté bien vnie, et où tout le monde est bien d'accord, ne trouve aucun empeschement en ses fonctions, et vse sans reserve et sans restriction de la puissance qu'il a receuë de son Souverain.

La cinquiesme separation, si je ne me trompe, vient du repos et de la paix de la solitude, où l'esprit échappé de la captivité des villes, et déchargé des affaires pesantes et tumultueuses de la vie, regarde le ciel plus à découvert, et communique plus familierement avec Dieu. Ils croyent qu'en cette paisible eschole, et si favorable à la contemplation, Zoroastre estudia les vingt ans qu'il disparut, et apprit la science de predire, qu'il avoit laissée dans ses livres de la Divination, qui se sont perdus. Et c'est aussi de la sorte qu'il faut entendre les dix années que fust caché Pythagore, et les cinquante que dormit Epimenidés, pendant lesquelles leur ame n'ayant point de commerce avec leurs sens, vacquoit à vne tres-parfaite façon de philosopher, et jouïssoit desja du privilege de son immortalité et des libertez de l'autre vie.

Les Platoniciens ne finissent pas encore leurs Separations, et de celle-là ils passent à la sixiesme, qui procede de l'admiration, et d'vne religieuse horreur, qui remplit les personnes agitées de quelque Divinité; telles qu'estoient les femmes qu'on nommoit Pythies, qui tiroient de là l'intelligence des choses futures : car transportées qu'elles estoient de leur Dieu, venant à mettre le pied dans sa grotte, et à penser avec une violente attention à sa presence, et à ses mysteres, elles estoient saisies d'vn si grand estonnement, et possedées d'vne si estrange superstition, qu'à l'heure mesme leur ame se desprenant de leur corps, et rompant tous ses liens, se portoit jusqu'à la plus haute connoissance des Esprits simples, et agissoit sur-naturellement par l'effort de cette fiévre divine.

Icy nos Platoniciens cessent de resver, et leur derniere façon de connoistre l'avenir est toute pour nous, à sçavoir vne entiere victoire des mauvaises passions, vne abstinence perpetuelle des voluptez defenduës, vne inviolable pudicité d'esprit et de corps : estant bien croyable, à leur advis, que Dieu, qui est la pureté mesme, prend plaisir de faire sa demeure dans le cœur des chastes; qu'il y allume vne lumiere qui perce les tenebres de l'advenir, et qu'il ne leur cele rien de ses entreprises. A quoy aussi les SS. Peres semblent s'accorder, particulierement S. Hierosme, qui tient que les Sibylles, quoy que d'ailleurs infideles, et estrangeres du peuple de Dieu, receurent neantmoins de luy le don de Prophetie en honneur de leur virginité, et pour recompense temporelle de leur vertu.

Ie ne me veux point prévaloir des opinions que je ne croy pas, ny rapporter la prudence du Roy, ou à sa sobrieté, estant tres-vray qu'il ne vit quasi que du seul esprit, et que par le moyen de la Temperance la partie superieure de son ame jouït d'vne perpetuelle serenité; ou à ses éloignemens de la ville, dont la chasse est bien souvent le pretexte, dans lesquels d'vne veuë tranquille et d'vn jugement desinteressé, il considere les choses en la pureté de leur estre, que nous ne regardons qu'à travers des passions qui nous troublent, et dans la contagion du Monde qui les altere. Ie ne la veux point non plus attribuer à cette qualité si propre à la contemplation, et qui s'attache inseparablement aux objets qu'elle a embrassez ; à ce temperament si estimé par les Philosophes, qui ne luy communique rien de pesant, et qui le puisse pencher vers la terre. Car en effet comme il y a une melancholie terrestre, qui n'envoye que de noires et d'épaisses vapeurs au cerveau, et ne le remplit que de phantosmes ; qui ensevelit l'ame dans la matiere, et luy cause ou des songes perpetuels, ou vn assoupissement ordinaire; Il y a aussi vne melancholie bien cuite et bien épurée, qui jette un feu qui ne brusle ni ne fume, et à laquelle se peut rapporter le dire de cet Ancien, que la lumiere seche est la plus vive et la plus resplendissante lumiere. Il y a une subtile et ingenieuse tristesse, qui a esté chercher la verité jusque dans le ciel et jusqu'au fond des abysmes ; qui a inventé les Arts et les Disciplines ; qui a formé toutes les Statuës de Phidias, et produit tous les Livres d'Aristote ; qui a porté Cesar à usurper la liberté de son pays, et Brutus à delivrer son pays de la puissance de Cesar ; qui en un mot est la belle maladie de l'ame, et le plus commun temperament des Heros, des Saincts, et des autres hommes extraordinaires. Ce n'est pas pourtant de là que je tire la prudence du Roy : Ie la fais bien venir d'vne plus noble et d'vne plus claire source. Ie croy avec les Philosophes Chrestiens, que de tout temps Dieu a eu vn soin tres-particulier d'illuminer les chastes et les vertueux, et que l'Espouse ne se plaist pas davantage parmy les Lys, que la Sapience eternelle qui la gouverne, se repose volontiers sur les ames pures et innocentes.

Toute autre Sagesse qui vient d'ailleurs est illégitime et dangereuse : tous les autres feux, quelque purs et brillants qu'ils semblent estre, trompent les hommes en les éclairant, et les conduisent dans des rivieres ou des precipices. Il vaudroit presque autant consulter les Demons, et s'enquerir de l'advenir par le moyen de la Magie, que d'avoir de la prevoyance sans probité. N'est-ce pas convertir les remedes en poison, que d'vser de la Raison pour pecher? Que sert-il d'estre subtil à faire des heresies, si elles sont pires que l'ignorance? Que sert-il de sçavoir broüiller, s'il faut premierement perdre son repos pour troubler celuy d'autruy? Que sert-il d'avoir autant de finesse que Ludovic Sforce, et d'estre habile à ruïner son Estat, qu'vn esprit ordinaire eust pû conserver par des regles faciles et generales?

On ne me persuadera jamais que l'argent vif vaille plus que l'or, ny que l'imagination turbulente et effrayée soit une plus seure guide dans les affaires, que le jugement tranquille et bien résolu, ny que la prudence de Tibere fust meilleure que celle de LOVIS LE IVSTE. L'vne n'estoit occupée qu'à rasseurer ce Vieillard qui avoit tousjours peur : Elle abandonna le soin des affaires et le gouvernement de l'Empire pour vacquer à la garde d'vn homme seul. Elle ravit Germanicus à toute la Terre : Elle fist mourir vn Prince Estranger, qui estoit venu à Rome sur la foy publique. L'autre n'a pour objet que le bien vniversel et la commune Felicité, ne s'employe qu'à maintenir les choses du Monde en bon estat, et à faire regner la Iustice ; ne veut autre avantage de ses Victoires que celuy que donne la reputation au dehors, et la bonne conscience au dedans.

CHAPITRE XXVII.

ARGUMENT.

La vertu du Prince ne travaille que pour la commune felicité, est l'appui des foibles et le refuge des persecutez. Sa Iustice a la direction de sa Vaillance. Celle-cy renverseroit tout, si celle-là ne soustenoit tout. Il sçait que Dieu ne trouve pas bon qu'on trouble l'œconomie de l'Vnivers, de laquelle il est l'autheur ; que Iesus-Christ a condamné par son exemple l'apparence mesme de l'vsurpation. Mahomet a fait tout le contraire. Il nomme poltrons ceux que nostre Seigneur appelle Iustes, note d'infamie les Princes qui se contentent du leur; authorise la violence par l'expres commandement de Dieu ; pretend avoir receû de luy le droit de tous les Royaumes de la Terre. Ceux qui tiennent ces maximes parmy nous sont des Turcs desguisez en Chrestiens. Perfection du Christianisme, qui met en mesme rang les choses injustes et les impossibles. Examen de cette sentence du Poëte tragique, que pour regner il est permis de violer la Iustice.

La dessus s'appuyent les foibles, et se reposent les travaillez. Ses Voisins factieux, qui auroient subjet de vivre en continuelle inquietude, se fient plus en cecy pour leur seureté, qu'au nombre des gens de guerre qu'ils peuvent mettre sur pied, et aux alliances dont ils taschent de se fortifier. Cette admirable vertu, qui les effrayoit d'abord, leur sert de rempart contre elle-mesme; ils la comptent entre les avantages qu'ils pensent avoir, et se conservent moins par leurs armes que par la probité de leur Ennemy. Sa Iustice a la direction et la conduite de sa Vaillance, celle-cy pourroit tout renverser, si celle-là ne soustenoit tout : sans ce contrepoids personne ne seroit asseuré de sa condition. Le Christianisme, dont il fait vne serieuse profession, limite la portée de son courage; dompte en son esprit la fierté qui naist avec les Heros, et enchaisne par maniere de dire son ambition et sa hardiesse, qui sans doute feroient vn merveilleux progrez, si elles agissoient en leur pleine liberté, et de toute l'estenduë de leur puissance. Il ne touche point au bien d'autruy, sçachant que Dieu l'a pris en sa particuliere protection par un des commandemens du Decalogue : Il ne ravit point, vivant sous des Loix qui ne luy permettent pas seulement de desirer : il n'a garde de faire des actions tyranniques, puis qu'il ne croit pas qu'il soit loisible de concevoir des souhaits injustes.

Et à parler sainement, il y a bien apparence que ce n'est pas l'intention de Dieu qu'il y ait de Monarque vniversel que luy seul, ny que d'autres mains que les siennes portent la Machine qu'il a bastie. Il ne trouve point bon qu'on entreprenne de changer l'ordre qu'il a estably parmy les hommes; que les derniers venus disputent les places qu'il a desja données, et troublent l'œconomie de l'Vnivers, de laquelle il est l'autheur. Les dominations violentes ne luy plaisent point. Il aime mieux que les siens souffrent l'injustice que s'ils la faisoient, et est si éloigné de leur permettre de vivre de proye, qu'il leur conseille de vivre d'aumosnes. Il ne nous recommande que la Paix, l'Amour, et la Charité. Il n'a point envoyé le Saint Esprit en forme d'Aigle, mais en forme de Colombe, et son Fils vnique, qui est venu pour renouveler le Monde, et pour enterrer tout à la fois la Synagogue, et et abbattre l'Infidelité, a si fort estimé la Puissance legitime, qu'ayant à se dire Roy, et à faire des choses estranges, il a voulu naistre du sang Royal, et n'a point mesprisé les voyes ordinaires, afin que son Empire ne parust pas vne Usurpation, et qu'il pust defendre mesme par raison humaine le tiltre qu'il se donnoit.

Ie ne m'estonne point que les Princes qui ne veulent pas reconnoistre la Divinité de Iesus-Christ s'éloignent de son exemple, et ne s'assujettissent point à vne Loy, laquelle ils n'ont point receuë. Les Mahometans pensent meriter quand ils tuent les Estrangers, et leur cruauté est vn des principes de leur Religion. Ils ne font point scrupule de conquerir; parce qu'en cela ils ne font rien à quoy leur Prophete ne les exhorte, et que c'est aux Persecuteurs et non pas aux Martyrs à qui il promet vne meilleure vie apres celle-cy.

Ce Pipeur, qui n'a visé en sa Religion qu'à la grandeur temporelle et aux biens presens, et qui a songé plustost à aguerrir des soldats qu'à sauver des ames, chasse de son Paradis toutes les personnes pacifiques, et nomme poltrons ceux que nostre Seigneur appelle Iustes. « Que nul, dit-il, « ne tourne le dos, si ce n'est pour prendre son avantage, « sur peine d'encourir la divine indignation : Car il faut « que les braves Champions de Dieu et de son Prophete de- « meurent fermes à la rencontre de deux Armées, et en ce « faisant ils obtiendront pardon general de toutes leur fau- « tes. » En vn autre endroit : « Auriez-vous bien opinion « que l'entrée du Ciel vous fust ouverte, si premierement « vous n'aviez fait preuve de magnanimes et vaillans guer- « riers? Non, non, mes Amis, asseurez-vous que Dieu n'aime « que les Vaillans; que celuy-là est bien heureux qui meurt « à la guerre, et que si vous y finissez vos jours, vostre mort « sera si dignement recompensée, que vous voudrez revivre « encore vne fois, pour y estre encore vne fois tuez. » Et vn peu auparavant il authorise sa tyrannie par l'exprez commandement de Dieu, qu'il introduit, luy parlant en cette sorte : « Et toy, mon Prophete, va t'en combattre et vaincre les In- « credules; pille-les, saccage-les, traite-les avec des verges « de fer, afin qu'ils te craignent : Car tout est au Prophete et « à ses fideles soldats. »

De sorte que par là s'imaginans que le Monde est leur heritage, et que l'entiere possession leur en appartient, ils croyent qu'ils n'vsurpent jamais sur autruy, mais qu'ils reprennent seulement ce qui a esté vsurpé sur eux; qu'ils ne font injure à personne, mais qu'ils cessent seulement de la recevoir; qu'il leur est permis de rentrer dans leur bien par les voyes qui leur semblent les plus courtes et les plus commodes; qu'il n'est rien de plus legitimement à eux que ce que Dieu mesme leur a adjugé, et qu'ils peuvent vser du droit que leur Legislateur leur a laissé sur tous les Royaumes de la Terre. Car c'est encore vne de leurs visions, qu'au sortir du ventre de sa mere vn Ange luy apporta trois clefs, faites de trois grosses perles, dont l'vne estoit la clef des Loix, l'autre la clef de Prophetie, et la troisiesme celle de Victoire, desquelles se saisissant, il se saisit de la possession de toutes ces choses. Mais à dire le vray, la derniere a fait valoir les deux autres, et s'il n'eust vaincu, il n'eust esté ny creû ny suivy.

Tout le dessein de sa Religion se rapporte à la Victoire: Ses Propheties ne sont favorables qu'aux Conquerans: La pluspart de ses Loix sont des Ordonnances militaires: Il ne reconnoist pour siens que les Violens et les Injustes. Et afin de les pousser encore plus fortement à la desolation des Royaumes, il ne suffit pas à cet imposteur advisé, de leur declarer qu'ils peuvent conquerir en saine conscience, mais de plus il les note de quelque sorte d'infamie lorsqu'ils se contentent du leur, et qu'ils veulent demeurer en paix. D'où vient qu'il n'est pas permis aux Princes Ottomans de fonder d'Hospital, ny de faire de Mosquée, qu'auparavant ils n'ayent fait quelque conqueste, à laquelle il est necessaire qu'ils assistent en personne. C'est pourquoy le Moufty et les autres Interpretes inferieurs de leurs prophanes ceremonies employerent tout leur credit aupres du Sultan Achmet, qui n'avoit jamais esté à la guerre, pour empescher la structure du Temple qu'il vouloit bastir, qui à cette occasion fust surnommé des gens de la Loy, *La Mosquée Incre-*

dule ; parce qu'il s'estoit opiniastré de l'achever contre l'authorité de leurs Traditions, et les remontrances qu'ils luy avoient faites.

Ie ne trouve donc point estrange que les Turcs envahissent les Terres de leurs Voisins, sur cette fausse persuasion qu'ils ont de faire des actes de Pieté, et s'y sentant obligez selon leur Loy, tant par l'honneur que par la conscience. Mais puisque Iesus-Christ n'a rien de commun avec Mahomet, et que le Pape et le Moufty tiennent des maximes qui sont directement opposées, je ne puis comprendre comme les Chrestiens croyant en l'Evangile suivent l'Alcoran : Ie ne sçaurois deviner les raisons qu'ils peuvent avoir de s'acharner si cruellement sur la vie et sur la liberté de leurs freres, et ne sçay point en quel temps ni par l'entremise de quel Ange ils ont obtenu dispense de leurs premieres Loix, et permission de violer la Iustice.

En nostre Religion, la Raison et l'Equité doivent estre les bornes de la volonté des Roys, comme les Fleuves et les Montagnes sont celles de leurs Royaumes. Ils doivent mettre en mesme rang les choses injustes et les impossibles : Et puis que ce n'est point vne imperfection en Dieu de ne pouvoir pas pecher, ce ne peut estre aussi en eux vn defaut de Puissance de ne point faire de mal. Quelle apparence y a-t'il que les petites fautes soient punies, et que les grandes soient honorées ; que l'enormité de l'action soit celle qui authorise le crime, et qui justifie le criminel, et qu'vn pauvre homme qui cherche sur Mer à gaigner sa vie avec vne barque, soit Corsaire et mal voulu d'vn chacun, et qu'vn autre qui fait le mesme mestier avec vne puissante flotte, soit Empereur et loüé de tout le monde.

Il n'y a certes point d'apparence ; Et nous devons absolument rejetter la sentence du Poëte tragique, si souvent chantée sur les Theâtres, et si familiere à vn celebre Tyran, Qu'en matiere d'Estat et pour commander, il est loisible de violer le droit, et qu'il le faut observer en autre chose. Apres avoir fait reflexion sur cette belle sentence, et l'avoir regardée vn peu de prez, je n'y ay pas veû beaucoup de sens, et l'ay trouvée encore plus absurde que dangereuse. Car s'il est vray, ainsi qu'ils tenoient en ce temps-là, que les autres meschancetez sont comprises dans la Tyrannie, comme les moindres nombres dans le plus grand, et qu'elle est la ruïne et la dissolution du corps Politique, comment est-il possible de conserver vne partie de la Iustice, et de la destruire toute entiere? d'admettre le comble et le dernier degré du mal, et d'en exclure les Principes et les Elemens? de penser retenir la vie au bout d'vn doigt, le corps estant desja mort, et tombé en pieces? Quiconque parle de la sorte, asseurément ne s'entend pas, et n'est pas d'accord avec soy-mesme. Il semble defendre quelque chose en apparence, mais il permet tout en effet, et dit, quoy que ce ne soit pas son intention de le dire, qu'il faut bien se donner garde d'estre separément parjure, sacrilege, et parricide; mais que legitimement on peut estre tous les trois ensemble, et devenir ainsi innocent par l'excez et le nombre de ses crimes.

CHAPITRE XXVIII.

ARGUMENT.

Raisons sur lesquelles les Grecs se pouvoient fonder en leurs conquestes. Opinion reçeuë vniversellement parmy eux que la guerre estoit permise contre les Barbares. Deux differentes sortes de Barbares. Les Romains

aussi bien que les Grecs ont eu pour fin la grandeur de leur Empire. Ils ont neantmoins esté quelquefois tentez de la belle passion de nostre Prince, ont pris les armes pour la liberté des autres. Arrest que donna la Republique d'Athenes pour la defense de la Grece contre le Roy Philippe. Declaration des Romains contre vn autre Philippe, pour la liberté de la mesme Grece. Ils ne se mocquoient pas ouvertement du droict et de l'equité. Ils faisoient profession de n'approuver que les guerres ou justes, ou necessaires, ou honnestes.

Les anciens Idolatres, qui n'avoient que de legeres doutes, et de simples soupçons de la vraye Vertu, et qui par consequent n'estoient pas tenus à vne probité si parfaite que la nostre, ont condamné ces paroles tyranniques avant nous. Ils essayoient pour le moins de se fonder en raison, quand ils attaquoient les Peuples, et ne disoient pas cruëment que la fin de leurs conquestes fust de conquerir. C'estoit vne opinion receuë generalement parmy les Grecs, que la guerre estoit permise contre les Barbares, dont il y avoit de deux sortes, et qu'ils separoient d'ordinaire en deux principales classes. Car bien que leur vanité estendit ce mot à tous ceux qui ne parloient pas leur langue, et qui ne se gouvernoient pas selon leurs coustumes, si est-ce que luy donnant quelquefois une signification plus estroite et plus limitée, et le restreignant à moins de personnes, ils entendoient seulement par là ou les Medes ou les Perses, qui avoient tous les jours affaire à eux, ou les dernieres Nations du Monde, qui vivoient sans Loix et sans Discipline, dans l'ignorance et l'infirmité de la Nature, qui n'est point aydée de l'institution.

Or il est bien vray qu'ils n'avoient pas beaucoup de subjet d'aimer les premiers ; puis que c'estoient les Ennemis immortels de leur nom et de leur patrie, qui y estoient entrez à diverses fois l'espée nuë, et le flambeau à la main ; qui avoient vn dessein constant et perpetuel de s'en rendre maistres, et qui desiroient à toute force que le Roy de Perse fust adoré par des Prestres Grecs et servy par des Esclaves de

d'avarice, ni si attachez à leurs interests, qu'au travers de l'vtile ils ne vissent la beauté de la vraye gloire ; qu'ils ne fussent tentez de la passion qui possede aujourd'huy le Roy, et qu'ils ne prissent quelquefois les armes pour la liberté des autres.

Se peut-il imaginer vn Decret plus genereux, et plus necessaire d'estre renouvelé en cette saison, que celuy qui fust donné par les Atheniens à l'instance de l'orateur Demosthene? En voicy la substance en peu de mots : « Lors « que le Roy Philippe attaquoit des places, sur lesquelles « il avoit quelque droit, le peuple d'Athenes ne pensoit pas « estre obligé d'intervenir en cette occasion, ni de se mesler « d'vne affaire qui ne le regardoit point : mais maintenant « que la Grece est elle mesme attaquée, il estime chose in- « digne de la gloire de ses predecesseurs, de voir autour de « soy des Villes Grecques qui ne soient pas libres. Pour cet « effet le Conseil et le Peuple d'Athenes ont jugé à propos « de faire des sacrifices aux Dieux et aux Heros tutelaires « de la Ville et de la Contrée, et animez par la generosité « de leur Ancestres, à qui la commune liberté a tousjours « esté plus chere que le bien particulier de leur pays, ont « ordonné que l'on mettra deux cens vaisseaux en Mer, que « l'Admiral fera voile vers les Thermopyles, et le General de « Terre ferme conduira la Cavalerie et l'Infanterie vers Eleu- « sine. Que de plus on depeschera des Ambassadeurs vers « les autres Communautez de Grece, pour les fortifier au « dessein qu'elles doivent avoir de se maintenir en leur li- « berté ; pour les exhorter de ne se point effrayer des me- « naces de l'Ennemy, et les asseurer que les Atheniens sont « resolus de secourir d'hommes, d'argent, d'armes et de mu- « nitions tous ceux que Philippe voudra opprimer. »

Apres vne longue revolution d'années, vn autre Philippe ayant eu le mesme dessein que celui-là (tant ce nom est fatal à la Liberté publique), les Romains lui declarerent la guerre; et apres l'avoir vaincu, la feste des jeux Isthmiens survenant d'avanture en ce temps-là, et se celebrant à Corinthe, où il abordoit vn nombre infiny de peuple pour y assister, ils firent proclamer en plein Theatre ce qui s'ensuit, « Le Senat Romain, et le General Flaminius, ayant mis « les Macedoniens et le Roy Philippe en leur devoir, declarent que leur intention est que toute la Grece vive à l'advenir selon ses Loix; et entendent particulierement que « les Corinthiens, Phociens, Locriens, ceux de l'Isle Euboée, « les Magnetes, Perrhebes, et les Achaiens de Phtie, jouïssent des mesmes exemptions, droits et privileges dont ils « jouïssoient avant que Philippe se fust emparé de leur Seigneurie. »

Et bien que quelques-vns, pour obscurcir le lustre de cette action, veuillent dire que la Liberté dont ils faisoient present aux Grecs estoit plustost vne Liberté apparente et contrefaite, que solide ny veritable; Neantmoins c'estoit tousjours beaucoup faire d'entreprendre la guerre à ses despens pour amender la condition de ceux qui ne leur estoient rien : C'estoit les obliger extremement, de les tirer de la servitude, quoy que d'ailleurs ils les laissassent en quelque sorte de dépendance envers leurs Liberateurs : Ce n'estoit pas les traiter mal, de les soulager d'vn faix qui les accabloit, en leur donnant vne moindre charge.

Les Romains ne prenoient donc pas tout pour eux. Leur ambition avoit quelques regles et quelques limites; et bien que leur esprit et leurs desirs fussent vastes, ils n'estoient pas pourtant infinis. Quand Scipion le Censeur fist la ceremonie du Lustre expiré, et que le Greffier voulust reciter la priere accoustumée, « par laquelle les Dieux estoient suppliez de rendre la fortune du peuple Romain meilleure et « plus puissante qu'elle n'estoit : Elle est assez bonne et as- « sez puissante, respondit-il, Ie les prie seulement qu'il leur « plaise de la nous continuer. » Et ordonna sur le champ que dans les actes publics on corrigeast ainsi les termes de la priere, qui depuis ne fut plus recitée autrement. De sorte qu'il s'est trouvé de la moderation et de la retenue dans les cœurs les plus ambitieux et les plus avares. Les Grecs et les Romains portoient pour le moins du respect à la Vertu. Ils ne se mocquoient pas ouvertement du Droit et de l'Equité, et faisoient profession de ne prendre les armes qu'en ces trois cas, ou pour se venger des injures receuës, ou pour se garantir de l'oppression, ou pour donner des Loix à ceux qui n'en avoient point; n'approuvant par consequent que les guerres ou justes, ou necessaires, ou honnestes.

CHAPITRE XXIX.

ARGUMENT.

Les Espagnols ne peuvent alleguer les raisons des Grecs ny des Romains pour justifier leurs conquestes; leur ambition et leur avarice manquent de pretexte. Aveu de leurs bonnes qualitez, de la noblesse de leur ame, de la force de leur courage, de l'amour qu'ils portent à leur patrie, de l'affection qu'ils ont au service de leur Prince, de leur abstinence et de leur sobrieté. En revenche leur orgueil est insupportable, et le mespris qu'ils font de toutes les nations. Leur procedé quand ils se meslent des querelles de leurs voisins, leur opiniastreté à bien esperer, à s'obstiner contre les mauvais succez, particulierement dans les occurrences d'Italie, dont il s'agit maintenant.

Qu'y a-t'il de semblable, ô Dieu immortel, en l'estat present des affaires de l'Europe? Qu'y a-t'il en la cause des

Conquerants de ce siecle qu'vn bon Payen puisse soustenir, et qu'vn vray fidele ose excuser? Ie voy bien qu'il faut pour la seconde fois attaquer la Tyrannie ; qu'il faut la poursuivre jusques dans le lieu de sa retraite, jusques dans le cœur de ses Subjets, et voir si la nation est plus innocente que le conseil : Les Allemands sont-ils aux Espagnols ce que les Perses estoient aux Grecs? Ont-ils couru depuis peu la Galice, ou l'Arragon? Ont-ils pillé les Eglises de Madrid? Ont-ils demandé des esclaves de Castille? De plus, quel droit ont les Castillans sur le Montferrat? Prennent-ils les peuples qui habitent la rive du Pau pour des Sauvages? Veulent-ils civiliser les Italiens, qui tiennent eschole de gentillesse et de galanterie, et chez lesquels il y a long-temps que toutes les nouveautez de deçà sont vieilles?

Ils ne peuvent se servir de ces pretextes, ny employer les couleurs des Grecs, pour couvrir leur ambition, et la teindre de quelque apparence de vertu. Il n'y a que le desir d'estre maistres chez autruy, qui les oblige de sortir de leur maison, et cette malheureuse fantaisie de Monarchie, qu'on leur a mise dans la teste, qui les fait entreprendre dessein sur dessein, et courir au moindre bruit qu'ils entendent. Au milieu de la paix ils ont l'esprit armé, et la volonté seditieuse, et lors qu'on pense qu'ils se reposent, ils estudient les moyens de remuër. Les raisons d'Estat les tourmentent jour et nuit. Ils ne sont maigres ny malades que de cela, et leur jaunisse perpetuelle est le signe exterieur, et vne impression violente de la convoitise de regner qui les brusle et les consume au dedans. Gonzalve de Cordouë, et le Duc d'Albe sont bien morts, mais leurs conseils et leurs enseignements vivent encore : Ils dressent encore des embusches à la franchise et à la credulité : Ils oppriment encore les Princes : Ils font encore la guerre à la liberté des Peuples. Les enfans ne degenerent point de leurs Peres. Ils sont aussi subtils interpretes de leurs Traitez : Ils sont aussi peu scrupuleux en l'observation de la Foy publique: Ils vsent de la Religion de la mesme sorte qu'ils en ont vsé: Ils jurent aussi hardiment sur les Evangiles et sur les Autels tout ce qu'ils ont resolu de ne pas tenir.

Il faut pourtant rendre vn entier tesmoignage à la verité, et estre equitable, voire mesme à l'injustice. Ce n'est pas vn peuple qui vaille peu. Il est recommandable pour beaucoup de bonnes qualitez, et ses vices mesmes sont specieux et ont de l'éclat. L'oysiveté, qu'on punissoit à Athenes, est honorée en Espagne, qui demeure deserte en plusieurs endroits à faute de mains qui la veüillent cultiver. En ce pays-là les Artisans ont honte de leur mestier. Ils l'exercent en cachette, comme vne chose defenduë, et paroissent en public l'espée au costé. Ils s'estiment tous Gentils-hommes; Ils parlent tous en courtisans et en Conseillers d'Estat; le moindre Bourgeois a les mesmes pensées que le Connestable de Castille.

Iamais ils ne se plaignent de la misere de leur condition, à cause qu'ils croyent tous avoir part à la grandeur de leur Maistre. Il n'y en a point qui se tienne pauvre quand il songe aux mines des Indes, et qui ne cherche dans la felicité publique le contentement qu'il ne peut pas trouver dans sa fortune particuliere. Plust à Dieu que nous fussions aussi bons François qu'ils sont bons Espagnols, et que nous aimassions nostre Patrie avec autant de passion qu'ils aiment la leur. Ne vous imaginez pas que comme nous ils décrient les affaires de leur Prince, et publient des nouvelles qui ne sont pas favorables à leur Party. Au contraire, s'il leur arrive le moindre bon succez, ils l'augmentent, ils l'amplifient, ils le font imprimer en toutes les langues; Et s'il leur survient quelque malheur, ils l'excusent, ils le diminuent, ils le déguisent, ils le couvrent de leur silence, et le cachent sous leur bonne mine. Vous voyez qu'ils font des triomphes de la prise d'vne bicoque, et ne paroissent point affligez de la perte de leurs Flottes et de leurs armées. Comme ils sçavent donner reputation aux petites choses, et faire valoir les mediocres prosperitez, ils sçavent aussi tesmoigner de l'indifference dans les plus grandes douleurs, et supporter fierement et avec dédain les plus cruels outrages de la Fortune.

Leur fidelité ne commence pas d'aujourd'huy à estre connue. Elle a esté loüée par le tesmoignage de l'Antiquité, et on a escrit d'eux, que les tourments n'estoient pas capables de leur arracher de la bouche le secret de leurs maistres et de leurs amis. Cet esclave est assez celebre, qui, apres avoir vengé son bien-faiteur, se mist à rire lors qu'on l'eust appliqué à la question, et par vne joye tranquille se mocqua des bourreaux et de toutes les inventions de la cruauté. Mais quelle reputation sçauroit egaler la vertu de Flexio, et quelle mention si honorable en peut faire l'Histoire, qui ne soit au dessous de son merite? Le Roy Sanchez, à qui son frere Alphonse faisoit la guerre, l'avoit mis dans Conimbre pour la defendre. Ce fidele serviteur, apres s'estre nourry long-temps de cuir et d'vrine, et avoir supporté constamment toutes les incommoditez du siege, ne voulust jamais se rendre, ny mettre la ville en la puissance d'Alphonse, quoy que son frere Sanchez fust mort. Il ne se fia point à tout ce qu'on luy pust dire là-dessus, et continua en cette vertueuse incredulité, jusqu'à ce qu'il luy fust permis d'aller à Tolede, où avoit esté enterré son maistre, le tombeau duquel ayant esté ouvert, il luy mist les clefs de la place entre les mains.

Pour leur abstinence et leur sobriété, elles ne sont pas croyables. Toute herbe leur sert de viande ; tout suc leur tient lieu d'huile ; toute liqueur leur est vin. Aussi ne voit-on gueres parmy eux de personnes pesantes et materielles. En vn Suisse il y auroit dequoy faire trois Espagnols. Leur ame ne nage point dans le sang, et n'est point suffoquée par la chair et par la graisse de leur corps. Ils se contentent tousjours d'vne fort legere nourriture. Du temps de Pline, leurs plus delicieux entremets estoient des glands rostis dans les cendres. Maintenant avec vne rave et vn bouquet de fenoüil ils sont deux fois vingt-quatre heures en faction. Ils meurent de faim, et commandent à ceux qui font bonne chere.

Voila certes qui merite d'estre estimé. Mais quel moyen de supporter cet orgueil, avec lequel ils viennent au monde? ce second peché originel, dans lequel ils sont conceûs; cette proprieté essentielle par laquelle ils sont Espagnols, comme hommes par la raison. Ils condamnent generalement tout ce qui n'est pas de leur pays; Ils ne croyent pas que hors de là il y ait rien de beau, de vaillant, ny de Catholique. Ils regardent les autres Peuples avec pitié; Et bien que l'Espagne soit mere de peu d'enfants, et qu'elle adopte des Walons, des Allemands, et des Italiens, dont elle remplit d'ordinaire ses Armées; Neantmoins ils ne laissent pas de mespriser ces nations, par lesquelles ils sont redoutables, et de nommer Veillaques ceux qui les font vaincre et dominer. N'y a-t'il pas plaisir de leur ouïr dire quelquefois que leur Armée est de trente mille hommes, et de cinq mille soldats, c'est à dire de trente mille Estrangers et de cinq mille Espagnols, et de voir renouveller à ces Glorieux la vanité des Princes Romains, qui faisoient aussi difference entre leurs Confederez et leurs soldats, et ne communiquoient point cette derniere qualité aux Auxiliaires, qu'ils menoient à la guerre avec eux?

Ils sont certes plus veritablement que n'estoient les Romains, les Brigands de toutes les Terres, et les Pirates de toutes les Mers. Leur ambition ne s'est pas contentée de la possession des choses visibles : Elle a esté chercher vn monde inconnu; elle a quasi penetré jusqu'à vne nouvelle Nature : Et s'ils estoient asseurez que ces grandes taches, qui paroissent dans le corps de la Lune, fussent des Provinces et des Royaumes, comme l'a voulu persuader Galilée, ils voudroient trouver vn chemin pour y aller. Mais mocquons-nous de l'extravagance de leurs desseins, quand ils ne sont qu'extravagans et ridicules. Ne parlons pas mesme des affaires éloignées, encore que la Iustice vniverselle s'estende partout, et lie tous les hommes ensemble. Laissons l'interest de la commune humanité, pour prendre le nostre particulier. Plaignons nous des maux de l'Europe, et ne nous amusons pas à raconter l'Histoire des Indes.

Les Roys, ce semble, leur font tort d'estre Souverains, et les Estats populaires les offensent d'estre libres. Tant qu'ils auront vn voisin, ils ne manqueront jamais de querelle. De gré ou de force il faut qu'ils entrent en toutes les affaires des Princes. Estant venus comme Arbitres ils se portent incontinent pour Ennemys. Ils changent les offices qu'ils promettoient en de mauvais droits qu'ils alleguent, et de fausses debtes qu'ils demandent, et si deux Concurrens pretendent à vne mesme chose, le temperament qu'ils trouvent pour les contenter, est de la prendre pour eux. De cette sorte ils accommodent les differents, et mettent les parties hors d'interest. Ils ont joüé de ces jeux en Allemagne ; ils voudroient les continuer en Italie ; ils ont de l'estoffe toute preste pour travailler encore ailleurs, et quoy que leurs entreprises aillent quelquefois assez lentement, et que les succez ne suivent pas de prés les resolutions, on voit tousjours neantmoins en eux vne estrange obstination à bien esperer. Ils ne sont plus devant Cazal, mais si je ne me trompe, ils ne demeureront gueres à y revenir. Il ne se rebutent ny par les longueurs, ny par les difficultez des choses : Ce qu'ils n'ont pû faire aujourd'huy, ils s'imaginent qu'ils le feront demain : S'ils se sont abusez au terme, ils croyent estre asseurez de l'evenement. Desja ils deliberent de l'ordre qu'il faudra establir aux affaires de la paix, apres la victoire : Desja ils destinent des Gouverneurs pour les places qu'ils n'assiegeront que l'année prochaine, et pensent si insolemment de l'advenir, que peu s'en faut qu'ils n'assignent leurs creanciers sur la prise de Venise. Et certainement si Dieu n'avoit mis en ce Royaume des barrieres à la violence, et vne franchise à la foiblesse; si la France n'estoit le commun pays des Estrangers affligez, et si nos armes n'estoient les armes defensives de la Chrestienté, je ne doute point qu'ils n'achevassent tost ou tard les conquestes qu'ils ont commencées, et n'emportassent à la fin l'entiere couronne d'Italie, à laquelle ils ont donné tant d'atteintes.

CHAPITRE XXX.

ARGUMENT.

Exhortation à l'Italie de se preparer à recevoir son Liberateur. Le successeur vray et legitime de ceux qui ont chastié ses Tyrans, qui l'ont affranchie de la domination des Lombards, qui ont remis les souverains Pontifes en leur Siege. Il la peut guerir, pourveu qu'elle s'ayde vn peu et qu'elle ait le courage de se servir de ses remedes. Considerations tant de necessité que d'honneur, qui la doivent obliger à ne pas perdre l'occasion que le Prince luy presente, et à preferer la guerre à la servitude. La Seigneurie de Venise donnera l'exemple de bien faire aux autres Estats, et agira avec autant de force que de prudence. Le Saint Pere ne sera pas contraire à la bonne cause et favorisera ce que le Prince veut executer. Pour les autres Souverains, ils ne doivent point marchander à se declarer. Il faut que tout le monde se rallie contre le commun ennemy; qu'en vne si pressante necessité les Catholiques ne fassent point de scrupule de se joindre aux Protestans. Ils le peuvent faire en saine conscience.

Toutesfois que les Italiens se rasseurent, s'ils sont effrayez. Qu'ils conçoivent vne ferme esperance du jour de leur salut qui s'approche : Qu'ils se preparent à recevoir la bonne fortune qui les va trouver. Il y a encore de la race de ceux qui ont chastié leurs Tyrans; De ceux qui ont nettoyé leurs Provinces des diverses Pestes qui les affligeoient; De ceux qui ont ruiné l'Empire des Lombards en Italie, et remis les Souverains Pontifes en leur Siege. Le successeur de Charles le Grand est en vie, qui ne demande que leur consentement pour leur oster le joug de dessus la teste : qui tend la main aux Potentats qui sont tombez de leur Throsne; qui se sent offensé en quelque lieu qu'on offense la Iustice, et porte ses soins et ses pensées par tout où il y a des gens de bien qui souffrent et des foibles qui gemissent.

Mais qu'ils considerent aussi, s'il leur plaist, que tout seul il ne peut pas faire toutes choses, et qu'en vain il a la puissance de les guerir, s'ils n'ont pas le courage de se servir de ses remedes, et s'ils cherissent leur maladie. Dieu qui nous a faits sans nous ne nous sauve pas sans nous. Il veut que nous contribuions de nostre part à nostre salut, et que nous soyons cooperateurs avec luy : Il veut que nous travaillions à son ouvrage, et que nous soyons les Artisans de la besongne dont il est l'Entrepreneur.

A quoy songent donc aujourd'huy les Speculatifs au pays de Machiavel et de Tacite? Que pretendent de devenir les Princes et les peuples qui nous veulent regarder faire les bras croisez? Si on ne tient ce qu'on a promis, pensent-ils estre spectateurs oisifs et immobiles d'vne action dont le succez leur est commun par vne consequence inevitable? Croyent-ils que cette affaire leur soit indifferente, parce que les premieres peines et les premiers dangers en semblent particulierement appartenir à M. de Mantouë? Ne craignent-ils point que la contagion du mal passe jusqu'à eux, et que la ruine des autres attire la leur? Ne sçavent-ils pas que nous recevons tous les coups qu'on donne à nostre Patrie, et que toutes ses blessures sont nostres? Qu'on nous desarme en despoüillant nos Alliez, et qu'on affoiblit nos villes en prenant celles de nos Voisins? Quel fatal et miserable assoupissement est celui-là? N'ont-ils point d'yeux pour voir les flambeaux qui viennent de brusler l'Allemagne? le bruit qu'a fait la cheute du Palatin n'est-il point capable de les esveiller? Dira-t'on des Italiens ce qu'on disoit des Peuples d'Asie, que pour hommes libres ils ne valoient rien, mais que c'estoient d'excellens Esclaves, et qu'ils supportoient vne Tyrannie insupportable à faute de ne sçavoir pas dire NON, et de ne pouvoir prononcer fermement cette syllabe?

A cause qu'ils ne sont pas encore opprimez, et qu'on les reserve pour le dernier acte de la Tragedie, ils croyent estre en seureté ; A cause que le venin ne leur a pas encore gagné le cœur, et que la mort ne les presse pas, ils s'imaginent qu'ils se portent bien ; Et pource que l'Espagnol n'est pas encore devant leurs Villes avec ses troupes, ils jurent qu'il ne songe pas à eux. Et neantmoins si quelqu'un de leurs Citoyens faisoit ropvision d'vne grande quantité de pierres, de beaucoup de bois, de chaux, de sable, et d'autres semblables materiaux, et qu'à mesme temps il dressast vne place en vne belle assiette pour les employer, ils diroient sans doute qu'il bastit, et qu'il edifie vn Palais, quoy qu'ils ne vissent point les fondemens posez, ny les murailles élevées. Pourquoy donc ne diront-ils pas que l'Espagnol, qui amasse ses preparatifs de si longue main pour les attaquer, j'entends ses meilleurs et plus chers amis, leur fait la guerre dés à present, combien qu'il ne les ait point encore assiegez, et qu'il ne leur ait pas livré bataille? Pourquoy ne se mettront-ils de bonne heure en estat de se defendre, veû que s'ils souffrent qu'il conduise son œuvre jusque au faiste, il ne sera plus en leur puissance de s'y opposer?

Puis que toutes ses paix sont trompeuses et déguisées ; puis que son amitié est superbe et violente; puis que ses complimens ne prient pas, mais qu'ils commandent et qu'ils contraignent ; puis qu'il est impossible de vivre avec luy en bonne intelligence et en liberté, il faut de necessité qu'ils choisissent de deux choses l'vne, ou d'estre ses Subjets, ou d'estre ses Ennemys, et qu'ils regardent lequel ils aiment le mieux, ou de la servitude, ou de la guerre.

Les choses ne sont pas tellement alterées en leur pays, que la Nature n'y ait conservé quelque reste de bonne semence. Elle peut encore susciter des ames fortes et courageuses de cét ancien principe de valeur, qui n'est pas esteint, et démesler quelques gouttes de sang purement Romain et Italien d'avec la masse corrompuë. Il n'est pas que quelquefois ils ne se souviennent qu'ils sont les enfans des Seigneurs de l'Vnivers, et que leurs peres ont triomphé particulierement de l'Espagne. Il n'est pas qu'y ayant encore parmy eux tant de Cesars, de Pompées, de Scipions, et de Camilles, ils n'ayent honte de porter ces grands noms, et d'obeïr cependant à vn Dom Fernand, ou à vn Dom Pedre.

Il est certes bien honteux que de toutes les deliberations de Naples et de Milan il faille attendre la resolution de Madrid, et que les Italiens demeurent tousjours au plus bas estage de la Servitude, où les valets sans voir jamais le visage de leurs maistres obeïssent à d'autres valets. Il est bien honteux qu'ils employent à flatter les Tyrans l'eloquence dont ils se devroient servir à exciter les peuples au recouvrement de leur liberté. Il est bien honteux qu'ils ne soient habiles ny vaillans que pour autruy, et que leur esprit et leur courage ne travaillent que pour affermir la Domination qui les opprime. S'ils font de bonnes actions en Allemagne et aux Pays bas; S'ils reviennent de la guerre chargez de despoüilles, et pleins de reputation, c'est la gloire des Espagnols et non pas la leur. Par là ils n'acquierent point des Subjets, mais des compagnons de servitude ; ils ne font pas meilleure la fortune de leur pays, mais ils rendent la puissance de l'Estranger plus redoutable ; leurs chaisnes deviennent plus luisantes et plus fortes, et non pas plus lasches ny plus legeres. I'espere qu'ils feront quelques reflexions là dessus, et que je n'auray pas perdu tout ce que j'ay dit. Peut-estre que la vertu que l'on croit morte n'est qu'endormie ; peut-estre que les malades se remettront, et que le cœur reviendra aux évanoüis.

La Seigneurie de Venise jettera sans doute les yeux sur le Decret de celle d'Athenes, qui n'estoit pas appuyée par vn Roy de France, quand elle declara la guerre au Roy Philippe. Elle donnera de la pointe à sa prudence, et armera les bons conseils, de peur que la fureur ne soit plus forte que la Raison. Elle accompagnera plus que jamais de courage et de generosité cette excellente sagesse, dont elle fait des leçons à toute l'Europe. Elle considerera qu'estant née et ayant crû dans le giron de la Liberté et se disant Reyne de la Mer, il seroit bien vilain que sur sa vieillesse elle changeast de condition, et qu'en terre ferme elle quittast son Sceptre et son Diadéme. Elle se representera que son incomparable demeure, qui semble estre plustost vn miracle et vn exemple de la puissance divine, qu'vn ouvrage de la main des hommes; son somptueux Arcenal, son superbe port, et ses magnifiques Bastimens, ne sont pas des fruits de la peur et de la paresse de ses ancestres ; mais des effets de leurs travaux, de leurs sueurs, et de leur constance ; et que toutes ces illustres marques ne peuvent estre conservées que par les moyens qu'elles ont esté acquises.

Le Saint Pere a l'ame trop noble et trop relevée pour rien faire de bas en cette occasion. La parfaite connoissance des choses divines et humaines que les rebelles mesmes de l'Eglise admirent en luy ; le commerce qu'il a avec les anciens Romains, dont les escrits ne respirent que Liberté et amour de la Patrie ; le sejour qu'il a fait en France, où il a eu de tres particulieres Conferences avec le Roy Henry le Grand, et est entré bien avant dans son esprit et dans ses pensées :

Finalement cette mine digne de l'Empire, qui monstre je ne sçay quoy de plus qu'humain, et ce visage qui jette des rayons de Majesté sur tous ceux qui le regardent, ne signifient rien de timide, ny de foible, et ne nous peuvent donner que de bons presages et de belles esperances. Il prendra la peine de se remettre en memoire que sa dignité a esté plus respectée par Attila que par Charles, et que la seule presence de Leon desarmé arresta le Fleau de Dieu, et le chassa d'Italie; là où ce prince devot et religieux, apres trois Traitez de Paix dont il endormit Clement septiesme, le retint prisonnier contre tout droit divin et humain, et saccagea Rome par les mains des Heretiques. Il verra dans l'Histoire de ses Predecesseurs, que pour vn moindre danger que celuy qui le menace, ils ont fait autrefois vne guerre saincte contre Mainfroy, comme contre le Sultan, et qu'vne autre fois ils ont lasché la Croisade contre les Colonnes, de la mesme sorte que contre les Infideles.

Mais s'il veut estre meilleur mesnager de ses foudres, et vser plus moderément de sa puissance; Si pour certains respects, il ne peut embrasser ouvertement la cause commune, ny assister de ses armes les Princes interessez, je m'asseure pour le moins qu'il les favorisera de son inclination, de ses vœux et de ses souhaits, et qu'il benira leurs affaires secretement. Et puis que nous avons opinion qu'vn amy ou vn maistre qui nous voit joüer, encore qu'il ne die mot et qu'il ne parle point sur le jeu, ne laisse pas de nous ayder et de porter malheur à nostre Adversaire; Ils s'enhardiront ainsi en quelque façon de la bonne volonté du Pape, quoy que non publique ny declarée, et prendront courage des signes qu'il leur fera, s'ils ne peuvent se prevaloir de ses forces.

Pour les autres Princes inferieurs, dont le repos n'est pas fondé sur la Sainteté de la Religion, et qui comme luy ne peuvent pas commander au Monde dans vne Chaire; Il est necessaire qu'ils se remuent tout de bon pour le recouvrement ou pour la conservation de leurs Couronnes, et qu'ils entrent dans le dessein qu'a le Roy de les restablir s'ils sont depossedez, ou de les maintenir si on les menace. Il est necessaire qu'on leur crie à haute voix que la Liberté ne se defend point par la crainte, et qu'on ne repousse pas la violence avec la mollesse. Il est besoin qu'en cette occasion l'Italie, l'Allemagne et l'Angleterre, les Catholiques, les Protestans et les Arminiens se r'allient contre leur commun ennemy, contre celuy qui n'attaque point les Heretiques par zele de Religion, mais par interest d'Estat, et qui ne les veut point, comme Sainct Paul les Infideles, mais qui veut les choses qui sont à eux.

Vn Stoïque et vn Epicurien, c'est à dire deux hommes qui faisoient profession d'vne Philosophie toute contraire, et qui estoient de deux Sectes ennemies, s'accorderent quand il fust question de delivrer leur Patrie de servitude, mirent leurs opinions à part .pour joindre ensemble leurs interests. Vne personne qui se noye se prend indifferemment à tout ce qu'elle rencontre, fust-ce vne espée nuë ou vn fer ardent. La Necessité divise les freres et vnit les Estrangers. Elle accorde le Chrestien avec le Turc contre le Chrestien; Elle excuse et justifie tous ce qu'elle fait. La loy de Dieu n'a point abrogé les Loix naturelles. La conservation de soy-mesme est le plus pressant, sinon le plus legitime de tous les devoirs. Dans vn extreme peril, on ne regarde pas de si prés à la bienseance, et ce n'est pas pecher que de se defendre de la main gauche.

CHAPITRE XXXI.

ARGUMENT.

On demeure d'accord du bon droit et de la justice de la cause : Il faut voir la facilité des moyens et de la possibilité du succez. La Tyrannie est insupportable, mais elle n'est pas invincible. Il y a cinquante ans que les Hollandois le monstrent à toute l'Europe. C'est vn grand corps incommode et maladroit, qui ne se remuë qu'avec peine, qui a ses infirmitez et ses playes. Il a vaincu les Allemands par eux-mesmes. Il a divisé l'Allemagne, laquelle sera libre si tost qu'elle se voudra reünir. Le Roy de Suede viendra au secours de ses voisins. Le Roy d'Angleterre aura pitié de son beau-frere et de ses nepveux. Le Dieu des vengeances fera raison à l'innocence affligée, escoutera la clameur des nations qu'on opprime, ne souffrira plus qu'on se serve de son nom pour tromper le monde.*

Le scrupule de conscience ne doit donc point servir de pretexte à la lascheté. Nos Princes ont du Droit et de la Iustice de reste, et des forces mesme suffisamment, pourveu qu'ils ne manquent poit de resolution ny de courage. Le Monstre dont nous avons veû la figure, est veritablement cruel et farouche, mais il n'est pas pourtant invincible. Il a vn grand corps, mais ce corps est fait de parties coupées, et tient plus par des attaches que par des nerfs. Il a beaucoup de membres, mais ils ne sont ny bien proportionnez ny bien joints. Les bras ne peuvent atteindre à la teste : l'estomach est nud, quand les extremitez sont couvertes ; et s'il se remuë de quelque costé, il laisse tout le reste sans mouvement. Ainsi la plus part du temps il reçoit autant de coups qu'il en donne ; Il est aussi fameux par ses pertes que par ses victoires.

Regardez vne poignée de gens, qui le brave et le bat ordinairement, et que Dieu luy a mis en teste pour humilier son orgueil et son insolence. Regardez vn petit marais, qui resiste à tous ses royaumes, et à toutes ses forces ; Considerez vne puissance qui flotte tousjours, et dépend en partie du vent et de la tempeste, qui tient bon neantmoins contre sa formidable Monarchie. Ces Pescheurs, qu'il mesprisoit si fort au commencement, ont mis dans leurs filets ses villes et ses Provinces ; luy ont enlevé des flottes et des conquestes, et partagent presque tous les ans avec luy le revenu de ses Indes. Ne sont-ce pas les choses foibles de ce Monde, que Dieu a esleuës pour confondre les fortes? N'est-ce pas le grain de sable, dont il bride la fureur de l'Ocean? Ne vous souvient-il pas de la petite pierre qui renversa la grande statuë?

Apres quarante ans de guerre, l'Espagnol est encore à recommencer en ce pays-là. Tout ce qu'il y fait n'est que de consommer ses hommes, de jetter ses millions dans la mer, et de s'efforcer à ne rien faire. Les avantages mesmes dont il se vante, sont des victoires si cherement achetées, qu'il eust esté ruïné s'il en eust eu beaucoup de pareilles. Pour ses pertes, elles ont esté notables et ordinaires, et il en sentira quelques-vnes encore long-temps. On voit à la Haye vne grande Sale toute tapissée de ses drapeaux, dans laquelle les Estats firent festin au Marquis de Spinola, quand de Capitaine General il devint Ambassadeur pour leur demander la paix, et que le Conseil Eternel reconnust ses Subjets pour Souverains, et les envoya flatter, apres les avoir menacez inutilement. Le Prince qui commande aujourd'huy à leurs Armées, pourra bien tapisser vne autre Sale de la mesme sorte, pourveu qu'il vieillisse, et que la guerre continuë. Il n'est pas moins sçavant en son mestier que le feu Prince Maurice son frere : Il n'est pas moins amateur de la Liberté; Il n'est pas meilleur amy de nos Conquerans, et je pense qu'il ne les traitera pas avec plus de courtoisie ny plus de respect.

Il est vray pourtant que les succez d'Allemagne leur haussent le cœur, et que leurs affaires y paroissent fort bien establies. Mais ne nous estonnons pas pour cela. Ce qui fait le plus de rumeur, et qui a le plus de lustre, n'est pas tousjours le plus asseuré. Encore y a-t'il de quoy leur donner de la peine où ils pensent estre si bien establis. Et qui ne sçait que si l'Allemagne qu'ils ont divisée, se veut reünir, et si les Allemands se lassent de prester leurs mains et leur sang à leur ennemy pour asservir leur patrie, tous les Trophées qu'il a erigez chez eux, tomberont incontinent en pieces, et vne prosperité de dix ans reviendra à rien? Souvent le Vaincu a mis en hazard le Victorieux, et d'un bout d'espée on a tué celuy à qui on avoit demandé la vie. Des commencemens formidables ont eu souvent des fins ridicules; et vne puissance destinée à conquerir des Royaumes, s'est venuë briser contre vn peu de terre. Souvent ceux qui ont fait la loy aux autres ont esté les plus proches du peril; et le Peuple Souverain de l'Vnivers dans vne guerre dont la conclusion luy fut heureuse, fut reduit à telle extremité de malheur, qu'il ne luy restoit plus d'esperance qu'au Capitole assiegé, et en Camille banny. L'oppression n'oste point la vertu aux personnes libres; elle irrite seulement leur courage, et aiguise la vaillance par la douleur. Elle est cause quelquefois d'vne plus grande et d'vne plus asseurée liberté, et fait qu'apres le recouvrement des choses perduës, on conserve avec obstination ce qu'on possedoit auparavant avec negligence.

Il ne faut pas tousjours estre credule à sa premiere joye, ny se fier à l'apparence des affaires. Il y a de mauvais gains, et des acquisitions ruïneuses. Et comme un marchand qui auroit chargé son vaisseau de quantité de bestes sauvages pour les mener d'Afrique en Europe, seroit mal asseuré au milieu de ses richesses, et pourroit se perdre sur Mer encore qu'il eust les vents favorables ; il me semble de mesme que les Princes, aprés avoir gagné des batailles et vaincu des Peuples, doivent redouter leurs propres conquestes, et faire estat qu'il n'y a point de plus dangereux ennemys que des Subjets qui obeïssent par force. Les Allemands seront libres toutes les fois qu'il leur plaira de rompre leurs fers. La division cessant parmy eux, la puissance de l'Espagnol cesse en leur pays, et le mesme jour qu'ils s'accorderont, il en sera chassé.

I'ay ouï parler de plus d'vn Roy de Suede, qui peut bien luy tailler de la besongne, et travailler tres-vtilement, si on s'advise de l'employer. Son courage n'est pas vne audace aveugle et precipitée, et ce n'est pas vne vaillance de cholere que la sienne. Il sçait faire la guerre avec science, et ne laisse gueres de choses à la discrétion de la Fortune. Il a les mouvemens de l'ame fort élevez, mais il les a fort reguliers et fort justes. Il a vn grand esprit qui est conduit par vn jugement encore plus grand. Il possede les Vertus necessaires, et ne manque pas des agreables. Il meriteroit vn Royaume qui fust plus voisin du Soleil que n'est la Suede ; et si Pyrrhus qui nomma les Romains Barbares, revenoit aujourd'huy au Monde, il diroit asseurément que jamais Grec ne fust plus poly ny plus raisonnable que ce Barbare.

Le Roy d'Angleterre n'abandonnera pas aussi vne Cause dans laquelle, outre les raisons d'Estat qui luy sont communes avec nous, son honneur et sa conscience l'engagent encore plus particulierement que tout autre. Il aura pitié de sa sœur, de son beau-frere, et de ses nepveux, qui ne sont plus que de tristes et deplorables exemples de l'instabilité des choses du monde, et qu'on va adjouster aux Adrastes, aux Polynices, aux Hecubes, et aux Antigones des Theatres. Maintenant qu'il est déchargé de cet Importun, qui traversoit tous ses bons desseins, et qui se jouoit si insolemment de son Nom et de sa puissance, en des galanteries pernicieuses à son Estat, estant sage et genereux comme il est, il prendra vne resolution digne de son bon sens et de son courage. Il escoutera cette belle Reyne, que le Ciel luy a donnée pleine d'esprit et d'intelligence, afin qu'en vne mesme personne il pust trouver tout ensemble du contentement et de l'ayde, et que celle qui possede son amour, et qui est les delices de ses yeux, participast aussi à ses conseils, et fust la compagne de ses soins. Il suivra ses premieres inclinations et ses veritables interests : il ne se departira pas legerement des anciennes amitiez du feu Roy son pere, et se ressouvenant des degousts qu'on luy a donnez, et des niches qu'on lui a faites en Espagne, il se remettra bien avec la France, de laquelle il a esté traité avec toute sorte d'estime et d'affection.

La bonne cause sera encore fortifiée par d'autres appuis, et ne manquera point de suite, ny de Partisans. Outre qu'il est certain que le corps dont on nous fait peur, a ses playes et ses infirmitez qui le travaillent, et qui ne laissent pas d'estre dangereuses, quoy qu'elles soient couvertes de quelque apparence de santé. Et ne doutez pas que la guerre venant à le taster, et à le presser de tous costez, elle ne trouve incontinent ce qu'il a de foible et de douloureux en ses membres, et que sous ce fard et cette peinture de Grandeur qui pipe le Monde, on ne descouvre des parties gastées, et des vlceres peut-estre incurables.

Au pis aller, quand il seroit aussi sain qu'il se monstre grand, et qu'il semble fort : quand veritablement il se seroit r'acquitté de toutes ses pertes, qui luy a respondu de l'advenir? S'il a prosperé depuis la mort du feu Roy, c'est à cette heure à son tour d'estre malheureux : S'il s'asseure de la faveur de la Fortune, il se fie aux caresses d'vne Courtisane.

Il n'y a point d'apparence, que celle qui fait profession de legereté devienne constante pour l'amour de luy. Mais il y a certes bien apparence, que les gemissemens des Nations qu'on opprime, la clameur des Innocens qu'on persecute, l'affliction des Meres et des Vefves desolées, les violemens, les sacrileges, et les autres mauvaises suites des mauvaises guerres monteront jusques au Throsne de Dieu, et attireront sa vengeance sur celuy qui est cause de tant de maux. Il y a bien plus d'apparence que la Iustice eternelle luy prepare le chastiment qu'il merite, que non pas que la Fortune, qui n'est qu'vne infidele, luy garde sa foy.

Si Dieu entend le cry des petits corbeaux qui sont au nid, n'écoutera-t'il point ses Enfans qui le sollicitent, et luy demandent raison du tort qu'on leur fait? Si la voix du sang d'Abel est parvenuë jusques à luy, le sang d'vn nombre infiny de Chrestiens sera-t'il muet, et tombera-t'il à terre sans faire de bruit? Leurs plaintes, leurs imprecations, leurs dernieres paroles seront-elles perduës? Seront-ils morts pour la Iustice, sans que la Iustice recherche leur mort? Le vengeur des parjures et de la Religion violée souffrira-t'il tousjours qu'on fasse de la Religion vn instrument de Tyrannie, et qu'on se serve de son nom pour tromper le Monde? S'il compte nos cheveux, n'aura-t'il point d'égard à nos soupirs? ne recueillira-t'il point nos larmes? méprisera-t'il nos prieres?

CHAPITRE XXXII.

ARGUMENT.

L'envoy que Dieu a fait du Roy en cette saison est le plus evident signe que nous ayons de la prochaine delivrance de l'Europe. Il n'a pas fait naistre pour neant vn si grand prince. Il ne luy eust pas donné tant de merite, s'il n'eust voulu donner vn Chef à la Chrestienté. Voicy donc le Capitaine general du bon party, venu pour operer le salut de la France, de l'Italie et de l'Allemagne. Il est desja apres la seconde partie de son ouvrage, et descend des Alpes comme Pepin et non pas comme Hannibal. Ses armes ne doivent donner de jalousie à personne : elles ne combattent que pour conserver. Ce n'est point le Tyran, c'est le Prince. Veritables qualitez du Prince, qui sont estenduës dans les autres parties du discours, et recueillies icy dans la conclusion. D'où l'on peut apprendre combien le tiltre de ce Livre est juste, et que par le Prince l'Autheur a entendu avec raison la premiere personne de son Siecle, qui ayme mieux regner par le bon exemple que par la force, et avoir sur tous les hommes une superiorité de vertu qu'vne souveraineté de puissance. Si cette personne-là est vn autre que Louïs treziesme, il faut donner vn autre nom à ce Livre.

Non, non, asseurons-nous que Dieu est pour nous, et que les miseres de la Chrestienté le touchent. Nous en avons vne marque, de la certitude de laquelle il n'est pas permis de douter. S'il n'avoit resolu de secourir puissamment les siens, il n'auroit pas envoyé le Roy en cette saison : S'il n'avoit envie de les faire vaincre, il ne leur auroit pas presenté vn si brave Chef : S'il vouloit differer le terme de leur liberté, il auroit differé sa naissance. Certainement il a fait naistre cet excellent Prince pour le bien des hommes, et pour la felicité de son Siecle. Il l'a donné aux vœux de la France, de l'Italie, et de l'Allemagne, qui l'ont demandé; il ne l'a pu refuser aux necessitez de son Peuple, qui en avoit besoin.

Le Capitaine general d'vne grande Ligue, qui auroit passé la meilleure partie de sa vie dans des Cabinets et dans des Iardins, et qui n'auroit veu que des Ballets et des festes, pourroit estre vaincu par la premiere mauvaise nouvelle; et l'esperance de ceux qui se reposeroient sur sa capacité, auroit vn fondement fort fragile et fort ruineux. Mais cettuy-cy est né dans la guerre et dans les Armées : Dés son enfance il a veu des Sieges et des Combats. La Necessité l'a endurcy de bonne heure à la vertu, et ce qui donne de la peine aux autres, ne luy donnant que de l'exercice, il n'est rien de si haut ny de si difficile que nous ne devions attendre de sa valeur; il n'y a point d'esperances qu'il ne doive surmonter par les effets.

Ie le dis encore vne fois, il ne tient qu'à luy qu'il ne conquiere, et qu'il ne dispute de l'Empire et de la domination avec les Ambitieux. Mais il ne veut point s'enrichir des pertes publiques; Il ne veut pas estre coupable de son bonheur; Il ne desire pas une qualité, qui seroit funeste à toute l'Europe. Qu'on ne prenne point d'ombrage de ses desseins, et que ses armes ne donnent de jalousie à personne. Il a consacré ses mains à l'Eternel, et à la protection de la Iustice. Ses armes ne defendent que les bonnes Causes; Elles apportent le repos et la seureté aux Peuples, et leur doivent estre en mesme respect que les Boucliers, qui cheurent du Ciel, le furent aux Romains qui les recueïllirent.

Ce n'est point Hannibal qui descend des Alpes avec toutes les cruautez et toutes les perfidies de son pays, et apres vn serment solemnel de destruire l'Italie : C'est Pepin, c'est Charlemagne, qui la veulent delivrer encore vne fois. Et si la fatale année que cét Africain commença sa guerre, vn enfant estant sorty du ventre de sa mere, rentra incontinent dedans pour monstrer qu'il ne faisoit pas bon au Monde en vne si mauvaise saison; Maintenant qu'vn temps tout contraire à celuy-là se prepare, sans doute il y aura du plaisir d'habiter la Terre, et les Meres se doivent resjouïr de leur fecondité, puis qu'elles sont asseurées d'eslever des enfans qui seront plus heureux que leurs peres, et qui vivront en liberté par le bienfait de LOVIS LE IVSTE. Il ne doit point estre suspect aux Italiens; l'Italie ne le doit point reputer pour Estranger; Il est Italien du costé de la Reyne sa Mere, et par consequent interessé dans les affaires presentes, non-seulement par honneur et par consideration d'Estat, mais aussi par inclination et par pieté.

Et puis qu'on nous veut debiter de faux Oracles et des Propheties supposées; puis que la Pythie est encore aujourd'huy menteuse en faveur de Philippe, pour quoy ne chercherons-nous aussi des Oracles de nostre costé, et ne nous servirons-nous du tesmoignage des Sages, qui, selon l'opinion de Platon, ne sont jamais sans inspiration divine? Pourquoy n'alleguerons-nous ce qu'escrivoit il y a plus de cent ans vn grand personnage à Laurens de Medicis, Duc d'Vrbin : « Que la miserable Italie esperoit de sa maison « quelqu'vn qui la delivrast. » Infailliblement l'Esprit qui lui dictoit ces paroles voyoit de loin le mariage de Henry le Grand, entendoit parler de LOVIS LE IVSTE, et designoit les merveilles que nous avons veuës et celles que nous verrons, si les Italiens ne resistent opiniastrement à leur bonne fortune et ne preferent les aulx et les oignons d'Egypte, je veux dire quelques petits interests et quelques chetives pensions dont l'Espagne les repaist, à la liberté qu'on leur presente.

Mais, quoy qu'il en soit, le Roy a dessein de faire ce qu'ont fait les Princes que l'Histoire nous baille pour demy-Dieux. Il marche sur les pas de ces magnanimes Roys, ennemis jurez des meschans, Protecteurs des gens de bien,

Pacificateurs de la Mer et de la Terre, qui ne cherchoient autre fruict de leurs victoires que le repos du Monde, et ne le couroient d'vn bout à l'autre que pour en procurer la delivrance. Il sçait qu'il est descendu de ceux qui ont rompu les forces et esteint la Tyrannie de Luitprande, d'Astulphe et de Didier; de ceux qui rendirent aux Papes toute la Flaminie et toute l'Emilie, qu'on leur avoit vsurpées; qui luy firent present de l'Isle de Corse et des Duchez de Spolete et de Benevent; qui adjousterent à son Domaine tout le pays qui est entre Parme et Lucques. Il sçait qu'il est heritier de celuy qui se peut dire, à meilleur tiltre que Constantin, le bienfaiteur de l'Eglise, et dont le nom se lit encore à Ravenne dans vne table de marbre avec ce reste d'inscription : IL A ESTÉ LE PREMIER QVI A OVVERT LE CHEMIN A L'ACCROISSEMENT ET A L'ESTENDVE DE L'EGLISE.

Il croit, avec Aristote, que le bien faire n'est pas moins vne marque d'excellence que de bonté, et avec Sainct Paul, qu'on doit faire bien à tous, mais principalement aux domestiques de la Foy. Il croit qu'vn grand Roy doit porter ses soins fort avant dans l'advenir et fort loin au delà de son Royaume; Que tous les temps luy doivent estre en pareille consideration que le present, et tous les miserables en mesme recommandation que ses Subjets. Qu'il faut que le Monferrat et le Mantouan soient aussi proches de son esprit que les faux-bourgs de Paris et le derriere du Louvre; et que si, à trente journées de luy, vn affligé invoque son Nom et implore sa Iustice, il sente en mesme temps de la diminution à ses maux et du changement en sa fortune.

Il trouve que c'est vne plus belle chose de rendre la Liberté aux Republiques, que de leur donner vn bon Maistre. de s'acquerir des serviteurs pleins de passion, que des Subjets mal affectionnez, de se faire des amis, que des feudataires, et d'avoir sur tous les hommes vne Superiorité de vertu, qu'vne souveraineté de puissance. Enfin, il n'est eslevé au plus haut degré des choses humaines, qu'afin qu'il soit consideré de plus loin et qu'il esclaire plus de pays; qu'afin qu'il serve de regle aux autres Princes et de Loy vivante et animée à toutes les Nations de la Terre.

En conscience, puis que les gens de cette sorte font des chemins partout où ils passent; puis que leur exemple est vne façon de commander, à laquelle les plus rebelles ne peuvent desobeïr, et que l'amertume qui se trouve aucunefois en la vertu est adoucie par la vanité qu'il y a d'imiter les Roys, il faudroit que la generation presente fust reprouvée, et il y auroit trop de dureté dans le cœur des hommes, si bientost toute la Chrestienté ne devenoit vertueuse et si la saincte vie du Roy, sans convoquer d'Estats Generaux ny d'Assemblées de Notables, ne produisoit vne volontaire reformation en cét Estat, et ailleurs vne émulation honneste de faire aussi bien que nous. Il ne faut plus chercher l'Idée du Prince dans l'Institution de Cyrus; Il ne faut plus aller admirer à Rome les Statuës des Consuls et des Empereurs, ny loüer les morts au prejudice de ceux qui vivent. Il n'y a point d'Antique en tout ce Peuple de pierre et de bronze, qui represente vn Heros pareil au nostre. Nous possedons ce que nos Peres ont souhaité, et ne sçaurions nous souvenir de rien qui vaille ce que nous voyons.

Quant à moy, soit que je sois passionné de la gloire de mon Maistre, soit que je m'interesse dans le dessein que j'ay entrepris, soit que la lumiere des choses presentes m'esblouïsse, soit que le seul amour de la verité me fasse parler, il est certain qu'apres avoir regardé de toutes parts et consideré le Monde dés le poinct de sa naissance, je ne trouve point d'homme sur qui le Roy n'ait quelque avantage, ny de Vie qui, à tout prendre, soit si admirable que la sienne.

Ie voy de grandes vertus en certains endroits, mais je voy aussi de grands vices qui les accompagnent. Les Serpens se cachent dessous les fleurs : les poisons et les parfums sortent du sein d'vne mesme Terre : Toute la Nature est vne confusion de bien et de mal; Il n'y a pas vne de ses parties qui ne souffre ses incommoditez et ses manquemens, et les corps mesmes qu'elle a travaillez avec le plus de soin et qu'elle a formez de la plus riche matiere, ont leurs defauts, leurs eclipses et leurs maladies. Il n'y a que la personne du Roy où je ne remarque rien que je voulusse qui n'y fust pas. Ie ne suis point icy occupé, comme au raffinement des metaux, à separer le pur d'avec l'impur : Ie ne suis point en peine à démesler la Vertu d'avec le Vice. Tout y est esgalement bon, tout y est hors de blasme et digne d'estime; Et si le premier rang qu'il tient aujourd'huy entre les hommes estoit en dispute parmy eux, je ne pense pas qu'il y en eust quelqu'vn qui le luy pust debattre legitimement, et qui ne luy deust ceder, ou en noblesse de sang, ou en prosperité de succez, ou en adresse de corps, ou en force d'esprit, ou en magnanimité de cœur, ou en pureté de conscience.

Concluons donc que c'est LE PRINCE par excellence et au delà de toute comparaison; que sa vie est la leçon des Maistres et l'exemple des parfaits; que ses loüanges doivent estre l'exercice de tous les esprits et la matiere de tous les discours. Ne sortons point d'vne si agreable meditation que pour y rentrer; Ne prenons haleine que pour eslever plus haut nostre voix; N'achevons qu'a dessein de recommencer. Aussi bien est-il Feste en toute cette Province depuis la prise de la Rochelle, et nous avons du loisir que nous ne sçaurions mieux employer qu'à l'honneur de celuy qui nous l'a donné, et qui nous fait jouïr en repos de nos livres et de nos estudes. Outre que quand le loisir mesme nous manqueroit et que les occupations et les affaires nous presseroient de tous costez, vn si noble divertissement merite d'estre preferé aux occupations et aux affaires.

FIN DV PRINCE.

A MONSEIGNEVR

LE CARDINAL DE RICHELIEV.

MONSEIGNEVR,

Estant encore arresté icy par quelques affaires que je ne puis laisser sans les perdre, je souffre avec beaucoup de douleur vne si dure necessité, et m'estime comme banny en mon pays, puis que je suis si long-temps esloigné de vous. Ie ne nie pas que les victorieuses et triomphantes nouvelles qui nous viennent à toute heure de l'Armée ne me donnent quelque émotion de joye, et que je ne sois sensiblement touché du bruit que vostre nom fait de tous costez. Mais ma satisfaction ne sçauroit estre entiere, d'apprendre dans les relations d'autruy les choses dont je devrois rendre tesmoignage; et je m'imagine tant de plaisir à vous considerer en vostre gloire, qu'il n'est point de soldat de là les Monts sous vostre commandement, de qui je n'envie la bonne fortune. Ie ne laisse pas pourtant, Monseigneur, ne pouvant vous servir du corps et de l'action, de vous reverer jour et nuict de la pensée, et d'employer à vn si digne culte la plus noble partie de moy-mesme. Vous estes, apres le Roy, l'eternel objet de mon esprit; Ie ne le destourne quasi jamais de dessus le cours de vostre vie, et si vous avez des courtisans plus assidus que moy, et qui vous rendent leurs devoirs avec plus d'ostentation et de monstre, je suis certain que vous n'avez point de serviteur plus fidele, ny dont l'affection vienne plus du cœur et soit plus vive et plus naturelle. Mais afin que mes paroles ne semblent pas vaines et sans fondement, je vous envoye la preuve de ce que je dis, par où vous reconnoistrez qu'vn homme persuadé a vne grande disposition à persuader les autres, et que le discours, appuyé sur les choses et animé de la verité, remuë bien les esprits avec plus de force, et y acquiert bien plus de creance, que celuy qui se mesle seulement de feindre et de declamer. C'est vne partie, Monseigneur, tirée de son corps, et vne piece que j'ay detachée du travail que j'ay entrepris, à la perfection duquel j'advouë franchement que toutes les heures d'vn loisir plus tranquille que le mien, et toutes les puissances d'vne ame plus relevée que les ordinaires, eussent trouvé suffisamment dequoy s'occuper. Il y est traité de la Vertu et des Victoires du Roy, de la Iustice de ses armes, de la Royauté et de la Tyrannie, des Vsurpateurs et des Princes legitimes, de la Rebellion chastiée et de la Liberté maintenuë. Mais parce que le Prince dont je parle ne s'arreste point, et que le suivant je m'embarquerois dans vn subjet infiny, je me suis prescript des bornes, que je n'eusse pù rencontrer en ses actions; et à l'exemple d'Homere, qui a finy l'Iliade par la mort d'Hector, bien que ce ne fust pas la fin de la guerre, je n'ay pas voulu passer la prise de Suze, quoy que ce n'ait esté que le commencement des merveilles que nous avons veuës. Or vous sçavez, Monseigneur, que le genre d'escrire que je me suis proposé est, sans comparaison, le plus penible de tous, et qu'il est mal aisé d'agir d'vne longue impetuosité et de faire des efforts qui durent. On donne cette loüange aux Orateurs, à ceux, dis-je, qui sçavent persuader, qui sçavent plaire en profitant, qui peuvent rendre le Peuple capable des secrets de la science civile. Car pour les Philosophes qui en ont escrit, leur ratiocination est d'ordinaire si seche et si descharnée, qu'il paroist que leur intention a plustost esté d'instruire que d'agreer; et d'ailleurs leur stile est si embarrassé et si espineux, qu'il semble qu'ils n'ayent voulu enseigner que ceux qui sont doctes. A cela, il n'y a pas plus de difficulté qu'à guerir des gens qui se portent bien, et pour estre obscur, il ne faut que s'arrester aux premieres notions que nous avons de la Verité, qui ne sont jamais bien nettes ny bien démeslées, et qui tombant de l'imagination sur le papier dans la confusion que d'abord elles se presentent à elle, ressemblent plustost à des avortemens informes qu'à de parfaites productions. Davantage dans la composition de l'Histoire, où regne encore la Politique, vn Autheur est porté par sa matiere, et les choses estant toutes faites, qui le soulagent de la peine de l'invention, comme la suite du temps luy donne son ordre, il n'est presque obligé de sa part que de contribuer des paroles. Ce que quelques-vns ont estimé si peu, que Menandre estant pressé de mettre au jour vne piece qu'il avoit promise : Elle est toute preste, respondit-il, il n'y a plus que les paroles à faire. Mais dans le genre persuasif, outre qu'il faut se servir des mots avec plus de choix, et les placer avec plus de justesse que dans les simples narrations, qui pour tout l'éclat et tous les enrichissemens de l'expression, ne veulent que la clarté et la proprieté des termes, ceux qui desirent y reüssir s'efforcent de mettre en vsage et de reduire à l'action les plus subtiles idées de la Rhetorique, d'eslever leur raison jusqu'à la plus haute pointe des choses, de chercher dans chaque matiere les veritez moins vulgaires et moins exposées en veuë, et de les rendre si familieres, que ceux qui ne les appercevoient pas, les puissent toucher. Leur dessein est de joindre le plaisir à l'vtilité, de mesler la delicatesse parmy l'abondance, et de ne combattre pas seulement avec des armes bonnes et fortes, mais encore belles et luisantes. Ils essayent de civiliser la Doctrine en la dépaysant du College et la delivrant des mains des Pedans, qui la gastent et la salissent en la maniant, qui sont, pour le dire ainsi, ses corrupteurs et ses adulteres, et abusent à la veuë de tout le monde d'vne chose si belle et si excellente. Ils ne se garantissent point des escüeils en s'en destournant, mais ils taschent de couler dessus avec souplesse; d'eschapper des lieux difficiles et non pas de les fuïr; d'aller au devant des interpretes malicieux par vn mot qui destruit la consequence qu'ils pensent avoir tirée, et de faire voir qu'il n'est rien de si aigre, ny de si amer, qui ne se tempere et ne s'adoucisse par le discours. Enfin, ils se laissent quelquefois emporter à cette raisonnable fureur, que les Rhetoriciens ont bien connuë, mais qui est au delà de leurs regles et de leurs preceptes, qui poussent l'Orateur à des mouvemens si estranges, qu'ils paroissent plustost inspirez que naturels, et de laquelle Demosthene et Ciceron estant possedez, l'vn jure par ceux qui sont morts à Marathon et les deïfie de son authorité privée; l'autre interroge les collines et les forests d'Albe, comme si elles eussent deû luy respondre. Que si je m'estois approché d'vn si noble but, ce que je n'ose ny ne veux croire, et si je pouvois monstrer aux Nations estrangeres, qu'en France tout se change en mieux sous vn Regne si heureux que celuy du Roy, et qu'il nous augmente l'esprit, comme il nous a accreû le courage, je n'en meriterois pas pour cela la gloire, mais il faudroit la rapporter toute entiere à la felicité de mon Temps et à la force de mon Objet. En tous cas, Monseigneur, si je ne puis avoir rang parmy les sçavans et les habiles, on ne me le sçauroit refuser parmy les gens de bien et les serviteurs affectionnez; et si ma capacité ne vous doit pas estre en consideration, mon zele merite pour le moins que vous ne le rejettiez pas. Certes, j'en suis souvent tellement émeû, que je ne doute point que mes ressentimens ne vous plûssent, et que ce ne vous fust vn divertissement agreable de regarder vn Philosophe en colere. Et bien que le vray amour soit assez content du tesmoignage de la conscience, et que je vous rende beaucoup de preuves de ma tres-humble servitude, que je suis asseuré que vous ne sçaurez jamais, je desirerois neantmoins aucunefois, pour la satisfaction que vous en auriez, que vous me puissiez ouïr du lieu où vous estes, et que vous vissiez avec quel avantage je dispute la cause publique; de quelle sorte je refute les fausses nouvelles qu'on fait courir, et comme je ferme la bouche à ceux qui veulent parler desavantageusement de nos affaires. Il est certain qu'elles ne sçauroient estre plus fleurissantes, ny les succez des armes du Roy plus glorieux, ny le repos de ses Peuples plus asseuré, ny vostre administration plus judicieuse. Et toutefois, il se rencontre de certains esprits qui s'ennuyent de leur propre bien, qui ne peuvent supporter leur felicité; qu'on ne sçauroit retenir dans la bonne creance que par des prosperitez surnaturelles, et qui n'ont plus de foy, si tost qu'il n'y a plus de miracle. Quand les affaires presentes sont en bon estat, ils font de mauvais jugemens de l'advenir, et, dans les evenemens heureux, leurs presages sont tousjours funestes. Ils font le serment de n'estimer que les Estrangers et les choses esloignées. Ils admirent Spinola, parce qu'il est Italien et qu'il n'est pas de leur party; et il leur fasche de loüer le Roy, parce qu'il est François et qu'il est leur Maistre. Ils ont bien de la peine à confesser qu'il a vaincu, apres vne infinité de villes prises et de factions ruïnées, qui sont les Monumens eternels de ses victoires; et il luy a esté plus aysé de meriter l'estime de toute l'Europe que de gaigner leur approbation. Ils nous persuaderoient, s'ils pouvoient, qu'il a levé le siége de devant la Rochelle, qu'il a fait vne paix honteuse avec les Huguenots, qu'il a esté battu par les Anglois, et que les Espagnols l'ont fait fuïr. S'ils pouvoient, ils effaceroient son Histoire et esteindroient la plus grandre lumiere qui doive éclairer la Posterité. Ie ne doute point qu'ils ne voyent de mauvais œil, dans mon Livre, l'image des choses qui les offensent si fort. Et ceux qui croyent les Fables et les Romans, et se passionnent pour vn Hercule et pour vn Achille, qui possible ne furent jamais; ceux qui lisent avec des transports de joye les actions de Roland et de Renaud, qui n'ont esté faites que sur le papier, ne prendront point de goust à la verité, à cause qu'elle rend tesmoignage à la vertu de leur Prince. Ils trouveront bon que, contre la foy de toute l'Antiquité, Xenophon, qui estoit Grec et non pas Perse, ait songé vne vie de Cyrus à sa fantaisie, et qu'il le fasse mourir dans son lict et parmy les siens, quoy qu'il soit vray qu'il mourût à la guerre, et qu'il fust vaincu par vne femme. Ils trouveront bon que Pline ait menty en plein Senat et qu'il ait loüé Trajan de temperance et de chasteté, quoy qu'il soit vray qu'il fust subjet au vin et à vn autre vice si sale, qu'il ne se peut nommer honnestement; et ils trouveront mauvais qu'estant né subjet du Roy, je die de luy ce que personne ne peut contredire, et qu'ayant à faire voir vn exemple aux Princes, je choisisse plustost sa vie, ny que la vie de Cyrus, qui est fabuleuse, ny que celle de Trajan, qui n'est pas bien nette, pour ne point parler de celle de Cesar-Borgia, qui est toute noire de laschetez et de crimes. Le Ciel ne sçauroit faire à ces gens-là vn Superieur qui fust à leur gré. Celuy qui a esté selon le cœur de Dieu, ne seroit pas selon le leur. Ils ne trouveroient pas Salomon assez sage, ny Alexandre assez vaillant. Ils sont generalement ennemis de toutes sortes de Maistres et accusateurs de toutes les affaires presentes. Ils crient jusques à nous rompre la teste, qu'il n'estoit point necessaire de faire la guerre en Italie; Mais si vous fussiez demeuré à Paris, ils eussent crié bien plus haut, qu'il eust esté deshonneste de laisser perdre ses Alliez. Pource que quelques-vns de nos Roys ont fait des voyages malheureux de là les Monts, ils soustiennent qu'il faut que cettuy-cy, qui ne suit pas les mesmes conseils, tombe neantmoins au mesme malheur. Ils combattent vostre conduite par de vieux Proverbes, pource qu'ils ne sçauroient l'attaquer avec de bonnes raisons : Ils alleguent que l'Italie est le cimetiere des François; et, ne pouvant marquer vne seule faute que vous ayez faite en ce pays-là, ils vous reprochent celles de nos Peres, et vous accusent de l'imprudence de Charles huictiesme. Ie pense bien qu'ils pechent plustost par infirmité que par malice; qu'ils sont plustost passionnez pour leurs opinions que pensionnaires de nos ennemis, et qu'ils ont plus besoin des remedes de la Medecine que de ceux des Loix. Il est pourtant fascheux de voir les impertinens de ce temps tenir le mesme langage que les rebelles du temps passé, et abuser du bien de la Liberté contre celuy qui nous l'a acquise. Ils me viennent dire tous les jours que nous recevrons beaucoup de desavantage du mescontentement d'vn Prince qui s'est separé de nous; et je leur responds qu'il vaut bien mieux avoir vn foible ennemy à combattre qu'vn amy querelleux à conserver. Ils veulent, à quelque prix que ce soit, que le Roy secoure Cazal; et je leur dis qu'il l'a desja secourue par la conqueste de la Savoye, et qu'en l'estat où il a mis les affaires, au pis aller, on ne le prendra que pour le rendre. Ils ne se contentent pas que vous executiez des actions extraordinaires, ils vous en demandent d'impossibles; et quoy qu'il naisse quelquefois dans les choses des difficultez qui ne peuvent estre surmontées à cause de la repugnance du subjet, et non pas par le defaut de l'Entrepreneur, ils ne se payent point de ces raisons auxquelles les Sages acquiescent, et voudroient souvent que le Roy fist ce que le Grand Turc et le Perse joints ensemble ne sçauroient faire. Tout cela, Monseigneur, me donneroit vne extreme indignation; et je ne pourrois souffrir cét excez d'ingratitude, si je ne sçavois qu'il y a eu autrefois vn esprit chagrin, qui reprenoit les œuvres de Dieu, et ne craignoit point de dire que, s'il eust esté de son Conseil, tant en la creation qu'au gouvernement du Monde, il luy eust donné de meilleurs advis qu'il n'en avoit pris et que d'ordinaire, il n'en suivoit. Apres vne si haute folie, vous ne devez pas trouver estrange que quelques-vns soient extravagans. Le Vulgaire a esté de tout temps juge tres-inique de la Vertu; Mais neantmoins elle n'a jamais manqué d'admirateurs, et si ceux qui n'ont qu'vn peu d'instinct et qui ne sçavent que murmurer ne luy sont pas favorables, c'est à nous, Monseigneur, à vous tesmoigner que les personnes raisonnables et ceux qui sçavent parler sont du bon Party.

Du 4 Aoust 1630.

Vostre tres-humble et tres-obeïssant serviteur,

BALZAC.

AV MESME.

MONSEIGNEVR,

Ie suis bien fasché que mon indisposition ne me puisse permettre d'obeïr au commandement que vous m'avez fait et d'estre moy-mesme le porteur du Livre que je vous envoye. Toutefois, puis que vous le recevrez par de meilleures et de plus dignes mains que les miennes, et que M. l'Evesque de Nantes m'a fait l'honneur de s'en charger, je ne dois point craindre qu'il coure de fortune en mon absence. Si le

Roy y daigne jetter les yeux, sur le tesmoignage que vous luy en rendrez, j'ose me promettre, Monseigneur, qu'il y trouvera dequoy se souvenir assez agreablement des choses passées, et que sa vertu estant sans exemple, il prendra plaisir de voir qu'on en parle d'vne façon qui n'est pas tout à fait vulgaire. I'advoüe franchement que la consideration d'vne si haute Vertu m'a donné des pensées que je ne pouvois attendre de la mediocrité de mon esprit, et j'en ay esté si extraordinairement transporté, que souvent je n'ay pas reconnu ce que je venois d'escrire. Elle seule m'a découvert l'idée de cet Art qui commande à tous les autres; qui excite et calme les passions comme bon luy semble; qui ne se contente pas de plaire par la pureté du style et par les graces du langage, mais qui entreprend de persuader par la force de la doctrine et par l'abondance de la raison. Ie l'avois cherché jusques icy inutilement. La vie du Roy m'en a plus appris que tous les preceptes des Rhetoriciens; et je dois à la felicité de son Regne tout le merite de mon ouvrage. C'est pour le moins vn avantage que j'ay sur ceux qui ont vescu devant moy. Leur memoire m'est d'ailleurs en veneration; et, puis que j'honore les hommes de soixante ans, je n'ay garde de mespriser vne vieillesse de plusieurs Siecles. Pour les Estrangers, qui croyent estre en possession de la gloire de l'esprit, nous ne sommes pas obligez de leur porter le mesme respect, et je pense pouvoir dire, sans les offenser, que comme ils n'ont point de Maistre qui vaille le nostre, il ne seroit pas raisonnable que nous leur fussions inferieurs, et que le plus digne Prince du monde commandast à vn Peuple qui fust de moindre prix que les autres. Vous jugerez, à mon advis, cette question en nostre faveur. Mais j'espere de plus, Monseigneur, que si vous prenez garde à la conduite de mon discours, et considerez de quelle façon je sors des mauvais passages, vous me ferez l'honneur d'advoüer que je ne me suis point picqué, quoy que j'aye marché sur des espines, et que dans les plus dangereuses matieres, j'ay gardé le temperament qui se doit tenir, *Inter abruptam audaciam, et deforme obsequium*. Si aucunefois j'ay eu des sentimens assez libres, il me semble que ma liberté est semblable à celle des Republiques bien policées, où l'on ne laisse pas d'obeïr aux Loix et de conserver tout ensemble sa franchise. Quand je serois de Milan ou de Bruxelles, je ne sçaurois traiter les Princes de la Maison d'Austriche avec plus de respect et de reverence que je fais; Et c'est à mon opinion tout ce qu'ils peuvent exiger de la discretion d'vn homme qui n'est pas né leur Subjet. Car de n'oser parler de l'ambition des Espagnols, des Maximes du Conseil d'Espagne et du dessein de conquerir, que le Roy changera quand il luy plaira en la necessité de se defendre, ce seroit desja vn commencement de servitude que nous leur rendrions; et ils sont, je m'asseure, trop justes pour vouloir qu'on les remercie du mal qu'ils ont fait. Il peut y avoir d'autres endroits qui seront mal expliquez par les mauvais Interpretes, principalement où il est parlé des Ministres et des Favoris; Mais me tenant dans les Theses generales, et ne designant point les personnes en particulier, mon procedé, ce me semble, est fort innocent, et je ne puis pas empescher que ceux qui se sentent coupables n'ayent des remords, et que les visages blessez ne voyent leurs playes quand ils se regardent au miroir. Que s'il estoit defendu de faire profession de la verité, je ne serois pas pour cela rebelle, ny ne m'opposerois à l'ordre estably. l'obeïrois à vne Loy si fascheuse, à cause que je suis bon Citoyen; mais ce seroit par mon silence et non par ma lascheté, et à la charge de ne point parler et non pas de parler contre ma conscience. Graces à Dieu, nous ne sommes pas en ces termes. Aussi je jouïs du bonheur du Temps, et sçachant bien que tout ce qui vient des esprits serviles est suspect, que leur tesmoignage n'est point reçeû et qu'ils font mesme tort à la Raison quand ils s'en servent, j'ay voulu estre hardy quelquefois, afin d'estre croyable tousjours, et de faire passer pour absolument vray ce qui eust pû autrement estre discuté. Il y en a qui m'accusent du vice contraire, et qui disent que je flatte, parce que je tasche en quelques lieux de dire la verité avec ornement. Ie ne veux point rendre de mauvais office à personne; Mais asseurez-vous, Monseigneur, que ces gens-là sont plus ennemis de mon subjet que de mon Livre, et qu'ils en veulent plus au Prince qu'à l'Orateur. I'advouë que si j'eusse esté capable du genre sublime d'escrire, j'aurois dequoy le faire voir en cette occasion, et ce n'eust point esté, comme on a dit autrefois, employer les fléches de Philoctete à tuer des oyseaux, ny exciter des orages sur vn ruisseau. Il ne doit pas estre permis de parler bassement de ce qu'il y a de plus haut au dessous du Ciel, et la Royauté, qui a esté adorée toute seule, merite sans doute vne double veneration, quand elle a pour compagne la Vertu. On ne sçauroit escrire du Roy en termes trop relevez ny trop magnifiques, et nous luy pouvons bien rendre, pour vne infinité de justes raisons, ce qu'on a rendu aux meschans Princes pour le simple respect de leur charactere. Ie ne vous representeray point, Monseigneur, avec quel honneur et quelle humilité, ou plustost avec quel culte et quelle religion les Princes Romains ont esté traitez par leurs Subjets. Ie ne m'amuseray point à vous faire considerer qu'on leur donnoit de l'Eternité et de la Divinité, comme on donne à nos Souverains de la Majesté et de l'Altesse; que ce qui s'appelle aujourd'huy le crime de Felonie, s'appelloit en ce temps-là le crime d'Impieté, et que nos Rebelles estoient leurs Impies. Ie ne vous allegueray point que, dans le Code de Theodose, les Responses des Empereurs sont dites Oracles; leurs Regards, splendeur celeste; leurs Edicts, lettres divines; leur Palais, la divine Maison, et leur Cabinet, le Sanctuaire. Ie vous supplieray seulement de vous vouloir ressouvenir que ce stile est le stile de l'Empire Romaĩn, qui avoit desja receû le Christianisme, et que non seulement les Courtisans et que les Orateurs ont parlé de cette sorte, mais aussi les Saincts Peres et les Conciles. Sainct Gregoire de Nazianze, en sa premiere invective contre Iulian, appelle Constance Prince tres-divin, bien que ce tres-divin Prince eust persecuté les Fideles, eust chassé les Papes hors de leur Siege et fust mort en l'heresie d'Arius. Anastase estoit aussi Empereur heretique, et fust tué d'vn coup de foudre par vne juste punition du Ciel; Et neantmoins Sabas, le bon serviteur de Dieu, parlant de ce mauvais Prince, dit qu'il est venu pour adorer les pas de sa pieté Imperiale, et vn Historien de son temps le nomme Sainct Anastase. Les Peres du sixiesme Concile de Constantinople nomment encore Iustinian Sainct Iustinian, et sa femme Saincte Theodore, quoy que la vie de l'vn et de l'autre ait esté plus remplie de monstres que de miracles, et que Theodore, particulierement, ne se soit servie de la puissance de l'Empire que pour faire du mal à l'Eglise. De la mesme sorte Theodoric Arien est appellé Sainct Theodoric par le Concile de Rome. Et au rapport d'Eusebe, Denys d'Alexandrie, Martyr de nostre Seigneur, bailla le tiltre de tres-sainct à Valerian, Empereur Payen, quoy que nous ne le baillions maintenant qu'au Chef de la Religion Chrestienne. Or si cela est et si les Peres et les Conciles ont parlé de la Saincteté des Heretiques et des Payens, qui ne procedoit que du charactere et de l'onction qu'ils avoient receuë et par consequent qui estoit estrangere, et qui venoit de dehors, pourquoy ne me sera-t'il permis de reconnoistre vne autre Sainctеté jointe à celle-là? vne Sainctеté qui n'est pas superficielle ny empruntée, mais qui a son fondement dans l'innocence de la vie; qui n'est pas attachée à la Dignité, mais qui est inherente à la Personne; qui n'est pas vne impression du doigt de Dieu sur vne matiere fortuite, mais vne effusion de sa grace dans vne ame choisie et predestinée. Quiconque trouve de l'excez en mes paroles, ne sçait pas quel est le devoir d'vn Subjet, et n'a pas l'opinion qu'il doit avoir de son Prince. Il porte sa veuë trop hardiment sur vne grandeur si eslevée, et ne mesure pas la distance qu'il y a entre son jugement et le merite du Roy. Pourveu que l'honneur que l'on rend à ces personnes sacrées ne soit point injurieux à Dieu, il ne peut y avoir de l'excez à les honorer; Pourveu que les loüanges qu'on leur donne n'offensent point vne plus grande Majesté que la leur, elles ne peuvent estre immoderées. Nous devons mesme reverer leur ombre et flechir le genou devant leur figure. Tout ce qui les approche nous doit paroistre plus pur et plus lumineux par la communication qu'il reçoit de leurs rayons. Le respect qu'on leur porte doit aller jusqu'à leurs livrées et à leurs valets, et s'estendre à plus forte raison sur leurs affaires et sur leurs Ministres, pour lesquels vous vous remettrez, s'il vous plaist, en memoire que les anciens Chrestiens avoient coustume de prier publiquement, et qu'ils en demandoient à Dieu la conservation, bien que par là ils luy demandassent la conservation de leurs Persecuteurs et de ceux qui les exposoient tous les jours aux lyons dans la place de l'Amphitheatre. Apres cét exemple, je n'ay garde de murmurer contre le Gouvernement de mon Pays, ny de trouver mauvais ce qui se passe dessus ma teste. Ie me contente tousjours de la probité presente et de la sagesse qui est en vsage. Ie ne dispute jamais contre le pilote qui me mene, et ne suis point curieux d'vne nouveauté à laquelle, quelque bonne qu'elle fust, j'aurois peut-estre de la peine à m'accoustumer. Ie souffre la Tyrannie et desire la juste administration. Quand mes Superieurs sont fascheux, j'ay de la docilité et de la patience; Et quand ils sont tels qu'ils doivent estre, j'ay de la reconnaissance et de l'amour. Ie donne aux mauvais mon silence et ma discretion, mais je ne me lasse point de dire du bien de ceux qui en font, ny de loüer les choses loüables. Pour ce qui vous regarde, Monseigneur, je sçay que vous recherchez beaucoup plus la solidité de la vertu que sa pompe, et que vous aimeriez mieux combattre que triompher. Toutefois, puis que vostre modestie est telle, qu'elle rejette bien souvent la verité, vous ne devez pas estre creû en vostre cause, et je vous recuse legitimement. Il ne faut pas que vostre moderation empesche nostre reconnoissance, ny que nous tesmoignions de l'ingratitude, parce que vous avez de la pudeur. Il est vray qu'il y a certaines bornes, dans lesquelles les plus violentes affections se doivent contenir; et, puis que j'ay commencé à alleguer du Latin, je debiteray encore ce mot de Tacite : *Pessimum Inimicorum genus laudantes*. Mais ne communiquant à personne ce qui est deû au Roy seul, et ne donnant point à vn autre l'honneur des evenemens, on ne peut trouver mauvais que je vous represente comme vn sage et fidele Ministre, qui agit par les ordres et par les commandemens d'vn grand Prince, et qui ne cherche autre gloire que celle de bien obeïr et de bien servir. On ne peut s'estonner que parmy tant d'injustes passions et tant de murmures sans fondement, il se trouve des jugemens libres et des voix qui benissent vostre conduite. Et certes, en vne saison où vous estes si puissamment et si violemment assailly, ce seroit manquer aux devoirs de l'humanité de ne s'estudier pas à chercher quelque consolation à vos déplaisirs, et de voir souffrir vn Innocent sans luy donner vn soûpir ny le soulager d'vne parole. Il ne suffit pas, Monseigneur, que vous soyez asseuré de la protection de vostre Maistre et du bon estat de vostre conscience; vous avez encore besoin de l'opinion des hommes et du tesmoignage du Public. Vous n'apprehendez point le danger de vostre Personne ny la ruïne de vostre fortune; mais vous apprehendez le blasme et la mauvaise reputation; Vous craignez les choses deshonnestes, quoy que vous mesprisiez les perilleuses. Et partant, ce vous doit estre vne amertume assez douce et vn malheur, quoy que vous puissiez dire, glorieux, de sçavoir avec tous les gens de bien, que vous endurez pour la Iustice, et que vostre cause est celle du Roy et de l'Estat. Si vous avez de la douleur de n'estre pas agreable à vne grande Princesse, pour le moins vous n'avez point de remords de luy avoir esté infidele; et si vous n'avez pas eu assez de complaisance pour faire toutes ses volontez, nous sçavons que vous avez trop de probité pour avoir rien fait contre son service. Ce ne vous est pas vn petit soulagement d'esprit, que la prise de la Rochelle, où vous avez servy tres-vtilement, et le secours de Cazal, auquel vous avez beaucoup contribué, soient les seuls crimes qui vous ayent rendu coupable, et que l'éclat de ce que vous avez fait au dehors n'ayant pù estre supporté à la Cour, les Estrangers soient venus se mesler dans cette jalousie domestique, et essayer de perdre celuy qu'ils ne pouvoient pas gaigner. C'est la source de nos derniers maux. La credulité de la meilleure Reyne du monde a servy d'instrument innocent à la malice de nos ennemis, et la priere qu'elle fit au Roy de vous esloigner de ses affaires, ne fut pas tant vn effet de son indignation contre vous, que le premier coup de la conjuration qui s'estoit formée contre la France, et qu'on luy avoit déguisée sous vn voile de devotion, afin qu'elle crût meriter en vous ruïnant. Le Roy luy a voulu donner là-dessus toute la satisfaction raisonnable qu'elle pouvoit desirer. Il a esté plusieurs fois vostre Advocat et vostre Intercesseur envers elle. Il a voulu estre vostre Caution et luy respondre de vostre fidelité. De vostre part, Monseigneur, vous n'avez rien oublié pour tascher d'adoucir son esprit. Elle vous a veû à ses pieds luy demander grace, quoy que vous luy pussiez demander Iustice. Elle vous a veû faire le coupable et offenser vostre propre innocence, afin de luy donner lieu de vous pardonner. Vous vous estes mis en tous les devoirs de la flechir, et si elle n'eust creû qu'elle-mesme, vous l'auriez flechie. Mais les mauvais esprits qui l'environnoient, et qui desiroient plus vostre perte, qu'ils ne vouloient son contentement, firent de nouveaux efforts pour endurcir son cœur qui s'amollissoit. Ils empescherent l'effet que nous attendions de vos soussmissions et des prieres du Roy. Ils l'emporterent sur la bonté de son naturel, qui commençoit à se rendre, et, sans leurs damnables artifices, nous la verrions encore pleine de gloire et de majesté, avoir part à toutes les pensées de son fils, et nous vous verrions encore recevoir ordinairement de sa bouche les commandemens de vostre Maistre. Mais elle s'est dégoustée de l'vn et de l'autre, et a voulu demeurer en sa premiere persuasion. Le Roy qui luy accorda autrefois le pardon de plus de quarante mille coupables, n'a pù obtenir d'elle la grace d'vn innocent; et celuy qui est venu à bout de l'obstination des rebelles et qui n'a rien attaqué qu'avec succez, a prié sa mere inutilement. C'est ce qui l'a contraint d'opposer vne necessaire constance à vne si estrange fermeté, et de se resoudre de ne pas donner à ses ennemis le plaisir de luy voir chasser ses serviteurs. Il vous a retenu lors que vous le pressiez de vous permettre de vous retirer, et estant prest de ceder au temps et de faire place à l'envie, il a fait voir qu'il estoit plus fort que l'envie, et qu'il changeoit le temps quand il luy plaisoit. Il n'a pas creû que ce fust offenser la Nature que de ne pas abandonner la Vertu, ny que ce fust pecher contre la reverence maternelle, que de ne violer pas l'amitié. Et se ressouvenant peut-estre que Nostre Seigneur, parlant de ses disciples, les appelle sa mere et ses freres, et dist au mesme endroit, que celuy qui fait sa volonté, celuy-là est son frere, sa sœur et sa mere, il a pensé que les Roys ne doivent pas considerer de telle sorte la proximité, qu'ils n'ayent égard à l'affection, et que pour regner ils ont veritablement besoin d'alliances et de parens, mais qu'ils ne se peuvent passer de serviteurs et d'obeïssance. Vous voila donc, Monseigneur, maintenu par la necessité de vos services et par les interests de l'Estat; vous voila au dessus des vents et de la tempeste. Les plaintes qu'on a faites contre vous n'ont fait autre chose qu'assurer vostre Maistre que vous estiez plus à luy qu'on ne desiroit. Le coup dont on a creû vous faire tomber, n'a servy qu'à vostre affermissement, et la force de laquelle on a choqué vostre fortune, sans la pouvoir esbranler, nous a monstré la solidité de sa matiere. Toutefois, estant bon et vertueux comme vous estes, je m'imagine que vous n'estes point content de cette fortune, que vous ne possedez pas du consentement de tout le monde. Elle ne sçauroit estre plus puissante ny mieux establie qu'elle est, mais elle pourroit estre plus douce et plus agreable. Vous ne receustes jamais de si grands honneurs, mais vous avez gousté autrefois de plus pures joyes : jamais il n'y eust plus de victoires ny plus d'avantages sur l'Estranger; mais il n'y eust jamais plus de maux intestins ny plus de broüillerie dans la Maison. Ce desordre, que vous n'avez point fait, vous afflige infiniment, et je sçay que vous voudriez de bon cœur que toutes choses fussent en leur place. Ie ne doute point que vous ne pleuriez l'infortune d'vne Maistresse que vous aviez conduite par vos services au dernier degré de felicité, et qu'ayant si long-temps et si efficacement travaillé à la parfaite vnion de leurs Majestez, ce ne vous soit vn sensible desplaisir de voir aujourd'huy vos travaux ruïnez et vostre ouvrage par terre. Vous voudriez, je m'en asseure, estre mort à la Rochelle, puis que jusques-là vous avez vescu dans la bienveillance de la Reyne. Ie veux croire que parmy les plaintes qu'elle fait, toutes les loüanges qui vous viennent d'ailleurs vous sont importunes, et que mesme vostre merite vous est en quelque sorte odieux depuis qu'il n'a plus son approbation. Dieu dissipera vn jour ces nuages et luy envoyera de plus equitables pensées de vostre fidelité. Mais, en attendant que cela soit et que les affaires se raccommodent, vous ne serez pas fasché que, pour quelques heures, je destourne vos yeux de dessus les tristes objets qui les affligent, et que je vous fasse voir l'image d'vne plus heureuse saison que celle-cy. Ie pense que je suis inspiré de mon bon Ange, de borner mon dessein par le premier voyage d'Italie, avant, Monseigneur, que vous eussiez des prosperitez enviées, que vos Amis vous eussent manqué de fidelité, que la Reyne eust changé ses affections et que les efforts des armées eussent esté affoiblis par les artifices du Cabinet. Ie ne touche point à ces subjets odieux, et n'aurois pas le cœur de manier des playes si fraisches et si sanglantes. Ie ne traite que de ce qui a precedé nos malheurs, et, en tout cela, je ne garantis que mon intention. Elle est fort bonne, Monseigneur, et n'a pour objet que le service du Roy; mais elle est peut-estre mal conduite, et n'arrive pas où elle tend. Ie sçay bien que je suis bon François et que j'aime extremement mon Pays; mais je ne sçay pas si je suis bon Politique, ny si je connois assez nos affaires. Sans doute, j'ay plus de courage que de force, et plus de zéle que de science. Aussi est-ce vne protestation que je fais à l'entrée de mon ouvrage, afin que personne ne soit trompé, et qu'on y cherche plustost dequoy s'exciter à l'amour de la patrie, que dequoy s'instruire de choses nouvelles et curieuses. Ie declare, dés le commencement, que je ne suis aydé de personne; que je n'ay point receù de memoires ny d'instructions, et que je marche sans guide et sans compagnie. Et partant, si j'ay fait des fautes, je n'ay fait que ce que je dois, et on les prendra comme venant d'vn homme qui voit les choses de loin et par le dehors, et qui s'arreste à ce qui paroist des affaires publiques et sans penetrer dans leur interieur, qui luy est caché.

Ie pouvois entrer d'abord en matiere et prendre vn chemin plus court que celuy que j'ay tenu : Mais j'ay eu dessein de preparer les esprits par vne lecture agreable à vne lecture serieuse, et de deferer quelque chose à l'exemple et à la coustume des Anciens. Vous sçavez,

Monseigneur, que la pluspart d'entre eux font des Proëmes à leurs Livres, qui n'ont rien de commun avec leur subjet, et qui sont comme des testes appliquées qu'on peut mettre sur toutes sortes de corps. Ce qui est si vray, que Ciceron escrit de soy mesme qu'il en avoit vn volume de reserve, d'où il les tiroit quand il en avoit besoin pour le commencement de ses ouvrages. De telle sorte qu'ayant mis par mégarde au Livre de la Gloire la mesme Preface qu'il avoit desja mise au troisiesme des Academiques, il prie Atticus, assez plaisamment, de la couper de ce premier livre, et en sa place d'y coler vn autre qu'il luy envoye. Dans ces Prefaces, ils discourent ordinairement des affaires et du Gouvernement de la Republique; ils se plaignent de la corruption du Siecle; ils content au monde leurs occupations de la Ville et leurs exercices de la Campagne, et apres cela, au lieu de descendre doucement et comme par des degrez dans leur matiere, vous diriez qu'ils s'y precipitent, tant ils y tombent soudainement et à coup. Tous les Exordes de Salluste sont de ce genre, et seroient aussi propres aux Livres de Ciceron qu'aux siens. Apres qu'il a declamé du Vice et de la Vertu, et qu'il s'est jetté dans vn raisonnement infiny, il ne sort point par la porte du lieu où il se voit enfermé; mais il en eschappe par vne breche, et brisant tout d'vn coup où l'on attendoit qu'il continuast : Venons maintenant, dit-il, à ce que nous avons à traiter. Les Grecs sont encore plus licentieux que luy. Dion Chrysostome n'entame d'ordinaire son subjet qu'à la fin de son discours. Si on ostoit à son Maistre Platon ses longues Prefaces, ses Narrations fabuleuses et ses importunes Digressions, on l'accourciroit de la moitié, et l'vn et l'autre ressemblent aux petites femmes deshabillées, qui, ayant quitté leur coiffure et leurs patins, ne sont plus qu'vne partie d'elles-mesmes. Plutarque est sans difficulté le plus advisé et le plus judicieux des derniers Grecs; Mais il est tombé pourtant dans le vice de son Siecle et de son Pays, et qui pourra démesler le Traité qu'il a fait de l'Esprit familier de Socrate, pourra sortir aysement d'vn Labyrinthe. Les Autheurs Chrestiens devroient estre plus austeres et moins curieux des ornemens estrangers. Ils n'ont pas laissé pourtant de donner quelque chose à la coustume et de s'esgayer hors de leur subjet. Et, pour ne pas entrer dans vne enumeration ennuyeuse, le Dialogue qu'a fait Minutius Felix pour justifier nostre Religion contre les calomnies des Payens, a vn commencement fort peu serieux et fort esloigné de la gravité de sa matiere. Et Sainct Cyprian, dans cette lettre si estimée qu'il a escrite à Donat, commence vne tres-severe Censure des mœurs de son Siecle, par vne description purement poëtique et par vn discours aussi peint et aussi fleurissant que s'il eust voulu parler d'Amour ou reciter vne Fable. Quant à moy, qui ay entrepris vn travail d'assez longue haleine, je n'ay pas voulu imiter entierement les Anciens, qui attachent à leurs ouvrages d'autres ouvrages; mais aussi je ne les ay pas voulu entierement fuyr. I'ay fait vne Preface, où j'ay parlé le plus agreablement qu'il m'a esté possible des plaisirs de l'Automne, pource que c'est le temps de la conception de mon Prince. Ie n'ay pas oublié aussi le Pays où j'estois, pource que c'est le lieu de sa naissance. I'ay esté encore bien aise de rendre compte par occasion des divertissemens de ma solitude, et de justifier le loisir d'vne personne retirée, contre ceux qui l'accusent de paresse et de lascheté. Outre qu'on peut voir, par la conclusion, que tout cela fait à mon propos, et l'adventure qui a donné lieu à mon dessein, et qui est historique et veritable, m'estant arrivée sur le bord de la riviere que je descris, mes descriptions qui ne sont pas peut estre ennuyeuses, sont encore aucunement necessaires et peuvent estre considerées comme circonstances de l'action que je represente, etc.

Du 3 Mars 1631

Vostre tres-humble et tres-obeïssant serviteur,

BALZAC.

NOTES SUR LE PRINCE

AVANT-PROPOS, page 9.

« Qui estoit le plus grand Capitaine, du Marquis de Spinola, ou du Comte « de Tilly... »

Ambroise Spinola, de l'illustre maison de Spinola, né à Gênes en 1571, était le second entre les grands capitaines de son temps, au témoignage de Maurice de Nassau, qui n'hésitait pas à se donner la première place. Cependant le général espagnol prit Breda en 1624, malgré tous les efforts du prince d'Orange, qui en mourut de douleur l'année suivante. Spinola lui-même expira le 25 septembre 1630, désespéré du traité qui lui arrachait Casal, et se plaignant hautement qu'on lui eût ravi l'honneur. Il se fit porter hors de cette ville pour mourir dans un village.

Jean Tzerclaes, comte de Tilly, d'une illustre maison de Bruxelles, se distingua à la bataille de Prague en 1620, et fut l'un des héros de la guerre de Trente Ans. Blessé mortellement en défendant contre Gustave-Adolphe le passage du Lech, à Ingolstadt, il mourut le 16 avril 1630.

CHAPITRE II, page 21.

« ... Et nostre repos est si puissamment et si solidement estably, que si « l'Admiral de **** et le Mareschal de ****... »

L'auteur désigne bien certainement l'amiral de Chastillon, le célèbre Coligny ; mais qu'entend-il par le Mareschal de **** ? Serait-ce le maréchal de Biron, décapité à la Bastille ? Je n'oserais l'affirmer.

Chapitre II, page 23.

« M. le Mareschal de **** et M. le Mareschal de ****, les plus avisez... »

Ils sont nommés dans l'argument : l'un est le maréchal de Chastillon, et l'autre le maréchal de la Force.

Gaspard de Coligny, colonel général de l'infanterie et maréchal de France, né en 1584, et mort en 1646.

Jacques Nompar de Caumont, duc de la Force, maréchal de France, né vers 1559, sauvé comme par miracle à la Saint-Barthélemy, mort le 10 mai 1652.

Chapitre III, page 24.

« Pour M. de R*****... »

Henri, duc de Rohan, prince de Léon, pair de France, chef des calvinistes; né au château de Blein, en Bretagne, en 1579, marié à Marguerite de Béthune-Sully; blessé à Rhinfeld le 28 février 1638, en combattant les Impériaux avec le duc de Saxe-Weimar, et mort de ses blessures le 13 avril suivant.

Chapitre VIII, page 46.

« A louër les **** et à dire mal des Huguenots. »

On peut deviner quels sont ceux qu'il veut opposer aux huguenots; mais il semble assez inutile de trahir la discrétion de l'auteur.

Chapitre XVII, page 93.

« Nous nous souvenons de ce qui se passa sur le Pont du Louvre... »

Malheureuse apologie de l'assassinat de Concini, maréchal d'Ancre.

Chapitre XXXI, page 180.

« I'ay ouï parler d'vn Roy de Suede.... »

Gustave-Adolphe, né à Stockolm en 1564, tué à Lutzen en 1632; père de la célèbre Christine.

Ibid., page 180.

« Le Roy d'Angleterre.... »

Charles Ier, né en 1660, successeur de Jacques Ier, son père, en 1625;

marié la même année à Henriette de France, fille de Henri IV, et sœur de Louis XIII; décapité le 9 février 1649.

CHAPITRE XXXI, page 181.

« Maintenant qu'il est déchargé de cet Importun.... »

Il veut parler de Georges Villiers, duc de Buckingham, favori de Charles Ier, assassiné par Felton, à Portsmouth, le 2 septembre 1628.

DISCOURS

(ŒUVRES DIVERSES. — PARIS, IN-4°, 1644)

Les DISCOURS suivants font partie des ŒUVRES DIVERSES de Balzac, publiées en 1644. De ces discours, quatre sont dédiés à madame de Rambouillet *, à savoir : le ROMAIN, la CONVERSATION DES ROMAINS, MECENAS, et le morceau sur la GLOIRE. L'auteur se plaît à exposer aux regards de l'illustre descendante de la famille romaine des Savelli les images héroïques de ses ancêtres : leur grandeur, leur vertu, leur désintéressement dans la vie publique, leur urbanité dans la vie privée. Ce n'est peut-être pas là Rome historique : c'est plutôt Rome idéalisée, Rome telle que la voyait Corneille, à une époque grande où l'on voyait tout en grand.

La dissertation sur la tragédie latine de Daniel Heinsius, intitulée *Herodes infanticida*, développe une question de critique qui a été fort agitée de nos jours. Balzac s'élève déjà avec beaucoup de raison et d'éloquence contre l'alliance adultère de l'art chrétien avec les muses païennes. Il parait que le savant Heinsius sentit la force de cette cri-

* Catherine de Vivonne, marquise de Rambouillet, née à Rome vers 1588, fille de Jean de Vivonne, marquis de Pisani, habile négociateur sous les règnes de Henri III et de Henri IV, et de Julie Savelli, dame romaine. Elle mourut en 1665.

tique, car il voulut se venger, et s'avisa d'exhumer un petit *Discours politique sur l'Estat des Provinces-Unies*, que Balzac avait écrit en 1612, à l'époque de son voyage en Hollande, véritable déclamation d'un écolier, que son enthousiasme pour la révolte des Pays-Bas commençait peut-être à prévenir en faveur de la Réforme. Chagriné de la résurrection de cet opuscule dont il avait perdu le souvenir, il s'en explique ainsi avec Chapelain : « Il est vray que je suis l'autheur du Discours qui ne craint pas assez les foudres de Rome... mais il est vray aussi que je le composai dans la chaleur d'un âge qui excuse de bien plus grandes fautes. Puis donc que vingt-cinq ans entiers ont passé sur celle-cy, il me semble qu'il y a prescription légitime contre toute sorte d'accusateurs... Et en vérité le grand Heinsius devroit avoir honte de s'acharner si cruellement sur la personne du petit Balzac, de vouloir triompher en cheveux gris d'un garçon de dix-sept ans... J'ay fait une folie estant jeune, et le bonhomme Heinsius l'a publiée vingt-cinq ans après... Qui est le plus coupable de luy ou de moy* ?... » Cependant, ce lui fut une consolation, et un triomphe même pour son amour-propre, d'avoir pour second, dans cette querelle, le célèbre Saumaise, duquel il se plaisait à dire : NON HOMINI, SED SCIENTIÆ DEEST QUOD NESCIVIT SALMASIUS.

* *Entretiens* VII et X.

DISCOVRS

DISCOVRS PREMIER.

LE ROMAIN.

A MADAME LA MARQVISE DE RAMBOVILLET.

Ce qu'on vous a dit, Madame, est tres-veritable, et si vous voulez vn Tesmoin illustre qui vous le confirme, Cesar vous en asseurera en deux ou trois lieux de ses Commentaires. Il n'y a point de doute que les grandes ames, dont nous avons parlé tant de fois, estoient logées dans des corps de mediocre grandeur. Vos Ancestres ont esté des Heros, mais ils n'ont pas esté des Geans ; et la pluspart mesme de leurs ennemis ont eu sur eux l'advantage de la taille et de l'apparence. Cette verité historique ne recevant point de difficulté,

Lacedemone. Aussi vne si haute insolence les picquoit si vivement, et la haine qu'ils leur portoient estoit telle, qu'en toutes leurs Assemblées, avant que de rien mettre en deliberation, ils maudissoient publiquement celuy qui seroit d'advis qu'on fist amitié ou alliance avec eux. Et en leurs plus solennelles festes, le Heraut avoit charge expresse de les declarer excommuniez, ne plus ne moins que les homicides et les sacrileges, et de defendre à tous les Estrangers, en consideration de ceux-cy, l'vsage des choses Sainctes, et la participation de leurs Mysteres.

Pour les autres Barbares, de qui je parle, ils en avoient si mauvaise opinion, et les estimoient si peu, qu'à peine vouloient-ils croire qu'ils fussent tout à fait hommes, et qu'ils eussent l'ame entierement raisonnable. Dequoy je ne m'estonne pas neantmoins, puis que de nostre memoire dans les escholes d'Espagne on a disputé si les Indiens estoient de la race d'Adam, ou si ce n'estoit point vne espece moyenne et bastarde entre celle de l'Homme et celle du Singe.

Soit donc qu'à leur advis ce ne fussent pas des Creatures semblables à eux, ils pensoient aller seulement à la chasse, et s'adonner à vn exercice honneste, quand ils leur faisoient la guerre : Soit qu'ils presupposassent que ce fussent veritablement des hommes, quoy que non bien parfaits et bien achevez (outre que la Philosophie Saincte et profane sont d'accord, que le Sage est maistre naturel de celuy qui ne l'est pas) ils s'imaginoient que le droit de l'humanité exigeoit d'eux les aydes et les secours qui se doivent aux personnes qui en manquent, et qu'ils seroient eux-mesmes barbares, s'ils n'avoient pitié de ceux qui l'estoient, et ne leur ostoient la vicieuse liberté qui les entretenoit dans leurs brutales inclinations, au deshonneur de la commune Nature.

Ils croyoient vser de charité en leur endroit, de les assujettir à leur Empire ; veû que par la victoire ils polissoient la rudesse de leurs mœurs : ils leur enseignoient la vertu, dont ils n'avoient point de connoissance, et leur donnoient de bonnes Loix en la place de leurs mauvaises coustumes. Ainsi aux vns ils ont apporté l'invention des Arts, et monstré l'vsage de l'Agriculture : ils ont tiré les autres des Cavernes, pour les mettre dans les Villes : A quelques-vns ils ont imposé pour tribu de ne sacrifier plus leurs enfants : Ils ont obligé quelques autres de s'abstenir de chair humaine, et de respecter le lict de leurs meres et de leurs sœurs, leur apprenant en mesme temps à se servir des viandes innocentes, et des voluptez permises.

Que si ce changement ne se pouvoit entierement faire par les voyes de la douceur, et si la tyrannie de l'habitude estoit telle, qu'il fallust contraindre de devenir heureux des gens qui estoient accoustumez à la misere, ils disoient que tous les grands exemples ont en soy quelque chose d'inique, qui ne se doit pas considerer dans le bien vniversel ; que ny la tromperie ne peut estre appellée mauvaise, lorsqu'elle est vtile à celuy qui est trompé, ny la violence non plus, lorsqu'elle tourne au profit et à l'advantage de celuy qu'on force : Que comme il y a des choses qui passent la raison, qui ne sont pas pour cela deraisonnables, principalement en matiere de Religion, qu'aussi tout ce qui est au dessus de la Iustice n'est pas pour cela injuste, particulierement en fait d'Estat : Qu'au pis aller, quand leur entreprise traisneroit apres soy la perte de la pluspart des Vaincus, qu'à tout le moins les enfants de ceux-cy recevroient l'effet de la bonne intention des Victorieux ; qu'ils seroient nourris dans la crainte des Dieux et sous la reverence des Loix, et jouïroient du fruict qu'on avoit presenté à leurs Peres.

C'estoient à peu pres les raisons sur lesquelles les Grecs se pouvoient fonder en leurs conquestes. Du procedé des Romains nous en avons desja touché quelque chose. Mais quoy que tous eussent pour fin principale la grandeur de leur Empire, il n'estoient pas pourtant tousjours si aveugles

il n'est rien de plus juste que la consequence qui en fut tirée, « que si on eust pesé les hommes en ce temps-là, et qu'on « les eust estimez au poids, vn Allemand eust valu prés de « deux Romains. »

Les Allemands estoient donc plus longs et plus larges; les Gaulois estoient plus forts et en plus grand nombre; les Africains plus riches et plus rusez; les Grecs plus polis et plus adroits aux exercices de la lutte et de la course; Mais les Romains estoient plus propres au commandement, estoient mieux disciplinez et plus entendus à la guerre. Et avec cette Discipline, que quelqu'vn a nommée le fondement de l'Empire et la source des Triomphes, ils ont assujetty la force, le nombre. les richesses, la politesse et la vertu mesme des autres Peuples.

Il y avoit de la vertu dans les Provinces, n'en doutez pas : le mespris de la mort estoit vulgaire parmy les Barbares; l'amour de la liberté et le desir de la gloire ne leur estoient pas inconnus; Mais, Madame, le vray vsage de toutes ces choses se trouvoit à Rome. Rome estoit la boutique où les dons du Ciel estoient mis en œuvre, et où s'achevoient les biens naturels. Elle a fait voir la premiere au Monde des armées judicieuses et des guerres sages. Elle a sceû mesler comme il faut l'art avec l'adventure, la conduite avec la fureur, la qualité divine de l'intelligence dans les actions brutales de la partie irascible.

Cela veut dire que l'esprit est le souverain artisan des grandes choses, des actions militaires aussi bien que des affaires civiles. La principale piece de la vaillance ne dépend point des organes du corps, et n'est pas vne privation de raison et vn simple regorgement de bile, ainsi que le Peuple se figure. Ce ne sont ny les yeux qui voyent, ny les oreilles qui entendent, ny les bras qui se remuënt : C'est l'esprit, comme dit un Poëte allegué par Aristote, c'est l'esprit qui fait tout cela. Sans luy les yeux sont aveugles, les oreilles sourdes et les bras paralytiques; Il est le principe et l'autheur de toutes les operations de l'homme.

Par l'esprit vn enfant a mis vn Geant par terre, et on mene les Taureaux avec vn filet. Par l'esprit vn Architecte assis conduit la besongne de mille Maçons, et bastit les Temples et les Palais. Par l'esprit vn Pilote immobile travaille plus que toute la Chiorme, et on sueroit inutilement à baisser les voiles et à les lever s'il ne trouvoit sa route dans les Estoiles. Par l'esprit, Madame, vn Consul ayant eu commandement d'aller faire la guerre contre vn Roy ennemy de la Republique, estudia si bien par les chemins, et se rendit si sçavant en vne profession qu'il ignoroit, qu'estant parti de la ville homme de paix, il arriva grand Capitaine à l'Armée, et desvestit sa robe longue pour gaigner d'abord vne bataille. Ainsi commençoient vos Predecesseurs : Ils faisoient ainsi leurs premieres armes : Leur apprentissage estoit vn chef-d'œuvre.

Vous voudriez bien voir, je m'asseure, vn de ces gens-là? Y auroit-il point moyen de vous montrer vn Consul romain, et de chercher quelque voye plus innocente et plus seure que celle de la Magie pour le tirer tout entier du lieu où il est? Car, sans doute, vous le voudriez voir en corps et en ame, avec cette gravité qui mettoit le respect dans le cœur des Roys et transissoit les Peuples d'admiration. Vous le voudriez voir avec cette Authorité visible et reconnoissable qui le suivoit en prison et en exil, qui lui demeuroit après qu'il avoit tout perdu, de laquelle la Fortune ne l'avoit pas desarmé quand elle l'avoit mis en chemise. Le voicy, Madame, qui ne vient pas des champs Elysées et d'une demeure fabuleuse. Il sort des Histoires de Polybe ou de quelque autre semblable pays, et il me semble qu'il merite bien d'estre regardé.

Premierement il ne sçait pas moins obeïr aux Loix qu'il sçait commander aux Hommes, et, dans vne eslevation d'esprit qui voit les couronnes des Souverains au dessous de luy, il a une ame tout à fait sousmise à la puissance du peuple : Il revere la sainteté de cette puissance entre les mains d'vn Tribun, ou furieux, ou ennemy, ou peut-estre l'vn et l'autre. Croyant que faillir est le seul mal qui puisse arriver à l'homme de bien, il croit qu'il n'y a point de petites fautes ; et, se faisant vne Religion de la moindre partie de son Devoir, il pense qu'on ne peut pas mesme estre negligent sans impieté. Il estime plus vn jour employé à la Vertu qu'vne longue vie delicieuse, vn moment de gloire qu'vn siecle de Volupté : Il mesure le temps par les succez et non pas par la durée.

Agissant sur ce principe, il est tousjours preparé aux entreprises hazardeuses : Il est tousjours prest à se devoüer pour le salut de ses citoyens, à prendre sur soy la mauvaise fortune de la Republique; et, soit que l'oracle le luy ordonne, soit que l'inspiration vienne de son propre esprit, il remercie les Dieux comme de la plus grande grâce qu'il ait jamais receuë d'eux de ce qu'ils veulent qu'il soit le General, qui sera tué, de l'Armée qui gaignera la bataille. En suite de cela, Madame, il n'est rien qui ne lui soit aysé, et rien qui ne nous doive estre croyable. Il ne connoist ny Nature, ny Alliance, ny Affection, quand il y va de l'interest de la Patrie; il n'a point d'autre interest particulier que celuy-là, et n'aime ny ne hait que pour des considerations publiques.

Vn esprit sans corps et desembarrassé de la matiere n'agiroit pas d'vne autre façon, et ne seroit pas moins incommodé de ses passions. Mais disons davantage : Il ne seroit pas moins touché de la vaine apparence des choses humaines, de ce qui estonne et de ce qui esblouït. Les Bravades d'aujourd'huy ne font pas plus d'impression sur sa fermeté que les Caresses d'hier. Les princes sont aussi foibles contre luy avec leurs bestes feroces qu'avec leurs thresors; et, quand il n'auroit jamais veû d'Elephans, s'il est possible qu'on fasse sortir de derriere vne tapisserie tous ceux qui sont aux Indes et en Afrique, il les considerera comme un jeu et vne bouffonnerie de Pyrrhus et non pas comme un espouvantail et vne menace pour Fabrice. Tout ce qu'il y a dans le Monde d'effroyable et de terrible n'est pas capable de luy faire cligner un œil : Tout ce qu'il y a d'éclatant et de precieux ne luy peut pas donner une tentation. On ne sçauroit le vaincre; On ne sçauroit le gaigner.

Il est des courages, Madame, qui seroient invincibles si on ne les attaquoit que de vive force, et s'il falloit tousjours combattre et tousjours faire la guerre : Mais, se proposant pour objet de leur valeur de surmonter ce qui est de plus à craindre en leurs ennemis, ils ne s'imaginent pas qũ'il soit besoin de se defier du reste, et sont moins soigneux aux choses qu'ils croyent les moins difficiles. D'où vient peut-estre cette fantaisie des Poëtes que les Demy-dieux avoient vne partie sur eux subjette à la mort et vn endroit par lequel ils estoient hommes : A cause, à mon advis, qu'il y a tousjours de l'imperfection aux œuvres de la Nature, et qu'elle n'apporte jamais tant de soins à l'achevement de ce qu'elle fait, qu'elle ne laisse quelque costé plus foible que l'autre. Or il est certain, Madame, que d'ordinaire c'est icy le Foible des grands courages, et leur cœur est icy de chair qui par tout ailleurs est de diamant. Il ne faut point tant de resolution pour resister à la violence des Tyrans que pour se defendre de leurs faveurs, et la puissance qui leur a esté donnée de faire du mal est bien moins dangereuse que les moyens qu'ils ont d'obliger les hommes.

Tous ces moyens manquent neantmoins quand il est question de les employer contre vn Romain : Cette partie mortelle ne se trouve point en son ame. Il est esgalement fort de tous costez. Il est impenetrable à la vanité comme à la peur et à l'avarice. Sa severité ne sçauroit estre adoucie, non pas mesme par les complimens et par les flatteries du Roy des Parthes. En mesme temps, il renverse les efforts descouverts et se garantit des artifices cachez. Rien n'est contagieux à une ame si saine naturellement, et si bien purgée par la discipline de son pays. Ny le poison apporté d'vn lieu esloigné, ny l'air corrompu de son voisinage, ny l'Estranger, ny le Citoyen, n'ont dequoy alterer sa bonne constitution.

Les mal-contens perdent leur temps et leur peine s'ils pensent lui faire venir le goust des choses nouvelles en luy donnant mauvaise opinion des choses presentes. Quelque specieux Pretexte qu'on lui propose, de quelque liberté et de quelque Bien public qu'on lui parle, il n'entend point ce langage : Il vaudroit autant parler d'amour à vne Vestale. Ce n'est pas vne entreprise humaine que d'esbranler son immobile fidelité. Vn Poëte a dit que le Capitole n'est pas plus ferme et que Rome changeroit aussi-tost de place. Il ayme mieux destruire la Tyrannie que la partager ; et, pouvant estre Collegue de l'Vsurpateur, il se declare son ennemy.

Sçauroit-on rien adjouster à vn si grand mot? Encore cettuy-cy, pour vous faire voir la derniere espreuve de sa vertu. La Republique, Madame, ne le peut perdre, quelque negligente qu'elle soit à le conserver. Il souffre non seulement avec patience, mais encore avec gayeté, ses mespris et ses injustices. Iamais il ne luy est venu en l'esprit de se venger d'elle par vne guerre civile, et il trouve bien plus honneste le nom d'Innocent banny que celuy de Coupable victorieux. On luy a persuadé dés son enfance, et depuis il n'en a pas douté, qu'vn Fils ne se peut jamais acquitter de tout ce qu'il doit à vne Mere, voire à vne mauvaise mere, et qui est devenuë sa Marastre, et qu'vn Citoyen est tousjours obligé à sa Patrie, voire à son ingrate Patrie, et qui l'a traité en ennemy.

Voila à peu prés, Madame, le fonds de l'ame de nostre Consul, et la racine des choses merveilleuses que vous lirez dans les Histoires de Polybe et de Tite-Live. Regardons-le maintenant vn peu au dehors et par vn endroit qui soit plus exposé à la veuë des hommes.

On ne remarque en ses actions ni vne froideur lasche et pesante ny vne vehemence temeraire et precipitée. Il se haste lentement, et s'avance d'vn mouvement insensible. Sans s'inquieter, il remuë les choses inferieures, ne plus ne moins que les Intelligences meuvent les Spheres celestes sans se lasser. A le voir si peu empesché à l'entour de sa besongne, on diroit que ce n'est pas luy qui en est l'Entrepreneur, et il a tant de facilité aux plus penibles fonctions de la charge qu'il exerce, qu'encore qu'il ne fasse rien mediocrement, il ne fait rien neantmoins avec effort.

Considerez comme il conduit toute l'Armée avec lés yeux, Comme un signe de sa teste tient tout le monde en devoir; Comme sa seule presence establit l'Ordre et chasse la Confusion; Certes il y a du plaisir pour les Philosophes mesmes, et pour ceux qui ne prennent point d'interest aux affaires humaines, de l'observer en ces occasions. Les moindres mouvemens de son corps sont accompagnez de quelque vertu qui le fait aimer. Il seroit difficile de dire s'il est plus necessaire à la Republique qu'agreable aux Citoyens. Il commande bien; mais il luy sied bien de commander. Il a, Madame, le commandement si beau, qu'il y a presse, qu'il y a ambition, qu'il y a quelque volupté sensible à luy obeïr.

Cette bonne grace, qui reluit sur tout ce qu'il fait, estant infuse dans des qualitez solides, et se trouvant avec l'intelligence et les autres parties necessaires, luy est un charme et un enchantement admirable pour adoucir l'amertume des ordres fascheux, pour les faire executer sans peine d'esprit ny repugnance de volonté. Elle a une estrange force pour luy gaigner le cœur des Soldats et pour attirer leur inclination, fussent-ils plus durs à esmouvoir et plus insensibles que le fer et l'acier dont ils se servent.

Par ce charme, ils ne s'attachent pas seulement à luy, mais ils se destachent de tout le reste. Ils ne se soucient ny de paye, ny de butin, ny de recompense : Ils ne songent ny aux festes de Rome, ny aux delices d'Italie : Ils ne veulent et ne demandent que leur General, duquel ils sont si amoureux, voire si jaloux, qu'ils apprehendent la fin de la Guerre de peur de le perdre par la Paix : Ils murmurent contre le Senat qui le rappelle, et ne se peuvent consoler de la Victoire, qui leur ravit le Victorieux.

Quelle doit estre, bon Dieu ! une milice si passionnée ? Ce n'est pas obeïssance qui suit le commandement, c'est zele qui le previent : Ce n'est pas affection qui les jette dans la cause de leur Chef, c'est transport, qui les separe d'eux-mesmes et qui lui fait dire : « Ie m'en vais contre l'Ennemy « avec la dixiesme Legion, de laquelle je ne suis pas moins « asseuré que de ma propre personne. Ie sçay qu'elle pas- « sera toute nuë au milieu des flammes, si l'Honneur le veut « ou la Necessité le demande. » Tellement, Madame, que ce ne sont plus les Soldats de son armée qui marchent avec luy ; Ce sont comme les membres de son corps qui se meuvent quand il se remuë ; Ce sont, pour le dire ainsi, des parties estrangeres de luy-mesme qui luy sont plus vnies que les naturelles.

De l'autre costé, le respect qu'ils lui portent n'est pas moins puissant que l'Amour qu'ils ont pour luy : Au moins est-il plus puissant que le Droict de vie et de mort qu'il a sur eux. Ce respect gouverne et regle toutes les troupes : Il les pousse ou les arreste, selon qu'on a besoin de leur differente obeïssance : Il leur pourroit tenir lieu de discipline. Qu'on ne pense pas que ce soient les loix de la guerre et les ordonnances militaires qui empeschent les soldats de faire des fautes : C'est sa presence et son tesmoignage. Quand ils ont manqué, ils craignent plus qu'il le sçache, qu'ils ne craignent qu'on les chastie ; et plusieurs sont retenus en leur devoir par l'aprehension de luy desplaire, qui ne le seroient pas par la crainte de la peine et du deshonneur.

C'estoit là, Madame, la seule chose que craignoit l'armée Romaine, et jamais soldats ne mespriserent si fort l'Ennemy, ny ne redouterent si fort leurs Chefs : Iamais ames ne furent tout ensemble si fieres et si dociles, ne se desborderent avec tant d'impetuosité à la Campagne, et ne reprirent leur place dans le Camp avec moins d'apparence d'en estre sorties. Apres avoir fait des miracles de courage, ces gens-là venoient sçavoir s'ils avoient bien fait ou non : Ils venoient rendre compte de la Victoire, de laquelle il falloit quelquefois se justifier, et laquelle estoit quelquefois punie.

Cette crainte de pieté et de religion a produit des exemples à milliers dans la pure Antiquité, et on marche dessus au College, tant ils sont vulgaires et en grand nombre. Mais il faut choisir ce qu'on vous presente. Il faut que je vous montre, Madame, vne belle marque de cette genereuse crainte, dans la caducité mesme de l'Empire, lors que Rome n'estoit plus que le sepulchre de Rome, la Nature voulant, à mon advis, conserver ses droits, et faire voir que les cendres des matieres souverainement excellentes sont encore riches et precieuses.

Sous l'Empire de Iustinian, vn Capitaine nommé Fulcar, s'estant jetté inconsiderément dans les ennemis, et ayant engagé sa troupe à un combat desavantageux, comme en cette extremité quelqu'vn luy representoit que, s'il vouloit, il pouvoit encore se retirer avec vne bonne partie des siens ; Il vaut mieux mourir, respondit-il, CAR QVEL MOYEN Y AVROIT-IL, APRES CECY, DE SOVSTENIR LE VISAGE DE NARSES? Ce n'est pas que Narses fust cruel, mais c'est que la souveraine Vertu est redoutable. C'est que la mine d'vn General de l'Armée Romaine donne de l'effroy à ceux qui n'en ont pas des espées nuës et de la mort asseurée. D'vne œillade il perce les Coupables jusques au cœur, et en les regardant il les punit.

N'est-ce pas là, Madame, vn effet de cette Authorité qui vient du Ciel, de cette Authorité inherente à la personne de celuy qui l'a, distincte et separée de l'autre Authorité, qui naist du pouvoir donné par la Republique ; qui a esté verifiée par le Senat, qui se lit dans les Patentes de parchemin, qui se remarque par des Aigles et par des Dragons en peinture, par des Verges, par des Haches et par des Archers ?

Cette seconde Authorité, dont vous pretendez que je vous die quelque chose qui n'ait jamais esté dite, est vne certaine lumiere de gloire et vn certain charactère de Grandeur que la Vertu Heroïque imprime sur le visage des hommes. Et ce charactère et cette lumiere corrigent les defauts et les imperfections de la Nature, font que les petits hommes paroissent grands, embellissent les visages laids, defendent la solitude et la nudité d'une personne exposée aux outrages de la Fortune, accablée sous les ruïnes d'vn Party destruit, abandonnée de ses propres vœux et de sa propre esperance. Ce charactère, Madame, est à cette personne vne sauvegarde du Ciel contre les violences de la Terre, la rend inviolable à des Ennemis irritez, lie les mains à des Traistres qui viennent à elle avec un mauvais dessein, trouve du respect et de la tendresse parmy les Scythes et les Tartares.

A cette marque, les Ennemis ont reconnu à la guerre les Princes Romains, quoy qu'ils se fussent déguisez, quoy qu'ils fussent meslez dans la foule des soldats, quoy qu'ils ne les eussent jamais veûs. Rien n'est capable d'effacer ce charactère ny d'obscurcir cette lumiere, non pas mesme les disgraces, la prison et les chaisnes d'un pauvre captif. Le Bourreau tombe à la renverse à la veuë de son patient, et peu s'en faut qu'il ne luy demande la vie. Il s'imagine qu'il voit sortir de ses yeux une grande flamme, qui illumine tout le cachot, et qu'il entend une espouventable voix qui luy crie : Qvi es-tv, Malhevrevx, qvi oses mettre la main svr la personne de Caivs Marivs ?

Ne sont-ce pas là, Madame, trouvez bon que je vous interroge encore vne fois, ne sont-ce pas là les dernieres et les plus cheres faveurs qui se peuvent recevoir de la supresme Vertu? Et cette seconde Authorité, qui survit à la premiere, cette Authorité, qui se conserve dans les ruïnes de la Puissance, qui consacre la mauvaise fortune, les chaisnes et le cachot, qui rend l'affliction saincte et venerable, n'est-ce pas vne chose bien plus noble que l'indigne prosperité des Heureux? que tous les sceptres, toutes les couronnes et toute la magnificence des Rois faineans?

Sans doute l'Authorité est beaucoup plus noble que la Puissance, et celle qui se forme de la reverence de la Vertu beaucoup plus honneste que celle qui s'establit par la terreur des supplices. Le Triomphe pur et innocent d'une infinité de cœurs soûmis est bien plus illustre et plus beau à voir que le sanglant et miserable Trophée de quelques testes abbatuës : j'entends abbatuës sans vne extresme necessité et pour la seule montre d'vn pouvoir sauvage et tyrannique. Et si les Fables des Poëtes sont les mysteres des Philosophes, il me semble, Madame, que leur Iupiter fait vne action bien plus admirable, et plus digne du Pere des Dieux et du Roy des Hommes, quand il remuë toutes choses avec vn de ses sourcils, et qu'il fait trembler l'Olympe en branslant la teste, que quand, à force de foudres et de tempestes, il arrache des arbres et casse des tuilles.

La puissance est vne chose lourde et materielle, qui traisne apres soy vn long esquipage de moyens humains, sans lesquels elle demeureroit immobile. Elle n'agit qu'avec des armées de Terre et de Mer. Pour marcher, il luy faut mille ressorts, mille rouës, mille machines. Elle fait vn effort pour faire vn pas. L'Authorité, au contraire, qui tient de la noblesse de son origine et de la vertu des choses divines, opere ses miracles en repos, n'a besoin ny d'instrumens ny de materiaux, ny de temps mesme pour les operer, est toute recueillie en la personne qui l'exerce, sans chercher d'ayde ny se servir de second : Elle est forte toute nuë et toute seule : Elle combat estant desarmée.

Il ne faut qu'vn mot à l'Authorité pour persuader. Trois de ses Syllabes, Madame, humilient les Audacieux, donnent de la repentance aux Rebelles, arrestent l'impetuosité des Legions mutinées, estouffent vne sedition en sa naissance. Et ceux que le General avoit accoustumé de nommer Mes Compagnons ne peuvent souffrir qu'il les nomme ou Mes Amis, ou Messieurs de Rome, ou comme il vous plaira de traduire QVIRITES. Ils se figurent que ce mot les a desja degradez, que ces trois syllabes leur ont osté l'espée et le baudrier, qu'elles les ont mis dans la lie de la plus impure et de la plus vile populace.

Ie vous demande, Madame, si le nom de QVIRITES, sorty d'vne autre bouche que celle de Cesar, fust entré aussi avant dans le cœur des Legions et eust eu la mesme force sur leur esprit. Pour moy je le croirois difficilement. Ie sçay la portée de la Rhetorique, et connois la vertu des mots les mieux prononcez : Mais elle ne va pas jusques-là. L'Authorité est incomparablement plus persuasive que l'Eloquence. Les soldats se fussent moquez d'vne douzaine d'oraisons de Ciceron, et ils se rendent à vne parole de Cesar.

Ie pense mesme qu'ils se fussent rendus à son Silence, s'il se fust contenté de leur faire signe de sortir du camp sans prendre la peine de parler à eux. Par cette muette condamnation, les traitant comme des Maudits et des Excommuniez de la Patrie, et les declarant indignes de toute sorte de Societé avec leur General, jusqu'à celle des plaintes et des reproches qu'il leur pouvoit faire, vn tel mespris leur eust fait tant de douleur, que, pour grace, ils eussent demandé la mort, et se fussent venus jeter à ses pieds pour le prier de les vouloir perdre plus honnestement.

Mais il me fasche qu'vne si grande parole, qui fut vne

grande action, ne soit pas de quelque Romain du bon temps et de la saincte Republique, afin de ne vous point alleguer de vertu douteuse et dont la cause soit indecise comme celle de Cesar. Ie voudrois, Madame, que cét exemple de l'Authorité militaire fust de Scipion ou de Fabrice, pour le joindre plus justement à cét autre exemple de l'Authorité civile, apres lequel vous me permettrez de finir.

Vous connoissez bien le bon homme Appius Claudius. Regardez-le, je vous prie, accablé d'années et de maladies, qui ne part il y a si long-temps de la chambre, et ne peut que se traisner de son lict à son foyer. En cet estat-là neantmoins il se resout de se faire porter au Senat pour quereller tous les Senateurs, pour s'opposer tout seul à la paix honteuse qu'ils alloient conclure. Il est à croire, Madame, qu'ils ne furent pas moins espouvantez de voir ce hideux Vieillard que si c'eust esté vn Spectre qui fust entré dans la chambre du Conseil. Et, à mon advis, ils ne le prirent pas d'abord pour Appius Claudius : ils le prirent pour son ombre et pour son fantosme, qui venoit de l'autre Monde leur faire des leçons et des remonstrances, qui leur venoit dire, avec vn ton de commandement et vne parole forte, que la cholere luy fournissoit dans la foiblesse d'vn corps confisqué : « Quiconque « a esté autheur d'vne si sale proposition, n'est point vn vray « et vn legitime Romain : Il faut que ce soit vn Estranger « ou vn Bastard : Ce doit estre le fils d'vn de nos Esclaves, « ou il ne luy reste pas vne goutte du sang de nos Peres « que la lascheté n'ait corrompuë. »

Que n'eust point fait ce fascheux Aveugle s'il eust eu des yeux et le reste de son corps en liberté? N'eust-il pas voulu battre ceux qu'il se contenta de gourmander? N'eust-il pas voulu déposer Pyrrhus, et mettre son royaume en interdit, bien loin de luy laisser par vn Traité vn poulce de Terre en Italie? Ie ne sçay pas ce qu'il eust pû faire; mais je sçay bien, Madame, qu'il fit beaucoup. Rome et Pyrrhus sont d'accord des conditions du Traité de paix. Claudius s'y oppose, et le vient rompre dans sa conclusion. Ainsi il est plus fort que Rome et que Pyrrhus tout ensemble, et l'emporte sur l'vn et sur l'autre.

Lors que l'on conta à Cyneas vne si estrange nouvelle, il y a de l'apparence qu'il s'escria : « Voicy quelque chose de « plus grand que tout ce que j'ay admiré à Rome. I'avois veû « vne multitude de Roys, mais je n'avois pas veû leur Pre- « cepteur. C'est cet Aveugle qui est la lumiere de la Re- « publique. C'est ce Malade qui nous fait la guerre. C'est ce « Bon homme, qui ne bougeoit de son lict, qui nous chasse « d'Italie; C'est cette Chaise, dans laquelle il se fait porter « au Senat, qui est plus redoutable que nos Tours pleines « de soldats, que nos Elephans et que nos Machines. »

DISCOVRS DEVXIESME.

SVITE D'VN

ENTRETIEN DE VIVE VOIX

OV DE LA CONVERSATION DES ROMAINS.

A MADAME LA MARQVISE DE RAMBOVILLET.

Mais cela fust jadis au temps de vos Ayeux,
Et de cette vertu si voisine des Dieux,
Quand la jeune Nature, en miracles feconde,
D'vn peuple de Heros fit habiter le Monde.
Maintenant que nostre âge, épuisé de vigueur,
De l'infirme vieillesse a senti la langueur,
Que vostre Rome est morte et sa gloire cessée,
Et la vertu supresme aux Histoires laissée,
C'est assez d'admirer l'effort des actions,
Qui fit ce lieu fatal maistre des Nations.
Adorons ces grands morts, ces antiques Exemples,
Et portons nostre encens où l'on cherche vos Temples.

C'est à peu prés, Madame, ce que je vous respondis hyer en langue vulgaire lors que je pris congé de vous. I'ai depuis trouvé le sens de ma prose dans les vers d'vn Poëte qui ne fit jamais que ceux-là. Et je me suis imaginé qu'il n'y auroit point de mal d'entrer de la sorte en notre conference d'aujourd'huy, et de lier avec vn nœud, qui peut-estre ne vous desplaira pas, les choses que je vous ay dites et celles que vous voulez que je vous escrive.

Advoüons-le de rechef, Madame, il est certain que les grandes largesses de Dieu ont esté faites au commencement, et qu'encore que son bras ne soit pas plus court qu'il estoit, ses mains sont moins ouvertes qu'elles n'estoient. Outre le droit d'aisnesse, qu'a eu l'Antiquité sur les derniers Temps, elle a eu d'autres avantages, qui ont fini avec elle, et ne se sont point trouvez en sa Succession : Elle a eu des vertus, dont nostre siecle n'est point capable. Ce n'est pas à nous à faire les Camilles ny les Catons : Nous ne sommes pas de la force de ces gens-là. Au lieu d'exciter nostre courage, ils desesperent nostre ambition : Ils nous ont plustost bravé, qu'ils ne nous ont instruit par leurs actions. En nous donnant des exemples, ils nous ont obligé à vne peine inutile; Ils nous ont donné ce que nous ne sçaurions prendre, ces exemples estant de telle hauteur, qu'il n'y a pas moyen d'y atteindre.

Ie ne veux pas dire, Madame, qu'aux plus miserables saisons, Dieu ne puisse envoyer quelque ame choisie, pour nous faire souvenir de sa premiere magnificence. Ie ne nie pas qu'il ne puisse prendre vn soin particulier de cette ame, et qu'il n'ait moyen de la preserver des vices de la Cour et de la contagion de la Coustume. Dans le plus general assoupissement du Monde, il se trouve quelqu'vn qui vient esveiller les autres, qui franchit les bornes de son siecle; qui est capable de concevoir l'idée de l'ancienne Vertu, et de nous monstrer que les Miracles des Histoires sont encore des choses possibles.

Il est vray, Madame, ce Quelqu'vn se trouve; Mais ce

Quelqu'vn ne fait point de nombre; Il marque mesme sterilité; Il n'empesche pas la solitude. Il peut y avoir vne Ame privilegiée, vne Personne extraordinaire, vn Heros ou deux en toute la Terre; Mais il n'y a pas vne multitude de Heros, il n'y a pas vn peuple de Personnes extraordinaires! Il n'y a plus de Rome, ny de Romains : Il les faut aller chercher sous des ruïnes et dans des tombeaux. Il faut adorer leurs reliques, et dans les livres dont je vous ay parlé et aux endroits que vous avez desiré que je vous marquasse.

Ie pensois d'abord en estre quitte pour vous avoir marqué ces endroits et pour vous avoir choisi des Livres. Vous n'estes pas neantmoins satisfaite de cela, et il semble que vous pretendiez que j'adjouste ce qui manque aux Livres. La Gloire et les Triomphes de Rome ne suffisent pas à vostre curiosité : Elle me demande quelque chose de plus particulier et de moins connu. Vous desireriez, Madame, que je vous monstrasse les Romains quand ils se cachoient, et que je vous ouvrisse la porte de leur Cabinet. Apres les avoir veûs en Ceremonie, vous les voudriez voir en Conversation, et sçavoir de moy si cette grandeur, si droite et si eslevée, a pû se plier à l'vsage de la vie commune, a pû descendre des Affaires et de l'employ jusques aux Ieux et au Divertissement.

Ie n'en fais point de doute, Madame. Toutes les heures de la vie des Sages ne sont pas également serieuses. Leur ame n'est pas tousjours tenduë ny tousjours guindée, et c'est bien la mesme vigueur, mais ce n'est pas la mesme action. Croiroit-on qu'il n'y ait eu que les Sybarites qui ayent aimé les Festes et qui ayent esté joyeux? Les Romains l'ont esté aussi, mais ils l'ont esté d'vne autre sorte, et ont aimé d'autres Festes que les Sybarites.

La Volupté, qui monte plus haut que les sens, celle qui va chercher la partie superieure pour la remplir de belles images; cette Volupté toute chaste et toute innocente, qui agit sur l'ame sans l'alterer, et la remuë ou avec tant de douceur, qu'elle ne la fait point sortir de sa place, ou avec tant d'adresse, qu'elle la met en vne meilleure place qu'elle n'estoit; Cette Volupté, Madame, n'a pas esté vne passion indigne de vos Romains : Scipion et Lælius en ont vsé sans scrupule : Auguste et ses amis ont esté de ces honnestes Voluptueux.

Le Senat et la Campagne, les Affaires civiles et les Actions militaires avoient leur saison; la Conversation, le Theatre et les Vers avoient la leur. Iamais les plaisirs de l'esprit ne furent mieux goustez que par ces gens-là, et des mesmes mains dont ils gagnoient les batailles et signoient le destin des Nations, ils escrivoient des Comedies ou applaudissoient à ceux qui en joüoient devant eux.

Il n'y avoit pas tous les jours vn Annibal à vaincre, ny vne Afrique à assujettir. Antoine et le fils de Pompée ne moururent chacun qu'vne fois. Et apres cela vint ce calme general, dans lequel les plus inquiets furent de loisir, et le Monde se laissa gouverner aussi paisiblement que s'il n'eust esté qu'vne Famille.

Ils ont donc quelquefois manqué d'ennemis; On les a laissé quelquefois en paix. En cét estat-là, Madame, pourquoy se fussent-ils fait la guerre à eux-mesmes et eussent-ils cherché des ennemis dans leur propre cœur? Pourquoy se donner en proye à vn chagrin pire qu'Annibal et plus cruel que l'Afrique? Pourquoy apprehender de se resjoüir, n'y ayant plus personne qui troublast leur joye; la Mer de Sicile estant nettoyée; l'Egypte estant reduite en Province; Sexte Pompée et Marc Antoine n'estant plus que deux Noms et deux Fantosmes?

Ie vous advoüe, Madame, que le desir de la Gloire estoit leur passion dominante; Mais les Tyrans mesmes ne regnent pas tousjours tyranniquement. C'estoit la fievre de leur esprit : Mais cette fievre ne les brusloit pas tousjours d'vne esgale ardeur : Elle avoit ses relasches aussi bien que ses redoublemens. Et ne pensez-vous pas que Scipion fust hors de son grand accez, quand il amassoit des coquilles au bord de la mer avec son amy, ou qu'il prestoit ses paroles à Chremes et à Micio, dans les Fables de Terence?

Ie ne decide point, en cét endroit, si luy et son amy ont esté les vrais Autheurs de ces Fables : Il me suffit de dire probablement qu'ils en ont esté les premiers Approbateurs, et qu'ils les ont aimées, s'ils ne les ont faites. Il se pourroit bien mesme que le Poëte auroit changé la disposition de quelque Scene par leur advis, et qu'il y auroit quelque demy vers de leur façon, et que ce que nous trouvons de plus fin et de plus juste, ne seroit pas tant ce qu'il a emprunté des ouvrages de Menandre, que ce qu'il avoit appris dans la conversation de Scipion.

Pour l'Empereur Auguste, en la personne duquel je considere la fin du bon Temps, comme sa fleur en celle de Scipion, il est tres-vray, Madame, qu'il a jugé tres-sainement du prix et du merite de chaque chose et qu'il a aimé la Gloire, mais il n'a pas haï la Volupté. Ie parle de la Volupté, en general, parce qu'il essaya de toutes, et qu'ayant donné beaucoup à ses sens, il ne refusa rien à son esprit. Il voulust connoistre le Bon et le Beau en tous les subjets où il est et où il semble estre; Et pour cette recherche il employa de si adroits et de si curieux Espions, qu'ils n'ont rien laissé à descouvrir aux siecles qui sont venus depuis eux.

Ie n'oserois pas dire, comme a fait quelqu'vn, que les Muses furent ses Bouffonnes et ses Basteleuses : ce mot est deshonneste et injurieux. Ie diray seulement qu'elles eurent l'honneur d'estre ses domestiques et ses Familieres, et qu'en ces temps-là elles estoient de la Cour et du Cabinet. Pour le moins, les faisoit-on venir aux heures de conversation, si on ne les appelloit à la deliberation des Affaires, et si c'est trop de dire que Virgile fust le quatriesme de ce Conseil tenu entre Auguste et ses deux Amis, pour sçavoir s'il garderoit l'Empire ou s'il rendroit la Liberté.

L'histoire de ce Conseil m'est vn peu suspecte, et j'ay de la peine à me persuader que les beaux esprits de ce temps-là fussent si avant dans la confidence de l'Empereur, et qu'il leur fist part des affaires de cette nature. Ie me contente de croire qu'ils avoient l'intendance de ses plaisirs vertueux, sans aspirer à vne plus importante direction, et qu'il leur faisoit ouvrir la porte du Palais, quand on la fermoit aux Supplians et à leurs Requestes.

Mais quand, dans les Provinces esloignées et au milieu mesme du Palais, il s'esleva des nuages qui broüillerent le Calme dont je vous ay parlé, ce fust alors, Madame, que les Muses ne furent pas moins necessaires à Auguste, qu'elles luy avoient esté auparavant agreables; Ce fut alors qu'elles furent de service, et qu'elles ayderent Livia à soustenir son Mary, qui commençoit à plier sous les soins et sous les affaires.

En cette saison de chagrin et d'inquietude, elles n'estoient occupées qu'à luy chercher de la joye et des divertissemens : Elles ne songeoient qu'à enchanter ses peines par leurs chansons; Elles ne s'estudioient qu'à appaiser et mettre en repos cette partie impatiente de son ame, qui se tourmentoit et veilloit sans cesse; qu'à esloigner son imagination des desbauches de sa Fille, et de la defaite de ses Legions; qu'à luy oster la veuë des Subjets qui le faschoient par l'interposition d'autres Subjets qui luy pouvoient plaire.

Or, Madame, comme ce n'estoit pas peu meriter du genre humain que d'endormir quelquefois Auguste et quelquefois de le resjoüir, ces bonnes Deesses se justifioient par là de la calomnie des Barbares, qui les accusent d'estre inutiles à la Republique et de n'avoir point de rang dans le Monde. Ce bon Prince aussi, souffrant qu'elles destendissent la trop grande force de ses pensées, et prenant quelque intervalle de relasche dans les spectacles qu'elles prenoient le soin de luy preparer, faisoit plusieurs bonnes choses en mesme temps. Car outre que les advoüant à luy, il protégeoit des Innocentes contre la licence des vieux soldats et la cruauté de la Victoire civile, il s'acqueroit des Parleuses, qui sont escoutées de tous les Siecles, et les honorant de sa familiarité, il les rendoit tributaires de sa gloire. Mais principalement, Madame, il suivoit le conseil de la Nature, qui veut que tout ce qui travaille se repose; qui entretient la durée par la moderation, et menace la violence de fin.

Ie sçay bien que cette souveraine Intelligence, qui a esté donnée aux grands Princes pour la conduite des choses humaines, n'est point capable de lassitude, et qu'elle agiroit continuellement, si elle pouvoit agir toute seule; Mais estant engagée avec le Corps, et tenant à des organes qui sont extrêmement fresles et delicats, il faut qu'elle les mesnage pour s'en servir, et qu'elle s'accommode, malgré elle, aux necessitez d'vne societé dans laquelle elle est entrée. Les Princes ne peuvent pas estre tousjours Anges, separez des sens et joüissans de la pureté d'vn estre simple. Il faut qu'ils soient Hommes quelquefois, meslez dans la matiere, et subjets aux charges du Composé. Il faut, Madame, qu'apres les Tempestes des affaires et les fascheux objets des maux qu'ils ont à combattre, on ait soin de leur chercher des Ports agreables pour sejourner et rafraischir leur esprit, et des Perspectives attrayantes, qui leur deslassent et resjoüissent les yeux.

Ce sont des besoins de la vie humaine, quelque riche et suffisante à soy-mesme qu'elle puisse estre d'ailleurs. Le travail accableroit les plus fortes ames, si elles n'avoient de ces aydes et de ces appuys à se soustenir; la melancholie les suffoqueroit, si elles ne respiroient de cette sorte. Ce sont, à proprement parler, les voluptez de la Raison et les delices de l'Intelligence; et celuy qui a trouvé toutes les veritez qui sont au-dessous du Ciel, et n'a rien ignoré de ce qui se peut sçavoir sans Revelation, en a fait si particulier estat au quatriesme livre de ses Ethiques, qu'il n'a point craint de dire que le Ieu et le Divertissement n'estoient pas moins necessaires à la vie que le Repos et la Nourriture.

Il est vray qu'il fait différence, aussi bien que nous, de divertissemens et de jeux. Ce n'est pas vn Conseiller de toute sorte de desbauche, et il ne veut pas que les Sages passent le temps comme le Vulgaire. Il a descouvert, entre la mauvaise humeur et la bouffonnerie, vn milieu approuvé de la Raison, dans lequel l'Ame se dilate par vn mouvement moderé, et ne s'enerve pas par vne dissolution violente. Et de ce milieu, Madame, il a fait vne vertu morale, qui regarde le bien de la Compagnie, ensuite de deux autres qu'il nous propose, dans le mesme chapitre, pour la mesme fin.

La premiere de ces trois Vertus est vne certaine douceur et facilité de mœurs qui sçait estre accommodante sans estre servile, et n'approuve pas sans choix tout ce qui se dit, ny ne le desapprouve aussi par dégoust. La seconde est vne franchise naïve et vne coustume de dire vray aux choses mesmes indifferentes, esloignée en pareil degré de la vaine ostentation et de la retenuë affectée. I'ay dit d'abord quelle est la troisiesme; Et ces trois habitudes vertueuses, selon l'opinion d'Aristote, reglent tout le commerce des paroles, et s'estendent dans tous les entretiens que les hommes ont les vns avec les autres, soit qu'on y tienne des propos complaisans ou fascheux, soit qu'ils soient veritables ou faux, soit qu'ils soient joyeux ou tristes.

Tellement, Madame, que, sans la premiere de ces trois Vertus, les Assemblées des hommes ne seroient que des troupes d'Ennemis meslez ensemble, qui s'esgratigneroient et se sauteroient au visage; ou des Cercles d'Amoureux qui adoreroient leurs defauts, et trouveroient leurs rides belles.

Sans la seconde, ce ne seroient que des escholes de Dissimulez, qui ne veulent pas dire quelle heure il est, ny qu'il est jour à midy, tant ils ont peur de se mesprendre, ou des Theatres de Capitans, qui disent plus qu'ils ne sçavent et plus qu'ils n'ont fait et plus qu'il ne se peut faire. Enfin sans la troisiesme, de laquelle nous parlons, les Assemblées des hommes estant trop tristes ou trop gaillardes, sembleroient, Madame, ou des Convois de personnes affligées et la representation d'vn deuil public, ou des Spectacles de personnes nuës, et l'image de ces Festes licentieuses qui n'osoient paroistre devant Caton.

Le milieu de ces deux mauvaises extremitez est vne Vertu, non pas, à la verité, si esclatante ny si haute que la Sagesse et la Magnanimité; Mais c'est neantmoins vne Vertu advoüée par la Philosophie, et par la Philosophie mesme de Caton. Et si nous l'avions chassée de nostre Morale, la communication que nous avons les vns avec les autres n'auroit rien que de sec et d'espineux : Le Discours seroit plustost vne corvée et vn travail de la bouche qu'vn soulagement et vne descharge du cœur; et la Société, où nous n'aurions permission que de disputer et de contredire, nous ennuyeroit bien plus que la Solitude, où nous pouvons au moins rire de memoire, et nous resjoüir avec nos pensées.

Ie ne voudrois pas asseurer, Madame, que les Romains eussent connu vne si loüable qualité dans l'enfance de la Republique. Et quoy qu'vn de leurs Poëtes parle des bons mots du Roy Numa et de la Nymphe Egerie, les conferences qu'ils avoient ensemble, s'estant passées sans tesmoins, il n'en peut parler que par conjecture.

Ces Paysans victorieux, ne sçachant que labourer et se battre, n'estoient sensibles qu'à des plaisirs grossiers et proportionnez à la dureté de leur naissance. Il n'y a pas beaucoup d'apparence qu'ils possedassent vne vertu, qui est directement opposée à la rudesse dont ils faisoient profession, et n'accompagne gueres la pauvreté, que la mauvaise humeur suit presque tousjours.

Tant que leur eloquence, pour vser des termes de Varron, a senti les aulx et les oignons, on n'en devoit rien attendre de fort exquis, et il estoit difficile qu'vne si triste Austerité que la leur entendist raillerie et se laissast toucher à la joye. Il falloit premierement que, sans s'affoiblir, ils se ramollissent; qu'ils s'adoucissent le courage et se deroüillassent les mœurs; qu'ils s'advisassent à la fin de se cultiver, comme ils cultivoient leurs jardins et leurs heritages.

Ils le firent, certes, avec tel succez, et trouverent vn fond si heureux, que d'abord le bon esprit fut parmy eux vne chose populaire. La Politesse passa du Senat aux ordres inferieurs, voire aux plus bas estages du menu peuple. Et si en leur cause on doit croire leur tesmoignage, ils ont effacé ensuite toutes les Graces et toutes les Venus de la Grece, et ont laissé son Atticisme bien loin derriere leur Vrbanité.

C'est ainsi, Madame, qu'ils appellerent cette aimable vertu du commerce, apres l'avoir pratiquée plusieurs années sans luy avoir donné de nom asseuré. Et quand l'vsage aura meury parmy nous vn mot de si mauvais goust, et corrigé l'amertume de la nouveauté qui s'y peut trouver, nous nous y accoustumerons, comme aux autres que nous avons empruntez de la mesme langue.

Or, soit qu'en la nostre ce mot exprime vn certain air du grand Monde et vne couleur et teinture de la Cour, qui ne marque pas seulement les paroles et les opinions, mais aussi le ton de la voix et les mouvemens du corps, soit qu'il signifie vne impression encore moins perceptible, qui n'est reconnoissable que par hazard, qui n'a rien qui ne soit noble et relevé, et rien qui paroisse ou estudié ou appris, qui se sent et ne se voit pas, et inspire vn genie secret que l'on perd en le cherchant; soit que, dans vne signification plus estenduë, il veuille dire la Science de la Conversation et le don de plaire dans les bonnes compagnies. Ou que, le mettant plus à l'estroit, on le prenne pour vne adresse à toucher l'esprit par je ne sçay quoy de piquant, mais dont la piqueure est agreable à celuy qui la reçoit, parce qu'elle chatoüille et n'entame pas, parce qu'elle laisse vn aiguillon sans douleur et resveille la partie que la medisance blesse. Tant y a, Madame, qu'au jugement d'vn grand Iuge de pareilles choses, c'est vne connoissance dont les Grecs ont abusé, que les autres Peuples ont ignorée, et de qui les seuls Romains ont sceu le vray et le legitime vsage, leur ayant esté si propre et si incommunicable à leurs plus proches voisins, que ceux d'Italie n'ont mesme pû l'acquerir sans quelque déchet, ny la contrefaire si finement que la ressemblance n'en fist remarquer la diversité.

C'estoit donc, à ce compte-là, vne plante domestique qui ne pouvoit venir que sur le rivage de leur Tibre, ou sur leur Mont Palatin, ou au pied de leur Capitole, ou proche de leur Champ de Mars, ou en quelque autre quartier de la capitale Ville du Monde.

Est-il possible que le Ciel et le Soleil de Rome eussent tant de force et tant de vertu? Agissoient-ils si sensiblement sur l'esprit des hommes? Estoient-ils si absolument necessaires pour les rendre de bonne compagnie?

Ie n'ay garde de le dire de mon chef, ny de faire ce tort au reste de l'Italie et aux autres Provinces civilisées. Mais generalement parlant, il est certain, Madame, que les citoyens de Rome apportoient de grands avantages dans le Monde; devoient beaucoup à leurs Meres, et à leur Naissance sçavoient quantité de choses que personne ne leur avoit apprises.

Il n'y a point de doute que, dans leur plus familier entretien, il n'y eust des Graces negligées et des Ornemens sans art, que les Docteurs ne connoissent point, et qui sont au-dessus des Regles et des Preceptes. Ie ne doute point qu'apres les avoir veû tonner et mesler le Ciel et la Terre dans la Tribune aux harangues, ce ne fust vn changement de plaisirs tres-agreable de les considerer sous vne apparence plus humaine, estant desarmez de leurs Enthymemes et de leurs Figures, ayant quitté leurs Exclamations feintes et leurs Choleres artificielles, paroissant en vn estat où l'on pouvoit dire qu'ils estoient veritablement eux-mesmes.

C'estoit là, par exemple, Madame, où Ciceron n'estoit ny Sophiste, ny Rhetoricien, ny Idolastre de celuy-cy, ny Furieux contre celuy-là, ny de l'vn ny de l'autre Party : Il estoit là le vray Ciceron et se mocquoit souvent en particulier de ce qu'il avoit adoré en public.

C'estoit là où il definissoit les hommes et ne les embellissoit pas, où il parloit de Caton comme d'vn Pedant du Portique, ou pour le plus d'vn Citoyen de la Republique de Platon; où il disoit que la pourpre du Senat estoit la plus fine, mais que le fer des Rebelles estoit le meilleur; où il advoüoit que Cesar estoit l'Ouvrier de sa fortune, et que Pompée n'estoit que l'Ouvrage de la sienne.

Ces sentimens, qui partoient du cœur, estoient cachez dans les grandes Assemblées et ne se descouvroient qu'entre deux ou trois Amis et autant de fideles Domestiques, à qui ils faisoient part de cette secrete felicité. Et s'il a esté dit de quelques-vns d'eux qu'ils ont Regné toutes les fois qu'ils ont Harangué, tant estoit souverain le pouvoir qu'ils exerçoient sur les ames, on peut dire de ceux-là mesmes, que, dans leur Conversation, ils rendoient la liberté qu'ils avoient ostée dans leurs Harangues; qu'ils mettoient au large et à leur aise les esprits qu'ils venoient de presser et de tourmenter, et qu'ils les tiroient de l'admiration, qui les avoit agitez avec violence, pour leur faire sentir vn transport plus doux et les ravir avec moins de force.

I'ay veû vn grand Prince, aux Pays-Bas, qui envioit en cela la fortune de leurs Affranchis et de ces Amis inferieurs et du second ordre qu'ils avoient tirez de la servitude pour les mettre dans la confidence. Et en effet, c'estoit vn contentement merveilleux de pouvoir estre tesmoin de leur vie interieure et d'assister aux plus particulieres heures de leur loisir. Et ce seroit vne satisfaction sans pareille de sçavoir les bonnes choses qui se disoient entre Scipion et Lælius, Atticus et Ciceron, et les autres honnestes gens de chaque siecle; d'avoir, dis-je, vne Histoire de la Conversation et des Cabinets, pour adjouster à celle des Affaires et de l'Estat.

Estant nés dans l'Empire et nourris dans les Triomphes, tout ce qui sortoit d'eux portoit vn charactere de Noblesse qui les distinguoit de leurs Subjets : Tout sentoit le Commandement et l'Authorité, quoy qu'il ne fust question ny de Gouverner ny de Conduire : Tout estoit remarquable et de bon exemple, voire leur Secret et leur Solitude.

Ayant veû, dés leur enfance, traisner des Roys captifs par les ruës, et d'autres Roys, Supplians et Solliciteurs, venir en personne demander justice et attendre à la porte du Senat leur bonne ou leur mauvaise fortune, ils ne pouvoient garder rien de bas dans des esprits esmeus et purgez par de tels spectacles. La lie mesme d'vn tel peuple estoit precieuse. Et si, par malheur, il se fust trouvé quelques Gentilshommes qui eussent eu des ames vulgaires, il est à croire que de si grands objets les eussent incontinent relevées. Il est vraysemblable qu'estant non-seulement couverts et environnez, mais penetrez, mais remplis de tant de lumiere, il en rejaillissoit jusques sur leurs moindres actions, et qu'ils ne les pouvoient pas adoucir ny cacher si bien qu'elles ne fussent tousjours fortes et illustres.

Ie le dis comme je le pense, et vous sçavez bien que les Morts n'ont point de flatteurs. Il leur estoit impossible de se défaire tout-à-fait de leur Grandeur, parce qu'elle tenoit à leur cœur et à leur esprit, parce qu'elle avoit racine en eux, et n'estoit pas appliquée sur leur Fortune. Ils ne faisoient pas vn geste ny ne poussoient vn mouvement au dehors qui fust indigne de la souveraineté du Monde. Ils rioient mesme et se joüoient avec quelque sorte de dignité.

Ce que je ne crains point, Madame, d'avancer devant vous, qui descendez non-seulement du mesme principe et du mesme sang; mais qui estes de plus Fille de leur discipline et de leur esprit, et ne tenez pas moins de la magnanimité des Cesars et des Scipions, que de l'honnesteté des Livies et des Cornelies.

Ils estoient donc Grands, vos Ancestres, dans les plus petites choses. Et puis qu'autrefois vne Secte a creû que le Sage dormant estoit semblable à soy-mesme et ne laissoit pas d'estre sage (c'estoit vne Idole et vn Sage fait à plaisir qu'elle se formoit); Puis que cette Secte a laissé pour dogme que les Songes de ce Sage imaginaire estoient raisonnables et judicieux, il nous sera bien permis de croire que les veritables Sages ont pû regler par la raison et conduire avec gravité vne partie de la vie, qui est plus capable de l'vne et de l'autre que le dormir; et que leurs exercices, moins violens et moins serieux, estoient animez de la vigueur et de la majesté de la Republique.

Vous plaist-il que je vous verifie ce que je vous dis et que je monte mesme plus haut que le Siecle des Scipions, pour vous monstrer qu'il y a tousjours eu de l'esprit à Rome, mais qu'il y a tousjours eu aussi de l'authorité et de la grandeur qui se sont meslées dans cet esprit? Ce ne sera point autre que le bon Fabrice, dont vous avez veû la lettre à Pyrrhus, qui nous fournira l'exemple que nous cherchons; Et considerez-le, je vous prie, Madame, dans cette celebre Conversation, qu'il eust avec le mesme Pyrrhus et avec Cyneas chef de son Conseil.

Cyneas ayant fait vn long discours à la loüange de la vie contemplative, et ayant dit entre autres choses qu'il y avoit vn grand personnage à Athenes, nommé Epicure, qui preschoit le Repos et la Volupté, et tenoit que le gouvernement des Estats estoit indigne de l'occupation des Sages, parce que les Sages ne se devoient point mettre en peine pour des Fous, pour des Ingrats, pour des Hommes : Fabrice eust la patience d'ouïr ces vanitez Grecques, quoy qu'il ne les approuvast pas; mais avec vn souris desdaigneux qu'il adressa à celuy qui les debitoit : O QVE LES ROMAINS, dist-il, AVROIENT BIEN-TOST FAIT, SI TOVTE LA TERRE VOVLOIT ESTRE EPICVRIENNE !

Ne pensez-vous pas, Madame, que Cyneas fust bien surpris d'vne response si peu preveuë et si esloignée de l'admiration qu'il attendoit d'vn homme sans lettres, qu'il croyoit avoir ravy par son eloquence? Ce petit mot renversa d'vn mesme coup les opinions du grand personnage d'Athenes et l'eloquence du beau parleur. Et vne refutation reguliere de la Philosophie Epicurienne, entreprise par vn Stoïque, venu preparé à cela, n'eust point eu tant de force que cette exclamation d'vne ligne, qui rendist Epicure ridicule, qui mist Cyneas en confusion, et donna de l'estonnement à Pyrrhus.

Mais, Madame, c'estoit la coustume de Fabrice d'estonner Pyrrhus par ses Responses. Il riroit d'ordinaire des propositions que le Roy luy faisoit serieusement. Et vn jour qu'il luy offrit la premiere place en son Royaume apres luy, s'imaginant qu'il n'auroit garde de deliberer sur vn party si avantageux, et qu'il ne feroit point de difficulté de changer de la pauvreté pour des richesses, le pauvre Citoyen respondit au riche Prince ces paroles que j'ay tirées d'vne histoire Grecque escrite à la main :

« Ie vous aime trop, Pyrrhus, pour accepter la condition « que vous me faites. Si j'estois aujourd'huy vostre Favory, « qui vous a asseuré que je ne fusse pas demain vostre « Maistre? Vous valez beaucoup, à la verité, mais vous « coustez encore plus. Et croyez-vous que si vos Subjets « m'avoient connu, ils n'aimassent pas mieux recevoir de

« moy des Exemptions et la seureté de tout ce qu'ils ont, « que de vous payer des Tributs et de n'avoir rien qui soit « à eux? Ne me faites donc plus des Offres qui vous ruïne- « roient, si je vous prenois au mot, et ne me promettez pas « ce que vous ne me pouvez tenir que par la perte de vostre « Couronne. »

Vn Republicain farouche et né avec la haine de la Monarchie, eust respondu tout cruëment, qu'il n'avoit que faire du Roy ny de la Lieutenance generale de son Royaume; Mais Fabrice, qui n'estoit farouche que dans le combat, et ne sçavoit offenser que les Roys armez, ne voulant pas accepter ce qui luy avoit esté offert, le voulut refuser de bonne grace. Il voulut, par ce refus galand et ingenieux, se faire desirer encore vne fois à Pyrrhus, et luy monstrer qu'il n'eust pas eu seulement en luy vn homme de tres-grand service, mais aussi vn homme de tres-bonne compagnie.

Ce sont là, Madame, les premiers traits de la Politesse, et comme le dessein de l'Vrbanité, dans vne Republique de fer et de bronze, parmy de simples et d'innocens Citoyens, mais simples et innocens de telle façon qu'on peut dire que leur simplicité a esté fine et leur innocence spirituelle. Les Consuls et les Dictateurs rioient de cette façon. Ils parloient ainsi, quand ils ne parloient pas serieusement; Et la Seriosité des Grecs a-t'elle rien qui vaille cette Raillerie fiere et imperieuse de vos Romains?

Les Censeurs mesmes, Madame, quoy qu'il semble que la Tristesse fust vne des fonctions de leur charge, ne renonçoient pas absolument à toute sorte de Raillerie; Ils ne s'opiniastroient pas dans vne eternelle severité. Et ce fascheux et insupportable homme de bien, le premier Caton, dis-je, a cessé quelquefois d'estre fascheux et insupportable. Il a eu des rayons de joye et des intervalles de belle humeur. Il luy est eschappé des mots qui ne sont pas mal plaisans, et s'il vous plaist, Madame, vous jugerez des autres par celuy-cy.

Il avoit espousé vne femme fort bien faite. Et l'Histoire remarque que cette femme craignoit extrêmement le Tonnerre, comme elle aimoit extrêmement son Mary. Ces deux passions luy conseillant vne mesme chose, elle choisissoit tousjours son Mary pour son asyle contre le Tonnerre, et se jettoit entre ses bras au premier murmure du Ciel qu'elle s'imaginoit d'avoir oüy. Caton, à qui l'orage plaisoit et qui n'estoit pas fasché d'estre caressé plus qu'à l'ordinaire, ne pust retenir sa joye dans son cœur; Il revela ce secret domestique à ses Amis, et leur dit vn jour, parlant de sa femme : « Qu'elle avoit trouvé le moyen de luy faire desirer « le mauvais temps, et qu'il n'estoit jamais si heureux que « quand Iupiter estoit en cholere. »

C'est la Severité elle-mesme qui s'est esgayée de cette sorte, c'est l'extreme Rigueur, c'est la souveraine Iustice, qui a voulu rire. Et de fait, Madame, bien que luy et les autres fussent des Iuges incorruptibles, ce n'est pas à dire pour cela que leur bonne justice procedast de leur mauvaise humeur. Ils sçavoient changer de vertu selon la diversité des temps et des lieux; Ils recevoient le soir, dans le Cabinet, les Graces qu'ils avoient rejetées le matin sur le Tribunal. Mais les Graces estant chez eux, elles n'y estoient pas affetées ny licencieuses : elles y estoient sages et modestes. Elles ne fardoient pas la Majesté : Elles l'ajustoient le moins du monde et l'empeschoient seulement de faire peur.

Ces Graces, Madame, et cette Majesté se separerent à la fin; et les Graces parurent encore sous les Empereurs, mais elles parurent toutes seules; car la Majesté, j'entends la majesté des paroles, se perdit avec la liberté. Le style de Fabrice ne dura que jusques à Brutus et Cassius, et il est certes bien reconnoissable, soit dans quelques-vnes de leurs lettres, qui se voyent encore, soit dans le propos qu'ils eurent ensemble la veille de la Bataille de Philippes.

Il n'y a point d'homme, si estranger dans l'Antiquité, qui

ne connoisse le mauvais Ange de Brutus, et qui ne sçache leur Dialogue. Le lendemain de cette funeste conference, Brutus la conta à Cassius, avec plus de trouble et d'émotion qu'il n'en avoit eu quand le Demon s'estoit apparu à luy. Mais voicy, Madame, de quel biais Cassius tourna vne matiere si peu agreable, et comme il la mit à profit pour l'vsage de la Conversation.

Sans faire l'Admirateur estonné ny l'Incredule opiniastre, il dit en riant à son amy : « Que les soins de l'Ame, la con-« tention de l'esprit, la lassitude du corps et les tenebres de « la nuit, pouvoient bien estre cause de sa Vision et luy « avoir formé cette image estrange. Que, pour luy, par les « principes de la Philosophie, dont il faisoit profession, il ne « croyoit point qu'il y eust de Demons, et beaucoup moins, « qu'ils fussent visibles; Qu'il voudroit, neantmoins, qu'il y « en eust et que sa Philosophie fust fausse; parce qu'appa-« remment ces esprits sans corps devant estre justes et ver-« tueux, l'Action des Ides de Mars estoit si belle et leur Cause « si honneste, que sans doute ils voudroient y prendre part; « Qu'ainsi ce seroient des Amis et des Alliez de la Republi-« que, ausquels ils n'avoient point songé, qui viendroient à « son secours, et des Troupes de reserve qui combattroient « pour eux au besoin. Que cela estant, ils ne devoient pas « compter seulement dans leur Party, tant de Compagnies « de gens de pied, tant de Cornettes de Cavalerie, tant de « Legions et tant de Vaisseaux; Mais qu'il y avoit encore vn « Peuple immortel, et des Soldats bien-heureux, à qui il ne « faudroit point donner de solde, qui se declareroient pour « la bonne cause, et qui n'auroient garde de servir Antoine « contre Brutus, ny de preferer la Tyrannie à la Liberté. »

Ces paroles, Madame, sont les dernieres paroles de la Republique, qu'elle prononça avant que de rendre l'ame, et apres lesquelles elle expira. C'estoit le charactere de l'esprit de Rome; c'estoit la langue naturelle de la Majesté. Et ne trouvez-vous pas que Cassius estoit bien eloquent en cette langue? Ne seriez-vous pas bien aise de connoistre plus particulierement cét excellent homme, et de le voir en d'autres conversations que celle-cy, et de l'ouïr parler sur des subjets moins desagreables, et vn autre jour que la veille de la Bataille de Philippes?

Le mal est que la vive voix meurt en naissant, et ne laisse rien qui reste apres elle, ne formant point de corps qui subsiste en l'air. Les paroles ont des aisles : vous sçavez l'epithete qu'Homere leur donne, et vn Poëte Syrien en a fait vne espece parmy les oyseaux. De sorte, Madame, que si on n'arreste ces Fugitives par l'Escriture, elles eschappent fort facilement à la Memoire.

Tout ce qui s'escrit mesme, n'est pas asseuré de demeurer, et les Livres perissent, comme la Tradition s'oublie. Le Temps, qui vient à bout du fer et des marbres, ne manque pas de force contre des matieres plus fragiles; et les Peuples du Septentrion, qui sembloient estre venus pour haster le Temps et pour precipiter la fin du Monde, declarerent vne guerre si particuliere aux choses escrites, qu'il n'a pas tenu à eux que l'Alphabet mesme ne soit aboly.

Il y a d'ailleurs, Madame, vn Destin des Lettres, qui perd et sauve sans choix les monumens de l'intelligence humaine; qui pardonne à de mauvais vers et à des fables mal inventées, pour supprimer les Oracles et priver le Monde de la lumiere des Histoires necessaires. Les Anciens ont reconnu vn Demon, qui preside à la naissance des Livres, et dispose si souverainement de leur fortune et de leur succez, qu'ils reüssissent bien ou mal, et vivent beaucoup ou peu, selon qu'il leur est favorable ou ennemy.

Or il est certain que si ce Demon a esté malfaisant au Public, et envieux des Curiositez honnestes, et contraire à la reputation des grands personnages, ç'a esté principalement en cette partie de leur memoire, qui eust esté le portrait de leur humeur, qui nous eust appris les gousts et les delicatesses de leur esprit, qui eust descouvert à la Posterité la verité de leurs mœurs et le secret de leur vie privée.

Quel malheur, Madame, de ne pouvoir les aborder par cét endroit accessible et proportionné à la debilité de nos forces; d'avoir perdu cét objet aisé, et qui seroit bien plus de nostre portée qu'vne plus haute eslevation de leur Gloire; de sçavoir la plupart de leurs Batailles et l'ordre de leur Milice, et d'ignorer leurs Conferences tranquilles et la Methode qu'ils avoient de traiter ensemble, d'estre de leurs Festes solemnelles et de leurs grandes Ceremonies, et de n'avoir point de part en leur Familiarité, ny aux affaires de leur Maison.

A la verité, Madame, ce ne seroit pas vn petit malheur, s'il nous estoit entierement arrivé. Mais il me semble que nous ne pouvons pas nier avec raison, que quelques-vns d'entre eux n'ayent eu soin de nous, ny nous plaindre justement d'avoir esté frustrez de tout ce qui nous appartenoit de leur succession. Deux ou trois, par le moyen de la Comedie, nous ont laissé des crayons de vingt-quatre heures, je veux dire la representation de quelque journée passée agreablement, et d'autres se sont montrez à nous dans leurs Dialogues et dans leurs Lettres.

Ce sont, Madame, leurs entretiens immortels, que ces Dialogues et que ces Lettres; ce sont des Conversations qui durent encore, où nous avons liberté d'entrer à toute heure, où se conserve l'idée de la vertu dont parle Aristote au quatriesme livre de ses Ethiques; où se trouve la maniere de cette raillerie noble et Patricienne, comme ils la nommoient, qui compatissoit si bien avec la gravité Romaine.

Ces Copies sont plus correctes et plus nettes que n'estoient peut-estre leurs premiers originaux; Et si elles n'ont pas l'avantage de la vive voix et de la presence, qui persuadent les sens et donnent de l'esclat aux choses viles, elles ont celuy de l'attention et de la seconde veuë, qui polissent le rude et démeslent le confus, qui adjoustent ce qui manque ordinairement aux actions soudaines et fortuites.

Voila bien, Madame, dequoy satisfaire vne ame qui n'a que de languissantes passions, et dequoy contenter vne faim à qui peu de nourriture suffit. Mais estant desireux de beaucoup, et avides de nouvelle connoissance, et amateurs de changement, il faut advoüer qu'il n'y en a que pour nous mettre en appetit. Nous ne sommes pas des enfans tout-à-fait desheritez, mais nous ne sommes pas des Heritiers extrêmement riches, et les biens qui nous restent n'ont garde d'estre si grands que les pertes que nous avons faites.

Ce n'est pas mon dessein de pleurer icy les calamitez de la Republique des Lettres; Ie ne diray rien de la mauvaise fortune de l'Histoire, de ses bresches et de ses ruïnes. A peine le nom de Lucceius est venu jusques à nous, de ce Lucceius, Madame, dans l'Histoire duquel Ciceron a brigué et demandé vne place. Nostre Salluste n'est qu'vne petite partie du Salluste de vos Peres. Où est la seconde Decade de Tite-Live? Où sont ses Guerres civiles? Où sont celles d'Asinius Pollio et de Cremutius Cordus, qui estoient des chefs-d'œuvre de la Liberté et de l'Eloquence Romaine? Tout cela n'est plus, Madame, et si nous voulons apprendre des Nouvelles d'vne saison qui a tant de rapport et de conformité avec les Temps que nous avons veûs, il faut que nous nous enquerrions à quelque estranger de Grece, qui nous dit d'ordinaire ce qu'il ne sçait pas.

Ie voy bien neantmoins qu'en l'humeur où nous nous trouvons aujourd'huy, et dans le degoust d'vn Siecle malade, qui prefere les sauces aux viandes et sa fantaisie à sa santé, ce n'est pas le Grave et le Serieux des Romains que nous regrettons davantage et qu'il nous fasche le plus d'avoir perdu. Nous nous passerions aisément des Annales de leurs Guerres et de leurs Campagnes, s'il y avoit vn Iournal de leurs Divertissemens et de leurs Quartiers d'hyver. Et nous nous consolerions sans beaucoup de peine du naufrage des Histoires necessaires, si les belles Fables s'estoient pû sauver.

Ce seroit, certes, vne excellente consolation à des esprits affligez de la perte des Decades de Tite-Live, que le recouvrement des Comedies de Plaute et de Terence, que nous n'avons plus, sans parler des autres Poëtes de Theatre, du debris desquels il ne nous reste que quelques vers boiteux et quelques Sentences estropiées.

Les Satyres de Varron, qui estoit vn autre peintre de la vie et de l'esprit, nous donneroient aussi, Madame, des connoissances bien agreables; car, quoy que la plus serieuse Philosophie fust dans ces Satyres, elle y estoit comme sur des fleurs et comme en vn lieu de desbauche, toute peinte et toute parfumée de la Galanterie de ce temps-là.

Nous verrions là dedans les Peres Conscripts desembarrassez de leurs Cliens, desvestus de leurs longues robes, en la pureté de leur naturel, tels qu'ils estoient dans les plaisirs de la bonne chere et dans la liberté d'apres souper, tels que vous me les avez demandé à voir quand vous avez creû que je pouvois adjouster quelque chose aux Livres. Nous aurions des lions tous entiers, dont nous n'avons que les ongles; Et si le Destin des Livres avoit voulu, les Conversations de Brutus et de Cassius, les Entretiens de Volumnius et de Papyrius Pætus, auroient esté d'aussi longue vie que les Controverses des Rhetoriciens de Seneque et les Declamations de Quintilien. Nous jugerions, Madame, de l'Vrbanité par elle-mesme, et sur des figures entieres et achevées; au lieu que nous n'en pouvons juger que par nos soupçons et sur des traces obscures et imparfaites.

S'il avoit pleû au mesme Destin, le premier Cesar seroit encore vn des Autheurs que je vous allegueroіs sur cette matiere. Il avoit recueilly avec soin ce qui s'estoit dit et ce qui se disoit tous les jours de plus remarquable. Tyron avoit fait aussi vn recueil de bons mots de Ciceron, et vn ancien

Grammairien parle de deux livres de Tacite qui avoient pour tiltre les Faceties.

Mais particulierement, Madame, la Cour du second Cesar, de laquelle il a esté parlé au commencement de ce Discours; cette Cour galante et spirituelle, qui se mocquoit des bons mots de Plaute, et de la raillerie de l'Antiquité, me fourniroit dequoy vous entretenir des jours entiers, d'vne vertu qui luy appartenoit en proprieté, et qui avoit receû d'elle sa derniere forme ; Car il faut advoüer, avec la permission de la Republique, que le Siecle d'Auguste a jugé des choses bien subtilement ; a achevé de purifier la Raison ; a donné à l'esprit des lumieres qu'il n'avoit pas ; a esté le Siecle d'or des Arts et des Disciplines, et generalement de toutes les belles connoissances. Tout s'est poly et s'est rafiné sous ce Regne : Tout estoit sçavant et ingenieux en cette Cour, depuis Auguste jusqu'à ses Valets.

On a escrit qu'il sortoit du feu et des esclairs de ses yeux : A quoy je voudrois adjouster, Madame, qu'il en sortoit aussi de sa bouche ; mais beaucoup plus vifs et plus brillants que ceux qui esblouïssoient les Courtisans de ce temps-là, et qui obligerent vn d'eux à se plaindre qu'il n'y avoit pas moyen de le regarder au visage. Il composoit des vers, et les supprimoit, et en les supprimant il disoit vn mot du mauvais ouvrage qu'il avoit fait, qui valoit autant que le meilleur ouvrage qui se pouvoit faire. Il respondit quatre paroles à la longue Harangue des Ambassadeurs d'Espagne : mais ces quatre paroles meritoient vne autre Harangue, encore plus longue pour les loüer.

Outre les Commentaires de sa vie, il y a eu long-temps dans le Monde vn volume de ses Lettres : Et comme vous pouvez croire, elles n'estoient pas toutes d'affaires d'Estat, ny toutes adressées au Senat et aux Legions. Il y en avoit de Raillerie et de Confidence à ses Amis : il y en avoit d'Amour et de Galanterie à ses Maistresses ; et du stile de celles que son Oncle escrivoit à la Reyne Cleopatre, sur des tablettes de cornalines et de saphirs.

Mais je m'en vais, Madame, vous bien estonner. Croiriez-vous qu'il se trouve aujourd'huy en quelque lieu, quelques restes de ces Lettres escrites à Cleopatre, et que l'Amour et les poulets de Cesar ont survescu à sa Haine et à ses Anticatons? Cette rareté s'est conservée dans vn vieux manuscrit Grec, qui m'est tombé heureusement entre les mains; et j'en ay pris ce que je vous ay desja donné de Fabrice, de Caton et de Cassius.

L'Autheur de ce Manuscrit n'est pas vn inconnu, et vn enfant de la Terre. Il a vn nom et vn pays, et porte des marques de sa naissance. Il vivoit sous l'Empire des Antonins. Il semble avoir le mesme dessein que le Sophiste Ælian; mais sa façon d'escrire est vn peu plus estenduë; et son ouvrage se peut nommer vn Meslange de choses communes et de choses rares.

Il est vray pourtant, Madame, que je ne vous parle pas si affirmativement de la verité de ces Lettres, qu'il ne vous soit permis de suspendre encore vostre jugement: Ie ne voudrois pas vous asseurer qu'elles ayent esté trouvées dans la cassette de Cleopatre, quand on fit l'Inventaire de ses meubles par l'ordre d'Auguste. Outre que les Sophistes sont des personnes en qui je ne me fie que de bonne sorte, le Poëte Romain nous advertit de craindre les Grecs, lors mesme qu'ils nous font des presens: Et le Cardinal Historien de l'Eglise s'est servy de son advis, sur le sujet de la Donation de Rome, faite au Pape Sylvestre par l'Empereur Constantin.

Puis donc que les largesses qui viennent de Grece, nous doivent estre suspectes; et qu'en ce pays-là il y a quantité de gens de bonne volonté et de grand loisir: Puisque les Sophistes ont servy de Secretaires à Phalaris, et à d'autres Princes, je ne sçay combien de siecles apres leur mort, ils pourroient bien avoir rendu le mesme service à Cesar en cette occasion; et avant que de rien determiner là dessus, il n'y aura point de mal de consulter l'Infaillible Monsieur de Saumaise.

Les Responses qui se rendoient autrefois à Delphes, n'estoient point plus certaines que les siennes. Tous les Imposteurs de l'antiquité, tous les Sinons et tous les Vlysses de Grece, ne sont point assez fins pour luy faire prendre l'vn pour l'autre : Et il nous dira d'abord si ce que nous luy presentons, est legitime, ou bastard ; Si c'est or de Mine, ou or d'Alchimie.

Quoy qu'il en soit, je pense que c'est Antiquité; Et quand les pieces qu'allegue le Sophiste Grec, auroient esté contrefaites, ç'auroit esté, à mon advis, peu de temps apres Cesar, et peut-estre au Siecle d'Auguste. Nous le verrons vne autre fois avec ce qui reste de ce siecle-là. Si ce n'est Madame, que vous les teniez pour veuës, et le siecle aussi, et que me faisant grace d'vn second Discours, vous me vouliez épargner la peine de me lasser en vous ennuyant.

DISCOVRS TROISIESME.

MECENAS.

A MADAME LA MARQVISE DE RAMBOVILLET.

Madame,

La derniere fois que j'eus l'honneur de vous voir, l'Empereur Auguste fut le principal sujet de nostre entretien. Ie vous le fis considerer dans les commencemens, dans le progrez, et dans la perfection de sa gloire. Vous vistes comme à l'âge de dix-neuf ans il donna le change à la vieillesse et à l'experience de Ciceron : Comme dans vne mesme Piece il joüa trois ou quatre personnages differens : Comme il monstra aux Peres Conscripts, qui le vouloient traiter de jeune homme, qu'encore qu'il n'eust pas si long-temps estudié qu'eux, il en avoit appris davantage ; et comme il se servit adroitement de leurs forces, pour faire reüssir ses desseins, au lieu qu'ils pensoient se servir de son nom et de son credit, pour restablir leur authorité.

Ie passay le plus legerement que je pûs sur le sanglant Acte du Triumvirat, dont il n'y eut pas moyen de nettoyer sa reputation; et souhaitay pour son honneur, que cette partie de son Histoire fust rayée de la memoire des choses. Ie m'arrestay sur les frequentes broüilleries, les reconciliations plastrées, et la derniere rupture de luy et de Marc-Antoine: et l'accompagnay jusques à Rome, et jusques au jour de son triomphe, apres le fatal voyage d'Egypte. Ce ne fust pas sans vous faire prendre garde par les chemins, que la dexterité de son esprit se mesla tousjours avec le bonheur de ses armes; et qu'ayant abbattu dans la plaine de Philippes les deux chers Enfans de la Republique, il crut n'avoir rien fait, s'il ne se sçavoit défaire des deux Coheritiers qu'il avoit en la succession de la puissance de son Oncle, afin d'asseurer ce qu'il avoit fait.

Il conduisit cette Œuvre admirablement. Il alla plus loin que son Oncle, et se mit en vne meilleure assiette. La Vertu qui s'y opposa, fut malheureuse. La Force se trouva impuissante. Les empeschemens luy servirent de passage pour y arriver. Et alors, Madame, les Romains commencerent à connoistre le dessein de la Providence, et la maladie mortelle de leur vieille Republique. A la fin ils aimerent mieux vn Maistre certain et vne paisible Servitude, que des changemens tous les jours, et vne perpetuelle frayeur de guerre civile. Le Repos, qu'ils crurent estre vn bien essentiel, leur tint lieu de liberté, qui ne leur sembla plus qu'vn plaisir de fantaisie. Chacun fut bien aise d'estre de loisir, apres tant de fascheuses affaires; et la douceur de l'oysiveté se coula si agreablement dans leur ame, qu'ils n'eussent pas voulu de leur premiere condition, quand Auguste la leur eust voulu rendre de bonne foy. Ils estoient si las de Brigues et de Partis, qu'ils reconnoissoient pour Bienfaicteur celuy qui leur ostoit la peine de se gouverner eux-mesmes; et benissoient son Vsurpation, qui les avoit delivrez de leur mauvaise conduite. « Puisqu'il nous meine, disoient-ils, dormons en as-« seurance dans nostre vaisseau ; faisons la desbauche si « nous voulons; mocquons-nous des Bancs et des Pirates; « Il n'est pas possible de nous perdre, Cesar nos respond de « nostre salut. »

Les petits-fils mesmes des Consuls et des Dictateurs oublierent leur Honneur, pour aller apres leur Interest ; et laisserent là vne Liberté ruïneuse et imaginaire, pour se tenir à vne obeïssance commode, et pleine d'avantages effectifs. Ils furent les plus souples et les plus assidus Courtisans. Et quoy qu'ils portassent des noms qui avoient fait trembler les Roys de la Terre, ils ne se soucioient point qu'on les remarquast dans la foule des donneurs de bon jour, demandant des graces à la porte d'vn de leurs Citoyens. Ils disoient que la Fortune leur avoit monstré l'exemple de leur devoir, et le chemin du Palais d'Auguste; Qu'ils alloient où les Dieux estoient allez les premiers; et que s'ils avoient changé de party, le Destin des choses et le Demon de Rome avoient changé devant eux.

Ainsi cette ame veritablement souveraine, et du premier ordre, qui avoit vn empire naturel sur toutes les autres ames, ne trouva plus de contradiction ni de resistance. Les plus superbes receurent le joug ; cederent à la superiorité de l'esprit; ne firent point difficulté de passer sous vne hauteur si eslevée, ny de soumettre des vertus humaines à quelque chose de divin, qu'ils reconnoissoient en la personne d'Auguste. Il ne resta plus, Madame, de courage farouche à dompter, plus de Caton, ny plus de Brutus, pour ressusciter vn Party mort. La Mutinerie perdit jusqu'à son souffle et à son murmure. L'envie se changea en admiration.

D'où je conclus, s'il m'en souvient bien, que l'Envie ne va pas tousjours si avant que la Vertu; que cette Opiniastre se lasse enfin de suivre cette Constante; et qu'il y a vn degré, où le Merite estant parvenu, il est hors de la portée des mauvais souhaits, et de la mauvaise volonté des hommes. Ensuite dequoy, Madame, vn Iuge sans reproche, comme vous diriez Monsieur Chapelain, eslevant tant soit peu sa voix plus qu'à l'ordinaire, prononça ce beau Decret en faveur d'Auguste et de sa nouvelle domination : « Qui est « le presomptueux, qui se puisse plaindre que le Ciel soit « au-dessus de luy ; qui puisse trouver estrange que la plus « lumineuse des creatures soit la plus haute, et que le plus « digne soit le plus grand ? »

Personne n'appella de cet Arrest. Auguste fut couronné par le suffrage de toute la compagnie, apres que sa vie eust esté faite en petit de ma façon. Mais parce qu'Agrippa et Mecenas furent oubliez en cette Vie, vous me tesmoignastes à la sortie de vostre Cabinet, que vous ne seriez pas faschée que je vous contasse ce que je pouvois sçavoir de l'vn et de l'autre ; et que je vous ferois encore plus de plaisir, si je vous voulois faire vne particuliere Relation de Mecenas, de qui tant de gens parlent, sans le connoistre. Vous serez obeïe à ma mode : Ie voudrois bien que ce pust estre à vostre contentement. Mais comme de coustume, Madame, je vous donneray les choses que vous me demandez, selon qu'elles me viendront à l'esprit ; et dans la liberté de la Conversation, plustost que dans l'ordre de l'Histoire.

Agrippa estoit hardy et sage à la guerre ; infatigable dans les travaux militaires ; religieux observateur de la discipline ; et avoit toutes les autres parties d'vn bon Capitaine ; mais d'ailleurs il manquoit des vertus douces et sociables, qui sont necessaires à vn habile Courtisan. Il entendoit mieux la science de la Campagne que celle du Cabinet, les stratagemes que les intrigues ; et ce qui estoit en luy Vaillance durant le trouble, devenoit Rudesse dans le repos.

On ne peut pas dire la mesme chose de Mecenas. Il a esté estimé le plus honneste homme de son temps, et n'avoit rien en sa personne, que la Nature n'eust formé avec soin, et que les bonnes Lettres et le grand Monde n'eussent poly. Vous remarquerez neantmoins, Madame, que la teinture qui se prend en cette grande lumiere, et qui donne couleur aux biens naturels, fut prise de luy avec reserve; et n'alla pas jusqu'au fard et jusqu'au déguisement des Intentions, beaucoup moins jusqu'à l'entiere alteration de la Probité. Il avoit les graces de la Cour, mais il n'en avoit pas les vices; et ses actions furent tousjours aussi droites que sa façon d'agir estoit agreable.

Quoy que la Cour sache desbaucher les Saincts, et d'ordinaire infecte d'abord ce qu'elle reçoit de pur, elle ne gasta point Mecenas. Il luy fit voir qu'outre l'vsage des preservatifs que fournit l'estenduë de la Sagesse, il peut y avoir de si bonnes dispositions au dedans, qu'elles sont plus fortes que toute la corruption de dehors. Ce fut luy qui donna au Monde le premier exemple qu'il ait veû d'vne innocente et modeste Prosperité. Il conserva dans le Palais les Maximes qu'il y avoit apportées; et en vn lieu où tout est faux et masqué, il voulut paroistre ce qu'il estoit.

Mais il n'avoit garde, Madame, de contre-faire le Liberal et le Genereux : Il eust eu bien de la peine à s'empescher de ne l'estre pas. Pour cela il ne luy falloit ny travailler, ny combattre. Se laissant aller à la pente de son inclination, il ne tomboit jamais que dans le bien et dans la vertu. Et ainsi ses bonnes actions venant de source, et n'estant pas tirées à force de bras, comme celles de quelques Heros de nostre siecle, on n'en estimoit pas moins l'aisance et la liberté que l'éclat et la magnificence.

On a dit de luy, qu'il faisoit l'honneur de son siecle et de l'Empire Romain; qu'il estoit le bien general du Monde; que le Soleil se lasseroit plustost de luire, et les Rivieres de couler, que Mecenas de faire du bien. Vn galand homme de son temps luy crie dans vn Poëme qu'il luy adresse, C'EST TROP DONNÉ, MECENAS, IE SVIS TROP RICHE. Et de fait, il n'y avoit que la seule discretion de ceux qui recevoient ses bienfaits, qui pust mettre fin à sa liberalité. Si ses amis l'eussent voulu croire, il ne se fust rien laissé de reste : Et on n'osoit plus loüer chez luy, ny vn Tableau envoyé de Grece par rareté, ny vne Statuë d'airain de Corinthe, ny vn service de vaisselle de crystal; de peur qu'à l'heure mesme il ne dépoüillast son Palais de ces meubles precieux, et ne les fist prendre par force à celuy qui les avoit loüez.

L'Excez et la Vanité pourroient imiter Mecenas : la simple bonté naturelle pourroit aller jusques-là. Mais il se faut souvenir, Madame, que cette noblesse d'esprit n'estoit pas solitaire et sans compagnie : Toutes les vertus marchoient à sa suite. C'estoit vne Bonté forte et courageuse; vne Bonté habile et intelligente ; et la mesme fontaine, où les Particuliers puisoient les faveurs et les courtoisies, fournissoit le public de conseils et de resolutions.

Le grand Docteur qu'estoit cet homme en la science de gouverner! Iamais la face des affaires ne le trompa. Iamais il ne fut Politique à faux, ny ne s'esgara, pour paroistre beau parleur, dans les vastes espaces de la Vray-semblance : Il alloit tousjours tout droit à la Verité; et voyoit si nettement la suite des choses en leur premiere disposition, que les succez les plus irreguliers ne démentoient gueres les conjectures qu'il en avoit faites.

N'est-il pas vray que l'Empereur eust fait tort à vne si excellente personne s'il ne l'eust pas honorée de sa confidence, et s'il ne luy eust pas donné part en la conduite du Monde? Estant, comme il estoit, juste estimateur des hommes, et sçachant le prix de chaque chose, il ne pouvoit pas faire legitimement que douze ne valussent plus que deux; que quantité d'eminentes qualitez ne fussent de plus grand vsage qu'vne mediocre suffisance; que le plus puissant en raison n'eust la premiere place dans les affaires : En vn mot, Madame, Auguste ne pouvoit pas faire que Mecenas ne fust

Favory d'Auguste. Et bien qu'il fallust donner de longs et d'opiniastres combats contre la retenuë d'un esprit si moderé, pour luy faire accepter ce qu'il meritoit, et qu'il y eust beaucoup de peine à le surmonter; si est-ce qu'il fut digne de la magnanimité du plus grand Prince du Monde, de ne se laisser point vaincre en cette occasion, et de ne pas souffrir que sa Reconnoissance fust inferieure à la Modestie d'vn de ses Amis.

Il fit donc de grands biens à cet Amy : Mais ce fut, comme vous avez desja veû, pour les distribuër, et pour les repandre de tous costez, pour éclairer, et pour resjoüir toute la Terre de la lumiere de ses richesses. De ces biens Mecenas acheta à Auguste tous les Esprits et toutes les Langues; et par consequent les luy rendit en de meilleures, de plus nobles et de plus durables especes. Tellement qu'à bien considerer vn commerce si nouveau, celuy qui donnoit estoit moins liberal que bon menager, et celuy qui recevoit de luy, estoit plustost son Facteur que son Favory.

Au reste, Madame, ce que je m'en vais vous dire merite bien d'estre remarqué : Il eut tousjours la religion de ne rien recevoir qui ne pust estre donné justement : il ne voulut rien qui luy pust estre reproché, non seulement par les plaintes publiques de la Renommée, mais aussi par les souspirs secrets d'vn Particulier interessé. Ceux qui depuis eurent la mesme faveur sous les autres Regnes, n'en vserent pas de la mesme sorte. Leur Morale fut plus large et plus indulgente à leurs Passions. Ils n'eurent pas de ces delicatesses de conscience.

Quand ou ne mouroit pas assez tost de mort naturelle, ils avoient recours aux accusations, pour avancer le terme du compte qu'ils avoient fait. Ils faisoient condamner les Innocens, pour faire vaquer leurs Charges; et à la veuë des Orfelins affligez, ils portoient les marques de la fortune de leur Pere, qui n'estoient pas encore seches de son sang. Le procedé de Mecenas estoit tres-different de celuy-là : Il eust creû estre soüillé de la confiscation du bien d'vn Proscript. Et à vostre advis, combien de Charges et de Maisons a-t'il refusées pour ne vouloir pas toucher à des despoüilles funestes, et recueillir la succession des Malheureux?

Ie dis davantage, et son scrupule alloit plus avant : Il a renvoyé souvent les presens et les gratifications des Provinces qu'il avoit fait soulager, de peur que la plus legere marque de leur gratitude, et qu'vn bouquet receû en telle rencontre ne fist paroistre en ses advis la moindre ressemblance d'interest. Il a souvent rejetté l'Vtile, qui n'estoit point deshonneste, pour embrasser l'Honneste, sterile et infructueux : Il a preferé vne simple satisfaction d'esprit aux choses que le Monde estime solides et essentielles.

Ie pense, Madame, qu'vne Grandeur si discrete et si mesurée ne donnoit point de jalousie à son Prince. Il ne faloit point craindre de trahison d'vne si superstitieuse integrité. Comment eust-il esté pensionnaire de Marc-Antoine, s'il n'acceptoit pas toutes sortes de graces d'Auguste? Et comment eust-il desiré les choses nouvelles, pour rendre sa condition meilleure, puis qu'il se contentoit d'vne petite partie des avantages que les choses presentes luy offroient? O le rare exemple pour les Heureux! ô l'homme qui ne se trouve point! ô la forte et la solide piece dans les fondemens d'vne Principauté naissante! La Tyrannie mesme eust pû estre justifiée par l'innocence de ce Ministre, comme elle eust pû estre soustenuë par ses autres vertus plus vives et plus ardentes.

Ie ne voudrois pas pourtant nier que sa complexion delicate ne le rendist quelquefois moins propre aux fatigues du corps et aux corvées de la Guerre, et ne fust cause qu'il ne pouvoit d'ordinaire travailler que de l'esprit. Mais, Madame, sans faire l'empressé, il ne laissoit pas de faire beaucoup, et de rendre à l'Estat d'aussi vtiles services que son Collegue, quoy qu'ils ne fussent pas suivis de tant de bruit et de tant de pompe. La Solitude qu'il se bastit dans la Ville, et les ombrages de ses Iardins, cachoient la moitié de sa vertu : Ses occupations estoient couvertes d'vne apparence exterieure d'oysiveté ; et peut-estre qu'on loüoit Agrippa qui paroissoit, de la conduite de Mecenas, qui estoit retiré.

L'Empereur avoit plus d'inclination pour celuy-cy : Mais se souvenant des batailles gagnées en Sicile et en Egypte, il avoit plus d'estime pour l'autre. Il croyoit que l'vn l'aimast davantage, et que l'autre l'eust plus obligé. Ils deliberoient tous trois des affaires generales. Mais quelquefois il deliberoit avec Mecenas, de la vie et de la fortune d'Agrippa. Tesmoin, Madame, ce petit mot, sur lequel vn disciple de Machiavel composeroit vn grand discours : VOVS DEVEZ LE FAIRE MOVRIR, OV LE FAIRE VOSTRE GENDRE ; C'est à dire, Il faut ou le perdre, ou le gagner tout-à-fait : Il faut s'asseurer d'vne Grandeur qui vous peut estre suspecte, ou en l'ostant du Monde, ou en la mettant en vostre Maison.

Vous voyez par là que Mecenas ne regardoit que son Maistre, je parle icy en François, et ne songeoit qu'à l'affermissement de son authorité : Agrippa avoit quelque goust de la liberté perduë, et tournoit la teste de temps en temps vers l'ancienne Republique. Celuy-cy ne proposoit que des conseils purement honnestes ; Mais son Compagnon, quand il y alloit du bien de l'Estat, vouloit adjouster le profit à l'honnesteté. Le premier avoit le commandement des Armées et combattoit les ennemis de l'Empire ; Le second exerçoit son pouvoir sur l'ame mesme de l'Empereur, et appaisoit les mouvemens qui s'y eslevoient contre la Raison.

Ce qu'il faisoit, Madame, avec tant de liberté, que le Prince estant vn jour en son lict de Iustice, je ne puis encore m'empescher de parler François, où il voyoit quelques procez criminels, commençoit à se laisser emporter aux ruses et aux calomnies des accusateurs, Mecenas arrivant là dessus, et ne pouvant fendre la presse, qui l'empeschoit de penetrer jusqu'à luy, luy envoya de main en main vn billet, dans lequel ces paroles estoient escrites : BOVRREAV, NE VEVX-TV POINT PARTIR DE LA? Auguste, au lieu de s'offenser de la hardiesse de ce mot, et d'vne familiarité si piquante, prit en bonne part le zele de son Amy; rompit l'assemblée à l'heure mesme, et descendit du Tribunal, d'où possible il ne fust pas descendu innocent, s'il y eust demeuré davantage.

Il recevoit souvent de luy de semblables preuves de fidelité. C'estoit Mecenas qui temperoit la chaleur de ses passions, qui adoucissoit les aigreurs de son esprit; qui guerissoit ses blessures cachées, quand il n'avoit pû aller au devant du coup qui luy donnoit de la consolation, quand il n'estoit pas en estat de recevoir de la joye.

Auguste connoissoit bien le merite et le prix de cette amitié. Il voyoit bien que sa personne luy estant plus proche que sa fortune, ces sortes de services devoient valoir davantage en son esprit que des Villes prises et des Batailles gaignées. Aussi luy en tesmoignoit-il tout le ressentiment que vous pouvez vous imaginer en vn Prince juste, et qui sçavoit distinguer l'Inclination d'avec le Devoir, et ceux qui n'aimoient que Cesar, d'avec ceux qui mesloient d'autres passions parmy celle-la. Apres mesme qu'il fut mort, il continua d'estre reconnoissant envers sa memoire : Et toutes les fois qu'il luy survenoit quelque affliction domestique, ou quelque desplaisir du dehors, il disoit en soupirant : CELA NE ME FVST POINT ARRIVÉ SI MECENAS EVST ESTÉ EN VIE. Il croyoit estre malheureux de posseder l'Empire du Monde, parce qu'il avoit perdu Mecenas.

Il avoit certes beaucoup de raison de regretter vne personne également bonne et intelligente; qui ne pouvoit ny tromper ny estre trompée; qui ne pouvoit faire mal, ny par infirmité, ny par dessein. Il avoit grand sujet de pleurer la perte d'vn Amy, si vtile tout ensemble et si agreable; d'vn amy de toutes les heures et de tous les temps ; dans lequel il trouvoit tout ce qu'il cherchoit; qui estoit ses Tablettes, et ses Lieux communs ; le Tesmoin et le depositaire de ses pensées; le Thresor de son esprit, voire son second esprit.

En effet, Madame (pour achever de vous faire voir ce que vaut vn Amy fidele aupres d'vn grand Prince), combien pensez-vous que par sa raison il asseurast, il fortifiast, il augmentast la raison d'Auguste? Combien d'espines luy a-t'il tirées des affaires qu'il avoit à démesler? Combien luy a-t'il proposé d'Expediens, pour faciliter ses Desseins? Combien de Plans luy a-t'il dressez, pour eslever ses Ouvrages? Ne doutez point que plusieurs fois il ne luy ait espargné la peine de la Prevoyance, et ne se soit chargé des soins et des inquietudes de l'advenir, afin de le laisser tout entier dans l'action; afin que la force de son ame ne se diminuast point en se divisant; afin que je vous puisse dire aujourd'huy avec verité, qu'ils ont partagé ensemble les diverses fonctions d'vn mesme Devoir, et qu'ils n'ont vescu tous deux qu'vne seule Vie.

Plusieurs fois, Madame, le fidele Mecenas a soustenu Auguste harassé dans la recherche du bien difficile, et luy a presenté l'image de la Vertu joüissante et couronnée, pour destourner sa veuë du triste objet de la Vertu penible et laborieuse. Apres vne Conjuration descouverte, et lorsqu'il a jugé la Clemence meilleure que la Iustice, il luy a figuré la Gloire encore plus belle et plus attrayante qu'elle n'est; pour le piquer davantage de son amour ; pour l'obliger à changer des meschans en gens de bien, en changeant des Arrests de mort en Abolitions ; pour faire en sorte qu'il preferast les loüanges de la Bonté, qui durent autant que les Maisons et les Races conservées, au plaisir de la Vengeance, qui passe aussi viste qu'vn coup de Hache peut estre donné, et vne Teste mise par terre.

Et apres cela croyez, s'il vous plaist, Seneque, qui condamne le style et l'eloquence de Mecenas ; Il me semble, Madame, que pour obtenir de pareilles graces d'vne ame irritée, il ne falloit pas manquer d'eloquence; Ie dis de la bonne et de la sage eloquence ; de l'eloquence d'affaires et d'action ; nourrie au Soleil et à la lumiere du grand Monde ; plus forte sans comparaison que la Rhetorique des Sophistes, quoy qu'elle sçache mieux cacher et dissimuler sa force.

Il n'y a point de doute que le bien dire ne soit absolument necessaire, pour agir avec les Princes, qui d'ordinaire ne peuvent gouster la Raison si elle ne leur est tres-delicatement apprestée. Ce n'est pas assez que les remedes qu'ils doivent prendre, ayent de la vertu ; Ils veulent qu'ils n'ayent point d'amertume. Il ne suffit pas que les choses qu'on leur presente, soient bonnes, si elles ne sont bonnes, aussi bien en la forme qu'en la matiere.

Mais ce ne sont pas seulement les Princes, qui demandent des paroles agreables, et qui se cabrent contre la Raison, qui les gourmande. Generalement parlant, n'y ayant rien de si franc et de si relevé que l'ame de l'homme, elle veut estre traitée selon la noblesse de sa nature, je veux dire avec douceur, methode et adresse. Par là, Madame, on emporte la Volonté, sans beaucoup de resistance, et de la Volonté on passe à l'Entendement, qui est si ennemy de la contrainte, que pour l'esviter il s'esloigne mesme de son propre objet, et rejette la Verité, quand on la luy veut faire recevoir par force.

Il est certain que l'intelligence d'vn Art si necessaire au gouvernement a esté souveraine en la personne de Mecenas. Comme il estoit tres-clairvoyant au discernement des esprits, il estoit tres-adroit en leur conduite, et n'avoit pas moins de souplesse à les manier, que de lumiere pour les connoistre. Avec cette Eloquence efficace, qui n'est autre chose que le droit vsage de la Prudence, qui se communique aux hommes par la parole, il fist à Auguste vne infinité de

Serviteurs, et apres luy avoir persuadé la moderation, il persuada aux autres l'obeïssance.

Toutes les Conferences qui se faisoient en son Palais, estoient des Sacrifices de loüange et de gloire pour Auguste : Tous les jours il y estoit adoré en Prose et en Vers. On commença là dedans à reformer l'ancien langage de la Republique, et à jurer par le Genie et par la Fortune du Prince. Les Temples qui luy furent bastis en Espagne et en Asie au commencement, et depuis dans les autres Provinces du Monde Romain, furent desseignez en ce lieu-là. Et à prendre la chose dans son principe, on peut dire, Madame, que Mecenas avec ses Orateurs et ses Poëtes, fut le Fondateur de tous ces Temples, fut l'Instituteur de cette nouvelle Religion, qui consacra vn homme vivant.

Croyez-moy, et toute l'Antiquité plustost que Seneque : Cet incomparable Favory laissoit tousjours dans le cœur je ne sçay quel aiguillon, qui excitoit les courages les plus durs à l'amour du Prince et de la Patrie ; à l'estude de la Vertu et de la Sagesse. On ne partoit point d'auprés de luy, sans en remporter vne douce émotion, capable de resveiller l'assoupissement de ceux qui ne sentoient pas la felicité du regne d'Auguste, et qui n'avoient jamais songé à la beauté des choses honnestes. L'air de son visage, le son de sa voix, et ce que les Rhetoriciens ont compris sous l'eloquence du corps, gagnoit les sens exterieurs en vn instant, et donnoit passage jusques à l'ame, par la facilité de ses gardes, qui d'abord se laissoient prendre.

Il persuadoit mesme avec la negligence de l'entretien le plus familier. En sa plus libre conversation, quand il se despoüilloit de la pompe de la Cour et de la gravité du Ministere ; quand il quittoit ce qui esblouït le Peuple, il luy restoit encore beaucoup d'ornemens, qu'il ne pouvoit pas quitter. Il avoit sur luy des charmes involontaires, et auxquels il ne prenoit pas garde, qui l'accompagnoient par tout. Ces charmes, Madame, inspiroient particulierement tout ce qu'il disoit : Ils suppléoient au defaut de sa faveur ; et sans qu'il accordast les demandes, ils ne laissoient pas de donner satisfaction. Car vous sçavez bien que toutes choses ne sont pas tousjours possibles, et qu'il faut quelquefois refuser. Mais, je vous prie, quels devoient estre les Presens qu'enrichissoit vne bouche si charmante, puisque les Refus qui en sortoient, n'estoient pas desagreables, et qu'en parlant il plaisoit de telle sorte, que de ses seules paroles il eust pu payer ses dettes?

Toutefois le Precepteur de Neron ne veut pas que le Confident d'Auguste ait sceû bien parler. Il luy reproche la delicatesse et l'affeterie, voire la mollesse et la débauche de sa diction ; et à son dire, ç'a esté le premier corrupteur de l'Eloquence Romaine. Il met certaines pieces sur le tapis, qui luy semblent plus gaillardes qu'il ne faut ; mais qu'il a coupées d'vn Ouvrage, dont nous ne sçavons ny la matiere ny le dessein. Et là dessus, sans nous dire si Mecenas parloit de sens froid, ou s'il avoit seulement envie de rire, il declame contre la liberté de son style, avec toute l'aigreur et toute la cholere du sien.

A vous dire le vray, Madame, je croy qu'il y a du Phylarque et de la mauvaise foy au procedé de Seneque. Si les pieces qu'il attaque se voyoient en leur entier, nous verrions qu'il ne distingue pas les deux Characteres ; et qu'il prend vn Habillement qu'on a porté vne fois en masque, pour vne Robe avec laquelle vn Senateur doit aller tous les jours au Conseil. Sans doute il fait semblant de n'entendre pas raillerie. Il est sans doute de ces Hypocrites chagrins, qui voudroient que les Ieux fussent aussi serieux que les affaires, et les Comedies aussi tristes que les Oraisons Funebres. Recusons-le en toutes les causes de Mecenas : L'aversion qu'il a pour luy est trop visible et trop descouverte : Et apres avoir esgratigné ses escrits, il se jette sur ses mœurs avec tant de passion, qu'il est aisé à voir que l'esprit de sa Secte le possede, et qu'il a dessein de faire le Stoïque reformé, aux despens du plus honneste Epicurien qui fust jamais.

Ie ne dis point, pour affoiblir le tesmoignage de Seneque, que c'estoit vn Docteur de Cour, qui philosophoit dans la pourpre, et causoit à son aise de la Vertu : que peut-estre mesme il descrioit la Volupté, afin qu'elle fust toute pour luy, et que personne n'en eust envie. Ie dis seulement à la justification de Mecenas, qu'il n'est pas impossible que l'ame se relasche sans s'enerver; et que comme il y a vne Folie composée et melancholique, il peut y avoir vne sagesse libre et joyeuse.

I'ay oüy dire, Madame, à nostre sçavant Monsieur *** mais il le disoit beaucoup mieux que je ne sçaurois vous le redire, qu'il y a vn art d'vser innocemment de la Volupté. Que cét Art avoit esté enseigné en Grece par Aristippe; que depuis il fust corrompu à Rome par Petrone et par Tigillin, qui en abuserent, comme les empoisonneurs ont abusé de la Medecine. Il adjoustoit que la pratique de cét Art n'estoit point defenduë par les loix de vostre pays ; qu'au contraire elles avoient creé des Magistrats tout exprés, pour avoir soin des plaisirs du Peuple ; Qu'outre les Ediles de la Republique, il estoit parlé, sous les Empereurs, d'vn Tribun des voluptez; et qu'il avoit veû vne Science et vne Discipline des voluptez, dans les Formules de Cassiodore. Il concluoit, Madame, qu'il n'est pas juste d'accuser la pureté des choses de l'intemperance des hommes; et qu'il n'est pas croyable que les biens de cette vie n'ayent esté faits que pour les Meschants.

Il n'est pas croyable, je suis de l'advis de ce rare esprit, que Dieu ait envoyé la Vertu au Monde, pour la punition des pauvres hommes; et qu'elle ne soit point vertu, si elle ne combat contre la douleur, si elle ne marche sur les espines, si elle ne loge à l'hospital, si elle n'habite mesme dans les sepulchres. Mecenas vouloit attendre qu'il fust mort, à prendre possession d'vne demeure si mal plaisante : Et s'il estoit en vie, et qu'il eust changé Rome pour Paris, je suis certain qu'on le trouveroit plus souvent en quelque lieu que je sçay, où il n'y a rien qui ne contente les yeux et l'esprit, qu'en d'autres lieux que je ne veux pas nommer, où il n'y a rien qui ne les choque.

Que vous auriez de plaisir d'apprendre de luy-mesme son Histoire ! Qu'il recevroit de gloire d'avoir quelques-vnes de vos Audiences ! Que vostre modeste conversation luy toucheroit l'esprit ! Vous avez beau vous cacher, Madame ; Il descouvriroit cette souveraine intelligence, que vous couvrez de toute la retenuë et de toute la douceur de vostre sexe. Il vous admireroit en despit de vous. Nous reconcilierions son Ennemy avec luy, à la premiere priere que vous luy en feriez, et sans mesme que vous luy en fissiez de priere, tant je suis asseuré de la douceur et de la facilité de ses mœurs : La serenité de son ame ne seroit point troublée par les fumées et par les boutades des Sophistes violens. Il ne feroit que rire du chagrin et des paradoxes de Seneque.

Il vous diroit seulement, Madame, qu'il faut tout souffrir de la race de Zenon, et de la nation des Stoïques. Que tout doit estre permis à vn Philosophe, qui a appellé Alexandre sot; qui a crû estre Roy des Roys, à meilleur tiltre que le Roy de Perse ; Et ce qui fait particulierement à nostre sujet, qui a esté si ennemy de la vie, qu'il a conseillé aux hommes de s'aller pendre, pour peu qu'ils s'ennuyassent, ou qu'ils fussent en mauvaise humeur.

DISCOVRS QVATRIESME.

DE LA GLOIRE.

A MADAME LA MARQVISE DE RAMBOVILLET

Madame,

On a aimé l'honneur lorsqu'on aimoit les choses honnestes. Ciceron avoit composé vn Traité de la Gloire, et Brutus vn autre de la Vertu : Ils se sont tous deux perdus dans le Naufrage des belles Lettres, que causa le debordement de la Barbarie ; et je ne voy pas que cette perte soit fort regrettée. Vn Livre qui descouvriroit le Secret de faire de l'or, ou qui apprendroit à trouver les Thresors cachez, dequoy vos Romains font vne estude particuliere, seroit bien plus curieusement recherché que tout ce qui a jamais esté escrit de la Gloire ny de la Vertu. L'vne et l'autre ne sont considerées aujourd'huy que comme des Biens de Theatre, qui ne subsistent qu'en apparence, ou comme des phantosmes de

Romains, apres lesquels courent leurs Heros, qui sont d'autres Spectres et d'autres phantosmes.

I'ay veû mesme vn grand Seigneur, Madame, qui crut qu'Alexandre n'avoit pas plus esté qu'Agramant et qu'Amadis, quand on luy dit qu'il faisoit ses Aumosnes en Talens, et qu'il sceût qu'vn Talent revient à six cens escus de nostre monnoye. Cela luy sembla plus ridicule et plus incroyable que les Elephans fendus en deux d'vn seul coup d'espée, et les autres miracles de l'Histoire fabuleuse.

Tous les Temps ont eu leurs defauts et leurs Maladies : Mais il faut advoüer qu'il y a des Maladies plus sales les vnes que les autres. Celle de nostre siecle est de ces sales et de ces vilaines. Quand le Monde estoit jeune, il estoit vain, temeraire, et ambitieux : A cette heure qu'il penche sur sa fin, il s'est fait avare au dernier degré, et a tous les autres vices de la Vieillesse.

Pardonnons, Madame, l'Ambition à ceux qu'on appelle Sages. Ne nous estonnons point qu'ils desirent le Commandement, et qu'ils veuillent occuper les premieres places : Plaidons mesme leur cause en quatre paroles. Il faut donner du credit et de l'authorité à la raison, afin que le Hazard ne soit pas le maistre : Il faut armer les bons conseils, de peur que la Folie ne soit plus forte que la Sagesse. D'ailleurs les Ames Extraordinaires doivent connoistre ce qu'elles valent. Elles doivent savoir que le Gouvernement leur appartient de droit naturel ; et qu'elles viennent au Monde, ou pour regner, ou pour conseiller les Roys. Quelle apparence donc de laisser perir dans la solitude et dans le repos, les privileges du Ciel et les avantages de la Nature ; les Vertus destinées à l'action et au bien de la societé? De refuser la Felicité aux peuples, qui vous la demandent, c'est estre cruel : De quitter la place aux Meschans, c'est estre lasche : D'aimer mieux estre mal conduit que de bien conduire, c'est manquer de sens commun.

Nos Ambitieux, Madame, peuvent parler de la sorte : Mais de quelles paroles se peuvent servir les Avares que nous connoissons, pour colorer l'infamie de leur espargne ; pour justifier l'ardeur et l'avidité de leurs desirs? Que veulent-ils dire, de travailler jour et nuit inutilement à remplir vn Abysme, et à contenter l'Infinité? Que veulent-ils faire dans leurs Coffres, des Larmes amassées de tous les endroits d'vn grand Royaume; de tant de Sang, qui crie vengeance contre eux, et qui portera malheur à leur Race? A quoy bon la continuation de ce funeste Trafic, quand ils ont desja assez de bien, non seulement pour fournir à leur despense ordinaire, mais aussi pour donner, et pour perdre, et pour demeurer encore riches?

Ie ne puis certes comprendre comme des personnes, qui sont appellées à la conduite du Monde, et qui en cette souveraine Administration peuvent avoir de tres-pures et de tres-parfaites voluptez, dont il y a de l'apparence que Dieu mesme se delecte, je veux dire du contentement qu'il y a de rendre les Peuples heureux, et de recevoir des remerciements et des benedictions de toutes les Langues; Ie ne puis, dis-je, m'imaginer, comme ces personnes-là preferent le Profit à la Gloire, et aiment avec tant de passion vne chose morte; vne chose, Madame, qui ne peut respondre à leur amour ; qui n'a ny sentiment ny intelligence; qui n'est que de la Terre, que l'opinion et la couleur distingue de l'autre Terre.

Neantmoins, j'ay regret de le dire, et de reprocher à vne Nation si noble et si estimée que la nostre, vn Vice si bas et si mesprisable que l'Avarice : Il n'est que trop vray, que ce malheureux Interest, qui devroit n'estre connu que des Banquiers de Gennes et d'Amsterdam, et n'avoir lieu qu'aux places du Change, est maintenant le Dieu de la Cour; est l'objet et la fin du Courtisan. Il n'est que trop vray qu'on luy sacrifie pensées, paroles et actions ; qu'on luy fait servir l'esprit, le courage, la vertu, le vice, les bonnes actions et les mauvaises.

De l'ame des Fermiers et des receveurs il a passé ce malheureux Interest en celle des Gentils-hommes et des Princes. Il entre dans les professions, qui en sont apparemment les plus esloignées. Et que dira la posterité, qui sera peut-estre meilleure que nous, si elle voit dans l'Histoire, la Guerre mise en party, et les Capitaines devenus Marchands? Que dira-t'elle, si elle sçait qu'ils ont esté de moitié avec les Thresoriers et les Commissaires des vivres, pour ne pas laisser eschaper les plus petits gains; qu'ils ont eu leur part à toutes les grivelées et à toutes les fripponneries des Officiers inferieurs et des derniers Valets de l'Armée?

Il est certain que l'Ambition mesme d'aujourd'huy ne travaille plus que pour l'Avarice. Elle s'esleve, ou s'abbaisse, selon qu'il y a plus ou moins à gaigner; et celle qui se proposoit autrefois pour fin les applaudissements du Peuple, l'estime du Prince, et le tesmoignage de la Renommée, n'a maintenant devant les yeux, que l'argent du Roy, le profit d'vne Charge, et les deniers revenans bons de la Guerre.

Si c'est estre fin que de vivre de la sorte, il y avoit bien de la simplicité en ces premiers Hommes, qui sont les ornemens et les lumieres de tous les Siecles, en vos Ancestres, Madame, avant que la succession d'Attalus leur fust escheuë, et que les richesses de l'Asie les eussent gastez. En ce temps-là la recompense des services rendus au Public, n'estoit autre que la simple satisfaction d'avoir servy le Public gratuitement. C'estoient des Gueux adorez des Souverains et des Peuples, que les Consuls et les Dictateurs de ce temps-là. Leur pauvreté fait tout ensemble envie et pitié dans la premiere Decade de Tite-Live. Ces pauvres Consuls, apres avoir acquis à la Republique plusieurs Villes et plusieurs Provinces; apres luy avoir envoyé des Flottes, chargées de la despoüille de ses Ennemis, ne laissoient pas en mourant dequoy payer le mariage d'vne Fille, ny faire les frais de leurs Funerailles.

Ils entreprenoient les fameuses actions dont encore la memoire nous estonne. Ils venoient à bout de choses apparemment impossibles, et dont la seule proposition feroit peur à la pluspart des Princes de nostre Siecle : Ils devenoient vieux dans les armées, et cherchoient par vne infinité de Combats l'occasion d'vne Bataille, et par mille perils vn plus grand peril. Mais pourquoy, à vostre advis, tant de Perils et tant de Combats? Vous plaist-il, Madame, que je vous le die? C'estoit pour obtenir le Triomphe; pour voir vne de leurs Statuës en Public; pour avoir vn nouveau Nom. Et ce Triomphe n'estoit que la beauté d'vne journée; Et cette Statuë ne leur servoit pas plus qu'vn Meuble inutile; Et ce nom n'adjoustoit à leur fortune que trois ou quatre syllabes.

D'vn pareil present ont esté recompensés les Illyriques, les Macedoniques, les Numantins, les Achaïques, les Africains, les Asiatiques; Et pour cela ils ont donné de bon cœur à la Republique les peines et les sueurs de plusieurs années. Vn petit mot leur a cousté vne partie de leur sang, tout leur courage et tout leur esprit ; et si vous les en voulez croire, il ne leur a pas cousté ce qu'il vaut ; ils ont plus estimé cette vaine et imaginaire Acquisition, que la veritable Conqueste qu'ils venoient de faire.

Or de dire maintenant, Madame, qu'ils manquassent de jugement en la conduite de leur vie, et qu'ils n'eussent pas assez de connoissance des choses, pour sçavoir aussi bien que nous celles qu'il faut negliger, et celles qui doivent estre estimées, la Vertu n'a pas encore si peu de credit parmy ses ennemis, qu'il y ait personne qui ose proferer vn si mauvais mot. Mais c'est veritablement que leurs pensées estoient moins terrestres que les nostres; C'est qu'ils mettoient le souverain bien en vn lieu plus haut que nous ne faisons, et qu'ils avoient vn autre goust que nous de l'Honneur. C'est qu'ils croyoient que la gloire estoit l'vnique salaire que les Dieux et les Gens de bien devoient attendre de la reconnoissance des Hommes.

Aristote le dit et le redit dans ses livres des Ethiques. Il tient que l'Honneur est la seule chose qui se peut donner à ceux qui ont tout. Les Grecs ont eu ces sentiments, comme les Romains; Et si nous nous figurions que la Pauvreté de leur Siecle fust cause de leur Integrité, et qu'vn bien ne pouvoit pas estre aimé, avant que d'estre connu, nous ne nous souviendrons pas qu'apres que le Tyran d'vne simple ville eust donné des millions d'or à vn Medecin, pour l'avoir guery d'vne maladie, Athenes ne donna que deux Branches de Laurier à celuy qui l'avoit deslivrée de trente Tyrans.

Les sept Gentils-hommes Perses, qui tuerent les Mages Vsurpateurs, ne voulurent non plus, pour eux et pour leur posterité, que le privilege de porter vn Bonnet pointu, penchant sur le devant de la teste, à cause que ce Bonnet pointu avoit esté la marque de leur entreprise. Et d'autres ayant conquis le pays de l'Ennemy, se sont contentez d'autant de terre qu'en mesureroit le jet de leur javelot, apres l'avoir lancé, en presence de l'Armée qu'ils avoient conduite.

Au contraire nous sçavons, Madame, que le Tableau d'vn Peintre a beaucoup plus valu qu'vne semblable Conqueste, et qu'vn Bouffon a eu davantage d'vn de ses bons mots, et que les grandes fortunes ont esté faites par des Charlatans, qui ont tiré tribut de l'ignorance des Princes. Nous avons appris de l'Antiquité que des femmes de mauvaise vie ont laissé des Edifices aussi superbes que peuvent estre les Galeries du Louvre : Il y en a eu qui se sont offertes à rebastir les murailles de Thebes à leurs despens : Il y en a d'autres. qui ont fait fondre des simulacres d'or, du gain qui estoit provenu de leur Beauté, et de l'intemperance de leur Siecle.

Autrefois on vendoit et on achetoit les personnes qui n'estoient pas libres : Le travail des Mercenaires coustoit cher : La Volupté n'estoit point à bon marché, et les Arts faisoient riches ceux qui les sçavoient. Tout produisoit, comme vous voyez, et rapportoit du fruit et de l'avantage : Mais la souveraine Vertu, joüissant d'elle-mesme au dedans, et ne rendant que de l'esclat au dehors, estoit remarquable par vne illustre et glorieuse sterilité. Il n'y avoit rien, Madame, d'assez grand au Monde, pour estre le prix des services rendus à la Patrie; Si bien que ne pouvant pas les reconnoistre, elle se contentoit de les honorer, et au lieu de payer les gens de bien, elle leur demeuroit obligée.

Et en conscience n'estoit-ce pas vn trop digne payement pour qui que ce soit, de pouvoir dire en soy-mesme, Le Peuple Romain est mon debiteur; Ma Victoire est vne des Festes de Rome. Ie n'ay point perdu les avances que j'ay faites; la Patrie me paye de la mesme sorte dont elle s'acquitte de ce qu'elle doit aux Dieux immortels?

Vn particulier n'estoit-il pas trop recompensé de ses services, de voir par son moyen vne grande Nation, ou Esclave, ou Affranchie de la Republique; ou sous son joug, ou sous sa protection; de regarder vne multitude infinie de Citoyens, dont les vns luy estoient obligez de la vie, les autres de la fortune, les autres de la liberté, et tous ensemble de la gloire du nom Romain, d'oüir proposer son Exemple à tous les jeunes gens, et chanter sa vaillance par la bouche de toutes les Dames?

C'estoit, Madame, vn estrange chatoüillement d'esprit à vn General qui triomphoit, de n'oüir par les ruës que des vœux pour sa personne, et des loüanges pour ses actions; de tirer apres soy des cris de joye et des applaudissements continuels; de faire naistre par sa presence vne Musique d'amour et d'admiration, qui l'accompagnoit jusqu'au Capitole : Et enfin apres tout cela, d'estre couronné dans le

Capitole mesme, c'est à dire presque dans le Ciel, et presque de la propre main de Iupiter. Car vous sçavez, Madame, qu'on croyoit que ce lieu fatal estoit la seconde demeure de ce grand Dieu; et qu'il y estoit toujours present, voire qu'il y estoit quelquefois visible à ceux qui avoient la veuë bien purgée des nuages de la Terre. On tenoit que de là il avoit tonné et foudroyé en diverses occasions, et qu'il n'estoit pas moins le Capitolin que l'Olympien et que le Celeste.

Mais d'autant que quelques-vns plus ignorans que devots, et plus paresseux que veritablement humbles, voudroient excuser leur peu de courage en condamnant la Gloire du Monde, et soustenant qu'elle est contraire à celle du Ciel; Ils doivent sçavoir, Madame, que Dieu met l'Infamie au nombre des supplices de sa Iustice. Qu'ils consultent les Livres qu'il a dictez. Là dedans il menace les Meschans, ou d'effacer leur memoire de dessus la Terre, ou de la rendre de mauvaise odeur à toute la Terre. Et au contraire il promet aux Gens de bien, de l'honneur, de la Renommée, et de la Gloire; ce que sans doute il ne feroit pas, si ce n'estoient de tres-bonnes choses.

De qui est-ce en effet que nous reverons les Cendres, et que nous saluons les Images? A qui chantons nous des Hymnes et des Cantiques? De qui est-ce que Rome celebre encore aujourd'huy les Apotheoses et les Triomphes, si ce n'est de ceux qui ont agy ou souffert courageusement pour le service de Dieu, et pour la defense de sa cause? Il fit porter cette parole par Samuel, au grand Sacrificateur Hely: QVICONQVE ME GLORIFIERA, SERA HONORÉ, ET CELVY QVI ME MESPRISERA, SERA MESPRISÉ, ET RENDV INFAME. Ne voila-t'il pas en termes formels l'Ignominie pour peine, et la gloire pour recompense?

Voilà la Gloire du Monde, canonisée par le propre suffragé de celuy qui fait les Saincts. Mais, Madame, n'avez-vous jamais pris garde que la plus parfaite des choses creées, la tres-saincte Mere de nostre Sauveur, n'a point dissimulé la joye qu'elle sentoit dans son ame, de voir qu'à l'advenir toutes les Generations la devoient appeller Bien-heureuse; et apres avoir admiré ce que Dieu avoit fait pour elle, a compté pour quelque chose ce que le Monde en diroit?

Sans faire violence à son intention, il se peut conclure de ses paroles, que la belle passion dont il s'agit, s'accorde avec la plus haute saincteté; avec celle qui est la plus proche de la divine. Et si la bonne renommée est la possession des Morts, comme l'a asseuré Aristote, il s'ensuit encore que cette passion monte dans le Ciel, avec les Esprits bien-heureux. Mais je dis plus, Madame, elle est sur Terre vne marque et vn charactere de leur noblesse. Et nos Philosophes, aussi bien que les Philosophes Payens, ont apporté ce desir commun et naturel, qui picque les Hommes de l'amour d'vne Gloire reculée, et qui les porte à vouloir estre loüez apres leur mort, pour vne sensible et certaine preuve de l'Immortalité de leur ame.

Mais pourquoy tant d'inutiles paroles? Ie n'ay que faire à me donner de la peine à justifier la Gloire. Quand elle seroit aussi dangereuse qu'elle est desirable, il ne faut point avoir peur qu'elle corrompe les Chrestiens de nostre temps. I'aurois beau la parer, elle ne trouvera guere de Serviteurs. Et si j'en faisois vn livre expres, comme Ciceron, mon livre ne passeroit que pour vn maigre et mauvais Roman : Ie n'aurois rang, Madame, que parmy les faiseurs de contes, et les vendeurs de fumée.

On ne se laisse plus prendre à vn appas qui a si peu de corps, et qui est si subtil et si delié. Les belles opinions ne font plus de sectes : Elles ne gaignent rien sur des esprits qui veulent toucher et compter leur felicité; qui n'estiment que ce qui tombe sous les sens, et qui est de mise dans le commerce. Les Maximes de Rome triomphante ne sont pas des Maximes à nostre vsage; et de penser les introduire dans le Monde, ce seroit y vouloir apporter de vieilles modes, qu'on a quittées depuis la mort des Fabrices et des Scipions.

La pluspart mesme de nos gens pensent que ces gens-là n'ont jamais esté. Ils les mettent avec les Amadis et les Agramans, et leur Histoire parmy les Fables. L'Honneste du vieux temps est le Ridicule de cettuy-cy. Aussi je n'en parle qu'à vous, Madame, qui estes digne d'vn meilleur temps que le nostre ; qui au milieu de la Cour ne servez pas le Dieu que la Cour adore ; qui ne vous mocquez point du Bonnet des Perses, ny du Laurier des Atheniens : qui ne mesprisez pas les Statuës et les Triomphes de vos Ancestres ; qui trouvez beaux les Noms d'Africains et d'Asiatiques.

Vous avez dans l'ame tous les principes de la haute et ancienne Generosité ; de celle que suivoient les Romains et les Spartiates, tant qu'ils se conserverent dans la pureté de leurs loix et de leur police. Vous croyez que la Vertu se tient lieu de digne et de suffisante recompense ; mais que neantmoins elle accepte la gloire, sans l'exiger. Que la Gloire n'est pas tant vne Dette, dont s'acquitte le Public, qu'vn adveu de ce qu'il doit, et tout ensemble vne Protestation qu'il est insolvable ; Qu'elle n'est pas tant vne lumiere estrangere, qui vient de dehors aux actions Heroïques, qu'vne Reflexion de la propre lumiere de ces actions, et vn esclat, qui leur est renvoyé par les objets qui l'ont receû d'elles. Ainsi, Madame, ny en vos sentimens, ny en vos affections, vous ne separez point deux choses, qui sont naturellement vnies. Vous estimez la Vertu pour l'amour d'elle-mesme, et la Gloire pour l'amour de la Vertu.

DISCOVRS CINQVIESME.

PARAPHRASE

OV DE LA GRANDE ELOQVENCE.

A MONSIEVR COSTAR*.

Vostre Magnificence est cause de ma Disette, et je ne trouve point de belles choses à vous rendre parce que vous les avez toutes prises. Cét enlevement, qui ne m'a honoré que pour m'appauvrir, me fait souvenir d'vn Festin que je vis à Rome, lors que j'y estois. La profusion en fut telle qu'elle épuisa vne partie de l'Italie, qu'elle affama huit jours durant le Peuple Romain; qu'elle empescha qu'on n'en pust faire de long-temps vn autre. Ie remarque icy, Monsieur, je ne sçay quoy encore de plus. Vos Excez n'ont pas d'espace à les contenir; et tout ce qu'en vn jour de largesse vne ame extremement noble pourroit tirer, soit de son propre fonds, et des richesses de sa naissance, soit des Havres estrangers et de la continuation d'vn heureux commerce, vous l'avez tout versé sur deux feuïlles de papier.

* Pierre Costar, né à Paris en 1605, mort le 13 mai 1660.

Quel moyen apres cela d'avoir sa revanche, et de parler apres vous qu'à sa confusion? En me demandant des Exemples, vous me les donnez : Sous le nom d'autruy vous vous representez vous-mesme : Et j'ay bien oüy parler des aiguillons de cet homme, qui fut Souverain dans vn pays libre; Mais je sens les vostres; Ils m'ont entamé l'esprit; Ie suis percé de leurs pointes.

En cét estat-là, et blessé desja de vostre main, je serois mal conseillé de me presenter aujourd'huy sur la carriere, et de faire assaut de reputation avec vous. Il vaut beaucoup mieux que l'avantage vous demeure par ma modeste deference, que par mes inutiles efforts. Et en tout cas, Monsieur, s'il faut que je sois de la partie, il faut que ce soit en me rangeant de vostre costé : Il me sera bien plus seur d'entrer dans vos sentiments que d'en chercher de nouveaux, et de vous copier que de vous respondre.

L'Idée que vous avez formée de l'Eloquence, est veritablement admirable : Mais supprimons-en l'application, elle n'est pas juste : Ostons-en mon nom, et tout le reste ira bien. Trouvez bon que je remette dans la These ce que vous en avez tiré pour me faire honneur; et qu'au lieu d'vne Response à vos paroles, qui regardent ma personne particuliere, je vous envoie vne Paraphrase de vostre sens, qui a sans doute vn objet plus noble et moins limité.

Vous dites vray, Monsieur, on trouve partout de l'imposture. L'Esclat ne presuppose pas tousjours la solidité; et les paroles qui brillent le plus, sont souvent celles qui pesent le moins. Il y a vne Faiseuse de bouquets, et vne Tourneuse de periodes, je ne l'ose nommer Eloquence, qui est toute peinte et toute dorée; qui semble tousjours sortir d'vne boëte; qui n'a soin que de s'ajuster, et ne songe qu'à faire la belle : qui par consequent est plus propre pour les Festes que pour les Combats, et plaist davantage qu'elle ne sert; quoy que neantmoins il y ait des Festes, dont elle deshonoreroit la solemnité ; et des personnes, à qui elle ne donneroit point de plaisir.

Ne se soustenant que d'apparence, et n'estant animée que de couleur, elle agit principalement sur l'esprit du Peuple, parce que le peuple a tout son esprit dans les yeux et dans les oreilles. A faute de Raisons et d'authorité, elle vse de Charmes et de Flatterie : Elle est creuse, et vuide de choses essentielles, bien qu'elle soit claire et resonnante de tons agreables. Elle est au moins plus delicate que forte ; et ayant sa puissance bornée, et ses coups d'ordinaire mesurez, ou elle ne porte pas plus loin que les sens; ou pour le plus, elle ne touche que legerement le dehors de l'ame.

Si elle prend courage, et si elle se déborde quelquefois, ses Efforts et ses Torrents ne font que passer. Au lieu d'apporter de l'abondance avec eux, ils ne laissent apres eux que de l'escume. Leuri mpetuosité est vne Lascheté qui menace : Elle ressemble à la cholere des personnes foibles, qui les remuë, sans toucher les autres : Ils n'emmenent que les pailles et les plumes, et s'escoulent au pied des arbres et des murailles, sans les ébranler.

Cette Eloquence de montre et de vanité a eu cours dans la servitude de la Grece, lorsque la Paix et la Guerre n'estoient plus en sa disposition, et que n'ayant plus d'Affaires à s'occuper, elle cherchoit dequoy divertir son Oysiveté. La pluspart des Sophistes, dont Philostrate et Eunapius ont escrit les Vies, estaloient cette sorte d'Eloquence, au milieu des places publiques, et entretenoient les Passans qu'ils y assembloient, de certains discours vagues, où ils n'avoient autre dessein que de discourir.

Ces Discours, Monsieur, comme vous sçavez, estoient remplis de tout ce que l'Orateur possedoit et de tout ce qu'il avoit emprunté. Il ne laissoit pas vn seul enjolivement ny vne seule affeterie au logis : En dix mots il vouloit employer douze figures; il enfloit sa matiere de Lieux communs, et de Pieces cent fois rejoüées. Pour eviter la Pauvreté, il se jettoit dans le Luxe. Toutes ses locutions estoient pompeuses et magnifiques. Mais cette magnificence estoit si esloignée de la sobrieté et de la modestie du stile Oratoire, que la plus temeraire Poësie, et la plus prodigue des biens qu'il faut mesnager, ne sçauroit rien concevoir de plus desreglé.

A la verité si c'estoit là l'Eloquence, l'opinion de ce Philosophe, qui mettoit la Rhetorique au nombre des connoissances voluptueuses, auroit quelque fondement. On l'eust chassée avec justice de la Republique de Sparte, et des autres Estats bien policez ; Et il ne la faudroit estimer gueres davantage que l'Art qui enseigne à faire les confitures, et a pour objet le plaisir du goust ; ou celuy qui flatte vn autre sens, et travaille à la composition des Parfums.

Mais il n'en va pas ainsi ; Il faut conserver à chaque chose la noblesse de sa fin et la dignité de son vsage. Les biens de l'Esprit ne nous ont pas esté donnez pour la simple volupté du Corps : Le plaisir des oreilles est en cecy plus que rien, mais ce n'est pas tout. L'Eloquence n'est pas le spectacle des Oysifs et le passe-temps du menu Peuple. Vn Orateur est quelque autre chose qu'vn Danseur de corde et qu'vn Baladin. Nous ne devons pas nous jouër de la Raison ny faire passer pour Plaisante, celle à qui nous avons l'obligation d'estre Serieux.

Disons donc, Monsieur, que la vraye Eloquence est bien differente de cette Causeuse des places publiques, et son stile bien esloigné du jargon ambitieux des Sophistes Grecs. Disons que c'est vne eloquence d'affaires et de service ; née au commandement et à la souveraineté ; toute efficace, et toute pleine de force. Disons qu'elle agit, s'il se peut, par la parole, plus qu'elle ne parle ; qu'elle ne donne pas seulement à ses ouvrages vn visage, de la grace, et de la beauté, comme Phidias ; mais vn cœur, de la vie et du mouvement, comme Dedale.

Elle ne s'amuse point à cueillir des fleurs, et à les lier ensemble : Mais les fleurs naissent sous ses pas, aussi bien que sous les pas des Deesses. En visant ailleurs ; en faisant autre chose ; en passant pays, elle les produit ; Sa mine est d'vne Amazone plustost que d'vne Coquette ; Et la Negligence mesme a du merite sur elle, et ne fait point de tort à sa Dignité. Elle ne laisse pas toutefois de se parer, quand il en est besoin ; quoy qu'elle soit moins curieuse de ses ornemens que de ses armes ; et qu'elle songe davantage à gaigner l'ame pour tousjours, par vne victoire entiere, qu'à la desbaucher pour quelques heures, par vne legere satisfaction.

C'est encore ce qui l'oblige à ne pas chercher dans ses discours des fredons effeminez, et vne mollesse compassée, semblable à cette nouveauté vicieuse, dont les premiers Sages se sont plaints, qui corrompit la vigueur de la Musique, et prefera la Delicatesse à la Gravité.

Ayant receû de la seule grace de la Nature la justesse des nombres, et des mesures, elle n'a que faire de compter scrupuleusement les syllabes, ny de se mettre en peine de placer les dactyles et les spondées, pour trouver le Secret de l'Harmonie. Vn pareil secret ne s'acquiert point ; Il faut qu'il vienne au monde avec celuy que nous nommons Eloquent : Les preceptes luy sont inutiles en cette occasion ; Et n'en desplaise aux Maistres de l'Art, qui se veulent mesler de tout, il ne doit qu'au Ciel la bonté de ses oreilles, et la parfaite disposition de leurs ressorts.

Le reste veritablement se fait ou s'acheve en luy, par le soin et par la meditation. Et il faut advoüer que ce soin, quand il est opiniastre et continuel, est capable d'appuyer les foiblesses de la Nature, de refaire les breches de l'infirmité humaine ; de nettoyer les ouvrages de l'esprit, de toutes les taches et de toute la terre de la matiere ; de tous les defauts et de toutes les imperfections, soit de la Besongne, soit de l'Artisan. Il est certain que cette Meditation, quand elle est violente et bien guidée, trouve dans l'ame des Thresors cachez ; resveille les vertus assoupies; exerce l'adresse negligée ; adjouste l'opulence à la noblesse, la fecondité au bon fonds, et le choix à la fecondité.

L'Antiquité appelloit cela puiser ses discours dans l'estomach, et avoit l'ame Eloquente : Elle a donné cette qualité à Vlysse, apres luy avoir donné la doctrine et l'experience, comme si la vertu de discourir devoit estre l'effet et la creature de celle de connoistre et de sçavoir.

Et certes il n'est rien de plus veritable. Vn homme qui a veû et qui a escouté long-temps avec de l'attention et du dessein ; qui a fait diverses reflexions sur les Veritez vniverselles ; qui a consideré serieusement les principes et les conclusions de chaque science; qui a fortifié son naturel de mille regles et de mille exemples; qui s'est nourry du suc et de la substance des bons livres; Vn homme, dis-je, si plein, a bien dequoy debiter ; Ayant tant de fonds et tant de matiere de parler, il a de grands avantages, quand il parle; Et personne ne peut trouver estrange que d'vne infinité de hautes et de rares connoissances, sortent et fleurissent les diverses graces de ses paroles, comme de leur tige et de leur racine.

Ce n'est pas qu'il suffise, Monsieur (plaidons tousjours la cause du Ciel), d'avoir cét Art et ces connoissances, pour estre Orateur, si on les a solitaires, et dans vn lieu sterile de sa nature. Comme ce ne sont pas les maistres d'escrime, voire les maistres d'escrime de pere en fils, qui reüssissent grands Capitaines; Aussi ne sont-ce pas les Grammairiens, voire les Grammairiens de race, et les enfans des maistres d'Escholes qui sont d'ordinaire fort eloquens. Ce ne sont ny les Armuriers, ny les Fourbisseurs, ny les Vivandiers de l'Armée qui combattent l'Ennemy, et qui gagnent les batailles : Ce ne sont pas non plus les Compilateurs de Lieux communs, ny les Copistes des Rhetoriques d'autruy, ny les Traducteurs de quelques Chapitres de Quintilien, qui attaquent et qui emportent les ames.

Ils ont eu pourtant leur Faction et leur Peuple, qui leur a fait acroire que c'estoit eux; et ils sont morts tres-persuadez de leur opinion, et tres-satisfaits des applaudissemens de leur Peuple. Mais toutes ces Victoires en peinture, tous ces Triomphes de mascarade, tous ces faux Miracles ne font plus d'ombrage à la Verité. Le Monde est devenu raisonnable; Et la pedanterie des Compilateurs ayant perdu son credit dans l'Vniversité mesme, je dis dans le plus bas estage de l'Vniversité, et dans la Cinquiesme du College, elle ne nous empeschera plus de faire advouer au Louvre et aux Parlemens, qu'il y a souvent grande difference entre vn Docteur et vn Animal raisonnable.

On ne doutera plus qu'vn tel ne puisse parler mal et escrire mal, avec autant de Langues que la confusion de Babel en produisit, et autant de Dialectes que le meslange des Peuples en a formé; Et qu'vn autre tel ne puisse estre de son chef mauvais Autheur, et avoir leû autant de Volumes imprimez et autant de livres Manuscrits, qu'il y en a dans la Bibliotheque Vaticane, depuis mesme qu'elle a esté grossie du debris de la Bibliotheque Palatine.

Il faut donc de necessité vne heureuse naissance, pour se servir d'vne longue estude. Il faut et icy et à la Guerre, de la force et du courage, aussi bien que des armes et de l'adresse. Cette Adresse est necessaire, je ne le nie pas, et la bonne Eloquence doit recevoir instruction de la bonne Philosophie. Il faut que nostre Eloquent soit eslevé sous la discipline d'Aristote, qui entre autre soin qu'il prendra de luy, luy tracera le Plan et la Carte du petit Monde.

Ce souverain Artisan luy descouvrira les differentes avenuës du siege de la Raison, et le Fort et le Foible de l'esprit humain. Avec la methode et les adresses qu'il luy donnera, les endroits par où l'ame est prenable luy seront connus. Les moyens d'y former des intelligences, ne luy manqueront point. Il sçaura irriter et moderer les Passions, selon qu'il faudra pousser ou arrester les Courages. Il s'assujettira l'Intellect par la force du raisonnement, et emportera l'Appetit par la violence des figures.

Aristote fera tout cela, je ne le nie pas; Mais Aristote ne sçauroit rien faire sans les Estoiles. Il ne peut travailler qu'apres le Ciel ; Et disons-le vne bonne fois, il faut que ce soit quelque chose de celeste et d'inspiré, qui intervienne dans l'Eloquence pour exciter les transports et les admirations qu'elle cherche. Disons qu'il faut qu'vn grand esprit naisse, et vn grand jugement avec luy, pour le conseiller, afin qu'Aristote reüssisse. Et qu'Aristote par consequent n'entre que le troisiesme dans l'œuvre de la Nature, puis qu'il est besoin de quelque autre que de l'Art, afin que l'Art opere efficacement; afin que la speculation se rende sensible, et qu'elle tienne ce qu'elle a promis; Afin que les Regles deviennent Exemples; Afin que la Connoissance soit Action, et que les paroles soient des choses.

Et pour vous faire voir, Monsieur, que je ne vous perds point de veüe, et que je veux que ma Paraphrase suive tousjours vostre Texte, ces paroles ne sont pas de simples bruits et de simples voix dont l'air est frappé, et qui se perdent apres avoir plû vn petit moment. Ce ne sont pas des paroles fugitives et passageres, ainsi que le Poëte les appelle; Elles durent et se conservent apres le son ; Elles vivent dans les plus ingrates memoires; Elles se font voye dans la plus secrete partie de l'homme ; Elles descendent jusqu'au fonds du cœur; elles percent jusques au centre de l'ame, et se vont mesler et remuër là-dedans avec les pensées et les autres mouvemens interieurs. Ce ne sont plus les paroles de celuy qui parle, ou qui escrit. Ce sont les sentimens de ceux qui escoutent, ou qui lisent. Ce sont des expressions, donnez-moi congé de le dire, si contagieuses, si penetrantes, et si tenaces, qu'elles s'attachent inseparablement au sujet estranger qui les reçoit, et deviennent partie de l'ame d'autruy.

Voila quelles sont les paroles que vos ergoteurs estiment si peu, voila comme s'exprime la grande Eloquence, et telle autrefois la Grece l'a veuë, lors qu'elle vivoit en liberté et que la puissance Romaine ne luy avoit pas opprimé l'esprit avec le courage. De cette sorte, et par des efforts plus qu'humains, elle ravissoit le consentement des Princes et des Republiques, et rangeoit à la Raison les volontez les plus opiniastres et les plus dures.

Et de fait, Monsieur, les aiguillons que vostre Pericles laissoit dans les ames, les tonnerres qu'il excitoit dans les Assemblées, les noms de Iupiter et d'Olympien que l'on luy donna, et le Temple de la Deesse Persuasion, qu'elle-mesme, selon le dire commun, avoit basty sur ses levres, que sont-ce autre chose que des marques et des images de cette Monarchie spirituelle fondée par la Parole dans vn Estat populaire, et de cette espece de Divinité qu'vn homme representoit sur la Terre?

La souveraine Eloquence gouverna ainsi long-temps la plus fine partie du genre humain et presida aux affaires de la Grece. C'est ce que vous avez compris en deux mots, et ce que vous appellez VAINCRE ET REGNER; car il est tres-vray qu'elle tenoit lieu de Grandeur et de Majesté à des Seigneuries aussi petites que sont celles de Luques et de Geneve. Elle ne souffroit rien de servile dans l'esprit mesme des Artisans; Elle eslevoit les pensées d'vn Particulier au-dessus du Throsne et de la Tiare du Roy de Perse. Et pour passer du specieux à l'vtile, elle reünissoit les Grecs divisez et formoit les Ligues contre les Barbares; Elle estoit la liaison du Senat avec le Peuple, et la barriere entre Philippe et la liberté.

Philippe ne le dissimuloit pas. Il reconnoissoit que Demosthene pouvoit plus que luy, et avoit coustume de dire que les Harangues de cet Orateur renversoient les entreprises des Roys, et que sa Rhetorique estoit l'Arsenal et le Magazin d'Athenes. Il disoit qu'en vain on deputoit des Ambassadeurs pour resister à Demosthene aux Assemblées où il se trouvoit, veû qu'ils n'y pouvoient servir leurs Maistres, qu'en s'accommodant à ses opinions; Que la Valeur pouvoit combattre la Force et avoir de l'avantage sur le Nombre; mais qu'il estoit également impossible au nombre, à la force et à la valeur, d'eriger des trophées contre l'Eloquence de Demosthene.

Pour avoir ce Demosthene en son pouvoir, ce Philippe offrit aux Atheniens la ville d'Amphipolis; Et il ne s'en faut point estonner, Monsieur, puis que par cét eschange il mettoit en danger celle d'Athenes, et qu'il asseuroit toutes celles de son Royaume. Il estimoit vn homme plus que vingt mille hommes, parce qu'il sçavoit qu'vn homme est quelquefois l'esprit et la force d'vn Estat; Et que cettuy-cy, selon la relation que luy en avoit faite Antipater, tout nud et desarmé qu'il estoit, sans Vaisseaux, sans Soldats et sans Argent; combattant seulement avec des Loix, des Ordonnances et des Paroles, attaquoit la Macedoine de tous costez, investissoit ses meilleures places et rendoit inutiles ses plus puissantes armées.

Vn homme de ce merite n'estoit pas le Bouffon et le Basteleur de ceux d'Athenes, comme nostre Apulée de ceux de Carthage, quand il leur recitoit ses Florides. C'estoit leur Magistrat naturel; c'estoit vn Maistre qui s'accordoit avec la Liberté, qui se faisoit obeïr, quoy qu'il ne leur fist point de commandement absolu, quoy qu'il n'eust ny Archers ny Hallebardes, quoy qu'il ne les haranguast point de dessus les bastions d'vne Citadelle. Ce n'estoit pas le Flatteur et le Parasite du Peuple; c'estoit son Censeur et son Pedagogue, qui le tansoit quelquefois de cette façon :

« Nè secourons plus de nos fautes nostre Ennemy : ce « sont ses principales forces et sa plus grande puissance; « Que ne la ruïnons-nous en nous corrigeant? Mais au lieu

« de faire ce qu'il faut, vous ne faites rien que vous enque-
« rir de ce qu'on dit, et toute vostre vie se passe à deman-
« der des nouvelles. A quoy bon cette vaine curiosité? Vou-
« lez-vous sçavoir quelque chose de bien nouveau et de bien
« estrange? Ie vais vous le dire : VN HOMME DE MACEDOINE
« SE REND MAISTRE DE LA GRECE, ET COMMENCE PAR LES ATHE-
« NIENS. Mais le bruit court, me respondez-vous, que cét
« homme est mort, ou pour le moins qu'il est bien malade.
« Quand cela seroit, je ne vois pas que vous en puissiez ti-
« rer aucun avantage. Si vous ne changez de procedé, vous
« ne manquerez jamais de Philippe, et quand la Fievre ou
« la Guerre vous déferа aujourd'huy de cettuy-cy, vous en
« ferez demain vn autre par vostre mauvaise conduite. »

Que ces Graces austeres me plaisent! Que cette severité est attrayante! Que cette amertume me semble bien de meilleur goust que toutes les douceurs fades et tout le sucre des beaux parleurs! Les paroles que nostre flatterie a nommées puissantes et pathetiques, n'estoient que de la cendre et des charbons morts, au prix d'vn feu si pur et si vif.

Semblables esclairs sortoient de la bouche de Demosthene, et n'eschauffoient pas moins qu'ils esblouïssoient. Ils faisoient passer la Verité, en vn instant, d'vn bout de la Grece à l'autre, et descouvroient le Tyran qui se cachoit. Parmy les tenebres et dans la confusion des plus mauvais Temps, les Citoyens et les Alliez ont reconnu, à la luëur de pareils esclairs, leur devoir, leur interest et leur honneur, qu'on leur déguisoit avec artifice, et dont on ne leur monstroit que de fausses apparences. Les Enfans mesmes ont esté esclaircis par là de l'estat des choses? Ils ont sceû ce qu'on vouloit que leurs Peres ignorassent.

Que si vne sage Eloquence, soit de mon Demosthene, soit de vostre Pericles, n'a pas tousjours esté heureuse, il suffit pour la perfection de sa fin, qu'elle a tousjours merité de l'estre; et qu il n'a pas tenu à l'Art que le Succez ne l'ait suivy, mais à la Matiere, sur laquelle il a esté employé. Si traitant avec les Estrangers, elle a conclu la Paix pour Athenes, et qu'Athenes n'ait pas joüi de la Paix concluë, ce n'est pas la faute de l'Eloquence, et les bons conseils ne sont point coupables des mauvais evenemens. Elle a fait ce qu'il a fallu pour persuader; Elle a mesme persuadé, quoy que la persuasion n'ait pas produit le fruit que raisonnablement elle en attendoit, et quoy qu'il ait greslé sur son labourage. Mais qui est capable de garantir l'Advenir? Quel Dieu peut empescher que l'homme ne change? Quel moyen de faire vn fondement asseuré sur l'incertitude des choses du Monde?

Il suffit à Demosthene que, dans les Negociations où il a agi, il ait tousjours fait venir les Princes et les Estats aux termes qu'il a voulu, et que, s'ils n'y ont pas tousjours acquiescé par l'execution des Propositions resoluës, ils n'ayent pû s'en defendre que par le violement de leur Foy; car de cette sorte, les Princes et les Estats n'ont pas resisté à l'Eloquence de Demosthene, mais ils se sont mutinez contre elle; Ils n'ont pas maintenu leurs opinions, mais ils se sont desdits des choses qu'ils avoient accordées, et ont advoüé tacitement qu'il estoit impossible d'éviter les effets de la puissance qu'elle exerçoit qu'en violant la Paix qu'ils avoient signée; qu'en se mocquant des Dieux, qu'ils avoient jurez; et trompant les Hommes, qui s'estoient fiez en eux.

Et ainsi l'Eloquence eust fait beaucoup moins d'arriver à sa fin par ses routes ordinaires et par ses moyens accoustumez, que de demeurer au deçà par vn si lasche manquement de la part d'autruy. Et ce manquement a monstré que ses coups estoient bien certains, puis qu'il se falloit perdre pour s'en sauver, et que ses poursuites estoient bien vives, puis qu'on ne pouvoit les fuïr qu'à travers le feu et les flammes de la guerre, et que ses Raisons estoient bien pressantes, puis qu'on n'y opposoit que des Parjures.

Mais parce que jusques icy il n'a esté fait mention que

des Guerres de l'esprit et des Combats sedentaires, il ne faut pas que les Braves, que vous et moy connoissons, se figurent que la qualité, de laquelle nous traitons, soit indigne de leur profession, et que j'aye dessein de la renfermer dans les Assemblées de ville et de la laisser aux Robes longues. Son vsage ne se restraint pas à certains endroits et à vn petit nombre d'occasions; il s'estend vniversellement par tout; il est de saison en l'vn et en l'autre Temps, et a lieu aussi bien à la Campagne qu'au Cabinet.

La Vaillance muette peut frapper et peut obeïr; Mais cette sorte de vaillance manque d'vne piece tout-à-fait necessaire au Commandement et à la conduite; Et je ne voy pas comme quoy on peut faire obeïr les autres sans l'assistance de la Parole.

S'il y a donc dans le Monde quelque instrument qui soit propre pour mouvoir vne infinité de personnes tout à la fois, et pour animer d'vn mesme esprit ces grandes Masses composées de differentes humeurs et tirées de divers Peuples, c'est sans difficulté cettuy-cy. Mais si on croit de plus que de certains tuyaux d'airain et de certaines peaux estenduës, il sorte je ne sçay quoy qui encourage les ames, peut-on douter de la vertu de ces Trompettes raisonnables et intelligentes, de ces Organes sages et judicieux, qui se font escouter devant les Batailles? Et qui ne preferera de si nobles et de si honnestes artifices, aux moyens grossiers et materiels qu'on employe pour resveiller les esprits alentour du cœur et reschauffer le sang dans les veines?

Les cris et les hurlemens servent à la Guerre; l'Eloquence y sera-t'elle inutile? Advoüons plustost qu'elle y est vtile en plusieurs façons et qu'on en tire plusieurs services considerables. Tantost elle appaise les Seditions, tantost elle les previent; Elle inspire la Hardiesse aux Timides; Elle augmente le courage des Vaillans; Elle adoucit la peine aux Delicats, par la representation de la Gloire; Elle amoindrit le

Danger, par la mauvaise opinion qu'elle donne de l'Ennemy; Elle agrandit les Recompenses, par l'esperance de davantage, et avec huit sols de paye par jour, elle fait concevoir des Millions et des Indes à chaque soldat. Enfin elle prie, elle promet, elle louë, elle blasme, elle menace, jusqu'à ce qu'elle se soit asseurée de tous les cœurs et qu'elle ait toute la certitude de la Victoire, qui se peut avoir humainement avec le combat.

Il se trouve quelques Harangues de cette Nature dans le Thresor de l'Antiquité, qui nous donnent encore aujourd'huy, en les lisant, des desirs de gloire et des pensées magnanimes; Ie dis, aux Hermites et aux Philosophes. Et quoy que je ne voulusse pas asseurer que toutes les Harangues que nous lisons, ayent esté prononcées dans les mesmes termes qu'elles sont escrites, et que je sçache que souvent les Historiens prestent leur Eloquence aux Capitaines, personne toutefois ne sçauroit nier qu'on ne parlast en semblables occasions; Que les Princes Grecs et Romains ne fussent sçavans en l'Art de parler, et qu'ils ne se servissent de cét art pour seconder celuy de la Guerre.

Nostre Siecle mesme, qui a laissé perdre tant de loüables coustumes, n'a pas negligé tousjours celle-cy. Et sans faire d'enumeration ennuyeuse des Exemples que les Histoires modernes nous peuvent fournir, bien que d'ordinaire Henry le Grand se contentast de dire aux gens qu'il menoit au combat : Faites comme ie feray; il est tres-vray neantmoins qu'en certaines rencontres il a harangué, et qu'il a harangué efficacement. Non pas qu'il s'assujettist avec scrupule aux preceptes des Rhetoriciens, ny qu'il fist le Prosneur, au lieu de faire le Capitaine. Son stile n'endormoit pas ceux qu'il faloit exciter : Il n'estoit ny languissant, ny esmoussé, comme le stile d'Asie; Il estoit brusque et tranchant, comme celuy de Lacedemone.

Pour le Grand Gustave, il n'est pas de merveille si le feu

dont son ame estoit composée, estinceloit en toutes les actions qui en procedoient, si principalement il le faisoit sentir sortant de sa bouche, et s'il allumoit le courage de ses soldats. Mais, comme il avoit adjousté aux avantages de sa naissance vne multitude de biens acquis et de vertus estrangeres, et que par la connoissance des Langues et la lecture des Livres, il avoit fortifié sa raison de toute celle des autres; outre l'Eloquence militaire, qui ne veut pas tant d'appareil et tant de ceremonie, il possedoit en vn degré eminent l'Eloquence Politique, qui desire plus de pompe et plus d'ornemens. Et certes il faudroit ou sortir de dessous terre ou estre d'vn autre Siecle, pour demander des preuves d'vne verité si connuë que celle-cy, et pour ignorer qu'il n'a gueres plus vaincu que persuadé en ses expeditions d'Allemagne.

Quand il se mettoit quelquefois en belle humeur, il comptoit pour ses deux grandes prouësses : la defaite du Comte de Tilly à la Guerre et celle de l'Electeur de Saxe à Table; Mais il se pouvoit vanter d'vne autre victoire bien plus honneste qu'il avoit remportée sur le mesme Prince, lors qu'ils s'aboucherent la premiere fois; car, avec vne douzaine de paroles, il le gagna tout-à-fait à la bonne cause, et le poussa dans le party de la Liberté, sur le bord duquel il eust voulu deliberer toute sa vie, si l'Eloquence du Roy ne l'eust resolu.

Ainsi l'Eloquence de Gustave faisoit progrez conjointement avec ses armes, et travailloit de son costé à la ruïne de la Tyrannie. Par les charmes de sa bouche, il changeoit les Imperiaux en Suedois, il renouvelloit le Monde, il conqueroit les Esprits, il redressoit la mauvaise disposition de quelques-vns, il suspendoit l'obstination inflexible de quelques autres, il confirmoit les Bons, il appuyoit les Debiles, il engageoit les Indifferens.

N'estoit-ce pas là, Monsieur, des Miracles de la Langue et des chefs-d'œuvre de l'Intelligence humaine? N'estoit-ce pas l'Empire de la Raison, vsurpé par vn Barbare, et les foudres d'Athenes qui sortoient d'vne nuée du Septentrion? N'estoit-ce pas ce que vous avez entendu par vostre REGNER et par vostre VAINCRE, deux mots qui m'ont fait ressouvenir de deux Roys victorieux, et qui sont cause que je vous viens d'alleguer le Grand Henry et le Grand Gustave?

Mais il n'est pas question de l'Eloquence des Roys, qui prend force de leur Authorité et se colore de l'esclat de leur Fortune. Il s'agit de la Royauté de l'Eloquence, qui tombant en partage à vne personne privée, se doit soustenir de sa propre force et luire de ses propres rayons. Cette Royauté n'est pas dans la fantaisie des Speculatifs et hors de la nature des choses, comme leurs Princes et leurs Republiques; Elle a tousjours esté visible en quelques hommes choisis du Ciel, depuis Pericles jusques à nous, et a produit en ces derniers temps les mesmes Merveilles qui ont estonné les Siecles passez.

Qu'ainsi ne soit, Monsieur, pour ne point parler de ceux qui vivent encore, quand de la memoire de nos Peres, celuy qui defendit Mets et reprit Calais, opinant vn jour dans le Conseil, changea tout ce qu'on y avoit resolu, effraya la jeunesse de François, déconcerta la dissimulation de Catherine, osta la parole au Chancelier de l'Hospital, dont le mestier estoit de parler, et rompit vn Edit qui avoit esté publié solemnellement. Par cette action ne regna-t'il pas en presence du Roy, et sur le Roy mesme? La voix d'vn Particulier ne prevalut-elle pas à l'oracle de l'Estat? Son bien dire ne fust-il pas plus fort que les Loix? Et ne conserva-t'il pas, dans le Cabinet, la qualité de victorieux, qu'il avoit acquise à la Campagne?

Et quand le Pape Paul, voyant entrer en sa chambre cét incomparable Cardinal, qui reconcilia le Roy avec l'Eglise, avoit coustume de dire : DIEV VEVILLE INSPIRER L'HOMME QVE IE VOY, CAR IL EST ASSEVRÉ DE NOVS PERSVADER CE QV'IL LVY

PLAIRA, je vous demande, Monsieur, de quel costé estoit lors la superiorité, et qui estoit veritablement le Souverain, ou celuy qui craignoit, ou celuy qui estoit craint; ou le Pape avec ses trois Couronnes, qui rendoit tesmoignage au pouvoir absolu d'vn de ses Subjets, ou ce Subjet, qui, sans sceptre visible et sans couronne materielle, exerçoit son pouvoir absolu jusques dans la chambre de son Prince?

Et quand encore l'excellent Capucin du Pape Gregoire, ayant presché vn jour à Rome, de l'obligation de la Residence, fist tant de peur à trente ou quarante Evesques qui l'escoutoient, qu'ils s'enfuirent tous, dés le lendemain, en leurs Dioceses : Et quand vne autre fois la conversion de toute vne Ville fust le succez d'vn de ses Caresmes, et qu'à la sortie de l'Eglise on crioit *misericorde* par les ruës, et qu'il fust compté, la Semaine sainte, qu'il s'estoit vendu pour deux mille escus de cordes à faire des disciplines, quoy que ce ne soit pas vne marchandise qui soit fort chere; Dites moy, s'il vous plaist, que manquoit-il à ce pauvre Philosophe Chrestien, de l'essentiel de la Monarchie et de la parfaite submission qu'elle exige de la part de ceux qui obeïssent? Ne triomphoit-il pas avec ses haillons et dans vne robe deschirée? Sa bassesse n'estoit-elle pas pleine de Grandeur et environnée de Majesté? N'estoit-il pas Maistre et presque Tyran du Peuple qui luy donnoit l'aumosne?

Ces gens-là exerçoient bien adroitement nostre bel Art ou le contrefaisoient bien subtilement. C'estoient d'excellens Maistres ou d'habiles Imposteurs; Et s'ils ne possedoient pas la vraye Eloquence, quel estoit, bon Dieu! ce phantosme lumineux et cette Image admirable qui causoit de si estranges illusions?

Mais, pour leur honneur, croyons le plus beau et le plus honneste. Ces gens-là, Monsieur, se pouvoient appeller Eloquens. On pouvoit dire que la Deesse Persuasion avoit choisi sa demeure sur leurs levres. Il sortoit de leur bouche des aiguillons et des flesches, des filets et des chaisnes, de la gresle et des orages. Ils blessoient les cœurs les moins sensibles, les cœurs de fer, d'acier; Ils s'assujettissoient les ames les plus impatientes de domination, les Ames Royales et Souveraines. Que voulez-vous davantage? Ils meritoient les loüanges que vous m'avez données; Ils estoient dignes d'estre couronnez de vostre main.

Tant de hautes et de magnifiques qualitez, tant d'illustres et de superbes tiltres, que je dois à vostre courtoisie, leur appartiennent beaucoup mieux qu'à moy. Aussi je les leur cede de fort bon cœur, et n'ayant point icy d'interest particulier, j'ay voulu seulement vous tesmoigner que je ne negligeois pas celuy de mon Siecle et de ma Patrie. Ce me sera assez, si j'ay pû concevoir l'idée d'vne chose dont je n'ay pû acquerir la possession; Et ce me sera trop, si je vous ay estudié avec succez; si ma Paraphrase n'est point indigne de vostre Texte; s'il vous semble, Monsieur, qu'en estendant vos opinions, je n'ay point dissipé la force que vous aviez ramassée.

DISCOVRS SIXIESME.

RESPONSE A DEVX QVESTIONS

OV

DV CHARACTERE ET DE L'INSTRVCTION DE LA COMEDIE.

La Comedie de nostre Arioste n'avoit garde d'estre bien receuë en vostre Cour, et je ne m'estonne point que les gens du grand Monde n'ayent pas grand goust pour les delices du menu Peuple. Vn fameux Orateur du siecle passé s'escria vn jour, sur le sujet des Eclogues de Virgile : PLVST A DIEV QV'IL EVST IETTÉ TITYRE OV IL VOVLOIT QV'ON IETTAST ÆNÉE ! Et le plus celebre de nos derniers Poëtes m'a advoüé qu'il avoit cherché trois jours entiers dans les Poëmes de Terence ce qui m'y plaisoit si fort sans avoir pû le trouver.

Cet homme, Monsieur, tout plein du Louvre, de Fontainebleau et de Sainct-Germain, ne parloit que de Cercles, que de Rüelles et que de Cabinets. D'ordinaire il appeloit à tesmoin la Reyne Mere du Roy, et presque tousjours Madame la doüairiere de Guize et Madame la Princesse de Conty : Il n'alleguoit jamais à moins d'vn Duc ou d'vne Duchesse. Or il est certain que, pour juger des Compositions de cette nature, il faut prendre l'esprit de Bourgeois et quitter celuy de Courtisan : Il faut estre accoustumé à l'egalité et au bon mesnage de Venise, et n'avoir pas dans la teste le luxe et les superfluitez de Paris.

Parmy nous jusques icy on a confondu les deux characteres, et l'Imitation de la vie privée a esté plus loin que son objet. On a demandé des portraits qui embellissent et non pas qui ressemblassent. Quand la matiere a esté rustique, et qu'elle a desiré le Naturel et le sauvage, on a voulu le Poly et le Cultivé. On a basty nos Cabanes sur le plan de vos Palais : Il n'y a point eu de difference entre nos Champs et vos Tuilleries.

N'avons-nous pas vu chez les Poëtes Courtisans des Villageoises coquettes et affetées, des Bergeres chargées de pierreries et de toile d'or, peintes et fardées de tout le blanc et de tout le rouge de nos voisins? Dans la pluspart des Fables que nous avons veuës, nous n'avons rien veû qui leur fust propre, rien qui fust pur, rien qui fust reconnoissable. Nous avons veû des hommes artificiels, des passions empruntées et des actions contraintes. Nous avons veû la Nature falsifiée et vn Monde qui n'est point le nostre. Nos gens ont cherché de l'esclat et de la force où il ne falloit que de la clarté et de la douceur. Ils ont fait de la Comedie ce que les Maistres font de leurs Servantes quand ils les espousent : Il luy ont fait changer d'estat et de condition : Ils sont cause que ce n'est plus elle.

Aussi je m'asseure, Monsieur, que Scipion et Lælius ne la reconnoistroient point s'ils la voyaient habillée de cette sorte, et qu'ils diroient que les ornemens qu'on luy a baillez la desguisent plus qu'ils ne la parent. Ils n'ignoroient pas, ces bons Romains, la nature et les proprietez de chaque chose : Et comme ils estoient trop intelligens en l'art de la Guerre pour bastir des Citadelles dans les vallons, ils avoient trop de connoissance des ouvrages de l'esprit pour employer le haut style et les evenemens illustres dans les subjets populaires.

On se mescompteroit pourtant bien fort si on pensoit mespriser generalement tout ce qui se nomme Populaire, et si on croyoit qu'il ne pust rien naistre de bon ny d'honneste hors de l'ordre des Patriciens et des Chevaliers. Cette bassesse apparente, avec laquelle les Poëtes Comiques s'accommodent à leur matiere, et cette modeste expression des actions ordinaires, ne laissent pas d'avoir vne dignité secrete, et telle que la vertu la donne aux personnes de moyenne condition. Les Particuliers peuvent estre aussi gens de bien et aussi sages que les Souverains, mais ils ne doivent pas estre si hardis ny si ambitieux : Il y a des Devoirs qui leur sont communs; Il y en a qui leur sont propres.

Et quand Varron, dans le jugement qu'il fait des Poëtes, attribuë la Grandeur à Pacuve et la Mediocrité à Terence, il n'a point dessein de preferer l'vn à l'autre ny d'estimer davantage le Grand que le Mediocre : Il veut seulement, Monsieur, par ces deux exemples, representer l'idée et la forme de deux genres differens, à sçavoir de la Poësie Tragique et de la Comique. Il ne trouve pas plus parfait le Colosse de ce Dieu que la Statuë de cet homme, mais il les distingue par leurs qualitez essentielles. Il nous donne tacitement à entendre que la Grandeur seroit vn defaut si elle estoit où elle ne doit pas estre, et qu'il ne faut pas que la Comedie pense hausser de prix en s'agrandissant, puis que la Mediocrité luy est tombée en partage, et qu'il y a vne Mediocrité toute d'or, toute pure et toute brillante, que l'Antiquité a reconnuë, qui est sans doute celle de Terence et de l'Arioste.

Mais, Monsieur, pour verifier en nostre Langue, et par quelque exemple François, le jugement donné par le plus sçavant de tous les Romains, voicy quatre vers dont il me souvient, et que je vous prie de considerer, qui peuvent estre du Charactere sublime :

> Astres marquez de sang, qui, parmy les tenebres,
> Monstrez aux Malheureux vos lumieres funebres,
> Fiers arbitres du Sort, qui, d'vn œil irrité,
> Vistes le noir moment de ma nativité.

En voicy quatre autres qui font moins de bruit, et qui sont, à mon advis, d'vn Charactere moins relevé ; Vous les considererez aussi, s'il vous plaist.

> Heureux qui se nourrit du lait de ses brebis,
> Et qui de leur toizon voit filer ses habits ;
> Qui ne sçait d'autre Mer que la Marne ou la Seine,
> Et croit que tout finit où finit son domaine.

Pensez-vous, Monsieur, que la force et l'audace de ces premiers Vers vaille davantage que la douceur et la modestie de ces derniers, et que le pompeux et le magnifique soit icy le meilleur et le plus loüable ? Ce n'est pas l'opinion de celuy à qui vous la demandez avec tant de deference et tant de civilité. Au contraire, comme il a esté dit que la Nature n'est jamais si grande que dans les petites choses, il me semble qu'on pourroit dire icy le mesme de l'Art, et conclure à l'Avantage du moindre sur le plus grand, ou, certes, à l'égalité de l'vn et de l'autre.

Car, en effet, la Mediocrité, dont nous parlons, estant d'aussi bonne maison que la Grandeur, dont nous avons autrefois parlé, puis qu'elles viennent toutes deux de mesme origine et d'vn mesme principe de bon esprit, qui doute que cette noble Mediocrité ne se sente tousjours du lieu d'où elle est sortie, et qu'en quoy qu'elle s'employe elle ne conserve les droits et la dignité, ou, pour le moins, l'air et la mine de sa naissance ? Elle ne perd pas l'honneur pour renoncer à la vanité, ny n'est degradée de Noblesse pour se familiariser avec le Peuple et se mesler des affaires populaires. Elle ne s'avilit pas en s'humiliant : Elle va à pied, mais ne se laisse pas tomber dans la bouë.

Ce n'est, Monsieur, ny foiblesse ny lascheté que cette douceur apparente; c'est vne force dissimulée. Ce n'est point vn effet d'impuissance ou vne marque d'inferiorité d'esprit, c'est vn certain temperament de discours et de sens rassis, où l'esprit agit tout entier, quoy qu'il y agisse sans violence; où il regne, quoy que ce soit en Souverain pacifique, et qu'il ne brave personne ; où il s'exerce dans vne carriere limitée, et ne laisse pas de faire de belles courses, quoy qu'il s'esloigne des extremitez de l'Eloquence Oratoire et des precipices de la Poësie Heroïque.

Diray-je quelque chose apres cela? C'est vn Train reglé de la raison droite, qui, en semblables rencontres, est plustost discrete que timide; plustost moderée que paresseuse, et s'abstient plutost par continence que par pauvreté. En voulez-vous davantage? C'est vne Bonace pleine de charmes et l'image d'vne heureuse Paix, dans laquelle il est bien moins aysé à l'esprit humain de se retenir, estant, comme il est, naturellement ambitieux et inquiet, que d'exciter des troubles et du tumulte, et de faire le mauvais et le violent.

Ainsi le genre Mediocre est, en quelques occasions, le genre Parfait, soit dans la Poësie, soit dans la Prose. Et pour cette-cy, il est tres-certain, Monsieur, et Pericles mesme, le sublime et l'Olympien Pericles en demeureroit d'accord avec nous, que l'Eloquence ne doit pas toujours aller par haut, et que toutes ses actions ne doivent pas estre de toute sa force.

Ce Pericles estoit tousjours homme bien disant, mais il n'estoit pas tousjours Orateur rapide et impetueux. Il ne tonnoit pas devant le Peuple, quand il n'estoit question que de faire nettoyer les ruës de la Ville, ou de relever vn pan de muraille qui estoit tombé, ou de taxer la viande de la boucherie. Il ne mesloit pas le Ciel avec la Terre, quand il se joüoit avec ses Enfans, ou qu'il entretenoit sa femme de l'œconomie de sa maison. Il est à croire que le Calme succedoit alors à la Tempeste. Il cessoit alors d'estre le Iupiter de la maison. Et le vray Iupiter mesme n'est-il pas appellé dans les Fables le Tranquille et le Serein, aussi bien que le Foudroyant et l'Amasseur de nuës?

Nos Muses, Monsieur, sont tousjours filles de Iupiter; Mais elles ne chantent pas toujours la victoire de leur Pere contre les Titans, et ne sont pas tousjours en festin et en ceremonie avec luy. Elles veulent estre tousjours belles : la beauté ne desplaist et n'ennuye jamais; Mais elles ne sont pas tousjours ajustées, le soin est souvent suspect à ceux qui le voyent et incommode celles qui le prennent. Elles ont des Robes de parade et des Habillemens à tous les jours; et si Ronsard et du Bellay revenoient au Monde, ils vous jureroient qu'ils les ont veuës en juppe et en leur deshabillé danser dans les bois aux rays de la Lune.

Apres avoir dicté les Oracles et inspiré les Prophetes, elles composent des chansons à boire et des Vaux de ville. Thyrsis apprend d'elles comme il faut faire l'amour à Silvie : Elles se trouvent à des Nopces et à des Confrairies de Village. Mais le Village ne devient pas pour cela la Cour, et la Propreté ne s'appelle pas Magnificence, et Silvie n'est pas changée en Semiramis, et les Guirlandes de la Mariée ne doivent pas estre de diamans, de rubis et d'esmeraudes : Il faut qu'elles soient de jasmin, de roses et de marjolaine.

Il s'ensuit, Monsieur, que toutes sortes d'ornemens ne sont pas bien en toutes sortes de lieux, et que la Pompe et la Majesté peuvent estre quelquefois hors de leur place. C'est la Bienseance qui place les choses et qui donne rang au Bien mesme, qui peut estre mis en mauvais lieu. La Simplicité n'est pas riche ny parée : cela impliqueroit contradiction morale; Mais elle a d'ailleurs son prix, son merite et son agréement. Et les Graces elles-mesmes, qui coiffent et qui habillent Venus, qui luy inspirent la vertu de plaire, sans lesquelles ce n'est plus qu'vne Venus de Norvege ou de Moscovie; ces Graces, Monsieur, ne sont-elles pas representées toutes nuës par les anciens Poëtes?

Ils ne leur donnent ny habillemens, ny voiles, ny nüages, pour se couvrir. Et que veut dire, je vous prie, cette Nudité, si ce n'est ce que nous venons de dire, si ce n'est qu'il sort de la Negligence des attraits à percer les cœurs, qui avoient resisté aux actions estudiées? On peut tirer avantage, n'en doutez pas, de certains defauts bien mesnagez. Et pourveu qu'il y ait fondement de beauté en quelque subjet, la crasse, les haillons, la tristesse, l'indifference, les froideurs mesmes et les desdains, donnent de l'amour.

Que si c'est trop dire que d'en dire tant, au moins est-il bien vray, Monsieur, qu'il y a eu des Festes, au Temps passé, qui se faisoient sans despense et sans appareil, et que c'eust esté les violer que de les vouloir celebrer d'vne autre façon. Il y a eu des images de quelques Dieux, qui sembloient plustost venir de la main d'vn Charpentier que de celle d'vn Sculpteur, tant elles estoient grossieres et mal polies; Mais on les faisoit ainsi tout exprés, et cette rudesse estoit de l'essence de la Religion, comme icy elle est de l'essence de l'Art.

L'Art se cache donc, en certaines occasions, sous l'apparence de son contraire. Il imite le Desordre et l'Aventure; Il contrefait les choses soudaines et fortuites. Et c'est alors que veritablement il est Art; c'est alors que les Embusches font effet, quand elles ne font point d'esclat; si on les descouvre, elles ne sont plus Embusches.

C'est ainsi encore, Monsieur, que la Moralité dont vous me parlez, et que l'Instruction, de laquelle vous desirez que je vous parle, doivent estre distribuées dans les divers endroits du Poëme Comique. Elles doivent s'y espandre invisiblement et doucement, comme le sang coule dans les veines, et par tout le corps; Mais elles ne doivent pas s'y jetter en foule et avec ardeur, comme le sang sort de ses vaisseaux naturels, et se desborde par vne ebullition violente. Il faut sentir l'instruction; mais il ne faut pas la voir; Il faut qu'elle soit dans toutes les parties du Poëme; Mais il ne faut pas qu'elle s'y monstre; Il ne faut pas qu'elle die elle-mesme : I'y suis.

Cette instruction, qui est produite par ce τὸ ἦθος, si estimé par les anciens Maistres, et que les gens de vostre grand grand Monde n'ont pas pris la peine de remarquer dans la Comedie de nostre Arioste, est la vraye fin de la Poësie representative. Elle est cause que les Poëtes de Theatre ont esté appellez des Docteurs, διδάσκαλοι καὶ κωμῳδιδάσκαλοι, et qu'on disoit ENSEIGNER DES FABLES, pour dire FAIRE IOVER DES COMEDIES. Et de là vient peut-estre que vostre Horace, grand imitateur des Grecs, parlant du Dieu qui preside à la Poësie dramatique : IE L'AY VEV, s'escrie-t'il, DANS VNE SOLITVDE ESCARTÉE, QVI ENSEIGNOIT DES VERS; il ne dit pas, qui les recitoit; ET LES NYMPHES ET LES SATYRES, QVI LES ESTVDIOIENT SOVS LVY, il ne dit pas qui les escoutoient.

Ie voudrois bien que cette invention fust du cru de vostre amy, car je la trouve digne du Regne d'Auguste, et d'vn Courtisan de Mecenas, et d'vne personne qui vous est chere; Mais ce qui me fait croire qu'elle n'est pas originaire de Rome, et qu'elle est venuë de de là la Mer, comme quantité d'autres pareilles Inventions, c'est qu'il y a encore en nature vne pierre precieuse, je croy que c'est vne Chrysolithe gravée avec beaucoup de delicatesse, où Bacchus est representé en homme qui fait leçon, et les Nymphes d'vn costé et les Satyres de l'autre, qui luy prestent vne attention merveilleuse, et semblent escouter avidement toutes les choses qu'il semble dire.

On y voit de plus, Monsieur, cinq ou six hommes derriere les Satyres et les Nymphes, entre lesquels, je m'imagine, Menandre et Aristophane, les tablettes et le crayon à la main, et auprés d'eux vn chariot à demy renversé, d'où sont tombez des habillemens de Theatre, quelques Flustes, plusieurs Brodequins et force Masques. Au-dessus il y a cette inscription en langue Grecque, qui sert d'ame à la Figure : BACCHVS, DOCTEVR, OV MAISTRE D'ESCHOLE.

Ce mystere a esté mal entendu par les derniers Poëtes, et particulierement par quelques Poëtes estrangers, qui, à vous dire le vray, sont les vrays Antipodes du bon sens, et sçavent en perfection l'art de mettre les choses hors de leur place. Ces Escrivains monstrueux et plus esloignez de la vertu des Anciens, j'vse d'vne de leurs comparaisons, que l'Enfer n'est esloigné du Ciel Empyrée, ont sans doute ouï parler de la Doctrine du Theatre et de la partie Morale de la Comedie. Quelqu'vn leur ayant dit que les Poëtes comiques enseignoient, et qu'ils estoient appellez Docteurs, ils ont pris à la lettre ce que quelqu'vn leur a dit, et se sont imaginez que, pour passer Maistres, il faloit dogmatiser et venir estaler sur la Scene les plus subtiles connoissances qu'ils avoient acquises à l'Eschole.

Ils ont, certes, admirablement reüssi en ce beau dessein. On trouve, dans leurs Poëmes, tous leurs Lieux communs, toute la crudité et toute l'indigestion de leurs Estudes. Ils y alleguent la Saincte Escriture et les Conciles, Sainct Augustin et Sainct Thomas, le Droit civil et le Droit canon, et croyent, à mon advis, que la Theologie doit entrer dans leurs Divertissemens, par la mesme raison que la Sarabande fait vne partie de leur Devotion.

Si vn de leurs Amoureux se plaint du mauvais traitement qu'il reçoit et de la preference de son Rival aupres de sa Dame, il prend subjet de là de parler de la Predestination et de la Grace, des Esleus et des Reprouvez. Vn autre Amoureux fait des Argumens en forme pour faire des complimens plus reguliers, et prouve à sa Maistresse par quatre passages d'Aristote, qu'elle doit avoir pitié de sa passion.

Les François et les Italiens, je dis les plus desreglez et les moins retenus de l'vne et de l'autre nation, n'ont garde d'aler jusques-là : Leur extravagance est dans vn estage beaucoup plus bas. Ils discourent seulement, au lieu de parler, c'est-à-dire ils parlent en Beaux esprits, et ne parlent pas en Honnestes gens. Ie conclus absolument à la suppression de ces premiers; et le feu President de Harlay, assisté de son Gilot et de son Rapin, les condamna vn jour à estre pendus par les pieds, comme gens desesperez et qui se jettent dans les precipices. Les autres meritent vne plus legere punition; mais ils ne doivent pas pourtant estre renvoyez absous; Et je ne sçay si vous sçavez ce que fit à Vicence vn Senateur de Venise, ennemy mortel des pointes et des sentences hors de propos, et l'homme du monde qui souffroit le moins volontiers les Prefaces et les Digressions à la Comedie.

Il assistoit à la representation d'vne piece remarquable par ces belles choses, admirées de tous les habiles de la Ville et de toute vne Academie, qui estoit presente. Luy seul patissoit extrêmement dans cette commune joye; Et apres plusieurs mines de dégoust et plusieurs branslemens de teste, qui tesmoignoient assez le peu de satisfaction qu'on luy donnoit, il se leva deux ou trois fois de son siege et s'essuya le front avec son mouchoir. Le troisiesme Acte estant à la fin venu, où Cynthio vouloit continuer de discourir de la nature des passions, et s'estant tiré le mieux qu'il avoit pû d'vn point de Morale, s'alloit jeter à corps perdu dans vne question de Physique, la patience eschappa tout d'vn coup au bon Senateur. Il avoit vn Poncire en la main, qu'il jetta à la teste du Discoureur avec ces paroles : BVFFON FA ME RIDER.

Ils sont donc ridicules ces faux serieux, et sont ridicules sans pouvoir faire rire les Senateurs de Venise, parce qu'ils sont ridicules sans estre plaisans. Ils sont sages et habiles hors de saison. Ils imitent mal, pour vouloir imiter trop eloquemment, et quittent l'Ordinaire et le Bon pour chercher le Rare et le Mauvais.

Ils haranguent, ils preschent, ils declament, et ne se souviennent pas que la condamnation des Declamateurs en amour est formelle dans ce vers d'vn homme qui a esté tout ensemble Poëte, Amoureux et Declamateur :

Quis nisi mentis inops teneræ declamat amicæ?

Ils ne se souviennent pas qu'il y a deux sortes d'Eloquences : l'vne, pure, libre et naturelle; l'autre figurée, contrainte et apprise; l'vne du Monde, l'autre de l'Eschole; l'vne qui n'a rien que le sens commun et la bonne nourriture ne puissent dicter; l'autre qui conserve l'odeur et la teinture des livres et des sciences. Ils ont oublié que cette-cy est pour les Chaires et pour les Barreaux, et qu'elle n'est pas pour les Conversations des Cavaliers et des Dames.

Quel Monstre, bon Dieu! de voir vne jeune fille Rhetoricienne, qui ne parle que par sentences et par apophthegmes; de voir vn Soldat speculatif, qui prononce des Arrests de Morale et de Politique; d'escouter vne Nourrice Stoïcienne, qui soustient que tous les pechez sont égaux, qu'vn coup de poing vaut vn coup d'espée, qu'vn inceste n'est pas plus mauvais qu'vne premiere œillade amoureuse!

Les Sentences et les Apophthegmes sont des fruits recueillis du long âge, et des conclusions tirées de l'experience. D'ordinaire, on oppose les vertus civiles aux militaires : La Philosophie, et particulierement la Philosophie Stoïque, est vne source escartée où le menu Peuple ne puise point. Et par consequent les jeunes filles, les Soldats et les nourrices, representées par ces beaux esprits, sont d'vne espece qui ne se trouve point parmy nous; sont des personnes inconnuës, estranges, extraordinaires; sont d'vn autre Monde que le nostre, ou il faut dire, Monsieur, qu'ils ont changé tout-à-fait le nostre.

Ils en ont gasté l'essentiel et le propre, pour en vouloir purifier le materiel et le terrestre. Ils ont perdu le corps, pour en vouloir extraire l'esprit. Ils ont osté aux choses leur visage naturel, leur premiere et leur veritable forme, les marques et les signes par lesquels elles se reconnoissent. Ils ont effacé la vie en la polissant.

Ces Messieurs ont fait vn Monde instruit et discipliné jusques dans les forests et dans les cavernes de Canada, vn Monde Advocat et Declamateur, Dialecticien et Sophiste, Astrologue quelquefois et Theologien; vn Monde plus esloigné de cettuy-cy, et plus difficile à trouver dans la Carte que ne seroient les Champs-Elysées ny la Republique de Platon. Ce sont les Architectes de cét admirable Monde. Ils sont Fondateurs d'vn nouveau Siecle Heroïque; Et au lieu que dans celuy de nostre Malherbe, Tovs LES METAVX ESTOIENT OR, TOVTES LES FLEVRS ESTOIENT ROSES, dans le leur tous les hommes sont Docteurs, toutes les femmes sçavantes. Il n'y a que des Socrates et des Pericles, il n'y a que des Diotimes et des Aspasies.

Ie veux dire qu'ils font parler toutes les personnes, comme si elles avoient toutes estudié, comme si l'Vniversité estoit devenuë toute la Ville, comme si les Histoires rares et les Fables peu connuës, les Allegories et les Antitheses s'estoient desbordées jusques dans les Appartemens des Femmes, dans les Salles du Commun, dans les Boutiques des Artisans. Ils donnent leurs opinions, leurs dogmes et leur genie à Chremes et à Micio, au lieu qu'ils devroient prendre les mœurs, les sentimens et l'esprit de Chremes et de Micio. Ils ne representent pas les autres, ils se representent eux-mesmes, ils se debitent en differentes façons et sous divers noms.

Par exemple, Monsieur, et cecy se remarque plus particulierement dans leurs Tragedies, s'ils sont de la Secte d'Epicure, tous leurs personnages sont generalement Epicuriens, voire mesme les Femmes et les Enfans, qui blasphement contre la Providence de Dieu, et nient l'Immortalité de l'Ame. S'ils sont de la famille de Zenon, le Theatre ne retentit que de Paradoxes. Ils espouventent le Peuple par leurs maximes fieres et superbes. Vous n'ouïstes jamais tant de Bravades contre la Fortune, vous ne vistes jamais estimer si hautement la Vertu ny mespriser si genereusement les choses humaines.

Ces grandes et magnifiques paroles peuvent estre des ornemens, je le vous advouë; Mais ce sont des ornemens qui n'ont pas esté faits pour les personnes qui les portent. Il semble ou qu'on les a acheptez à la Fripperie, ou qu'on les a desrobez dans la garderobe de quelque Prince. Et si je voulois favoriser les Poëtes qui les appliquent si mal, je dirois, de leur Raisonnement et de leurs Discours, ce que dit Socrate de l'Apologie qui avoit esté faite pour luy : ELLE EST BONNE, MAIS ELLE N'EST PAS BONNE POVR SOCRATE. Aussi les choses qu'ils conçoivent peuvent estre belles, mais elles ne sont pas belles pour Chremes ny pour Micio. Elles n'appartiennent point à ceux qui s'en servent. Vous diriez qu'ils ont appris par cœur des sentences, et qu'ils les alleguent de quelque autre. On les nomme Acteurs improprement; ce sont de veritables Recitateurs; ce sont des Enfans qu'on a chifflez pour vn jour de ceremonie, et non pas des Hommes qui traitent ensemble dans la conversation ordinaire.

Il se peut neantmoins, Monsieur, que ces Poëtes plaisent, je ne le nie pas; mais je ne pense pas que ce soit de la façon que les Poëtes de Theatre doivent plaire, ny qu'ils plaisent aux personnes intelligentes. On court apres eux, parce que le Peuple aime les Prodiges, et que les Cometes sont plus regardées que le Soleil.

Leurs Compositions ont de l'estrange et de l'inoüy. Elles

ne paroissent pas des ouvrages de Peinture qui resjouïssent l'esprit et touchent les belles passions; Elles ressemblent à des phantosmes de Magie, qui estonnent l'imagination et ne contentent que les mauvaises curiositez. Et pour dire quelque chose qui les fasche moins, je dis qu'ils ne figurent pas l'Homme selon son âge, sa condition et son pays; Ils le figurent à leur fantaisie, et forment vn animal plus ou moins parfait, selon l'humeur où ils sont.

Il se peut encore, Monsieur, que ces sortes de Poëtes enseignent. Ie ne m'y oppose pas; mais je soustiens que leur methode d'enseigner est vicieuse sur le Theatre. Ils veulent instruire directement et sans artifice, par la voye commune des Preceptes, au lieu qu'ils devroient instruire avec adresse, par le moyen de l'imitation.

La doctrine de laquelle nous parlons est inseparablement vnie à la Fable; ne passe point du Particulier au General; entre dans l'esprit sans dire son nom et sans frapper à la porte. La leur, au contraire, se destache du corps de la Fable; nage au-dessus du subjet et ne se mesle point avec luy; s'adresse au Peuple et aux Spectateurs, et seroit bien faschée de n'estre pas reconnuë à l'instant mesme qu'elle se presente. Ils sont Sages et Moraux, comme Theognis et Phocylide, qui font profession expresse de Moralité et de Sagesse, et ils le devroient estre comme Menandre et Alexis, qui semblent faire toute autre chose.

Vous avez bien oüy parler de certaines armes couvertes de myrte et de certains hommes vestus en Femmes, qui ont autrefois tué des Tyrans. Il faut icy combattre les vices de la mesme sorte, et couvrir vn dessein courageux sous vne apparence effeminée. Ce sont les ruses et les stratagemes de la Vertu.

Il n'est pas, Monsieur, que vous n'ayez encore oüy parler de la Medecine qu'on appelle Alimentale, qui guerit les corps en les nourrissant, et d'vne autre Science voluptueuse qui purge avec des parfums et avec des fleurs, et d'vn autre Art surnaturel, qui se sert d'vne esponge au lieu de rasoir, et panse les bras en appliquant ses remedes sur la chemise. S'il est possible, la Comedie doit agir sur l'ame aussi finement et aussi imperceptiblement. Ses operations ne doivent pas estre moins subtiles ny moins delicates. Il faut qu'il y ait de l'illusion et du charme, de la fraude et de la tromperie dans les moyens qu'elle employe pour arriver à sa fin.

Vne tromperie si ingenieuse et si honneste est particulierement tromperie, en ce qu'elle enseigne sans dogmatiser, et fait des Leçons en faisant des Contes; en ce qu'elle desguise les medecines en viandes, et donne aux sauces et aux ragousts la vertu de purger et de guerir. O la bonne trahison que celle-là! de faire le bien qu'on ne promet pas; d'estre Medecin et de ne paroistre que Cuisinier; de cacher le salut et la liberté de l'ame sous du myrte, dans des fleurs et dans des parfums; de renvoyer avec edification ceux qui ne cherchoient que du plaisir; de les rendre non-seulement plus joyeux et plus satisfaits, mais aussi meilleurs et plus vertueux.

C'est la Tromperie, à mon advis, dont Gorgias le Leontin entendoit parler, et qu'il preferoit aux actions legitimes; c'est cette Tromperie, avec laquelle il disoit que celuy qui trompe est plus juste que celuy qui ne trompe pas, et à laquelle il croyoit que les fins et les habiles se devoient laisser piper pour estre plus fins et plus habiles.

Mais de quelle maniere se trame cette excellente Tromperie, et quelle doit estre la juste dispensation du τὸ ἦθος dans le corps du Poëme comique, pour mesler l'Instruction au Plaisir et le Salutaire au Delicieux? Ce sera le sage et le sçavant Monsieur Chapelain, qui vous le dira; et je ne sçay pas pourquoy, estant à Paris et à deux pas de l'Oracle, vous avez voulu consulter vne Vieille de village.

Ce n'estoit pas moy, Monsieur, qui pouvois donner satisfaction à vostre esprit; Aussi ne l'ay-je point entrepris, ny n'ay crû vous rien descouvrir qui vous fust caché. I'ay trouvé, dans les deux Questions que vous m'avez proposées, dequoy m'esgayer et dequoy faire exercice : Voila tout ce que j'ay fait. Ie me suis promené avec vous à l'entour d'vn Art dont je ne voy que la superficie et les dehors. Mais nostre incomparable amy, qui en possede l'interieur et le fonds, vous mettra dans le Donjon, vous conduira par tous les coins et tous les recoins, vous esclaircira du menu et du particulier de toutes choses.

Il ne tiendra qu'à luy que vous n'ayez la revelation des Mysteres si mal entendus par les Poëtes Espagnols. Il sçait ce que j'ignore et ce que la pluspart des Docteurs ne sçavent pas bien; Il penetre dans la plus noire obscurité des connoissances anciennes; Il a le Secret des premiers Grecs. S'il vouloit, Monsieur, il nous pourroit rendre les Livres de la Poëtique, que le Temps nous a ravis; Au moins il ne luy seroit pas difficile de reparer les ruïnes de celuy qui reste; Et s'il a esté dit avec raison qu'Aristote estoit le Genie de la Nature, nous pouvons dire aussi justement qu'en cette matiere Monsieur Chapelain est le Genie d'Aristote.

DISCOVRS SEPTIESME.

CONSOLATION.

A MONSEIGNEVR LE CARDINAL DE LA VALETTE,

General des Armées du Roy en Italie.

Monseignevr,

Quoy que je sois le plus inutile serviteur que vous ayez, et que de vous le dire, ce ne soit point vne Nouvelle qui merite de passer les Alpes; Neantmoins, puisque le zele donne du courage à l'impuissance, et de la valeur aux choses viles, je me hazarde encore de parler à vous, et de vous faire souvenir d'vne vieille passion, que je conserve tousjours en mon ame, et qui vous a tousjours pour objet.

Autant qu'il y a d'Hommes dans le Monde, autant à present, ou peu s'en faut, il y a des Spectateurs qui vous considerent. Au moins, Monseigneur, vous estes regardé de tous les yeux du Monde Chrestien. Et si c'est apparemment en Italie, où le commun Ennemy va faire ses grands et ses extresmes efforts, vous ne doutez pas que vous n'ayez entre vos mains les esperances de plusieurs Princes, et le destin d'vne infinité de Peuples.

Ie suis attentif, aussi bien qu'eux, à la conclusion de cette fatale Année, et nous tournons nos vœux et nos souhaits du mesme costé. Mais de vous souhaiter autre chose que des forces, qui soient proportionnées à la Puissance qui vous attaque, ce seroit ignorer que la Nature et l'Art vous ont donné tout le reste, et qu'ayant heureusement adjousté l'Exercice à l'Intelligence, rien ne sçauroit manquer à vostre Travail, si vous ne manquez d'instrumens pour y employer.

Ce sont, Monseigneur, des moyens humains, qui sont entierement necessaires aux entreprises humaines, et desquels les seuls Faiseurs de Miracles se peuvent passer. Sans ces moyens la Valeur debile et impuissante commence seulement les Sieges, et menace les Ennemis. Sans eux on peut faire des Duels, mais non pas des Guerres ; et avec eux vous en pouvez achever vne, dont le succez estonnera la Posterité, et asseurera le repos de nostre Siecle.

Cela encore ne suffit pas, et j'oubliois vn mot qu'il faut adjouster. Outre que l'Argent, les Officiers, les Soldats et les Canons ont leur part en ces choses esclatantes et publiques, il est necessaire, Monseigneur, que la Fortune s'en mesle ; qui est vne puissante Cause, mais vne Cause estrangere, absolument libre, tout à fait independante, et dont les effets sont tellement separez de l'Homme, que souvent il n'y contribuë pas mesme sa presence et son tesmoignage. S'il n'y a pas moyen d'estre aimé et favorisé d'elle, il faut pour le moins n'en estre pas haï ny persecuté.

De toutes ces pieces jointes ensemble se forme la haute reputation, et naissent les grands evenemens. Les actions qui font le plus de bruit dans l'Histoire, ont eu besoin de toutes ces aydes pour estre conduites à leur fin : Et si le Ciel et la Terre ne les refusent à vos armes, vous aurez vn jour rang parmy les Peres de la Patrie, les Liberateurs des Nations, les Vengeurs des Princesses opprimées et des Princes Orfelins. Vne vertu semblable à la leur, et secondée de la mesme sorte, produira de semblables actions. La France les appellera sa gloire, et l'Italie son salut. La renommée les chantera, et moy, Monseigneur, je les escriray.

Trouvez bon cependant, s'il vous plaist, que je vous regarde aujourd'huy par vn endroit moins exposé à la veuë du Monde, et que remettant à vne autre fois ces Actions pleines de lumieres, j'en considere vne plus obscure à la verité, mais que vous venez de faire sans le secours de personne, et qui estant le pur ouvrage de vostre raison, ne çauroit estre attribuée à vostre Fortune. Ç'a esté au contraire cette infidele Fortune, à laquelle il a fallu tenir teste; et qui ayant choisi dedans et dehors le Royaume, les malheurs qui vous devoient estre les plus sensibles, vous a fourny matiere d'affliction pour plusieurs années, mais n'a pû vous faire perdre vne heure de ce que vous devez à vostre Charge.

L'Armée n'en a pas marché plus lentement ny plus en desordre; les Ordres de la guerre n'en ont esté baillez ny moins bien, ny moins à temps. On n'a point remarqué d'intervalle, dont le Party contraire eust pû profiter, quand il eust esté adverty de tout. Vn feu egal a tousjours donné chaleur aux affaires; et les mesmes yeux au mesme instant se sont acquittez d'vn devoir par leurs Larmes, et des autres par leur Vigilance.

De cette sorte, Monseigneur, les Sages vaillans supportent les pertes, et le deüil qu'ils prennent est funeste quelquefois à l'Ennemy. Ils piquent et animent leur propre douleur contre la resistance qui leur est faite, et ne permettent pas qu'vne passion lasche et paresseuse, comme la tristesse, gagne quelque chose sur la vigueur et sur l'activité de leur ame.

Les maux domestiques peuvent estre insupportables à celuy qui est tout enfermé en soy-mesme, et qui ne connoist point d'autre Monde que sa maison : Mais de là il s'ensuit qu'ils doivent toucher moins vivement celuy qui s'espand en beaucoup d'endroits, et qui donne au Public ses premieres et ses plus importantes pensées. Vous estes, Monseigneur, en cet estat-là. Il n'y a plus pour vous d'interest particulier, plus de consideration de Famille, plus d'infirmité de Nature. L'amour de la Patrie ne veut pas des hommes partagez. Elle demande les ames toutes entieres. Aujourd'huy principalement qu'vne petite Distraction pourroit reculer vne grande Affaire, et que les besoins de l'Estat sont si pressans, qu'on le dessert pour peu qu'on s'amuse en le servant.

Mais quand il y auroit du temps pour tout, quand il faudroit que cette Affection principale laissast quelque place au-dessous d'elle aux Affections inferieures, vous avez bien monstré que vous sçaviez les empescher de rompre leur rang et de donner de la peine à la Raison. Vous sçavez les tenir, Monseigneur, où elles peuvent demeurer sans incommoder la souveraine partie de l'ame ; cette partie d'où sortent les conseils et les entreprises ; qui delibere, qui ordonne et qui conduit.

Vne si haute Region doit estre pure de toutes les vapeurs du bas Monde, et joüir d'vne perpetuelle serenité. Le trouble et le desordre sont pour les moyennes elevations, et pour les hommes ordinaires. Mais quelle apparence de voir des broüillars et de la pluye au dessus des nuës? De voir des Heros cachez dans la foule du menu Peuple; des Heros infirmes et miserables ; qui crient encore à present et se tourmentent dans les Tragedies d'Euripide et de Sophocle, qui remplissent les Theatres de leurs longs et importuns gemissemens, qui ayant eu plus de fougue que de fermeté, sont tombez en des foiblesses, qui ont deshonoré leur affliction? Ils enervoient et effeminoient la douleur, au lieu de l'aguerrir et d'en tirer du service, comme vous faites en cette occasion : Et par là, Monseigneur, vous faites bien voir la difference qu'il y a entre la Vertu sauvage, et la Vertu cultivée ; entre les forces aveugles de la Nature, et l'adresse advisée de la bonne Institution.

Il n'est pas certes peu vtile, pour la Campagne mesme et pour les Armées, d'avoir frequenté le Lycée ou l'Academie, d'estudier quelquefois sa vie, et de mediter ses actions ; d'apprendre à temperer le feu par le flegme, et l'impetuosité par la discipline. Il est necessaire, si on veut aller plus loin que la Vertu de son siecle, de travailler apres les idées rares et parfaites ; de se former sur les grands et anciens Originaux.

C'est ce que vous pratiquez, Monseigneur, admirablement. La connoissance des choses passées, que vous vous estes acquise, n'est pas vne speculation creuse, qui vous a rempli l'esprit de vaines images. Vous n'avez pas fait de longues et de frequentes Courses dans l'Antiquité, pour n'en rapporter que les noms des Consuls et des Empereurs, et la façon de leur Robes et de leurs Couronnes. Vostre dessein n'a pas esté d'enrichir vostre Memoire en ce pays-là ; vous y avez voulu munir vostre Cœur. Et ce n'est pas pour alleguer seulement de beaux exemples, que vous vous souvenez de ce Romain, qui estant entré au Senat le jour de la mort de son Fils vnique, dit « Qu'il sçavoit bien que la pluspart des « Affligez ne pouvoient souffrir ny la lumiere du jour ny la « presence des hommes. Qu'en cela il ne vouloit point les « accuser de foiblesse, mais que pour luy il cherchoit de « fortes consolations entre les bras et dans le sein de la Re- « publique. »

Ie n'ay garde, Monseigneur, de vous proposer cette sorte de Consolation, comme vne chose qui vous soit nouvelle, et beaucoup moins de me mesler de faire moy-mesme le Consolateur. Ie ne presume pas assez d'vn Art mal appris, et sçay trop le respect que je dois à vne Sagesse confirmée.

Mais veritablement j'ay pensé que je pouvois vous remettre devant les yeux ce que vous avez leu autrefois de vostre vertu en la personne d'vn autre. Et j'ay pensé encore, que vous ne pouviez trouver mauvais qu'on eust dit de vous par avance, en la langue de la Majesté de l'Empire : HVNC CASVM NEQVE VT PLERIQVE FORTIVM VIRORVM, AMBITIOSE ; NEQVE PER LAMENTA AC MŒROREM, MVLIEBRITER TVLIT ; SED IN LVCTV BELLVM INTER REMEDIA ERAT.

Voilà, Monseigneur, comme se purgeoient les Romains, quand ils avoient quelque desplaisir qui leur pesoit sur le cœur ; Voilà leurs Remedes contre la Tristesse ; qui sont efficaces et puissans, qui estoient propres à leur ferme et robuste constitution. Les Grecs en ont cherché de plus delicats et de plus subtils ; Et sans parler de la Musique et des Vers, qu'ils ont souvent employez avec succez en de pareilles maladies de l'ame, il y avoit parmy eux de pleines boutiques de persuasion ; Il y avoit à Athenes des Magazins de Philosophie et de Rhetorique, c'est à dire de bon sens, rafiné et doré par le discours.

Les Barbares ont aussi voulu se consoler. Mais estant plus faits de corps que d'esprit, leurs consolations ont esté plus materielles et plus grossieres. Apres avoir hurlé long-temps, et s'estre arraché les cheveux et déchiré le visage, se lassant enfin de l'Affliction, ils se sont advisez de la noyer dans le vin, et de choisir la bonne chere pour le dernier charme de la mauvaise fortune. C'estoit en effet vne espece de charme et de sortilege, qui couvroit vn mal par vn autre, et adjoustoit la perte de la raison à celle du Frere ou de l'Amy.

Toutefois vous m'advoüerez, Monseigneur, qu'il y avoit encore plus d'innocence en ce remede barbare, qu'en celuy que pratiqua l'ennemy et le Victorieux des Barbares. Cét homme, qui vouloit traiter d'égal avec Dieu, et ne pouvoit reconnoître de Superieur en ce Monde ny en l'autre, se figurant que le Ciel estoit autheur d'vne perte qu'il avoit faite, se resolut d'en tirer raison. Il offensa pour cét effet toute la Religion de son pays. Il dit des injures à toutes les Divinitez de ce temps-là, et fit renverser leurs Autels et leurs Simulacres. Mais il s'en prit particulierement à Esculape, comme à l'inventeur de la Medecine, et commanda qu'on mist le feu à son Temple, parce qu'il avoit laissé mourir la personne qui luy estoit chere. Il s'imagina ce prince superbe, que sa douleur trouveroit quelque satisfaction en vne si extraordinaire vengeance, et qu'Alexandre se devoit consoler de cette façon.

Vous et les Romains l'entendez bien mieux; Et luy-mesme connut bien-tost qu'il n'y avoit rien à gagner contre le Ciel. Car apres toutes ces extravagantes Consolations, il revint à vostre Remede, Monseigneur, et s'en alla à la guerre contre les Cosseïens, qui fut appellée le Sacrifice des funerailles d'Ephestion. Mais il n'essaya qu'à l'extremité ce que vous avez esprouvé d'abord; et son chagrin ne se mit au terme de la raison qu'apres avoir fait plusieurs folies.

Il faut donc dire à sa honte et à vostre gloire, que vous n'attendez pas, comme luy, le bienfait du temps, et la fin ou la diminution d'vn accez, dont le commencement se peut empescher. Il faut dire que vous estes Sage du premier coup, et sans tant marchander alentour de la Vertu; que jamais homme n'a moins deliberé que vous à se bien resoudre, ny n'a sceû mieux vser des Maux qui arrivent en cette vie. Il faut à l'advenir vous alleguer aux Heros qui voudroit languir dans l'affliction, ou la porter hors des bornes de la bienseance, afin qu'ils voyent que quelqu'vn a pû agir en souffrant, et a souffert avec dignité. Il faut conclure par vostre exemple, qu'il n'est rien de si souverain contre les Passions molles et oysives, que l'exercice des vertus viriles et laborieuses; et que les personnes bien occupées n'ont loysir, ny d'estre malades, ny d'estre tristes, ny de faire des plaintes, ny d'escouter des consolateurs.

Que la Fortune, Monseigneur, se rende encore plus ingenieuse et plus sçavante qu'elle n'est à faire du mal, afin de vous rendre malheureux, elle se retirera avec deshonneur de devant vostre Vertu, et ne forcera point les retranchemens où vous l'avez mise. Qu'elle vous apporte tous les jours vne mauvaise nouvelle, elle vous trouvera tousjours prest à vous consoler dans vne bonne action. Qu'elle heurte vostre vaisseau par tous les endroits et le couvre de toutes les vagues, elle ne vous empeschera pas de tenir pour cela le gouvernail droit.

Ie parle hardiment d'vne ame, dont je connois il y a longtemps la solidité. L'obstination de cette violente Fortune, qui esbranleroit la constance d'vn vieux Romain, se brisera sans doute contre la vostre. Mille malices de sa façon ne seront pas capables d'eslever en vostre esprit vn mouvement d'impatience, ou vn commencement de murmure. Qu'a-t'elle gagné jusques à present? Elle ne sçauroit vous reprocher, Monseigneur, le moindre peché d'omission, soit contre la Patrie, soit contre la Parenté. Et quelque dangereux choix qu'elle semble vous presenter, en vous monstrant d'vn costé vn Pere qui vous envoye des soûpirs, et de l'autre vn Roy qui vous fait des commandemens, je la defie de me dire ce que vous oubliez en cette rencontre, pour vous acquitter de l'vne et de l'autre obligation : pour satisfaire à la premiere et à la seconde pieté, que la Nature exige de vous.

Vous serez donc tous deux, si elle ne cesse, vn continuel Spectacle à toute la Terre ; et on ne vous regardera pas moins sur le Theatre, Vous et la Fortune, que Vous et les Espagnols. Elle suivra sa coustume, Monseigneur, et vous la vostre : Elle fera ses Desordres ordinaires, et vous ferez vostre Devoir comme auparavant.

Ce discours fust envoyé en Piémont à Monseigneur le Cardinal de la Valette, et receû de luy avec de grands tesmoignages de bonté. Immediatement apres l'avoir leu, il demanda vne plume et du papier, et me fit l'honneur de m'escrire vne lettre tres-obligeante, mais de plus, tres-judicieuse, et du stile d'vne ame bien preparée à toute sorte d'evenement. I'y remarquay je ne sçay quelle discipline, adjoustée à sa premiere force, et certains termes qui venoient d'vn cœur exercé, et d'vne habitude de fermeté contre les disgraces, acquise par plusieurs resistances de la Raison. Ç'a esté, à mon advis, vne des dernieres lettres qu'il ait escrites, estant tombé malade peu de jours apres, de la fievre qui nous le ravit, et qui par la mort luy donna le repos, qu'il n'avoit jamais pû avoir en sa vie.

Son Eloge se verra ailleurs qu'icy, et peut-estre en plus d'vne langue, car il a fait du bien à des personnes reconnoissantes, qui en entendent plusieurs et qui savent heureusement s'en servir. On peut dire cependant, sans embellir son Histoire, qu'il a finy avec honneur dans le service et dans l'action ; et qu'ayant également reüssi à la Cour et à l'Armée, il merita d'estre pleuré de l'vne et de l'autre. Il a laissé vne reputation pure et entiere : Mais s'il eust vescu davantage et sans malheur, elle eust esté aussi grande qu'elle a esté bonne. Il suffit neantmoins pour sa gloire, qu'il ait esté estimé de celuy qui a le droit de juger, et qui met le prix à la Vertu. Ie parle de ce grand Roy, regardé avec admiration des autres Roys, et qui preside aux affaires de l'Europe avec tant de bonne conduite de son costé et tant de bon succez de la part du Ciel. Il crût en cette occasion avoir subjet de regretter vn Serviteur sans reproche; et quoy qu'il trouve toutes choses dans luy-mesme, il advoüa qu'il trouvoit à dire quelque chose, et qu'il avoit fait vne perte. On m'a asseuré que quand la nouvelle luy en fut portée, il dit de luy cinq ou six paroles considerables, qui feroient de l'honneur à sa memoire, si nous les avions, et auxquelles il n'y auroit rien à adjouster, pour la felicité qu'vn homme peut recevoir en ce Monde, lorsqu'il n'y est plus.

Voicy quelques larmes, qu'vne Muse Latine de ma connoissance a versées sur son Tombeau, et que je donne au Public, en attendant la pompe funebre à laquelle il y a de l'apparence que les autres Muses auront travaillé.

Quem formosa procul Rheno, Sabique serentem
Lilia sublimi nuper Victoria curru
Vexerat, et summas venienti straverat Alpes,
Exiguo tegitur Magnus VALETA sepulchro.
Sed late spirant cineres; fatoque superstes
Spargit odoratam virtutum gloria famam.
Stat super, ardentique micans Sapientia cocco,
Lacrymat, et mixto Tumulum perfundit amomo.
Serta parant Busto Charites, Manesque beatos,
Ossaque securis onerant illustria palmis :
Dum generis ramos veteres titulosque paterni,
Fuxæosque Atavos, Staricæque insignia Gentis,
Et nunquam moritura brevis Miracula vitæ,
Ferali memores incidunt marmore Musæ,
Et mutæ citharas Tumulo, calamosque reponunt.

DISCOVRS HVICTIESME.

DISSERTATION

SVR

VNE TRAGEDIE INTITVLÉE

HERODES INFANTICIDA.

A MONSIEVR HVYGENS DE ZVYLICHEM,
Conseiller et Secretaire de Monseigneur le Prince d'Orange.

Ie ne sçay jusques où mon courage me portera, mais je commence avec intention d'aller bien loin. Vostre Lettre exciteroit vne ame plus assoupie que la mienne, et la carriere que vous m'ouvrez pourroit tenter la lascheté mesme. On n'y combat pas à outrance contre des bestes farouches; on y traite en paix avec des hommes tres-raisonnables. Il y a de l'honneur à esperer, et il n'y a point de danger à craindre. I'y entre pourtant fort peux desireux de cét honneur, et songe moins à vaincre qu'à faire de l'exercice. Nous sommes tousjours en queste et jamais en possession de la verité. Le nid du Phenix se trouveroit aussi facilement que le lieu de sa retraite, et d'icy là, il n'y a chemin qui soit tenable ny adresse qui ne soit fautive. Ie cherche donc au hazard et à l'aventure, et cherche plustost de l'apparence et des images que de la certitude et des corps solides. Ie laisse aux Legislateurs l'authorité des decisions et les termes qui affirment, et prends des Iurisconsultes la modestie des demandes et les advis qui n'asseurent rien. Avant toutes choses, Monsieur, guerissez-moy d'vn scrupule que me donnent les deux Langues dont vous vous servez si heureusement, et je vous supplie de me dire si ce sont en vous qualitez acquises ou naturelles.

Il faut que vous me juriez que vous estes Hollandois pour me le persuader, et je ne puis croire que sur vostre serment vne verité si difficile. Vous escrivez le langage que nous parlons avec autant de grace que si vous estiez né dans le Louvre. A Florence, vous passeriez pour Citoyen; et pourriez mesme pretendre rang dans l'Academie della Crusca. En voila trop pour vn homme de dehors, qui n'a pas seulement pris la peine de nous venir voir, et a mieux aimé vsurper nostre François et nostre Italien, que de nous en avoir l'obligation. Il n'y a point d'apparence de vous multiplier en tant de façons, et que ce soit encore vous qui ayez fait au pays Latin le progrez que je remarque dans vos Epigrammes. Vous prenez tout seul la gloire qui pourroit suffire à trois, et assemblez ce qui devroit estre partagé. Cette ambition n'est pas de Hollande, et sent bien davantage l'injustice des Tyrans, que la moderation des Republiques. La mienne est plus discrete et plus retenuë; elle s'arreste à nostre frontiere, et ne touche point au pays d'autruy. Ie trafique chez les Estrangers, mais je n'y possede rien. Tout mon sçavoir est enfermé entre les Pyrenées et les Alpes, et je m'estonne que Monsieur Heinsius, dont la doctrine n'a point de bornes, puisse faire cas d'vne connoissance si courte et si limitée. Ce sont des effets de sa parfaite equité, qui ne laisse pas sans recompense le moindre commencement de vertu, et passe toute la distance qu'il y a de son esprit à celuy des autres, pour venir chercher vn peu de bien parmy vne infinité de defauts. Il ne mesure pas les choses à l'estenduë de son intelligence : il les trouveroit trop petites; Il ne les examine pas non plus à la rigueur de son jugement : elles luy sembleroient trop mauvaises. Il se sçait accommoder à l'infirmité humaine, et sa Courtoisie l'approche de nous, dont son Merite l'avoit separé.

C'est elle qui m'a donné la premiere hardiesse de douter et qui me permet encore d'vser de ma raison en vne matiere où je voulois acquiescer à sa seule authorité. I'en reconnois le juste establissement dans la profession des bonnes Lettres : Ie sçay qu'il est le Docteur de nostre Siecle et qu'il le sera de nostre Posterité; je ne dis pas que j'ay de l'estime, ce terme est inferieur à mon sentiment; mais j'ay vne espece de devotion pour tous ses ouvrages, et rien ne porte sa marque, qui ne me soit en si pareille reverence, que si l'Antiquité l'avoit consacré. Mais, Monsieur, les Tentations ne sont pas en la puissance des Fideles. Dans l'ame la plus soumise, il s'esleve des mouvemens de blaspheme et des pensées involontaires, qui font que quelquefois elle se defie de la Divinité mesme, en qui elle croit. Mes objections sont peut-estre de cette nature; Et vous serez bien assez charitable pour m'aider à resister à la tentation, et Monsieur Heinsius assez bienfaisant, pour asseurer mon esprit par l'entiere manifestation de la verité, qui s'estoit esmeû par quelque luëur de vraysemblance.

Ie ne trouve point estrange, Monsieur, qu'vn Iuif, dans vne Tragedie Latine, parle à la mode de Rome et se serve des mots d'Acheron, de Styx, de Bacchus et de Ceres; car, encore qu'ils appartiennent à la superstition des Payens, quoy que de differente sorte, et que ce soient des pieces de l'ancienne Idolatrie; neantmoins, par succession de temps descendant plus bas, et passant du langage des Prestres à celuy du Peuple, ils ont changé de condition, et signifient souvent des choses vulgaires, qui tombent dans le discours de tous ceux qui ont l'vsage de la parole. Or si en ce sens-là vn Iuif ordinaire les peut employer legitimement et sans scrupule, il est certain qu'Herodes peut faire davantage et les prendre jusques dans la source de l'Idolatrie et en leur plus dangereuse signification. Parce qu'il ne le faut pas simplement considerer comme Estranger, vsant d'vne langue empruntée, aux termes de laquelle il est raisonnable qu'il s'accommode; ny comme Feudataire des Romains et Familier d'Auguste et d'Antoine; mais comme Violateur de la religion de ses peres et Corrupteur de la discipline de son pays.

Vous le connoissez, Monsieur, sur le rapport de Iosephe. Il vous a assez appris quel homme c'estoit. Et quand vous compteriez pour rien que, par son avare impieté, il foüilla dans les sepulchres de David et de Salomon, à l'ouverture desquels deux soldats de sa Garde furent consumés par le feu qui en sortit; vous sçavez que ce fust luy qui, contre la coustume de sa Nation et au prejudice de la simplicité Iudaïque, esleva des Theatres en Ierusalem, dressa des Arcs de Triomphe, institua des Ieux de Course et de Lutte, qui faisoient en ce temps-là partie du culte divin, et n'estoient pas plus des actions de Resjouïssance que de Religion. Ce fust luy qui ne fist point conscience de porter la Flatterie jusques à la derniere Adoration, et de brusler de l'Encens à vn Dieu subjet à la fievre et à la colique; car il ne se contenta pas d'edifier vne Ville en l'honneur et du nom de Cesar; mais de plus il luy dedia vn Temple au lieu le plus eminent de cette Ville; Et ne pensant pas que ce fust assez de celuy-là, il en bastit vn autre, de marbre blanc, en la terre de Zenodorus, prés d'vn endroit que l'Histoire appelle Panion.

Mais pour monstrer qu'il ne pechoit pas tousjours par raison d'Estat, et que hors du dessein de plaire à Auguste, il avoit vne particuliere inclination à l'Idolatrie, il fut fondateur du Temple d'Apollon, qui se fit à Rhodes, et employa des richesses incroyables à la structure de cette superbe Masse. Il constitua vne grosse rente pour la celebration des Ieux Olympiques, et particulierement pour la despense des Sacrifices qui s'y faisoient, où il voulut qu'on apportast plus de ceremonie et plus de magnificence qu'auparavant. Finalement ce fust luy qui adora les Armes et les Enseignes Romaines, qui consacra vne Aigle d'or sur la porte de la maison de Dieu; qui deshonora l'entrée et soüilla la pureté de cette saincte demeure par vne superstition Payenne.

Il n'est donc pas de merveille, Monsieur, qu'vn Prince qui a violé la Loy de Dieu par tant d'actions, ne s'en souvienne pas en quelques-vnes de ses paroles; qu'il fasse vne legere esgratigneure où il a fait de si grandes bresches; qu'il ne soit pas scrupuleux en l'vsage de certains termes indifferents, ne l'ayant pas esté en l'observation des choses essentielles et fondamentales. Ie ne m'estonne pas qu'Herodes paroisse demy Iuif et demy Payen : Ie m'estonnerois seulement si vn Poëte Chrestien paroissoit tel. Ie me persuaderois avec peine qu'vn homme constant pust estre de deux Partis, et porter les couleurs de divers Maistres. Cette Nouveauté, à dire vray, me semble vn peu dure, et je ne puis m'imaginer, sans gesner mon imagination, que dans vn Poëme où vn Ange ouvre le Theatre, et fait le Prologue, Tisiphone se vienne monstrer, accompagnée de ses autres sœurs, et avec le terrible equipage que luy a donné le Paganisme. Ie vous demande si cette Partie a de la proportion avec son Tout, et si ce bras est de cette Teste. Ie vous prie de me dire si les Anges et les Furies peuvent compatir ensemble; si nous pouvons accorder deux Religions naturellement ennemies; si nous devons faire comme cét Empereur, qui mettoit dans vn mesme oratoire Orphée et Abraham, Apollon et IESVS-CHRIST; si enfin il nous est permis d'imiter celuy que nous blasmons, et de profaner vn Lieu sainct par vne marque d'Idolatrie?

l'attendray de vous ce que je dois croire, et suspendray mon jugement jusqu'à ce que vous ayez pris la peine de me resoudre. Mais cependant puisque l'Aigle consacrée offensa les yeux de tout vn Peuple, et excita de si violens ressentimens dans le cœur des Iuifs, qu'il y en eut qui en plein midy monterent sur le portail du Temple, et la mirent en pieces à coups de coignée : Vous ne devez pas vous esmerveiller que j'aye esté vn peu surpris à la veuë, ou à l'imagination de je ne sçay quoy de semblable, et qu'il m'ait paru aussi estrange que Tisiphone fust proche du Berceau de nostre Seigneur, que si Adonis eust esté encore dans son sepulchre.

La Matiere dont il s'agit est toute nostre et toute Chrestienne. Il me semble que les fausses Divinitez n'y ont point de part, et n'y peuvent entrer que par violence. Le grand Pan est mort par la naissance du Fils de Dieu, ou plustost par celle de sa Doctrine; Il ne faut pas le ressusciter. Au lever de cette lumiere tous les phantosmes du Paganisme s'en sont enfuïs, il ne les faut pas faire revenir. Il est juste que le changement du stile accompagne le renouvellement de l'Esprit ; que le poison qu'a vomy nostre cœur, ne demeure pas dans nostre bouche, que le dehors rende tesmoignage du dedans.

Ce n'est pas, Monsieur, le sang d'Astyanax, ou des enfans de Medée, qu'on verse derriere vostre Scene. C'est le sang de nos premiers Martyrs, et des Aisnez de nostre Eglise, dont vn Autheur allegué par Monsieur Heinsius, a chanté ces vers :

> Salvete flores Martyrum,
> Quos lucis ipso in limine
> Christi insecutor sustulit,
> Ceu turbo nascentes rosas.
> Vos prima Christi victima
> Grex immolatorum tener,
> Aram ante ipsam simplices
> Palma et coronis luditis.

Vn Poëte Chrestien doit, à mon advis, considerer que par la Conversion de l'Empire Romain la Langue Latine s'est convertie : Il doit se contenter de retenir les Mots et la Phrase, sans s'obliger aux Dogmes et aux Opinions du premier temps. Mais quelque Poëte que ce soit, il doit tousjours avoir egard à la Religion en laquelle il escrit, et s'y attacher de telle sorte, que non seulement pour la suivre il s'esloigne de la Grammaire et de l'elegance, mais aussi qu'il ne fasse pas difficulté d'abandonner la Morale et la commune vertu. L'autheur de la divine Eneïde l'a pratiqué en quelques endroits, et n'a jamais invoqué ny Hesus, ny Mithra, ny Anubis. Comme à son exemple nous ne devons pas faire entrer temerairement dans nos compositions des Divinitez estrangeres, ny appeller Hymen et Iunon aux Nopces de Iacob et de Rachel, ny donner Mercure pour guide à Tobie, ny dire que Iupiter tonnant s'apparut à Moyse sur la montagne.

Ie parle dans la These generale, où je n'enferme pas absolument le faict particulier de nostre Amy. Mais veritablement cette mauvaise coustume a besoin d'estre reformée, et merite bien que nous en considerions l'importance. Cette bigarrure, Monsieur, n'est pas recevable. Elle travestit toute nostre Religion : Elle choque les moins delicats, et scandalise les plus indevots. Quand la Pieté en cela ne souffriroit rien, la Bienseance y seroit offensée; et si ce n'est commettre vn grand crime, c'est commettre hors de temps vne mascarade. Quelle apparence de peindre les Turcs avec des Chapeaux, et les François avec des Turbans? de mettre les fleurs de Lis dans leurs Drapeaux, et le Croissant dans les nostres? Aux apparences mesme exterieures, et qui ne sont pas de l'essence de nostre devoir, il faut porter du respect à la Coustume, et ne regarder pas simplement à contenter la Raison, mais donner aussi satisfaction aux Yeux, qui sont les premiers Iuges des choses visibles. L'Armée d'Alexandre fust sur le point de se mutiner, quand il s'habilla à la Persienne. Les Romains n'ont pas trouvé bon qu'en Grece mesme leurs Magistrats quittassent la Robe, et portassent le Manteau. Ils ont murmuré des amours de l'Empereur Tite et de la Reine Berenice : Ils ont eu en horreur le Mariage d'Antoine et de Cleopatre. Et bien que cette Princesse fust de la plus illustre maison du monde, ils crurent que non seulement il s'estoit mesallié, mais aussi qu'il s'estoit soüillé en l'espousant, et que telles conjonctions estoient monstrueuses et abominables. Or il me semble, Monsieur, qu'il y a bien de la difference de marier deux personnes de contraire Religion, ou de marier deux Religions contraires ; d'accoupler vn Romain et vne Barbare, ou d'vnir la superstition des Payens avec la pieté Chrestienne; de contracter entre l'homme et la femme vne communion de biens, et vne societé de vie, ou de faire entre Christ et Belial vne alliance de Mysteres. et vne confusion de Ceremonies.

Il y a bien, Monsieur, de la difference. Et si Tertullien a reproché à quelques Heretiques de son temps leur Christianisme Platonicien, et à d'autres leur Christianisme Stoïque, à cause des principes extravagans et des mauvaises subtilitez qu'ils avoient empruntez de ces deux Sectes; Il eust trouvé, à mon advis, beaucoup plus mauvais vn Christianisme Idolatre, comme celuy-cy, qui va à la pompe et à l'ostentation du Langage, par le mespris et par la ruïne de la Pieté. Il a crû que c'estoit vne espece d'apostasie aux Fideles, d'vser de ces communes façons de parler, de ME HERCVLE et de MEDIVS FIDIVS, et a quasi prononcé Anatheme contre celuy, à qui quelqu'vn ayant dit, IVPITER VOVS SOIT IRRITÉ, respondit, MAIS PLVSTOST A VOVS. Ce qui n'estoit pourtant qu'vn vice de langue, et vne teinture du commerce qu'ils ne pouvoient s'empescher d'avoir avec les Infideles, parmy lesquels ils estoient meslez. Ie vous laisse donc à penser quelle opinion il auroit de ceux qui, sous le regne de l'Evangile, et apres la cheute des Idoles, font tout ce qu'ils peuvent pour les relever; Qui aiment mieux dire les Dieux Immortels que le Dieu Immortel, la Persuasion des Chrestiens que la Foy Chrestienne, la Republique que l'Eglise, les Peres Conscripts que les Evesques, la Sedition que le Schisme, l'Interdiction du feu et de l'eau que l'Excommunication; Qui disent plustost celebrer nos Orgies que chommer nos Festes, donner droit de Bourgeoisie à vn Estranger que donner le Baptême à vn Infidele, declarer quelqu'vn atteint du crime de Perduellion que le declarer Heretique, le desvouër aux Furies que le livrer à Satan.

Ces Messieurs sont si accoustumez aux lettres Profanes, qu'ils ne s'en peuvent defaire dans les matieres les plus Religieuses. Leur esprit est tellement imbu de l'idée qu'ils en ont conceuë, que rien ne sçauroit sortir de luy, qui n'en reçoive l'impression et le charactere. Si bien qu'ils me font ressouvenir de cet Ambassadeur venu nouvellement de Constantinople pour resider à la Cour de Rome, qui ayant encore l'imagination toute pleine de l'Empire d'Asie, et de la grandeur des Ottomans, dans la Harangue qu'il fit au Pape Leon, luy donna de la Hautesse au lieu de lui donner de la Saincteté; Et apres l'avoir appellé avec Sainct Bernard, PRIMATV ABEL, GVBERNATV NOE, ORDINE MELCHISEDECH, DIGNITATE AARON, etc., luy dit pour conclusion et pour le couronnement de tant de magnifiques Epithetes, qu'il estoit le grand Turc des Chrestiens.

Ceux-cy sont encore plus licentieux que Monsieur l'Ambassadeur, et je ne suis pas le premier qui ay demandé raison d'vn si estrange desguisement des choses sacrées. Vostre Erasme, non plus que moy, n'a pû le gouster. Il en reprend les Orateurs et les Poëtes Italiens; et blasme particulierement Sannazar d'avoir remply vn Poëme Chrestien de Dryades et de Nereïdes, d'avoir osté d'entre les mains de la Vierge Marie les Livres des Prophetes, pour y mettre les vers des Sibylles; d'avoir introduit Protée predisant le mystere de l'Incarnation ; et par là d'avoir donné l'apparence d'vne Fable à la plus saincte de toutes les Veritez.

Buchanan est venu depuis, et n'a pas esté si indulgent à son stile, ny ne s'est permis de beaucoup tant que les Italiens. Neantmoins il n'a pas laissé de s'eschapper quelquefois et d'oublier le temps auquel son Histoire estoit arrivée, et la Religion en laquelle il escrivoit. Souffrons luy qu'il fasse Symmachus le confident de Iephté, quoy que ce soit à peu prés la mesme equivoque que si dans le Sacrifice d'Iphigenie on faisoit Guillaume Escuyer d'Agamemnon. Mais qui peut souffrir que dans son Baptistes il donne pour argent comptant, les mesmes fables dont Seneque se mocque dans sa Troade? qu'vn Fidele professe ce qu'vn Infidele a abjuré? et qu'apres avoir leû ces vers, qui concluënt si veritablement vne fausse proposition,

> ..... Tænara, et aspero
> Regnum sub domino, limen et obsidens
> Custos non facili Cerberus ostio,
> Rumores vacui, verbaque inania :
> Et par sollicito fabula somnio.

il n'ait point eu honte d'escrire ceux-cy, qui sont si faux, bien qu'ils soient escrits en confirmation de la verité :

> ..... At malè conscios
> Manes exagitant sulphureo in lacu
> Crinitæ colubris Eumenides nigris,
> Et jejuna avidi guttura Cerberi,
> Et numquam saturi copia Tantali.

N'est-ce pas vne belle chose qu'vn Iuif dogmatise en vne Religion estrangere, et qu'immediatement apres la longue conference qu'il a eüe avec Sainct Iean, il vienne debiter d'aussi mauvais contes sur le Theatre, que s'il s'estoit entretenu avec vn Prestre de Grece? Icy Buchanan a esté tenté par ces meschantes Eumenides dont il parle. Presque tous nos Modernes ont fait vn faux pas en cet endroit. Ils sont presque tous tombez dans ce Styx, et dans cét Acheron, et ont esté chercher jusqu'en l'autre Monde, des occasions de faire des fautes.

Arioste n'a pas voulu estre plus regulier que ses compagnons, ny que son Toscan fust plus sage que leur Latin. Si, comme on dit, il est Prince des Poëtes de son pays, c'est peut-estre en vertu de cette Souveraineté qu'il ne reconnoist point les Loix, et qu'il se met au-dessus du Droict commun. De nos Mysteres il fait partie de ses Fables, et se joüe de ce que nous adorons. Il traite certes la Religion d'vne estrange sorte, et Tertullien le nommeroit bien son Corrupteur et son Adultere. Quoy que souvent le desordre soit divertissant dans ses escrits, et que sa confusion delecte plus qu'elle n'embarrasse, c'est tousjours desordre et confusion. Il mesle quasi partout le Faux avec le Vray, et en forme quelquefois vn Composé, qui dégouste mesme les Profanes judicieux; qui ne sçauroit plaire qu'à ceux qui se plaisent aux devoyemens de la Nature, qu'à ceux qui prefereroient des Tritons et des Serenes aux Hommes bien faits, et aux belles femmes.

Dans son chant vingt-neufiesme il fait jurer le vray Dieu par l'eau du Styx; le Dieu, dis-je, d'Abraham et d'Isaac, de Constantin et de Theodose : Ne sçachant pas, sans doute, le malheur qui arriva à ce pauvre Peintre, pour avoir voulu representer Iesus-Christ en la forme de Iupiter, et avec ses habillemens et ses armes. Car au rapport de Zonare il fut puny de sa profane temerité par vne subite paralysie, et la main luy secha sur la toile qu'il mettoit en œuvre. En vn autre endroit l'Ange Gabriel fait l'office de Mercure, et va de la part de Dieu chercher le Silence dans la maison du Sommeil. Ailleurs il allegue pour vn grand jour et pour vn longue nuict, le jour de la victoire de Iosué, et la nuict la conception d'Hercule. D'où les Esprits mal persuadez peuvent tirer de mauvaises consequences, et conclure que ces deux Histoires, alleguées en mesme endroit pour servir à vne mesme preuve, sont de mesme estoffe l'vne que l'autre. Et aussi ceux qui croyent moins l'Evangile que Ioseplie, chez lequel le massacre des Innocens ne se trouve point, ne pourroient-ils pas dire que cette sanglante execution est aussi historique, que le conseil, qui en fut donné à Herodes par Tisiphone? Proposer avec vne égale affirmation deux choses, dont il y en a vne absolument fausse, ce n'est pas establir la fausse, mais c'est mettre en doute la veritable. Le bien n'est pas si communicatif que le mal est contagieux. Si le procedé du Poëte Italien est sans fraude, il n'est pas sans inconvenient, et quelque bonté qu'ait l'or, quelque couleur qu'ait le cuivre, c'est estre faux Monnoyeur que de les mesler ensemble.

A Arioste succeda Torquato Tasso, qui choisit vn subjet aussi Religieux qu'Heroïque. Ie m'asseure que vous m'advouërez que sa Ierusalem est l'ouvrage le plus riche et le plus achevé, qui se soit veû depuis le siecle d'Auguste; et on peut dire qu'en cet excellent genre, Virgile est cause que Tasso n'est pas le premier, et Tasso que Virgile n'est pas le seul. Il a pourtant heurté dans cét admirable ouvrage contre le mesme escuëil que les autres. Il employe Pluton et Alecton d'vn costé, et Gabriel et Michel de l'autre. Il accorde la Saincteté avec la magie : Il se sert d'vne Deesse fabuleuse pour conduire Charles et Vbalde où Pierre l'Hermite les envoyoit. De sorte que quelquefois, ou je le prends pour estre du Party de l'Ennemy, dont il porte les livrées ; ou je dis de luy vne partie de ce qu'il a dit de son Ismene.

Questi hor Macone adora, e fu Christiano.
Ma i primi riti anco lasciar non puote :
Anzi sovente in vso empio e profano
Confonde le due leggi a se mal note.

Si j'osois tirer vne consequence de tout ce Discours, je dirois que premierement nous devons nous souvenir qui nous sommes, et en second lieu quel est le subjet sur lequel nous travaillons, afin de ne faillir pas deux fois, et de ne pas pescher en mesme temps contre nostre Devoir, et contre la Bienseance. Tous les Ornemens estrangers ne nous sont pas absolument defendus ; Il n'y a, ce me semble, que les marques des Religions estrangeres, qui ne nous sont pas permises. Il est loisible de prendre des estoffes en Levant, mais non pas de s'y faire circoncire. Nous pouvons vser du Styx comme Prudence, mais non pas comme Arioste ; Et si nos compositions sont Chrestiennes, elles le doivent estre aussi bien en la forme qu'en la matiere.

Non pas de l'autre costé que je sois d'advis, qu'en la place de Tisiphone, de Megere, et d'Alecton, il faille substituer Beelzebut, Asmodée, et Leviathan ; ny que je loüe ces deux vers du Poëte que j'ay loüé.

> Sed Belzebulis callida
> Commenta Christus destruit.

I'aime la Discipline et la Iustesse, mais je hay le Pedantisme et l'Affectation. Ie ne desire ny blesser la Pieté par des locutions profanes, ni défigurer le Latin par des mots Hebreux. Comme je m'interesse pour l'vniformité de la Religion, je veux conserver, s'il est possible, l'integrité de la Langue, et ne la pas violer avec ces termes durs et sauvages, qui rompent d'ordinaire toutes les chaisnes de la Poësie, et ne peuvent obeïr à aucune regle de la Grammaire.

Mais en cela, Monsieur, il n'est pas impossible de trouver vn temperament raisonnable, pour contenter tout le monde. Entre les deux extremitez je descouvre vn milieu, où la Langue et la Religion sont également en seureté. Il y a des mots communs à toutes les Sectes, et receûs de tous les

Peuples, que je voudrois mettre en œuvre en semblables occasions : Et puis qu'vn mauvais Demon, ou vn mauvais Genie pouvoit agiter Herodes, il estoit tres-aisé de se passer de Tisiphone, et personne ne l'eust trouvé à dire sur vostre Theatre. Euripide mesme semble s'estre advisé de cecy, et nous a monstré l'expedient que nous devons prendre. Il ne parle pas tousjours des Furies qui poursuivent Oreste, il parle souvent du mauvais Esprit qui le tourmente. Ce terme est employé deux ou trois fois dans la Tragedie qui porte son nom ; Et ce Prince infortuné se plaint encore dans l'Andromaque, que son Oncle Menelas luy reprochoit la presence de son mauvais Demon, et des terribles Deesses, qui luy avoient donné tant de peine.

C'est ainsi, Monsieur, que tous les Tragiques nomment d'ordinaire les Furies, et je ne comprends pas bien la distinction de Monsieur Heinsius, ny pourquoy il veut qu'en cet endroit elles soient plustost des Affections que des Deesses. I'apporteray ses propres paroles, de peur de les enerver par vne foible Traduction, et pour les faire voir en toute la pureté de leur naturel. *In Tragœdiis personæ non vnius generis, sed variæ introducuntur. Et plerumque præter Homines, Dii, Vitia, Virtutes; sed præcipuè Affectus : Deos sibi proprios gens vnaquæque habet : Vitia, Virtutes et Affectus omnium communes sunt; neque minus Furias et pœnas vitiorum sentiunt Iudæi, quam Romani : qui vt Græci. Alecto, Megæram, ac Tisiphonem agnoscunt : Quæ nequidem vbi scena peregrina est, mutantur. Non enim Dii sunt, quod jam diximus, sed* πάθη *neque ad religionem faciunt. quod arbitratus est, sed ad terrorem.*

Ie demeure d'accord avec luy de ses premieres Propositions, et n'ay pas si peu de communication avec les Anciens, que je ne sçache que les Hommes ne sont pas les seuls personnages qui paroissent sur la Scene. Il n'est pas jusqu'aux choses mortes, et muettes, qui n'y soient representées. et qu'on ne remuë et n'organise, pour en faire des Acteurs et des Actrices. La Mort elle-mesme parle dans l'Alceste d'Euripide. La Force et la Violence dans le Promethée d'Æschyle : le Vautour et la Montagne dans vn autre Promethée. Diray-je sur ce subjet tout ce que je sçay? Voulez-vous, Monsieur, que je cite des Autheurs perdus, et des pieces dont il ne nous reste que le Tiltre? La Terre et l'Eridan estoient des Acteurs dans le Phaëthon, la Mer dans l'Ariadne, le Navire dans les Argonautes, la Frayeur dans l'Oreste, la Rage dans l'Hecube, la Folie dans l'Athamante, les Voyelles et les Consonantes dans vne Tragedie qu'allegue Athenée ; pour ne rien dire des Comiques qui nous restent, et qui se sont sauvez de la cruauté des Goths et de la severité des premiers Fideles. Car dans les Fables de Plaute on voit la Pauvreté, le Luxe, le signe Arcturus, qui font des Prologues : Et dans celles d'Aristophane, le Droit, le Tort, les Nuées, les Oyseaux, les Grenouïlles qui discourent.

Ces differents personnages sont tirez, ou de la Morale, ou des choses naturelles ; mais ils n'appartiennent point à la Religion, ny aux choses sainctes. Ce qui ne se peut dire des Furies, sans changer toute la Fable, et faire vne nouvelle Antiquité. Et si elles sont introduites quelquefois pour donner de l'estonnement et de la terreur, vous sçavez, Monsieur, que c'est vn Estonnement de Religion, et envoyé par les Dieux. C'est vne Terreur qui n'est point humaine, qui ne vient point naturellement ; qui ne peut estre appaisée que par des Expiations et des Sacrifices. C'est vne montre qu'elles font voir de la justice de la vie future : C'est vn essay qu'elles font sentir des peines de l'autre Monde, où elles president si souverainement selon les principes de la Theologie Payenne, qu'à l'exclusion mesme de Proserpine, Tisiphone est appellée Reyne de l'Enfer.

..... Da Tartarei Regina barathri
Quod cupiam vidisse nefas, etc.

> . . . . . Multumque mihi consueta vocari
> Annue Tisiphone, perversaque vota secunda.
> Si bene quid merui, si me de matre cadentem
> Fovisti gremio, et trajectum vulnere plantas,
> Exaudi si digna precor.

De cette sorte le malheureux Œdipe luy fait ses vœux. Et quoy que ce soient de mauvais Vœux, ce sont toutefois des Actes de Religion; quoy qu'il la reconnoisse pour vne Deesse malfaisante, il la reconnoist tousjours pour vne Deesse. Et il n'y a point d'apparence qu'il die à vne Passion, Exaucez-moy, Accordez-moy ma priere, Donnez-moy l'accomplissement de mes desirs. Non plus qu'Electre dans Sophocle n'auroit garde de dire à des Passions : « Et vous, « ô Furies, severes Filles des Dieux, qui regardez les meur- « tres injustes et les embrassemens illicites, venez à nostre « secours, et vengez la mort de nostre Pere. »

> Σεμναί τε Θεῶν παῖδες Ἐριννύες,
> Τοὺς ἀδίκους θνήσκοντας ὁρᾶτε,
> Τοὺς τας εὐνὰς ὑποκλεπτομένους
> Ἔλθετ', ἀρήξατε, τίσασθε πατρὸς
> Φόνον ἡμετέρου. . . . .

Si les Payens ne les eussent mises au nombre de leurs legitimes Divinitez, ils ne les auroient pas si souvent ny si solemnellement invoquées. Didon ne leur recommanderoit pas son ame en mourant. Les Chœurs des Tragedies ne s'adresseroient pas à elles, pour les conjurer de laisser le Fils d'Agamemnon en repos, et d'avoir pitié de ses infortunes. S'ils ne les eussent estimées que de simples maladies de l'ame, ils n'auroient pas fait si exactement leur Genealogie, ny parlé tant de fois de leur naissance. Orphée ne les auroit pas nommées chastes, ny Sophocle tousjours vierges, ἁγνὰς, καὶ ἀεὶ παρθένους; Apollon n'auroit pas ordonné à Oreste de venir à Athenes comparoistre devant elles, et se justifier de la mort de sa mere Clytemnestre; Æschyle n'auroit pas fait vne Tragedie, à qui il donne leur nom, où elles sont appellées les venerables Furies, les grands, les justes, et les impitoyables Demons; où elles ne sont pas les Peines des crimes, ainsi que veut Monsieur Heinsius, mais les Iuges des Criminels; où elles contestent long-temps avec Minerve, à laquelle finalement elles cedent, comme de moindres Deesses à vne plus grande.

Il faut prendre dans ce fameux procez ce que nous devons croire des Furies, qui quelquefois sont nommées les Iuges d'Oreste, et le plus souvent ses Accusatrices et ses Parties. Car comme Apollon luy dit qu'il doit rendre raison aux Eumenides du sang de sa mere, il dit luy-mesme en vn autre endroit, que s'estant representé devant la Cour de l'Areopage, la plus âgée des trois cruelles Deesses se mit vis-à-vis de luy pour l'accuser, et que l'accusation finie il luy fust permis à son tour d'alleguer ses Iustifications. Il fut jugé par le Senat de l'Areopage, ce sont les termes de Tzetzes sur Lycophron, ayant pour Parties, ou les Furies, ou Tyndare, ou Erigone, fille d'Ægisthe et de Clytemnestre. Et vn autre Grec plus affirmativement et sans varier sur le nom des Parties de l'Accusé, rapporte que trois generations apres le jugement de Dedale, Clytemnestre fille de Tyndare ayant esté tuée par son fils Oreste, donna subjet aux Eumenides de le faire venir en justice. Le mesme Oreste raconte de plus dans l'Iphigenie Taurique, qu'apres avoir esté absous par l'Areopage, quelques-vnes des Furies acquiescerent à ce jugement, mais que les autres plus mauvaises et plus opiniastres n'en voulurent rien faire, et qu'il fust contraint de nouveau de recourir à l'Oracle, qui pour derniere satisfaction de son parricide luy enjoignit le pelerinage de Scythie, et l'enlevement de l'image de Diane. Or à vostre advis, si les Furies n'estoient considerées que comme de simples passions, auroit-on dit qu'elles plaiderent dans l'Areopage, qu'elles perdirent leur cause, que quelques-vnes d'entre elles ne voulurent pas obeïr à l'arrest qui fust donné? Auroit-on dit ce qui se lit allegué de Pherecides par le Scholiaste d'Euripide, qu'Oreste estant assis prés de l'autel de Diane en contenance de Suppliant, les Furies l'aborderent avec intention de le tuer, mais que Diane les en empescha?

Il me semble, Monsieur, que les choses ne sçauroient estre plus expresses, ny mieux circonstanciées, et que tout cela est bien particulier, et bien historique. Aussi ne sont-ce pas les seuls Poëtes qui parlent de cette sorte, et nous asseurent de la divinité des Furies. Les Historiens et les Orateurs disent davantage, et c'est de ces gens-là qui font profession de la verité, que nous apprenons qu'elles ont eu des temples et des sacrifices. Aristides en son oraison Parthenaïque parlant encore du pauvre Oreste : « Il se fit, dit-il, vn autre « jugement en l'Areopage, meslé quant aux Parties, mais « tout divin quant aux Iuges, où disputa sa vie vn malheu- « reux de la race de Pelops, qui eut recours aux venerables « Deesses, dont le Temple est à present proche de ce lieu. » Ces derniers mots sont confirmez tant par le Scholiaste de Thucydide, que par Vlpien sur l'Oraison de Demosthene contre Midias, et ils asseurent tous deux qu'en memoire du jugement d'Oreste, les Atheniens consacrerent vn Temple aux Eumenides tout joignant l'Areopage. Mais la superstition faisant du progrez, il leur en fut encore basty vn autre en vne autre Province de Grece. Si bien qu'elles ont esté adorées en divers lieux, et on peut voir particulierement dans les Arcadiques de Pausanias, que tirant de la ville de Megalopolis vers la Messenie, il y avoit vn Temple dedié à certaines Deesses, que les habitans du pays appelloient Manies, parce qu'en cét endroit elles tourmenterent Oreste plus cruellement qu'elles n'avoient fait. Il adjouste que non gueres loin de là estoit vn autre lieu qu'on nommoit Acé, à cause qu'Oreste commença à y recevoir de l'allegement, et qu'alors les Eumenides luy apparurent Blanches et Paisibles, s'estant jusques-là presentées à luy tousjours Noires et tousjours Farouches.

Ie vous demande maintenant, Monsieur, si ces Furies plaideuses et vengeresses, ces Eumenides noires et blanches, ces chastes et venerables Deesses ont esté connuës par les Hebreux, et si on peut dire qu'elles soient communes à tous les Peuples, parce que tous les Peuples sont subjets à des Vices, et sentent des Passions. Ie m'imagine qu'il est icy necessaire de distinguer, et que comme il ne faut pas prendre l'Orient pour l'Occident, on ne doit pas aussi confondre la Religion avec la Morale. L'Amour estoit vne Passion aussi bien parmy les Iuifs que parmy les Grecs, mais ce n'estoit pas vn Dieu aussi bien en Ierusalem qu'à Athenes; Et si dans vne Tragedie de Judith on l'eust representé tirant des fleches à Holofernes, les Originaires du pays eussent eu besoin d'vn Grammairien estranger pour leur faire entendre cette action, et la scene estant chez eux, c'eust esté veritablement cette fois que les Iuifs eussent esté Pelerins en Israël. On avoit la fievre, et on avoit peur aussi bien en Iudée qu'en Italie, mais les Iuifs ne reconnoissoient pas pour cela la Deesse Fievre, ny le Dieu Epouvantement, comme les Romains les reconnoissoient. Ils sentoient comme les autres Nations, les maladies de l'ame et du corps, mais ils n'avoient garde d'en faire, comme elles, des Divinitez infames et ridicules. Estant acteurs sur le Theatre d'autruy, et parlant vne langue estrangere, ils peuvent quitter leur phrase, et ne pas parler Hebreu en Latin; mais traitant vn sujet de leur pays, ils doivent, si je ne me trompe, retenir leur Religion, et ne pas idolastrer en Iudée. Qu'on die tant qu'on voudra que les Furies agitent Herodes, c'est vne figure permise; mais de grace, qu'on n'aille pas querir les Furies en Grece, pour les faire adorer en Ierusalem; ce seroit vne nouveauté odieuse.

Ie ne nie pas, Monsieur, qu'on ne puisse interpreter les

Fables, et qu'il ne se trouve des veritez cachées sous les fictions Poëtiques. Croyons pour l'amour du Chancelier Bacon, que toutes les Folies des Anciens sont sages, et tous leurs Songes mysterieux. Advoüons à Monsieur Heinsius que les Furies peuvent signifier les passions qui travaillent les meschans, et les remors qui accompagnent les crimes. Mais, Monsieur, dans les Tragedies nous jugeons de leur apparence et non pas de leur secret; de ce qu'elles declarent, et non pas de ce qu'elles signifient. Nous les considerons comme la Poësie les pare, et non pas comme la Morale les deshabille; dans le sens litteral, et non pas dans le sens mystique. Celuy-cy exerce la subtilité du Grammairien; Celuy-là borne l'intelligence du Spectateur. L'vn est de la Scene, l'autre de l'Eschole. Le Peuple regarde des Furies, et les Doctes devinent des Passions. Or est-il que ces Spectacles estoient pour le Peuple, qui alloit au Theatre à dessein d'estre trompé, et ne se mettoit point en peine de chercher vne verité seche et vulgaire, qui luy eust osté le plaisir qu'il recevoit à voir des choses estranges et admirables. Les livres des Poëtes estant sa saincte Escriture, il croyoit que la premiere impieté estoit de nier les Fables, et la seconde de les expliquer. Pour cela, Socrate fut puny de mort. D'autres Philosophes quitterent la Grece, et il n'estoit pas moins dangereux en ce temps-là, de dire qu'il n'y avoit point de Furies, qu'aujourd'huy de dire qu'il n'y a point de Diables.

De sorte que quand nous lisons ces belles paroles de Ciceron : *Nolite putare, Patres Conscripti, vt in Scenâ videtis homines consceleratos impulsu Deorum terreri Furiarum tædis ardentibus. Sua quemque fraus, suum facinus, suum scelus, sua audacia, de sanitate ac mente deturbat. Hæ sunt impiorum furiæ, hæ flammæ, hæ faces*, etc. Il faut remarquer qu'il parloit dans le Senat, à des personnes qui pour la pluspart estoient gueries des Opinions vulgaires; qui se mocquoient de la Religion du Peuple, et ne croyoient gueres mieux qu'il y eust vne Iunon, vne Pallas, vne Venus, qu'vne Megere, vne Alecton, vne Tisiphone, de laquelle nous sommes en different.

Ie ne voy pas bien, Monsieur, qu'elle puisse estre prise pour ce ver interieur, et pour cette secrete synderese, dont Herodes sentoit les morsures; puis qu'elle est representée separée tout à fait de luy; puis qu'elle vient de dehors, et qu'vne autre l'amene sur le theatre; puisqu'il ne s'imagine pas seulement de la voir, mais qu'en effet elle est veuë de tout le Peuple, et qu'on luy parle et qu'elle respond; puisque le remors precede, comme effet du mauvais estat de la conscience, et que la Furie suit, comme ministre de la vengeance divine; puisque le Poëte mesme les distingue formellement dans ces paroles d'Herodes :

..... Parcite immanes Deæ,
Pridem ista patimur, quisquis infandum nefas
Admittit in se, mente tranquilla licet,
Quamquam superbus solio et imperii potens,
Vtrumque habenis temperet Terræ latus,
Supplicia sceleris patitur impatiens sui,
Suosque Manes ipse præscribit sibi.

Et par celles-cy de Mariamne :

..... Agitat auctorem nefas,
Et quæ merentes verbere assiduo ferit,
Mens cuique, Erynnis propria, et infandum scelus.

Et par ces autres d'Herodes :

Sol qui coruscam rebus alluces facem,
Furiæque veteres, noctis antiquæ genus,
Et quas perempta conjuge addidimus novas,
Natisque cæsis, vos Deæ, testes voco.

Si en ce lieu on peut moraliser les Furies, on pourra aussi

moraliser le Soleil; et si l'Allegorie est vn Asyle general à toutes les licences vicieuses, il n'y aura point de Dieu ny de Deesse, qu'on ne puisse introduire dans vne Tragedie Chrestienne, à cause qu'ils signifieront tousjours vne autre chose que celle qu'ils representent.

Encore dans l'Oreste d'Euripide, l'explication de Monsieur Heinsius pourroit avoir lieu; parce que les Furies ne sont point visibles aux Spectateurs, ne paroissent point en tout sur le Theatre, ne parlent point à Oreste, et qu'ayant le cerveau blessé, et la conscience troublée, il pense voir ce qu'il ne voit pas, au jugement mesme de sa sœur, qui luy dit :

Ὁρᾷς γὰρ οὐδὲν, ὧν δοκεῖς σαφ' εἰδέναι.

Dans vostre Poëme il n'en est pas ainsi. Les Furies n'y sont pas des illusions; elles y sont de veritables objets; Herodes ne se les imagine pas, le Poëte les fait. Elles s'arment de tous leurs Flambeaux, et n'oublient pas vn de leurs Serpens, pour faire peur à la compagnie. Mariamne les evoque à haute voix, et les tire apres elle du fonds de l'Abysme.

Avant que de passer outre, je demande justice à Monsieur Heinsius du tort qu'il a fait à cette vertueuse Reyne, et appelle de sa rigueur à son equité. Il pouvoit bien, Monsieur, luy estre moins rude, et la traiter moins severement. Ne pouvoit-il point la loger en vn lieu plus commode que l'Enfer des Malheureux, et en meilleure compagnie que celle des ames criminelles? Puisque la Felicité est beaucoup plus à estimer que la Vie, Herodes qui la tua, luy fust beaucoup plus doux que celuy qui l'a damnée; et vn Mary soupçonneux qui se desfait de sa femme, trompé par la Calomnie, est moins responsable de son action, qu'vn Poëte desinteressé, qui perpetuë le supplice d'vne Innocente, apres que l'Histoire l'a justifiée, et que seize Siecles consecutifs ont rendu tesmoignage de sa vertu.

C'estoit vne Princesse, qui à la verité avoit le cœur grand, et se sentoit du lieu d'où elle venoit. Les moins favorables à sa memoire disent qu'elle estoit vn peu altiere et de l'humeur de la premiere Agrippine. Mais tous demeurent d'accord qu'elle fust d'vne pudicité invincible, et qu'ayant assez de beauté pour en disputer avec Cleopatre et pour luy ravir Antoine, bien loin de faire part de cette beauté à vn Estranger, elle ne voulut pas souffrir que son propre Mary en abusast, ny ne luy abandonna ce qu'il possedoit. Quand je considere dans Iosephe le dernier acte de sa vie, qui couronne tous les autres, et cette orgueilleuse Chasteté, qui estonne les Accusateurs et semble attendre des recompenses des Iuges; Quand je voy ensuite la justice que le Ciel fit de sa mort, et la Peste qu'il envoya en Ierusalem, pour venger vn sang si noble et si precieux; Ie ne puis la voir revenir de l'Enfer des Coupables sans quelque mal de cœur contre celuy qui l'y a precipitée, bien que je l'honore parfaitement, ny luy oüir dire ces paroles sans m'y opposer, bien que je les trouve extrêmement belles :

Adsum reclusis Tartarorum faucibus,
Nigroque Averno, sparsa Mariamne comam.
Adhuc relictis Impiorum sedibus,
Inter nocentes gradior, et medium scelus.

Il n'y a pas beaucoup d'apparence que l'ame bienheureuse d'vne Saincte sorte des mesmes prisons que l'ombre detestable de Tantale, comme elle est appellée par le Tragique Latin. Mais il y auroit encore moins d'apparence qu'elle en sortist pour prendre part à l'action la plus inhumaine, dont la Tyrannie se soit jamais advisée, et pour estre conseillere d'vn massacre dont le seul Herodes pouvoit estre Executeur. Si cela estoit, elle auroit appris en l'autre Monde ce qu'elle ignoroit en celuy-cy, et se seroit bien gastée dans la frequentation de ces Parricides et de ces Impies, parmy lesquels on nous la figure. Mais prenons le cas que ce changement soit veritablement arrivé et qu'elle soit devenuë vne autre; Dites-moy, s'il vous plaist, Monsieur, ne s'esloigneroit-elle pas de la fin qu'apparemment elle doit avoir? Ne se vengeroit-elle pas fort mal de sa mort, de s'en prendre à des Innocens et non pas à son Meurtrier, et d'augmenter ses crimes plustost que de les punir? Si les Meres desolées qui viennent au cinquiesme Acte sçavoient cela, et voyoient ce qui se passe dans le quatriesme, elles crieroient plus contre Mariamne que contre Herodes, et amasseroient sur elle toutes les imprecations qu'elles adressent ailleurs. Et si, au dire du Philosophe, vn mauvais conseil merite plus de blasme qu'vne mauvaise action, parce que le mal n'eust pas esté fait s'il n'eust esté conseillé, la Reyne, à ce compte-là, seroit pire que le Tyran. Mariamne seroit la premiere Parricide de Iesus-Christ, seroit la plus ancienne Persecutrice de l'Eglise, seroit l'exemplaire de Neron, de Decie et de Diocletien.

Il semble à la verité au commencement qu'elle agisse plus par necessité que par eslection, et que ce ne soit pas de son bon gré qu'elle vienne faire du desordre dans le Monde. Elle tesmoigne bien la repugnance qu'elle y apporte, et proteste de la violence qui luy est faite. Elle dit qu'on la force de se mesler du plus grand et du plus odieux de tous les crimes. Toutefois, Monsieur, ce qui la force ne me paroist point, et je cherche d'où peut venir cette violence, puis qu'incontinent apres elle vse d'authorité sur Tisiphone; Elle luy commande comme si elle estoit de sa suite; Elle la presse et la haste de telle façon, qu'on diroit qu'elle est la Furie de la Furie mesme.

Cette inegalité ne seroit pas loüée par Aristote, qui blasme l'Iphigenie d'Euripide de desirer tout d'vn coup la mort avec vne extresme passion, dont elle venoit de tesmoigner vne extresme crainte. Mais si le mesme Philosophe trouve mauvais que la Menalippe du mesme Poëte discoure trop subtilement de la Philosophie, parce que ce ne sont ny matieres qui tombent sous la connoissance d'vne femme, ny discours qui soient de la bienseance de sa condition; Trouveroit-il bon, à vostre advis, qu'Herodes fust si versé dans les Fables des Payens, qu'il parlast de Saturne, des Titans, du Chien qui garde l'Enfer, du fardeau qu'Atlas a sur ses espaules, du lait qu'on verse dans les Sacrifices, et qu'il ne sceust pas seulement ce qu'vn simple Initié aux mysteres peut avoir appris de la Religion d'autruy, mais tout ce qu'vn ancien et parfait Renegat en pourroit sçavoir?

Ie ne sçay pas, Monsieur, si Aristote le trouveroit bon. Pour Mariamne, il y en a quelques-vns qui trouvent que c'est vn personnage peu convenable à l'action où elle s'occupe, et vn instrument fort mal propre à estre employé dans vn massacre. Il falloit chercher, disent-ils, vne autre instigatrice du Tyran et vn autre guide de la Furie, ou, si on vouloit absolument se servir d'elle, et qu'il fust necessaire qu'elle s'apparust à son mary, ce devoit estre sans tout cét attirail et toute cette pompe d'Enfer, et seulement pour luy faire reproche de sa cruauté, pour luy predire les malheurs de sa maison, pour luy declarer les peines que la Iustice divine luy preparoit, et qui l'attendoient en la vie future. Vne semblable apparition eust esté moins estrange que l'autre, et se fust accordée avec l'Histoire. Car il est vray qu'Herodes ne put jamais s'effacer Mariamne de l'esprit. Les jeux, la chasse, les festins, luy furent pour cela des remedes inutiles. Son Idole le suivoit en quelque part qu'il allast. Il croyoit voir partout Mariamne. Il n'y avoit coin de son Palais qu'il ne fist retentir de ce beau nom. Il demandoit quelquefois à ses gens où Mariamne s'en estoit allée. Il conjuroit le Ciel et la Terre de luy rendre Mariamne.

Voilà bien des paroles et de l'escriture, de la fable et de l'histoire. Mais ne vous plaignez que de vous-mesme. Vous estes cause, Monsieur, de vostre malheur, et avez semé les espines que vous aurez la peine de recueillir. Il est dangereux de tomber entre les mains d'vn homme de grand loisir et qui n'a parlé il y a longtemps. Il vaudroit beaucoup mieux recevoir chez soy vn Hoste qui n'a mangé de huit jours. Il vaudroit presque autant se trouver sur la levée d'vne Riviere qui se desborde. Et l'importance est que, si je n'avois pitié de vous, je n'aurois pas achevé. Il ne tient qu'à moy que la Persecution ne s'eschauffe encore davantage, et que vostre patience ne soit esprouvée jusques au bout. I'ay dequoy estre plus longtemps Fascheux que vous ne sauriez estre Complaisant. Ne pouvant vous vaincre par la force de la Raison, je puis vous lasser par la multitude des Questions. Ie pourrois vous demander, Monsieur, si le principal personnage d'vne Tragedie devant estre plus malheureux que meschant, afin d'exciter en l'ame du Peuple plus de pitié que de haine, Herodes est vn personnage de cette nature? Si les frequentes Comparaisons, qui ornent les autres sortes de Poësie, n'empeschent point celle-cy? ne sont point des embarras et des retardemens de l'action qui en affoiblissent le cours et en rompent la continuité? n'allentissent point les passions, qui, devant estre impatientes et promptes, ne font pas leur devoir si elles s'arrestent et se considerent, si elles cherchent des miroirs et des images à se regarder dedans? Ie pourrois m'enquerir de vous pourquoy cette Anne, qui est dite Prophetesse, est si peu asseurée du lendemain et si apprehensive d'vn peril qui se devoit esviter; ne dit rien qui ne tesmoigne vne grande ignorance de l'avenir et qui fasse voir le moindre rayon de l'illumination qu'elle avoit receuë? Pourquoy Ioseph louë l'abstinence du vin en la Saincte Vierge, puisque l'vsage du vin n'a jamais esté ordinaire aux Vierges, qu'on peut les blasmer d'en boire et non les loüer de n'en boire pas? Pourquoy ce vers de Virgile

Imperium Oceano, famam qui terminet astris.

a esté renversé de cette sorte :

> Qui sceptrum Olympo terminet, famam mari.

Puisque probablement la Reputation d'vn Prince s'estend au delà de son Royaume, et que le Bruit estant plus viste et faisant plus de chemin que la Puissance, il ne doit pas s'arrester à la Mer, si la Puissance va jusques au Ciel?

Il me seroit aisé de former d'autres difficultez et de trouver d'autres atomes dans le Soleil. Mais il est temps de s'ennuyer d'vne occupation si vaine, et de quitter vne Besongne que je n'esleve que pour estre renversée; qui ne sera en sa perfection que quand vous l'aurez mise par terre. Il faut que l'Opinion fasse place à la Science, et les Doutes à la Certitude. Il faut apporter nos conjectures et nos soupçons aux pieds de cette souveraine Critique, qui prononce ses Arrests à Leiden, et qu'on va consulter des dernieres parties de l'Europe. I'ay hazardé, contre vostre Poëme, quelques objections dont je ne suis point asseuré, et en ay attaqué timidement deux ou trois endroits. Mais je suis fort asseuré de la bonté de la chose et de l'estime qu'elle merite. Ie ne delibere point s'il en faut louër la structure toute entiere, et establis pour Dogme et pour resolution absoluë que c'estoit vn Ouvrage dont les moindres pieces sont precieuses.

Y a-t'il rien, Monsieur, de plus haut et de plus solide que le discours que nostre Amy fait faire à son Ange, de la naissance du progrez et du desbordement de l'Idolatrie sur toute la Terre? Sans le flatter, ce sont les essences d'vne infinité de Livres, que les Saincts Peres ont escrits contre les Gentils; c'est l'esprit de ces grands Corps qui remplissent les Bibliotheques; c'est la vertu de toute la Masse de leur doctrine :

> Inusitato crimini fecit viam
> Incertus error, fœdaque ignorantia.

Diuque multos inter et nullos Deos
Stetere gentes. Vicit errorem metus,
Mortaliumque mentibus fallax malum
Horror Deorum. Prona successit fides,
Audaxque quidvis tollere in cœlum furor.
Tum templa et aræ, quemque non ingens humus,
Non picta cœli tecta, non clausit mare,
Traxere in ædem, docta quam struxit manus,
Fraudisque mater ars, et humanus labor.

De la These morale, il descend à l'Hypothese historique; mais par des degrez qui sont tous d'or, et pour estaler des choses encore plus riches.

Hinc gens Canopi prima fallaces sibi
Mentita divos, Isidis luctum suæ,
Et non repertum questibus fratrem sonat,
Sistrumque tollit. Illa latrantes Deos,
Et mugientes mente perculsâ vocat.
Illic opertos Athis inducit choros,
Sacrasque Eleusis jactat in flammam faces,
Fidesque sceleri majus accedit scelus
Furor tacendi.

Ceux qui sçavent quel estoit le secret de ces Mysteres qu'vn Ancien appelle *silentia Religionum, terribilia secreta*, seront ravis de cette fureur de se taire; Et ceux qui à la Doctrine profane adjoustent la pieté Chrestienne, commenceront à estre touchez par les vers qui suivent :

..... Ipsa paupertas suum
Celare Regem poterat, et corpus Deum.
Nondum latemus. Prodit infantem polus,
Nec ante natum sydus, ingenti face
Parvum cubile lustrat, etc.

Mais voicy, Monsieur, qui doit exciter la devotion de tous les Fideles, voicy la plus belle Nativité qu'on ait jamais veuë, et vn Tableau que j'estime sans pareil, soit pour la delicatesse des traits, soit pour la vivacité du coloris, soit pour cette partie spirituelle de l'art qui envoye vne reflexion des passions de l'ame sur les mouvemens du visage.

Oculosque nunc huc pavida, nunc illuc jacit,
Interque matrem virginemque hærent adhuc
Suspensa matris gaudia, et trepidus pudor.
Videt micantes igne cœlesti genas,
Suique Similes; quale cum doctæ manus
Ostro recenti candidum illudunt ebur :
Aut qualis ante tota quam surgit dies,
Aurora primâ dividit cœlum face,
Tenuemque puræ purpuram nubes trahunt.
Videt serenæ frontis insuetum jubar,
Majusque terris. Ille complexum petens,
Et è pudico dulce subridens sinu
Matrem fatetur. Illa non nollet quidem,
Et esse sentit : casta sed pietas tenet,
Totiesque mentem sancta virginitas subit,
Quoties amori vela permisit suo,
Natumque cernit. Sæpe cum blandas puer
Aut à sopore languidas jactat manus,
Tenerisque labris pectus intactum petit,
Virginea subitus ora perfundit rubor,
Laudemque Matris Virginis crimen putat.
Quid casta trepidas? indue affectus tuos, etc.

I'ay veû des Images de la Saincte Vierge de la main de Raphaël d'Vrbin; I'en ay veû de celle de Michel Ange; mais je n'en ay point veû du prix et du merite de celle-cy, et j'advouë que la Peinture parlante a beaucoup d'avantage sur la muette. Au reste, Monsieur, ne remarquez-vous pas de tous costez les ornemens du langage figuré et les graces du stile poëtique? Ne prenez-vous point garde aux diverses beautez de l'elocution et à l'esclat que jette chacune de ces paroles.

Titan sydereâ purpureus comâ,
Armatum radiis exeruit caput,

Et secum vacuo vidit in æthere
Sydus stare novum, vidit et horruit,
Ac pene attonitum destituit diem.
At vos niveæ comites lunæ,
Proceres cœlum spargere nati,
Nigræ soboles ignea noctis,
Qui fœcundum volvitis annum,
Spatiisque æquas volvitis horas;
Et modo multo
Flore comantem spargitis herbam,
Et progeniem Veris amœni,
Ferrugineum violæ crinem,
Aut festivi munera Bacchi
Tempestivo spargitis imbre.

Il nomme les Estoilles PROCERES CŒLI, apres le Poëte Manile, et la metaphore ne doit point offenser les Grammairiens, pourveu qu'elle ne desoblige point les Anges, dont auparavant il s'est contenté de dire :

Cœlitum pulchri Quirites, Regis æterni cohors.

Car d'abord il semble qu'il y a autant de difference entre QVIRITES et PROCERES, qu'entre les Bourgeois et les Grands, entre le Peuple et la plus noble partie du Peuple. Ie vous laisse à decider cette question, pour venir à ces paroles d'Herodes :

Post sanguinem ferrumque, post ipsum scelus,
Et odia pene exhausta, metuendi omnibus,
Nondum timemur.

..... Quicquid immane, efferum,
Inusitatum mens adhuc intus parit,
Fugio proboque, sponte et invitus sequor.

Il faut avoir esté jusques dans le cœur des Tyrans et y avoir veû cette Crainte perpetuelle de n'estre pas assez craint, et ces combats sans relasche de la Conscience et du Vice, pour en tirer vne si naïve confession de leur miserable Grandeur et de la peine qu'il y a à faire du mal. Il faut bien, Monsieur, connoistre le naturel de la Tyrannie, qui veut souvent les choses contraires; qui se propose les impossibles; qui ne peut souffrir de contradiction ny de resistance pour faire parler le Tyran de cette sorte :

Non si inter astra, quæ futurum nunciant,
Vbi celsus Atlas ætheris librat domos,
Nidosque rector alitum implumes fovet,
Cunas reponat, tolli et elabi sinam.
Vbicumque tegitur, eruam, evulsum traham.
Paretis? an despicimur, et nomen sumus,
Frustraque vinclo nobilem premimus comam?

Mariamne est admirable partout, particulierement quand elle dit que l'Enfer luy est plus supportable que la presence de son mary :

Conveniat omne vulgus infernum licet,
Et quicquid hinc Cocytus vmbrarum tenet;
Hinc igne Phlegethon turbidus semper novo,
Vbicumque lucem dirus Herodes trahit,
Plus inferorum est.

Pour la fureur d'Herodes, ensuite de la vision qu'il a euë, elle est divinement exprimée. Et que sçauroit-il dire de plus ardent et de plus pathetique que cecy?

Quid terra jungit ora, quid conjux premit?
Non qualis olim purpura ac mixta nive
Ardens coævas ante fulgebas nurus,
Orientis Oriens, mille votorum furor,
Sed Dite digna, digna familia Inferûm.
Nec nostra, nec jam tota post facinus meum
Iam parce conjux. Testor infernas domos,
Et quicquid vsquam Phœbus aspectu fugit,
Dolui peremptam. Si qua juranti fides,

Restat sub vmbris, si quis est sensus super,
Nec luce raptâ vetera cum luce excidunt,
Amore nimio Conjugis sævi jaces :
Odisse mallem, fateor, invitus licet,
Pœnituit vnum, fateor immitis licet,
Gemui peremptam, etc.

Mais quand cette longue troupe de Morts qui ont esté les Victimes de sa cruauté se presente devant ses yeux, je vous advouë mon infirmité : je suis quasi aussi effrayé que luy. Il me semble que les mesmes phantosmes et les mesmes spectres m'apparoissent. Ie pense voir des choses presentes, et non pas lire des choses feintes, et ces choses sont si vives et si violentes, que, pour remuer les Passions, elles n'ont besoin ny d'Acteurs ny de Theatre :

Nunc signa demum mœsta Tisiphone movet,
Hydrisque cincta dirum et illætabile
Deducit agmen. Hinc Alexandra graves
Intentat iras, nube terrifica minax.
Illinc tiaræ flebile ostendit decus
Aristobolus; frater hinc fratri comes
Sedet perempto. Viscera intueor mea,
Immanis, atrox tortor, atque idem parens.
Hinc longus ordo, teter, atratus sedet,
Damnatque jam damnatus auctorem necis.
Quid ille vultu immitis, ac virga gradum
Firmans labantem? fallor an tremulum caput
Fessumque senio veteris Hyrcani procul,
Adhuc cruentum video? Iam satis est Deæ,
Pœnarum et vltra. Condite obscœnas faces,
Diræ sorores. Inferos nosco meos,
Qualesque feci, sensi, et aspexi Deos.

Ie ne m'arreste point à considerer les Chœurs : Il faudroit s'y arrester trop long-temps. Ie laisse les Sentences à ceux qui les aiment et au Peuple qui les demande, ainsi que le remarque Aristote. Ie ne dis rien du vieux Conseiller d'Herodes, qui fait à son Maistre de si sages Leçons de clemence et luy donne de si bons advis, tels que celuy-cy :

..... Consumpto metu,
Postremo miseris ipsa formido perit.

Ie dis seulement que si Monsieur Heinsius invente avec succez, il n'imite pas moins heureusement; et que quand il emprunte quelque chose, il la rend sienne, ou la rend meilleure. Par exemple, Claudien a escrit ces vers de la Clemence :

Principio magni custos Clementia mundi,
Quæ Iovis incoluit Zonam, quæ temperat æthram
Frigoris et flammæ mediam, quæ maxima natu
Cœlicolum (nam prima Chaos Clementia solvit,
Congeriem miserata rudem, vultuque sereno
Discussis tenebris in lucem sæcula fudit)
Hæc Dea pro templis, et thure calentibus aris
Te fruitur, posuitque suas hoc pectore sedes.

Et Monsieur Heinsius les a ainsi imitez, mais de telle sorte, que la copie n'est pas inferieure à l'original :

Hæc diva quondam triste et ignavum Chaos
Miserata, formis quæque distinxit suis,
Zonam tueri jussa, quæ leni fovet
Hinc frigore, hinc tepore sublimem domum
Fulgentis æthræ, temperatrix omnium,
Regumque mentes habitat ac flecti docet,
Et æquitate cuncta perfundit pari,
Sic constat orbis.

En mesme temps il a visé à vn endroit de Virgile et à vn autre de Lucian, quand il a dit :

Ea cura superis restat, is versat labor,
Arcana quorum sola gens Iudæ capit,
Aut sola nescit.

Il avoit dans l'esprit, *Omne magnum exemplum habet aliquid ex iniquo*, etc., quand il a dit :

Supplicia semper aliquid injustum trahunt,
Quod publico tuetur ac pensat bono,
Quicumque regni sceptra non timidus gerit.

Il songeoit à vn vers Grec, rapporté par Suetone en la vie de Neron, en faisant ceux-cy :

Me terra adepta misceatur Tartaro,
An ignibus, nil distat, an vasto mari.

Horace et Virgile se reconnoistroient en ces deux passages :

Quid iste fert tumultus, et vultus truces
Defixi in vnum? quo triumphatus vehor?

Et

..... Sic patet cœlum annuis,
In sceptra sic reducis antiquum genus?

Voyez maintenant, je vous prie, comme les Tyrans rendent eux-mesmes tesmoignage de la misere de leur condition, comme ils souffrent plus de mal qu'ils n'en peuvent faire? comme il est vray que la Meschanceté boit la plus grande partie du poison qu'elle prepare à autruy?

Dum patimur aliud, aliud ordimur nefas.
Dii Cœlitum hoc atque Inferi absumant caput,
Imoque Averno conditum extemplo premant,
Pejusque perdant, quam perire intelligo, etc.

Ce sont à peu prés les paroles que Tibere escrivit au Senat dans le chagrin de son impure Vieillesse et parmy les supplices de sa conscience. Et quoy qu'il soit vray qu'Herodes mourust avant que Tibere fust parvenu à l'Empire, il n'y a point d'inconvenient en cét agreable Anachronisme. Le Iuif pouvoit avoir eu la mesme pensée que le Romain, et ce qui a esté dit depuis pouvoit avoir esté dit auparavant. Cette Anticipation, qui ne choque ny la Possibilité ny la Vray-semblance, est docte et ingenieuse aussi bien que celle de Dejanire, qui commence vne Tragedie de Sophocle par vne Sentence de Solon. Car quoy que Solon fust posterieur à Dejanire, neantmoins Dejanire n'estoit pas si ancienne que le Sens commun, qui est le premier autheur des Sentences veritables. De mesme dans Euripide, quand Thesée parle d'Hippolyte comme d'vn Philosophe Pythagoricien qui s'abstenoit des viandes permises, il ne parle point mal à propos, parce qu'encore qu'il soit vray que Pythagore n'ait vescu qu'environ la soixante-cinquiesme Olympiade, et que Thesée ayt esté long-temps avant la premiere, il est encore plus vray que la Vertu a esté devant la Philosophie, et l'Abstinence devant les Regles.

I'approuve ces Allusions fines et modestes, qui ne designent ny les lieux ny les personnes, qui ne renversent point la Chronologie par des Antidates de plusieurs siecles, ny ne se mocquent de l'Histoire par quelque chose de plus estrange que la Prophetie. Mais je ne puis approuver que, dans l'Electre de Sophocle, on raconte qu'Oreste soit mort aux jeux Pythiens, qui ne furent instituez que du temps de Triptoleme, c'est-à-dire qu'il soit mort cinq cens ans avant qu'il fust né. Ie ne puis souffrir ce vers de la Medée de Seneque :

> Festa dicax fundat convicia Fescenninus,

ny cét autre de sa Thebaïde,

> Aquilâque pugnam signifer motâ vocat,

ny ce troisiesme de son Thyeste :

Nullis nota Quiritibus,

où vous voyez que le nom des Romains est donné aux premiers Grecs, et partant, qu'on fait mention des Romains non-seulement avant la fondation de Rome, mais aussi avant la guerre de Troye; Où vous voyez que Seneque met les Aigles Romaines dans les drapeaux des Thebains, et qu'il introduit à Corinthe vne Coustume Romaine et vn nom Romain en vn temps où le bisayeul de Romulus estoit encore en l'idée des choses.

Ie trouve aussi peu supportable, Monsieur, que, dans l'Amphitruon de Plaute, Sosia et Amphitruon jurent par Hercule, qui ne devoit estre conceû que cette nuit-là :

Oppido interii. Obsecro hercle, quantus et quam validus est.

..... Iam quidem hercle ego tibi istam
Scelestam, scelus, linguam abscindam, etc.

Sans doute le Comique a pris l'vn pour l'autre, et s'est equivoqué en ces deux endroits. On ne sçauroit le traiter plus favorablement que de dire qu'il a songé ailleurs et ne s'est pas souvenu de ce qu'il faloit ne pas oublier. Son jugement ne se peut sauver qu'aux despens de sa Memoire, et en advoüant qu'il a presté ses termes à ses Acteurs, et qu'il pensoit estre Plaute, quand il estoit Amphitruon.

Ie sçay quel est là-dessus le plastre des Grammairiens, et que pour conserver l'honneur des Poëtes, on a recours à vne Figure que les Grecs appellent Prolepsis. Mais je sçay aussi qu'apres avoir violé les Loix, on cherche des lieux de Refuge, et que le Mal trouve tousjours de l'appuy et de la protection. Ma bonté ne va pas si avant. Ie n'ay pas assez de Foy pour m'imaginer vn Mystere sous chaque mot d'vn Ancien, et pour croire que toutes les vieilles erreurs sont raisonnables et regulieres. Si on fait cette ouverture, et si on se sert d'vn moyen si aisé de justifier les mauvaises choses, il sera à l'advenir fort difficile d'en faire. Il y aura du merite à faillir, puis que toutes les fautes seront des Figures. On ira bien loin par ce chemin, et nous pourrons à la fin asseurer, sous le bon plaisir de Prolepsis et sur la parole d'vn Docteur moderne, qu'Adam disoit tous les matins les Pseaumes de la Penitence de David, et que quand l'Ange visita la Vierge, il la trouva qui achevoit ses Heures de Nostre-Dame.

Nostre Autheur n'a garde de se laisser cheoir dans ces precipices : il ne s'en approche pas seulement. Il fait dire à Herodes par avance, ce qu'a dit Tibere long-temps apres; Mais il ne luy fait pas alleguer le nom de Tibere. Il aime et estime les Anciens, mais il les aime raisonnablement et les estime avec connoissance. Il est Iuge, et non pas Flatteur de l'Antiquité; Et quoy qu'il donne beaucoup à l'authorité du temps et de l'âge, il desclare neantmoins, dans la lettre que vous m'avez envoyée, qu'il ne luy donne pas toutes choses.

Ie ne sçay pourtant, Monsieur, si cette declaration ne fait point de tort à la proposition qu'il a soustenuë. Apparemment, il ne peut condamner le Ζεύς et le Ερμῆς des Perses d'Æschyle, qu'il ne condamne sa Tisiphone, et la cause de la Furie ne semble pas meilleure que celle des Dieux. Car, puis que les Payens admettoient divers Principes des choses, et reconnoissoient de bonnes et de mauvaises Divinitez, quel choix y a-t'il pour la religion entre Tisiphone et Mercure? Monsieur Heinsius ne paroist-il pas aussi bien Grec en Iudée, qu'Æschyle l'a esté en Perse, et n'apporte-t'il pas aussi bien que luy, sur vne scene Estrangere, les mœurs et les loix d'vn autre pays?

Pour le mot de Barbare, dont il trouve mauvais qu'vn Persan se serve, parlant de ceux de sa nation; si c'est vne faute, elle est fort familiere à Æschyle, et en la seule piece dont il s'agit, il y tombe si souvent, qu'on peut compter jusques à cinq ou six de ses recheutes. Dans le Rhesus d'Euripide, presupposé que ce soit vne de ses legitimes Tragedies, Hector se nomme luy-mesme Barbare. Et dans la seconde Apologie de Iustin Martyr, afin que nous ayons aussi la deposition des Chrestiens, Abraham est mis entre les Barbares. D'où l'on peut apparemment inferer que ce terme n'estoit pas alors en si mauvaise odeur qu'il est à present, et qu'il distinguoit seulement les autres Peuples d'avec les Grecs, sans les en separer avec honte et sans les remarquer d'aucune tache. Car, en effet, quelle apparence qu'vn Pere de l'Eglise voulust dire des injures à Abraham, qui a esté la semence de l'Eglise et le Pere des Fideles? Quelle apparence que, dans vn mesme endroit, Hector se loüast et se mesprisast soy-mesme? et qu'vn Messager Perse, racontant à la mere de Xerxes la desroute de l'armée de son fils, fust si estourdy que d'offenser le Roy son maistre en presence de la Reyne sa mere? Ce seroit, Monsieur, vne trop grande mesprise. Et j'aimerois autant qu'apres la victoire de l'Empereur Charles, vn messager Protestant vinst dire à la Duchesse de Saxe que les Heretiques ont esté desfaits; ou qu'vn Espagnol, apres la bataille de Nieuport, entrant à Bruxelles hors d'haleine, criast dans les ruës que les Hollandois ont fait fuyr les Marranes.

De cecy, et du reste de nos autres doutes, Monsieur Heinsius nous esclaircira, quand il voudra prendre quelque relasche et se delasser de ses occupations ordinaires. Il ne faut qu'vn rayon de son esprit pour dissiper tous les nuages qui se sont eslevez du nostre, et vn moment de son attention pour nous satisfaire sur toutes les propositions que nous avons faites. L'Entreprise qu'il a desja si fort avancée, n'en recevra point de prejudice, et vne si courte interruption ne sera pas remarquable dans la suite d'vn si long Travail. Ie suis persuadé, dés à present, des Merveilles que vous m'en avez annoncées, et fais grand fondement sur vostre parole.

Ie ne doute point, Monsieur, qu'il ne nous revele ce qui jusques icy a esté caché, et qu'il n'enrichisse nostre Siecle d'vne infinité de biens que nous n'avions pas. Mais, ne vous en desplaise, je les attends de son propre fonds et de l'abondance de sa Raison, beaucoup plus que du commerce qu'il a avec les Rabbins et de la connoissance qu'il s'est acquise des langues Orientales.

Quoy que vous me puissiez dire, je ne saurois avoir grande curiosité pour ces raretez estrangeres, et quoy que les gens de ce pays-là ayent reproché à Solon que les Grecs estoient Enfans en matiere d'Antiquité, à mon gré, ces Enfans sont plus sages que ces Hommes, et les Cadets ont de l'avantage sur les Aisnez. A moins que d'avoir trouvé les Manuscrits du Roy Salomon ou du vray Mercure Trismegiste, je plaindrois la peine que j'aurois prise en la recherche de leurs autres Livres, et je voy dans les Exercices de Monsieur Casaubon, que les plus superbes despoüilles qu'il avoit rapportées de vostre Orient, estoient ou des Contes ridicules ou de mauvais petits Proverbes qui ne valent pas les nostres vulgaires. Pour employer Proverbes contre Proverbes, au lieu des Thresors qu'on cherche, ce ne sont le plus souvent que des Charbons qu'on rencontre, et je veux croire que Monsieur Heinsius ne se chargera pas d'vne si pauvre marchandise, estant, comme il est, si riche de sa naissance et de ses premieres acquisitions.

Ie veux croire de plus, Monsieur, qu'il accompagnera sa Doctrine de tant de Prudence et temperera ses Escrits d'vne telle discretion, qu'il n'y aura pas vn mot qui sente la passion des Partis, et l'aigreur de la Dispute, qui ne puisse estre souscrit de tous les Chrestiens, et ne paroisse raisonnable à tous les Hommes. Il ne voudroit pas se bannir luy-mesme de la plus noble partie de la Terre et se fermer les portes de Rome, où ses livres ont esté si plausiblement receûs et son nom est en si bonne odeur dans le Vatican. Il ne se dedira pas de son ancienne Civilité, avec laquelle il a parlé des Princes Ecclesiastiques, et a loüé le Pape Leon dixiesme et les Cardinaux Bembe et Bessarion. Il ne changera point vn Stile si sage, que la Vertu a plustost formé que la Rhetorique, qui est vn effet de la Raison nette et démeslée des Affections, qui rend les Ouvrages d'vn homme discret inviolables à tous les Peuples.

Cette Modestie estant de soy extrêmement à priser, reçoit vn second lustre par l'opposition du vice contraire et d'vn certain Zele furieux, qui ne se contente pas de destruire l'amitié, mais ruïne encore le commerce; qui ne viole pas seulement la societé civile et le droit des gens, mais aussi la commune humanité et les loïx de la Nature. Les personnes transportées d'vne si aveugle passion pensent que deux hommes de differente creance sont de differente espece, et que Dieu n'a pas fait à son image ceux qui ne sont pas de leur opinion. On a beau chercher le calme apres la tempeste et vn accommodement apres les troubles, quelque Paix qui se fasse, ils n'observent point les Conditions accordées; Ils s'exceptent de tous les Traitez, et ont l'Esprit tousjours armé et la langue tousjours ennemie. I'ay eu pitié, autrefois, de ce zele forcené dans les vers du Docteur Baudius, et luy ay souhaité souvent les bons intervalles des Malades, ou pour le moins la remission de leurs accez. Cét homme entroit en fureur toutes les fois qu'il parloit de Rome; je ne dis pas en fureur pareille à celle qui inspiroit Orphée, mais pareille à celle qui le deschira. Ie ne vis jamais tant d'escume ny tant de bile sur le papier. Et bien qu'aux autres matieres son Genie fust heureux et son Expression agreable, en celle-cy il faloit l'enchaisner comme Possedé et non pas le couronner comme Poëte.

On ne doit point apprehender que son Amy ait de semblables Enthouisasmes. Les mouvemens de son esprit sont plus reglez et plus justes. Il n'est pas prodigue du bien de la Liberté; Il en vse moderement et avec espargne, et se defend beaucoup de choses que la Coustume de son pays luy pourroit permettre. Puisque, dans des livres de raillerie et se joüant avec ses Amis, il a tesmoigné qu'il portoit quelque respect à la Religion d'autruy, il ne sera pas moins respectueux, travaillant sur la Saincte Escriture et devant faire part de son travail à toute la Republique Chrestienne. Puis que le Sage, selon le dire d'Aristippe, est sobre le jour des Bacchanales, il n'a garde de ne le pas estre les jours de jeusne et de Devotion.

I'en ay asseuré Monsieur l'Archevesque de Thoulouze et Monsieur l'Evesque de Nantes, qui font estime tres-particuliere de son merite, et n'attendent rien de commun de ses dernieres meditations. Ce sont, Monsieur, mes deux grands Amis et deux grandes Lumieres de nostre Eglise. Ils ont l'vn et l'autre vne parfaite intelligence du Droict divin et humain, de la partie de la Religion qui contemple et qui discourt, et de celle qui agit et qui ordonne, de la Philosophie et de la Politique Chrestienne, ainsi que parlent les Peres Grecs; Mais ils ont de plus vn goust tres-exquis en toute sorte de Litterature, vn amour incroyable pour la verité, de quelque main et de quelque climat qu'elle vienne, vne justice incorruptible en la distribution du blasme et de la loüange. Vous ne serez point fasché que je leur aye communiqué vos Lettres, et que nostre amy qui va entrer dans la lice, soit attendu par de si illustres Spectateurs. Ie leur ay aussi monstré sa Tragedie, qu'ils ont estimée infiniment, et leur ay proposé mes Objections, qu'ils n'ont pas entierement rejettées. Toutefois, Monsieur, quelque reflexion qu'ils fassent dessus, ils s'attachent au plus noble objet. Ils trouvent que le Poëte est incomparablement meilleur que le Grammairien n'est subtil, et qu'il reste beaucoup plus de matiere pour l'Admiration, qu'il n'y en a eu pour la Curiosité.

DISCOVRS

A

LA REYNE REGENTE

PRESENTÉ A SA MAJESTÉ LE VII NOVEMBRE MDCXLIII

COMPOSÉ

PAR LE SIEVR DE BALZAC.

A LA REYNE.

MADAME,

Nous ne desesperons plus du salut de nostre Estat. Nous ne croyons plus que les maux de nostre Siecle soient incurables. Le premier jour de la Regence de vostre Majesté nous a promis vn Advenir bien heureux; Et si le peuple Chrestien, chastié si long-temps et si exemplairement par la Iustice du Ciel, doit enfin avoir sa grace de Dieu irrité, vraysemblablement il la recevra par des mains si pures et si innocentes que les vostres.

La pluspart des Princes se prennent pour Celuy qui les a faits, et rapportent à leur bonne conduite la bonne fortune de leurs Estats. Ils pensent estre la cause, et ne sont que les moyens; et encore des moyens si foibles, que Dieu s'en sert par bienseance plus que par necessité, pouvant, s'il vouloit, gouverner le Monde sans Empereurs, sans Roys et sans Republiques.

Votre Majesté, Madame, est tres-esloignée de ces sentimens des Princes superbes. Elle a en horreur la memoire de ces Serviteurs qui ont excité la jalousie de leur Maistre, ayant voulu vsurper sa gloire : Elle se prosterne au pied des Autels sur lesquels ils ont monté. Et nous ne craignons point de l'offenser, quand nous luy disons qu'elle n'est pas assez puissante pour donner la Paix à la Chrestienté, mais qu'elle est assez bonne pour l'obtenir du Dieu des Chrestiens; que ce ne sera pas de son Throsne et en commandant qu'elle fera pleuvoir cette benediction sur la Terre, mais que ce sera dans son Oratoire et en priant qu'elle l'attirera d'vne region plus eslevée.

Cependant, Madame, le Monde inferieur se promet tout le reste de votre sage conduite, et la regarde comme celle qui a esté choisie pour contribuër à l'œuvre du Ciel. Il croit estre asseuré de tout le bien qui est en votre puissance et qui se peut faire humainement par la voye naturelle de la Vertu. Ou la reformation des desordres est vne affaire impossible, ou ce sera vous qui terminerez cette affaire : Ou nostre misere doit estre eternelle, ou vous la devez finir.

Ce qui a pû estre donné dans vn temps si pauvre et si sterile que celuy-cy, la France l'a desja receû. Elle a esté plainte; elle sera vne autre fois soulagée. Pour le moins, Madame, de vostre grace, elle a des pensées moins tristes et moins funestes qu'elle n'avoit. Elle est capable de consolation; Elle espere, elle attend; Elle joüit en esprit du bienheureux Advenir, dont la promesse luy fut faite et l'image luy fut monstrée, lorsque vostre Majesté fut au Parlement.

Que ne fit point ce premier rayon de vostre Regence? Il fit refleurir ce qu'il y avoit de plus languissant et de plus sec dans l'ame de vos Subjets. Il perça ce long espace de terre qui nous separe du siege de vostre Empire et vint esclairer jusqu'à l'obscurité de nos ombres et de nos cavernes. Il entra mesme dans les lieux de douleur et de desespoir, et fut cause du bon intervalle qui arresta la vie sur les levres de ceux qui mouroient.

Apres vne si salutaire Apparition, nous ne vismes plus de suites dans nostre perte : Nous pleurasmes vn grand Roy, mais nous ne trouvasmes point à dire son gouvernement. Le Soleil ne se coucha que pour se lever : Les phantosmes du raisonnement humain disparurent, et la fausse prudence se cacha. Les cœurs effrayez oserent se rasseurer. Le peuple commença à prendre courage; je parle, Madame, du courage que vous lui donnastes.

Sans doute le progrez respondra au commencement. La lumiere nous amenera la chaleur; Les esperances meuriront, et le courage deviendra force. Mais on va par degrez et par âges à la perfection de la force. La maturité des choses a besoin de la patience des hommes, et le relevement de tant de pieces renversées n'est pas l'ouvrage d'vn jour, ny le coup d'essay d'un Artisan.

Que sert-il de le dissimuler? La felicité publique est encore l'objet de nos vœux et de nos soûpirs. Elle n'est pas encore arrivée; On ne passe pas si viste d'vn Contraire à l'autre. Mais elle doit arriver; Mais elle ne sera pas longue à venir; ou toutes les belles apparences sont menteuses et tous les bons presages sont faux.

Nos bons presages, Madame, nous les prenons de vos bonnes intentions, dans lesquelles il n'y a point de si malicieux Aveugle qui ne voye vne proche disposition à un meilleur Temps, et le dessein formé de notre Salut : Intentions ardentes et laborieuses, qui veillent et agissent sans cesse ; non pas oisives et immobiles, qui ne font que songer et que souhaiter.

Le doux changement, Madame, à des yeux lassez de Spectacles hideux et terribles, de considerer aujourd'huy ces Presages et ces Signes favorables. Ils promettent, apres tant d'autres Signes qui ont menacé; Ils consolent les ames qui ne sont pas encore assez hardies pour se resjoüyr : Ils annoncent à la Chrestienté le repos, la seureté, l'abondance; les biens qu'elle envie à l'Empire du Turc et aux royaumes Barbares. .

Ces Signes n'ont rien de commun avec la superstition Payenne, ne se lisent point dans les Estoilles, ne se foüillent point dans les entrailles des bestes, ne sortent point du bec d'vn oyseau qui a parlé et qui a dit : TOVT IRA BIEN. Ils sont espurez de la vanité des Fables, des faux sermens de la Grece, de la saleté de la Flatterie. Ils paroissent, et nous les remarquons, Madame, dans la vie religieuse de vostre Majesté, dans ses continuelles Devotions, qui ne sont pas seulement en veneration aux Peuples qui pourroient nous faire la Guerre, mais qui sollicitent et qui pressent pour nous le Donneur de Paix et le Bienfaicteur des Souverains. Il n'y a point de Signes plus visibles et plus esclatans, plus certains et plus infaillibles que ceux-là. Au moins il n'y en a point de plus raisonnables ny de plus justes, puisqu'ils meritent la chose qu'ils signifient et qu'ils la procurent en la marquant.

Dieu nous permet, Madame, de deviner de la sorte : Il approuve et ratifie cette espece de Divination. Et s'il ne se fasche d'estre bien et fidelement servy (c'est vn inconvenient qu'il ne faut pas craindre) : Si la pureté des mœurs et l'innocence de l'ame ne lui desplaisent : Si les sacrifices du cœur des Princes, et les Majestez humiliées devant la sienne ne luy sont desagreables, il ne vous refusera pas vne Grace que vous lui demandez si pieusement et avec de si dignes et de si efficaces preparations.

Mais de plus, Madame, compteroit-il pour rien ces Bontez versées à pleines mains, cette Iustice obligeante et liberale qui a fait raison à tant de personnes interessées, qui a reconcilié tant de particuliers avec l'Estat; ces thresors de Misericorde et de Clemence par l'ouverture desquels vostre Majesté a signalé l'entrée de son Administration : De si grandes avances de Charité, je dis de Charité Heroïque, ne seroient-elles point considerées par Celuy qui paye vn verre d'eau de la derniere Felicité et à qui les Hommes prestent à vsure tout le bien qu'ils font?

Seroit-ce en vain, Madame, qu'apres avoir pris soin des Innocents affligez, vous n'auriez point voulu chercher de Coupables dans la memoire du Siecle passé? Seroit-ce en vain que vous auriez pû dire ces paroles que Rome a leuës autrefois avec des larmes de joye et que l'Histoire a gravées en lettres d'or : *Qu'on espargne les vies les moins precieuses; Qu'on mesnage le bon et le mauvais sang; Que les prisonniers ayent liberté; Que ceux qui sont fugitifs reviennent; Et pleust à Dieu pouvoir faire revivre ceux qui sont morts.*

Non, Madame, il n'est pas à croire que tant de Merite soit perdu pour nous, et qu'vne telle Bonté n'ait point de credit en l'autre Monde, puisque c'est le Monde juste et reconnoissant. Il n'y a point d'apparence qu'vn autre Ange que vous nous apporte ce que Dieu nous doit envoyer, et que ce ne soit pas la personne la plus voisine du Ciel, tant par sa pieté que par sa naissance, qui soit la Mediatrice si desirée entre le Ciel et la Terre.

Pour l'Œuvre qui doit embellir et suivre la Paix et à quoy le Ciel entend que vous travailliez, les mesmes presages et les mesmes apparences nous en respondent. L'inclination bien-faisante de vostre Majesté n'est pas vne fougue de vertu qui produit des actions aveugles et fortuites : Vous estes bonne, Madame, et avez dessein de l'estre partout et tousjours. Le desbordement de graces que nous avons veû coule d'vne source qui jette beaucoup et qui ne tarit jamais. Il y en a pour les Nations et pour les Siecles : La Posterité en puisera aussi bien que nous, et vous obligerez le public apres avoir obligé les particuliers.

Vous ne vous contenterez pas, Madame, d'avoir rompu les chaisnes de quelques-vns de vos Subjets et d'avoir rendu à quelques autres leur pays, leur fortune et leur honneur : Il faut delivrer de plus grands Captifs et sauver de plus nobles Malheureux. Il faut que les Rois et les Estats soient vos Affranchis et vos Creatures : Il faut que toute l'Europe se sente de vostre protection : Et vous preferez, je m'asseure, le nom de *Mere de la Patrie* à celuy de *Mere des Armées*.

Ce dernier nom me semble avoir quelque chose de farouche et estre peu convenable à vn sexe dans lequel les Amazones sont considerées par la Morale comme des Monstres de la Police : L'autre nom, Madame, est plus digne de l'ambition de vostre Majesté et s'accorde mieux avec la modestie d'une bonne Reyne.

La femme d'Auguste, neantmoins, la sage et vertueuse Livie, a pris l'vn et l'autre nom, ou, pour mieux parler, elle les a receus tous deux de la faveur de son Siecle. Il se voit mesme encore aujourd'huy des medailles d'argent avec sa figure, qui disent quelque chose de plus et qui l'appellent la *Mere du Monde;* la Mere, dis-je, qui a porté le Monde dans ses entrailles et de laquelle il est né, car la force du mot des medailles va jusques-là.

Ce beau nom ne vous fait-il point d'envie? Ne voudriez-vous point disputer de la gloire de la bonté avec la femme d'Auguste? Vous pouvez estre, Madame, encore mieux qu'elle, la Mere du Monde, si vous voulez estre sa Tutrice, et si vous l'adoptez par vos Bien-faits. Il semble que vous soyez predestinée pour cela; et le Monde s'y attend. Mais particulierement la plus noble partie de ce Monde, vostre chere France, Madame, qui, toute victorieuse qu'elle est, n'est pas moins lasse que glorieuse de ses Victoires; s'affoiblit et s'espuise par les grands efforts et par la continuelle action; a meilleure mine qu'elle n'a bonne santé.

Vous la soustiendrez, Madame, vous la fortifierez, personne n'en doute : Vous la recevrez entre vos bras, vous la mettrez dans vostre sein, vn chacun se le promet. Et certes, en l'estat où elle est, debile et abbatuë à l'extremité, elle ne doit pas estre seulement aimée, elle doit estre aimée avec indulgence. Elle ne demande pas votre simple protection, elle a besoin encore de vos caresses.

Il y a vn certain amour de pitié qui commence par la douleur et qui s'allume des larmes et des maux d'autruy. Mais quand les maux nous touchent de prés et qu'en vn mesme subjet nous rencontrons ce qui souffre et ce qui est à nous, la Nature, se sentant alors frappée par vn second coup, redouble sa chaleur avec sa compassion, et d'ordinaire nous cherissons davantage nos enfans malades que nos enfans qui se portent bien.

Vostre Majesté, Madame, connoist ce foible de la Nature, sans lequel elle tiendroit plus du sauvage que de l'humain, et ces relasches de la Vertu, qui ne s'opiniastre pas tousjours dans la fermeté. Elle sçait que les Peres sont quelquefois durs et rigoureux, et ne sont pas pourtant mauvais Peres : Mais que si les Meres manquent de tendresse et de douceur, elles manquent des qualitez qui leur appartiennent de droict naturel et qu'elles ne peuvent perdre sans perdre le nom de bonnes Meres.

Sur ce fondement nous appuyons nos conjectures et nos discours, et peu s'en faut que nous n'escrivions l'Histoire des choses qui ne sont pas encore arrivées. Vostre Majesté estant tres-sensible aux afflictions de ses Subjets et souffrant le mal qu'elle voit souffrir, elle sera tres-aise de s'oster de devant les yeux des objets qui luy blessent également les yeux et le cœur; Et son interest luy doit conseiller de faire cesser les miseres que sa compassion luy approprie, qu'elle luy porte jusqu'au fonds de l'ame, qu'elle luy rend communes, au milieu mesme de sa grandeur, avec les Miserables qui les endurent.

Le Peuple, Madame, est composé de ces Miserables, et ne presente jour et nuit à vostre veuë ou à vostre imagination que des infirmitez et des playes, que des gemissemens et de la douleur. Il ne se nourrit point des grandes nouvelles qui viennent de vos Armées, ny de la haute reputation de vos Generaux : Ses appetits sont plus grossiers et ses pensées plus attachées à la terre. La gloire est vne passion qu'il ne connoist point, qui est trop deliée et trop spirituelle pour luy : Il voudroit plus de blé et moins de lauriers.

Il pleure souvent les Victoires de ses Princes et se morfond auprés de leurs feux de joye, parce que les avantages de la Guerre ne sont jamais purs, ny les Victoires entieres, parce que le Deuil, les Pertes et la Pauvreté se trouvent souvent avec les Triomphes. Quelque heureux succez qui accompagne nos armes sur la Frontiere et hors du Royaume, cét esclat de dehors ne guerit point les incommoditez domestiques. Apres avoir bravé l'Ennemy sur la Frontiere et hors du Royaume, chacun se trouve malheureux chez soy; Et l'estat où nous sommes n'est pas vne vraye prosperité, c'est vne misere que l'on loüe et qui est en bonne reputation.

Mais, Madame, pour nous mieux preparer à gouster les douceurs de l'advenir, qui seront les fruits de vostre Regence, il me semble qu'il ne seroit pas mal de considerer de plus prés les amertumes presentes, qui sont les restes du Siecle passé. Vostre Majesté me fera bien l'honneur de voir en cét endroit vn crayon de ma façon et de souffrir que je luy figure vne chose qui n'est supportable qu'en peinture. Elle ne sera pas faschée que j'accuse la Guerre de tout, et s'il m'est possible, que je n'accuse personne de la Guerre. Les hommes ne veulent point estre blasmez ; Ne les blasmons point. Ayons quelque esgard à la delicatesse de leur humeur, et attaquons une Idole qui ne sent pas plus le blasme que la loüange.

Ce Mars, Madame, dont on se plaint chez le Victorieux aussi bien que chez le Vaincu, est vn Demon bizarre et capricieux qui n'a ny foy, ny constance, ny raison. Aujourd'huy il est Deserteur de la cause de laquelle il estoit hier Partisan, et ne sçait non plus pourquoy il la quitte, que pourquoy il la soustenoit. Il prend plaisir à faire recevoir des affronts à la prudence, apres les meures deliberations, et à deshonorer les bons Conseils par les mauvais Evenemens. Il couronne la Temerité, les Fautes et les Folies. Mais regardez la malice de son amitié : c'est afin d'attraper quiconque se fie en luy, car presque tousjours ses presens sont ses hameçons, ses Favoris sont ses victimes.

S'il n'emporte les Braves du premier coup, à tout le moins il les arrhe et s'en asseure pour vne autre fois. Nulle teste privilegiée : Nulle vie exempte quand il s'agit de prendre son droict. Le sort de Mars tombe sur le General de l'armée comme sur vn des enfans perdus. Personne ne luy eschappe, non plus l'heureux que le malheureux ; Et à la fin les Gustaves n'en ont pas esté mieux traitez que les Tillys.

Vous plaist-il que je die encore quelque chose à vostre Majesté de ce Spectre malfaisant? Rome et Athenes, Madame, mais Rome et Athenes aussi vaïllantes que sages, luy ont chanté publiquement des injures. Dans les Cantiques qui se recitoient aux grandes Festes, on ne parloit point de rappeller la Felicité bannie et les Vertus fugitives, qu'auparavant on ne parlast d'envoyer Mars en exil ou de le mettre à la chaisne. Il a esté maudit de ceux mesmes qui l'ont adoré, à l'heure mesme qu'ils l'adoroient; et entre autres beaux noms que luy donne Orphée au commencement de l'Hymne qu'il luy a faite, celuy de *Parricide* n'est pas oublié. Furieux, Impie et Sacrilege sont ailleurs ses Epithetes perpetuels. Et ainsi vous voyez, Madame, que dés ce temps-là il estoit ennemy de la Religion et des choses sainctes : vous voyez qu'il ne pardonnoit ny à Pere, ny à Mere, ny à patrie; qu'il mangeoit les siens apres avoir devoré les Estrangers.

L'âge ne l'a pas rendu meilleur : Il ne s'est point converty de son ancienne impieté : Il viole encore la Religion et profane les Autels. Le Desordre, la Licence, l'Impunité marchent encore à sa suite : Il se mocque encore de la Iustice et de l'Equité, des Parentez et des Alliances, et brise d'abord les plus sainctes chaisnes qui lient les hommes avec les autres hommes. Il ne fut jamais plus impitoyable ny plus cruel. Mais, chose estrange! Madame, il est plus prodigue et plus affamé qu'il ne fut jamais. Vne nation de Donneurs d'advis travaille sans cesse aux inventions de luy trouver de l'argent, et il en demande tousjours davantage. Les richesses du vieux et du nouveau Monde ne suffisent pas à ses excez. Il destruit les Vaincus par les pertes et ruine les Victorieux par la despense. Il se monstre contraire en vn lieu; Il paroist favorable en l'autre : Mais par tout il est mauvais.

Voilà bien des plaintes contre ce phantosme, et bien veritables et bien justes; Voilà bien de quoy haïr ses Faveurs, qui ne sont gueres meilleures que ses Disgraces. Si ne faut-il pas abandonner tout d'vn coup à la Censure publique quinze ou seize années de nostre Histoire, ny blasmer nous-mesmes nostre Party, ny descrier le merite d'vne Cause qui ne laisse pas d'estre la bonne, quoy que sa longueur et que ses espines nous ennuyent.

Il ne seroit pas impossible, Madame, de purger les armes

du Roy de la pluspart des reproches que l'on fait à Mars. Pour le moins il se pourroit dire à leur justification, qu'elles n'ont pas cherché l'ennemy, et que ce n'est point la France à qui on doit imputer les miseres de l'Europe. Il se pourroit dire mesme à la descharge de la conscience des Roys, qui pensent estre obligez de croire conseil, que celuy qui leur conseilla de s'opposer à main armée au droict le plus clair qui fust jamais et de faire assieger Casal sans aucune couleur de raison, doit estre accusé de toutes les mauvaises suites qu'a produit ce mauvais commencement.

Mauvais, certes, et visiblement injurieux; plein d'injustice et de violence devant quelque Tribunal que se traite l'affaire de Mantoüe. Car si estre né François n'est vn vice qui rend vn homme incapable de succession, n'est vne tache qui efface les droicts de la Nature, les lois escrites et les Coustumes receuës, personne ne sçauroit douter que la protection qu'a donnée la France au legitime heritier n'ait esté juste et que l'oppression qui luy est venuë d'ailleurs ne l'ait pas esté.

Que si apres cette action peu soustenable et si vniversellement condamnée, vne guerre a attiré plusieurs guerres : Si la contagion d'vne partie infectée a gaigné tout le corps de la Chrestienté; Et si tous les Chrestiens sont devenus ennemis, comme s'il n'y avoit plus de Turcs ni de Mores à haïr : Que diray-je davantage? Si toute l'Europe est noyée de sang et tous ses Estats sont languissans et malades à la mort, ce Siege fatal, Madame, a fait tout cela. Il a conceû, il a enfanté toutes les miseres qui nous travaillent. Cette premiere Injustice est coupable de toutes les Injustices que nous avons veuës.

Grands Dieux! souvenez-vous de l'Autheur de tant de maux, et ne le laissez pas impuny! s'escria le plus homme de bien de Rome, apres la Bataille de Philippes, et estant prest à rendre l'esprit : Car quoy qu'il fust naturellement vertueux, neantmoins il avoit esté forcé par la violence du temps et par la tempeste des affaires de s'esloigner quelquefois de son naturel et de la vertu. Il n'avoit pû oster à la Guerre la licence ny la cruauté. Mais, par ces dernieres paroles, il crût se pouvoir descharger sur autruy de la faute des choses passées et estre assez innocent, puis qu'il n'avoit pas esté le premier coupable.

Celuy donc qui a premierement abusé des armes d'Espagne en Italie, celuy qui nous a ouvert la lice et qui a mis aux mains les deux Nations, le Conseiller de la guerre de Montferrat, sera responsable des ruïnes et des embrasemens de la Chrestienté, des blasphemes et des sacrileges de nos Armées, aussi bien que de celles de son Maistre. Il sera chargé de ses iniquitez et des nostres; Il portera la peine des crimes de l'vn et de l'autre Party; Il rendra compte à la Iustice divine, non-seulement de tout le mal que les Croates ont fait, mais aussi de tout celuy que peuvent faire les Suedois.

Ainsi, à peu prés, Madame, la France se pourroit justifier et entreprendre elle-mesme la defense de sa cause. Mais parce que si nous soustenions si affirmativement qu'vn Espagnol qui est hors de la Cour a commencé la querelle, on nous repartiroit avec presque autant d'affirmation, qu'vn François qui n'est plus au Monde ne l'a pas voulu finir, et qu'ayant dessein de perpetuer nos maux, pour rendre eternelle son authorité, il a tousjours meslé son ambition dans la justice de la cause de la France, je ne suis pas d'advis que nous examinions cette question avec trop de curiosité. Puis que nous avons protesté de n'accuser qui que ce soit, souvenons-nous de nostre protestation. Ne cherchons ny qui a allumé le feu, ny qui l'a nourry d'huile et de soufre; ny la main qui a entamé le corps de la Chrestienté, ny celle qui a empoisonné ses blessures. Respectons l'Asyle de la Mort, et laissons en repos l'Affliction : ne faisons le procez à personne, en vn temps où vostre Majesté a tesmoigné qu'elle vouloit faire grace à tout le Monde.

Il est encore mieux de courir apres de nouveaux phantosmes et de s'esgarer dans des pensées vagues, que d'aller trop droit à la verité. Il vaut mieux souffrir, Madame, que les Speculatifs aillent prendre plus loin et plus haut la cause de nos malheurs. Qu'ils disent que c'est, si bon leur semble, ou vne supercherie de la Fortune, ou vne necessité du Destin, ou la conjonction de plusieurs Estoilles malfaisantes: Ou la Comete qui vint menacer la Terre, l'année mil six cens dix-huit, et dont le venin a duré et la malignité s'est fait sentir jusqu'à l'année mil six cens quarante-trois.

Ie ne les empesche point de parler de cette sorte. Mais pour moy, qui ne suis point Speculatif et qui suis Chrestien, j'ay appris à parler vne autre langue. Ie monte encore plus haut que les Cometes et que les Estoilles : Ie dis que c'est Dieu, desguisé en tant de façons par les profanes Speculatifs; que c'est Dieu, Madame, qui de temps en temps chastie son peuple et fait des exemples de ses enfans, à cause que son Peuple ne l'honore que des levres et donne son cœur à vn autre Dieu; à cause que ses enfans sont des Rebelles et des Ingrats, qui, non-seulement n'vsent pas bien de ses graces, mais qui les gastent et les corrompent, mais qui s'en veulent servir contre luy.

Il ne faut point s'expliquer plus clairement, ny estaler des veritez odieuses. Mais si les Grands du Monde examinoient leur conscience sur cét article, ils verroient eux-mesmes de combien de Miracles ils sont redevables à Dieu, et de quelle felonnie ils se sont rendus coupables, à l'heure mesme que les Miracles ont esté faits, en se les attribuant à faux, comme s'ils en eussent esté les Autheurs, quoy qu'ils n'en fussent que les Tesmoins. Empereurs et Rois, Conseil et Ministres, Tous ont desrobé la gloire de Dieu.

Or, Madame, puisque sa Iustice n'a point en ce Monde de

plus rude supplice que la Guerre, et qu'elle s'appelle le fleau de Dieu, vraysemblablement ce fleau est entre ses mains et non pas entre les nostres. Nous ne pouvons pas estre battus à nostre discretion, estre affligez autant qu'il nous plaist, avoir la disposition de nos malheurs. On n'a point encore oüy parler qu'vn Criminel fust arbitre de sa propre peine ; que les Miseres fussent en la puissance des Miserables ; que la fantaisie du Malade reglast la longueur de ses accez.

Et par là je conclus, Madame, de la mesme sorte que j'ay commencé. Ie m'affermis sur les propositions que j'ay avancées d'abord. Ie me fortifie dans ma premiere raison. Apres avoir detesté la Guerre avec tous les gens de bien, ne puis-je pas dire derechef à vostre Majesté que la Paix se propose sur la Terre, mais qu'elle ne se fait que dans le Ciel ; que les assemblées arrestées en Allemagne, les Passeports en forme et les Plenipotentiaires des Rois sont de grands mots en la bouche de leurs Peuples, paroissent de grandes Machines, quand un Conteur de nouvelles les remuë, mais ne sont que de petits Iouets quand la Providence divine les veut renverser.

Ce que nous desirons aujourd'huy avec tant de chaleur et tant de besoin vient immediatement du crû de Dieu, est absolument de sa façon, se nomme, par son Eglise, vne chose impossible au Monde. Et partant je redis, Madame, que nous l'attendons beaucoup moins de vostre Puissance que de vostre Pieté ; Et en le redisant, je ne croy rien dire de desavantageux à vostre Puissance, ny de rude à vos oreilles.

Vous ne voulez point estre traitée de Deesse, non pas mesme par les Poëtes, qui font largesse de Divinité. Vous n'exigez point de vos Subjets d'Hymnes ny de Festes en vostre nom. La Vertu de vostre Majesté rejetteroit bien loin l'adoration de nostre Flatterie. Et c'est sa Vertu de qui nous sommes partisans en cette occasion, et pour qui nous tenons contre sa Puissance. C'est votre Vertu, Madame, de qui nous nous promettons plus que de vos Armées, quoy que tousjours victorieuses; que de vos Alliances, quoy que puissantes et en grand nombre; que de vos Ambassadeurs, quoy que tres-sages et tres-habiles. Toute leur Politique peut estre employée inutilement : Mais vn de vos soûpirs peut travailler avec succez.

Que ne peut la saincte douleur de la charité, quand elle blesse le cœur d'vne Reyne? la Grandeur, quand elle se fait petite devant les Autels? l'Humilité, quand elle descend de si haut et qu'elle met si bas les Sceptres et les Couronnes qu'elle en apporte? Ce sera elle qui persuadera, qui forcera la bonté de Dieu; à qui Dieu se laissera gaigner, se laissera vaincre; à qui la Paix doit estre accordée. Et certes il y a bien de l'apparence que par vne particuliere election cette personne ait esté choisie pour recevoir la Paix, qui la recevra dans des mains nettes de toute sorte d'injustice; avec vn esprit vuide de toute l'aigreur et de toute l'animosité des Partis, pur et innocent de toute la violence des choses passées; qui n'a eu aucune part à aucun mauvais conseil.

La Paix aime la Bonté et se plaist parmy les Vertus humaines sociables. Elle se laisse attirer par la Douceur, par la Clemence et par la Pitié. Et bien qu'à present elle soit esloignée de nostre Monde d'vne distance presque infinie; Bien qu'elle s'en soit fuye au plus haut des Cieux, comme parlent les personnes inspirées, ces attraits de Clemence et de Douceur peuvent penetrer jusqu'au dernier Ciel : Ce sont les seuls Charmes, il n'en faut point chercher d'autres, qui sont capables d'evoquer la Paix et de la faire voir encore à la Terre apres vne si longue absence et qui luy dure si fort, apres de si frequentes remises qui nous font tant languir et tant souspirer.

Redisons donc, Madame, ce qui ne sçauroit estre dit trop souvent. Tous les preparatifs et toutes les dispositions necessaires pour la reception d'vn grand Bien se trouvant en vostre Majesté, elle doit esperer que non-seulement il viendra, mais apres les avances qu'elle a faites, qu'il viendra encore pour l'amour d'elle. Elle obtiendra la Grace qu'elle demande, parce qu'elle la demande comme il faut. Elle aura la Paix, parce qu'elle la veut tout de bon. Et s'il y a quelque François ambitieux qui desire le contraire; car, quel Espagnol le peut desirer, s'il n'est tenté par le Desespoir? je ne pense pas qu'il y ait de Scythe mediocrement raisonnable, qu'il y ait de Sauvage tant soit peu apprivoisé, qui ne blasme le desir de ce François et qui puisse trouver estrange vostre bonne volonté pour la Paix et vostre aversion pour la Guerre.

Mais, Madame, que cét ennemy de nostre repos ne jette point d'irresolution dans l'esprit de vostre Majesté. De quelque specieuse apparence que ses paroles soient colorées, defiez-vous d'vne Rhetorique qui veut embellir les precipices et les Abysmes; d'vne Rhetorique de feu et de sang; Conseillere de mort et de misere, ruïneuse à vostre Estat, mal affectionnée à vostre Personne. Elle fait sonner bien haut la reputation de vos Armes, vos Avantages sur l'Ennemy, et la Dignité de vostre Couronne. Mais ne l'escoutez pas au prejudice de la voix publique, qui vous asseure que la vraye Dignité de la Couronne c'est le salut du Royaume, qui vous conjure de cesser de vaincre, de ne faire plus de conquestes; de mettre fin à vos bons succez; puis qu'vne victoire a tousjours besoin d'vne autre victoire; puis que vous estes obligée de payer et de nourrir vos conquestes; puis que vos bons succez ne finissent point nostre mauvaise fortune, et que le gain augmente la pauvreté.

Vostre puissance, Madame, n'a que faire du Desordre pour se maintenir. Il n'est bon qu'à ceux qui doivent leur authorité au malheur du temps et à la confusion des choses. Ce n'est point icy l'interest d'vn Vsurpateur qui s'est emparé d'vne Tutele contre la resistance des Loix, et qui rapporte tout à luy seul ; qui ne cherche que de l'embarras, et ne veut donner que des Procez à son Pupille, pour profiter avec les autres de la dissipation de son bien. C'est la passion d'vne Mere, que les Loix et la Nature authorisent; qui vit plus en son fils qu'en elle-mesme, qui ne prend de la peine que pour luy laisser du repos, qui ne songe qu'à luy esclaircir ses affaires et à luy nettoyer sa maison.

Vostre Majesté est sage : ses pensées ne sont donc pas vastes et infinies. Elle est bonne : Son cœur n'est donc pas d'acier ny de marbre. Estant sage, elle doit apprehender l'inconstance des choses humaines et la revanche des Malheureux; Et quand il n'y auroit point d'ennemy à craindre, elle sçait que souvent on a levé des Armées pour les donner en proye à la Dysenterie et à la Peste ; que quelquefois on a équipé des Flottes pour les envoyer contre les Rochers et contre les Vents. Mais d'ailleurs, n'estant pas moins bonne que vous estes sage, pouvez-vous, Madame, vous representer sans horreur tant de sang Chrestien et Baptisé qui coule à torrens en vne infinité d'endroits de l'Europe, et l'espouvantable image de cette cruelle Guerre, de cette Guerre plus que civile ? Ie ne dis pas au hazard plus que civile, veû qu'en effet nous sommes tous Domestiques d'vne mesme Foy, et que les Estrangers, avec lesquels la Religion nous vnit, nous sont plus proches, en quelque façon, que les François, desquels elle nous separe.

La Politique profane a beau declamer sur le Chapitre de la Reputation et des Avantages : Elle a beau preferer vn peu de bruit et vn peu d'esclat à la solidité du Bien public ; ce n'est point, Madame, et ce ne peut point estre vostre dessein, d'acharner les Fideles contre les Fideles, de donner vn si agreable passe-temps aux peuples de Mahomet et aux autres ennemis de l'Evangile ; de souffrir plus long-temps que la Terre de Iesus-Christ soit leur Amphitheatre de Gladiateurs. Ce n'est point vostre plaisir, nous le sçavons bien, de nous sacrifier à vostre Ambition; de consumer les Nations et les Anges, de lasser et d'vser dans vos querelles la meilleure partie du genre humain.

Asseurément vous avez pitié de ceux qui meurent; vous avez regret de ceux qui sont morts. Et quand ce ne seroit que pour sauver ce qui nous reste de Testes illustres, et pour empescher cette solitude d'hommes excellens, de laquelle nous menace la continuation de la Guerre; quand ce ne seroit que pour conserver à la France vne vie qui luy est infiniment chere et qui se hazarde tous les jours, vn Heros de la race de nos Dieux, vostre General de vingt et vn ans : Sans doute, Madame, sans doute vous desirez la fin de la Guerre. Vous devez craindre l'infidelité de Mars et le destin de Gustave, pour vn Prince qui va au peril comme il y alloit. Vous estes obligée de n'exposer pas davantage à la funeste adresse d'vn Carabin tant de vertus naturelles et acquises, civiles et militaires, et d'essayer de conduire en seureté jusqu'à la Majorité du Roy vostre fils, vn Merite qui doit faire tant d'honneur à son Regne et estre si vtile à son Estat.

Mais, à plusieurs autres raisons de desirer vn autre temps que celuy-cy, qui se presentent à vous d'elles-mesmes, adjoustons, Madame, celle qui vous presse le plus vivement, et qui donne le plus d'inquietude à vostre bonté : Ie parle de la passion que vous avez pour la France, et du Vœu que vous avez fait de la rendre heureuse, qui ne peut estre accomply que la Guerre ne soit terminée. Car de se figurer que la Felicité precede la Paix au lieu de la suivre, c'est renverser l'ordre des choses, et se figurer qu'vne fille est plus vieille que sa Mere ; C'est penser moissonner au mois de Mars ; C'est vouloir loger en vn Palais dés le jour que le plan en est dressé, et se fascher que le Dome ne soit pas plustost fait que les Fondemens.

Voicy vne proposition d'eternelle verité : *Il ne peut y*

avoir de felicité publique sans vne Paix generale. Vous la meritez, Madame, de plus en plus, par la continuation de vos bonnes œuvres : Vous la Demandez incessamment dans la ferveur de vos Devotions : Vous faites entrer en cette sollicitation les Saincts et les Sainctes de l'vne et de l'autre Eglise, de celle qui triomphe et de celle qui combat. Vous employez des Troupes entieres de Vierges Amantes de Iesus-Christ pour luy recommander nostre cause : Vous employez la pureté mesme et la blancheur mesme, pour luy recommander la cause des Lis. Comprenons tout en fort peu de mots : vous nous donnez vos souhaits, vostre Merite et vostre Credit. Iusques icy vous n'avez pas pû donner davantage : Il faut avoir de la patience pour le reste, et laisser faire le Ciel et vous.

Ie l'ay advoüé, Madame, dés l'entrée de ce Discours, et je ne crie autre chose à ceux que je voy. Ie crie de toute ma force qu'il faut que la Pauvreté soit humble et obeïssante, et non pas fiere ny seditieuse ; qu'elle invoque et non pas qu'elle menace ; qu'elle agisse auprés de Vostre Majesté par la modestie de sa douleur, et non pas par les murmures de son chagrin. Il ne suffit pas que le peuple ait la Fidelité dans le cœur; il la doit porter sur le visage : Il doit éviter la mine mesme et la ressemblance de la Revolte. Il ne doit pas estre extravagant dans sa mauvaise fortune, ny demander l'embonpoint premier que la guerison.

Nous devons considerer, Madame, que d'autres ont fait les maux et que Vostre Majesté les a trouvez ; que la Guerre est cause de la despense, et que vous n'estes point cause de la Guerre ; qu'il n'y a point de moyen que les charges cessent tant que durera la Necessité. Nous devons considerer que cette Necessité est vne chose violente et imperieuse, que ses conseils sont absolus et sans condition, qu'elle justifie ce qu'elle conseille : Que non seulement elle fait jetter dans la Mer les lingots d'or et les caisses de pierreries, mais qu'elle fait fondre les vases sacrez pour battre de la monnoie quand on en manque, mais qu'en certains cas elle peut legitimement et sans scrupule mettre à l'encan tout le thresor de Lorette, toute la pompe et toute la magnificence de Rome.

Nous devons et nous ne sçaurions trop considerer la qualité du Temps d'aujourd'huy, je veux dire vn perpetuel esbranlement causé par vne perpetuelle action, vne extresme foiblesse apres d'extresmes efforts ; les soins, les courvées, le faix des autres Estats sur la pauvre France : le Peril tousjours voisin de la Seureté, le But qui semble s'esloigner de nous quand nous nous voulons approcher de luy; les difficultez, les labyrinthes et les tenebres des choses presentes.

Quelqu'vn s'est plaint autrefois de n'avoir à gouverner que le Naufrage de sa Republique. Dieu nous garde d'estre obligez de nous servir jamais de ce mot. Mais il est tres-vray que le Vaisseau qui nous porte est estrangement fracassé à force d'aller et de venir, et que, s'il ne trouve bien-tost le Port, la Navigation, voire tres-heureuse, achevera de le briser. Il est tres-vray, Madame, que vous avez pris le Gouvernail en vne fascheuse saison, et que si vostre Majesté eust fait faire Inventaire de la France en l'estat où elle l'a trouvée, le denombrement de nos maux et de nos desordres eust espouvanté toute la Prudence humaine, eust fait fuïr tous les Sages du lieu où l'on s'assemble pour deliberer de nos affaires.

Nous considerons tout cela, et ne laissons pas d'avoir bonne opinion du salut de nostre Estat. Dans cette infinité de desordres et de maux nous ne songeons point aux moyens et aux remedes humains. Nous ne nous fions ny à la Science ny à la Pratique : Nous nous asseurons en quelque chose de Divin qui accompagne vostre personne, et qui porteroit bonheur à des affaires encore plus deplorées que les nostres. Nous nous imaginons, Madame, que vous avez le Secret de rendre les Peuples heureux, que vous estes née pour le restablissement des Estats et pour la consolation de l'Europe, qu'estre à vous et n'estre pas à son aise implique contradiction morale ; et nous nous l'imaginons de telle sorte, que vous auriez bien de la peine à nous oster vne pensée à laquelle nostre esprit s'attache si fort.

Quand vostre Majesté nous defendroit d'esperer par vne Declaration expresse, nous desobeïrions à l'expresse Declaration de vostre Majesté. Quand les mauvaises nouvelles arriveroient en foule d'Allemagne, et qu'il naistroit dans la Negociation de la Paix mille difficultez qui n'ont point esté preveuës ; Quand vn Demon de Discorde entreroit dans l'esprit des Deputez pour rompre l'affaire sur le poinct de sa conclusion, encore pis que cela ne nous rendroit pas l'affaire douteuse. Nous nous persuaderions, Madame, que vostre bon Ange seroit plus fort que le mauvais Demon, et qu'il r'habilleroit autant de choses que l'autre en auroit voulu gaster.

Il n'est pas possible à la Crainte, à la Defiance et aux autres froides passions de trouver entrée dans nostre cœur, de nous partager tant soit peu l'esprit, de nous donner seulement vne fausse allarme. Nous possedons desja vos Bienfaits par la force de nostre imagination, et nostre esperance nous en saisit. Pour le moins nous sommes gens à signes et à presages, et avons appris à parler de l'Advenir comme du Present. Vous nous avez enseigné vne nouvelle sorte d'Astronomie. Par vostre moyen, nous sommes Iudiciaires dans la Morale : Nous faisons, Madame, l'Horoscope de la Paix.

Ce sera donc vne Paix solide et durable, pleine d'honneur, de bienseance et de dignité ; car autrement elle ne seroit pas digne de vous et ne meriteroit pas d'estre nommée la Paix de vostre Majesté. Ce sera vne Paix, Madame, qui d'abord vous acquerra tous les Esprits et obligera toutes les Bouches à vous loüer; qui vn jour benira vostre memoire par la gratitude de tous les Siecles; qui d'vn consentement vniversel et par la voix de toutes les Nations, appellera Anne d'Autriche la Mere de la commune Patrie, la Liberatrice du Monde Chrestien, la Tutrice de la France.

Ce sera vne Paix, par consequent, qui ne continuera pas les maux de la Guerre, qui ne sera pas soüillée de nos larmes ny noire de nostre deuil ; qui ne versera pas sur les Eschafauts le sang que les Batailles auront espargné. Ce sera vne Paix qui ramenera dans le Monde la Douceur et l'Humanité, les Vertus et les Maximes Chrestiennes; qui donnera de la respiration au Peuple apres de si longues defaillances, qui rendra la Subjetion aussi bonne que la Liberté, parce qu'elle fera regner la Loy aussi absolument que le Prince.

Cette Paix, Madame, n'estonnera point le Monde par les excez et les déreglemens d'vn pouvoir aveugle, par des Spectacles de Grandeur enorme plustost que de veritable Majesté. Elle ne formera point de Meteores qui obscurcissent les Astres et qui cachent le Soleil. Elle n'eslevera point de Domestiques, qui chassent les Enfans de la Maison, ny de Favoris qui choquent les Princes : Elle ne produira point de Corps estranges, monstrueux et tumultuaires, pour les opposer aux legitimes et naturelles Iurisdictions, aux Corps immortels des Compagnies Souveraines.

Cette Paix laissera la liberté aux Oracles, et rendra au Parlement son authorité, qui est la vostre, Madame, et qui ne court point de fortune entre ses mains. Mais c'est vne chose desja faite, et que la France ne devra point à la Paix. Ce Parlement, qui plus d'vne fois a sauvé l'Estat, qui, de la memoire de nos Peres, a esté le fidele gardien de la Loy Salique, qui nouvellement a tesmoigné tant de zele et de devotion à vostre Majesté ; a recouvré l'honneur qui luy avoit esté ravy, a receû le pouvoir de sauver encore l'Estat, si l'Orage le menaçoit encore, si les Pirates s'en vouloient encore saisir, si la Seureté publique avoit encore besoin de sa resistance et de son courage.

Ce ne sera pas pourtant vne Paix si occupée à procurer le bien de Plusieurs, qu'elle ne songe principalement à conserver les avantages d'vn Seul. Elle corrigera l'Abus de l'Authorité comme vn tres-grand mal, mais elle en estouffera le Mespris comme le plus grand de tous les maux. Elle n'oubliera rien à prevoir, ayant des lumieres infaillibles qui la guideront. Elle n'oubliera rien à entreprendre, estant animée de l'esprit de vostre sage Conseil, qui n'a garde de favoriser la Confusion, puisqu'il est luy-mesme le premier effet de l'ordre que vostre Majesté nous vient d'apporter.

Ainsi, Madame, vous et vostre Paix nous apportant peu à peu de salutaires nouveautez et vne saincte reformation, ce ne sera pas la France de dernierement et d'aujourd'huy que nous regarderons avec pitié; ce sera la France du temps de nos Peres, la France purgée et rajeunie, que nous considererons avec merveille. Le Fort et le Solide estant establis, les beautez et les ornemens viendront apres la solidité. Car, avec le temps, ce sera vne Paix riche et liberale, inventive et spirituelle, fleurissante en Arts et en Connoissances, pompeuse et superbe par la Magnificence publique, couronnée des mesmes rayons de gloire et de la mesme splendeur que la Paix du Roy Salomon, que celle de l'Empereur Auguste, que celle de Henry le Grand, beau-pere de vostre Majesté.

Il y a bien du chemin à faire pour en venir là. Mais cependant, Madame, cette Paix travaillant au plus aisé, qui n'est pas le moins necessaire, renouvellera l'ancien culte de nos Peres et la vieille devotion Françoise pour le sacré charactere du sang de France, tiendra en parfaite vnion la maison Royale, sera soigneuse et jalouse de ses droicts, la fera reverer par toutes les autres Maisons Souveraines. Elle sçaura distinguer les Princes, et garder les Bornes et les Entredeux qui les separent. Elle ne souffrira point de comparaison avec la race de Sainct Louïs.

Elle tirera particulierement hors du pair, mettra au dessus

de toutes choses, la personne de Monseigneur le Duc d'Orleans. Et en cét estat-là, nous le pourrons voir à nostre aise et à descouvert : Nous verrons enfin cét excellent Prince, que les vapeurs et les nuages d'vn Temps contraire, pour ne pas dire les violences et les artifices d'vne Cour ennemie, nous empeschoient de voir tel qu'il est. N'ayant plus à combattre la resistance du Cabinet, et ne rencontrant plus d'obstacle entre luy et le Public (pareilles interpositions causent les Esclipses), il y a de l'apparence qu'il va remplir le Monde de sa lumiere ; Il va agir si fortement, soit du cœur, soit de l'esprit, qu'on connoistra bien que, sans autre droict que celuy qu'a la haute Vertu sur les entreprises difficiles, c'estoit à son grand merite qu'estoient deûs les grands emplois, et que, pour estre le premier en estime comme en dignité. il ne luy manquoit que d'estre en sa place.

Vous sçavez, Madame, le tort qui luy a esté fait. Vous avez tousjours esté asseurée de ses bonnes intentions : Mais a present personne n'en doute, et cette verité obscurcie parut si nette et si pure le jour que vostre Majesté fut au Parlement, qu'elle redoubla en quelque façon la clarté d'vn si beau jour. Les paroles que dit son Altesse Royale en vostre presence, pleines de feu et de passion pour le bien de sa Patrie et pour la grandeur de vos Majestez, justifierent glorieusement sa conduite et ses actions passées : Elles detromperent la Credulité. Elles fermeront à jamais la bouche à la Calomnie. Et qui ne vit ce jour-là, par le bon exemple qu'vn Prince si puissant et si regardé donna à toute la France, qu'il ne s'estoit esloigné de la Cour à diverses fois que pous se conserver à l'Estat, et qu'il faisoit mesme le service du feu Roy lorsqu'il sembloit ne pas faire sa volonté?

De quelque ardeur que son courage soit allumé, et quelque gloire que luy promette la Guerre, vostre Majesté desirant la Paix, il ne s'opposera pas à vostre desir. Mais aussi cette Paix, approuvée de ses amis et maintenuë par ses soins, ne sera pas ingrate, quand il faudra rendre à sa fidelité les honneurs extraordinaires qu'il n'aura pas voulu devoir à son ambition, ne sera pas muette quand il faudra publier que le Salut du Royaume luy a esté plus cher que sa propre Gloire, et qu'il trouve bon que la Renommée se taise de ses Victoires pour parler de vostre Paix.

Ie ne finirois jamais si je voulois conter tous les avantages qui doivent naistre de cette bienheureuse Paix : Il faut conclure par le plus grand et le plus considerable. C'est, Madame, qu'elle fournira à vostre Majesté des journées tranquilles et vn beau loisir, pour l'employer à la bonne nourriture du Roy vostre Fils. Vos pensées, qui se divisent aujourd'huy en autant d'endroits que la Chrestienté a de besoins, et qui embrassent en mesme temps plusieurs Provinces et plusieurs Royaumes, seront alors toutes recueillies et toutes arrestées en ce seul objet. Apres nous avoir donné vn Prince, vostre Majesté nous fera vn second present de ce mesme Prince; et, par vne excellente Institution, elle nous le redonnera le meilleur et le plus vertueux de son Siecle.

RELATION A MENANDRE*.

LES PASSAGES DEFENDVS.

PREMIERE DEFENSE.

Ce n'est pas d'aujourd'huy qu'on offense la Philosophie et qu'on maltraite les Philosophes. Le Monde, Menandre, a tousjours esté vindicatif et a mesdit de ceux qui l'ont mes-

* Cette suite de discours intitulés les PASSAGES DEFENDUS est la seconde partie et la plus remarquable de la RELATION A MENANDRE, que Balzac avait rédigée à l'époque de ses démêlés avec le général des Feuillants, et qu'il ne publia que bien longtemps après dans le Recueil de ses ŒUVRES DIVERSES. (Paris, 1644, in-4°.) Rien n'est plus beau peut-être dans notre langue que les morceaux que l'on va lire sur l'EXCELLENCE DE LA VIE RELIGIEVSE, et l'ANTIQVITÉ DE LA RELIGION CHRESTIENNE. La première partie, beaucoup plus inégale, renferme cependant des beautés que j'ai cru devoir insérer par extraits à l'article des FRAGMENS ET PENSÉES.

Ménandre est le magistrat-poëte François Maynard, l'un des premiers académiciens; né à Toulouse vers 1582, mort en 1643. Il avait été dans sa jeunesse secrétaire de la Reine Marguerite de Valois. On a retenu ses stances au cardinal de Richelieu :

Armand, l'âge affoiblit mes yeux, etc.

prisé. Hippolyte mesme, dans vos Fables, ne le quitte point impunement. Son propre Pere luy reproche ses Ieusnes et sa Solitude : Il ne sçait que penser des Conferences qu'il avoit avec Orphée, et vne si saincte familiarité lui est suspecte. Quelques-vns ont porté plus avant leurs jugemens temeraires. Plustost que d'advoüer qu'il estoit Chaste, ils ont dit qu'vne Deesse qui avoit fait vœu de Chasteté estoit impudique. Ils ont mieux aimé outrager Diane que de pardonner à Hippolyte ; et jamais depuis il n'y a eu faute de mauvais esprits qui ont accusé la Bonté d'hypocrisie et la Sagesse d'extravagance.

Cette injustice poursuit la Vertu jusqu'aux extremitez de la Terre, si elle fuit jusques-là. Rien n'est à couvert de ses attaques ; Il n'y a point d'Asyle ny de lieu de franchise qu'elle ne viole : Elle ne fait point de difference de Ieusnes ny de Solitude. Elle n'est pas moins insolente dans l'Estat de Dieu que dans les Republiques humaines.

Dieu, Menandre, a son Peuple, ses Familiers et ses Domestiques. Dés le Commencement il y a eu parmy nous des Philosophes, et les Peres Grecs ne donnent gueres d'autre nom à la vie monastique que celuy de Philosophie Chrestienne : Mais aussi, dés le Commencement, il s'est trouvé parmy nous des Luciens qui se sont mocquez de ces Philosophes, et les ont choisis pour les subjets de leurs Dialogues et de leurs Farces. Au lieu de respecter ce sacré Repos, destiné à la contemplation des choses divines, ils en ont parlé comme d'vne lasche Oysiveté, et incapable de toute action : Au lieu d'admirer ces Sages cachez, il les ont voulu faire passer pour des Fous melancholiques, et ont rapporté les mouvemens de la Pieté heroïque aux desordres de la Raison alterée.

Il les ont appelez Ennemis du Soleil et de la lumiere, Oyseaux de nuict et de malencontre, Gens desesperez et homicides d'eux-mesmes. Et si vn Poëte Payen, sous le regne d'vn Prince Fidele, a osé escrire que la maladie qui les travailloit estoit semblable à celle de Bellerophon, duquel il est dit *qu'il fuyoit la piste des hommes, et se nourrissoit de son propre cœur*, il faut remarquer qu'il ne s'est servy de cette Comparaison injurieuse qu'apres vn Poëte Chrestien et Precepteur d'vn Empereur Orthodoxe, qui, ne pouvant se consoler de la retraite d'vn de ses Amis, à present vn de nos Saincts, luy allegue la Solitude de Bellerophon pour luy faire honte de la sienne.

Ceux qui ont mesdit plus modestement de cette celeste Philosophie, l'ont traitée, comme vous voyez, d'Hypochondriaque, et en ont cherché la cause dans les vapeurs de la Melancholie et dans la foiblesse du cerveau. Ie ne me veux pas souvenir de ce que les autres moins discrets en ont escrit, encore que je l'aye leû. Et il me suffit, Menandre, que vous sçachiez que je l'ay leû en le detestant, et que je n'eus jamais de complaisance pour ces profanes Rieurs, qui seroient bien faschez de rire sans crime, et de faire vn Conte qui ne fust vn Sacrilege.

Ie ne nie pas que je n'aye voulu quelquefois me resjouïr, et que je n'aye cherché quelque divertissement hors des subjets graves : Mais outre que ç'a esté vne Sortie et non pas vne Defection, je crois m'estre tenu sur la pente de la Liberté sans me laisser choir dans la Licence. Comme je n'ay pas fait vœu d'vne constante et perpetuelle Seriosité, j'ay tasché d'arrester ma joye dans les bornes d'vne innocente Raillerie; et, au plus fort de mes Guerres, je n'ay point touché où j'ay veû la Sauvegarde de l'Eglise. Tout ce qui appartient à Dieu et à ses Autels, tout ce qu'il a reservé pour son vsage et pour le service de sa Maison, tout ce qui est possedé de luy par vn droict particulier, m'est en particuliere veneration ; et ma conscience me rend tesmoignage que la Vie que je n'ay pû imiter, je l'ay tousjours parfaitement estimée.

Il n'y a point de mal, Menandre, que vos Peres sçachent qui je suis, et qui sont ceux à qui j'ay l'honneur d'appartenir. Ce ne sont pas des Catholiques qui soient cachez dans la foule et qui fassent seulement nombre parmy les autres. Le Peuple les regarde et les monstre : L'Eglise les benit et les propose en exemple. Ils ont fondé des Monasteres en divers endroits de ce Royaume. Ils ont basty pour la veritable Eternité. Et, sans parler de nostre Angoulesme, vostre Thoulouze est glorieuse des marques que leur pieté y a laissées. Il n'y a point d'apparence que je me voulusse priver du fruit de cette Pieté domestique, et perdre la part que le sang me donne au merite de leurs bonnes œuvres. Ie n'ay garde de renoncer à vn si beau droict, et je ne suis pas si mauvais mesnager de mes Avantages.

On m'a donc interessé d'abord dans la cause de la Religion, et je n'ay pas eu loisir de prendre party. Entrant dans le Monde, je me suis trouvé tel que je suis. Au moins ay-je esté nourry dans vne grande reverence des choses sainctes, et l'affection que j'ay pour les personnes Religieuses, qui s'en approchent avec tant de respect et les manient avec tant de netteté, a suivy de si prés ma naissance, que sans me mescompter beaucoup en la date, je pourrois mettre vne si ancienne Affection au nombre de mes Inclinations naturelles.

Ne vous souvient-il point que j'ay escrit autrefois que leur Sainctеté esclairoit toute l'Eglise, que leurs Veilles procuroient le Repos de la Chrestienté, que leur Innocence sauvoit les Coupables? Les endroits mesmes de mes ouvrages où mon Ennemy m'accuse d'en avoir parlé autrement que je ne devois ne rendent-ils pas tesmoignage de l'estime que je fais de tout leur Corps? Ne sont-ce pas ses termes qui leur sont injurieux, qu'il a mis en la place de mes paroles qui leur estoient avantageuses? N'est-ce pas luy qui les offense et moy qui les louë? Le mesme lieu où il pense trouver ma Condamnation ne me fournit-il pas de suffisantes preuves pour me justifier et pour le convaincre?

Vn moment de lecture peut verifier la chose ; Vne œillade peut decider cette question. Ie dis, Menandre, que les mauvais Moines sont dans le Cloistre, comme les rats et les autres animaux imparfaits pouvoient estre dedans l'Arche : Et il me fait dire que les Moines sont dans l'Eglise, comme les rats et les autres animaux imparfaits estoient dedans l'Arche. Y a-t'il rien qui se ressemble en ces deux propositions? Ne sont-elles pas directement opposées? La mienne n'est-elle pas de Rome et la sienne de Geneve?

Ie ne veux point qu'vn Iuge me favorise ny qu'il ait appris les stratagemes de l'Eschole, ny que sa subtilité naturelle soit fort grande : Qu'il me haïsse, pourveu qu'il ait des yeux et qu'il sçache lire, et il ne sçauroit s'empescher de condamner celuy qui m'accuse. Il faloit effacer premierement tout mon Livre, en estouffer la memoire dans tous les esprits, et estre asseuré que je mourusse le lendemain pour me faire autheur d'vne chose à laquelle je ne songeay jamais, et ne s'attendre point que je pusse respondre : Cela n'est pas, et que la Verité fust aussi hardie que le Mensonge.

Et icy, Menandre, avant que de passer outre, admirons ensemble les moyens dont Dieu se sert pour procurer le repos du Monde, et le soin qu'il a de trouver quelquefois le bien public dans les malheurs des particuliers. Advoüez-moy que ce n'est pas vn petit effet de sa Providence de s'estre visiblement opposé au premier genre de vie qu'avoit choisi vn homme si dangereux, et de l'avoir chassé du Barreau par cette celebre disgrace qui luy arriva en pleine Audience *. Le coup fatal dont sa langue fut frappée a esté salutaire à vne infinité de Familles. Ç'a esté la bonne fortune des Vefves et des Pupilles qui fussent tombez entre ses mains. Et ce jour-là, apparemment, Dieu garantit ce pauvre Royaume de plu-

* Le général des Feuillants, d'abord avocat, était demeuré court en plaidant sa première cause.

sieurs Volumes de faux Contrats et de Testamens de mesme nature, dont son bel esprit le menaçoit.

Ces sortes de subtilitez eussent bien fait plus de mal et plus de desordre que celle dont je viens de vous parler, et dont j'ay honte d'agir avec vos Peres. Traitons-en, si vous le trouvez bon, avec leurs Freres Lays. Ils seront aussi capables de cette affaire que leurs Philosophes et leurs Theologiens; et pour en connoistre, il ne faut qu'vn rayon de lumiere et le discernement du blanc et du noir. Presentons-leur donc des images familieres et sensibles, où ils puissent voir l'estat et le changement de la Question, le fait comme il est, et comme mon Adversaire l'a supposé. Ce Romain, dont ils ont souvent oüi parler, qui fut immobile dans le bon party, et qui aima la Republique avec plus de tendresse qu'il n'aimoit ses propres enfans : Caton, dis-je, qui ne flatta jamais le Peuple, ny ne choqua l'authorité du Senat, pouvoit dire, ce me semble, sans blesser l'honneur de cét Ordre tres-illustre, que les mauvais Senateurs estoient de leur Compagnie ce que sont des humeurs corrompuës dans vn corps bien composé. Mais il n'y avoit, à mon advis, que Catilina qui eust voulu tenir cét autre langage, ou quelqu'vn de l'humeur de mon Adversaire qui l'eust attribué à Caton, que les Senateurs estoient dans la Republique ce que sont des humeurs corrompuës dans vn corps bien composé.

Le Grec pour qui vous avez tant de passion, et que la Ciguë ne put dégouster de l'amour qu'il avoit pour sa Patrie, haranguant devant les Atheniens, dont il y en avoit quelques-vns qui songeoient à opprimer la Liberté, et quelques autres qui la gardoient mal, leur pouvoit reprocher en plein Conseil que les vns et les autres estoient dans leur Ville ce que seroient des Loups apprivoisez et des Chiens timides dans vn Troupeau. Mais si mon Ennemy eust esté present à sa harangue, il eust esté à l'heure mesme son Delateur, et luy eust soustenu qu'il avoit dit que les Atheniens estoient dans la Grece ce que seroient des Loups apprivoisez et des Chiens timides dans vn Troupeau.

Ces paroles peuvent estre sorties de la bouche d'vn Martyr de Iesus-Christ, que les mauvais Chrestiens sont dans l'Eglise comme les Serpens estoient dans le Paradis terrestre : Mais que les Chrestiens soient dans le Monde comme les Serpens estoient dans le Paradis terrestre, ce sont des termes bien differens des premiers, et qui ne peuvent sortir que de la bouche d'vn Iuif, ny estre supposez à vn Chrestien que par la mauvaise foy de mon Ennemy. Ainsi traite-t'il la Verité dans le rapport du passage qu'il allegue, et où il y a en gros charactere que quelques Moines sont dans leurs Maisons comme les animaux imparfaits estoient dedans l'Arche, il lit avec ses fausses lunettes que les Moines sont dans l'Eglise de Dieu comme les animaux imparfaits estoient dedans l'Arche.

Ie n'ay que faire icy de Couleurs ; Ie reserve à vne autre fois les Lieux et les Figures de la Rhetorique ; l'Art de raisonner ne sert de rien. Vne simple Negative suffit pour renverser le fondement sur lequel a basti le mauvais Sophiste, et monstrer que ce qui ne doit pas manquer aux Romans qui sont faits selon les regles, manque au premier chef de son Accusation, à sçavoir vn Principe veritable.

De sorte, Menandre, que ceux qui mettent aujourd'huy vne partie de leur Devotion à mesdire de moy, s'imaginant que je suis la chimere qu'on leur a peinte, et que j'ay escrit des choses que je serois fasché d'avoir seulement songées, peuvent voir qu'vn Equivoque est cause de toute l'emotion des Esprits, que c'est mon Accusateur qui a fait mon crime, que leur Zele a bruslé sans matiere, et qu'attaquant vn homme qui est de mesme Party qu'eux, ils ont perdu toutes les bonnes actions qu'ils pensoient faire contre vn Ennemy.

On sçait assez que les Communautez sont innocentes, quoy que les Particuliers soient coupables, et que la Republique, estant Iuge et non Complice du Citoyen, elle n'est pas obligée de garantir ce qu'elle condamne. On sçait encore que dans le Monde, tout est meslé, et que, pour voir vne entiere pureté, il faut attendre le dernier jour, qui doit faire la separation de ce meslange. Il est certain d'ailleurs que rien de parfait ne se gaste mediocrement, et qu'vne chose conserve en sa Corruption le mesme degré qu'elle avoit en sa Bonté. Les plus noirs Esprits qui soient au fonds de l'Abysme sont tombez du plus haut des Cieux, et ces Anges de tenebres, ces Rebelles et ces Deserteurs, ont esté les plus proches du Throsne de Dieu, et les plus lumineuses de ses Creatures.

Cela posé, je vous demande si c'est faire tort à la Nature Angelique de parler des Anges precipitez, si c'est offenser les Esprits qui jouïssent de la felicité de dire que quelques-vns l'ont perduë? Et je vous demande encore si l'Escriture injurie Iacob quand elle nomme Esaü profane? Vous le sçavez, Menandre, aussi bien que moi : Les bonnes intelligences n'ont pas vn autre principe que les mauvaises : Elles sont toutes égalem̃ent nobles de naissance. Le Profane a esté frere du Sainct; et dans vne mesme Maison, voire dans vn mesme Ventre, et en mesme temps, le Reprouvé s'est trouvé avec l'Esleu.

Ou mon Ennemy croit que sa Famille soit plus privilegiée que celle des Patriarches, et qu'on ne puisse pecher dans les lieux de son obeïssance : Ou s'il advouë qu'on y jouïsse, comme on fait ailleurs, de la liberté du franc arbitre, et que les Enfans degenerent quelquefois de leurs Peres, pourquoy me blasme-t'il d'avoir osé declarer cette Verité si vulgaire et d'avoir descouvert ce Secret si esventé? Pretend-il qu'vn nom sanctifie des personnes qui le deshonorent, et qu'elles se puissent parer d'vne Robe au mesme instant qu'elles la salissent de leurs ordures? Desire-t'il que je ne fasse point de distinction entre les Dignes et les Indignes? que je jette mes loüanges dans la foule; que je brusle mon encens au hazard ; que je me prosterne indifferemment devant tout ce qui est, qui fut ou qui sera Moine?

N'en excepte-t'il point ceux dont Sainct Bernard a escrit cette ligne à faire peur : MALHEVR A VOVS QVI PORTEZ LA CROIX, ET NE SVIVEZ PAS IESVS-CHRIST? Veut-il que j'estime Innocens ceux que j'ay veûs Criminels dans les prisons de l'Inquisition ; Ceux qu'on m'a monstrés à Civita-Vecchia dans les Galeries du Pape? Et pour le piquer par son interest, veut-il que je favorise ceux qui ont traversé son Election au Chapitre general ; ceux qu'il appelle Rebelles, et qui l'appelloient Vsurpateur? Met-il au rang des Parfaits celuy qui donna tant de peine au bon Cardinal d'Ossat, et au nombre des Sages celuy qui força les Gardes de Clement huictiesme, et à qui ce grand Prince, le voyant entré d'assaut dans sa chambre, demanda en soûriant DE QVEL DESORDRE IL ESTOIT?

Mon Adversaire sçait cela, et bien davantage. Il sçait qui a esté le Precepteur de Mahomet et l'Architecte de sa ridicule Theologie. Il n'ignore pas qu'il y a eu des Legions de Moines Nestoriens et Eutychiens, qui encherissoient sur l'austerité des plus rigoureux Orthodoxes, qui estoient tous secs et tous arides de leurs Abstinences, tous sanglans et tous deschirez de leurs Disciplines, et ne laissoient pas de travailler pour neant, et d'aller en Enfer par le Purgatoire. Il n'y a point d'apparence qu'il veuille prendre la cause de ces Infideles Grecs contre vn Fidele de Rome, ny qu'il trouve bon que la gloire des vrays et legitimes Religieux soit communiquée à tant de faux Freres, qui ont vsurpé le nom qu'ils portent et qui sont ou des Traistres ou des Comediens sous leur habit.

Lors que la bile qui l'eschauffe sera evaporée et qu'il se piquera moins qu'il ne fait du point d'honneur, je m'asseure qu'il ne sçaura point mauvais gré à Pierre de Blois de s'estre plaint de quelques Mousches qui estoient venuës troubler son repos ; ny à moy non plus, d'avoir crié apres quelques Rats qui ont voulu ronger mes Escrits. Car les mousches et les rats dont nous nous plaignons, et qui tourmentent encore plus les domestiques que les Estrangers, n'empeschent pas que parmy eux nous ne reconnaissions des Aigles qui volent jusqu'au Globe du Soleil intelligible; Et des Lions dont le simple rugissement espouvante les vices et met en fuite les Heresies.

Ceux-là sont à loüer dans leurs Compagnies, et non ceux qu'ils n'y peuvent eux-mesmes souffrir; contre lesquels tonnent et foudroyent leurs Constitutions; que les vns enferment et que les autres bannissent. Ainsi nous sommes de mesme opinion, mais nous ne nous entendons pas. Ie demeure d'accord avec luy de la pureté de l'Institution et du merite de la Compagnie. Ie luy advouë que la Profession est saincte : Mais je ne luy advoüe pas que toutes les Personnes soient aussi sainctes que la Profession. I'advoüe pourtant qu'il ne tient qu'à peu qu'on ne puisse dire toutes, et que le Desordre est aussi rare dans les Congregations Religieuses, qu'il est frequent dans les Assemblées Civiles.

Que si vos Amis ne demeurent pas entierement satisfaits d'vn aveu si solemnel, et s'il faut que je me declare plus expressement, Recevez, Menandre, cét Article vn peu estendu de ma Confession de foy, afin qu'il n'y ait plus lieu de douter de mon intention, et que la Calomnie se taise, apres s'estre fait escouter à toute la France et avoir abusé dix mois durant de la credulité des Peuples et de la patience des Magistrats.

LES PASSAGES DEFENDVS.

SECONDE DEFENSE,

OV DE L'EXCELLENCE DE LA VIE RELIGIEVSE.

Ie sçay le rang que tiennent les Religieux parmy les Fideles, et l'honneur qui est deû à ces Compagnies immortelles, qui sont continuellement occupées, ou à chanter les loüanges du vray Dieu, ou à lui presenter des Sacrifices, ou à luy gaigner des Ames. Ie n'ignore pas que c'est dans les Monasteres que se conservent les restes de l'ancienne severité des Chrestiens, et qu'on voit l'image de la primitive Eglise. Et comme la chaleur qui estoit espanduë de tous costez, se resserre durant la rigueur de l'hyver, dans les grottes et dans les cavernes; c'est en ces lieux retirez qu'est renfermée cette premiere ferveur, qui se communiquoit vniversellement, lors que le sang de Iesus-Christ estoit encore tout chaud, et ses actions presentes à la memoire des hommes.

I'admire ces excellens personnages, qui quittent toutes sortes de soins et d'emplois pour vacquer à cette seule chose, que l'Evangile nomme necessaire; qui travaillent jour et nuict par leurs Mortifications et par leurs austeritez à dompter l'orgueil et l'insolence de la Nature; qui se jettent en des Extremitez qui ne sont point vicieuses; qui font des Excez qui valent mieux que nostre Moderation; qui ne se pardonnent pas mesme l'indifference de leurs pensées; qui croyent que les plus petites fautes sont grandes; qu'il n'y a point de seureté ni de chemin hors de Iesus-Christ; que le monde est vn pays de voleurs et de precipices.

Ils fuyent la compagnie des hommes pour joüir d'une communication plus noble et plus relevée, et traiter avec Dieu en plus grande liberté. Sans mourir, leur ame est separée de leur corps. Ils sont composez de matiere, et vivent comme s'ils n'estoient faits que du seul esprit. Ils mesprisent également la Douleur et la Volupté. Ils se despoüillent de tout leur Bien pour s'enrichir de leurs seules Esperances.

Advoüons la verité à leur gloire et à nostre honte. Nous sommes tantost bons et tantost meschans, et n'apportons à nostre devoir que les premiers mouvemens de nostre volonté et des desirs fort foibles et fort languissans. Mais ces gens-là exercent vne violence qui dure toujours, arrestent et fixent dans vn mesme point l'inconstance de l'esprit humain, et par des Vœux solemnels s'imposent la necessité d'une perpetuelle vertu. De cette sorte, leur merite est double. Par là de chaque bonne action ils en font deux; et outre le bien qu'ils operent, ils tiennent ce qu'ils ont promis, qui n'est pas vne petite loüange dans le siecle de l'Infidelité et de la Tromperie.

Le plus que nous fassions, serviteurs endormis et paresseux que nous sommes, c'est d'obeïr à Dieu quand il nous commande : Encore faut-il pour cela que sa volonté nous paroisse escrite de ses propres doigts, ou qu'elle soit sortie de la bouche de son Fils, ou que la voix de son Eglise nous la signifie. Mais ces saintes Ames, glorieuses de leur joug, et vaines seulement de leur servitude, s'obligent bien à vne plus exacte et plus ponctuelle obeïssance. Elles font leurs amours et leurs passions du service de leur Maistre. Pour peu qu'il les touche, il les met toutes en feu. Il ne rend point d'Oracle secret dans leur cœur qu'elles ne pensent l'oüir tonner sur la montagne de Sinaï : Il ne leur envoye point d'Inspiration qu'elles ne reçoivent comme un Commandement exprés : Il ne leur presente point de Peine à souffrir qu'elles n'estiment vne Recompense : Il ne leur monstre point de Mort au Iappon qu'elles n'y courent pour la trouver.

Nous avons beau faire les Habiles et nous glorifier de nostre Prudence : Outre qu'elle est fort courte, et qu'elle ne regarde quasi qu'un Advenir de deux ou trois jours, elle s'employe seulement à acheter et à vendre de la Fumée et à acquerir et à conserver de la Terre. La Prudence religieuse a bien vne autre estenduë et vn autre employ. Car visant à la vraye Gloire et se proposant la souveraine Felicité; Embrassant d'ailleurs cette suite infinie d'années, qui nous attendent apres cette vie, et cét espace vaste, descouvert par l'Evangile, aupres duquel tous les Siecles de l'Histoire ne paroissent que petits instans, elle travaille pour deux choses également excellentes, pour le Ciel et pour l'Eternité; pour le plus beau de tous les Royaumes et pour le plus long de tous les Regnes.

Cette grande Prudence compatit au reste avec vne grande Simplicité : Elle n'est pas comme la nostre, artificieuse et dissimulée; Elle n'est pas ennemie de la Franchise, et de la bonne foy, et de ces autres vertus du temps passé, qui sont les vices de celuy-cy. Ne nous condamnons pas pourtant tout à fait. Il se peut, Menandre, que quand on nous traisne devant la face des Iuges, que quand on nous fait lever la main, et qu'il faut jurer sur les Sainctes Escritures, nous cessions d'estre Menteurs pour vn peu de temps. Cela se peut, je vous l'advouë : Mais les Religieux sont perpetuellement Veritables : Ils le sont, lors mesme qu'il n'importe pas de l'estre, et qu'ils pourroient mentir à bonne intention. Ils ne fuyent pas le Mensonge, de peur de faire tort à leur Conscience. Ils le fuyent de peur d'offenser la Verité, et rejettent de leur morale les faussetez charitables et officieuses comme celles que Platon semble approuver, bien loin d'y admettre les cruelles et les malfaisantes, comme celles dont j'ay subjet de me plaindre.

Allons plus loin, s'il vous plaist, et ne nous arrestons pas en si beau chemin. D'ordinaire toute notre Philosophie est sur le bord de nos levres, et ne se mesle que de discourir; Aussi ne passe-t'elle gueres les oreilles de ceux qui nous escoutent, ny ne fait que de fort legeres impressions sur leurs cœurs. La leur, au contraire, qui pratique les choses dont nous ne savons que disputer, et observe les preceptes que nous nous contentons de prononcer gravement, a converti en un instant des peuples entiers, et a persuadé à de grands Rois de quitter les armées de Terre et de Mer, et de se dessaisir d'une puissance formidable à tout le Monde, pour aller chercher Dieu au Desert, et se rendre bien-heureux par la Pauvreté.

Et l'importance est, comme vous sçavez, que l'Eloquence a eu la moindre part en cette persuasion; L'honneur en est deû à quelque chose de plus fort et de plus puissant que les paroles. Leur langage est populaire, mais leurs actions sont heroïques. Il s'opposent aux vices de leur Siècle ; Mais c'est par des vertus qui sont contraires à ces vices-là. Ils n'employent à la correction de leur Prochain ny l'amertume des termes aigres, ny la subtilité des argumens captieux; C'est avec leur vie qu'ils reprennent celle d'autruy, et par leur exemple qu'ils entreprennent la reformation du monde.

Au demeurant, qu'on ne s'imagine pas que pour n'exercer point de charges publiques, pour n'avoir point de seance dans les Parlemens, ny de voix dans les Conseils, ny de commandement à la Guerre, ils soient moins utiles à l'Estat. Les plus grands services qui se rendent aux Princes ne sont pas tousjours esclairez de leur presence ny advoüez de leur authorité. Leurs meilleurs serviteurs leur sont inconnus. Nous ne voyons pas toutes les Causes de tous les effets que nous voyons. Les fruits paroissent, mais les racines sont cachées.

Combien d'heureux evenemens sont arrivez en nos jours et de la memoire de nos Peres, que nous avons pris pour des coups estranges de la Fortune, ou pour des miracles de la Prudence, qui estoient neantmoins de pures recompenses de Pieté. Il s'est descouvert des conjurations; on a gaigné des Batailles; les Rebelles ont esté chastiez par leurs Maistres : Et de tout cela, nous avons donné la gloire à la sagesse d'vn homme d'Estat, ou à la Vaillance d'vn homme de Guerre, qui peut-estre estoit deuë au zele d'vn Iesuite, ou à l'Austerité d'vn Chartreux, à celuy qui corrige le mal, ou à celuy qui le pleure, à celuy qui presche, ou à celuy qui medite. Car il est vray qu'il y a bien de la difference entre la vie retirée et la vie oysive, et que la Contemplation a son vsage et son employ dans la Republique aussi bien que l'Action, quoy qu'il soit plus esloigné de la veuë des hommes, et qu'il fuye les Theatres et les Assemblées.

C'est donc vn loisir actif et laborieux que celuy de ces admirables Contemplatifs, comme ç'a esté une Chasteté feconde et de grand rapport que celle de leurs premiers Peres, de la Posterité desquels nous parlons. Et si cette Posterité ne servoit de rien dans le Monde; si c'estoit vne des superfluitez des Estats et vn fardeau inutile de la Terre, ainsi que parlent leurs ennemis, croyez-vous qu'elle leur eust esté promise, comme elle a esté, pour le prix de leur Vertu et pour le salaire de leurs services? Et, à vostre advis, Dieu eust-il dit d'eux, par la bouche de son Prophete, AVX EVNVQVES QVI ESLIRONT CE QUE I'AY VOVLV, ET OBSERVERONT MON AL-

LIANCE, IE LEVR DONNERAY VNE MEILLEVRE LIGNÉE QVE CELLE DES FILS ET DES FILLES.

Ce sont, en effet, des Fils et des Filles de miracle, des Enfans de l'esprit et de la raison, à la naissance desquels la chair n'a point eu de part et le sang n'a rien contribué. C'est de cette Ieunesse spirituelle et de ces hommes renouvelez que se composent les meilleures Troupes du Royaume de Iesus-Christ. Et l'Escadron invincible de Macedoine n'en approche point; Et la Bande inseparable des Amoureux, qui mouroient ensemble pour le bien public de Lacedemone, ne merite point de luy estre comparée.

Redisons à peu prés ce que nous en avons dit en vn autre lieu, et achevons par où nous avons commencé. Ce sont eux, Menandre, qui portent bonheur au reste de la Republique, qui par leur seule presence, fortifient les Provinces et les Villes, qui en sont les Gardes sans sortir jamais de faction, et les Sentinelles sans fermer jamais les yeux. Ils se mettent, ces hardis Demi-nuds et ces magnanimes Humbles, ils se mettent entre les hommes coupables et Dieu courroucé. Ils arrestent son bras quand il est levé pour faire justice. Leurs peines volontaires obtiennent de luy nostre impunité. Leur Innocence sert de contre-poids à la Corruption de toute la Terre.

Dieu m'est tesmoin que je n'avance rien en tout cecy dont je ne sois entierement persuadé; Et ceux qui me connoissent comme vous faites sçavent si j'accommode mon langage au temps ou si je parle sans artifice. Ils ne s'estonneront point de me voir perseverer dans des sentimens que j'ay toujours eus, ny de lire en mes Escrits ce qu'ils ont souvent oüy de moy en nostre conversation ordinaire. Ce ne sont pas de nouvelles opinions qui me sont venuës, c'est la premiere teinture qui m'a esté donnée de la pieté; et je ne cherche point à faire monstre de mon Esprit, mais je suis contraint de rendre raison de ma Creance.

Mon accusateur ne se peut pas vanter justement de m'avoir fait changer d'advis, ny de m'obliger à contrefaire l'homme de bien. I'estime sa Profession et ceux qui la suivent beaucoup plus qu'il ne les estime luy-mesme. Et quoy que je confesse que tout ce que j'en ay pû concevoir ne responde pas à la dignité de l'objet que je regardois, et que mon Expression soit bien au deçà de mon Idée, il me semble pourtant que j'en ay parlé avec moins d'inconsideration que si j'avois dit, comme luy : « Qu'on ne bastit plus les « Monasteres dans les Deserts, mais dans le milieu des bon« nes Villes, à la porte des Louvres et des Palais des Rois : « Que les Grands de la Cour les viennent chercher jusque « dans leurs cellules : Que les Dames leur communiquent « le secret de leurs ames plus confidemment qu'elles ne « font aux Courtisans ; Qu'ils ont tous les jours à parler aux « Rois et aux Ministres de l'Estat. Qu'au demeurant il ne « fait pas bon s'attaquer à eux, pource que ce sont person« nes qui n'ont rien à perdre, et qui l'emportent tousjours « par-dessus les particuliers, non pource qu'ils sont plus « forts, mais pource qu'ils sont plusieurs ensemble ; Que ce « sont des hommes d'entre deux airs, qui vont fondre sur « les hommes de la Terre comme les Aigles sur les Le« vraux. »

Ie ne pense pas, Menandre, que les bons Religieux reçoivent ces Eloges en bonne part, ny que cette façon de loüer la vie Monastique soit de fort ancien vsage dans l'Eglise. Sans doute elle n'est pas du style des premiers temps, et jamais Sainct Basile ni Sainct Hierosme ne se fussent advisez de tirer à l'avantage des Moines ce qu'on leur a depuis reproché, et peut-estre avec quelque raison. Aussi je m'asseure que pour le moins, en cet article, mon Ennemy sera desadvoüé de ses Compagnons, et qu'ils le prieront de corriger sa Harangue. Car s'il faloit l'en croire, ils voudroient se rejetter dans l'orage d'où ils sont heureusement eschappez. Ils auroient fait semblant de sortir du monde pour y r'entrer plus avant qu'ils n'y estoient. Ce seroient plus-tost des Galans en masque et des Ambitieux travestis que des Reformez tout de bon et des veritables Humbles.

LES PASSAGES DEFENDVS.

TROISIESME DEFENSE,

OV DE L'ANTIQVITÉ DE LA RELIGION CHRESTIENNE.

Mais il y a trop de hardiesse d'avoir de la joye en presence d'vn Tyran et de rire quand il nous menace. Agissons serieusement avec l'homme du monde qui entend le moins raillerie et qui affecte le plus la severité. Il est temps de luy disputer vn autre passage et de le faire retirer d'vn lieu où il pense s'estre bien fortifié, apres l'avoir pris de bonne guerre. Tantost il se contentoit de m'oster la Devotion, qui est la plus douce et la plus delicate partie de la Religion : A present il me voudroit oster la Religion toute entiere. Il voudroit me chasser de toutes les Societez des Fideles et persuader à tout le Monde Chrestien que je suis tombé en Idolastrie.

Preparez-vous, Menandre, à ouïr des Blasphesmes espouvantables. Autrefois neantmoins c'estoient de sainctes Maximes; mais il faut qu'elles se soient changées entre mes mains, et que par mes charmes, d'vne verge j'aye fait vn serpent. Admirez avec moy que trois ans entiers on ait laissé courir des Monstres par toute la France, sans se mettre en devoir de les arrester; Et que dans le Royaume tres-Chrestien, dans la lumiere de nostre Siecle, à trois pas de la Sorbone, l'Impieté imprimée et reimprimée n'ait pû jusques icy estre descouverte. Il n'y a que mon Ennemy qui ait eu des yeux pour voir l'interest de Dieu et de zéle pour s'en picquer. Il s'est garanti luy seul du Monstre qui se cache sous ces paroles.

« Nous ne sommes pas venus au monde pour faire des « Loix, mais pour obeïr à celles que nous avons trouvées et « nous contenter de la Sagesse de nos Peres, comme de « leur Terre et de leur Soleil. Et certes, puisque mesme « aux choses indifferentes la nouveauté est blasmée, et que « les Rois ne quittent point les Lis, pour prendre des Tu- « lipes en leurs armes, à combien meilleur droit devons « nous conserver les anciens fondemens de la Religion, qui « est d'autant plus pure, que par sa vieillesse elle s'approche « davantage de l'origine des choses, et qu'entre elle et le « principe de tout bien il s'est passé moins de temps qui ait « pû corrompre sa pureté?

« N'est-ce pas, dit-il, la Maxime qui restablit sur terre l'I- « dolastrie, qui est autant que l'Atheïsme et l'Impieté, veû « qu'entre le principe de l'Idolastrie et la creation du Monde « il n'y a que tres-peu de temps : là où entre les commence- « mens du Christianisme et le principe de toutes choses on « y comptera plus de quatre mille ans. Et par consequent « si cette Maxime est veritable, il se conclut que l'Idolastrie « est d'autant plus preferable au Christianisme, qu'elle a « sur nostre Religion l'avantage du temps, et l'âge qui la fait « toucher de plus prés au principe de tout bien et au com- « mencement de toutes choses. »

Oh! que cét homme, Menandre, est mal informé de la naissance et de l'antiquité de la Religion, et que d'vn coup de plume il raye de Siecles de son Histoire! Qu'il est mal instruit de l'âge et des divers estats de la Verité! S'il n'estoit son Ennemy juré, je dirois qu'elle n'est pas seulement de sa connoissance. Il la fait plus jeune de plus de quatre mille ans qu'elle n'est; soit qu'il n'ait pas pris la peine de la bien considerer; soit qu'il pense flatter par là et cacher les rides et les cheveux blancs d'vne Princesse.

Cette Princesse neantmoins, sœur du Soleil et fille du Temps, est plus belle que l'vn, mais elle n'est gueres moins vieille que l'autre. C'est la premiere et la plus esloignée de toutes les choses. Tout est Moderne en comparaison. Les Fables et les Temps Heroïques, les Guerres de Thebes et de Troye; les Affaires des Assyriens et des Medes, au prix d'elle, sont d'hier et d'aujourd'huy. Le Monde ne fut basty que pour la loger; et lorsqu'il n'y avoit encore que deux personnes sur la Terre, il y avoit desja vne Eglise et des Fideles.

Comme l'Idée et la perfection sont avant les Images et les Defauts; Comme la Nature et la Raison sont plus anciennes que les Artifices et les Sophismes; Comme le Pur en quoy que ce soit precede le Corrompu : Ainsi la Vraye creance precede la Fausse.

Ce n'est pas le plus difficile poinct de nostre Doctrine, et dont l'intelligence humaine ne puisse estre capable sans le secours des lettres divines. La Philosophie s'accorde en cecy avec la Foy, et Aristote combat sous les Enseignes de Iesus-Christ. Car toute mauvaise Religion estant mensonge, il s'ensuit necessairement qu'elle soit venuë apres la bonne, puisque les Privations presupposent de necessité les Habitudes; Et qu'vn homme ne sçauroit estre Aveugle, s'il n'y avoit avant luy vne puissance de voir et de juger de la diversité des objets; Ny Ignorant, s'il n'y avoit des Vertus intellectuelles et vne plus haute connoissance que celle des sens;

Ny heretique, s'il n'estoit sorty de l'Eglise, et qu'il n'eust quitté les opinions receuës; Ny Idolastre, s'il n'avoit abandonné le service du Createur, pour faire ses Dieux des Creatures.

Ainsi, Menandre, le Mensonge naist en quelque façon de son contraire. Il a besoin de la Verité pour estre Mensonge, et ne sçauroit agir s'il ne l'avoit pour son objet ennemy, ny subsister que par la ruïne des principes qu'elle establit et par la negation de ce qu'elle affirme. Et de là il est aisé à conclure que la bonne semence a esté respanduë la premiere, mais que l'homme ennemy est venu depuis qui a jetté l'yvraye et le mauvais grain; que l'Erreur, le Desguisement et la Tromperie sont arrivez les derniers au Monde, et que jamais il n'y auroit eu de fausse Religion, si tousjours il n'y en avoit eu vne veritable,

Mais au calcul de mon Adversaire on compte plus de quatre mille ans entre les commencemens du Christianisme et le principe des choses. Est-il possible, Menandre, que tant de siecles apres la persecution des Tyrans, au milieu des grandeurs et des prosperitez de l'Eglise, en vne saison Lovis le Ivste l'a fait triompher de tous costez, je suis reduit aux termes qu'estoient reduits les Fideles sous l'Empire de Neron et de Diocletien? Qui croira que mon Adversaire prenne entre les mains des Payens, les armes desquelles il me fait la guerre? Que nostre Religion ait encore besoin des Apologies d'Athenagoras et de Iustin, et qu'il se trouve quelqu'vn qui luy reproche sa Nouveauté?

Il est ainsi neantmoins, et celuy qui la luy reproche a succedé à Sainct Bernard et a traduit Sainct Denys. Il est né dans le College : Il compte des Docteurs entre ses predecesseurs : Il preside à vne grande troupe de Theologiens, et pas vn d'eux ne l'a adverty de son erreur, pour me descharger de l'envie à laquelle je m'expose en corrigeant le Premier homme de nostre temps, comme il se nomme luy-mesme. Pas vn d'eux, Menandre, ne luy a voulu dire qu'il y a de la difference entre n'estre point et estre secret; entre le neant et la vie cachée; pas vn d'eux ne luy a dit que tous les termes ne sont pas si anciens que toutes les choses qu'ils signifient.

Le Christianisme a donc esté de tout temps, quoy qu'il ait esté long-temps cacheté, et sous des nuages, et que Dieu ne l'ait ouvert aux Peuples, ny laissé luire à clair dans le Monde, qu'au terme qu'il avoit precisement marqué dans les Oracles de sa parole. Il y a tousjours eu des Chrestiens, quoy qu'ils n'ayent pas tousjours esté appelez de cette façon; Et la Religion Chrestienne a precedé la naissance de Iesus-Christ de beaucoup de Siecles, quoy que le nom de Chrestien n'ait esté imposé aux Fideles qu'apres sa mort. dans la ville d'Antioche. L'Eglise pourtant n'est pas née à Antioche, et mon Adversaire ne voudroit pas l'asseurer, de peur d'offenser Ierusalem. Neantmoins, Menandre, cela seroit, s'il en faloit croire sa Dialectique et prendre les choses de sa main. Il faudroit dire que durant la vie de Iesus-Christ il n'y avoit point de Chrestiens, non pas mesme en sa compagnie et à sa suite.

Il y en avoit toutefois, et alors et auparavant. Ces gens-là n'ont presque pas commencé, tant ils sont anciens, et je ne pense pas que ce soit antidater le principe du Christianisme de le prendre dés le principe et dés l'origine des choses. Et de fait, lors qu'au Concile de Rimini quelques-vns proposerent de rejetter les Confessions de Foy des Conciles precedens, pour en faire passer vne nouvelle datée du second des Kalendes de Iuin et du Consulat d'Eusebe et de Hypatius, Sainct Athanase s'y opposa vigoureusement et representa que la vraye Foy n'avoit point de date : que c'estoit luy faire tort, que de luy donner vn commencement si nouveau : qu'elle estoit plus ancienne non-seulement que les Consuls Eusebe et Hypatius, et que l'Empereur Constance qui les avoit faits, mais aussi que tous les Consuls et que tous les Empereurs ensemble : Que les Nombres, les Chiffres, les Fastes et les Archives n'estoient point encore, lors qu'il estoit vne Foy Chrestienne et vne Religion Orthodoxe.

Si mon Adversaire eust esté à ce Concile, il eust accusé Sainct Athanase d'impieté. Oui sans doute, Menandre, puis qu'il m'en accuse, pour estre dans le mesme sentiment que Sainct Athanase, et qu'il ne sçait pas ce qu'il faut luy dire et luy redire, afin qu'il le sçache : « Que l'Eglise dure de-
« puis le commencement des Siecles jusques à cette heure ;
« qu'elle seule ne s'est point noyée, lors que toute la Terre
« a fait naufrage par le Deluge ; qu'elle s'est sauvée de l'em-
« brasement, lors que les Villes entieres ont esté consu-
« mées par le feu du Ciel ; qu'elle a survescu à tous ses Per-
« secuteurs ; qu'elle a veû naistre et mourir les quatre
« grandes Monarchies ; que d'vn Peuple elle a passé à tous
« les autres, et que celle-là mesme qui a esté esclave en
« Egypte, fugitive au Desert, estrangere en Palestine, pri-
« sonniere en Babylone, est la mesme qui regne aujour-
« d'huy à Rome. »

Ce ne sont point des propositions contestées. Ce sont des veritez reconnuës. Entretenez-vous-en, Menandre, avec vos Peres. Il n'est rien de plus certain parmy eux, ny dont ils demeurent plus vniversellement d'accord en leurs doctes Assemblées. L'Eglise des Iuifs n'estoit point vne autre Eglise que la nostre ; leurs Prophetes sont aujourd'huy nos Historiens ; et nous sommes les Suivans et les Domestiques de celuy dont ils ont esté les Avant-coureurs et les Trompettes.

L'Agneau a esté immolé dés le commencement du Monde. Le premier Adam a esperé le second : Il a crû en Iesus-Christ, et dans l'asseurance qu'il a euë que le Iuste naistroit de sa race, il s'est consolé de la perte de son Innocence. Abraham a veû de loin le jour du Seigneur, et s'en est resjouï vingt-quatre siecles avant sa venuë. Isaac a veû le mesme jour, apres avoir perdu les yeux, et prenant Iacob pour Esaü. Moyse a esté Chrestien, et Sainct Paul dit de luy que l'opprobre de Iesus-Christ luy fut plus precieux que les richesses d'Egypte. Esaïe prioit les Nuées de pleuvoir le Iuste et la Terre de germer le Sauveur; Et les autres Prophetes le demandoient avec tant d'impatience, qu'il sembloit quelquefois qu'ils se plaignissent des Longueurs et des Remises dont Dieu vsoit à l'endroit des hommes.

Tant y a, Menandre, que les anciens Peres ont bû de l'eau qui sortoit de la pierre, et cette pierre estoit Iesus-Christ. Les Fideles, tant de la Loy de Nature que de la Loy escrite. appartenoient à la Loy de Grace et estoient du Troupeau de Iesus-Christ. Ils attendoient la Consolation d'Israël et souspiroient apres le Messie. Ils estoient guidez par l'Estoille du matin, comme nous le sommes par celle du soir; Et les vns et les autres sommes guidez par un mesme Astre, qui a deux divers noms; par vne lumiere qui s'appelloit en ce temps la Synagogue, et qui maintenant s'appelle Eglise.

Il n'y a point deux Religions, parce qu'il n'y a point deux Sauveurs ny deux Paradis. On ne nous enseigne point vne seconde Verité, differente de la premiere. Nous n'avons point d'autres Connoissances que les premiers hommes; mais nous les avons plus nettes et plus distinctes; Et toute la difference qu'il y a pour ce regard entre nous et eux, c'est que notre Foy a pour objet le Passé, et que la leur avoit l'Advenir.

Si bien qu'à ce compte-là, nos Supputations ne sont pas fausses; Nous n'avons point fait d'Anachronisme : La Religion Chrestienne n'est pas si nouvelle que s'imagine mon Ennemy; Elle n'est pas si esloignée qu'il se figure de l'origine des choses. Et tant s'en faut, Menandre, que, comme il pense, les Payens ayent sur nous l'avantage du temps et de la vieillesse, qu'il est tres-asseuré, s'il en faut croire Tertullien, que nous avons des Autheurs qui ont vescu devant leurs fausses Divinitez, et que Moyse est beaucoup plus ancien que Saturne, et par consequent, que les Enfans de Saturne et les enfans de ses enfans, dont les Poëtes ont fait tant de Dieux et tant de Deesses.

Contentons-nous donc de la Sagesse de nos Peres, comme de leur Terre et de leur Soleil; Et en quelque sens qu'on puisse prendre ces innocentes paroles, ne craignons point d'avoir mal parlé; car, soit que nous montions jusques à la premiere et à la plus haute Antiquité, qui est celle des Iuifs; soit que nous nous arrestions à vne autre Antiquité moyenne et inferieure, qui est celle des Grecs; soit qu'enfin nous descendions à la plus proche et à la plus voisine de nostre temps, nous demeurerons tousjours dans les mesmes termes.

Il y avoit des Sages avant que la Philosophie fust au Monde, et ces Sages-là estoient nos Peres. Avant que les Escholes d'Athenes fussent basties, et qu'il y eust vn Portique, vn Lycée, vne Académie, il y avoit vne souveraine Raison, vne Verité relevée, vne Academie celeste. Il y avoit des Docteurs enseignez de Dieu; Il y avoit des Prophetes inspirez du mesme Dieu; Et nous sommes les Disciples de ces Docteurs et les Fils de ces Prophetes. Lors que les Grecs estoient encore des Enfans, et que leur Eloquence begayoit encore, la Sagesse des Hebreux avoit atteint sa perfection : Elle rendoit des Oracles à toute la Terre; Elle estoit admirée de l'Orient, et recherchée du Midy, et c'est, Menandre, la Sagesse de nos Peres.

Ces Enfans depuis se sont faits Hommes. Les Grecs ont estudié et ont debité leur science; Ils ont cherché la Verité avec de la curiosité et du soin. Et quoy que je sçache que leur curiosité n'a gueres esté plus heureuse que celle des Alchimistes, et qu'ils ont plustost eu des soupçons que des asseurances, s'estant doutez de quelque chose, sans avoir rien sceû de bien certain; Ç'a pourtant esté l'opinion d'vn des plus sçavans Peres de l'ancienne Eglise, qu'vne si trouble et si debile lumiere ne leur a pas esté inutile, et que ce petit rayon qu'ils ont entreveû les a suffisamment esclairez pour arriver à la derniere felicité.

Ie parle, Menandre, de Clement Alexandrin, qui sans doute est de la connoissance de vos amis, aussi bien que de la vostre. Il a escrit en plusieurs endroits de ses ouvrages, que la Philosophie avoit esté donnée aux Grecs au lieu de la Loy; que les Grecs ont pû se sauver par le moyen de la Philosophie; qu'ils ont pû trouver le chemin du Ciel, par les adresses qu'elle leur donnoit; qu'elle estoit l'Eschelle de l'Evangile; que c'estoit vn troisiesme Testament.

Et vn Martyr de la mesme Eglise des premiers temps n'a pas esté de contraire advis. Il n'a pas eu mauvaise opinion du salut d'Heraclite, de Socrate et de quelques autres Philosophes Grecs. Il a crû, aussi bien que Clement Alexandrin et que Sainct Denys, que c'estoient des Catechumenes, dont les Anges avoient esté les Docteurs, et des Chrestiens commencez, qui par la Raison s'acheminoient à la Foy, et n'estoient pas indignes de la Grace, pour avoir fait tant de progrez vers Dieu, par les seules forces de la nature. Tellement que, si cela estoit, ce seroit encore dequoy enrichir nostre Genealogie. Ceux que nous pensions estre Estrangers se trouveroient des nostres, et en ce sens-là leur Sagesse se pourroit dire la Sagesse de nos Peres.

Mais quand nous ne chercherons point nos Tiltres dans le vieux Testament, ny ne tirerons nostre naissance de si loin; quand nous n'invoquerons pas Socrate dans nos prieres, ny n'adjousterons ce verset à nos Litanies : SAINCT SOCRATE, PRIEZ POVR NOVS, ainsy qu'Erasme semble nous le conseiller; quand nous ne dirons pas : NOSTRE ANCESTRE et NOSTRE PERE SOCRATE, comme le disoient les Platoniciens du temps d'Apulée, ne sommes-nous pas Fils des derniers Fideles? ne sommes-nous pas les vrais et les legitimes Heritiers de ceux qui estoient en possession de la Verité, à qui elle a esté adjugée par les Arrests de tous les Conciles? Et cette Doctrine, qui est venuë de main en main et de successeurs en successeurs, sans laisser aucun intervalle vuide depuis les Apostres jusques à nous, n'est-ce pas la Sagesse de nos Peres?

Le Changement n'est bon que quand le premier estat est mauvais, ny la Nouveauté recevable que quand les vieilles coustumes sont vicieuses. C'est pourquoy vivant dans vne Eglise qui ne peut faillir et qui est perpetuellement assistée de la presence du Sainct Esprit, et d'ailleurs ne parlant que des Catholiques et des Protestans, ce que vos Peres me feront la faveur de remarquer, et ce que dissimule mon Ennemy avec son ingenuité ordinaire, ne fais-je pas au passage dont il s'agit, vne Protestation solennelle de l'integrité de ma Foy et du desir que j'ay de perseverer dans la bonne Cause? Lors que je dis qu'il faut se contenter de la Sagesse de nos Peres, que dis-je autre chose, sinon qu'il faut se sousmettre à l'authorité de l'Eglise Catholique; qu'il ne faut pas estre rebelle de Rome; qu'il faut preferer Sainct Pierre à Luther, et n'escouter pas seulement cet Vsurpateur, qui, sans succeder à personne, a commencé par soy-mesme, et de qui on peut prononcer hardiment, qu'en matiere de Doctrine, il est né sans avoir eu de Pere?

FIN DES DISCOVRS.

LETTRES

(1624 — 1654)

PENSÉES

TIRÉES DES LETTRES DE BALZAC

ET DE SES ŒUVRES DIVERSES

Les LETTRES de Balzac, dont le premier recueil parut en 1624 avec un succès extraordinaire, forment, réunies toutes ensemble*, un énorme volume, qui est le premier de la grande édition de Conrart. Il ne serait guère possible d'en donner aujourd'hui une nouvelle édition complète : elles n'offrent pas un intérêt suffisant. Sauf un certain nombre de particularités assez curieuses, presque toutes relatives au mouvement dont notre langue était travaillée, à l'incertitude sur le

* Il en reste encore de *manuscrites*, qui doivent être, je crois, l'objet d'une publication particulière.

choix et la détermination des mots, leur admission ou leur rejet, qui faisait le mérite et le tourment de l'écrivain, on y chercherait vainement quelque fait important, quelque jugement nouveau, sur les événements et les personnages contemporains ; un trait naïf et sincère, un récit familier propre à nous initier au secret de la vie privée de l'auteur, à ses affaires, à ses habitudes, à ses relations de famille. Ce que nous voudrions savoir, c'est ce qu'il omet ; et ce dont il parle nous est à peu près indifférent. Le MOI tient naturellement une assez grande place dans cette volumineuse correspondance ; mais ce *moi* ne se produit jamais que sous le masque oratoire, avec l'inévitable escorte de ces figures de rhétorique qui dissimulent les choses en les exagérant. Le naturel et l'abandon, qui dispensent celui qui écrit une lettre d'avoir le moindre sujet d'écrire, ne sont pas les vertus habituelles du *grand épistolier;* et, il faut le dire, le caractère élevé de sa pensée et de son style offre un contraste singulier avec la futilité des sujets ordinaires de sa correspondance. Cependant, quand l'occasion est donnée, quand il esquisse un souvenir de son séjour à Rome, qu'il expose à un évêque l'état maladif de son âme, qu'il adresse à un ami sur la mort d'un autre ami de nobles et de chrétiennes consolations, il retrouve alors tous ses avantages ; il rappelle Sulpicius écrivant à Cicéron, ou mieux encore Sénèque à Lucile. Ces lettres, sérieuses et pleines, monument d'une austère éloquence, je me suis fait un devoir de les publier intégralement. Mais comme l'auteur, homme d'infiniment d'esprit, n'a jamais écrit une page sans y laisser une pensée remarquable, soit par son originalité, soit par le tour qu'il lui donne, il m'a paru convenable de demander aux *Lettres* et aux *Discours* non insérés tout ce qu'ils pouvaient contenir de vrai, de neuf ou d'intéressant. J'en ai fait, pour ainsi dire, un *esprit de Balzac*, et, si je ne me trompe, le petit recueil qui termine ce volume n'aurait rien à craindre d'une comparaison avec le fameux livre des *Maximes*.

LETTRES ET PENSÉES

LETTRE

DE MONSEIGNEVR LE CARDINAL DE RICHELIEV

A MONSIEVR DE BALZAC.

MONSIEVR,

Bien que j'aye desja fait connoistre à l'vn de vos amis le jugement que je faisois des Lettres qu'il m'a fait voir de vostre part, je ne me satisferois pas moy-mesme si ces lignes ne vous en portoient une approbation plus authentique. Ce n'est pas l'affection que j'ay pour vous qui me convie à vous la donner, mais la verité, qui a cet avantage, qu'elle force ceux qui ont les yeux de l'esprit assez bons pour la voir telle qu'elle est, à la representer sans desguisement. Mon sentiment sera suivi de beaucoup d'autres, et s'il y en a quelques-vns qui en ayent vn contraire, j'ose vous asseurer que le temps leur fera connoistre que les defauts qu'ils remarquent en vos Lettres viennent de leur esprit et non de vostre plume; et qu'ils sont comme ces pauvres malades qui, ayant la jaunisse jusques dedans les yeux, ne voyent rien qui ne leur semble en avoir la teinture. Autrefois les esprits mediocres admiroient tout ce qui passoit leur portée; maintenant leur jugement suit leur puissance, car ils n'approuvent que ce qu'ils peuvent faire, et blasment ce qui est au-dessus d'eux. I'ose dire sans presomption qu'en ce qui vous concerne je voy les choses comme elles sont, et les dis telles que je les voy. Les conceptions de vos Lettres sont fortes et aussi esloignées des imaginations ordinaires qu'elles sont conformes au sens commun de ceux qui ont le jugement relevé; la diction en est pure, les paroles autant choisies qu'elles le peuvent estre pour n'avoir rien d'affecté, le sens clair et net, et les periodes accomplies de tous leurs nombres. Ce sentiment est d'autant plus ingenu, qu'en approuvant tout ce qui est de vous en vos Lettres, je ne vous ay point celé que je trouvois quelque chose à desirer en ce que vous y mettez d'autruy, craignant que la liberté de vos paroles ne fist croire qu'il y en eust en leur humeur et en leurs mœurs, et ne portast ceux qui les connoistroient plus de nom que de conversation à en faire vn autre jugement que vous ne souhaiteriez vous-mesme. La façon avec laquelle vous avez receû cet advis fait qu'en continuant ma franchise, je finiray en vous advertissant que vous seriez responsable devant Dieu si vous laissiez votre plume oisive, et que vous la devez employer en de plus graves et de plus importans subjets, voulant que vous m'en fassiez reproche, si vous n'avez ce contentement de voir que ce que vous ferez sera loüé et estimé de ceux mesmes qui voudroient avoir occasion de le blasmer, qui est l'vne des plus seures marques de la perfection d'vn ouvrage. Vous en recevrez de celles de mon affection quand j'auray moyen de vous tesmoigner que je suis,

MONSIEVR,

Vostre bien affectionné, etc.

De Paris, ce 4 fevrier 1624.

A MGR LE CARDINAL DE LA VALETTE*

SVR LE BRVIT QVI COVRVT A ROME
QVE LA PAIX AVOIT ESTÉ FAITE A MONTAVBAN, GRANDEMENT AVANTAGEVSE
POVR CEVX DE LA RELIGION PRETENDVE REFORMÉE.

MONSEIGNEVR,

Ie me figurois qu'vn de ces jours les Huguenots seroient au nombre des choses passées, ou que pour le moins ils porteroient des chapeaux jaunes et iroient vne fois la semaine au Sermon, aussi bien que les Iuifs de cette ville. Mais on dit par tout que le Roy a mieux aimé ceder à l'advis de son Conseil, que de se croire soy-mesme, et qu'il a donné la paix à ses amis, qu'il avoit refusée aux rebelles. C'est vne nouvelle qui n'est icy au goust de personne, et

* Louis de Nogaret de la Valette, fils du célèbre duc d'Épernon, né vers 1592, honoré de la pourpre en 1621 par le Pape Paul V, mort à Rivoli en 1639.

qui a surpris de telle façon les esprits de la Cour, qu'ils en ont tous perdu la parole. Quant à moy, Monseigneur, puisque vous m'avez commandé de ne laisser rien passer dans le Monde sans vous en dire mon sentiment, et que vous voulez que les affaires publiques soient le subjet de toutes mes Lettres, il faut que je vous advouë en cette occasion que je suis estonné et que je resve comme les autres. Veritablement il n'estoit point besoin de faire traverser aux galeres vn si long espace de mer, ny de tirer du sang de toutes les veines de l'Estat par tant de nouveaux Edits, ny de recevoir des pertes que la France pleurera des siecles entiers, pour irriter seulement des bestes sauvages. Ie serois presomptueux si je voulois penetrer dans les secrets des affaires, et si je pensois voir clairement des choses qui sont autant au-dessus de moy que le Soleil et les Astres. Ie ne sçay si le Roy ne se reserve point quelque pensée interieure pour achever ses desseins par d'autres moyens que ceux qui sont connus du Monde : Mais je sçay bien qu'il ne sçauroit faire changer de nature à l'Heresie, et que quoy qu'il la flatte, elle sera tousjours ennemie de son authorité et rebelle à ses commandemens. Tout le temps qui s'est passé depuis la naissance de cette nouvelle opinion jusques à cette heure a plustost esté vn interregne et vne suspension de la puissance legitime, que la veritable suite de l'ancien gouvernement de nos Peres. Il a fallu que les Rois ayent fait vn serment contraire à celuy de leur Sacre et qu'ils se soient obligez de prendre la protection de ceux dont ils venoient de jurer d'entreprendre la ruïne : Ils ont receû de leurs Subjets les conditions de la paix qu'ils avoient accoustumé de leur donner : Et sans mettre en avant qu'au milieu de leurs Estats il y a des villes qui sont frontieres et que la France n'est pas plus divisée de l'Espagne et de l'Angleterre par la mer et par les montagnes, que d'elle-mesme par l'Heresie, qui ne sçait que c'est elle qui ramasse tous les mescontentemens des Grands et les broüilleries de la Cour, pour troubler nostre repos vne fois l'an, et qu'elle a esté ou la mere ou la nourrice de toutes les Factions que nous avons veuës? En cét estat-là, Monseigneur, il n'y a point d'apparence de songer aux affaires estrangeres, ny de jetter les yeux sur le bien d'autruy cependant qu'on nous dispute le nostre, et qu'il faut que nous le tenions avec les deux mains, de peur qu'il ne nous eschappe. Comme les corps qui sont subjets à quelque indisposition ne peuvent s'esloigner de la chambre, ny souffrir la moindre injure de l'air sans courre fortune : tout de mesme, tant que le Roy aura vne partie de son Estat malade, et qu'il se plaindra de quelque costé, il ne faut pas qu'il parle d'aller visiter ses voysins, ny de passer les bornes de son Royaume. Nous voicy donc, apres vn an de guerre, aux termes où nous estions avant l'Assemblée de la Rochelle. Vn peu de resistance est venu à bout de toutes nos forces, et à cause que la victoire n'a pas arrivé au poinct que nous la desirions, nous nous sommes incontinent defiés de la Grace de Dieu, et nous avons desesperé de la fortune de son Eglise. Est-il possible que la patience, sans laquelle on ne fait rien à la chasse et on ne sçauroit gaigner vn jeu aux Echecs, n'ait pû estre apportée à la defense de la Religion et à la Conqueste de la moitié d'vn Royaume? Pour nous delivrer de quelques petits maux presens, nous n'avons eu esgard ny au passé ny à l'advenir, et avons fait cette belle Paix qui n'acheve point nos malheurs, qui ne fait point cesser nos defiances, à qui tant de meres demandent leurs fils, tant de femmes leurs maris, et toute la France Monsieur du Mayne *. Ie prie Dieu, Monseigneur,

* Le dernier duc de Mayenne, fils du duc de Mayenne de la Ligue. Henri de Lorraine, duc de Mayenne, grand chambellan de France, gouverneur de Guyenne, né en 1578, tué au siége de Montauban en 1621, à l'âge de quarante-trois ans. Il n'était pas marié.

qu'il ne soit rien de ce que je viens de dire, et que je me sois mis en cholere sur vne nouvelle fausse. Il est vray qu'il y a quatre jours qu'elle court par cette ville, et Monsieur le Cardinal de Sourdis la tient de la propre bouche de sa Saincteté. Mais le Pape mesme ne le sçachant que du bruit commun qui nous a souvent asseurez de la conversion du Roy de la Chine, et qui a tué vne infinité de Princes qui se portent bien, ce sera peut-estre un phantosme qui disparoîtra à la premiere depesche du Roy. En ce cas-là, je seray fort ayse de vous avoir escrit une fable plustost qu'vne histoire, et j'aime mieux perdre mes paroles que si je perdois mon esperance. C'est,

MONSEIGNEVR,

Vostre tres-humble et tres-fidele serviteur,

BALZAC.

Le 27 septembre 1621.

A Mgr LE CARDINAL DE LA VALETTE.

MONSEIGNEVR,

L'esperance qu'on me donne depuis trois mois, que vous devez passer tous les jours en ce pays, m'a empesché jusques icy de vous escrire et de me servir de ce seul moyen qui me reste de m'approcher de vostre personne. Mais puisque vous avez jugé que de quitter la Cour tout d'vn coup, ce seroit autant que mourir de mort subite, et qu'il ne faut pas moins de force ny de temps pour se resoudre à laisser les choses plaisantes que pour surmonter les difficiles, je reprendray, s'il vous plaist, le commerce que le bruit commun m'avoit fait cesser et ne croiray pas vne autre fois que vous puissiez sortir de Paris plus aysement que l'Arcenal et le Louvre. Si ce n'estoit vn lieu tout plein d'enchantemens et de chaisnes, et qui a vne telle force d'attirer et de retenir les hommes, qu'il a fallu donner des batailles pour en chasser les Anglois et en esloigner les Espagnols, on pourroit s'estonner de la peine que vous avez à vous en tirer. Mais il est certain que tout le monde y trouve sa maison et ses affaires, et pour vous, Monseigneur, puis qu'en ce pays-là les Rois naissent et deviennent vieux, et que c'est le siége de leur Empire, personne ne vous sçauroit blasmer d'y demeurer trop long-temps, sans vous accuser d'aimer vostre maistre et de vouloir estre prés de sa personne. A Rome, vous marcherez sur des pierres qui ont esté les dieux de César et de Pompée : vous considererez les ruines de ces grands ouvrages dont la vieillesse est encore belle, et vous vous promenerez tous les jours parmy les histoires et les fables. Mais ce sont les amusemens d'vn esprit qui se contente de peu, et non pas les occupations d'vn homme qui prend plaisir de naviguer dans l'orage, et qui n'est pas venu au monde pour le laisser en oysiveté. Quand vous aurez veû le Tibre, au bord duquel les Romains ont fait l'apprentissage de leurs victoires et commencé ce long dessein qu'ils n'acheverent qu'aux extremitez de la terre ; quand vous serez monté au Capitole, où ils croyent que Dieu estoit aussi present que dans le Ciel, et qu'il avoit enfermé le destin de la monarchie universelle : apres que vous aurez passé au travers de ce grand espace qui estoit dedié aux plaisirs du peuple et où le sang des martyrs a esté souvent meslé avec celuy des criminels et des bestes; je ne doute point qu'apres avoir encore regardé beaucoup d'autres choses, vous ne vous lassiez à la fin du repos et de la tranquillité de Rome, qui sont deux choses beaucoup plus propres à la nuict et aux cimetieres qu'à la cour et à la lumiere du monde. Toutefois ce n'est pas mon dessein de vous desgouster d'vn voyage que le Roy vous a commandé de faire et duquel j'espererois estre le guide, si mon meschant corps suivoit le mouvement de ma volonté. Mais veritablement, Monseigneur, je suis interessé en cette affaire, et quand je me regarde tout seul, j'aurois envie de vous rendre suspects les biens que j'ay peur de ne recevoir pas avec vous. Quoy que je die pourtant, je ne m'aime pas de telle sorte que je veuille preferer mon contentement aux desirs de tout le monde et aux necessitez de l'Eglise. Il est besoin pour vne infinité de considerations importantes, que vous soyez au premier conclave et que vous vous trouviez à cette guerre qui ne laissera pas d'estre grande pour estre composée de personnes desarmées et pour ne faire ny veuves ny orphelins. Ie sçay bien que vous avez veû ailleurs de plus dangereuses occasions et que vous avez souvent desiré des victoires plus sanglantes. Neantmoins, quelque grand objet que se propose vostre ambition, elle ne sçauroit rien concevoir de si haut que de donner en mesme temps vn successeur aux Consuls, aux Empereurs et aux Apostres, et d'aller faire de vostre bouche celuy qui marche sur la teste des Rois et qui a la conduite de toutes les ames. Encore que ma santé soit si peu asseurée, que je ne m'en puisse promettre trois jours de suite, je n'ay pas toutefois perdu l'esperance de vous voir vn jour en ce pays-là donner des loix à ceux qui obeïssent et des exemples à ceux qui commandent. Peut-estre, Monseigneur, que Dieu me conservera pour l'amour de vous, afin que rien ne manque à vostre gloire, et qu'il y ait un homme au monde qui puisse vous louër comme vous le meritez. C'est,

MONSEIGNEVR,

Vostre tres-humble et tres-obeïssant serviteur.

BALZAC.

Le 5 juin 1625.

A MONSIEVR L'EVESQVE D'AYRE *.

INFIRMITEZ DE SON CORPS ET DE SON AME.

MONSIEVR **,

Si d'abord vous ne connoissez pas ma lettre, et si vous voulez sçavoir qui vous escrit, c'est vn homme qui est plus

* Sébastien Bouthillier, cinquante-quatrième évêque de ce diocèse, né vers 1581, mort à Mont-de-Marsan le 17 janvier 1625; « Summo, ajoute « la *Gallia Christiana*, diœcesis suæ luctu, cum in Episcopatu nondum an-« num explevisset. »

** « Estant encore enfant, « dit Balzac au R. P. dom André de Saint-De-nis, « j'avois grand commerce de lettres avec feu Monsieur Coeffeteau, « Evesque de Dardanie, nommé par le Roy à l'Evesché de Marseille. Ce

vieux que son pere, qui est aussi vsé qu'vn vaisseau qui auroit fait trois fois le voyage des Indes, et qui n'est plus rien que les restes de celuy que vous avez veû à Rome. En ce temps-là je me plaignois quelquefois injustement, et peut-estre qu'il n'y avoit pas grande difference entre la santé des autres et ma maladie. Au moins, soit que j'aye l'imagination offensée, soit que ma douleur presente ne reçoive plus de comparaison dans le monde, je commence à regretter la fiévre et la sciatique, comme des biens que j'ay perdus, et les plaisirs de ma jeunesse qui se sont passez. Voilà à quels termes je suis reduit et comme quoy je vis, si toutefois c'est vivre que de combattre continuellement avec la mort. Il est vray qu'il n'y a pas assez de force en toutes les paroles du monde pour vous exprimer les maux que j'endure; ils ne laissent point de lieu à la science des Medecins, ny à la patience du Malade, et la Nature n'a fait pour leur remede que le poison et les precipices. Mais j'ay peur de me laisser vaincre à la violence de la douleur et de la souffrir moins chrestiennement que je ne devrois faire, ayant esté tesmoin de vostre pieté et pû profiter de vostre exemple. Il est temps, Monsieur, que je dompte ce meschant esprit qui emporte par force ma volonté, et que le vieil Adam obeïsse à l'autre. Ce n'est pas qu'il ne

« sçavant Prelat se contenta tousjours de *Monsieur* dans nostre commerce. « En ce mesme temps, nous n'escrivions pas d'vne autre sorte à Monsieur « l'Evesque de Luçon (Richelieu), qui s'est depuis eslevé si haut au-dessus « de toutes les qualitez et de tous les tiltres. Monsieur de Racan fut le « premier qui me mist du scrupule dans l'esprit, et qui me remonstra que « la dignité d'Evesque ne devoit pas estre moins respectée par vn vray « Chrestien, que celle de Duc et Pair par vn naturel François. Sa remons- « trance me sembla fondée en raison, et nous resolumes luy et moy de don- « ner à l'advenir du *Monseigneur* à tous les Evesques, sans excepter l'E- « vesque de Bethleem, quoy qu'il logeast dans vn trou de college de Paris, « quoy qu'il allast à pied par les ruës, quoy qu'il fust luy-mesme son Au- « mosnier. » (Disc. impr. à la suite du SOCRATE CHRESTIEN. Paris, 1652, 4°, p. 210.)

me fasche fort de devoir mon salut à ma misere, et que je ne voulusse que ce fust une plus noble consideration que celle de la necessité qui me fist homme de bien. Mais puisque les moyens de nous sauver nous sont donnez et que nous ne les choisissons pas, il faut que la raison combatte notre sentiment pour nous faire trouver bon ce qui ne nous est pas agreable. Au pis aller, c'est tousjours ne se perdre pas que d'estre porté à bord par un naufrage; et peut-estre que si Dieu ne me chassoit comme il fait de cette vie, je ne penserois jamais à vne meilleure. Ie me reserve à vous dire le reste quand vous serez de retour d'Italie et que je pourray vous faire voir mon ame toute nuë et mes pensées en la simplicité qu'elles naissent. Vous estes la seule personne de qui j'attends du soulagement, et je croy estre plus riche de posseder vostre amitié que si j'avois la faveur de tous les Rois et tout le revenu de leurs Royaumes. Aussi, depuis que je vous escrivis de Lyon, voicy la premiere fois que je me sers de mes mains, et j'ay receû cent lettres de mes amis, sans que j'y aye fait aucune response. Par là vous voyez qu'il n'y a que vostre consideration qui soit capable de me faire rompre mon silence, et que pour tous les autres j'ay perdu l'vsage de la parole. Ie vous prie pourtant de croire que mon affection n'est ny avare ny ambitieuse. Les biens que je desire de vous sont purement spirituels, et je suis en un estat où j'ay plus besoin de mettre ordre aux affaires de ma conscience, que de songer à l'establissement de ma fortune. Mais, Monsieur, pour changer de discours, et m'esloigner un peu de mes maux, dites-moy, s'il vous plaist, que faites-vous si long-temps à Rome? Le Pape se mocque-t'il de nous, et veut-il laisser à son successeur la gloire de la meilleure eslection qui se sçauroit faire? N'a-t'il point peur qu'on die qu'il s'entend avec les Huguenots, et qu'il ne prend pas l'advis du Sainct Esprit en ce qui regarde l'honneur de l'Eglise? Au nom de Dieu, apportez-moy bien-tost de ses nouvelles, pourveu qu'elles soient telles que le Roy les demande, et que les gens de bien les desirent. Il ne sera point dit, je m'asseure, que vous ayez parlé si long-temps Italien inutilement, ny que vous puissiez accuser d'erreur les predictions de celuy qui ne vous mentit jamais, et qui est parfaitement,

MONSIEVR,

Vostre tres-humble serviteur,

BALZAC.

Le 4 juillet 1622.

A MONSIEVR DE LAMOTTE-AIGRON*.

DESCRIPTION DE SON DESERT.

MONSIEVR,

Il fist hier un de ces beaux jours sans soleil, que vous dites qui ressemblent à cette belle aveugle dont Philippe se-

* J. Aigron de la Motte, avocat au siége présidial d'Angoumois. On a de lui, outre la préface des premières Lettres de Balzac, — *Themis en deuil*, ou Regret funebre sur la mort du jeune Robert, advocat en la cour du Parlement, in-8°, 1613. — *Response à Phyllarque*, in-8°, Paris, 1628.

cond estoit amoureux. En verité, je n'eus jamais tant de plaisir à m'entretenir moy-mesme, et quoy que je me promenasse en vne Campagne toute nuë, et qui ne sçauroit servir à l'usage des hommes que pour estre le champ d'vne bataille, neantmoins l'ombre que le Ciel faisoit de tous costez, m'empeschoit de desirer celle des grottes et des forests. La paix estoit generale depuis la plus haute region de l'air jusques sur la face de la terre; l'eau de la riviere paroissoit aussi plate que celle d'vn lac; et si, en pleine mer, vn tel calme surprenoit pour tousjours les vaisseaux, ils ne pourroient jamais ny se sauver ny se perdre. Ie vous dis cecy afin que vous regrettiez vn jour si heureux que vous avez perdu à la ville, et que vous descendiez quelquefois de vostre Angoulesme, où vous allez de pair avec nos tours et nos clochers, pour venir recevoir les plaisirs des anciens Rois, qui se desalteroient dans les fontaines et se nourrissoient de ce qui tombe des arbres. Nous sommes icy en vn petit rond, tout couronné de montagnes, où il reste encore quelques grains de cét or dont les premiers siecles ont esté faits. Certainement, quand le feu s'allume aux quatre coins de la France, et qu'à cent pas d'icy la terre est toute couverte de troupes, les armées ennemies d'vn commun consentement pardonnent tousjours à nostre village, et le printemps, qui commence les sieges et les autres entreprises de la guerre, et qui depuis douze ans a esté moins attendu pour le changement des saisons que pour celuy des affaires, ne nous fait jamais rien voir de nouveau que des violettes et des roses. Nostre Peuple ne se conserve dans son innocence ny par la crainte des Loix ny par l'estude de la Sagesse; pour bien faire, il suit simplement la bonté de sa nature, et tire plus d'avantage de l'ignorance du vice, que nous n'en avons de la connoissance de la Vertu. De sorte qu'en ce Royaume de demie lieuë on ne sçait que tromper que les oyseaux et les bestes, et le stile du Palais est vne langue aussi inconnuë que celle de l'Amerique ou de quelque autre nouveau monde, qui s'est sauvé de l'avarice de Ferdinand et de l'ambition d'Ysabelle. Les choses qui nuisent à la santé des hommes, ou qui offensent leurs yeux, en sont generalement bannies : Il ne s'y vit jamais de lezars ny de coleuvres, et de toutes les sortes de reptiles, nous ne connoissons que les melons et les fraises. Ie ne veux pas vous faire le portrait d'vne maison dont le dessein n'a pas esté conduit selon les regles de l'architecture, et la matiere n'est pas si precieuse que le marbre et le porphyre. Ie vous diray seulement qu'à la porte il y a vn bois où en plein midy il n'entre de jour que ce qu'il en faut pour n'estre pas nuict, et pour empescher que toutes les couleurs ne soient noires. Tellement que, de l'obscurité et de la lumiere, il se fait un troisiesme temps, qui peut estre supporté des yeux des malades et cacher les defauts des femmes qui sont fardées. Les arbres y sont verds jusques à la racine, tant de leurs propres feuilles que de celles du lierre qui les embrasse, et pour le fruict qui leur manque, leurs branches sont chargées de tourtres et de faisans en toutes les saisons de l'année. De là j'entre en vne prairie, où je marche sur les tulipes et les anemones, que j'ay fait mesler avec les autres fleurs.... Ie descends aussi quelquefois dans cette vallée, qui est la plus secrette partie de mon desert, et qui jusques icy n'avoit esté connuë de personne. C'est vn pays à souhaiter et à peindre, que j'ay choisi pour vacquer à mes plus cheres occupations, et passer les plus douces heures de ma vie. L'eau et les arbres ne le laissent jamais manquer de frais et de verd. Les Cygnes, qui couvroient autrefois toute la riviere, se sont retirez en ce lieu de seureté, et vivent dans un canal qui fait resver les plus grands parleurs, aussitost qu'ils s'en approchent, et au bord duquel je suis tousjours heureux, soit que je sois joyeux, soit que je sois triste. Pour peu que je m'y arreste, il me semble que je retourne en ma premiere innocence. Mes desirs, mes craintes et mes esperances cessent tout d'vn coup. Tous les mouvemens de mon ame se relaschent, et je n'ay point de passions, ou si j'en ay, je les gouvérne comme des bestes apprivoisées. Le Soleil envoye bien de la clarté jusques-là, mais il n'y fait jamais aller de chaleur; le lieu est si bas, qu'il ne sçauroit recevoir que les dernieres pointes de ses rayons, qui sont d'autant plus beaux qu'ils ont moins de force, et que leur lumiere est toute pure... Par quelque porte que je sorte du logis, et de quelque part que je tourne les yeux en cette agreable solitude, je rencontre tousjours la Charente, dans laquelle les animaux qui vont boire voyent le Ciel aussi clairement que nous faisons, et joüissent de l'avantage qu'ailleurs les hommes leur veulent oster. Mais cette belle eau aime tellement cette belle terre, qu'elle se divise en mille branches et fait vne infinité d'isles et de destours afin de s'y amuser davantage, et quand elle se desborde, ce n'est que pour rendre l'année plus riche et pour nous faire prendre à la campagne ses truites et ses brochets, qui valent bien les crocodiles du Nil, et le faux or de toutes les rivieres des Poëtes. Le grand Cardinal D**** est venu icy quelquefois changer de felicité, et laisser cette vertu severe, et cét esclat qui esbloüit tout le monde, pour prendre des qualitez plus douces et vne majesté plus tranquille. Ce Cardinal, dont le Ciel veut faire tant de choses, et de qui je vous parle tous les jours, apres avoir perdu vn frere si parfait, que s'il l'eust choisi entre tous les hommes, il n'en eust pas pris vn autre; apres avoir, dis-je, fait vne perte qui merita des larmes de la Reyne, vint icy chercher du soulagement et recevoir des propres mains de Dieu, qui aime le silence et qui habite la solitude, ce qui ne se trouve point dans les discours de la Philosophie, ny dans la foule du monde. Ie vous apporterois d'autres exemples pour vous monstrer que mon desert a esté de tout temps frequenté par des hermites illustres, et que les traces des Princes et des grands Seigneurs sont encore fresches dans mes allées; mais afin de vous convier d'y venir, je pense qu'il me suffit de vous dire que Virgile et moy vous y attendons, et que si vous vous accompagnez en ce voyage de vos muses et de vos papiers, nous n'aurons que faire, pour nous entretenir, des nouvelles de la Cour ny des troubles d'Allemagne. Ie meure, si je vis jamais rien de mieux que ce qui sort des meditations de vostre esprit, et si la moindre partie de l'ouvrage que vous m'avez monstré ne vaut toute la foire de Francfort et tous les gros livres qui nous viennent du Septentrion, d'où nous vient avec eux le grand froid et la gelée. Ie sçay bien que Monsieur le President de Thou, qui estoit aussi digne juge de l'eloquence latine que de la vie et de la fortune des hommes, et qui nous auroit laissé vne histoire parfaite, s'il en eust voulu diminuer quelque chose, faisoit beaucoup de cas des gens de ce pays-là; mais sans mentir, je n'ay pu encore deviner ce qui l'obligeoit d'aimer des esprits qui sont tout à fait contraires au sien, et qui ne connoissent pas seulement cette pureté romaine, que vous recherchez avec des soins si scrupuleux et vne diligence si exacte. Vous leur ferez donc voir, je m'asseure, et aux sçavans mesmes de delà les monts (qui pensent que tous ceux qui ne sont pas Italiens sont Scythes), de quelle façon on parloit au siecle d'Auguste, et en vn temps encore plus esloigné de la corruption des bonnes choses. En conscience, outre la propriété des mots et la chasteté du stile, qui donnent tant de lumiere à ce que vous escrivez, il faut advoüer que vos pensées sont courageuses, qu'il y a apparence que l'ancienne Republique en avoit de telles, lorsqu'elle estoit victorieuse du monde, et que le Senat concevoit en de semblables termes les commandemens qu'il faisoit aux Rois et les responses qu'il rendoit aux nations de la terre. Nous en dirons davantage quand vous serez arrivé où je vous attends, et que pour des fleurs, des fruicts et de l'ombre, que je vous prepare, vous m'apporterez toutes les richesses de l'art et de la nature. A tant (pour vser des termes de Monsieur le Cardinal d'Ossat) je vous donne le bonsoir, et vous declare que si vous cherchez des excuses pour ne venir pas, je ne suis plus

Vostre tres-humble et fidele serviteur,

BALZAC.

Du 4 septembre 1622.

A MONSIEVR L'EVESQVE D'AYRE

IL LVY EXPOSE L'ESTAT DE SON AME.

MONSIEVR,

Puisque vous avez autant de soin de moy que de vostre Diocese, et que vous trouveriez quelque chose à dire dans le Ciel, si je n'y estois avec vous, je feray ce qu'il me sera possible, afin que vous n'ayez pas desiré mon bien inutilement. et pour me rendre capable des conseils que vous me donnez par vostre lettre. Il est vray qu'il y a si long-temps que je fais du mal. que je n'ay plus de memoire de mon innocence, et je pense que j'aurois besoin d'vn Iubilé qui ne fust que pour moy seul. D'ailleurs les bons mouvemens que j'ay sont si lasches, que du feu que les premiers Chrestiens ont enduré, à grand-peine supporterois-je la fumée. Neantmoins, Monsieur, en cét estat-là j'attends vn miracle de Celuy qui des pierres se peut faire des enfans, et je ne veux pas croire que sa misericorde puisse jamais manquer à nostre misere. Puis qu'il a donné des ports aux mers les plus dangereuses, et de la clarté aux plus noires nuicts, peut-estre qu'il y a encore quelque chose pour moy dans les secrets de sa Providence, et si jusques icy je me suis esloigné du bon chemin, il permettra que je m'esgare ou que je me lasse en celuy du vice. Et c'est en cét endroit qu'il faut que je vous advouë la verité, encore qu'elle me soit honteuse. Avec trois gouttes de mauvais sang qui me reste, j'ay toutes les passions de ceux qui se portent bien ; et les tyrans qui bruslent les villes au premier mouvement de leur cholere, et se permettent tout ce qui est defendu par les Loix, ne font rien plus que moy, que de joüir des choses que je desire et d'executer les desseins qui me demeurent en la volonté, à cause que leur puissance me manque. Ny la fievre, ny la sciatique, ny la gravelle, n'ont pû encore vaincre mon esprit et le rendre capable de discipline, et si le temps avoit adjousté la vieillesse à mes autres maux, je croy que je voudrois voir avec des lunettes les choses que vous fuyez, et me faire porter aux lieux où je ne pourrois pas aller de moy-mesme. De sorte que, comme il y a des peintures qu'il faudroit effacer, pour en oster les defauts, ainsi j'ay peur qu'il n'y ait que la mort qui puisse finir mes pechez, si par vostre moyen je ne commence vne seconde vie, qui soit meilleure que la premiere. Pour cét effet (je vous le dis tout de bon) mettez vostre clergé en prieres, et ordonnez vn jeusne public de la mesme sorte que si vous aviez à demander au Ciel la conversion du Grand Turc ou du Roy de Perse. Proposez-vous des Monstres à combattre en ma volonté, et vne infinité d'ennemis à defaire en mes passions, et apres cela, vous m'advoüerez que je ne vous ay pas fait les choses plus grandes qu'elles ne sont, et que, si on m'ostoit vn desir imparfait que j'ay de me repentir, et quelque petite resistance que je fais au commencement du mal, il n'y auroit point de difference entre moy et le plus grand pecheur qui soit sur la terre. Mais ne prenez pas ce que je vous escris pour vne marque de mon humilité, car vous ne leustes jamais de plus veritable histoire : Et ce que Sainct Paul disoit en la personne du genre humain et s'accusant des fautes des autres, c'est ma deposition que je fais entre les mains de la Iustice divine. Ie m'en veux mal à moy-mesme : Mais il est certain que je sens tant de froideur aux actions de pieté, qu'il semble que mon esprit entre en prison quand mon devoir m'appelle à l'Eglise, et lorsque j'y suis, j'y cherche plustost des divertissemens et des tentations, que de l'instruction et du profit. La priere mesme de la pensée, qui est vn sacrifice de toutes les heures du jour, qui se peut faire sans brusler d'encens ny tuer de bestes, et dont la fin est si proche du commencement, m'est vne aussi grande corvée que si j'avois à faire le voyage de Montferrat ou celuy de Nostre-Dame-de-Lorette. Ie suis tousjours triste, mais je ne suis jamais penitent; j'aime la solitude, mais je hay l'austerité; je suis du party des gens de bien, mais je suis du nombre des meschans. Que si quelquefois je me resous de changer de vie, et s'il me vient de petits rayons de devotion, c'est vne lumiere qui dure si peu et est si foible, qu'elle ne m'esclaire ny ne m'eschauffe. Il faut donc de necessité que vous travailliez à ma conversion, que je ne sçaurois operer de mes propres forces, et que je vous serve de matiere, de laquelle vous fassiez vn homme de bien. S'il y a des Saincts que nous devons aux larmes et à l'intercession des autres, et si les Martyrs ont fait quelquefois de leurs bourreaux des

Compagnons de leur gloire, je puis bien esperer que vous me sauverez avec vous, et qu'vn jour peut-estre je seray mis au nombre de vos miracles. Ie sçay, Monsieur, que vous vivez aussi purement que si vous n'aviez point de corps, et que vous n'aimastes jamais que la Beauté dont toutes les autres sont venuës, et partant il n'y a point de doute qu'vne si rare vertu ne sçauroit estre refusée de Dieu, quelque demande qu'elle luy fasse, et que pour elle il n'a point donné à sa bonté d'autres bornes que celles de sa puissance. A tout le moins, vous trouverez en moy de l'obeïssance et de la docilité, si je n'ay acquis de plus fortes habitudes, et dans la corruption de ce Siecle où presque tous les esprits se revoltent de la Foy, vous aurez à faire à vn homme qui ne veut rien croire de plus veritable que ce qu'il a appris de sa mere et de sa nourrice. En ce qui ne regarde pas mesme la Religion, si j'ay eu autrefois quelques sentimens particuliers, je les quitte de bon cœur, afin de me reconcilier avec le Peuple, et ne paroistre pas ennemy de ma patrie pour vn petit mot ou vne chose de peu d'importance. Si ...* eust suivy cette maxime, il vivroit en seureté parmy les hommes et ne seroit pas poursuivy à outrance comme la plus farouche de toutes les bestes; Mais il a mieux aimé finir par vne tragedie, que d'attendre vne mort qui fust inconnuë au monde, et ne faire rien que des choses ordinaires. A ce que j'apprends, et si le bruit qui court est veritable, il s'est imaginé qu'il pouvoit estre ce dernier faux Prophete, dont la

* Le personnage dont il est ici question n'est autre que Théophile. Théophile de Viaud, né à Boussères-Sainte-Radegonde en Agenois, vers l'an 1590, mort à Paris le 25 septembre 1626, fut poursuivi comme auteur de la publication du *Parnasse de vers satiriques* (1622), recueil rempli d'obscénités et d'impiétés; condamné par contumace le 19 août 1623, comme criminel de lèse-majesté divine et humaine, à faire amende honorable devant l'église Notre-Dame et à être brûlé vif. Cette sentence fut commuée en un simple bannissement de Paris.

vieillesse de l'Eglise est menacée, et quoy qu'il soit né pauvre, et qu'il eust peu de fortune, il a esté si presomptueux que de se prendre pour celuy-là, qui doit venir avec des armées troubler la paix des consciences, et à qui les Demons gardent tous les thresors qui sont cachez sous la Terre. Du temps qu'il se contentoit de faire des fautes purement humaines, et qu'il escrivoit avec des mains qui n'estoient pas encore coupables, je luy ay souvent monstré qu'il ne faisoit pas d'excellens vers, et qu'il s'estimoit injustement vn grand personnage. Mais voyant que les regles que je luy proposois pour la reformation de son stile estoient trop severes et qu'il ne pouvoit pas venir où je le voulois mener, il a jugé peut-estre, qu'il devoit chercher vn autre chemin pour se mettre en credit à la Cour, et que de Poëte mediocre, il pourroit devenir grand legislateur. Si bien qu'on dit partout qu'apres avoir renversé quantité de foibles esprits et paru longtemps au milieu d'vne multitude ignorante, il a fait à la fin comme vn homme qui se jetteroit dans vn precipice pour acquerir la reputation de bien sauter. Vous sçavez, Monsieur, ce que nous avons dit autrefois de cette sorte de gens, et la foiblesse que vous m'avez monstrée aux principes de leur mauvaise doctrine. Et veritablement, quelque desbauché qu'ait esté mon esprit, je l'ay tousjours sousmis à l'authorité de l'Eglise, et au consentement des Peuples . Et comme j'ay creû qu'vne goutte d'eau se pouvoit beaucoup plus aisement corrompre que toute la mer, j'ay pensé de mesme que les opinions particulieres ne sçauroient jamais estre si saines que les generales. Vn pauvre homme, qui ne se connoist que par le rapport d'autruy, qui perd l'esprit dans la consideration des moindres ouvrages de la Nature, qui depuis tant de siecles n'a pu trouver la cause du desbordement d'vne riviere ny des intervalles de la fievre tierce, comment peut-il parler hardiment de cette majesté infinie devant laquelle les Anges se couvrent la face de leurs aisles, et le Ciel s'abbaisse jusques aux abysmes? Il ne nous reste que la seule gloire de l'humilité et de l'obeïssance dans laquelle nous devons nous conserver; et puis qu'il est certain que la raison des hommes ne s'estend pas si loin que la verité des choses, au lieu de plaider les points de la Religion, il nous doit suffire d'en adorer les mysteres. Autrement certes, si nous voulons aller plus avant, et chercher vne chose qui a esté inconnuë à toute la philosophie, et qui s'est cachée aux Sages du Monde, nous ne remporterons rien d'vne si profane curiosité que l'esbloüissement de nos yeux et la confusion de nostre esprit. Dieu nous a descouvert par la lumiere de son Evangile, beaucoup de veritez que nous ignorions, mais il nous en reserve beaucoup davantage que nous n'apprendrons qu'au Royaume qu'il prepare à ses Esleus, et par la vision de sa seule face. Cependant, afin de rendre le merite de nostre foy plus grand et nostre pieté plus parfaite, il veut que les Chrestiens soient comme des aveugles amoureux, et qu'ils n'ayent des desirs ny de l'esperance que pour des choses qui sont esloignées de leurs sens et qu'ils ne peuvent comprendre par leur raison naturelle. Si tost que le terme que vous m'aurez donné sera venu, et que les premieres fleurs nous auront amené les beaux jours, je m'en vais vous escouter sur ces graves et importantes matieres, et me rendre homme de bien par l'ouïe, puisque c'est le sens qui est destiné à recevoir les Veritez Chrestiennes, et par lequel le Fils de Dieu a esté conceû et son Royaume estably entre les hommes. Mais il n'est pas besoin que vous cherchiez de l'artifice, ny que vous me representiez le lieu de vostre demeure avec tant de belles couleurs, pour me convier d'y aller; car quand vous prescheriez au desert, et que vous seriez caché en vne partie du monde où le Soleil n'esclairast que du sable et des rochers, vous sçavez bien que j'y serois heureux avec vous, et que vous portez mon contentement partout où vous estes. Vostre compagnie, qui me rendroit la prison et le bannissement agreables, et dans laquelle je trouve le Louvre et toute la Cour, adjoustera à la description que vous m'avez faite d'Ayre, des beautez que les Geographes n'y ont point remarquées, et qui sont plus grandes que les autres, quoy qu'elles soient plus secretes. Ces montagnes qui ne veulent pas que la France et l'Espagne soient à vn seul, et au-dessous desquelles la pluye et le tonnerre se forment, me paroistront plus grandes qu'elles ne firent la premiere fois que je les vis. Vos eaux, qui guerissoient auparavant les malades, ressusciteront les morts, quand vous les aurez benies; et je m'asseure que ce Peuple, dont on compose les armées, et qui, comme le fer et le feu, est destiné particulierement à l'vsage de la guerre, aura desja adoucy son humeur par la moderation de vostre conduite. Moy-mesme, Monsieur, je fais estat de m'aller changer entre vos mains, et de recevoir de vous vne nouvelle naissance. Et certes, ce seroit vne belle chose, si la santé, qui sortoit des habillemens et de l'ombre des Apostres, me pouvoit venir en m'approchant d'vne personne si saincte, et si estant vostre ouvrage et le fils de vostre esprit, je ressemblois tout d'vn coup à vn pere qui a toutes les qualitez qui me manquent. Ie suis,

MONSIEVR,

Vostre tres-humble serviteur,

BALZAC.

A Balzac, le 20 septembre 1623.

A M. DE BOIS-ROBERT LE METEL *,
Abbé de Chastillon.

DE L'ESPRIT DES ANGES.

MONSIEVR,

I'ay sceû que quelques-vns avoient trouvé mauvais que j'eusse dit les esprits des Anges, à cause que les Anges estant tout esprit, il semble que ce soient deux termes qui ne peuvent estre divisez l'vn de l'autre. Mais pour leur faire voir que leur objection n'est pas bien fondée, comme je ne doute point que vous ne l'ayez jugée telle, il faut, s'il leur plaist, qu'ils se souviennent que nous appellons les Anges esprits à la difference des corps, qui est vne signification bien esloignée de celle qu'emporte le mot d'esprit, lorsque nous le prenons pour cette partie de l'ame qui entend, raisonne et imagine, et fait des effets si differens en l'ame d'vn sot, et en celle d'vn habile homme. Or il est certain que parmy les Anges, il y peut avoir de la difference entre les esprits des vns et des autres, c'est-à-dire entre cette faculté de raisonner et de comprendre, puisque ceux du dernier ordre ne sont illumi-

* François le Metel de Bois-Robert, abbé de Châtillon-sur-Seine, conseiller d'État, l'un des premiers académiciens, né à Caen en 1592, mort en 1662. Bel esprit et familier du cardinal de Richelieu, qui ne pouvait se passer de ses plaisanteries. Aussi le premier medecin du cardinal disait toujours à son Éminence : « Tous mes remedes ne feront rien, s'il n'y « entre vn peu de Bois-Robert. »

nez que par le moyen de ceux du precedent, et ainsi des autres, jusques au premier, qui a toute vne autre intelligence que les inferieurs, lesquels (comme personne ne doute pour peu de connoissance qu'il ait de la metaphysique) sont aussi esloignez de l'entendement des premiers, que de leur degré. Il faut donc recevoir cette difference, et dire qu'vn Ange est veritablement vn esprit, c'est-à-dire qu'il n'est pas vn corps; mais qu'vn Ange a encore de l'esprit, c'est-à-dire cette faculté de connoistre et de concevoir moindre ou plus grande, selon le privilege de son ordre. Que si esprit ne vouloit dire autre chose qu'vne substance simple et non composée, cette inegalité ne se trouveroit pas parmy les Anges, puis qu'ils sont tous également simples et esloignez de toute composition et meslange. Lors donc que j'ay dit que c'estoit faire tort aux Anges d'appeler divins d'autres esprits que les leurs, j'ay pris le mot d'Esprit en sa seconde signification, et ainsi je l'ay separé de l'Ange, et distingué la substance simple et nature angelique de cette faculté de l'ame qui se nomme l'Entendement. Or qu'on ne puisse dire l'esprit des Anges, à cause qu'ils sont tout esprit, c'est vne raison contraire à la bonne, et à qui il ne manque rien que la verité pour n'estre pas fausse; d'autant qu'outre l'esprit ou l'entendement qui donne aux Anges vne si eminente connoissance des choses divines, ils ont encore de la volonté, qui leur fait aimer ce qu'ils connoissent, et de la memoire qui adjouste tousjours quelque chose à leur naturelle intelligence. Mais quand je m'accorderois à tout ce que veulent ceux qui me reprennent, et que je renfermerois le mot d'esprit dans les bornes de sa premiere signification, j'aurois encore tousjours gaigné. Car, en effet, nostre commune façon de concevoir ne sçauroit se representer les Anges sans corps, et l'Eglise mesme leur en donne de si beaux et de si parfaits, qu'ordinairement les Poëtes en prennent des comparaisons pour loüer la beauté de leurs maistresses. Outre cela, si, dans les saincts Livres, il est souvent parlé de l'esprit de Dieu, devant mesme qu'il eust pris vn corps, et en vn sens qu'on ne peut entendre par là la troisiesme personne de la Trinité, pourquoy ne puis-je parler aussi justement des esprits des Anges, qui ne sont que de la terre et de la matiere en comparaison de celuy de Dieu, et qui n'approchent que de bien loin de la simplicité et de la pureté de cette grande Cause, qui est la mere de toutes les autres. Voilà comme quoy il est fort dangereux d'avoir demy-estudié, et d'en sçavoir vn peu plus que ceux qui n'ont pas esté à l'eschole. C'est de cette sorte de gens que se font les Heretiques et les Superstitieux, et tous les autres qui ont assez de raison pour douter, et n'ont pas assez de science pour se resoudre. Ie suis,

MONSIEVR,

Vostre tres-humble et fidele serviteur,

BALZAC.

(Cette lettre est de la fin de 1623 ou du commencement de 1624.)

A M. DE BOIS-ROBERT LE METEL,

Abbé de Chastillon.

IL QVITTE A REGRET SON DESERT POVR ALLER A PARIS.

MONSIEVR,

Vous m'avez pris ce que je vous voulois dire, et dans toute la Rhetorique vous n'avez laissé ny complimens, ny loüanges pour vous rendre. Cela s'appelle faire vn ingrat à force d'obliger vn amy; et me reduire à la necessité de vous devoir encore apres cette vie. A la verité, pour les vœux et les sacrifices que vous me faites, il faudroit que j'eusse à vous donner la Felicité et le Paradis, et que je pusse vous exaucer, au lieu d'estre en peine de vous respondre. C'est peut-estre que vous avez dessein de me desguiser tellement à moy-mesme, que je ne me connoisse plus et que je doute si je suis encore aujourd'huy celuy que j'estois hier. Vous continuerez, tant qu'il vous plaira, à me tromper de la sorte, car je ne suis pas resolu de contester avec vous jusques à la fin du monde, ny de me defendre d'vn ennemy qui ne me jette que des roses à la teste. Ie serois tres-aise que toute ma vie se pût passer en des songes si agreables, et que je ne me resveillasse jamais, de peur d'apprendre la verité à mon prejudice. Mais pour cela il faudroit que je fisse tout le contraire de ce que vous me conseillez, et que je ne partisse jamais du desert où personne ne se viendroit comparer à moy, ny me disputer l'avantage que j'ay sur les bestes et sur mes valets. Ie suis bien d'accord avec vous que c'est la voix de la Cour qui approuve les hommes et qui les condamne, et que les belles choses ne paroissent point hors de sa lumiere. Mais je ne sçay pas si je doy prendre cela pour moy, et j'ay peur que ma presence fasse plus de tort à ma reputation et à vostre jugement, que je n'espere de le rendre veritable. S'il y a quelque bonne qualité en moy, elle paroist si peu au dehors, qu'il faudroit m'ouvrir l'estomac pour la trouver; et vous jugerez bien vous-mesme que vous m'obligez assez de croire que j'ay l'ame plus eloquente que la bouche, et que la meilleure partie de ma vertu est secrete. Toutefois, puis que je vous l'ay promis, il faut se resoudre d'aller à Paris, quand j'y devrois estre aussi estranger qu'en vn autre monde, et qu'on en chasseroit les mauvais Courtisans comme on en chasse les mauvais Ministres. Ie ne suis point de ceux-là qui estudient les moindres actions de leur vie, et apportent de l'Art à tout ce qu'ils font et à tout ce qu'ils ne font pas. Ie ne sçaurois prendre cét accent avec lequel ils donnent de l'authorité à leurs sottises, ny faire d'vne nouvelle vn mystere, en la disant à l'oreille. Ie sçay encore moins cacher mes defauts et faire le personnage d'vn homme de bien, si je ne le suis pas veritablement. Et quand je pourrois me rendre capable de cette science, il me fascheroit fort, apres avoir passé neuf portes et donné des batailles pour en venir là, d'estre enfin arresté à la dixiesme: et si on m'y recevoit quelquefois, d'entrer en vn pays où les chapeaux n'ont point esté faits pour couvrir la teste, et où tout le monde devient bossu à force de faire des reverences. Regardez donc bien, je vous prie, si cette humeur sera bonne au lieu où vous estes, et si vn homme à qui ses jarretieres et ses esguillettes pesent, et qui a bien de la peine d'obeïr aux Commandemens de Dieu et aux Edicts du Roy, pourra s'obliger à de nouvelles Loix et se faire vne troisiesme servitude. En l'estat où je suis, tous les Princes du

Monde joüent des Comedies pour me faire rire : Toutes les richesses de la Nature sont à moy, depuis le Ciel jusques à l'eau des rivieres, et j'obtiens aisément de la moderation de mon esprit, ce que je ne puis avoir de la liberalité de la Fortune. Et cela estant, voulez-vous que je change des biens à qui personne ne porte envie, avec vos craintes, vos esperances et vos soupçons, et que je n'estime point la liberté, pour laquelle il y a cinquante ans que les Hollandois font la guerre au Roy d'Espagne? Puis que je vous ay donné ma parole, je ne suis pas resolu de la revoquer : Neantmoins, quand il faudra dire adieu au bois et à la solitude qui m'ont appris tant de choses, et perdre de veuë cette belle riviere au bord de laquelle j'ay passé de si heureux momens, je trouveray bien de la difficulté à vous tenir ce que je vous ay promis. Ie n'en veux point croire d'autre que vous-mesme : vous sçavez si c'est avec justice que j'aime la prison que mon pere m'a bastie, et si ce petit coin de terre à qui il ne manque rien que la source de l'or et les choses qui ne sont pas necessaires, est capable de saouler vn homme sobre. Il est vray que les dernieres pluyes ont effacé toute la beauté des champs, et ce malheureux hyver, qui devroit estre condamné à ne partir jamais de Suede, est venu desja troubler le contentement que je recevois. Mais quoy qu'il en soit, encore y a-t'il des remedes agreables pour se garantir des maux presens. Les parfums que je brusle, et dont je suis aussi prodigue que si je tirois tribut de la terre qui les porte, m'empeschent de trouver à dire la saison des fleurs, et vn grand feu, qui est de la couleur de celles qui sont les plus belles, et que j'appelle le soleil de la nuit et des mauvais jours, veille tousjours dans ma chambre et esclaire mon repos aussi bien que mes estudes. Devant ce tesmoin que je ne perds jamais de veuë, toute la Nature est le subjet de mes meditations, et je conçoy des ouvrages qui meriteront peut-estre d'avoir entrée en vostre bibliotheque, et d'estre faits citoyens de cette divine Republique. Ie ne sçay pas ce qu'aujourd'huy on estime le plus dans les Livres, mais je sçay bien qu'en ce que je feray, la douceur et la majesté paroistront avec vn si juste temperament, que personne n'y trouvera rien de lasche ny de farouche. Ie prends l'art des Anciens, comme ils l'eussent pris de moy si j'eusse esté le premier au monde; mais je ne depends pas servilement de leur esprit, ny ne suis pas né leur Subjet, pour ne suivre que leurs loix et leur exemple. Au contraire, si je ne me trompe, j'invente beaucoup plus heureusement que je n'imite; et comme on a trouvé de nostre temps de nouvelles estoilles qui avoient jusques icy esté cachées, je cherche de mesme en l'Eloquence des beautez qui n'ont esté connuës de personne. Il est certain, et vous le sçavez aussi bien que moy, vous qui connoissez les bonnes choses et qui les faites, qu'il n'y a point de Muses si severes que les Françoises, ny de langue qui souffre moins le fard et l'apparence du bien que la nostre : De façon que toutes sortes d'ornemens ne luy sont pas propres, et sa pureté est si ennemie de la licence des autres, qu'il se fait souvent vn Vice François d'vne Vertu estrangere. Mais en cela il faut se conseiller avec le jugement et les oreilles; et pour moy, je me propose tousjours le visage d'vn grand Cardinal, comme s'il estoit present à mes pensées, et qu'il les reçeust ou les rejetast selon qu'elles sont bonnes ou mauvaises. Or pour vous dire le vray, je ne sçay pas bien où je vais par ce chemin si long et si escarté, ny ce que je pretends faire de tant de paroles inutiles. Ie m'esgare ainsi souvent dans les allées de mon hermitage, et j'aurois besoin d'vn homme qui m'advertist s'il est jour ou nuict, et qui reglast mon temps et mes actions. Ce n'est pourtant qu'avec ceux que j'aime et que j'estime, comme vous, que je fais de semblables fautes et que les heures ne durent pas. Partout ailleurs, soit en mes visites, soit en mes lettres, je ne veux pas que la fin soit esloignée du commencement, et dés le premier mot, je me haste tant que je puis à venir à vostre tres-humble serviteur,

BALZAC.

Le 11 fevrier 1624.

A MADAME DE CAMPAGNOL.

SVR LA BEAVTÉ.

MA TRES-CHERE SŒVR,

Tout le monde me dit que ma niepce * est belle, et vous pouvez croire que je ne querelle là-dessus personne. La beauté est au Ciel vne qualité des corps glorieux et en terre la plus visible marque qui vienne du Ciel. Il ne faut donc pas mespriser les presens de Dieu, ny faire peu de cas de ce rayon de la vie future : Il ne faut pas estre de si mauvaise humeur que de blasmer ce qui est generalement estimé. Prenez

* Sur mademoiselle de Campagnol, Costar écrivait à Voiture : « A Bal- « zac, vous verrez une niepce qui est belle et spirituelle, qui discerne fort « bien la vraye galanterie d'avec la fausse, et à qui il ne manque rien pour « vous que de l'aimer un peu davantage. » (Entretiens de Voiture et de Costar, lettre XXIX.) — « J'ai vu, dit Bayle, un autre livre, où il y a quel- « que chose qui pourrait bien regarder cette demoiselle. On y conte que « Langlade, l'un de ceux que le cardinal Mazarin employait le plus dans les

garde à vne personne bien faite, qui entre dans vne Assemblée avec cét avantage de la naissance. D'abord, tous ceux qui parloient se taisent, et quelque bruit qui ait precedé, le calme est vniversel en vn instant. De tout vn grand Peuple differemment occupé, il se forme vn seul corps qui ne fait que voir et qu'admirer. On laisse les contes commencez : on coupe les complimens à moitié : chacun remet ses pensées à vne autre fois, pour considerer cette divine chose qui se presente. Quand ce seroit mesme au sermon, on quitte le predicateur pour elle, et ce ne sont plus les auditeurs de Monsieur de Nantes, ce sont les spectateurs de Caliste. Les Belles ne peuvent estre veuës sans respect, sans loüanges, sans acclamations. Elles triomphent autant de fois qu'elles apparoissent, et leur jeunesse n'a pas plus de jours que leur beauté a de festes. Mais le mal est, ma tres-chere sœur, que les festes sont courtes, que la jeunesse ne dure pas, et que les belles deviennent laides. Les Reines et les Princesses vieillissent. Il n'y a point d'ancienne beauté que celle de Dieu, de son Soleil et de ses Estoilles. Ces testes, qui n'ont ny peau, ny chair, ny cheveux, ces carcasses et ces ossemens ont esté les merveilles et les divinitez de leur Siecle : C'est ce qu'on appelloit autrefois la Duchesse de Valentinois, la Duchesse de Beaufort, la Marquise de ***. Il peut survenir

« négociations secrètes, avait aimé dans son pays, avant que de venir à la « cour, une fille de qualité qu'on appelait mademoiselle de Campagnolle... « Il n'avait pas osé lui proposer de l'épouser; mais il avait exigé d'elle « qu'elle ne se mariât point, promettant de l'avertir quand sa fortune se- « rait en état de la pouvoir rendre heureuse. Il fit confidence à Gourville « de la parole qu'il avait donnée à cette fille, et lui témoigna avec quelque « chagrin qu'il ne se croyait pas avoir assez de bien pour prétendre à cette « alliance, n'ayant en tout que quarante mille écus Gourville lui dit que « cela ne devait pas l'embarrasser, et qu'il pouvait partir avec toute assu- « rance pour achever son mariage, lui promettant de lui en donner encore « autant. Langlade partit sur cette assurance;... ils se marièrent... et vé- « curent encore longtemps fort contents l'un de l'autre. »

mesme des maladies qui ne laissent rien à faire à la vieillesse et sont souvent plus hideuses que la mort. Nous voyons avec effroy le desgast et les mines de plusieurs visages par où elles ont passé, et ne sçaurions voir ailleurs des plus deplorables marques de l'inconstance des choses humaines. De là je conclus que cette beauté estant vn don si fragile et si delicat, il faut chercher vne autre beauté plus ferme et plus asseurée, qui résiste mieux à la corruption et se puisse defendre contre le temps. Surtout, il ne faut point faire la vaine d'vne qualité qui est fameuse par les pertes et les naufrages de tant de pauvres consciences, et qui, toute innocente et chaste qu'elle est, ne sçauroit s'empescher d'estre l'objet de mille sales desirs et de mille mauvaises pensées. Soit que ma niepce ait quelque chose d'agreable, soit qu'elle ait quelque chose de beau, comme veulent ceux qui la favorisent, elle doit tousjours redouter en elle vn bien si dangereux à autruy. Ie luy fais present du triste portrait de ce qu'elle sera vn jour, afin qu'elle ne se glorifie pas de ce qu'elle est maintenant. Il n'y a point de mal qu'elle medite vn peu là-dessus. Rendons-luy la liberté que nous luy ostasmes dernierement, et faites-la tousjours souvenir que, des quatre belles que je luy ay monstrées dans mon Tasse, il n'y en a qu'vne dont l'exemple luy soit propre. Qu'elle laisse Armide et Erminie aux Galans de la Cour : Clorinde est pour les vaillans de Gascongne et de Perigord ; mais je luy propose Sophronie. Et si elle n'a pas assez de courage pour dire comme elle fit à vn Tyran : « C'est moy qui suis « la coupable que vous cherchez, » il suffit qu'elle ait les autres conditions necessaires pour la suivre et l'imiter jusques-là. Cette belle saincte faisoit profession de modestie, et negligeoit sa beauté. Elle estoit tousjours ou cachée dans son voile, ou enfermée dans sa chambre, et tout le monde la soupçonnoit d'estre belle; mais il n'y avoit quasi que sa mere qui le sceust. Ne faisant dessein sur la liberté de personne, elle ne tendoit point ses filets sur les passages, ny n'alloit à l'Eglise pour voir et pour estre veuë. Icy, ma tres-chere sœur, je ne puis que je ne fasse le reformateur des mœurs corrompuës, et que je ne me plaigne à vous d'vne coustume que la Cour nous a envoyée avec force autres mauvaises choses. Quelle apparence d'entrer tout expres dans les lieux saincts, pour attacher sur soy la veuë et l'attention des assistans, c'est-à-dire pour troubler toute la devotion d'vne ville, et faire autant ou pis que les Vendeurs et les Acheteurs que Nostre Seigneur chassa du Temple? Par là les bonnes actions deviennent mauvaises, et la pieté n'est pas de meilleure odeur devant les Autels que les parfums qui sont corrompus. Les dames sont aujourd'huy obligées de se confesser d'avoir esté à la messe, et le desir qu'elles ont de se faire regarder est la profanation ordinaire du lieu où elles sont regardées. Et sans mentir, puis que ce lieu est particulierement appellé la maison de Dieu, c'est le mespriser au dernier point que de l'aller offenser jusques chez luy : C'est estre aussi hardie que les premiers Anges, qui pecherent dans le Paradis. Encore en cela les Italiennes sont plus pardonnables que les Françoises, parce qu'elles n'ont que ce petit intervalle de malheureuse liberté, hors duquel elles sont esclaves et prisonnieres. Mais en France, où la conversation des honnestes femmes n'est pas defenduë, et où elles peuvent recevoir les visites des honnestes gens, elles n'ont rien à dire pour justifier cette incontinence de leurs yeux et cette insupportable vanité d'aller partager avec Dieu les vœux que luy font les hommes, et l'adoration publique qui luy est renduë. Vous ne pensiez pas avoir ce matin vn Predicateur, et je pensois beaucoup moins le devoir estre. Mais comme vous voyez, le zele de la maison de Dieu m'a emporté, et ayant du loisir, j'ay desiré de vous en faire part. La compagnie qui estoit hier ceans m'a fourny cette matiere, et il fut donné tant de loüanges au visage de ma niepce, qu'en vous envoyant des nouvelles qui luy sont si glorieuses, j'ay creû luy devoir envoyer ce temperament de la gloire qu'elle en pourroit concevoir. Adieu, ma tres-chere sœur, je suis de toute mon ame

Vostre, etc.

BALZAC.

A Balzac, le 3 may 1635.

A MADAME DE CAMPAGNOL.

MA TRES-CHERE SŒVR,

N'ayant tous deux qu'vne mesme passion, nous traitons tousjours ensemble de la mesme affaire. Ma niepce est le subjet de toutes nos lettres, comme elle est l'objet de tous nos soins : Et pour moy, je ne voy ny bon ny mauvais exemple que je ne rapporte à son instruction, et ne tasche de mettre à son profit. Vous souvenez-vous de la femme de l'autre jour, qui n'estime, n'approuve, ny n'excuse rien, et qui va faire part de son chagrin aux meilleures et aux plus agreables compagnies. Elle picque de quelque costé que l'on s'en approche : Tous ses abords sont rudes et difficiles, et mon frere n'a pas mauvaise raison de dire que si l'homme que nous connoissons l'avoit espousée, il ne naistroit que des dents et des ongles de leur mariage. Il n'y a point moyen de vivre en paix avec cette farouche pudicité : Ie n'en fais pas plus de cas que de celle des Furies, que les anciens Poëtes ont appellées Vierges, ny ne m'estonne que les femmes de leur humeur n'aiment personne, puis qu'elles haïssent tout le monde. Cette triste passion remplissant leur ame, il n'y reste point de place pour les autres passions plus douces et plus humaines. Elles fuïent plustost les plaisirs par aversion et par desgoust, que par jugement et par raison : Elles sont si continuellement occupées à se fascher, qu'elles n'ont pas loisir de se resjouïr. Pourveû qu'elles soient chastes, elles pensent avoir droict d'estre malfaisantes. Elles croyent que de n'avoir pas vn vice ce soit avoir toutes les vertus, et qu'avec vn peu de bonne renommée qu'elles portent à leurs maris, il leur soit permis de les mettre sous le joug, et de braver tout le genre humain. I'advouë que la perte de l'honneur est le dernier malheur qui puisse arriver à vne femme, et que l'ayant perdu, elle n'a plus rien à conserver dans le monde; mais il ne s'ensuit pas que de l'avoir conservé ce soit avoir fait vne action heroïque, et je ne l'admire pas pour ne vouloir pas estre malheureuse ny deshonorée. Ie n'ay point ouï dire qu'on doive louër vne personne de ce qu'elle n'est pas tombée dans le feu ou qu'elle a evité vn precipice. On condamne la memoire de ceux qui se tuënt, mais on ne decerne point de recompense à ceux qui ne se tuënt pas. Et ainsi vne femme qui se glorifie d'estre chaste, se glorifie de n'estre pas morte et d'avoir vne qualité sans laquelle elle n'a plus de rang dans le monde, et n'y demeure que pour assister au supplice de son nom, et voir l'infamie de sa memoire. Ie dis bien davantage. Elle ne doit pas tant considerer le Vice comme mauvais que comme impossible, ny tant le haïr que ne le connoistre pas. Quand mesme elle verroit le mal de ses propres yeux, il vaut mieux qu'elle tienne ses propres yeux pour suspects, et prenne ce qu'elle voit pour illusion. A tout le moins, qu'elle ne prononce jamais de sentence contre ces sortes de criminelles, puis que Nostre Seigneur mesme ne l'a pas fait, ny n'a voulu condamner la femme adultere. Qu'elle plaigne celle que les autres injurient, et quand on dira qu'elle a fait vn crime, qu'elle se contente de dire qu'il luy est arrivé vn malheur. Ie voudrois, s'il estoit possible, qu'où elle trouve plus de foiblesse, elle tesmoignast davantage de bonté, et que la Vertu n'engendrast pas la mauvaise humeur. Cette ennemie de la Societé ne merite pas d'avoir vne si bonne mere, et on peut fuïr et blasmer le Vice, pourveu que la fuite soit sans ostentation, et le blasme sans cholere. Vne honneste femme reforme le Monde par l'exemple de sa vie, et non pas par la violence de son esprit. Elle ne doit declarer la guerre à personne, non pas mesme aux indiscrets et aux insolens : Et s'il sort de leur bouche en sa presence quelque parole licencieuse, ou en n'y apportant point d'attention, ou en changeant de discours, ou en l'adressant à d'autres, ou en jettant sur eux vn rayon de modestie qui les couvre de confusion et les penetre jusques à l'ame, elle les chastie sans les offenser. Il y a je ne sçay quoy de severe aussi bien que de doux dans la modestie, qui est mesme respecté par l'insolence; Et vne femme qui porte cette excellente Vertu dans les yeux, ne vient jamais aux outrages, ny aux paroles de cholere pour retenir les hommes dans leur devoir. Les autres Vertus sont cachées et n'ont rien de visible ny qui tombe sous les sens : celle-cy prend vn corps de lumiere, et se leve sur le visage dans ces belles taches qu'elle y envoye avec la Pudeur, qui est sa messagere, comme l'Aurore l'est du Soleil. Cette honneste honte, qui fleurit si agreablement sur le front des Vierges, et que je distingue de la sotte et de la mauvaise, est vn rempart et vne defense suffisante contre l'audace des plus effrontez : et quand on la voit luire dans les regards d'vne femme, il n'y a point de licence qui n'en soit esblouïe et qui ose passer outre. Ma niepce n'a pas grand besoin de ces preceptes ny d'aucune doctrine estrangere. Elle ne sçauroit s'esloigner du bien, si elle ne s'esgare de son inclination, ny estre fascheuse, si elle n'emprunte vn Vice qu'elle n'a pas. Elle est bonne naturellement, mais il est besoin de quelque methode pour conduire le bon naturel, et l'adresse ne gaste point la Vertu. Sans tomber dans la bassesse de la flatterie, elle peut se tenir dans des termes extrêmement obligeans. Qu'elle nomme Sages ceux qui ne sont pas en reputation d'estre vaillans, et Serieuses celles qui sont tristes. Si quelqu'vn n'a pas l'esprit vif, qu'elle die qu'il a le jugement bon; et qu'il est bien intentionné en ses conseils, s'il est malheureux en ses entreprises. Mais pourtant qu'elle garde en cecy quelque mesure et n'employe pas sans choix ses couleurs à desguiser toutes sortes de subjets, car il y en a qui ne sont pas capables de desguisement. Elle peut dire que le scrupule est vn rejeton de Pieté, mais non pas que l'Impieté est vn effet de Philosophie. Elle peut expliquer favorablement les choses douteuses et adoucir la rigueur des jugemens particuliers; mais elle ne doit pas agir contre le sens commun, ny s'opposer aux veritez publiques et manifestes. Il faut qu'elle fasse difference entre les erreurs et les crimes, entre la simplicité docile et la stupidité presomptueuse, entre les bons et les mauvais sots. Et s'il arrive qu'en vne compagnie où elle sera, on tourmente quelque esprit infirme, comme il s'en trouve assez qui veulent triompher des foibles et n'ont pitié de personne, je la conjure d'estre tousjours la protectrice du persecuté, et de donner asyle à tous ceux qui seront poursuivis par de plus forts qu'eux. Il est seulement à propos qu'elle soustienne de telle sorte les causes peu soustenables, qu'il paroisse au ton dont elle parle, que c'est en elle excez de bonté, et non pas faute de connoissance, et qu'elle compatit aux imperfections humaines par vn acte de charité, sans y prendre part par vne fausse persuasion. Ie suis au bout de mon papier, et devrois estre à la fin de ma lettre il y a long-temps. Mais je m'oublie avec vous, et ne trouve point d'heures plus courtes que celles que je vous donne. Adieu, ma tres-chere sœur, j'ay grande impatience de vous voir, et si vous ne venez icy la semaine prochaine avec toute vostre compagnie, je vous declare que je ne suis plus

Vostre, etc.

BALZAC.

A Balzac, le 10 juillet 1635.

A MONSIEVR DE SCVDERY*.

SVR LE CID.

MONSIEVR,

Vous n'avez pas pris conseil du Secretaire de Florence en la distribution de vos bienfaits; il vous eust dit que vous les

* George de Scudéry, gouverneur de Notre-Dame-de-la-Garde, né au Havre-de-Grâce en 1601; de l'Académie en 1650, mort à Paris le 14 mai 1667; frère de la célèbre Madeleine de Scudéry, née au Havre-de-Grâce en 1607, morte à Paris en 1701.

deviez verser goutte à goutte, et qu'il faut faire durer les graces. Mais la grandeur de courage dont vous faites profession est au-dessus de ces Maximes peu genereuses : Elle espand le bien à pleines mains, et vous penseriez n'avoir pas donné, si vous n'aviez enrichy. I'ay trouvé, dans vn mesme paquet, vostre lettre, vostre requeste, vostre Tragedie et vos observations sur le Cid. Voilà bien des faveurs tout à la fois. Si vous eussiez esté bon mesnager, vous aviez dequoy recevoir quatre remerciemens separez. Mais, sans doute, c'est que vous avez voulu vous garantir de trois mauvais complimens, en vous contentant de celuy-cy. Ie ne pretends pas, Monsieur, qu'il m'acquitte de ce que je vous dois : il tesmoignera seulement que je confesse vous devoir beaucoup, et que le desert ne m'a pas rendu si sauvage, que je ne sois touché des raretez qu'on nous apporte du Monde. Ie mets en ce nombre-là les presens que vous m'avez faits, et vous sçavez bien que ce n'est pas d'aujourd'huy que j'estime les choses que vous sçavez faire. I'ay esté vn des premiers qui ay recueilly avec honneur vos Muses naissantes, et qui battis des mains lorsque vos premiers essais furent recitez. Depuis ce temps-là, mon estime a creû avec vos forces, et ayant donné des applaudissemens à vn commencement de belle esperance, je ne puis pas legitimement refuser ma voix à des productions achevées. Mais le merite de vos vers est ignoré de fort peu de gens : Vostre prose en a surpris quelques-vns qui ne vous connoissoient pas tout entier; et comme elle a quantité de graces, outre celles de la nouveauté, elle a eu aussi quantité de partisans, dont je ne suis pas le moins passionné. Ce n'est pas pourtant à moy à connoistre du differend qui est entre vous et Monsieur Corneille, et à mon ordinaire, je doute plus volontiers que je ne resous. Bien vous diray-je qu'il me semble que vous l'attaquez avec force et adresse, et qu'il y a du bon sens, de la subtilité et de la galanterie mesme, en la pluspart des objections que vous luy faites. Considerez neantmoins, Monsieur, que toute la France entre en cause avec luy, et qu'il n'y a pas vn des juges, dont le bruit est que vous estes convenus ensemble, qui n'ait loüé ce que vous desirez qu'il condamne. De sorte que, quand vos argumens seroient invincibles, et que vostre adversaire mesme y acquiesceroit, il auroit dequoy se consoler glorieusement de la perte de son procez, et vous pourroit dire que d'avoir satisfait tout vn Royaume, est quelque chose de plus grand et de meilleur que d'avoir fait vne piece reguliere. Il n'y a point d'Architecte d'Italie qui ne trouve des defauts en la structure de Fontainebleau, qui ne l'appelle vn Monstre de pierre. Ce Monstre, neantmoins, est la belle demeure des Rois, et la Cour y loge commodément. Il y a des beautez parfaites qui sont effacées par d'autres beautez qui ont plus d'agrement et moins de perfection. Et parce que l'acquis n'est pas si noble que le naturel, ny le travail des hommes si estimable que les dons du Ciel, on vous pourroit encore dire que sçavoir l'*art de plaire* ne vaut pas tant que *sçavoir plaire sans art*. Aristote blasme la *fleur d'Agathon*, quoy qu'il die qu'elle fust agreable; et l'*Œdipe*, peut-estre, n'agreoit pas, quoy qu'Aristote l'approuve. Or s'il est vray que la satisfaction des spectateurs soit la fin que se proposent les Spectacles, et que les maistres mesmes du mestier ayent quelquefois appellé de Cesar au Peuple, le Cid du Poëte françois ayant plû aussi bien que la fleur du Poëte grec, ne seroit-il point vray qu'il a obtenu la fin de la representation, et qu'il est arrivé à son but, encore que ce ne soit pas par le chemin d'Aristote, ny par les adresses de sa poëtique? Mais vous dites qu'il a esbloüy les yeux du Monde, et vous l'accusez de charme et d'enchantement. Ie connois beaucoup de gens qui feroient vanité d'vne telle accusation, et vous me confesserez vous-mesme que la Magie seroit vne chose excellente, si c'estoit vne chose permise. Ce seroit, à dire vray, vne belle chose de pouvoir faire des prodiges innocemment; de faire voir le Soleil quand il est nuict; d'apprester des festins sans viandes ny officiers; de changer en pistolles les feüilles de chesne, et le verre en diamans. C'est ce que vous reprochez à l'autheur du Cid, qui vous advoüant qu'il a violé les regles de l'art, vous oblige de luy advoüer qu'il a vn secret qui a mieux reüssy que l'art mesme; et ne vous niant pas qu'il a trompé toute la Cour et tout le Peuple, ne vous laisse conclure de là, sinon qu'il est plus fin que toute la Cour et tout le Peuple, et que la tromperie qui s'estend à vn si grand nombre de personnes, est moins vne fraude qu'vne conqueste. Cela estant, Monsieur, je ne doute point que Messieurs de l'Academie ne se trouvent bien empeschez dans le jugement de vostre procez, et que d'vn costé vos raisons ne les esbranlent, et de l'autre l'approbation publique ne les retienne. Ie serois en la mesme peine si j'estois en la mesme deliberation, et si, de bonne fortune, je ne venois de trouver vostre Arrest dans les registres de l'Antiquité. Il a esté prononcé, il y a plus de quinze cens ans, par vn Philosophe de la famille stoïque; mais vn Philosophe dont la dureté n'estoit pas impenetrable à la joye, duquel il nous reste des Satyres et des Tragedies, qui vivoit sous le regne d'vn Empereur Poëte et Comedien, au siecle des Vers et de la Musique. Voicy les termes de cét authentique Arrest, et je vous les laisse interpreter à vos Dames, pour lesquelles vous avez bien entrepris vne plus longue et plus difficile traduction :

ILLVD MVLTVM EST PRIMO ADSPECTV OCVLOS OCCVPASSE, ETIAMSI CONTEMPLATIO DILIGENS INVENTVRA EST QVOD ARGVAT. SI ME INTERROGAS, MAJOR ILLE EST QVI JVDICIVM ABSTVLIT, QVAM QVI MERVIT.

Vostre adversaire trouve son compte dans cét Arrest, par ce favorable mot de MAJOR EST, et vous avez aussi ce que vous pouvez desirer, ne desirant rien, à mon advis, que de prouver que IVDICIVM ABSTVLIT. Ainsi vous l'emportez dans le Cabinet, et il a gaigné au Theatre. Si le Cid est coupable, c'est d'vn crime qui a eu recompense; s'il est puny, ce sera apres avoir triomphé. S'il faut que Platon le bannisse de sa Republique, il faut qu'il le couronne de fleurs en le bannissant, et ne le traite pas plus mal qu'il a traité autrefois Homere : Si Aristote trouve quelque chose à desirer en sa conduite, il doit le laisser jouïr de sa bonne fortune, et ne pas condamner vn dessein que le succez a justifié. Vous estes trop bon pour en vouloir davantage. Vous sçavez qu'on apporte souvent du temperament aux Loix, et que l'Equité conserve ce que la Iustice pourroit ruïner. N'insistez point sur cette exacte et rigoureuse justice. Ne vous attachez point avec tant de scrupule à la souveraine Raison. Qui voudroit la contenter, et suivre ses desseins et sa regularité, seroit obligé de luy bastir vn plus beau Monde que celuy-cy. Il faudroit luy faire vne nouvelle Nature des choses, et luy aller chercher des Idées au-dessus du Ciel. Ie parle pour mon interest : Si vous la croyez, vous ne trouverez rien qui merite d'estre aimé, et par consequent, je suis en hazard de perdre vos bonnes graces, bien qu'elles me soyent extrêmement cheres, et que je sois passionnement,

MONSIEVR,

Vostre, etc.

BALZAC.

Le 27 aoust 1637.

A MONSIEVR CONRART*,

Conseiller et Secretaire du Roy.

MONSIEVR,

Les plus belles solitudes sont celles qui sont les plus proches de Paris, et vous estes heureux de pouvoir estre Courtisan le matin et Hermite l'apresdisnée. C'est le moyen de ne s'ennuyer ny de l'vne ny de l'autre vie, et de prevenir le desgoust par le changement. Pour moy, je suis icy confiné en vne des extremitez de la terre, esloigné de huict grandes journées de vostre Monde poly. Ie suis reduit, par consequent, à la simple satisfaction de moy-mesme, qui ne me satisfait presque jamais, ou au seul entretien des morts, qui ne me disent plus que la mesme chose. La condition de Madame des Loges n'est gueres meilleure que la mienne, et hors de son cabinet et de sa famille, elle ne voit rien qui luy puisse plaire. Encore à present elle est plus à plaindre qu'elle n'estoit les années passées. Aux chagrins de Limousin, elle adjouste tous les dangers de Breda, et à son compte, c'est contre elle seule que les Espagnols font leurs sorties et qu'on tire aux tranchées des Hollandois. Ie la viens de laisser dans cette fievre d'esprit, qui la fait trembler à l'ouverture de toutes les lettres qu'elle reçoit, craignant tousjours d'y trouver vn fils ou vn neveu mort. En ce deplorable estat, elle

* Valentin Conrart, l'un des premiers académiciens, né à Paris en 1603, d'une ancienne famille du Hainaut, mort à Paris le 23 septembre 1675.

s'est pourtant souvenuë de vous avec consolation, et vous avez fourny de matiere à vne de nos plus longues conferences. Vous avez esté leû et releû vne douzaine de fois. Ie luy ay monstré la description de vostre retraite : elle m'a monstré d'autres belles choses de vostre façon, et il a esté conclu en vostre faveur, que le bon sens est de Paris aussi bien que d'Athenes et de Rome, et qu'on peut penser heureusement et exprimer ses pensées avec succez, sans l'aide du Grec ny du Latin. Si je me sers de l'vn et de l'autre plus souvent qu'à l'ordinaire, je ne tire point à mon avantage cette abondance estrangere, qui me reproche ma propre sterilité. C'est en effet que je suis contraint d'emprunter d'autruy, ayant espuisé le mien, et que manquant de force, j'ay besoin de m'appuyer pour me soustenir. Quoy qu'il en soit, ce n'est pas peu de vous plaire, soit comme original, soit comme copie; et puis que vous m'asseurez que mes escrits sont vos plus agreables divertissemens, je m'obstineray à estre escrivain, quand il n'y auroit que vous de lecteur au Monde. Il faut donc travailler cét hyver, et faire valoir l'authentique privilege que vous avez obtenu pour moy, qui suis tousjours tres-parfaitement,

Monsievr,

Vostre, etc.

BALZAC.

Le 18 septembre 1637.

A M. LE COMTE DE LA MOTTE FENELON.

MONSIEVR,

Silvie est vne jolie fille, je le vous advouë; il s'en peut faire vne honneste femme, je le vous advouë encore. Comme son esprit n'a rien d'artificieux, sa naïveté n'a rien de niais. Elle sçait respondre oüy et non, raisonnablement; quelquefois mesme, elle se hazarde plus avant avec succez. Estant à la Comedie, elle ne prie point sa compagne de l'advertir quand il faudra rire. On ne peut pas dire aussi qu'elle soit laide en l'âge où elle est, puis qu'au jugement de Madame la Marquise....., le Diable estoit beau quand il estoit jeune. Mais voilà bien dequoy faire regretter le plus triste sejour de la terre. Vous vous mocquez, Monsieur, et de Silvie et d'Amynthe *. Celle-là n'a que des qualitez tres-vulgaires; celuy-cy n'en a pas seulement de supportables, et il y a encore moins à estimer en sa melancholique personne, qu'en toutes les autres pieces du triste sejour. C'est vn fascheux dont le chagrin gaste la serenité des plus beaux jours et trouble la joye des plus sainctes festes. Passant mal toutes les nuits, il s'en prend à tout le monde tous les matins; il peste contre la nature vniverselle. Souvent, il est si retiré dans luy-mesme, qu'il n'en sortiroit pas pour aller au devant d'vn Legat *a latere*, et si la bonne Fortune venoit en sa personne le visi-

* *Silvie*, c'est sa nièce, mademoiselle de Campagnol, et *Amynthe*, c'est lui-même.

ter, elle pourroit arriver tel jour de la semaine, que la porte luy seroit fermée, quand mesme elle auroit dit son nom pour entrer. Il faut advouër qu'vn homme de cette humeur ne doit estre aimé que chrestiennement : c'est tout ce qu'on peut donner aux Commandemens de Dieu et à l'authorité de la Religion. Ie conclus donc, Monsieur, que vous faites vne action de trop grande charité, de desirer vne si mauvaise compagnie, et je suis digne, peut-estre, de la pitié des honnestes gens, mais non pas de leur curiosité. Vous estes riche des dons du Ciel et des veritables biens de l'Homme. Comment, avec tant d'esprit et tant de vertu, en cherchez-vous hors de vous et où il y en a si peu? Pour quoy estes-vous si persuadé de mon faux merite? Pour quoy voulez-vous faire vn voyage pour l'amour de moy, qui ne vous sçaurois estre agreable vne demye-heure, bien que je veüille estre toute ma vie,

MONSIEVR,

Vostre, etc.

BALZAC.

Le 12 avril 1638.

A MONSIEVR DE ***

EXHORTATION A LA PATIENCE DANS L'AFFLICTION

MONSIEVR,

Vostre lettre du mois de Iuin m'a esté renduë à la my-Aoust, et j'y fais response dans vn estat à faire pitié, beaucoup plus qu'à donner consolation. Mes anciens maux me sont revenus attaquer depuis quelque temps : mais avec vne migraine de recreuë, qui me tourmente de telle sorte, que ce seroit merveille si vne douleur si voisine de l'esprit m'en laissoit libres les fonctions. Vous serez assez bon, je m'asseure, pour me pardonner mon impuissance, et ne pas trouver mauvais qu'en cette generale dissipation de mes plus raisonnables pensées, je ne puisse vous rendre or pour or, et belles choses pour belles choses. Il me suffit, Monsieur, d'estimer extrêmement, comme je fais, vostre subtile et bien disante tristesse : Mais je vous diray neantmoins que si elle vouloit passer outre, fust-ce en la compagnie de tous les argumens et de toutes les figures, je me permettrois de n'en pas approuver la perseverance. Ie vous demanderois volontiers qu'est-ce que vous pretendez faire de cette pompeuse exageration de vostre malheur, et de tant d'art et d'ornemens que vous employez à embellir vostre perte? Au lieu de la laisser vieillir et emporter enfin par le temps, il semble que vous vouliez la renouveler par le souvenir, et en faire vne feste de tous les jours. Au lieu de souffrir qu'elle s'efface peu à peu de vostre esprit, vous cherchez les plus vives et les plus durables couleurs, afin de la conserver tousjours frais-che et tousjours recente; afin de la peindre si vous pouviez pour l'eternité. Mais comment y auroit-il d'eternité pour la fragilité des peintures, puis qu'il n'y en a pas pour la dureté des marbres? Les années les gastent et les consument; il s'en fait des esclats et de la poussiere; ils reviennent à leur premier rien. Et c'est par cét endroit, Monsieur, que je viens en passant d'apercevoir que je pourrois principalement vous attaquer et vous sommer de vous rendre de la part de la raison. Nous avons perdu en nostre amy vn tres-digne Senateur, je le vous advouë : Mais le Senat mesme se perdra, et vn jour il n'y aura pas plus de Conseillers de Paris que de Peres Conscripts de Rome et d'Areopagites d'Athenes. Nous avons perdu, dans le mesme amy, vn Mathematicien, vn Orateur et vn Poëte, je vous l'advouë de rechef : Mais ne sçavez-vous pas que les Hommes ne vivent que parmy des pertes : qu'ils ne cheminent que sur des ruïnes? Et combien y a-t'il, je vous prie, que les Mathematiciens, que les Orateurs, que les Poëtes meurent? On devroit estre accoustumé à de semblables accidens : Ils sont aussi anciens que le Monde, et nous les trouvons estranges, comme si c'estoit vne nouveauté d'aujourd'huy. Ce ne sont point des prodiges : ce sont des choses vulgaires et familieres; et celuy qui a dit « qu'il n'y a eu que la premiere mort, non plus que la premiere nuict, qui ait merité de l'estonnement et de la tristesse, » a dit vne verité sur laquelle il faudroit faire plus de reflexion que nous ne faisons. Tout, Monsieur, tout sans exception est condamné à la mesme peine : et non-seulement les Parlemens et les Iuges ne sont pas des choses immortelles, mais encore les Sciences periront aussi bien que les Sçavans, et la hauteur de l'Astrologie ne sera pas plus privilegiée que la bassesse de la Grammaire. Dieu, qui doit ruïner les Cieux pour en bastir de plus beaux, ne conservera pas les Globes et les Astrolabes en destruisant leur objet. Il ne nous laissera pas nos petites connoissances dans le bienheureux Advenir qu'il nous prepare, parce que nous n'aurons pas le loisir de nous y jouer, et que nostre felicité sera toute serieuse. Il abolira la Prose et les Vers. Il supprimera les Oraisons et les Hymnes, et tous les autres moyens imparfaits de parler de luy, pour donner lieu à vne plus noble et plus excellente maniere de le loüer. Ie ne sçaurois donc trouver estrange que les Artisans et les Ouvrages finissent, puis que les Arts et les Modeles doivent finir. Mais d'ailleurs, Monsieur, cette fin ne me semble pas estre vn grand mal; et je suis si peu satisfait du Monde, que je n'ay garde de plaindre qui que ce soit pour n'y estre plus. Il y a trente-cinq ans que je m'y ennuye et que tout m'y fasche, que je murmure et que je crie contre luy. Mes seuls amis sont les seuls objets qui ne m'y soient pas desagreables : et vous voulez bien que je vous mette de ce nombre-là, puis que suis avec passion,

MONSIEVR,

Vostre, etc.

BALZAC.

Le 19 aoust 1638.

A MADAME DES LOGES*

SVR LA MORT DE SON FILS.

Madame,

I'ay sceû d'vn de mes amis, venu nouvellement de Hollande, la perte que vous avez faite devant Breda; Mais jugeant de vostre douleur par la connoissance que j'ay de vostre bon naturel, et ne doutant point qu'elle ne soit plus grande que les ordinaires, je ne suis pas assez hardy pour entreprendre d'y mettre la main. Ce sont des maux contre lesquels les remedes estrangers n'osent agir ou agissent inutilement. On peut ne pas pleurer avec vous, mais on ne peut pas condamner vos larmes : Les plus austeres Philosophes suspendent icy la severité de leurs decrets, et Zenon seroit pire que Phalaris, si dans la violence qu'il exerce sur les Passions humaines, il n'espargnoit la pieté naturelle. Ainsi il n'y a que vous, Madame, à qui appartienne le droict de vous consoler. Vous estes seule capable de vous rendre cét office et de toucher à l'affliction que je respecte. Vous le ferez aussi, je m'asseure, avec succez, et sçachant bien qu'il

* Marie de Bruneau, dame des Loges, sœur de madame de Beringhen, née vers 1585, morte le 1er juin 1641 ; mariée à messire Charles de Rechignevoisin, chevalier, seigneur des Loges, gentilhomme de la chambre du roi, issu d'une des plus illustres maisons de Poitou et des mieux alliées. Madame des Loges fut une des femmes les plus célèbres de son temps par son esprit.

se trouvera dans vostre ame autant de force que de tendresse, je ne croy pas que, contre l'ordre des choses, vous vouliez que la force obeïsse, et que le plus foible emporte le plus puissant. Autrefois, je vous ay ouïe si peu estimer la vie, que, par vos propres maximes, ce n'est pas vn grand mal que d'estre mort. Et quand vous ne seriez plus de cette opinion, vous m'advoüerez que l'absence qui separe ceux qui vivent de ceux qui ne vivent plus, est vne chose trop courte pour meriter vne longue plainte. La cause des douleurs opiniastres ne peut estre soustenable qu'en presupposant vne eternité en cette vie, ou vn desespoir de la vie future. Mais l'exemple mesme des personnes que nous regrettons destruit la premiere presupposition, et la derniere ne compatit pas avec les promesses du Fils de Dieu. Si bien, Madame, que je ne me souviendrois plus du commun fondement de nostre creance, si je consentois à l'obstination de vostre tristesse; et d'ailleurs, j'aurois oublié que je traite avec vne Femme qui sçait faire aux Hommes d'excellentes leçons de Sagesse, et avec vne Mere, qui ne cede point en courage et en magnanimité à toutes les Meres de Lacedemone. Ie me contenteray donc de vous representer, pour esloigner de vostre esprit les pensées vulgaires, que ce n'est pas en vain que nous vous appellons Heroïne, et de vous dire ensuite, pour satisfaire à la verité et à mon affection, qu'il n'est pas possible que je ne sois malade de tous vos maux, estant comme je suis, de toute mon ame,

MADAME,

Vostre, etc.

BALZAC.

Le 16 decembre 1638

A MONSEIGNEVR L'EVESQVE DE GRASSE *

IL N'Y A RIEN A CRAINDRE DE L'ELOQVENCE QVAND ELLE EST AV SERVICE DE LA PIETÉ.

MONSEIGNEVR,

Si vous avez resolu, comme vous dites, d'escrire sans ornemens, c'est vn dessein qui vous donnera bien de la peine, et dans lequel difficilement vous reüssirez. Outre que vous ne prendriez pas en cela le conseil de Sainct Basile, vous vous esloigneriez encore de son exemple et de celuy de toute l'Eglise de son temps, qui n'a point fait scrupule de bien parler. Defaites-vous, je vous prie, de cette mauvaise humeur. Ne vous mettez point en cholere contre les Graces, ces bonnes et innocentes filles, qui vous ont acquis tant de partisans, et tant de lecteurs à vos escrits. Ayez quelque respect pour les avantages de la Nature, c'est-à-dire pour les dons de Dieu : Et si vous n'estes ennemy des plaisirs honnestes de vostre patrie, ne faites pas comme ce Chaste extravagant, qui se deschira le visage, parce que sa beauté plaisoit trop aux

* Antoine Godeau, évêque de Grasse, l'un des premiers académiciens, né à Dreux vers 1605, mort à Vence le 21 avril 1672. On l'appelait, à l'hôtel de Rambouillet, le *Nain de Julie*. Il a laissé un grand nombre d'ouvrages en vers et en prose. — Balzac disait encore de lui à Conrart : « Ce « Monsieur de Grasse n'a point de devot plus zelé que moy ; je l'honore « comme s'il estoit mon pere, et je l'aime comme s'il estoit mon fils. » (*Lettre à Conrart*, 21 juin 1651.)

yeux qui la regardoient. Il n'y a rien à craindre de l'Eloquence quand elle est au service de la Pieté. Le Grec ne se doit point faire Barbare, se faisant Chrestien. Et ceux qui ont peur que les richesses du langage corrompent la simplicité du Christianisme, eussent chassé les Mages de l'estable de Iesvs-Christ, quand ils luy vinrent presenter de l'or. Il ne sçauroit y en avoir de trop fin ny sur les Autels ny dans vos Ouvrages; et vous ne devez point apprehender que le nom de Chrysostome vous fasse perdre celuy de Sainct. Ie suis,

Monseignevr,

Vostre, etc.

BALZAC.

Le 12 avril 1639.

A MONSIEVR DE SAINT-CHARTRES,

Conseiller du Roy au Grand Conseil.

IL DESADVOVE LES DEMARCHES QV'ON POVRROIT FAIRE POVR LVY DONNER VN EVESCHÉ *.

MONSIEVR,

L'Affaire de l'Evesché pourroit reüssir, et les moyens que vous proposez ne sont pas extrêmement difficiles. Mais vostre amy est resolu de ne se pas mesme servir des plus faciles moyens. Il connoist trop son indignité, pour estre capable de la haute pensée que vous luy voulez mettre dans l'esprit; et il a leû avec trop d'attention les livres que Sainct Chrysostome a escrits du Sacerdoce, pour ne pas apprehender vn fardeau qui est redoutable aux forces des Anges; il n'oseroit dire aux espaules, comme Sainct Bernard. C'est pourtant vn fardeau, que les plus foibles desirent porter, dont il n'y a point de petit Docteur qui ne veüille qu'on l'accable; apres lequel courent tant de Prescheurs, et auquel visent tant de Sermons. Laissons courir les autres, et demeurons en repos. N'employons point l'Evangile, ny Sainct Paul, à solliciter

* On lit dans le *Menagiana :*

« M. de Balzac avoit premierement aspiré à estre evesque. Il se retrancha ensuite à devenir abbé; mais il ne reüssit ny dans l'un ny dans l'autre dessein. Il a mesme escrit dans quelqu'un de ses ouvrages, qu'il ne seroit jamais abbé, à moins qu'il ne fondast l'abbayïe. » (*Menagiana*, Paris, 1693. p. 228.)

nostre fortune; ils meritent vn plus digne employ. Au lieu de servir Dieu, ne nous servons point de luy. Il vaut mieux estre Catechumene toute sa vie et mourir à la porte de l'Eglise, que d'entrer dans le sanctuaire par la bresche qu'y fait l'ambition. Que je me trouve bien du village et de la retraite! Que j'ay pitié de l'inquietude et de la fievre des pretendans! Si je n'avois d'autre maladie que celle-là, je me porterois mieux qu'homme du monde; et quoy que vostre bonne volonté m'oblige dans la rencontre qui se presente, je vous supplie de croire que je suis sans esperance et sans interest,

MONSIEVR,

Vostre, etc.

BALZAC.

Le 4 aoust 1639.

A MONSIEVR CORNEILLE*.

SVR CINNA.

MONSIEVR,

I'ay senty vn notable soulagement depuis l'arrivée de vostre paquet, et je crie Miracle! dés le commencement de

* Pierre Corneille, avocat général à la table de marbre de Normandie, né à Rouen en 1606, mort en 1684.

ma lettre. Vostre Cinna guerit les malades : Il fait que les Paralytiques battent des mains; il rend la parole à vn Muët, ce seroit trop peu de dire à vn enrhumé. En effet, j'avois perdu la parole avec la voix. Et puis que je les recouvre l'vne et l'autre par vostre moyen, il est bien juste que je les employe toutes deux à vostre gloire, et à dire sans cesse : *La belle chose!* Vous avez peur neantmoins d'estre de ceux qui sont accablez par la majesté des subjets qu'ils traitent, et ne pensez pas avoir apporté assez de force pour soustenir la grandeur romaine. Quoy que cette modestie me plaise, elle ne me persuade pas, et je m'y oppose pour l'interest de la Verité. Vous estes trop subtil examinateur d'vne composition vniversellement approuvée : Et s'il estoit vray qu'en quelqu'vne de ses parties vous eussiez senty quelque foiblesse, ce seroit vn secret entre vos Muses et vous, car je vous asseure que personne ne l'a reconnuë. La foiblesse seroit de nostre expression, et non pas de vostre pensée : elle viendroit du defaut des instrumens, et non pas de la faute de l'ouvrier; il faudroit en accuser l'incapacité de nostre langue. Vous nous faites voir Rome tout ce qu'elle peut estre à Paris, et ne l'avez point brisée en la remuant. Ce n'est point vne Rome de Cassiodore, et aussi deschirée qu'elle estoit au Siecle des Theodorics : C'est vne Rome de Tite-Live, et aussi pompeuse qu'elle estoit au temps des premiers Cesars. Vous avez mesme trouvé ce qu'elle avoit perdu dans les ruïnes de la Republique, cette noble et magnanime fierté; et il se voit bien quelques passables traducteurs de ses paroles et de ses locutions, mais vous estes le vray et le fidele interprete de son esprit et de son courage. Ie dis plus, Monsieur, vous estes souvent son Pedagogue, et l'avertissez de la bienseance quand elle ne s'en souvient pas. Vous estes le Reformateur du vieux temps, s'il a besoin d'embellissement ou d'appuy. Aux endroits où Rome est de brique, vous la rebastissez de marbre; quand vous trouvez du vuide, vous le remplissez d'vn chef-d'œuvre; et je prends garde que ce que vous prestez à l'Histoire est toujours meilleur que ce que vous empruntez d'elle. La femme d'Horace et la maistresse de Cinna, qui sont vos deux veritables enfantemens et les deux pures creatures de vostre esprit, ne sont-elles pas aussi les principaux ornemens de vos deux Poëmes? Et qu'est-ce que la saine Antiquité a produit de vigoureux et de ferme dans le sexe foible, qui soit comparable à ces nouvelles Heroïnes que vous avez mises au monde, à ces Romaines de vostre façon? Ie ne m'ennuye point depuis quinze jours de considerer celle que j'ay receuë la derniere. Ie l'ay fait admirer à tous les habiles de nostre province : nos Orateurs et nos Poëtes en disent merveilles; mais vn Docteur de mes voisins, qui se met d'ordinaire sur le haut stile, en parle, certes, d'vne estrange sorte; et il n'y a point de mal que vous sçachiez jusques où vous avez porté son esprit. Il se contentoit, le premier jour, de dire que vostre Æmilie estoit la rivale de Caton et de Brutus, dans la passion de la Liberté : A cette heure, il va bien plus loin. Tantost il la nomme la possedée du Demon de la Republique, et quelquefois la belle, la raisonnable, la saincte et l'adorable Furie. Voilà d'estranges paroles sur le subjet de vostre Romaine, mais elles ne sont pas sans fondement. Elle inspire, en effet, toute la conjuration, et donne chaleur au Party par le feu qu'elle jette dans l'ame du chef. Elle entreprend, en se vengeant, de venger toute la terre : Elle veut sacrifier à son pere vne victime, qui seroit trop grande pour Iupiter mesme. C'est, à mon gré, vne personne si excellente, que je pense dire peu à son avantage, de dire que vous estes beaucoup plus heureux en vostre race que Pompée n'a esté en la sienne, et que vostre fille Æmilie vaut, sans comparaison, davantage que Cinna, son petit-fils. Si celuy-cy mesme a plus de vertu que n'a creû Seneque, c'est pour estre tombé entre vos mains, et à cause que vous avez pris soin de luy. Il vous est obligé de son merite, comme à Auguste de sa dignité. L'Empereur le fit Consul, et vous l'avez fait honneste homme; mais vous l'avez pû faire par les loix d'vn art qui polit et orne la verité; qui permet de favoriser en imitant; qui quelquefois se propose le semblable et quelquefois le meilleur. I'en dirois trop, si j'en disois davantage. Ie ne veux pas commencer vne dissertation, je veux finir vne lettre, et conclure par les protestations ordinaires, mais tres-sinceres et tres-veritables, que je suis,

MONSIEVR,

Vostre, etc.

BALZAC.

Le 17 janvier 1643.

A M. L'HUILLIER *.

Conseiller du Roy en ses Conseils, etc.

SVR LA MORT DE PEIRESC **.

MONSIEVR,

Mon oysiveté est perpetuellement occupée; je n'ay ny affaires ny loisir; je ne fais rien, et je ne cesse jamais. Ma mauvaise honte m'a imposé cette servitude volontaire, qui m'amuse le plus souvent à des choses inutiles et m'empesche de m'acquitter des legitimes devoirs. C'est, à mon opinion, ce qui vous justifiera mon silence, et vous obligera de me plaindre, au lieu de me condamner. Ie vous dois vne lettre il y a long-temps, et la nouvelle de la mort de Monsieur de Peiresc exigeroit de moy quelque chose de plus qu'vne let-

* François l'Huillier ou Luillier, maître des comptes après avoir été trésorier de France à Paris, puis conseiller au parlement de Metz; fils de Jean Luillier, prévôt des marchands en 1592, qui avait facilité l'entrée de Henri IV dans Paris, et obtenu en récompense une charge de président en la chambre des comptes, créée par ce prince en sa faveur. François fut le père de Chapelle (Claude-Emmanuel Luillier), disciple de Gassendi, et célèbre par son voyage avec Bachaumont, né en 1626 au village de la Chapelle, près de Paris, et mort à Paris en 1686.

** Nicolas-Claude Fabri de Peiresc, conseiller au parlement d'Aix, né à Beaugensier, en Provence, le 1er décembre 1580, d'une famille noble et ancienne. Il fut lié avec les hommes les plus illustres et les plus savants de son temps. Il mourut, entre les bras de Gassendi, le 24 juin 1637. Le pape Urbain VIII, qui avait été en commerce de lettres avec lui, ordonna

tre, si je me conseillois aux premiers mouvemens que j'ay eus, et à la coustume qui se pratique. Mais toutes sortes d'offices ne se doivent pas rendre à toutes sortes de personnes. Ce seroit offenser la Philosophie, et douter de la profession que vous en faites, de vous traiter comme les hommes vulgaires, et je voy bien que Seneque a consolé des femmes et vn valet, mais je ne voy pas que personne ait jamais osé consoler Seneque. Ie demeure d'accord avec vous de ce que vous dites de plus haut et de plus magnifique de vostre amy : et si vous me permettez de me servir en françois d'vne parole emprunté de Grece, j'adjouste que nous avons perdu en ce rare personnage *vne piece du naufrage de l'Antiquité et les reliques du Siecle d'or*. Toutes les vertus des temps heroïques s'estoient retirées en cette belle ame. La corruption vniverselle ne pouvoit rien sur sa bonne constitution, et le mal qui le touchoit ne le soüilloit pas. Sa generosité n'a esté ny bornée par la mer, ny enfermée au deça des Alpes : elle a semé ses faveurs et ses courtoisies de tous costez ; elle a receû des remerciemens des extremitez de la Syrie et du sommet mesme du Liban. Dans vne fortune mediocre, il avoit les pensées d'vn grand Seigneur, et sans l'amitié d'Auguste, il ne laissoit pas d'estre Mecenas. De sorte qu'apres cela je n'ay pas beaucoup de peine à vous advoüer qu'il conservoit à la France la premiere gloire de sa franchise, et la bonne opi-

que son éloge fût prononcé en l'académie des Humoristes. Après sa mort, on trouva plus de *dix mille* lettres qui lui avaient été écrites par les savants de toute l'Europe. Que devint ce trésor ? On lit dans le *Menagiana* : « M. Baudelot me disoit dernièrement que l'avarice d'une niece de feu M. de Peiresc nous avoit fait perdre le grand nombre de lettres que tous les sçavans du monde luy avoient escrites. Il y en avoit une chambre pleine, et elle les brûloit pour se chauffer. » (*Menagiana*, 1693, in-12, p. 311.) Cependant il resta encore deux volumes in-folio de lettres écrites à Peiresc, et six volumes in-folio de lettres écrites par Peiresc lui-même. Ce précieux dépôt est, dit-on, à la bibliothèque de Carpentras.

nion que les Estrangers ont encore d'elle. Ie croy aussi bien que vous, Monsieur, qu'il sera pleuré de tout ce quil y a de grand et d'illustre, de raisonnable et d'intelligent, dedans et dehors le Royaume. Ie m'asseure que l'Italie en fera commemoration en ses doctes assemblées, et qu'au Siecle des Princes Barberins, Rome ne peut pas estre indifferente pour vne memoire si chere aux Muses. Ie ne doute pas mesme que le Sainct Pere qui l'a estimé, ne le regrette, et qu'au milieu de la lumiere qui l'environne au-dessus de nous, il ne souffre que ce nuage monte d'icy-bas jusques à luy. Mais de toutes ces choses et de beaucoup d'autres que vous m'escrivez beaucoup plus eloquemment que je ne sçaurois vous les redire, vous pouvez prendre vous mesme la consolation què vous voulez qu'vne autre vous donne. Si la perte que vous avez faite ne vous estoit commune avec cette noble multitude, et si les Souverains et les Peuples n'estoient interessez en la vostre douleur, vous auriez peut-estre trop de peine à la supporter toute entiere : Mais veû qu'il n'y a personne qui ne vous en soulage d'vne partie, vous ne voudriez pas nier qu'il n'y ait de la douceur dans vne affliction qui vous fait avoir tout le monde de vostre costé, et que si vous vous estimez malheureux, vous ne le soyez avec quelque sorte de contentement. Il y a, certes, je ne sçay quoy qui chatoüille dans les blessures de cette nature : Et quand les Princes sont meslez parmy les Particuliers, et que Paris se joint aux Provinces dans vne mesme societé de tristesse, que sert-il de vouloir faire pitié? C'est vn deuil qui n'est gueres moins beau qu'vn triomphe. Les loüanges et les acclamations de dehors ostent toute l'amertume et toute l'aigreur aux regrets et aux plaintes domestiques; et il me semble que la possession de la gloire, qui n'est asseurée que par la mort, vaut bien trois ou quatre mauvaises années, qui pouvoient estre adjoustées à la vieillesse. Ce seroit à cette gloire que je m'estimerois heureux de pouvoir contribuer quelque chose, et pour cela je vous offre mes mains et ma peine, quoy que ce ne soit pas vous offrir des colosses ny des pyramides. Toutefois, Monsieur, n'en desplaise à ceux qui ont l'imagination plus vaste que grande, et qui voudroient mettre en œuvre les forests et les montagnes entieres, j'ay oüi dire que quelques artisans ont travaillé en petit avec loüange. Sans estre prodigue de son estoffe, on peut estre remarquable par de longs discours. Il y a assez de mauvais prescheurs dans le Monde et assez de mauvaises oraisons funebres : Ie vous supplie, que je n'en augmente point le nombre, et que je ne sois pas de ces ennemis officieux qui persecutent ainsi à bonne intention la patience des vivans et la memoire des morts. I'ay trop de desir de vous plaire, pour me mettre au hazard de vous ennuyer, et quand vous seriez veritablement malade, je n'estime pas assez mes remedes pour les essayer sur vne telle ame que la vostre. Ne trouvez donc pas mauvais que je vous obeïsse d'vne autre façon que vous ne me l'avez ordonné, et que j'aille où vous desirez, mais par où il me semble que je puisse aller plus commodement. Faites-le trouver bon aussi à Messieurs du Puy, qui à mon advis, ne sont pas moins ennemis que moy des ridicules *helas!* et des lamentations importunes, et qui preferent, si je ne me trompe, le plus court des Eloges de Tite-Live au gros volume de Discours funebres qu'on imprima apres la mort du feu Roy. Bien que les legitimes apotheoses ne se fassent point ailleurs que dans leur cabinet, et que ce soit là où l'on declare les hommes illustres, je ne laisseray pas, puis qu'ils le veulent ainsi, de faire ma devotion à part, et je n'ay garde de refuser place dans mes escrits à vne vertu qu'ils ont desja mise dans le Ciel. Le contentement de mes amis me sera tousjours plus cher que ma propre reputation. Le moindre signe que vous me ferez, aura plus de pouvoir sur moy que cette lethargie d'esprit que vous me reprochez de si bonne grace. Et partant, quand je devrois gaster la matiere que vous vous figurez que j'embelliray, ne doutez point que je ne sois tres-aise de vous tesmoigner en cette occasion. que je suis,

MONSIEVR,

Vostre, etc.

BALZAC.

Le 15 aoust 1640

A MONSIEVR DU PUY*.

Conseiller du Roy en ses Conseils, et Bibliothecaire de Sa Majesté.

QVEL ESTAT IL FAIT DES CRITIQVES.

MONSIEVR,

Estimant infiniment l'honneur que j'ay d'estre aimé de vous, je suis bien glorieux des belles marques qu'il vous a plû de m'en envoyer : Et quoy que, pour l'essentiel de la

* Pierre du Puy, né à Agen le 27 novembre 1582, mort le 14 décembre 1651. Parent du célèbre président de Thou; ses ouvrages sont trop connus pour être rappelés ici. (Sa *Vie*, par Nicolas Rigault. Paris, in-4°. 1652.)

chose, vostre probité m'en asseure assez la possession, je suis bien aise, pour l'ornement de mon cabinet, que vostre courtoisie m'en donne des tiltres. Ie les ay receus avec le tesmoignage avantageux que vous avez rendu de mon Livre*, et je fais bouclier de ce tesmoignage contre tous les Arrests et toute l'iniquité des mauvais juges dont vous me parlez. Ie ne vise point à l'approbation vniverselle. Les Heros mesmes ont mal reüssi en ce dessein. La gloire la plus juste et la mieux acquise a esté contestée et mise en dispute. I'ay veû, dans les Tragedies d'Euripide, vn galant homme qui accuse Hercule d'estre poltron : C'est-à-dire que parmy les hommes, il y a eu vn homme qui n'a pas esté de l'advis du genre humain, et qui a donné vn dementy à toute la Terre. Le Pour et le Contre sont venus au monde avec le Mien et le Tien, et la Raison n'est pas plus ancienne que l'Anti-raison. Les saines opinions n'ont jamais esté en paix. La Malice et l'Ignorance se sont tousjours armées pour les attaquer. Et encore aujourd'huy combien de Schismes, de Sectes et d'Heresies qui font la guerre à la pauvre Verité? Celle qui a pour objet la saincteté de la Religion et de ses mysteres, est bien de plus grande importance que celle qui ne regarde que le charactere de la Comedie et la pureté du stile. Et neantmoins pour vn bien persuadé on compte cent mescreans, et tout est contredit sous le Ciel, voire mesme ce que Dieu a dit. Il faut chercher ailleurs l'vnité des sentimens. Icy ne se trouve que la diversité et la bigarrure, et tant qu'il y aura des testes et des passions, il y aura des disputes et des procez. Ie tiens tous les miens gaignez, puis que vous me faites l'honneur d'en appuyer le bon droict, et que c'est chez Monsieur de Thou, et non pas chez Monsieur de *** que s'assemble le vray et le legitime Senat, qui a droit de juger de nos affaires de livres. Au pis aller, je ne prends pas

* *Œuvres diverses.* Paris, in-4°, 1644.

les choses si à cœur que vous pourriez vous imaginer. Escrivant moins pour les autres que pour moy, qui ay besoin de piquer par-là mon repos, de peur qu'il ne devienne lethargie, ce me sera assez que vostre bonté souffre mes escrits, comme vne recette qui m'a esté ordonnée par les medecins, et que vous me fassiez la faveur de croire qu'il n'est pas necessaire d'estre parfaitement eloquent pour estre parfaitement, comme je suis,

MONSIEVR,

Vostre tres-humble et fidele serviteur,

BALZAC.

Le 20 octobre 1644.

A M. DE BOIS-ROBERT LE METEL,

Abbé de Chastillon.

MONSIEVR,

Toutes choses meurent et sont subjettes à corruption, c'est vne loi generale : Mais vous avez des affections qui sont privilegiées. Elles ne connoissent point le declin : elles se defendent de la vieillesse; elles ne furent jamais plus vives ny plus ardentes. Il m'a esté bien doux d'apprendre cette verité dans la lettre que vous m'avez fait l'honneur de m'escrire, et d'y voir que je suis encore vostre Favory, apres vingt-cinq ans de faveur. Sans doute on nous proposera vn jour en exemple, et nous serons adjoustez aux fables et aux histoires. Mais la belle chose que ce seroit, Monsieur, si les autres parties de nous-mesmes se pouvoient conserver dans la mesme force que nostre amitié, et si la neige qui est tombée sur nostre teste ne signifioit qu'il y a de la glace dans nos veines! Voilà ce que nous coustent deux vertus, dont nous nous passerions bien, l'EXPERIENCE et la GRAVITÉ. En ce monde, il faut perdre en acquerant : On ne peut se faire respecter sans se faire plaindre, et l'epithete de venerable est presque tousjours accompagné de celuy d'infirme. Pour moy, je sens cette infirmité autant de fois que j'ay besoin de vigueur, je ne dis pas à courir et à lutter dans la lice, mais à cheminer le petit pas et à faire quelques tours de nostre jardin. Tout mon feu s'est retiré au fonds de mon ame, où peut-estre je vous pourrois dire qu'il est encore assez vif pour y allumer des pensées de joye, et pour me faire Poëte sur mes vieux jours. Vous me parlez de ma prose beaucoup plus avantageusement qu'elle ne merite; mais vous ne dites pas vn seul mot de cette nouvelle descouverte que j'ay faite en mon esprit. Les Peres Bourbon et les Ambassadeurs de Suede la trouverent belle et me donnerent courage de penetrer plus avant dans le pays. Vous aurez bientost vostre part des raretez qui y croissent, et que j'en ay apportées depuis quelques temps : Mais toute vostre part ne doit pas estre confonduë avec celle du public. Ie vous promets plus que cela. Il ne se fera point de debit de mon livre, que *Metellus* n'y prenne son droit, et que vous ne vous trouviez chez Balzac, en aussi grosses lettres que chez Horace, où vous avez veû plus d'vne fois,

Motum ex Metello consule civicum.

Le Prelat vaut bien le Consul * : Et il y a-t'il rien que je ne doive à vne affection si constante et si pure que la vostre? Ie suis,

MONSIEVR,

Vostre, etc.

BALZAC.

Le 26 decembre 1644.

A MONSIEVR COSTAR **.

SVR SCARRON ***.

MONSIEVR,

Le livre que vous m'avez fait tenir de la part de Monsieur Scarron est vn present qui m'est bien cher, et que j'ay sub-

* Comme on parlait un jour à Bois-Robert de généalogies fabuleuses, il dit : « Pour moy, j'ay envie de me faire descendre de Metellus, puisque je m'appelle Metel. Ce ne sera donc pas, luy dit-on, de Metellus Pius que vous descendrez. »

** Pierre Costar, né à Paris en 1603, mort le 13 mai 1660. Il se déclara en faveur de Voiture contre Balzac, dans un écrit intitulé *Defense de Voiture.* On a de lui des *Entretiens* et des *Lettres*, en 2 vol. in-4°.

*** Paul Scarron, né à Paris en 1610, fils d'un conseiller au parlement

jet d'estimer bien fort. D'abord il m'a servi de remede, et m'a soulagé d'vne oppression de rate qui m'alloit éstouffer, sans ce secours venu à propos. I'espere qu'il fera davantage si j'en vse plus souvent. Il se peut qu'il me guerira de mon chagrin serieux et de ma triste philosophie : Peut-estre que j'y apprendray à rimer des requestes et des legendes, et que je deviendray gay par contagion. Voilà, sans mentir, vn admirable malade : Il a je ne sçay quoy de meilleur que la santé, je parle de la santé stupide et materielle, car vous sçavez ce que les Arabes disent de la joye, que c'est la fleur et l'esprit de la santé vive et remuante. Puis que vous voulez sçavoir les differentes pensées que j'ay euës de ce malade, et que vous m'en demandez vn chapitre : Ie dis, Monsieur, que c'est l'homme du monde le plus dissimulé ou le plus constant. Ie dis qu'il porte tesmoignage contre la mollesse du genre humain, ou que la douleur le traite plus doucement qu'elle ne traite les autres hommes. Ie dis qu'il y a de l'apparence que le bourreau flatte le patient. Ie dis qu'à le voir rire, comme il fait, au milieu du mal, j'ay quelque opinion que le mal ne le picque pas, mais que seulement il le chatoüille. Ie dis enfin que le Promethée, l'Hercule et le Philoctete des Fables, sans parler du Iob de la Verité, disent bien de grandes choses dans la violence de leurs tourmens, mais qu'ils n'en disent point de plaisantes : Que j'ay bien veû, en plusieurs lieux de l'Antiquité, des douleurs constantes, des douleurs modestes et des douleurs eloquentes; mais que je n'en ay point veû de joyeuses que cette-cy; mais qu'il ne s'estoit point encore trouvé d'esprit qui sceust danser la Sarabande et les Matassins dans vn corps

et d'une ancienne famille de robe; il épousa, en 1651, Françoise d'Aubigné, depuis madame de Maintenon, et mourut le 27 juin 1660. Il est célèbre par ses infirmités, son mariage et ses ouvrages burlesques : *Virgile travesti*, le *Roman comique*, *Don Japhet d'Arménie*, etc.

paralytique. Vn si beau prodige merite d'estre consideré par les Philosophes curieux; l'histoire ne le doit pas oublier; et s'il me prenoit fantaisie d'estre historien, comme je suis historiographe, je ne le compterois pas pour le plus petit miracle de nostre temps, qui a produit de si grands miracles. Ce n'est point mon dessein de diminuer le gloire des morts, avec lesquels mesme j'ay eu amitié; mais il y a differens degrez de gloire, et quoy que la qualité d'Apostre ne soit pas vn tiltre peu considerable dans vne famille chrestienne, il faut advouër que le Martyre du Fils est quelque chose de plus rare que l'Apostolat du Pere. Quels seroient là-dessus les sentimens de vostre Seneque, qui a pris autrefois tant de plaisir à traiter semblables matieres, et qui en a cherché si souvent les occasions? N'est-il pas vray que la fiere et orgueilleuse vertu qu'il a tant loüée et qui se vantoit d'estre à son aise dans le Taureau de Phalaris et de pouvoir dire qu'il y fait bon, n'a esté que la simple figure de cette vertu si douce et si humble, qui sçait mettre en œuvre les paradoxes de l'autre, et ne se vante de rien? Concluons donc, à l'honneur du Malade de la Reyne, ou qu'il y a de l'extase et de la possession en sa maladie, et que l'ame fait ses affaires à part, sans estre meslée dans la matiere, ou qu'il y a de la fermeté et de la vigueur extraordinaire, et que l'ame lutte contre le corps, avec tout l'avantage que le plus fort a sur le plus foible :

Aut cœleste aliquid, Costarde, astrisque propinquum
Morbus hic est, superoque trahit de lumine lucem,
Aut servant immota suum Bona vera serenum,
Statque super proprias virtus illæsa ruinas.

Post tot secla igitur tandem, gens Stoïca, Regem
Cerne tuum : fasces tenero submittite vati
Sublimes tragicique Sophi, Zenonia proles;
Nec pudeat decreta humili post ponere socco

Grandia, et ampullas verborum et nomen Honesti
Magnificum, ac veras audire in carmine voces.

Scarro æger, Scarro infando data præda dolori,
Non Fatum crudele, Jovem non clamat iniquum;
Iratis parcit Superis, sortique malignæ,
Et patitur sævos invicta mente labores,
Iucundumque affert dira inter spicula vultum.
Nec simulata gerit, personam indutus honestam,
Vel mista ridet, veluti Mezentius, ira,
Sed purum sine fraude et laxis ridet habenis.

Dicam iterum, neque sat semel est dixisse triumphos,
Qui læta, ingeniosa, ægro de pectore promit;
Qui ludat Cœum, Enceladum, vastumque Typhœa,
Terrigenasque alios, festivo carmine fratres :
Qui sedeat licet æternum, mirabile dictu,
Perpetuas agitat Pindi per amœna choreas,
Proximus ille Polo, Fortunaque altior omni,
Scarro meus, mihi namque tuum, Costarde, dedisti,
Magnus erit Rex ille sui, quem prisca coronet
Porticus, et rigidi vox imperiosa Cleanthæ,
Ni seclo invideat nostro rigidusque Cleanthes,
Priscaque Dîs divumque Patri, se Porticus æquans.

Ie ne sçay si la bigarrure de ce chapitre vous plaira : Pour le moins, je ne veux pas que sa longueur vous desplaise. Ie vous donne le bon soir, et suis sans reserve,

MONSIEVR,

Vostre, etc.

BALZAC.

Le 1er janvier 1645.

A MONSIEVR DE CORBERON,

Maistre des Requestes ordinaires de l'hostel du Roy, Intendant de la Iustice, Police et Finance en la Generalité de Limoges.

SVR LA MORT DV MARESCHAL DE MARILLAC *.

Monsievr,

Vostre simple souvenir m'auroit extrêmement obligé; mais vous l'avez accompagné d'vne autre si sensible obligation, que je voy bien que vous voulez me rendre insolvable dés le premier jour de nostre commerce. Le present que vous m'avez fait est rare, en quelque sens que la rareté puisse estre prise : C'est vn thresor que vous avez sauvé du naufrage par miracle, et dont vous m'avez enrichy par excez de liberalité : Vous m'avez donné ce que je ne pouvois recevoir de personne que de vous. Car, en effet, ces sainctes reliques que je revere; ces parties vivantes et animées, que j'estime bien autant que des cendres mortes et muettes; ces grandes paroles qui, dans vn lieu de malheur et de desespoir, sont de grandes actions, se fussent apparemment perduës, si vous n'eussiez eu le soin de les conserver. On ne sçait pas à demy ce qui se passa à la mort de Corbulon, de Soranus et de Thraseas. En telles rencontres, ma curiosité n'est point satisfaite de l'Historien qui regne aujourd'huy dans les Cabi-

* Louis de Marillac, maréchal de France en 1629, décapité à Paris en 1632.

nets, et soit qu'il faille l'accuser d'orgueil ou de negligence, je ne luy pardonne pas volontiers de si importantes omissions. Pourquoy n'a-t'il pas voulu recüeillir les belles choses qui sortirent de la bouche de Seneque, dans le dernier acte de sa vie? Il se contente de deux ou trois mots, qu'il luy fait dire à sa femme et à ses amis, et de l'effusion de quelques gouttes de l'eau de son bain qu'il luy fait offrir à Iupiter le Liberateur : *Cum novissimo illo momento*, trouvez bon que je vous fasse souvenir de vostre Tacite, *suppeditante eloquentia, advocatis scriptoribus pleraque tradidit, quæ in vulgus edita ejus verbis, invertere supersedeo.* En pareilles occasions, je ne serois pas si glorieux que luy : Ie ne tiendrois pas si fort ma gravité d'Historien regulier, que je craignisse d'estre pris pour le Notaire d'vn Sage mourant. Il faut avoir soin de l'instruction de la Posterité, aux despens mesme de l'egalité de nostre stile. Soyons bien-faisans à ceux qui naistront apres nous : Fournissons-leur des armes contre la Fortune, en leur fournissant de bons exemples. Et à vostre advis, vn seul article, tel que je le choisirois, de la piece que vous m'avez mise entre les mains, ne monstreroit-il pas aux fanfarons de tout le temps à venir, que dans vne mesme personne il peut y avoir vn Chrestien, vn brave et vn Philosophe? Ne refuteroit-il pas puissamment, et jusques à la fin du monde, la calomnie des Profanes qui accusent la Religion d'avoir amolly le cœur des hommes, de les avoir rendus lasches et timides? Il n'est pas juste que cét article, que j'ay dessein de choisir, perisse dans ma cassette. La charité veut que le bien que j'ay receû passe de moy à autruy; qu'il se repande et fructifie. Mais ce sera tousjours vous, Monsieur, à qui et moy et les autres serons obligez en toutes façons du fruit que nous en aurons tiré. Il y a beaucoup plus icy que le Testament. Vous expliquez d'vne admirable maniere l'intention du Testateur : et pour faire vn discours parfaitement eloquent, il ne faudroit que paraphraser la lettre que vous m'avez fait l'honneur de m'escrire. Si j'entreprenois le travail qu'il semble que vous me vouliez conseiller, mon foible seroit suffisamment soustenu de vostre force. Dans la plus noire nuict des affaires, je ne sçaurois m'esgarer si vous m'esclairez. Ne parlez donc plus, je vous prie, *de mes lumieres* : le vous le dis tout de bon, il en sort de vostre esprit qui ne me resjoüissent pas seulement la veuë et me donnent le plaisir de quelques momens; mais qui encore me purgent les yeux et m'apprennent à mieux voir que je ne faisois. Par vostre moyen, je voy que la solidité de la Gloire se trouve quelquefois dans l'apparence de l'Infamie, et que la vertu d'vn Condamné peut rendre son supplice plus honneste que n'est le triomphe d'vn Persecuteur. De la sorte que vous me faites voir sa vertu, elle paroist si achevée, si haute, si digne du Ciel, que, quoy que j'aye compassion de ce qui se va faire en Greve, je conclus pourtant qu'elle doit finir sur la Terre ce jour-là, et qu'il n'y a plus de place pour elle dans le bas estage des choses humaines. Si ce grand Malheureux eust survescu à sa mauvaise fortune, trente ans de vie, voire de prosperité, n'eussent pas valu le merite du jour de sa mort : S'il eust eu pour luy les voix des juges, il n'eust pas eu les cris, les gemissemens et l'admiration du genre humain : S'il eust esté absous, il n'eust pas esté couronné. De Mareschal de France on peut devenir Connestable : Mais la Mort a fait quelque chose de plus pour luy : Elle lui a donné rang parmy les Consuls et les Dictateurs de Rome; parmy les demy-Dieux de l'Histoire : Elle l'a mis au-dessus de son ennemy, c'est-à-dire au-dessus de celuy qui pouvoit faire et defaire les Connestables; qui mesprisoit et humilioit les Rois; qui pensoit avoir effacé Rome et les Histoires par la grandeur de ses actions. La jalousie neantmoins arracha ce mot de son cœur le lendemain de la mort du Condamné : IL SE MOCQVE DE NOVS AV LIEV OV IL EST. Il parloit improprement, car on ne se mocque pas en ce lieu-là. Bien suis-je asseuré qu'avant que d'y estre, la Cour et les Courtisans luy firent pitié, et qu'ayant epuré vn sang qui devoit estre presenté en sacrifice, de toute l'escume des mauvaises passions, il ne sentit point en quittant le Monde de plus violent trouble que celuy de la douleur qu'il eust de le voir si gasté et si corrompu. Il ne murmura point contre les decrets de la Providence; il ne se despita point contre luy-mesme; il ne se repentit point d'avoir suivy la Vertu. Et par consequent, je dis encore plus que je ne disois : Il a de l'avantage, en cét estat-là, sur ceux avec lesquels je m'estois contenté de le comparer. Auprés de luy, Pompée me semble petit; je trouve Caton plus mutin que genereux; Brutus est vn escrimeur de philosophie, qu'vn mauvais succez met en desordre ; qui oublie ses leçons et perd sa science sur le pré. Peut-estre que le chapitre que je vous feray de toutes ces morts, ne vous sera pas desagreable. Mais je ne pretends pas d'y mettre la main, que je ne vous aye premierement consulté, afin que vous m'esclairiez de nouveau, et que ce soit vous qui me donniez le don de vous plaire. Ie ne desire rien au monde avec plus de passion : N'en doutez pas, s'il vous plaist, Monsieur, et faites-moy tousjours la faveur de croire que personne ne sçauroit estre plus parfaitement que je suis,

MONSIEVR,

Vostre, etc.

BALZAC.

Le 25 novembre 1645.

A MONSIEVR LE CHEVALIER DE MERÉ *.

Monsievr,

Si je vous dis que vostre laquais m'a trouvé malade, et que vostre lettre m'a guery : je ne suis ny Poëte qui invente ny Orateur qui exagere; Ie suis moy-mesme mon historien, qui vous rends fidele compte de ce qui se passe dans ma chambre. Vous sçavez bien que j'ay tres-grande opinion des grandes qualitez de vostre ame et de vostre esprit : Mais vous ne sçavez pas, peut-estre, que quand vous n'auriez pas de merite, je ne laisserois pas d'avoir de l'amour. Cét amour sans doute me vient d'en haut, et les Estoilles s'en meslent. Ie reconnois vne puissance secrete qui agit sur moy, et il est tres-vray que je ne vous ay jamais veû, ny n'ay jamais songé à vous, que je n'aye senti je ne sçay quoy qui m'a chatoüillé le cœur. C'est donc me rendre heureux que de rendre justice, comme vous faites, à ma forte et constante inclination; et puis que je trouve de la necessité à aimer, je me louë de la Fortune, de ce qu'aujourd'huy je n'aime pas sans revanche, comme j'ay fait si souvent au temps passé. Ie ne vous diray que cela pour moy, qui suis glorieux

* George Brossin, chevalier de Meré, d'une ancienne famille de Poitou, né au commencement du dix-septième siècle, mort en janvier 1685. Bel esprit et homme du monde; ses écrits, aujourd'hui oubliés, portent l'empreinte d'une morgue et d'une suffisance insupportables. Il n'y a rien de plus curieux en ce genre qu'une lettre sur les mathématiques qu'il écrivit à Pascal.

d'estre bien avec vous; mais il faut vous dire quelque chose pour mes papiers, qui ne reçoivent pas moins de gloire de vostre estime que j'en tire de vos bonnes graces. Ce n'est pas peu de plaire à vn homme qui, n'ayant que de saines passions, ne peut avoir que de legitimes plaisirs. Le tesmoignage d'vn seul qui voit clair, doit estre preferé au soupçon et à l'ouïr dire de tout vn peuple d'aveugles : Et vous avez bien plus de droit de juger des ouvrages de l'esprit, vous qui avez de l'esprit et du jugement, que ces docteurs remarquables par le defaut de l'vne et de l'autre piece, qui se servent de la Science contre la Raison, et accusent Aristote de toutes leurs mauvaises opinions. Vos jugemens, pourtant, me sont trop avantageux, et vous dites de trop grandes choses de mes papiers. Mais quelle audace seroit-ce de contredire vn Brave et vn Philosophe tout ensemble? Ce seroit estre plus temeraire que modeste. Ie suis, Monsieur, avec docilité et respect,

Vostre, etc.

BALZAC.

Le 24 aoust 1646.

Mais souvenez-vous, s'il vous plaist, Monsieur, qu'il y a vn autre respect qui ne doit jamais estre violé, et que vous m'avez promis de vous opposer à la conjuration des Grammairiens contre les Poëtes. Puis que j'admire Monsieur Chapelain, il me semble que Monsieur de *** pourroit bien faire la mesme chose, sans se faire tort, et il trouvera tousjours plus de seureté à nous croire, vous et moy, qu'à se fier à son propre sens.

A MADAME LA MARQVISE DE MONTAVSIER*.

ELLE VENOIT DE PERDRE SON FILS**.

Madame,

Si en l'estat où vous estes, vous pouvez recevoir de la consolation, Dieu seul vous en peut donner. Pour ne rien perdre, il faut luy offrir tout ce qu'on perd. C'est le moyen de priver la Fortune de ses droicts; par là on oste mesme à la Mort la puissance de faire mourir. Croyez-moy, Madame,

* Julie-Lucine d'Angennes de Rambouillet, marquise, puis duchesse de Montausier, fille du marquis de Rambouillet et de Catherine de Vivonne : née en 1607 ; par la mort de ses deux frères et l'entrée de ses trois sœurs en religion, elle devint l'unique héritière des maisons d'Angennes et de Vivonne. Le dévouement qu'elle montra en soignant son frère jeune, le vidame du Mans, mort de la peste à Paris en 1631, toucha le marquis de Salle, plus tard marquis de Montausier, qui se fit présenter chez madame de Rambouillet, et sollicita la main de *Julie*. Il ne l'obtint que douze ans après, en juillet 1645. Madame de Montausier fut nommée par Louis XIV gouvernante des enfants de France, et entra en fonctions en 1661. Plus tard, elle fut nommée dame d'honneur de la reine Marie-Thérèse d'Autriche, à la place de la duchesse de Navaille. Elle quitta la reine vers 1669, et mourut le 15 novembre 1671. Fléchier a prononcé son oraison funèbre. Le nom de *Lucine*, qu'elle portait, est, dit-on, le nom d'une sainte de la maison Savelli, illustre famille romaine, à laquelle appartenait l'aïeule maternelle de la duchesse de Montausier, famille qui a donné deux papes : Honoré III, mort en 1227, et Honoré IV, mort en 1287.

** Balzac avait écrit à madame de Montausier une lettre de félicitation sur la naissance de cet enfant, à la date du 8 mai 1650.

faites vne offrande du subjet de vostre douleur, afin qu'il change de nature, et qu'il devienne la matiere de vostre merite. Si vous mettez sur les Autels la chose que vous regrettez, premierement vous en augmenterez le prix, la faisant passer à vn saint vsage : Vous rendrez plus parfaite par cette consecration, vne creature que le temps n'avoit pas encore bien achevée; mais outre cela, vous la posséderez en Dieu plus seurement que vous ne la possediez en elle-mesme. Dieu est fidele, Madame, il vous gardera ce que vous luy aurez donné : Vostre don sera vn depost que vous ne pourrez plus perdre, l'ayant confié à Celuy chez lequel on trouve tout. Ce sont des pensées de la Semaine saincte, et qui me viennent vne fois l'an; mais ce sont vos meditations de tous les jours : Et quoy que cette sorte de philosophie soit vn peu eslevée et vn peu abstraite, elle ne l'est pas trop pour vne ame de la hauteur de la vostre. Ayant appris de Monsieur l'Evesque de Grasse et de tant d'autres Saincts que vous pouvez appeler vos Saincts domestiques, Qu'il y a plus de remedes en nostre Religion qu'il n'y a de maux en nostre vie, sans doute, Madame, vous previendrez par vostre pieté le secours que la raison humaine vous pourroit fournir en cette occasion. I'eusse bien voulu qu'il s'en fust presenté vne moins fascheuse, pour vous renouveler les asseurances de mes respects, et pour vous dire, à mon retour de l'autre monde, où je viens de faire vn voyage assez dangereux, que je suis tousjours,

MADAME,

Vostre tres-humble et tres-obeïssant serviteur,

BALZAC.

D'Angoulesme, ce 7 Avril 1651.

AV REVEREND PERE SIMON*,

Theologien de la Compagnie de Iesus.

Mon Reverend Pere.

Ie vous envoye mon escrit, qu'on vous avoit mal interpreté, et les deux textes Latins qui avoient esté visiblement alterez. Le premier est d'vn homme qui dit, dans l'Antiquité profane : *Quid juvat frugalitate ultro mortem præcurrere, et quidquid illa ablatura est, jam sibi interdicere? Quanta dementia hæredi suo procurare, et sibi negare omnia, ut tibi inimicum magna faciat hæreditas? Plus enim gaudebit tua morte, quo plus acceperit*, etc. L'autre texte est d'vn autre homme, qui dit, dans l'Histoire de l'Eglise : *Christus et pauperes mihi hæredes sunto*. Il faut bien s'empescher, mon Reverend Pere, de confondre ces deux hommes, dont le premier ne songe qu'à cette vie, et se veut perdre avec son bien ; le second a de plus hautes pensées, et veut perdre son bien pour se sauver. Il me semble qu'il y a grande difference entre l'vn et l'autre; entre manger tout et donner tout; entre les desbauches et les aumosnes. Celles-cy ne sont pas seulement des actions de Vertu dans la Philosophie morale, elles sont aussi des offrandes et des victimes dans la Religion Chrestienne. L'importance est de ne les presenter pas avec des mains sales et vn cœur soüillé. Ie vous escris ce que je vous ay dit plusieurs fois : Ie manque de cette pureté

* Son confesseur.

requise à la presentation des offrandes. I'ay grand peur de mesler de la vaine gloire et de l'amour-propre dans le secours que je veux rendre à autruy. Que sçay-je si je ne gaste point le bien que je fais, lors mesme que je le fais? Il n'y a que la seule grace de Dieu, j'en demeure d'accord avec vous, qui puisse remedier à cela et donner du prix et du merite à l'indignité et à l'imperfection. I'espere, puis que vous me le faites esperer, que cette grace, purifiant mes mains et mon cœur, rectifiera ce qui ne sera pas droit dans mon action; qu'elle empeschera que le bien de la chose ne se corrompe par le mal qui est en moy, et qu'elle donnera la vie à mes œuvres mortes. Cependant, mon Reverend Pere, je tascheray de suivre vos conseils le mieux qu'il me sera possible; car pour vos exemples, comme ils sont au delà de ma portée, je me contente de les admirer, sans pretendre à vne imitation temeraire. Sur vostre parole, je m'adresseray à la Mere, distributive des faveurs du Fils. Et parce qu'entre les biens qu'elle obtient de luy, les bonnes morts ne sont pas ceux qui doivent estre le moins desirez, et que l'Eglise luy demande vn secours particulier pour la derniere heure des fideles, je m'escrieray à toutes les heures du jour, comme si cette heure fatale estoit venuë,

> Bel Astre de la Mer, nostre vnique support,
> Fais-nous trouver le calme au plus fort de l'orage;
> Saincte Mere, ayde-nous à nous conduire au port,
> Et nous monstre ton Fils sur le bord du rivage

Vous pourriez peut-estre vous imaginer que ce quatrain seroit de ma façon : Il n'en est pas neantmoins. Il est d'vn Poëte plus ancien que moy; mais qui l'a fait pour moy et pour tout le monde. Ie me l'approprie, comme vous voyez : Ie ne veux faire autre chose que le dire et que l'escrire. Et quand l'homme qui me traitoit de vieille, il y a trois jours, devroit encore se mocquer de ce que je fay et me reprocher que je radotte : le veux qu'on voye des Iesvs Maria dans tous mes papiers. C'est bien loin d'approuver ou le dessein ou l'omission de deux grands personnages de nostre Siecle, qui oublierent la Vierge Marie dans leur testament, qu'on a imprimé avec leurs livres. Il me semble qu'en cecy il faut suivre l'vsage de l'Eglise de son temps, et se conseiller plustost au Pere Simon qu'à Tertullien ou à Origene, voire mesme qu'à Iustin Martyr ou à Clement Alexandrin. Nous pouvons estre de la primitive Eglise par l'imitation de l'ancienne vertu; mais nous devons estre de l'Eglise presente par la pratique des choses qui s'y observent, et ceux qui sçavent faire des livres ne sont pas moins obligez de les observer, que ceux qui ne sçavent que les lire. Ie suis,

Mon Reverend Pere,

Vostre tres-humble et tres-obeïssant serviteur,

BALZAC.

Vers la fin de l'année 1653 ou au commencement de 1654.

FIN DES LETTRES.

PENSÉES

« L'Authorité souveraine et la tranquillité publique sont deux choses si delicates, qu'elles ne peuvent estre touchées sans danger, ny conservées avec trop de soin. C'est pourquoy il faut bien prendre garde qu'en pensant affermir cette authorité, on en abuse au prejudice de la conscience, et considerer qu'vne paix ne sçauroit estre de longue durée si elle n'est pas agreable à Dieu, qui n'a jamais permis, sans s'en ressentir, que les loix de la Nature fussent violées. Ces loix, que les Barbares mesmes reconnoissent, n'ont pas esté establies par la force ou par la necessité, comme les autres. La premiere chose que nous sçavons faire est de les suivre, et l'obeïssance que nous leur rendons ne sçauroit estre ny plus douce ny plus aysée. Elles ne sont pas gravées dans les marbres; mais elles sont nées avec nous; elles ne sont pas particulieres à vn Peuple, à vn pays; mais elles sont communes à tous les hommes; elles n'ont point ordonné de peine contre ceux qui ne les observeroient pas; mais il n'y avoit point d'apparence qu'il s'en pust trouver qui fussent assez ennemis d'eux-mesmes pour se porter à vne telle extremité. Enfin elles n'ont pas esté faites pour les petits et le vulgaire; mais elles regardent tout le monde; et ceux-là y sont le plus obligez, qui doivent le plus à leur naissance. » (A Monseigneur l'Evesque de Nantes *; il luy communique quelques fragmens qu'il avoit escrits à l'âge de dix-neuf ans, c'est-à-dire vers 1613.)

« Nous n'aurions jamais fait, si nous voulions prendre à cœur les affaires du Monde et avoir de la passion pour le public, dont nous ne faisons qu'vne petite partie. Peut-estre qu'à l'heure que je parle, la grande flotte des Indes fait naufrage à deux lieuës de terre; peut-estre que l'armée du Turc prend vne Province sur les Chrestiens, et enleve vingt mille ames pour les mener à Constantinople; peut-estre que la

* Philippe de Cospean, ou Cospeau, d'une famille noble de Hainaut, né vers 1568 : d'abord disciple de Juste Lipse, puis attaché à l'abbé d'Epernon, plus tard cardinal de la Valette; enfin, par la faveur du duc d'Épernon, reçu docteur de Sorbonne, et nommé évêque d'Aire en 1607. Aumônier et conseiller de la reine Marguerite, il prononça, en 1610, l'oraison funèbre de Henri IV dans l'église de Notre-Dame. En 1621, il fut élevé sur le siége de Nantes, et, en 1636, transféré à l'évêché de Lisieux. Il reçut les derniers soupirs de Louis XIII et lui ferma les yeux (14 mai 1643). Il mourut en 1646 ; son corps fut déposé dans l'église des religieuses du Calvaire, devant le maître-autel, avec cette épitaphe gravée sur la pierre : « Ci-gist le corps de messire Philippe de Cospean, evesque et comte de Lisieux, la lumiere et le patron des illustres personnages de son siecle, qui, apres avoir excellé en doctrine, en eloquence et en pieté, apres avoir porté la mitre quarante-deux ans avec l'approbation des souverains Pontifes, qui luy ont donné le titre de defenseur de l'heritage de saint Pierre, apres avoir esté l'honneur des prelats de nostre France, le modele des plus fameux predicateurs et sçavans theologiens, le pasteur sans interest, le pere des pauvres, le consolateur des affligez, le parfait amateur de la Croix, mourut dans son evesché de Lisieux, le 8 mars 1646, âgé de soixante-seize ans, prononçant ces paroles : *Viximus in Christo, moriamur in Christo.....* »

Mer emporte ses bornes, et noye quelques villes de Zelande. Si nous faisons venir les malheurs de si loin, il ne se passera heure du jour qu'il ne nous arrive du desplaisir; si nous tenons tous les hommes pour nos parens, faisons estat de porter le deuil tout le temps de nostre vie. Ie n'ay pas beaucoup d'experience, aussi n'ay-je pas beaucoup vescu; toutefois, depuis que je suis au monde, j'ay veû des choses si estranges, et en ay appris de mon pere de si peu croyables, que je pense qu'il n'y a plus rien à venir qui soit capable de me donner de l'estonnement. Le petit-fils de l'Empereur Charles*, qui avoit esté nourry en l'esperance de tant de Royaumes, fust condamné au dernier supplice pour les avoir desirez trop tost, et on a fait vn exemple d'vne Reyne**, sans que l'image de Dieu, qu'elle portoit sur la face, ny sa naissance qui la mettoit au-dessus des Loix, ny la reverence de la Posterité, qui devoit craindre son ennemie, l'ayent pû empescher de luy donner vne mort sanglante, apres luy avoir fait venir vne vieillesse precipitée..... Certainement nous ferions difficulté de croire ces choses sur la foy d'autruy, et ceux qui viendront apres nous auront bien de la peine vn jour à se les persuader. Ce sont pourtant les jeux ordinaires de la Fortune, qui prend plaisir de tromper les hommes par des evenemens esloignez de l'apparence et contraires à leur jugement. » (A Mgr le Cardinal de La Valette, 11 juillet 1616.)

« Dieu a fait d'vne mesme matiere les Sots et les Philosophes : Et cette secte cruelle qui nous vouloit oster vne moitié de nous-mesmes, en nous ostant nos passions et nos

* Don Carlos, fils de Philippe II.
** Marie Stuart.

sentimens, au lieu de faire vn Sage n'en faisoit que la Statuë... » (A Mgr le Cardinal de La Valette, 11 juillet 1616.)

ROME CHRESTIENNE.

« Ce n'est pas à moy à réformer tout ce qui ne me plaist pas dans le monde; et je serois vn ingrat, si je blasmois vne forme de gouvernement de laquelle je me trouve fort bien. En effet, Monsieur, ne me parlez point du Septentrion ny de ses voisins : Ie me declare pour Rome contre Paris, et jamais Regulus ny Caton n'aimerent leur patrie davantage que je l'aime. Ie ne sçaurois plus m'imaginer comme on peut vivre sous vostre Ciel, où l'hyver emporte neuf mois de l'année, et apres cela le Soleil paroist seulement pour faire la peste, et tout foible qu'il est, ne laisse pas de tuer les hommes. Il n'y a que Rome où la vie soit agreable, où le corps trouve ses plaisirs et l'esprit les siens; où l'on est à la source des belles choses. Rome est cause que vous n'estes plus ny Barbares, ny Payens, car elle vous a appris la civilité et la Religion; elle vous a donné les loix qui vous empeschent de faillir et les exemples à qui vous devez les bonnes actions que vous faites. C'est d'icy que vous sont venus les Inventions et les Arts, et que vous avez receû la science de la Paix et de la Guerre. La Peinture, la Musique et la Comedie sont estrangeres en France et naturelles en Italie. Cette grande Vertu mesme, que vous admirez en vostre Cour, n'est-elle pas Romaine? Cette Marquise, de laquelle vous m'avez conté tant de merveilles, n'est-elle pas du pays de la Mere des Gracches et de la Femme de Brutus? Et pour estre aussi parfaite que tout le monde la reconnoist, ne faloit-il pas qu'elle naquist en vn lieu où le Ciel verse toutes ses graces? Il est certain que je ne monte jamais au Mont Palatin, ny au Capitole, que je n'y change d'esprit et qu'il ne m'y vienne d'autres pensées que les miennes ordinaires. Cét air m'inspire quelque chose de grand et de genereux que je n'avois point auparavant, et si je resve deux heures au bord du Tibre, je suis aussi sçavant que si j'avois estudié huit jours. Cela estant, je ne pense pas que personne me blasme d'avoir choisi Rome pour le lieu de ma demeure, ny de preferer des fleurs et des fruits à des neiges et à de la glace. Si on fait des Papes de soixante-dix ans, et non pas de vingt-cinq, les jours n'en sont pour cela ny plus tristes ny plus courts; et d'ailleurs nous ne devons pas nous plaindre de la foiblesse de nos maistres, puis que c'est à elle à qui nous sommes obligez de nostre repos. » (A M. Bourbon *, professeur du Roy aux Lettres Grecques. Rome, le 25 mars 1621.)

« La Liberté ne doit pas estre plus esloignée de la Servitude que de la Licence, et pour rendre vn Estat heureux, il faut qu'vn Prince aime des Subjets qui le redoutent. Vous m'advoüerez que ceux de La Rochelle n'ont pas esté jusques icy de cette opinion : Ils veulent tousjours avoir quelque chose qui les dispense de l'obeïssance, et s'ils estoient as-

* Nicolas Bourbon, poëte latin, professeur en éloquence grecque au collége royal, né à Vandeuvre, près de Bar-sur-Aube, en 1572, reçu à l'Académie française, en 1636, pour succéder à Pierre Bardin, et mort en 1644 dans la congrégation de l'Oratoire. — Balzac, s'étant brouillé avec le P. Bourbon, écrivait à Chapelain, au sujet de l'élection de cet érudit à l'Académie : « Que vous semble du choix qu'on a fait de nostre nouveau confrere avec lequel je viens de me reconcilier? Croyez-vous qu'il rende de grands services à l'Academie, et que ce soit un instrument propre à travailler avec nous autres Messieurs, au desfrichement de nostre

seurez que le Roy se fist demain Huguenot, encore aujourd'huy ils seroient Catholiques. » (A M. de La Motte Sainct-Surin, 11 mars 1621.)

SVR LA CONVERSION DE L'ANGLETERRE.

« Puis qu'il est vray que la persecution cesse en Angleterre, et que le Roy se lasse de nous donner des Martyrs, peut-estre que d'icy à quelque temps il mettra tout à fait les ames en liberté. Quant à moy, je ne desespere point de sa conversion, que tous les gens de bien demandent au Ciel à chaudes larmes... Ie m'asseure qu'il trouve tous les jours la Verité dans l'Instruction que le grand Cardinal du Perron luy a laissée, et partant, que la Verité sera la plus forte en ses Royaumes, sitost que sa conscience sera pour elle. En effet, il ne fut jamais de Puissance si absoluë, ny d'authorité mieux establie que la sienne... Ses predecesseurs ne sçavoient que c'est de regner au prix de luy; non pas mesme celle qui s'est joüée de tant de testes, et qui a esté plus heureuse qu'il n'eust esté besoin pour le bien commun de la Republique Chrestienne. Il est certain que l'Angleterre a creû autrefois en Dieu, mais aujourd'huy elle croit seule-

langue? Ie vous ay autrefois monstré de ses lettres françoises, qui sont escrites du stile des Bardes et des Druides; et si vous croyez que *s'eximer des apices de droit*, que l'*officine d'un artisan*, que l'*imperitie de son art*, et autres semblables despouilles des vieux Romans, soient de grandes richesses en France, il a de quoy en remplir le Louvre, l'Arsenal et la Bastille. Apres cette plaisante eslection, je suis d'advis qu'on employe nostre cher Monsieur de Racan à la correction du Dictionnaire de Robert Estienne. » (A M. Chapelain, le 6 novembre 1637.)

ment en son Prince..... Or il est à croire que la Providence divine, qui conduit les choses à leur fin par des moyens qui en apparence luy sont contraires, veut se servir de l'aveuglement de ce Peuple pour procurer son salut et le faire rentrer dans l'Eglise par la mesme porte qu'il en est sorty : Et puis que le cœur des Rois est entre les mains de Dieu, il ne faut qu'vn bon mouvement qu'il envoye à celuy-cy pour luy faire redresser les Autels qu'il a abbattus, et rendre tout d'vn coup à la vraye Religion les ames de trois Royaumes...» (A Mgr le Cardinal de La Valette, 20 aoust 1621.)

« Les Afflictions sont des dons de Dieu, encore que ce ne soient pas de ceux que nous luy demandons en nos prieres.» (Au mesme, 29 décembre 1621.)

« Ne craignez point de paroistre mon amy, car ce n'est ny vn larcin ny vn homicide, et des deux extremitez, du defaut et de l'excez, il vaut mieux tomber en celle qui est la plus belle et la plus honneste. Autrement, si l'amitié ne sort jamais de l'esprit, et si elle demeure tousjours cachée, à quoy est-elle meilleure que la haine faite de la mesme sorte? Et au pis aller, dequoy sert-elle, que pour le plaisir de la conversation et la necessité du commerce? » (A M. Girard, 13 novembre 1622.)

« Si les Princes consideroient que ce qui entre en leur Espargne c'est le sang et les larmes de leur pauvre Peuple, qui a esté quelquefois contraint de s'enfuir dans les bois et de passer la mer pour se sauver de la taille et de la gabelle, ils toucheroient à des choses si funestes avec plus de scrupule et de crainte qu'ils ne le font. Pour le moins, ils ne voudroient pas estré pauvres et injustes tout ensemble, ny emprunter leur propre argent des thresoriers qui le reçoivent, comme ils achetent les places de leur Royaume des Capitaines qui y commandent. C'est veritablement vne chose estrange que le Grand Seigneur puisse fier ses femmes à la vigilance d'autruy,... et que les Roys ne sçachent à qui donner la garde de leurs thresors. » (A M. l'Evesque d'Ayre, 28 decembre 1622.)

« Puis que nous durons si peu, il n'est pas raisonnable que nos passions soient immortelles, ny que ceux-là se soûlent de la vengeance, à qui Dieu en a defendu aussi bien l'vsage que l'excez. C'est vne chose qu'il s'est reservée toute pour soy, et à cause qu'il n'y a que luy seul qui sçache bien vser de cette partie de la Iustice, il ne l'a pas voulu mettre entre les mains des hommes, non plus que la foudre et les tempestes. Arrestons-nous donc dans nos premiers mouvemens, car c'est desja trop d'avoir commencé. » (Au R. P. Garasse*, vers l'année 1622.)

« Autrefois la Magnanimité et l'Humilité pouvoient estre deux choses contraires ; mais depuis que les principes de la Morale ont esté changez par les maximes de l'Evangile, et que

* François Garasse, de la compagnie de Jésus, né en 1585, mort à Poitiers, en 1631, en secourant les pestiférés.

les Vices des Payens sont devenus des Vertus Chrestiennes, il y a des laschetez qu'vn homme de courage doit faire, et ce n'est plus à ceux qui ont triomphé des Innocens que la veritable gloire appartient, mais c'est aux Martyrs qu'ils ont faits et aux personnes qu'ils ont opprimées. » (Au R. P. Garasse.)

« Changeons de propos, et disons que ce n'est qu'vn peu d'eau et de terre meslée ensemble, que nous conservons par toutes les maximes de la prudence et toutes les regles de la Medecine. Songeons, je vous prie, à la meilleure partie de nous-mesme, et travaillons à l'advenir à nous guerir du Vice aussi bien que de la fievre. C'est cette image de Dieu que nous avons effacée de nos propres mains, qu'il nous faut refaire, et nostre premiere innocence que nous luy devons demander, et non pas nostre premiere santé. Pour moy, je suis absolument resolu à changer de vie, et n'avoir plus de soin que de faire mon salut, et de procurer celuy des autres... » (A M. Girard *. Secretaire de Mgr le duc d'Epernon, 17 janvier 1623.)

« Ne permettez rien à vostre esprit qui blesse vostre reputation. La Poësie que Dieu a choisie quelquefois pour rendre les Oracles, et pour expliquer ses secrets aux hommes, veut estre employée à tout le moins à vn vsage qui soit honneste, et ce n'est pas moins pecher de s'en servir à des choses sales, que de desbaucher vne Religieuse. » (A M. de Bois-Robert, 12 septembre 1623.)

* Guillaume Girard, secrétaire du duc d'Épernon. Il publia les *Mémoires* du duc, et entreprit, sur la fin de sa vie, la traduction des œuvres de Louis de Grenade.

« Nous ne sommes pas venus au monde pour faire des Loix, mais pour obeïr à celles que nous avons trouvées, et nous contenter de la sagesse de nos peres, comme de leur terre et de leur soleil. Et certes puis que mesme aux choses indifferentes la nouveauté est blasmée, et que les Rois ne quittent point les lys pour prendre des tulipes en leurs armes, à combien meilleur droit devons-nous conserver les anciens fondemens de la Religion, qui est d'autant plus pure que, par sa vieillesse, elle s'approche davantage de l'origine des choses, et qu'entre elle et le principe de tout bien, il y a moins de temps qui l'ait pû corrompre. » (A M. de Bois-Robert, 12 septembre 1623.)

« Ie n'ay garde de m'offenser jamais contre vn homme qui me flatte, et en l'amour que je me porte à moy-mesme, je souffriray toujours vn rival avec contentement. » (Au mesme, 28 septembre 1623.)

« Il n'y a rien de si aisé à vn grand Prince que de trouver ou de faire des coupables, et personne n'ignore que la tromperie ne soit juste, quand elle reüssit au bien et à l'avantage de ceux qu'on trompe*. Il n'y a point de consideration qui puisse faire changer de nature à vne chose qui est juste de soy-mesme, et les loix de la necessité nous dispensent tousjours de celles de la Bienseance. » (A Mgr le duc d'Espernon**, 18 novembre 1623.)

* Ces principes sont au moins contestables. On leur peut opposer cette maxime d'un Père de l'Église : IL NE S'AGIT PAS SEULEMENT DE FAIRE LE BIEN, IL FAUT ENCORE LE BIEN FAIRE.

** Le célèbre duc d'Épernon (Jean-Louis de Nogaret de la Valette), né en 1554, mort en 1642.

« Il est vray que je donne beaucoup à l'elocution, et je sçay que les grandes choses ont besoin de l'aide des paroles, et qu'apres avoir esté bien conceuës, elles doivent estre heureusement exprimées. Il me fasche seulement que de la moindre partie de la Rhetorique des Anciens, on veüille faire toute la nostre, et que pour contenter les petits esprits, il faille que nos ouvrages ressemblent à ces victimes à qui on ostoit le cœur et on laissoit seulement la langue de reste. » (A Mademoiselle de Gournay *, 30 aoust 1624.)

« Les Sots sont beaucoup plus injustes que les Meschans. » (A M. de La Marque, 5 aoust 1625.)

« La Perfection ne se trouve pas du premier coup. On peut achever en vn jour quantité de statuës de plastre et de boue ; mais elles ne sont aussi que pour vn jour, et pour servir d'ornement à l'entrée d'vn Gouverneur en vne ville, et non pas au regne de plusieurs Rois. Ceux qui travaillent en bronze et en marbre vieillissent sur leurs ouvrages, et il est certain qu'il faut mediter long-temps ce qui doit durer tousjours. » (A M. de Racan **, 20 novembre 1625.)

* Marie Le Jars, demoiselle de Gournay, d'une famille noble de Picardie, née à Paris en 1565, morte en cette ville le 13 juillet 1645 : *fille d'alliance* de Montaigne, auteur de la grande édition des *Essais* publiée en 1635, avec une préface remarquable. Elle a laissé des *Poësies* et quelques œuvres posthumes.

** Honorat de Bueil, marquis de Racan, l'un des premiers académiciens, né au château de la Roche-Racan, en Touraine, en 1589, mort en février 1670.

« En quelque part de la terre que ma curiosité m'ait porté, delà les Mers et delà les Alpes, dans les Estats libres et aux pays de conqueste, je n'ay remarqué parmy les hommes qu'vn commerce de pipeurs et de niais ; des vieillards corrompus par leurs peres, qui corrompent leurs enfans ; des esclaves qui ne se peuvent passer de maistres ; de la pauvreté en la condition des gens vertueux et de l'avarice en l'ame des Princes. » (A M. de Sainct-Cyran *, 12 janvier 1626.)

« Quitter l'Eloquence pour les Mathematiques, c'est estre degousté d'vne maistresse de dix-huict ans et devenir amoureux d'vne vieille. » (A M. de Tissandier, 23 mars 1628.)

« La Gratitude est la plus belle vertu des Pauvres. » (A M. Ogier **, 6 mars 1629.)

« Il faut estre indulgent à la joye de ses amis, et donner quelque chose à leur belle humeur. Il ne faut pas mesme faire tout le mal qu'on peut à ses ennemis, et c'est agrandir vne injure que d'en avoir vn grand sentiment. » (A M. Chapelain, 10 janvier 1632.)

* Jean du Verger de Hauranne, abbé de Saint-Cyran, né en 1581, mort en 1643.

** François Ogier, né à Paris, embrassa l'état ecclésiastique et suivit le comte d'Avaux à Munster en 1648. Il publia l'*Apologie* de Balzac, etc. Il mourut à Paris en 1670.

« Il ne faut point monter au Ciel pour se mocquer de la petitesse de la Terre : l'estude de la Sagesse nous met en cét estat-là. Le Sage considere toutes choses au-dessous de luy : les Palais luy paroissent des cabanes, et les Sceptres des joüets. Il a compassion de la grandeur et de la fortune des Princes, et du haut de son esprit

Il voit comme fourmis marcher nos legions,
Dans ce petit amas de poussiere et de bouë,
Dont nostre vanité fait tant de regions. »

(A M. Girard, Official de l'Eglise d'Angoulesme, 25 janvier 1632.)

SVR LES NOVATEVRS.

« Il y a apparence que le Ciel approuve vn gouvernement qu'il a maintenu par vne succession de douze siecles. Le mal qui auroit si long-temps duré, seroit devenu aucunement legitime; et si la vieillesse des hommes est venerable, celle des Estats doit estre saincte. Ces grands esprits que vous avez eus dans vostre Party, devoient venir au commencement du monde, pour donner des loix aux nouveaux peuples et travailler à l'establissement de la police. Mais comme il est necessaire d'inventer les bonnes choses, aussi certes il est tres-dangereux de vouloir changer mesme les mauvaises. » (A M. Du Moulin *, 28 aoust 1632.)

* Pierre du Moulin, ministre et théologien réformé, né en Vexin vers 1568, mort à Sedan en 1658.

« Les Sages ne font que gouster l'erreur de laquelle le Peuple s'enivre. Ils ne s'enfoncent pas dans les mauvaises opinions, ils passent legerement dessus. » (A M. de Colombiers, 20 octobre 1632.)

« Quand je parle d'vn ami, je ne parle pas d'vn compagnon de trafic ou de desbauche, ny d'vn qui sçait rendre les visites le lendemain qu'il les a receuës, qui est exact à escrire par tous les ordinaires, et ne manque pas à vn seul de ces petits devoirs de la vie civile. Ie parle d'vn tesmoin de la conscience, d'vn medecin des douleurs secretes, d'vn moderateur en la prosperité, d'vn guide en la mauvaise fortune. » (A M. Conrart, 5 fevrier 1633.)

« Ie n'ay jamais sceû gouster cette tristesse estudiée qui desguise la haine qu'elle porte aux hommes du pretexte de l'amour de Dieu. La Philosophie Chrestienne n'a rien de commun avec la cynique. Celle-cy masque et celle-là renouvelle. L'vne compose le visage, et l'autre regle l'esprit. » (A M. Des Courades*, 4 may 1633.)

« Les soins, la diligence, l'assiduité, ne sont pas tousjours des marques certaines des sinceres affections. La Verité marche aujurd'huy avec moins de suite. On ne la professe plus ouvertement, on s'en confesse comme d'vn peché.

* Parent de Balzac.

Ses Ennemis sont puissans et declarez, et ses partisans foibles et secrets. » (A M. Arnault d'Andilly *, 12 juin 1633.)

« (A la Cour) on marche sur des pieges et sur des ruïnes. Les meilleures places y sont si glissantes, que peu de gens s'y peuvent tenir; Et si les miserables pretendans esvitent vne prompte cheûte, c'est par vne longue agitation; c'est en recevant perpetuellement des affronts et en rendant perpetuellement graces. I'aime beaucoup mieux me cacher icy avec mon repos, que de paroistre là avec leurs craintes et leurs chagrins, et je benis les vents, et nomme heureux le naufrage qui m'a rejetté d'où j'estois party. Vn plus sensible que moy se plaindroit du Monde; mais je me contente de l'oublier. Ie ne veux ny guerre ny commerce avec luy : I'en ay retiré toutes mes passions, aussi bien les fascheuses que les agreables. » (A Mgr l'Evesque de Nantes, 12 may 1633.)

DE LA TRADITION DANS L'EGLISE CATHOLIQVE.

« Il n'y a point de respect ny de reverence que nous ne devions à ces Venerables Peres, qui nous enseignent par vne connoissance infaillible quel est le Souverain Bien; qui nous descouvrent avec certitude les choses qui sont au-dessus du Ciel; qui nous font de fideles relations de cette admirable Republique de Bienheureux citoyens qui vivent sans corps et sans matiere, et nous recitent les merveilles du Monde intellectuel plus pertinemment que nous ne contons aux

* Robert Arnauld d'Andilly, né à Paris en 1589, mort à Port-Royal-des-Champs le 27 septembre 1674.

aveugles les merveilles du monde visible. Chez eux se conservent les sources de la pure doctrine, dont on ne voit ailleurs que des branches et des ruisseaux; chez eux il y a des resolutions à tous les doutes, des remedes à tous les venins. Là le Temps ne fait point de tort à l'Antiquité; la Vieillesse n'a ny fard ny rides; et apres le seiziesme siecle, le Christianisme y garde encore sa fleur. Il y a vingt-cinq ans que les Gymnosophistes, les Brachmanes et les Rabins me rompent la teste. Nous devrions à la fin nous souvenir que nous sommes Chrestiens, et que nous avons des Philosophes qui nous sont plus proches, et qui nous doivent estre plus considerables que tous ceux-là. » (A M. Le Maistre *, 4 juillet 1633.)

« La Raillerie n'est pas tousjours ennemie de la Morale; au contraire, c'est la plus subtile et la plus ancienne methode de la debiter: et ce qui espouvanteroit les gens dans la forme naturelle, les gaigne quelquefois sous vne apparence plus agreable.

« La Sagesse toute seche et toute cruë fait mal au cœur; il y faut vn peu d'assaisonnement : Socrate l'a apprestée de la sorte; ce Socrate, dis-je, à qui toutes les familles des philosophes rapportent leur origine, et qu'elles reconnoissent pour leur patriarche. L'Histoire dit qu'il ne parloit jamais tout de bon; son Siecle l'appelle le Mocqueur. Dans les Livres de Platon, il bouffonne presque tousjours : Il fait l'amoureux et l'ivrogne avec les desbauchez, afin de n'effrayer pas ceux qu'il vouloit prendre : Il semble qu'il fuye le ton dogmatique comme vn instrument de tyrannie et vn joug qui opprime nostre liberté. Bref, il traite si peu serieuse-

* Antoine le Maistre, célèbre avocat au parlement de Paris, né en cette ville en 1608, mort à Port-Royal-des-Champs en 1658.

ment les matieres les plus serieuses, qu'il a bien jugé que le plus court chemin de persuader estoit de plaire, et que pour entrer dans l'ame, la Vertu avoit besoin de la Volupté.

« Il en est venu depuis qui ne se sont pas contentez de rire, mais qui n'ont fait profession que de cela, et ont pris leur plaisir et leur divertissement de toutes les actions de la vie humaine. D'autres qui se sont desguisez en Courtisans et en Poëtes, et ont quitté leurs dilemmes et leurs syllogismes pour dire de bons mots et se faire escouter dans les cabinets. Le Monde n'estoit donc pas triste avant Arioste et Bernia : ce ne sont pas eux qui ont commencé sa resjoüissance. La Raillerie n'est pas vne invention des derniers temps, ç'a esté le premier mestier des Sages, qui par là se sont apprivoisez avec le Peuple. Theophraste, qui fut successeur d'Aristote, n'a creû rien faire en cela contre l'honneur de la Philosophie ny contre les bienseances du Lycée. Il a en perfection le don de descrire et de contrefaire, et ses characteres sont des Comedies, quoy qu'il ne les ait pas divisées en actes, et qu'elles ne soient que d'vn personnage. Seneque, si chagrin d'ailleurs, et de si mauvaise humeur, a voulu aussi s'esbattre vne fois en sa vie, et nous a laissé cette admirable Apotheose de Claudius, que je racheterois de bon cœur, si elle estoit perduë, d'vn de ses livres des Benefices, et mesme d'vne plus grosse rançon, pour l'avoir en son entier. Sans doute vous avez encore ouï parler des Cesars de l'Empereur Iulien, c'est-à-dire des jeux d'vn Severe et de la feste d'vn Melancholique. Et d'où pensez-vous, je vous prie, qu'empruntent leur nom les Satyres Menippées, si estimées de l'Antiquité, et sous le titre desquelles Varron avoit enfermé toute la Sagesse divine et humaine? C'est de Menippe le Philosophe, qui estoit d'vne secte si austere et si cruelle ennemie du Vice, que Iuste-Lipse n'a point fait difficulté de la comparer à l'Ordre le plus reformé qui soit dans l'Eglise. »
(A M. Conrart, 25 septembre 1653.)

« La liberté que le Roy donne à ses Subjets de n'estre pas de son opinion, ne doit pas s'estendre jusques à offenser la mesme opinion.

« Il faut tousjours se souvenir de la condition du temps et de l'estat des affaires.

« Les Sages n'irritent jamais ceux qui les peuvent perdre; et dans les anciens Triomphes, il estoit bien permis aux soldats de railler leur general, mais non pas aux vaincus d'injurier le victorieux.

« L'Innocence mesme se rend coupable lorsqu'elle attire la persecution. » (A M. de Borstel, 26 avril 1634.)

« C'est vn faux et dangereux docteur que ce Monde. Il efface d'abord les impressions qui viennent du Ciel; il fonde ses principes sur les ruïnes de la Vertu naturelle. Il estime les Marchands et la Banque, et se mocque des Docteurs et de l'Vniversité. » (A M..., 7 may 1634.)

« Les petites affaires sont plus fascheuses que les grandes. Vn coup d'espée ne fait point tant de mal que cent picqueûres d'espingles; et les Arabes disent qu'il y a meilleur gain d'estre devoré par vn Lion que d'estre mangé des Mousches. » (A M. de La Motte-Aigron, 29 juillet 1634.)

« Le Christianisme m'empesche de dire : *Optimum non nasci, bonum vero quam citissime interire;* mais il ne m'empesche pas de croire qu'vn jour de vie avec le baptesme vaut mieux qu'vn siecle d'iniquité. » (A M. Girard, 4 octobre 1634.)

« Tous les Saincts ne sont pas composez d'vn mesme temperament. La Religion retranche les Vices et se contente d'espurer les passions. Nostre Morale reconnoist des choleres innocentes; et c'est la beauté du troupeau du Fils de Dieu qu'il y ait des Lions parmy des Brebis, et de voir les ames fortes et sublimes s'humilier sous la grandeur du Christianisme, comme les plus basses et les plus douces. » (A M. Girard, Secretaire de Mgr le Duc d'Espernon, 15 octobre 1634.)

« (L') Eglise n'est pas vne marastre superbe et ennemie des Enfans de son Espoux : C'est vne Mere passionnée des siens, et desireuse d'adopter tous les Estrangers. C'est vous qui nous asseurez qu'elle est contente de perdre ses plus riches vases, pourveu qu'elle gaigne le sacrilege qui les a pris. » (A Mgr l'Archevesque de Tholoze *, 25 janvier 1635.)

« I'approuve fort cette theologie populaire qui fait la moitié du chemin jusques à nous, et s'abbaisse vn peu, afin que nous n'ayons pas trop à nous eslever. Elle suit l'exemple de son autheur, qui se familiarisoit avec le Peuple et ne rebutoit personne, non pas mesme les Courtisanes et les peagers. Bien loin de mettre la division dans les familles, elle recommande aux femmes l'obeïssance comme la principale de

* Charles de Montchal, né en 1589 à Annonai, succéda, en 1628, sur le siége de Toulouse, au cardinal de la Valette, qui donna sa démission en sa faveur. Ce prélat, l'un des plus savants hommes de son temps, possé-

leurs vertus, et l'appelle vn second culte, vne seconde religion. » (A Madame de Campagnol, 15 avril 1635.)

« Celuy qui nous peut perdre par vn seul mot nous oblige infiniment quand il employe deux douzaines de lignes à nous tromper. » (A Mgr l'Archevesque de Tholoze, 26 may 1636.)

« Il n'y a que Dieu qui puisse parler de Dieu, parce qu'il n'y a que Dieu qui connoisse Dieu. Tout ce que les hommes en disent d'eux-mesmes, n'est que begayement, qu'incongruité, que solecisme en la langue et en la science du Ciel. » (A M. Chapelain *, 20 juin 1636.)

« Toutes les mains qui servent l'Estat ne sont pas employées à tuer des hommes, ny à remuer des machines. Il y en a que l'on leve au Ciel pour seconder celles qui combattent et pour demander à Dieu la victoire..... Quelques-vnes dressent des plans et tracent sur le papier ce qui se doit executer à la campagne. Quelques autres travaillent sans bruit pour l'honneur du Prince et pour l'edification de ses

dait une admirable bibliothèque, riche surtout en manuscrits hébreux, grecs et arabes, qu'il communiquait libéralement aux savants. Rigault, Sirmond, Aubert, Holstenius, Allatius, ont parlé de lui dans leurs écrits et lui ont témoigné leur reconnaissance. Il mourut à Carcassonne le 22 août 1651, où il s'était rendu pour assister aux états de la province de Languedoc.

* Jean Chapelain, conseiller du roi en ses conseils, l'un des premiers académiciens, né à Paris le 4 décembre 1595, mort en la même ville le 22 février 1674.

Subjets..... Vos bienfaits remettront en honneur des personnes qu'on a autrefois appelées sainctes, et que maintenant on nomme inutiles. » (A Mgr Seguier *, Chancelier de France, 5 septembre 1636.)

« Ie ne me mesle point de cette science de discorde qui coupe en mille pieces la robe de Nostre Seigneur et intente vn procez sur chaque mot de son Testament. D'ordinaire, elle aigrit plus les esprits qu'elle n'accommode les affaires, et multiplie les doutes au lieu d'augmenter la Charité. Si on me mettoit au choix, je voudrois vn peu moins de celle qui enfle et vn peu davantage de celle qui edifie.

« La Verité n'est point le prix du sang eschauffé, ny de l'imagination esmeuë.

« Les labyrinthes de la Dialectique ne sont point les chemins du Ciel les plus tenables, et souvent Dieu se cache à la trop grande curiosité qui le cherche. Les meilleures querelles sont de tres-mauvaises choses, et les combats des Docteurs, des meurtres de l'esprit de leurs freres, s'ils n'ont pour fin la paix de l'Eglise. » (A M. Du Moulin, 30 octobre 1636.)

« Vne si noble action de l'Ame (les œuvres *durables* de l'esprit) n'est pas la plus foible preuve que nous ayons de son immortalité. Il n'y auroit certes gueres d'apparence que les enfans fussent de meilleure condition que la mere, et

* Pierre Seguier, né à Paris en 1588, successivement conseiller au parlement, président à mortier, maître des requêtes, garde des sceaux, et enfin chancelier de France en 1635. Il eut, après la mort du cardinal de Richelieu, le titre de Protecteur de l'Académie française. Il mourut à Saint-Germain-en-Laye en 1672.

que des productions qui doivent resister au temps et se defendre contre la mort, sortissent d'vn principe corruptible. » (A M. de La Mothe Le Vayer *, 29 mars 1637.)

« Est-il possible qu'vn homme qui n'a pas appris l'Art d'escrire, et à qui il n'a point esté fait de commandement de par le Roy, et sur peine de la vie, de faire des Livres, veüille quitter son rang d'honneste homme qu'il tient dans le Monde, pour aller prendre celuy d'impertinent et de ridicule, parmy les Docteurs et les Escholiers **. » (A M. Chapelain, 25 novembre 1637.)

« Dieu se laisse quelquefois persuader par vn simple battement de cœur, et rejette souvent les prieres eloquentes. C'est vne miserable lumiere que celle qui n'esclaire que des Vices; et n'en desplaise aux grands personnages, vne bonne Beste vaut tousjours mieux qu'vn mauvais Demon. » (A Mademoiselle de Campagnol, 15 decembre 1637.)

* François de la Mothe le Vayer, conseiller d'État ordinaire, précepteur de Philippe, duc d'Orléans, frère de Louis XIV, né à Paris en 1588, reçu à l'Académie française le 14 février 1639, mort en 1672.

** L'on voit que ces vers célèbres du *Misanthrope* :

> Hors qu'un commandement exprès du roi ne vienne, etc.

et surtout ceux-ci (acte I, scène II) :

> Et n'allez point quitter, de quoi que l'on vous somme,
> Le nom que dans la cour vous avez d'honnête homme,
> Pour prendre de la main d'un avide imprimeur
> Celui de ridicule et misérable auteur.

ne sont que la traduction fidèle de la prose de Balzac.

« Pourquoy trouve-t'on estrange que je die que si j'estois né Suisse, je ne voudrois pas d'autre gouvernement que celuy de mon pays; puisque c'est vne supposition que je fais et qui va à l'avantage du pays où je suis né. De plus LIBERTÉ et MAISTRE sont deux mots opposez presque partout. NON FACILE LIBERTAS ET DOMINI MISCENTVR. Et ailleurs, RES OLIM DISSOCIABILES MISCVIT, LIBERTATEM ET PRINCIPATVM. Pour ce que je dis qu'il est dangereux de changer mesme les mauvaises choses, cela ne se peut entendre de la Religion. Ie parle des choses purement civiles et politiques. Et n'est-il pas vray que, dans les Estats, il y a des pieces si caduques et si esbranlées, que si on les touche, on les renverse? Il y a des corps qui ne peuvent plus souffrir les remedes, et qui ne sont plus capables de guerison. Il faut les laisser en l'estat où l'on les trouve, de peur de les briser en les remüant. Vn petit effort, vn mouvement mesme sans violence, le passage d'vn lict à vn autre, est quelquefois mortel à ces mauvais corps. Ils ne laissent pourtant pas de durer, pourveû qu'on ne les tourmente pas, qu'on les remette aux soins et à la conduite de la Nature. Ils se conservent dans vn repos de corruption et parmy des maux connus et accoustumez. Et si on les vouloit resveiller, si on les tournoit seulement d'vn autre costé qu'ils ne sont, leur vie estant enfermée dans leur assoupissement, ce resveil, ce changement, leur seroit fatal. Voilà comme quoy il y a des changemens dangereux.... Qu'on lise les Histoires de tous les Siecles, et l'on verra que ce zele de reformation a tousjours fait naistre de nouveaux desordres au lieu de faire cesser les anciens. » (A M. Chapelain. 30 janvier 1638.)

« Le Peuple n'appelle bien-faits que ceux qu'il manie et qui tombent sous ses sens; Il ne les mesure que par les succez qui dependent de la Fortune. Les Speculatifs remontent plus haut : Ils vont prendre les graces dans l'intention du Bien-faiteur, comme des actes purs et separez de la matiere, et ne remettent pas leur gratitude à l'evenement, parce qu'ils la confieroient au hazard. Ce qui n'est pas encore, peut n'estre jamais, et les plus fideles promesses sont exposées à toute l'incertitude de l'avenir et à tous les changemens des choses humaines; elles ne laissent pourtant pas d'estre de fideles promesses. » (A Mgr Seguier, Chancelier de France, 20 fevrier 1638.)

« C'est vne miserable santé que celle qu'on doit à l'abstinence de toutes les choses agreables; et Ciceron se mocque en plus d'vn endroit de ces Orateurs languissans qui n'ont ny force ny vertu; qui ne meritent ny peine, ny recompense. » (A M. Chapelain, 6 juillet 1638.)

FEMMES SÇAVANTES.

« C'est à mon gré vne belle chose que ce senat feminin qui s'assemble tous les mercredis chez Madame... Mais Caton diroit que c'est vne maladie de la Republique, à laquelle il est besoin de remedier... Si la Presidente de l'Assemblée a fait vn certain roman qui se nomme...., elle n'a gueres moins fait que d'avoir couru les champs, et il ne luy reste rien à faire que d'espouser en secondes nopces l'Empereur des Petites-Maisons. Il y a long-temps que je me suis declaré contre cette pedanterie de l'autre sexe, et que j'ay dit que je souffrirois plus volontiers vne femme qui a de la barbe, qu'vne femme qui fait la sçavante... Tout de bon, si j'estois moderateur de la Police, j'envoyerois filer toutes les femmes qui veulent faire des livres; qui se travestissent par l'esprit; qui ont rompu leur rang dans le Monde. Il y en a qui jugent aussi hardiment de nos vers et de nostre prose que de leurs points de Gennes et de leurs dentelles : Elles seroient bien faschées d'avoir dit vn Poëme Heroïque; elles disent tousjours vn Poëme Epique. On ne parle jamais du Cid, qu'elles ne parlent de l'vnité du Subjet et de la regle des vingt-quatre heures. O sage Arthenice* ! que vostre bon sens et que vostre modestie valent bien mieux que tous les argumens et que toutes les figures qui se debitent chez Madame la ... » (A M. Chapelain, le dernier septembre 1638.)

« Comme il y a des Fous furieux, et qui sont habillez en Sages, il y a aussi des Sottises sentencieuses et qui ont l'apparence d'Aphorismes. Le Monde se laisse piper le plus souvent à ce faux esclat, et je ne sçay si pour n'estre point du monde pipé, il suffit d'estre de l'Academie. » (A M. Chapelain. 4 janvier 1639.)

« Il y a vn milieu entre l'Impieté et la Devotion; et l'on peut s'abstenir des Blasphemes sans composer des Hymnes. » (A M. Chapelain, 20 fevrier 1639.)

* Madame de Rambouillet. ARTHENICE est l'acrostiche de son nom de CATHERINE : cette galanterie avait été imaginée par Malherbe.

« Bien ou Mal, Vray ou Faux, c'est presque aujourd'huy la mesme chose, et tout le Monde se mesle de juger, quoy qu'il n'y ait rien de si rare que le Iugement. Vne periode nous aura cousté vne journée; nous aurons distillé tout nostre esprit dans vn Discours qui sera peut-estre vn chef-d'œuvre de l'Art, et on croira nous faire grace de dire qu'il y a de jolies choses dedans, et que le langage n'en est pas mauvais. Il vaudroit mieux dormir, que de s'amuser à des veilles si ingrates, et je pardonne volontiers à ce galant homme le ressentiment qu'il tesmoigna contre les Muses en pareille occasion :

Ite, leves nugæ, sterilesque valete Camœnæ,
Ite, sat est, primos vobiscum absumpsimus annos. »

(A M. Chapelain. 15 mars 1639.)

« L'Antiquité s'est plainte avant nous et avec raison d'vn certain art de difficulté que les Grands exercent en faisant du bien pour le faire valoir davantage. Ils voudroient de leur supplians non-seulement des prieres et des sollicitations, mais s'ils osoient, ils en voudroient des hymnes et des sacrifices. » (A Mgr Bouthillier *, Surintendant des Finances. 12 may 1639.)

« Ie n'approuve pas cette cruelle marastre des Passions, qui dans le dessein qu'elle a eu de faire vn veritable Sage,

* Claude Bouthillier, oncle du célèbre abbé de la Trappe.

c'est-à-dire vivant et animé, n'en a fait que la morte et insensible representation. Ces sortes de Statuës sont pour l'ornement du Portique, et non pas pour l'vsage de la Vie, et il me semble qu'entre la Dureté et la Mollesse, il y a vn temperament qui s'appelle Fermeté. » (A M. Chapelain, 20 octobre 1639.)

« Les batailles ne se donnent pas toutes les fois qu'elles se doivent donner ; et j'ay remarqué, dans l'Histoire de tous les Siecles, que ces grands evenemens qui decident les grandes affaires, arrivent moins par dessein que par occasion. On se mocque là-haut de toutes les entreprises d'icy-bas, et nous ne sommes que les Machines et les Acteurs des pieces qui sont composées dans le Ciel : *Homo histrio, Deus vero poeta est.* C'est vn Poëte souverain, et vous ne pouvez pas refuser le rôlle qu'il vous baillera à jouer. Il faut trouver bon tout ce qu'il veut faire de vous, et se sousmettre à l'ordre de la Providence*. » (A M. Chapelain, 1er juillet 1640.)

« La Vie est vne ressource dans laquelle Marius trouva la puissance qu'il avoit perdue, et nostre Admiral les armées qu'on luy avoit defaites. Ayant cette piece de reste, on a dequoy se raquitter de toutes ses pertes. Les malheureux de cette année seront les heureux de l'année prochaine, et *durare, ac semet rebus servare secundis*, est la plus seûre maxime et la plus grande finesse que je connoisse dans l'instabilité des choses humaines. » (A M. Chapelain, vers 1640.)

* La pensée exprimée dans ce passage est reproduite et développée au *Discours huictiesme* du *Socrate chrestien*.

« Les regles s'apprennent par le temps, et l'estude donne l'Art aux moins heureuses naissances. Il n'y a que cette force secrete dont les paroles sont animées, qui vienne immediatement du Ciel, d'où vient avec elle la grandeur et la majesté. » (A M. Conrart, 7 decembre 1640.)

« Les Loups ne se reconcilieront jamais de bonne foy ave les Brebis, et c'est l'ordre ou la confusion des choses du monde qu'il y ait des Tyrans par tout, de Grands, de Mediocres et de Petits; les vns pour affliger le public, et les autres pour tourmenter les particuliers. » (A M. Chapelain, 22 mars 1641.)

« Le Roy de Suede est mort, et le Duc de Weimar aussi; et si on ne meurt à la guerre et dans les combats, on vient mourir dans les festes et dans les triomphes. Regardons donc tous les hommes comme perdus ou comme prests à se perdre. Tenons toutes les heures de nostre vie pour climateriques. Attendons de mauvaises nouvelles par tous les courriers, et concluons que le seul moyen de n'estre point affligé, c'est de n'estre point de ce monde. En effet, ou il faut voir perir les autres, ou il faut perir soy-mesme : et par consequent quelle delicatesse d'aimer la vie, et ne pouvoir souffrir les dependances qui l'accompagnent; et pour quoy tant plaindre le mal dont personne ne veut le remede? » (Au mesme, 20 avril 1641.)

« Contentons-nous des pertes presentes et de la misere que chaque heure apporte. Le mal vient assez tost, sans qu'il faille l'aller querir par l'apprehension; comme il ne dure que trop, sans qu'il soit besoin de le retenir par la memoire. » (A M. Chapelain, 12 may 1641.)

« Les veritables hommes sont si rares, que quelquefois de tout vn Peuple, il ne s'en sçauroit faire que la moitié d'vn. » (Au mesme, 6 septembre 1641.)

« Il y a des ames dont la dureté est à l'epreuve de toutes les belles persuasions. Il y a vne Colonie de Sauvages qui se sont habituez à Paris, et qui ne connoissent ny Beau, ny Honneste, ny Histoires, ny Harangues, ny Muses, ny Apollon. Les complimens n'ont point de force contre ces gens-là; ils resisteroient à la violence des exorcismes. » (A Madame de Villesavin, 3 juillet 1642.)

« Le Temps est vn estrange faiseur de metamorphoses. Les Monstres de ce regne estoient les miracles du regne passé. Et telle qui a esté mise sur les Autels et qu'on a monstrée par rareté, n'a plus de place qu'à vn coin de la cheminée, et se cache pour ne pas faire peur. Ce fameux Lutteur qui portoit tous les autres par terre dans le parc des exercices, c'est ce pauvre Paralytique qui est cloüé à son lict et qui fait pitié à tout le monde... La force me manque; ma vivacité s'en est allée ; j'ay commencé à mourir par la memoire. » (A M. Heinsius le fils*, 15 janvier 1646.)

« Le Silence conserve quelquefois la Memoire en la renfermant, et n'y a-t'il pas quelque autheur, ou vieux ou moderne, qui nomme ce bienheureux silence la nourriture de l'ame et de ses pensées? » (A M. de Gomberville**, 13 fevrier 1646.)

« Comme il y a vne efficace d'erreur de laquelle parle l'Apostre, il y a vne force de verité qui anime les hommes apostoliques. » (Au R. P. André***, Predicateur. 18 fevrier 1646.)

« Ie ne trouve ny Medecins, ny remedes, pour les maladies de l'ame. Il est certain que la constance des hommes n'est qu'vn jeu et vne leçon : C'est vne constance de comedie et de livre, qui se presente et qui se lit; mais qui n'a rien de vray ny de naturel. La Douleur mene tous les jours en triomphe la Philosophie ; les Philosophes sont eux-mesmes

* Nicolas Heinsius, fils de Daniel, né à Leyde en 1620, mort à la Haye en 1681. Érudit et poëte latin. Il a laissé des notes savantes sur Virgile, Ovide, Valérius Flaccus, Claudien, Prudence.

** Marin le Roy, sieur de Gomberville, né à Paris en 1600, mort en cette ville le 14 juin 1674 ; l'un des premiers académiciens, auteur de *Polexandre*, la *Cithérée*, la *Jeune Alcidiane*, etc.

*** André Boullanger, augustin réformé, dit le *petit père André*, né à Paris en 1582, et mort en cette ville le 21 septembre 1657.

des exemples memorables de l'inutilité de leurs paroles. » (A Mgr le Cardinal Mazarin *, 17 novembre 1647.)

« D'ordinaire, ces parleurs celebres imposent aux oreilles et aux yeux : ou ils desrobent ou ils ravissent nostre jugement; il y a de la tromperie ou de la violence en leur procedé. Vous sçavez ce que peuvent d'vn costé le son de la voix, la volubilité de la langue, la dignité des gestes et de la personne. Vous n'ignorez pas quelle est, d'autre part, la majesté des choses sainctes, la presence des autels, la pompe des sacrifices, le pouvoir absolu de la Theologie, le ton imperieux et le stile de commandement dont elle traite le peuple Chrestien. Toutes ces choses entrent dans l'Eloquence des Predicateurs. Et comme la grande estime que nous leur donnons peut venir de nostre esbloüissement et de nostre illusion, elle peut aussi faire partie de nostre foy et de nostre pieté. Ie suis bien aise qu'vn Orateur, dont la personne m'est chere et le merite considerable, ne soit point eloquent de cette façon. » (A M. Conrart, 25 avril 1648.)

« Les Hommes naissent ennemis des Loix, quelque douces qu'elles puissent estre. Leur devoir leur fait souvent haïr leurs propres desirs. » (Au mesme, 30 avril 1650.)

« Laissons agir la Providence, qui se mocque bien de toutes nos reflexions et de tous nos raisonnemens. Allons

* Jules Mazarin, né à Piscina, dans l'Abruzze, en 1602, mort en 1661.

par les routes qu'elle nous marque, et ne prenons point les sentiers obliques, que nostre imagination nous fait conce-voir souvent plus seûrs que le grand chemin. Quand nous nous sommes bien alambiqué le cerveau pour trouver vne suite aux choses presentes et pour en tirer des consequences touchant celles qui doivent arriver, il se trouve que nous avons imité les enfans qui se donnent beaucoup de peine à faire des maisons de cartes, que le moindre vent renverse, ou qui seroient inutiles quand il ne les renverseroit pas. » (A M. Conrart, 9 octobre 1651.)

« On commence icy à se rasseurer, depuis que le siege de Cognac est levé, et nous n'apprehendons plus tant pour nostre Province. Mais quand la paix se feroit demain, cette courte guerre y laissera vne longue memoire des maux qu'elle a faits. Si on reforme et si on regle ainsi les Estats, bienheureux sont les Estats qu'on laisse dans la corruption et dans le desordre! » (Au mesme, 20 novembre 1651.)

« L'Inspiration n'est pas en la puissance de l'inspiré, et les Muses viennent quand il leur plaist, et non pas quand on les appelle. » (Au mesme, 18 decembre 1651.)

« Vne affliction inconsolable est vne espece de revolte contre Dieu, à la volonté duquel il faut se sousmettre, puis qu'il n'y a pas moyen de la reformer. Il n'y a ny Estats ny Parlemens qui en puissent refuser la verification et faire là-dessus des remonstrances. Personne n'a droict de murmurer contre le Tonnerre : Et (voudroit-on) estre moins religieux que ce Payen, qui s'escria dans sa mauvaise fortune : « Ie « te rends graces, Iupiter, et mesme du mal que j'ay receû,» la pieté Chrestienne va droit et avec dessein où l'imagination de cét aveugle alloit au hazard et à travers les champs : Elle sçait faire profit de tout, et mesnager mesme les choses perduës. L'objet de (nostre) ambition estant hors du monde, nous le suivrons de la pensée, et ne tenant plus à rien (nous nous attacherons) plus estroitement à Dieu : Pour le moins luy sacrifiant (nostre) perte, (nous obtiendrons) de luy la vertu de la bien supporter... On agit seurement avec Dieu : quoy qu'il ne faille attendre de joye qu'en vn meilleur monde que celuy-cy, (il est certain) qu'il ne (nous) laissera pas manquer de consolation, (si nous luy demandons) de bon cœur l'assistance de sa grace. Sans elle nous sommes tous des lasches ou des brutaux; nostre raison est courte, nostre science est fautive, et les remedes des Philosophes ne sont que des receptes de Charlatans. » (A M. le Comte de La Vauguyon, sur la mort de M. le Marquis de Sainct-Megrin, son fils vnique, 17 juillet 1652.)

« Il ne faut point entrer dans le Mariage temerairement et sous la conduite de la Fortune : la Prudence n'a pas trop de tous ses yeux pour servir de guide en cette occasion. Beaucoup de gens tombent dans vn piege croyant trouver vn thresor, et les fautes sont mortelles où le Repentir est inutile. » (A M. le President de Nesmond *.)

* Cousin de Balzac.

« Il y a des gens à qui la Fortune veut mal, entre les mains desquels les plus belles occasions se gastent et se corrompent. Quand on a dessein de lever des sieges et de perdre les armées, il ne faut que les employer.

« Concluons donc qu'en tout pays et en toutes occasions, il vaut mieux estre heureux que sage, et sçavoir gaigner sans sçavoir jouer, que de perdre en bien jouant. » (A M. Chapelain.)

« Il y a certaines villes fatales, où il semble que la Religion, la Vertu et la Doctrine se plaisent de demeurer, où il semble mesme qu'elles soient arrestées de necessité, comme les Dieux qu'on enchaisnoit autrefois, afin qu'ils ne sortissent pas de leurs Temples. Vostre Tholoze est de ces villes privilegiées et choisies du Ciel. Elle produira tousjours des Lumieres à la France. Elle sera juste et Catholique, Sçavante et Palladienne, jusques à la fin du Monde. » (A M. de Pressac.)

DE LA CONNOISSANCE ET DE LA FOY *.

« Les dogmes du Christianisme sont peu vtiles aux Chrestiens, sans les actions conformes aux dogmes; et cette simple, nuë et solitaire connoissance des mysteres, est vne speculation curieuse, dont vn Philosophe payen peut estre capable... Connoistre les Mysteres, n'est pas les croire. Remplir sa memoire et sa phantaisie, n'est pas assujettir son es-

* Tiré des discours et dissertations imprimés à la suite du SOCRATE CHRESTIEN; in-4°, Paris, 1652.

prit et sa volonté aux Veritez revelées. Lire la Saincte Escriture comme histoire, n'est pas la recevoir comme parole de Dieu.

« Aussi ce Dieu, qui a parlé et qui a escrit par Moyse et par les autres Prophetes, ne propose pas ses recompenses aux Doctes et aux Intelligens, mais aux Fideles et aux Iustes. Il ne dit pas, dans le Levitique : « Si vous estudiez mes Or- « donnances et si vous connoissez mes Commandemens, » mais il dit : « Si vous cheminez dans mes Ordonnances et si « vous gardez mes Commandemens. » En effet, la pluspart des Philosophes avoient leû les livres de Moyse. Ils avoient fait des voyages exprés en Iudée, pour s'instruire des secrets de la Religion, et pour s'informer quel estoit ce Dieu qui ne pouvoit compatir avec les autres Dieux.

« De là vient que Clement Alexandrin appelle les Philosophes Grecs LES LARRONS DES IVIFS. Il les accuse d'avoir desrobé la Verité en Iudée, et à son dire, Pythagore se fit mesme circoncire, afin de se faciliter ce commerce, et de meriter vne plus estroite confidence de ceux dont il vouloit sçavoir le secret. Platon a esté nommé le Moyse Athenien. Apparemment il avoit appris des Docteurs Hebreux la Theologie mystique, que depuis on a reprise de luy. La Vie purgative, la Vie illuminative, la Vie vnitive, n'ont pas esté ignorées de ce Philosophe : Il se voit dans ses livres vn esbauchement et comme les premieres couleurs du Christianisme; Et sans alleguer le tesmoignage de Sainct Augustin *, s'il faut en croire Pic de la Mirande, Marsile Ficin ** et quelques autres du dernier siecle, ils y ont trouvé la divinité du Verbe, la cheûte des premiers Anges, les peines de l'Enfer et du Purgatoire. Presupposé que cela soit, Platon estoit

* *Confessions*, liv. VII, 9.

** Jean-François Pic de la Mirandole, mort en 1533. — Marsile Ficin, né à Florence vers 1433, mort en 1499.

escholier de nos premiers Maistres : Il avoit la connoissance des Mysteres, mais il n'avoit pas pour cela la Foy. Sa connoissance estoit vne speculation curieuse, et non pas vne science surnaturelle.

« Le Philosophe Peregrin, dont il est parlé dans les livres d'Aulu-Gelle et dans les Dialogues de Lucien ; Lucien mesme et quantité d'autres Philosophes, voulurent gouster de nostre Religion au commencement. Ils entrerent dans l'Eglise par curiosité ; mais ce furent des traistres et des espions parmy nos Peres. Apres qu'ils eurent appris ce qu'ils desiroient sçavoir, ils se separerent d'eux et retournerent avec les profanes faire des contes de nos Mysteres.

« D'autres, plus sages et plus moderez, vivant sous des Empereurs Chrestiens, n'osoient pas offenser l'opinion de leurs Maistres. Ils s'accommodoient au Temps et au Lieu : Ils parloient discretement et avec respect de la Religion dominante. On peut dire que ces Sages Mondains ont reveré ce qu'ils n'ont pas creû. Ils ont fait davantage : Ils ont profité du bien des Fideles, et ont tiré de nos Livres ce qu'ils y trouvoient de propre à l'embellissement des leurs.

« Par exemple le Philosophe Themistius allegue, dans ses Harangues, deux ou trois fois, cette celebre sentence du Sage Hebreu, et la rapporte aux Sages Assyriens : LE CŒVR DV ROY EST EN LA MAIN DE DIEV. Et il y a de l'apparence qu'il sçavoit beaucoup d'autres sentences de mesme nature, puis qu'il servoit des Princes Chrestiens, qu'il estoit tous les jours meslé parmy des Theologiens et des Evesques, et qu'il faisoit particuliere profession d'amitié avec Gregoire de Nazianze, comme nous apprenons de plusieurs lettres que ce Sainct personnage luy a escrites.

« (On sçait) aussi que le Poëte Claudien, qui fleurissoit sous les Enfans du Grand Theodose, et qui estoit vn des plus assidus Courtisans de la Princesse Serene, a parlé parfaitement bien de IESVS-CHRIST, et en a escrit particulierement ces beaux vers, qui ne peuvent estre d'autre que de luy, parce qu'il n'y a point d'autre que luy, qui en ce temps-là fist de si beaux vers :

> CHRISTE potens rerum, redeuntis conditor ævi,
> Vox summi sensusque Dei, quem fudit ab alta
> Mente Pater, tantique dedit consortia Regni.

« Sainct Augustin neantmoins tesmoigne en quelque endroit de ses Livres de la Cité de Dieu *, que ce Claudien vivoit dans vne Cour Chrestienne, sans estre Chrestien. Par consequent, il estoit Ennemy de la Divinité qu'il avoit chantée. Et de fait, il se mocque des Chrestiens dans vne Epigramme, dont voicy le commencement :

> Per cineres Pauli, per cani limina Petri,
> Ne laceres versus, Dux Iacobe, meos.

« La Foy et la Connoissance des Mysteres sont donc deux qualitez distinctes et separées. Claudien sçavoit des choses dont il n'estoit pas persuadé. Pour plaire à la Princesse Serene, grande Catholique et habile femme, il contrefaisoit quelquefois le Chrestien, et avoit voulu apprendre de la Religion autant qu'il en falloit pour en discourir et pour en escrire agreablement. Cette connoissance n'estoit-elle pas vne speculation curieuse? Les Mysteres n'estoient-ils pas dans la bouche des Profanes? Vn Payen ne traitoit-il pas de la Theologie?

« Et quand Mahomet Second, à la prise de Constantinople, receût des mains du Patriarche vn Abbregé des principaux points de nostre Foy, comme il estoit Prince de bon esprit, et qui ne tenoit rien de la rudesse de sa Nation, ne pouvoit-il pas sçavoir par là quelle estoit la creance des

* Liv. XIX. 1, 2, 3.

Chrestiens? Ne pouvoit-il pas estre informé des Affaires de l'Eglise sans participer à sa Communion; estre sçavant sans estre fidele, et prendre plaisir à se faire entretenir de la Trinité, de l'Incarnation et de l'Eucharistie, comme de choses rares et curieuses, comme de nouvelles estranges et incroyables?

« Feu Monsieur Coëffeteau * (m'a) dit que, sous le regne du dernier Philippe, il y eut, en Espagne et en Portugal, des Religieux de tres-grande reputation et d'vn Ordre tres-approuvé de l'Eglise, qui au fond du cœur n'estoient ny de leur Ordre ny de nostre Eglise. Ces gens-là avoient disputé toute leur vie et s'estoient passionnez pour la querelle d'autruy. Ils estoient parmy nous, mais ils n'estoient pas des nostres. Ce qu'ils enseignoient estoit leur mestier, et non pas leur opinion. Ils faisoient ce que font les Imprimeurs et les Peintres de Hollande, qui travaillent pour l'vsage et pour l'ornement de l'Eglise, encore qu'ils soient du party contraire. Les vns font des images qui excitent à la devotion; les autres impriment des Breviaires et des Missels; mais les vns et les autres se mocquent de nostre devotion et vendent leur marchandise.

« Encore ce mot de l'Histoire veritable. Dans la mesme Espagne, à l'ouverture d'vne Assemblée generale de Religieux, tenuë peu de temps apres l'institution de leur Compagnie, il y eust vn Pere qui estonna tous les autres Peres par ces paroles : « Il y a quinze ans que je suis Religieux, « mais il n'y en a que cinq que je suis Chrestien. » Ce qui donna lieu à vn decret passé en forme de Loy, par l'advis et par les remonstrances du mesme Pere : Qu'à l'advenir, on ne recevroit point de Novice dans la Compagnie, qui ne fust de ceux qu'on appelle en ce pays-là VECCHIOS CHRISTIA-

* Nicolas Coëffeteau, né à Saint-Calais, dans le Maine, en 1574, dominicain en 1588, puis évêque de Dardanie, et nommé à l'évêché de Marseille, mort en 1623.

xos, pour les distinguer des nouveaux Chrestiens, qui sont de race Iuifve ou Mahometane.

« Dieu fist la grace à ce Religieux de devenir Chrestien, dix ans apres sa premiere Messe. Mais comme Dieu fait grace, ne peut-il pas quelquefois faire justice? Et je demande si vn Docteur, Regent en l'Vniversité de Salamanque, voire mesme en celle de Louvain, apres avoir enseigné trois ou quatre Cours de Theologie, ne peut pas tomber en infidelité par vn secret jugement de Dieu? Et si cela est, ne peut-il pas perdre la Foy et se souvenir de la Theologie? Ne peut-il pas ne croire plus les Mysteres et connoistre encore les Mysteres? » (Apologie contre le Docteur de Louvain, à M. de Marca*, President au Parlement de Pau.)

« Il y a deux clefs dans le Royaume de Iesvs-Christ, qui nous ouvrent les fontaines du salut : la clef de l'Authorité, et celle de la Doctrine; la Puissance qui est dans l'Eglise pour remettre les pechez, et la Science qui est dans la mesme Eglise pour instruire à la Vertu. Les eaux de la premiere fontaine nettoyent, purifient et renouvellent; les autres temperent, desalterent, rafraischissent. C'est des premieres que s'entendent ces paroles de David : « Vous me laverez, « Seigneur, et je seray plus blanc que la neige. » Et des secondes, que s'entendent celles de Ieremie : « Enquerez-vous « quelles sont les routes anciennes; sçachez quelle est la « bonne Voye, cheminez-y, et vous trouverez du rafrais- « chissement à vos ames. » (*Ibid.*)

* Pierre de Marca, né à Gant, en Béarn, en 1594, président au parlement de Pau en 1621, et conseiller d'État en 1639; évêque de Conserans; puis nommé à l'archevêché de Toulouse en 1655; ministre d'État en 1658; enfin archevêque de Paris; il mourut le jour même que les bulles arrivèrent en 1662.

PERPETVELLE ENFANCE DES AMES CHRESTIENNES.

« Ie puis protester hardiment que je ne veux rien croire de plus veritable que ce que j'ay appris d'vne personne qui m'a mis dans l'Eglise, apres m'avoir mis au monde, et m'a appris qu'il y avoit vne autre vie, avant que je connusse celle-cy. En matiere de Religion, je ne veux point estre plus sçavant ny plus sage que ma mere.

« A mon advis, il n'est pas possible de suivre plus ponctuellement l'intention de Nostre Seigneur, qui demande de nous aux choses de la Religion, plus de volonté que d'entendement, et plus de simplicité que de discours. « Si vous « n'estes faits, dit-il, comme petits enfans, vous n'entrerez « point au Royaume des Cieux. » Et comme estant hommes, nous pouvons-nous faire semblables aux petits enfans, que que par vne docilité pareille à la leur; que par vne entiere dependance de la conduite d'autruy; qu'en nous rendant sans combattre, et croyant sans disputer?

« C'estoit l'vsage de la primitive Eglise de donner du lait et du miel à gouster à ceux qui recevoient le Baptesme, en quelque âge qu'ils se presentassent; Et cela se faisoit pour signifier la perpetuelle enfance des ames Chrestiennes, et pour advertir les vieillards mesmes de devenir petits enfans et de reconnoistre encore vne Mere et vne Nourrice. « Escoute, mon Fils, la discipline de ton Pere, et ne quitte « point la Loy de ta Mere. » (Le Sophiste chicaneur. Discours Ier, à M. Des Cartes*, 30 mars 1628.)

* René des Cartes, né à la Haye, en Touraine, en 1596, mort à Stockholm en 1654.

ON PEVT RETOVRNER CONTRE L'ERREVR LES PARADOXES QV'ELLE EMPLOYE; PAR EXEMPLE, LES MAXIMES SVIVANTES : QVE LE SAGE MEVRT EN LA RELIGION DE SA MERE; QV'IL NE CHANGE JAMAIS D'OPINION ; QV'IL NE SE REPENT POINT DE SA VIE PASSÉE.

« Il n'est pas defendu de convaincre le Mensonge par le Mensonge. On est tousjours à temps de travailler à l'establissement de la Verité, quand, de quelque sorte que ce soit, on luy a fait entrée dans vn lieu qui ne vouloit pas la reconnoistre.

« Les Docteurs Orthodoxes ont ainsi agi dans les Conferences qu'il ont euës avec ceux du party contraire. Ils n'ont point fait de difficulté de se servir de quelques-vnes de leurs erreurs pour combattre les autres, et s'ils en trouvoient deux qui fussent incompatibles ensemble, ils en supposoient vne comme veritable pour destruire la seconde, qui ne pouvoit subsister avec la premiere, et pour ruïner le Royaume de l'Heresie, en le divisant.

« Les raisons essentielles ne sont pas tousjours les plus propres à persuader, bien qu'elles soient tousjours les meilleures; et vn argument plausible, quoy qu'il soit faux, fait souvent plus d'effet qu'vn qui n'a que la simple et grossiere verité pour se faire croire. Or est-il qu'il n'est rien de si plausible à vn homme que son propre sens; et que, pour le degouster d'vne nouvelle creance, on ne se peut servir d'vn meilleur moyen que de le flatter en ses vieilles opinions, et de rafraischir des idées qui tiennent encore, mais que d'autres impressions veulent effacer.

« A tout le moins on partage son esprit; On met son jugement en desordre; On confond ses affections; On l'interesse contre soy-mesme; Et quand il voit que de quelque costé qu'il se tourne, il faut necessairement qu'il se contredise, il se resout quelquefois à condamner le Present, pour ne pas condamner le Passé. Il quitte vne Maistresse qui l'a charmé, et qu'il a gardée contre les Loix, pour reprendre vne Femme que les Loix luy ont donnée, et qui a eu sa premiere et son innocente inclination. Il conclut qu'il vaut encore mieux advouër que l'on l'a surpris trois ou quatre jours, que de confesser qu'il s'est trompé luy-mesme toute sa vie.

« Par cette raison, il me semble que je puis opposer à vn Deserteur les Maximes qu'il m'a si souvent debitées, et appeller de celuy qui s'est fait Heretique, à celuy qui faisoit le Philosophe. Et pour cela on ne me peut pas accuser d'approuver ces Maximes en elles-mesmes, encore que je m'en serve contre luy, ny de les estimer absolument bonnes, quoy que je les estime bonnes à cét vsage.

« Ie sçay que la Science de l'Evangile n'a rien de commun avec la Doctrine des Payens, et que nos Dogmes sont fort differens de leurs principes. Ceux qui tenoient que la Religion estoit vne dependance de l'Estat et faisoit partie de la Police, et qui sçavoient que chez les Barbares, Anacharsis avoit esté tué par son propre frere, pour avoir sacrifié à la Grecque, et que les Grecs avoient puni Socrate pour n'avoir pas eu assez bonne opinion de leurs Dieux, pouvoient bien dire qu'en quelque Religion que soit né le Sage, il y doit mourir, puis que ne connoissant point de plus grand, de meilleur, ny de plus ancien Dieu que la Patrie, ils croyoient que la premiere Loy de la Religion estoit de luy obeïr, et qu'il n'y avoit autre mal à l'Impieté ny au Sacrilege, que le mespris des Ordonnances publiques.

« Ceux aussi qui tenoient que le seul Sage estoit beau, encore qu'il eust la taille gastée et le visage mal fait; qu'il n'y avoit que luy qui se portast bien, encore que la fiévre le bruslast, et que la goutte luy donnast la gesne; qu'il n'y avoit que luy de riche, quoy qu'il demandast l'aumosne et qu'il fust logé à l'hospital; finalement, qu'il estoit le seul Roy de la Terre, quoy qu'il n'eust pas vn valet sur qui exercer sa Royauté : pouvoient bien, apres avoir porté leur esprit à de si hautes extravagances, descendre à quelque chose de raisonnable, et dire que le Sage ne se repentoit jamais et qu'il ne changeoit jamais d'opinion.

« Premierement, desarmant leur Sage comme ils faisoient, de toutes ses passions, et arrachant de son ame ce qu'ils se devoient contenter d'y cultiver, ils n'avoient garde d'y laisser le Repentir, qui est vne passion, ne sçachant pas que la Penitence fust vne vertu.

« Ils donnoient, outre cela, à ce phantosme de Sage vne connoissance vniverselle de toutes les choses qui sont en la Nature; et d'vn homme dont l'esprit est borné et le jugement subjet à faillir, ils faisoient vne creature aussi parfaite en intelligence que les Anges. Or nous croyons que les Anges voyent d'abord en l'objet qui leur est presenté, toutes les qualitez qui l'accompagnent, et toutes les raisons de douter et de resoudre qui en peuvent naistre. D'où vient que leur resolution estant vne fois prise, ils ne la quittent jamais, parce que ne pouvant plus trouver en cét objet vne nouvelle apparence de Bien ou de Mal qui leur fasse changer d'affection, ny rien qui augmente leur connoissance, il faut de necessité qu'elle demeure tousjours la mesme, et que leur entendement et leur volonté soient inseparablement attachez à leur premier acte.

« Les Philosophes Stoïques avoient à peu pres vne semblable opinion de leur Sage, et l'idée qu'ils en concevoient estoit si sublime, qu'elle n'a aucune proportion avec la bassesse de nostre nature. Il est vray que quelques-vns voulant expliquer favorablement l'intention de ces Philosophes declamateurs et mettre leurs maximes dans le sens commun, ont dit que le Sage ne se repent jamais, et qu'il ne change jamais d'advis, à cause qu'il ne fait jamais de resolution absoluë, et qu'en tous ses conseils et en toutes ses promesses, il conclut tousjours avec cette tacite exception : SI LA CHOSE DEMEVRE EN L'ESTAT OV ELLE DOIT DEMEVRER, ET SI ELLE TIENT LE DROICT CHEMIN.

« Faites donc que la chose ne se destourne point du cours qu'elle a pris; arrestez tous les accidens qui peuvent survenir ; conservez-la tousjours dans les mesmes circonstances, et si vous le faites, ne craignez point que le Sage manque de son costé, ny que ce soit luy par qui commence le changement. Mais si le subjet varie, et s'il devient autre qu'il n'estoit, ne vous estonnez pas aussi que le Sage le considere d'vne autre façon qu'il ne faisoit pas, et qu'il quitte la constance, lorsque la constance n'est pas bonne; lorsqu'elle cesse d'estre vertu ; lorsqu'elle n'est plus rien qu'vne obstination à foiblir et vne dureté de courage. Cette mutation qui se fait en la Matiere, et non pas en l'Artisan, luy rendant sa foy et le dispensant de sa parole, le met en liberté de changer d'advis, sans qu'il condamne pour cela son premier dessein, qui estoit tres-bon en sa saison, et qui l'est encore aujourd'huy, puis que la mesme chose retombant sous son eslection et se representant à son jugement, il ne sçauroit encore ny mieux deliberer ny mieux se resoudre.

« De cette sorte on peut sauver le paradoxe des Stoïciens et rendre plus humaine leur orgueilleuse philosophie : Quoy qu'apres tout, je ne me mesle point des affaires de Zenon, ny de celles de Chrysippe. Ie ne pense pas estre obligé de garantir toutes les folies qu'ils ont dites de leur Sage. Ie demeure dans le Portique, tant que le Portique est raisonnable; mais j'en sors quand il commence à extravaguer. » (Le Chicaneur convaincu de faux. Discours IIe, à M. Des Cartes.)

DES PRECAVTIONS QV'IL FAVT PRENDRE POVR REFORMER LES HOMMES.

« Ie n'approuve point le peché, mais je souffre quelque chose de l'infirmité humaine. Ie tolere ce que je ne puis corriger. Ie ne donne point l'alarme à celuy que je veux prendre : je l'avertirois de s'enfuïr. Ie l'embarque sans luy desclarer où je le mene, et je luy feray faire vn voyage, quoy qu'il ne pense que faire vne promenade. C'est ainsi que la Vertu se glisse et s'insinuë en l'ame des hommes. Il faut les tromper pour leur propre bien, et les engager par vne action. Ce sera pour le moins vn gage que nous aurons d'eux, que peut-estre ils ne voudront pas perdre, et qui les obligera d'achever le reste.

« I'ay de bons desirs qui peuvent produire de bons effets : I'exhorte mon prochain à la mesme chose : Autant de Vices que je luy fais quitter, sont autant de pas que je luy fais faire vers la Vertu, de laquelle il sera tousjours moins esloigné au deuxiesme degré qu'au premier, et lorsque son affection commencera à se remuër que quand elle demeuroit immobile. Il faut que nostre volonté soit vertueuse, et nos mœurs suivront nostre volonté : Il faut que le cœur reçoive la vie, pour la communiquer aux autres parties. Nous devons avoir de bons desseins, s'il n'est pas encore en nostre puissance de faire de bonnes œuvres. » (La derniere objection du Chicaneur, refutée. Discours IIIe, à M. Des Cartes.)

« On ne devient ny meschant ny vertueux tout d'vn coup; et si je valois quelque chose l'année passée, comme en si peu de temps je ne sçavois avoir acquis les qualitez que je n'avois pas, aussi je ne puis avoir perdu celles que j'avois*.» (Relation à Menandre : le President Maynard, vers l'année 1635.)

DE LA PATIENCE DE IESVS-CHRIST.

« La Loy sous laquelle nous vivons ne demande pas vn œil pour vn œil, ny vne main pour vne main, comme celle qui descendit autrefois du Ciel avec des foudres et des orages. Les opinions de nos Philosophes sont plus humaines que les maximes de ceux qui tenoient qu'il y avoit autant d'injustice à ne se ressentir pas d'vne injure qu'à ne pas reconnoistre vn bienfait, et que ne pas rendre le mal pour le mal estoit vne espece d'ingratitude.

« Le Christianisme a renversé tous ces mauvais principes de la Morale Payenne, et nous a apporté vne doctrine qui n'est pas moins contraire à nos sens que superieure à nostre raison. Elle veut que nous nous saoulions des choses ameres; que nous trouvions bonne la douleur; que nous aimions les causes et les instrumens de nostre mort, et qu'au milieu des gesnes et des tourmens, nous fassions des vœux et des prieres pour les Tyrans qui nous ont condamnez et pour les bourreaux qui nous deschirent.

« Vn des grands serviteurs de Iesus-Christ asseuroit du Dieu qu'il preschoit, que dans la pompe mesme de sa gloire, sa passion estant les delices de son souvenir, il n'est point de vertu qui luy soit plus agreable que la patience, pour ce

* Cette pensée et les passages suivants sont tirés des ŒVVRES DIVERSES, Paris, 1644, in-4°.

qu'il n'est point de vertu qui ait eu plus de part qu'elle à cette chere et derniere action de sa vie.

« Mais comme ce Dieu desire que nous suivions l'exemple qu'il nous a laissé lorsqu'il a souffert en qualité de coupable, je croy qu'il n'entend pas que nous prevenions la severité qu'il doit exercer quand il viendra juger les vivans et les morts. Il faut que nous embrassions sa croix, mais il ne faut pas que nous montions sur son throsne : Il nous est permis de participer à ses douleurs et à son ignominie, mais il nous est defendu d'entreprendre sur ses droits et d'vser de sa puissance. Il y a mesme quelque suspension en cette vie, de cette redoutable puissance, et sa Majesté terrible est toute reservée pour l'avenir. Il veut encore estre desarmé et à la discrétion de ses ennemis; il veut avoir les mains liées et se laisser offenser impunement. On luy fait tous les jours vne infinité de nouvelles playes sans qu'il en fasse vne seule plainte. Ses oracles nous disent partout que son indulgence attend et appelle tous les hommes; ils nous ordonnent de ne pas haïr les Meschans, de peur de haïr les Predestinez. Ceux qui interpretent ses oracles et qui traitent avec nous de la part de ce Dieu patient, ne nous laissent point donner d'autre sens à son intention. Il nous declàrent que ce n'est pas icy le lieu de vouloir mal à personne, à cause que la condamnation de qui que ce soit n'est icy connuë, et qu'vn moment de grace peut remedier à vn siecle de peché. Il nous exhortent à garder nos choleres et nos ressentimens pour la vie future, où ils feront vne partie de la Iustice divine, et où le Iuste se resjouïra quand il verra la vengeance. » (Relation à Menandre, deuxiesme partie.)

« Si je suis foible contre la Mesdisance, comment aurai-je assez de force contre la Mort? » (Relation à Menandre, deuxiesme partie.)

« Ne sçay-je pas que souvent nous desirons le bien et faisons le mal; que nous visons à droite et donnons à gauche; que nous pensons estre justes et zelez, et ne sommes que choleres et mutins? Ne sçay-je pas que la partie divine de nostre esprit cede souvent à la partie animale, et que la plus haute se laisse entraisner par la plus pesante? Ne sçay-je pas en vn mot que le peuple des passions se sousleve contre l'empire de la raison, et que quelquefois la Reyne est chassée dans cette sedition populaire, mais qu'estant revenuë, elle desadvouë ce qui s'est passé en son absence. » (*Ibid.*)

DE LA MALIGNITÉ HVMAINE.

« La Mesdisance est vn appas où les hommes ont coustume de courir et qu'ils avalent sans beaucoup de peine. Par là on s'insinuë dans les humeurs les plus dures et les moins traitables. On flatte par là l'inclination d'vn chacun; on chatoüille la Nature, qui est envieuse jusques en sa racine; qui console volontiers les affligez, mais qui auroit besoin de consolation s'ils estoient heureux. Ne desadvoüons point l'imperfection de cette nature. Nous prenons tous quelque plaisir à ouïr mal parler d'autruy, à cause que nous nous estimons tous et que nous sommes tous capables de jalousie. Or est-il que le mespris qu'on fait d'vn autre semble nous relever en l'humiliant, et nous laisser prendre je ne sçay quelle superiorité sur luy, par vne secrete comparaison que nous faisons en nous-mesme de luy à nous; c'est-à-dire d'vn homme qu'on maltraite, à vn homme qui se favorise, de sorte que cette comparaison ne se faisant pas à nostre desavantage, peu s'en faut que nous ne sçachions autant de gré à qui mesdit, voire d'vn amy, qu'à qui nous adjuge la preseance sur vn concurrent.

« C'est vne des vieilles maladies du genre humain et qui presque a commencé avec le monde. Interrogez là-dessus des tesmoins qui ne sont point suspects; enquerrez-vous-en aux hommes des autres siecles. Ils vous diront que les plus legitimes loüanges sentent quelque chose d'interessé et de mercenaire, et sont estimées lasches et serviles; mais que les plus injustes blasmes passent pour effets de liberté, et sont mis au nombre des actions genereuses. Vous sçaurez d'vn d'eux que les accusations ont esté les delices des Republiques, et que la Mesdisance est la felicité des oreilles.

« L'audace de l'ancienne Comedie a eu beaucoup plus d'applaudissemens que la modestie de la nouvelle. Les plus miserables Poëtes de ces premiers temps estoient suivis à grosses troupes et maintenus par la faction du peuple contre l'authorité des magistrats. Et tout cela, comme vous sçavez, parce qu'ils faisoient profession publique de mesdisance, et qu'ils mordoient effrontément les principaux et les plus estimez de la Republique. Ils ne se contentoient pas de les designer sur la scene, tantost par des equivoques qu'il estoit aisé de deviner, tantost avec des masques faits exprés, qui representoient la forme de leur visage; mais ils les monstroient souvent au doigt, et les nommoient par leur propre nom. Et cette licence scandaleuse estoit si agreable aux Atheniens, qu'ils en quittoient leurs affaires domestiques et ne se souvenoient pas quelquefois d'aller disner, estant attachez des journées entieres à la bouche d'vn mauvais bouffon, qui se mocquoit d'vn homme de bien.

« Quand à Rome vn Capitaine general recevoit de la reconnoissance publique le plus grand de tous les honneurs exterieurs, et qu'estant assis dans vn chariot d'or, il traisnoit apres soy les thresors des Rois et les Rois chargez de chaisnes, il estoit permis aux soldats qui l'accompagnoient de faire des chansons de luy en cét estat-là et de le diffamer par des vers injurieux. A quoy le peuple malin prenoit bien plus de plaisir qu'à toute la pompe et à toute la magnificence du triomphe.

« Advoüons donc encore vne fois la corruption humaine et le vice de notre origine. Il n'est que trop vray que la moitié du monde croit estre heureuse du malheur d'autruy, et que ceux qui n'en font pas leur bonne fortune en font pour le moins leur passe-temps. Il y en a qui ne s'occupent qu'à harceler les chiens contre les passans. Il y en a qui ne sont pas si aises d'estre à couvert quand il pleut, que de voir moüiller les autres qui sont dehors. Et si toute vne compagnie est affligée, il faut seulement que quelqu'vn de la trouppe se laisse choir pour faire venir la joye où estoit l'affliction. » (Relation à Menandre, troisiesme partie.)

« La Corruption est grande, mais elle n'est pas vniverselle. Le genre humain, quoy que fort gasté, a encore des parties entieres, et il y a quelque reste de justice sur la terre. L'Erreur ne gagne pas tant de pays ny ne se desborde si generalement, qu'elle ne laisse place à la Verité; et la Verité n'est pas si seule ny si mal assistée, qu'elle ne subsiste dans le temps contraire, en attendant qu'elle puisse vaincre, quand le temps favorable sera venu. » (Relation à Menandre, troisiesme partie.)

DE L'VSAGE DES LETTRES PROFANES.

« Ie croy que l'austerité de la vie n'exclut pas la politesse de la doctrine, et que toutes les belles choses ne sont pas également dangereuses. Et quoy que je sçache que la rigueur de nos Peres a esté extrême, et que les premiers Chrestiens ont condamné ou mesprisé les connoissances humaines; Quoy que je sçache qu'on a escrit que l'Eloquence estoit le patrimoine des Payens, et que la Poësie estoit le breuvage des Demons, et que Sainct Hierosme avoit esté foüetté par les Anges pour avoir trop aimé Ciceron; Quoy que je sçache que celuy qui voulut mettre Lict au lieu de Grabat dans le texte de l'Evangile, fut menacé d'anatheme, et que Theodoret a conclu, à la honte du bien raisonner et du bien dire, que l'incongruité et les solecismes des pescheurs avoient vaincu les syllogismes et les figures d'Athenes; Quoy que je sçache cela, je sçay aussi que cette extrême rigueur a esté mitigée avec raison, et que Sainct Gregoire de Nazianze ne l'a pas approuvée dans l'Oraison funebre de Sainct Basile; Ie sçay que les plus severes Chrestiens peuvent sans scrupule estre eloquens, peuvent employer l'or d'Egypte à l'embellissement du Tabernacle, et s'approprier les biens des Ennemis de l'Eglise, et sanctifier les connoissances des Profanes, et vser des choses dont les Payens abusoient. » (Relation à Menandre, troisiesme partie.)

DE LA PERVERSITÉ NATVRELLE.

« Il est bien difficile de changer les cœurs. Comment peut-on refaire les ames? Les bestes sauvages ne s'apprivoisent point de bonne foy : elles retournent tousjours à leur premier naturel, et apres vne longue apparence de douceur et les caresses de plusieurs années, elles s'eschappent tout d'vn coup et mordent indifferemment celuy qui les a nourries et ceux qu'elles ne connoissent point. La faveur des Tyrans est vne chose non-seulement tres-peu asseurée et de tres-difficile garde, mais aussi de tres-dangereuse et de tres-mauvaise suite. Elle ne sort gueres des maisons où elle a esté que par leurs bresches et par leurs ruïnes, et le Demon estrangle à la fin le Magicien qui pensoit le gouverner.

« Neron se lassa de la Vertu et s'ennuya de ceux qui luy en parloient. Il rompit toutes les attaches des Loix, de la Morale et de la commune Humanité : Il fist quelque chose de pis que de se crever les deux yeux, il se defit de ses deux amis *, dont il s'estoit si bien trouvé en diverses occasions, et qui authorisoient par leur presence et rendoient en quelque façon legitime vne principauté mal acquise. » (Response faite sur-le-champ à M. de Pressac, Conseiller du Roy, etc.)

* Burrhus et Seneque.

FIN DES PENSÉES.

TABLE

DES

MATIÈRES CONTENUES DANS CE VOLUME.

INTRODUCTION.

LE PRINCE.

DISCOVRS.

LETTRES.

PENSÉES.

FIN DE LA TABLE.

ERRATUM.

Page 447, ligne 3, ***au lieu de :*** le desgast et les mines, ***lisez :*** le desgast et les ruïnes.

www.ingramcontent.com/pod-product-compliance
Lightning Source LLC
Chambersburg PA
CBHW070344030726
47504CB00001B/59

* 9 7 8 2 0 1 2 5 9 6 4 7 4 *